寧夏珍稀方志叢刊　胡玉冰◇主編

國家社會科學基金項目「寧夏地方文獻整理與研究」成果

乾隆 寧夏府志

胡玉冰　韓超◇校注

中國社會科學出版社

圖書在版編目（CIP）數據

（乾隆）寧夏府志／胡玉冰，韓超校注．—北京：中國社會科學出版社，2015.10

ISBN 978-7-5161-5753-4

Ⅰ.①乾…　Ⅱ.①胡…②韓…　Ⅲ.①地方志—寧夏—清代　Ⅳ.①K294.3

中國版本圖書館 CIP 數據核字（2015）第 059035 號

出 版 人	趙劍英
選題策劃	張　林
責任編輯	張　林
特約編輯	吳連生
責任校對	韓海超
責任印製	戴　寬

出　　版		中國社會科學出版社
社　　址		北京鼓樓西大街甲 158 號
郵　　編		100720
網　　址		http://www.csspw.cn
發 行 部		010-84083685
門 市 部		010-84029450
經　　銷		新華書店及其他書店

印　　刷		北京明恒達印務有限公司
裝　　訂		廊坊市廣陽區廣增裝訂廠
版　　次		2015 年 10 月第 1 版
印　　次		2015 年 10 月第 1 次印刷

開　　本		710×1000　1/16
印　　張		46.75
插　　頁		2
字　　數		806 千字
定　　價		172.00 元

凡購買中國社會科學出版社圖書，如有質量問題請與本社營銷中心聯繫調換
電話：010-84083683
版權所有　侵權必究

總　序

胡玉冰

　　地方舊志在中國傳統的古籍"四分法"中屬於史部地理類，但它所記載的內容遠遠超出了歷史學、地理學範疇，舉凡政治、經濟、語言、文學等亦多有涉及，故舊志往往被稱爲一地之全史，其學術研究價值也就不言而喻。對舊志進行規範整理與研究，既有助於準確理解其內容，也有助於客觀分析其價值，從而達到古爲今用、推陳出新的目的。規範的舊志整理會爲今人研究提供極大的便利，否則就會有誣古人，貽誤後人。開展陝甘寧三省地方舊志整理與研究工作，是以筆者爲學術帶頭人的學術團隊長期堅持的學術方向。2012 年，筆者著《寧夏地方志研究》由中國社會科學出版社正式出版。該書首次對寧夏舊志進行了系統全面的研究，基本摸清了寧夏舊志的家底，尤其梳理清楚了寧夏舊志的版本情况。同年，筆者主持的"寧夏地方文獻整理與研究"獲批爲國家社科基金重點項目。以此爲契機，筆者提出了全面整理寧夏舊志的科研設想，計劃用三年左右（2015—2018）的時間，將傳世的寧夏舊志全部規范整理，成果分批出版，匯編爲叢書《寧夏珍稀方志叢刊》。

　　自元迄清，嚴格意義上的寧夏舊志有 38 種，[1] 傳世的寧夏舊志有 33 種，[2] 其中 9 種為孤本傳世。寧夏舊志中，元代《開成志》成書時代最早，惜已亡佚，完整傳世者最早編修於明代，清代編成者傳世數量最多。傳世舊志中，成於明代者 6 種，成於清代者 20 種，成於民國者 7 種。從

---

　　[1]　參見胡玉冰《寧夏地方志研究》，附錄一《寧夏地方文獻（舊志）基本情况一覽表》，中國社會科學出版社 2012 年版，第 524 頁至 527 頁。

　　[2]　參見胡玉冰《寧夏地方志研究》，附錄二《傳世的寧夏地方文獻（舊志）基本情况一覽表》，中國社會科學出版社 2012 年版，第 528 頁至 529 頁。

舊志編纂類型看，有通志7種，分志（州志、縣志）26種。除中國外，日本、美國等也藏有寧夏舊志。日藏數量最多，種類較全，8家藏書機構共藏有13種原版舊志，其中兩種爲孤本，主要通過商貿活動與軍事掠奪這兩種方式輸入寧夏舊志。寧夏舊志整理研究工作主要始於20世紀80年代，在文獻著錄、綜合或專題研究、文本整理刊佈等方面取得了一定的成就，[①]爲寧夏文史研究奠定了資料基礎。但也要實事求是地認識到，隨着各種與寧夏有關的新資料的不斷發現，尤其是多學科研究視角的不斷創新，已有成果中存在的諸多不足越來越明顯。如在文獻著錄時因部分舊志未能目驗，或者學術見解不同，致使著錄內容存在分歧甚至錯誤。研究成果多爲概括性、提要式介紹，多角度、多學科深入分析的成果缺乏。整理成果只是部分解決了舊志存在的文字或內容問題，整理方法不規範、質量不高的現象較爲突出。學術發展的需要，要求舊志整理要更加規範化，整體質量要進一步提高。整理研究寧夏舊志，需要科學的理論與方法來指導。在充分吸收他人學術經驗的基礎上，通過整理研究實踐工作，我們也形成了一些自己的認識，在此想總結出來，與大家一起探討。

一　整理前的準備工作

整理舊志，前期需要全面了解整理對象，對其編修者、編修經過、主要內容、文本的語言風格、版本傳世情況等要深入研究。規範整理舊志，要以扎實的研究成果爲基礎，以便選擇最佳底本，準備合適的參校文獻，制定規範的整理方法。

（一）確定整理對象

爲保證舊志整理工作的順利開展，提高工作效率，確定整理對象是正式開始舊志整理前首先要做的，也是必須要做的工作。確定整理對象時，要綜合分析其學術價值、史料價值、傳世情況及今人閱讀理解該對象的困難程度等，一方面要認真通讀原作，另一方面，要同步查檢古今目錄文獻對原作的著錄情況。

[①] 參見胡玉冰《寧夏地方志研究》，附錄三《寧夏舊志整理出版情況一覽表》、附錄四《寧夏舊志及其編纂者研究論文索引》，中國社會科學出版社2012年版，第530頁至542頁。

通讀原作，有助於全面了解志書的內容及其史源、結構體例及其語言特點等情況。對內容及其史源的了解，可以幫助我們確定該志有無整理的必要。如傳世的民國十四年（1925）朱恩昭修纂 6 卷本《豫旺縣志》一直被學界當作寧夏同心縣重要的地方文獻在利用。實際上，這部舊志是撮抄之作，並非編者獨立編修。編纂者直接把（民國）《朔方道志》中與同心縣前身鎮戎縣有關的內容撮抄出來，參考《朔方道志》的體例，再雜以（光緒）《平遠縣志》的部分內容，把資料匯爲一編，取名《豫旺縣志》行世。在明晰了《朔方道志》與《豫旺縣志》的關係後，我們認爲沒有必要再整理《豫旺縣志》，只需將《朔方道志》整理出來即可。

對舊志結構體例的了解有助於對舊志存真復原。如天津古籍出版社 1988 年版《寧夏歷代方志萃編》、海南出版社 2001 年版《故宮珍本叢刊》等叢書都影印出版了明朝楊壽等纂修的（萬曆）《朔方新志》，所據底本原有補版現象，某些版面的內容重複，特別在卷二有幾處嚴重的錯頁、錯版現象，天津、海南的影印本都未能給予糾正。這些問題若不能發現，整理成果就會出現內容錯亂現象。

每種舊志的編修都有其具體的時代背景，舊志的語言與內容一樣具有時代性，通讀舊志，了解其語言特點，掌握其語言規律，有助於更好地開展標點、分段工作。凡古籍，遣詞造句都有一定的時代風格和特點，只要其內容或文字無誤，就不能按當代行文習慣或理解對原文進行增、刪、改等，否則就是替古人寫書。有些舊志語句原本就是通順的，符合特定時代的語言規範，若整理者在原志語句中隨意增加"之""於""以"等字，看似符合當代人的閱讀習慣了，實則畫蛇添足。

同步查檢古今目錄文獻對舊志原作的著錄情況，將著錄內容與通讀舊志時了解的情況相對照，一方面，可以加深對舊志基本情況的了解，使得對舊志的了解更具條理性。另一方面，可以驗證著錄是否準確，糾正存在的問題，以求對舊志基本信息的了解更符合實際。如朱栴編修的《寧夏志》，明朝周弘祖編《古今書刻》上編中就有著錄，這是目錄學著作中最早著錄《寧夏志》的。張維 1932 年編《隴右方志錄》時，據（乾隆）《寧夏府志》所載內容著錄《寧夏志》，由於他未經眼《寧夏志》，以爲該書已佚，故著錄其爲佚書，且將書名誤著錄爲《永樂寧夏志》，《寧夏地方志存佚目錄》《稀見地方志提要》等，都沿襲了張維的錯誤。較早披露日藏《寧夏志》信息的是《日本主要圖書館研究所所藏中國地方志總合目録》，但將"朱栴"誤作"朱橚"。《中國地方志聯合目錄》《寧夏地方文獻聯合目錄》《甘肅省圖書館藏地方志目錄》《中國地方志總目提要》等對《寧夏志》也作了著錄或提要。其中《中國地方志聯合目錄》以《寧夏志》重刻時間定其書名爲《萬曆寧夏志》，巴兆祥《中國地方志流播日本研究》下編《東傳方志總目》沿襲此說。

（二）了解整理對象的研究現狀

確定整理對象，並對其有基本的認識和了解後，還需要梳理、分析整理對象的學術研究現狀，主要包括目錄著錄、研究論著、整理成果等三方面的信息。

1. 目錄著錄

查檢古今目錄的著錄內容，可以對舊志修纂者、卷數、流傳、內容、館藏、版本等情況有基本的了解。對著錄的每一條信息，都要結合原志進行核查，發現問題，一定要深入研究。如《中國地方志聯合目錄》《甘肅省圖書館藏地方志目錄》均著錄了一部（乾隆）《平涼府志》，為"清乾隆間修，光緒增修，抄本"。[①] 此書孤本傳世，原抄本藏於南京圖書館，甘肅省圖書館有傳抄本，筆者在開展陝甘舊志中寧夏史料輯校工作時，最初設想把此志作為重要的參校文獻。國家圖書館出版社2012年版《南京圖書館藏稀見方志叢刊》第十五和第十六冊即為《平涼府志》。筆者通過研究發現，古代目錄書中沒有著錄過乾隆時期編修的《平涼府志》，且乾隆以後的平涼各舊志的編纂者也未曾提到過乾隆時期編修《平涼府志》一事，通過對比發現，南圖藏本實際上是撮抄（乾隆）《甘肅通志》中的平涼府部分而成，且成書時間不會早於同治十三年（1874），故其雖為孤本，但無校勘整理價值，所以我們放棄了以此書做參校本的最初設想。

2. 研究論著

充分梳理、分析他人對整理對象的研究成果，一方面，可以使我們清晰地看到學界對整理對象研究的角度及深入程度，避免重複勞動。另一方面，發現已有成果中存在的問題，結合自己的研究糾正這些問題，提高對整理對象的研究水準。如現藏於日本東洋文庫的海內外孤本（光緒）《寧

[①] 中國科學院北京天文臺編：《中國地方志聯合目錄》，中華書局1985年版，第212頁。

靈廳志草》是研究寧靈廳的一手材料，張京生最早撰文研究，[①] 巴兆祥研究最爲詳實，[②] 胡建東、張京生提供了整理文本。[③] 各家整理研究各有優長，部分整理研究成果亦多值得商榷之處。通過研究，我們的結論是：該本係編纂者稿本，正文內容有 67 頁。是書類目設置上全同《甘肅通志》，撰寫方法及輯錄內容則多同（嘉慶）《靈州志蹟》。因其非定稿，故編修體例、內容、文字等方面尚需進一步完善、充實、修訂，但其在研究寧靈廳歷史、地理、經濟、教育、語言等方面的價值還是應該值得肯定。

3. 整理成果

充分重視研讀已有的整理成果，可以幫助我們了解目前整理所達到的水準，明確重新整理所要達到的目標。如《寧靈廳志草》出版過兩種整理本，通過比較研究，我們發現，兩種整理本在整理體例、整理方式、整理結論等方面都存在缺憾。兩書出現多處標點錯誤，誤識原抄本文字，任意剪接原書內容，變亂原書體例，校勘粗糙，原稿中的多處錯誤未能校出，注釋不嚴謹，出現多處誤注現象，等等。有鑒於此，儘管《志草》已出版了兩種整理本，但我們決定還是要重新整理它。

（三）確定底本，選擇參校本及其他參考文獻

通過查檢目錄著錄，實地開展館藏調查，將目驗的各本進行分析比較，梳理出舊志的版本系統後，最終確定一種爲工作底本。原則上，底本當刊刻或抄錄質量較優，內容最全。底本確定後，還要確定一批參校本和他校資料。一般而言，若舊志版本系統不複雜，建議將傳世各本都列爲參校本，以最大限度地發現底本中存在的問題，整理出最優的文本。

他校資料的選擇，在通讀舊志時就開始着手進行。整理者可在通讀原本的基礎上，將舊志中明確提到的他書文獻進行梳理，列爲基本參考文獻，並在其後的整理實踐中不斷充實、完善。他校資料的確定，有的可以根據舊志本身提供的信息來選擇。如《弘治寧夏新志·凡例》言："宦蹟在前代者據正史，在國朝者序其時之先後而不遺其人，備參考也。"這就

[①] 張京生：《〈寧靈廳志草〉考述》，《圖書館理論與實踐》1992 年第 1 期；《歷史的見證——日本藏清稿本〈寧靈廳志草〉的學術價值探析》，《圖書館理論與實踐》2008 年第 6 期。

[②] 巴兆祥：《日本藏孤本寧夏〈寧靈廳志草〉考述》，《寧夏社會科學》2002 年第 5 期。

[③] 《寧靈廳志草》，寧夏人民出版社 2008 年版胡建東整理本；陽光出版社 2010 年版張京生整理本。

提示我們，校勘《弘治寧夏新志》的《人物志》《宦蹟》時，一定要以正史如《史記》《漢書》等為他校材料。《凡例》又說："沿革、赫連、拓跋三《考證》，悉據經史及朱子《通鑒綱目》、本朝《續綱目》摘編。"這提示我們，《弘治寧夏新志》的三卷考證內容，必須要以宋朝朱熹、趙師淵撰《資治通鑒綱目》、明朝商輅撰《續資治通鑒綱目》爲基本的對校資料。《凡例》之後的《引用書目》列舉了編修《弘治寧夏新志》所引的42種文獻，基本按引書成書時代排序。這些文獻，只要有傳世，就一定要將其列入參考文獻之中，因為它們都是《弘治寧夏新志》最直接的史料來源。

　　選擇他校資料時，切不可畫地為牢，只關注某一地區，而是要結合一地的地理沿革情況，擴大他校資料的搜集范圍。歷史上，西北地方陝甘寧三地的地緣關係和政治、文化等關係都非常密切。寧夏在明朝隸屬陝西布政使司管轄，在清朝則隸屬甘肅省管轄，成於明清時期的陝西、甘肅地方文獻特別是舊地方志中，散見有非常豐富且重要的寧夏歷史資料。（嘉靖）《陝西通志》、（萬曆）《陝西通志》、（康熙）《陝西通志》等三志是陝西舊通志中寧夏史料最豐富者。（嘉靖）《平涼府志》所載明朝固原州、隆德縣史料非常系統、豐富。（乾隆）《甘肅通志》、（宣統）《甘肅新通志》是甘肅舊通志中寧夏史料最豐富者。上述六種陝甘舊志中的寧夏史料，為明清寧夏舊志編纂提供了最豐富、最系統的基本史料。明清寧夏舊志多因襲陝甘通志的材料和編纂體例。如寧夏（萬曆）《朔方新志》自（嘉靖）《陝西通志》取材，嘉靖、萬曆《固原州志》自（嘉靖）《平涼府志》取材，（光緒）《花馬池志蹟》自（嘉慶）《定邊縣志》取材，（乾隆）《寧夏府志》、（民國）《朔方道志》從體例到內容分別受（乾隆）《甘肅通志》、（宣統）《甘肅新通志》的影響，等等。同時，明清時期的寧夏舊志也是研究陝甘文史、整理陝甘舊志的重要資料，如明朝正德、弘治、嘉靖三朝《寧夏志》成書時間均早於（嘉靖）《陝西通志》，都可為整理後者提供重要的參校資料。所以，整理陝、甘、寧任何一省的舊志，尤其是通志及相鄰地區的舊志，確定他校資料一定要同時關注另外兩省的舊志資料。

　　另外，出土文獻和檔案材料也是重要的他校資料，過去的研究者均未予重視。如慶靖王朱㮵之名，文獻中還出現過"朱栴""朱㮏"等兩種寫法，筆者據出土於寧夏同心縣的《慶王壙志》，結合明清傳世文獻，考證認爲，慶王之名當爲"朱㮵"而非"朱栴"，更非"朱旃"。再如，《寧夏府志》卷十三《人物》載，寧夏鄉賢謝王寵"壽七十三卒"，而據寧夏靈武出土的《清通義大夫謝觀齋墓誌銘》載，謝王寵生於康熙十年（1671），卒於雍正十一年（1733），享年六十三（虛歲），故可據以改正《寧夏府志》記載的錯誤。

（四）編寫校注說明

校注說明的主要作用有二，一是規範整理方法，二是方便利用整理成果。校注說明要扼要、準確，方法力求易於操作，切忌繁瑣。一篇規範的校注說明是需要反復完善的。舊志正式整理之前，可先據常規的古籍整理規範，就標點、注釋、校勘等工作草擬出基本的校注要求，選擇部分舊志內容先開展預備性整理工作。再結合遇到的具體問題，對校注說明不斷完善。凡多人合作開展舊志整理工作，或在相對固定的時間內整理多部舊志時，校注說明的這些完善步驟尤其重要。必要時，可選擇典型問題，集體討論，形成統一意見。待整理方法合乎規範、易於操作之後，再最後定稿校注說明，讓它成爲大家都要遵守的原則要求，不能輕易改變。

二　整理的具體環節及方法

整理的前期準備工作結束後，就進入具體的整理環節了。下面主要從"錄文""標點""校勘""注釋"等幾方面談談具體的整理方法。

（一）錄文、標點

具體整理舊志的第一個環節就是錄文。高質量地將底本文字轉錄爲可以編輯的文檔，可以有效減少由出版機構照原手稿重新錄排造成的錯誤。一般來說，錄文要求在內容上一仍底本原貌（包括卷帙、卷次、文字、分段等），不改編，以保持內容的原始性、完整性和獨立性，便於整理者與底本對校。將以繁體字出版的舊志，特別需要重視底本存在的異體字、俗體字、通假字、古今字等用字現象，除因特殊的出版要求外，志書原字形不當以意輕改。如有的整理者改"昏"爲"婚"，改"禽"爲"擒"，改"地里"爲"地理"，等等，均顯係誤改。利用軟件進行繁簡字轉換時，要注意其識別率。有些簡體字，軟件無法將其轉換成繁體字，有些甚至會轉換錯誤，如動詞"云"誤轉作"雲"，地支"丑"誤轉作"醜"，職官名"御史"誤轉作"禦史"，表示距離的"里"誤轉作"裏"。因出版要求，還要注意新舊字形問題，如"戶""呂""吳""黃""彥"等為舊字形，相對應的新字形則是"户""吕""吴""黄""彦"。舊志用字，常有字形前後不一現象，如"強、殭、强""蹟、跡、迹""敕、勅、勑""爲、為"等幾組字，可能會在同一部舊志中交替出現，這類字的字形統一當慎重。整理時原則上遵從舊志原版的用字習慣，盡量用原書字形（俗字或異體字）。多種字形混用者，可統一爲出現頻次較多的字形。但有的整理者將"並、并、竝、併""采、彩、綵、採""升、陞、昇"三組字分別統改爲"並""采""升"，就很值得商榷了。

不同的字形，若有其特殊的用途或意義，就不能隨意地合并統改。特别是地名用字，一定不能以今律古。如寧夏平羅縣之"平羅"係清朝開始使用的地名用字，（萬曆）《朔方新志》卷一《地理》中作"平虜"，（康熙）《陝西通志》卷二《疆域·寧夏衛》避清朝諱改作"平羅"。整理時不能將《朔方新志》的"平虜"改爲"平羅"，因爲明朝原本就叫"平虜"，清朝因避諱而改，因此不能因其今名而改動明朝舊志的地名用字。同樣，整理清朝舊志，就需要把明朝的地名回改爲當時的用字。如《乾隆寧夏府志》卷二《地里·疆域·邊界》"北長城"條"雖有平虜城""以故於平虜城北十里許"兩句，"平虜"原均作"平羅"，當據《朔方新志》卷二《外威·邊防》回改爲"平虜"。

整理者錄文時對文稿要做一定的文檔編輯工作，認真閱讀原志，合理區別內容層次及隸屬關係，規範標注各級標題。舊志常用不同的版式風格和大小字體來區分不同類型的內容，錄文時要給予充分的考慮。舊志常用不同類型的符號來標示內容的層級隸屬關係，充分理解了這一點，有助於錄文時對內容進行分段。舊志原版中多雙行小字，有的雙行小字是補充說明性質的文字，有的雙行小字是解釋性文字。錄文排版舊志原版中的雙行小字，若字體、字號同正文文字，就有可能使讀者不能正確判斷原志內容的隸屬關係，有的還可能造成標點符號的混亂，影響對文意的理解。故錄文時，最好以不同的字體、字號把舊志原版雙行小字與正文區別開來。

處理舊志中的地圖等圖像文獻時要注意，舊志往往不用一整幅版面來呈現完整的圖像，而是分兩個半版來呈現，今人整理時最好能將其合二爲一。合成後的圖像文獻盡可能保持版面清晰，必要時可將原版中模糊不清的字蹟、綫條等修飾清晰，以便他人的正確利用，但有一個原則，那就是不能以意亂改。不要改變原字體，不能改變原綫條走向等，盡量保持原版原貌。有些整理者會請專業的繪圖人員照舊圖另外繪制新圖，上述原則也應該遵守。修飾原版中模糊不清的文字時，盡量結合正文中的相應內容如《疆域》《城池》等內容，避免出錯。

舊志標點，可根據現行標點符號的用法，結合古籍整理的通例，進行規範化標點，具體可參考中華書局編寫的《古籍校點釋例（初稿）》（原載《書品》1991年第4期）。爲統一舊志的標點工作，某些要求可以細化。如整理寧夏舊志時統一規定，凡原書中用以注明具體史料出處的"通志""府志""郡志""縣志""新志""舊志"之類，能考證確定所指文獻者，在正文中均加書名號，標點作《通志》《府志》《郡志》《縣志》《新志》《舊志》，並腳注說明具體所指文獻。如："府志：指（乾隆）《寧夏府志》。"凡不能確定具體所指者，則不加書名號，亦腳注說明。如："縣志：具體所指文獻不詳。"

（二）注釋

以往舊志整理，多注重對疑難字詞、典故、人名、地名等的注解，為進一步提高舊志的利用價值，還應加強以下幾方面內容的注釋工作：

1. 史料出處的注釋。舊志於行文中有時會注明史料出處，但無定制，如朱栴《寧夏志》卷上《河渠》所引史料出處包括："酈道元水經""周禮""西羌傳""唐吐蕃傳""李聽傳""地理志""會要""元和志""元世祖紀""張文謙傳""郭守敬傳"等，考諸其文，分別指酈道元《水經注》、《周禮·地官司徒·遂人》、《後漢書》卷八七《西羌傳》、《新唐書》卷二一六下《吐蕃傳》、《新唐書》卷一五四《李晟傳附李聽傳》、《新唐書》卷三七《地理志》、《唐會要》、《元和郡縣圖志》、《元史》卷五《世祖本紀》、《元史》卷一五七《張文謙傳》、《元史》卷一六四《郭守敬傳》，如果整理者不對其引文細加考究並給予注明，讀者恐怕很難判斷引文的具體出處。

2. 原文體例中資料互見者的注釋。地方舊志行文時，常常會出現"見前""見《進士》""見《藝文》""詳見《人物》""詳見《鄉賢》"等字樣，對這些內容進行注釋，一方面可以驗證原志記載是否可信，另一方面，省去讀者查檢之勞。

3. 干支紀年及缺省内容的注釋。舊志紀年多以干支爲主，有的会承前省略帝王年号，有些行文中常常不出现人物全名，只称某公，或只称其职官名，具體年代及人物在原文中沒有交代，故整理者當結合上下文來注釋，以幫助讀者正確理解。如多種寧夏舊志中均收錄有唐朝楊炎《靈武受命宫頌并序》一文，其中有"丁卯，廣平王俶、太尉光弼、司徒子儀、尚書左僕射冕、兵部尚書輔國"句。"丁卯"指何時，廣平王等具體指何人，若不熟悉該序寫作時間及歷史背景的話，很難搞清楚。整理者通過查檢文獻注明，"丁卯"即唐玄宗李隆基開元十五年（727），人物分別指廣平王李俶、太尉李光弼、司徒郭子儀、尚書左僕射裴冕、兵部尚書李輔國，這樣的說明顯然有助於更好地理解原文。

（三）校勘

以往寧夏舊志的整理本中，有價值的校勘成果非常少見，由此更說明，舊志整理一定要加強校勘工作。校勘的方法，常用的是校勘四法，即對校、本校、他校、理校，此四法往往需要綜合運用，不能只是简单地運用其中的某一种方法。筆者校勘《寧夏志》卷上《祥異》"永樂甲戌歲金波湖產合歡蓮一"句，查明成祖"永樂"年號紀年干支名（自癸未至甲辰，1403—1424）中無"甲戌"。《寧夏志》卷下《題詠》錄有凝真（朱栴之號）七律《戊戌歲金波湖合歡蓮》一首，所詠即爲永樂年間金波湖出"祥瑞"合歡蓮一事。故知"永樂甲戌歲金波湖產合歡蓮一"句中"甲戌"當作"戊戌"，永樂戊戌歲即永樂十六年（1418）。

古籍整理要充分吸收已有研究成果，以最大限度地減少原始文本中存在的錯誤，避免利用者以訛傳訛。朱栴編修《寧夏志》卷下錄有兩篇重要的西夏文獻，其中《大夏國葬舍利碣銘》有"大夏天慶三年八月十日建"句，朱栴考證後認爲，葬舍利時間"乃夏桓宗純佑天慶三年、宋寧宗慶元二年丙辰也"。寧夏舊志編者甚至許多當代學者都認同這一結論。據牛達生《〈嘉靖寧夏新志〉中的兩篇西夏佚文》考證，"天慶三年"句當作"大慶三年"，故朱栴的考證結論當改作"乃夏景宗元昊大慶三年、宋仁宗景祐五年戊寅也"。

校勘所用他校資料不能失之過簡，亦不能失之過濫，某些關係明確的他書資料當作爲重要的他校資料重點利用，如《寧夏府志》大量内容來自（萬曆）《朔方新志》和（乾隆）《甘肅通志》，我們就要將這兩種舊志作爲《寧夏府志》最主要的他校資料。關於這一點，可以結合整理前要進行參校文獻篩選工作來理解。校勘成果的表達要規範、簡練，術語使用要準確。校勘時凡改必注，改動一定要有堅實的證據，否則只出異文即可。

三　整理研究舊志規範

（一）整理力求存真復原

整理舊志，不能變亂舊式，隨意在原文中增加原本沒有的文字內容，切忌以今律古。舊志，特別是明清舊志，都有一定的編修體式，不應隨意去變亂它。如許多舊志每條凡例之前都會有"一"這一符號，以使凡例眉目清晰，可有的整理者誤認爲其爲序號，將其改成阿拉伯數字或漢語數目字等。有舊志整理者爲便於讀者統計，往往在山名、河名、人名、詩題、文題等之前添加序數詞，看似眉目清晰了，實則違反了古籍整理的原則。實際上，古人在刻舊志時，往往有一套符號系統表示層次及隸屬關係，今人的隨意增加，實在有畫蛇添足之嫌。更有甚者，會調整原書內容的次序、位置，任意刪併原志，這就完全變成是當代整理者編修的地方志了。宋人彭叔夏在其《文苑英華辨證自序》中記載："叔夏嘗聞太師益公先生（指宋人周必大）之言曰：'校書之法：實事是正，多聞闕疑。'"舊志整理要力求做到存真復原，按照一定的整理原則對舊志進行規範的整理。

（二）研究需要實事求是

評價舊志，一定要事實求是，充分了解舊志編纂的時代性特點，不可苛求古人、求全責備。評價一部舊志的價值，常常從體例、內容兩方面着手，而內容猶重。譚其驤先生曾說過："舊方志之所以具有保存價值，主要在於它們或多或少保留了一些不見於其他記載的原始史料。"① 這實際上要求我們，在評價舊志內容價值時，要區別看待，只有獨見於志書的內容價值才更高些，而那些因襲其他志書，或者自其他史書中摘抄的內容，

---

① 譚其驤：《地方史志不可偏廢，舊志資料不可輕信》，載《中國地方史志論叢》，中華書局 1984 年版，第 12 頁。

其價值就要另當別論了。如寧夏舊志，其科舉、賦稅、公署、學校、藝文等資料多獨見於志書者，而人物類資料多自他志承襲，評價内容價值時，就要慎言人物類資料的價值。另外，寧夏舊志承襲前代史料時多未加以辨别考證，致使其中的錯誤也被承襲，甚至錯上加錯。如隋朝人柳彧徙配地在"朔方懷遠鎮"，自明朝《弘治寧夏新志》始，一直被作爲流寓寧夏的歷史名人而載之史册。明朝胡侍《真珠船》"懷遠鎮"條考證認爲，柳彧徙配地"朔方懷遠鎮"在遼東，與今寧夏無關。《弘治寧夏新志》《嘉靖寧夏新志》《嘉靖陝西通志》《朔方新志》等均誤以爲柳彧流放在今寧夏故地，故載柳彧爲寧夏流寓者。（乾隆）《甘肅通志》亦襲其說。過去研究寧夏舊志者都僅限於舊志本身談其價值，沒能從史料流傳上分析其價值。如評價《銀川小志》内容及學術價值時，有學者認爲該志幾乎將與寧夏有關的歷代詩文全部輯錄在志書中，所輯錄的水利、學校、風俗等資料都很有研究價值，等等，這些觀點值得進一步商榷。實際上，《銀川小志》相當多的内容都是照錄明朝人所編寧夏舊志，並非汪繹辰的獨創。從内容的完整性和全面性來看，該志尚不能與明朝所編的寧夏舊志相比。有學者認爲，寧夏舊志中以資料而論有三條最爲珍貴，其中的一條就是《寧夏府志》中的《恩綸記》。可事實上此段史料最早出自《平定朔漠方略》，《寧夏府志》還將左翼額駙"尚之隆"誤抄作"尚之龍"。

　　加强舊志的比較研究，會有助於提升舊志的研究水準。比如，以往從事西北古代文史研究特别是寧夏古代文史研究者常將寧夏舊志當作第一手資料來利用，而從史源學角度看，這些資料實際上並非"一手"，而多是從陝甘地方志中輯錄的。從現有的寧夏舊志整理成果看，學者也多沒有把陝甘方志資料當作必需的參校資料來利用，致使寧夏舊志沿襲自陝甘方志的文字錯訛衍倒、内容遺漏及新增的文字、内容錯誤問題都沒有得到糾正，使後人以訛傳訛。同時，從事陝甘古代文史研究、開展陝甘舊方志整理研究，也要注意借鑒寧夏舊志的整理研究成果。辨明史料正誤，以避免以訛傳訛。

（三）成果確保完整呈現

　　一部完整的舊志整理之作，至少要包括五部分内容：第一，前言。主要介紹舊志的整理研究現狀、編修始末、編修者、版本、内容、價值等方面。第二，校注說明。說明底本、校本等選擇情況，列舉標點、注釋、校勘等原則。第三，新編目録。舊志一般都有原編目録，但不便今人利用，故要據整理成果編輯眉目清晰、層次分明、使用方便的新目録。第四，舊志正文。第五，參考文獻。目前出版的舊志中，有些不列舉參考文獻，有些參考文獻或按文獻出版時間排序，或按在文中出現的順序排序，或按書名、作者名首字的音序排序，這些都起不到指導學術研究的作用。參考文獻要便於按圖索驥，最好能分類編排。依四庫法進行排列，就是很好的選擇。某些舊志，可根據需要增加索引、附録等内容。編索引可方便使用者查找相關專題資料，附録可在一定程度上彌補舊志正文内容不足的缺點。如民國時期寧夏地區對土地、資源等進行過較爲詳細地調查，形成的調查報告是最原始的檔案資料，這些資料往往散見且不能單獨成書，但它們對有關舊志而言具有很好的補充作用，故應該在附録中予以保留。

  作爲《寧夏珍稀方志叢刊》主編，筆者非常感謝對本叢書出版給予支持的各位學界同仁、學校領導、研究生、責任編輯及家人們。劉鴻雁、柳玉宏、邵敏、蔡淑梅等寧夏大學人文學院青年教師作爲本叢書首批成果的作者，盡心盡力，不厭其煩，堅持不懈，保證了書稿的學術質量，爲完成好本項目帶了個好頭。按計劃，田富軍、安正發等老師將會在本叢書計劃框架内陸續出版整理成果，期待他們也能推出高質量的學術成果。2011年爲寧夏大學"學科建設年"，感謝何建國校長、謝應忠副校長，感謝部門領導王正英、李建設、陳曉芳等老師的大力支持，在他們的直接推動下，以筆者爲學術帶頭人，配合學校開展的學科基層組織模式改革試點工作，組建了"寧夏地方民族文獻整理及阿拉伯伊斯蘭文化研究"學術團隊。寧夏大學提供的制度保障和經費支持促成本學術團隊不斷推出新成果，步入了良性發展階段，本叢書順利出版，當是本團隊對學校的最好回報。人文學院研究生在本叢書出版過程中也貢獻良多。孫佳、韓超、孫瑜、曹陽等是本叢書首批成果的作者，張煜坤、何玫玫、馬玲玲、魏舒婧、穆旋、徐遠超、孙小倩、李甜、李荣、张倩、曲絨、張娜娜、劉紅、蒲婧、王敏等同學在舊志整理、書稿校對過程中也付出了辛勤的勞動。這些同學中有的已畢業離校，有的還將繼續求學。無論他們將來身處何方，從事何種工作，大家共同追求學術的這段經歷應該是難忘的。研究生同學的青春朝氣讓我更加堅信：薪火相傳，學術常新。出版社張林等責任編輯的精心審讀，也讓本叢書學術質量得到了提升。本叢書的順利出版，也要感謝各位作者家人的理解與支持——你們默默無聞的奉獻精神，已幻化成萬千文字，在作者的成果中熠熠生輝。學術成績從來就不是無源之水，無本之木。有了巨人的肩膀，我們才會看得更高、更遠。在寧夏，有一批從事地方文獻整理與研究的學者，他們的探索和努力為我們今天的成績奠定了堅實的基礎，吳忠禮、陳明猷、高樹榆等老一輩學者更為我們樹立了治學的榜樣。因篇幅所限，對學界各位同仁，恕不一一列舉大名。

  此次全面整理寧夏地方舊志，主要由我策劃並組織實施。舊志整理的每一個環節，由我提出具體建議，各舊志底本的選擇、《總序》《前言》《校注說明》的撰寫等也皆由我完成。具體整理過程中，各團隊成員所取得的注釋或校勘等學術成果大家互享，這也體現了我們團隊合作的特色。宋朝沈括在《夢溪筆談》卷二五《雜志二》記載："宋宣獻博學，喜藏異書，皆手自校讎，常謂'校書如掃塵，一面掃，一面生。故有一書每三四校猶有脫謬。'"宋綬（諡曰"宣獻"）家藏萬卷，博校經史，猶有"校書如掃塵"的感概，我輩於整理寧夏地方舊志而言，只能說："盡心而已！"更如《詩經·小雅·小旻》所詠："战战兢兢，如临深渊，如履薄冰。"我們從主觀上力求圓滿，但因學識水平所限，成果中訛誤之處肯定在所難免，敬請學界同仁批評指正。

2015 年 7 月 23 日於寧夏銀川

目　　録

前言 …………………………………… 胡玉冰(1)
校注說明 ………………………………………… (1)

〔勒爾謹〕寧夏府志序 …………………………… (1)
〔永齡〕寧夏府志序 ……………………………… (2)
〔張金城〕寧夏府志序 …………………………… (4)
〔楊守禮〕重修寧夏志舊序 ……………………… (6)
〔楊應聘〕朔方志舊序 …………………………… (7)
〔張金城〕纂修寧夏府志詳文 …………………… (9)
寧夏府志卷首 …………………………………… (10)
　凡例 …………………………………………… (10)
　修志姓氏 ……………………………………… (13)
　寧夏府志目錄 ………………………………… (14)
　寧夏府志圖考 ………………………………… (16)
　　輿圖說 ……………………………………… (16)
　　圖目 ………………………………………… (16)
　　　寧夏輿地全圖 …………………………… (16)
　　　寧夏府城圖 ……………………………… (17)
　　　寧夏滿城圖 ……………………………… (17)
　　　漢唐各渠水利圖 ………………………… (18)
　　　賀蘭山圖 ………………………………… (18)
寧夏府志卷一 …………………………………… (19)
　恩綸紀 ………………………………………… (19)

聖祖仁皇帝西巡紀事 …………………………………… (19)
　　　上諭 ……………………………………………………… (22)
　　　宸翰 ……………………………………………………… (23)
　　　恩詔 ……………………………………………………… (34)
寧夏府志卷二 …………………………………………………… (47)
　　地里 ………………………………………………………… (47)
　　　疆域 ……………………………………………………… (47)
　　　沿革 ……………………………………………………… (53)
　　　星野 ……………………………………………………… (59)
寧夏府志卷三 …………………………………………………… (63)
　　　山川 ……………………………………………………… (63)
　　　名勝 ……………………………………………………… (73)
寧夏府志卷四 …………………………………………………… (79)
　　　風俗 ……………………………………………………… (79)
　　　物産 ……………………………………………………… (82)
　　　古蹟 ……………………………………………………… (84)
寧夏府志卷五 …………………………………………………… (93)
　　建置 ………………………………………………………… (93)
　　　城池 ……………………………………………………… (93)
　　　堡寨 ……………………………………………………… (97)
　　　公署 ……………………………………………………… (109)
寧夏府志卷六 …………………………………………………… (115)
　　　學校 ……………………………………………………… (115)
　　　壇廟 ……………………………………………………… (127)
　　　坊市 ……………………………………………………… (136)
寧夏府志卷七 …………………………………………………… (144)
　　田賦 ………………………………………………………… (144)
　　　丁稅 ……………………………………………………… (144)
　　　賦額 ……………………………………………………… (145)
寧夏府志卷八 …………………………………………………… (164)
　　　水利 ……………………………………………………… (164)
寧夏府志卷九 …………………………………………………… (189)

職官 …………………………………………………… (189)
　歷代官制 ………………………………………… (189)
　歷代職官姓氏 …………………………………… (191)
　皇清文職官制 …………………………………… (215)
　皇清文職官姓氏 ………………………………… (220)
寧夏府志卷十 ……………………………………… (232)
　皇清武職官制 …………………………………… (232)
　歷任姓氏 ………………………………………… (233)
寧夏府志卷十一 …………………………………… (252)
　兵防 ……………………………………………… (252)
　營汛 ……………………………………………… (255)
　驛遞 ……………………………………………… (260)
寧夏府志卷十二 …………………………………… (265)
　宦蹟 ……………………………………………… (265)
寧夏府志卷十三 …………………………………… (294)
　人物 ……………………………………………… (294)
　　鄉獻 …………………………………………… (294)
寧夏府志卷十四 …………………………………… (322)
　科貢 ……………………………………………… (322)
寧夏府志卷十五 …………………………………… (379)
　〔武科〕 ………………………………………… (379)
　〔文武階〕 ……………………………………… (407)
寧夏府志卷十六 …………………………………… (420)
　忠 ………………………………………………… (420)
　孝 ………………………………………………… (429)
　義 ………………………………………………… (432)
　隱逸 ……………………………………………… (436)
　流寓 ……………………………………………… (437)
　耆壽 ……………………………………………… (439)
　仙釋 ……………………………………………… (440)
　方技 ……………………………………………… (441)
寧夏府志卷十七 …………………………………… (444)

列女 …………………………………………………… (444)
寧夏府志卷十八 …………………………………………… (465)
　　藝文 …………………………………………………… (465)
　　　疏奏 ………………………………………………… (465)
　　　賦 …………………………………………………… (480)
　　　議 …………………………………………………… (488)
　　　頌 …………………………………………………… (493)
　　　銘 …………………………………………………… (496)
　　　贊 …………………………………………………… (498)
　　　序 …………………………………………………… (499)
　　　說 …………………………………………………… (502)
　　　傳 …………………………………………………… (503)
　　　書 …………………………………………………… (504)
寧夏府志卷十九 …………………………………………… (509)
　　記 ……………………………………………………… (509)
寧夏府志卷二十 …………………………………………… (558)
　　記 ……………………………………………………… (558)
　　補遺 …………………………………………………… (577)
寧夏府志卷二十一 ………………………………………… (584)
　　詩 ……………………………………………………… (584)
寧夏府志卷二十二 ………………………………………… (641)
　　雜記 …………………………………………………… (641)
　　　紀事 ………………………………………………… (641)
　　　祥異 ………………………………………………… (681)
　　　軼事 ………………………………………………… (686)

〔王宋雲〕寧夏府志後序 ………………………………… (692)
參考文獻 …………………………………………………… (694)
　　一　古代文獻 ………………………………………… (694)
　　二　現當代文獻 ……………………………………… (703)

前　言

胡玉冰

（乾隆）《寧夏府志》22卷，首1卷，清朝張金城纂修，乾隆四十五年（1780）刊刻行世，是寧夏舊志中編修體例最完善、編輯水平最高、内容最豐富者。《八千卷樓書目》卷六《史部·地理類》有著録。

一　整理與研究現狀

《隴右方志録》《中國地方志聯合目録》《寧夏地方文獻聯合目録》《甘肅省圖書館藏地方志目録》《中國地方志總目提要》等對《寧夏府志》都有著録或提要。[①]《方志與寧夏》第二章《寧夏歷代修志綜覽》對《寧夏府志》也有简介。

高樹榆《寧夏方志考》（《寧夏圖書館通訊》1980年第1期）、《寧夏方志録》（《寧夏史志研究》1988年第2期）、《寧夏方志評述》（《圖書館理論與實踐》1993年第3期）、《寧夏回族自治區地方志述評》（載金恩暉、胡述兆編《中國地方志總目提要》，漢美圖書有限公司1996年版），王桂雲《銀川方志述略》（《銀川市志通訊》1988年第3期）等文對《寧夏府志》都扼要加以介紹。馬力《淺談〈乾隆寧夏府志〉》（載高樹榆等編《寧夏方志述略》，吉林圖書館學會1985年内部發行）是較早的一篇專題性、全面研究《寧夏府志》的論文。陳明猷先生研究《寧夏府志》用力最勤。《寧夏封建時代的一座豐碑——論乾隆〈寧夏府志〉》

[①] 中國國家圖書館藏《寧夏府志》爲16册，《寧夏地方文獻聯合目録》著録乾隆四十五年（1780）刻本17册，著録所據當係寧夏人民出版社1988年影印本《寧夏府志》的册數。

（《銀川市志通訊》1989年第1期）一文全面、系統地研究《寧夏府志》，對其學術研究意義揭示得很到位。1992年，陳先生正式出版點校本《乾隆寧夏府志》，爲學者利用、研究《寧夏府志》提供了有較高整理水平的文本。薛正昌《地方志書與寧夏歷史文化（下）》（《固原師專學報》2005年第1期）一文也對《寧夏府志》的内容及文化價值進行了探討，開闢了研究《寧夏府志》的新思路。陳永中《靈州"三賢祠"——〈乾隆寧夏府志〉、〈靈州志蹟〉、〈朔方道志〉校勘三則》（寧夏回族自治區文史研究館編《寧夏文史》第21輯，2005年）對《寧夏府志》中的史料進行校勘。

《寧夏府志》除陳明猷點校本外，另有幾種影印本傳世。臺灣成文出版社1968年版《中國方志叢書》，編入據"清嘉慶三年（1798）刻本"影印的《寧夏府志》。天津古籍出版社1988年版《寧夏歷代方志萃編》，寧夏人民出版社1988年版《寧夏地方志叢刊》，鳳凰出版社、上海書店、巴蜀書社等聯合出版2008年版《中國地方志集成·寧夏府縣志輯》，都據成文出版社版出版了《寧夏府志》。蘭州古籍書店1990年版《中國西北文獻叢書》第一輯之《西北稀見方志文獻》，第50卷爲影印甘肅學者張維藏本《寧夏府志》。

二　編修者生平

張金城編修寧夏志書，組成了一支以寧夏本地人才力量爲主的、職責分工明確的編纂隊伍，共由37人組成。據《寧夏府志·修志姓氏》載，編纂隊伍中，張金城任"纂修"，還有"編輯"6人、"參訂"7人、"校正"4人、"採訪"15人、"繕寫"3人、"監刻"1人。

（一）張金城

據國家圖書館藏清光緒十四年（1888）殷樹森等編《南皮縣志》卷八載，張金城爲直隸南皮縣（今河北省南皮縣）人，生卒年不詳，乾隆十八年（1753）癸酉科拔貢。同館藏民國十七年（1928）鉛印本張金城編（乾隆）《郯城縣志》卷七載，張金城於乾隆二十六年（1761）任郯城縣（今山東省郯城縣）知縣，二十八年（1763）編修的《郯城縣志》刊行於世。據《寧夏府志》卷九《職官》載，四十一年（1776）任寧夏知府。四十五年（1780）張金城纂修《寧夏府志》正式刊行。張金城撰寫了《〈寧夏府志〉序》《纂修〈寧夏府志〉詳文》、志書按語及志書主要內容。

（二）楊浣雨

據《寧夏府志·修志姓氏》載，楊浣雨爲6位編輯之首。楊浣雨字子瀛，寧夏縣（今寧夏銀川市興慶區）人，生卒年不詳。《寧夏府志·修志姓氏》及卷十四《人物》載，曾爲截取知縣，乾隆三十五年（1770）中庚寅科舉人，三十六年（1771）中辛卯科進士。民國十四年（1925）王之臣《〈朔方道志〉序》稱："清乾隆四十五年郡守張公金城續修《寧夏府志》，秉筆者爲朔邑進士楊君子瀛。窮源竟委，考核精詳。"

（三）其他人員

據《寧夏府志·修志姓氏》載，"編輯"中：張映梓爲乾隆十五年（1750）庚午科副榜生，候銓教諭；楊夢龍爲三十三年（1768）戊子科舉人，原任直隸寧津縣知縣；王宋雲爲三十三年（1768）戊子科舉人，候銓知縣，有《〈寧夏府志〉後序》傳世；王三傑爲三十五年（1770）庚寅科副榜生，州判借補宛平縣主簿；王永祐爲寧朔縣廩生。

"共謀編輯"即"參訂"者7人都爲寧夏所屬各州縣行政官員，包括署寧夏府水利同知德慧、寧夏府理事同知文光、寧夏縣知縣宋學淳、署寧朔縣知縣佟躍岱、平羅縣知縣杜耕書、靈州知州黎珠、中衛縣知縣王臣。

"校正"者4人，包括寧夏府廩生張大鏞，寧夏縣廩生楊潤、周朝相，寧朔縣廩生田霈，均爲在學學生。"採訪"者最多，他們主要負責搜集各種與寧夏有關的材料，共15人，既有學官，也有學生，包括寧夏府學教授黃元春、張科，寧夏府學訓導楊生芝，寧夏縣學教諭潘醇德、寧夏縣廩生朱文煥，寧朔縣學教諭丁誠衷、寧朔縣廩生康發秀、寧朔縣廩生任岳宗，平羅縣學訓導連進本，靈州學學正張璉，中衛縣學教諭申桐、中衛縣學訓導牛亢，原任岷州訓導劉鎧，貢生候銓教諭李德恒，貢生、候銓訓導巫兆元。"繕寫"者3人，包括寧夏府廩生趙瑛，寧夏縣廩生徐乃雄、鈕曰康，均爲在學學生。"監刻"者1人，爲寧夏府經歷劉枋。

三 編修始末、原則及特點

明清時期，寧夏的地方長官到任伊始，常常會把編修當地志書作爲主要的工作來抓。地方官員對於編輯志書重要性的認識，分巡寧夏道永齡的觀點很有代表性，他說："吾儕受寄任理一方之民，率由憲典，以免愆忘，固厚幸矣！然而風土異宜，民俗異尚，設施之序有緩急，潤澤之道有通方，以殊鄉遠所之人蒞事於此，其孰從而知之？官司之案牘，因陳累積，連楹充棟，或塵蠹斷爛而不可校，一日到官，欲得其要領，其孰從而求之？然則郡志之輯，其資於理也，不誠大哉！"寧夏知府張金城也認識到，各地的志書"蓋以著其地里、風俗，以備蒞事者之稽考。而輶軒采風、太史載筆，亦將於是乎取資焉，典至重也。……而寧夏紀載之缺，因襲簡陋，舉前代斷編轉相承授而莫之省"。

《寧夏府志》的編修是有一定難度的，最大的難度在於文獻資料的匱乏。正如《修志凡例》所言："邊土藏書既少，不能博徵，而震災以前，官司案牘亦多殘缺，搜討雖不遺餘力，疏漏固在所難免。"前朝所修的志書原本應該是很好的參考文本，但清人似乎對這些志書的編修品質都不太認同，甚至連志書名稱都不想沿襲。《修志凡例》載："寧夏舊志曰《朔方志》。……至元始有'寧夏'之號。今寧夏地不盡古朔方地，故改名《寧夏府志》，著其實也。"《寧夏府志》"編輯"王宋雲撰《〈寧夏府志〉後序》中總結了明朝4次比較重要的修志活動，包括慶靖王修《寧夏志》、胡汝礪修（弘治）《寧夏新志》（下文簡稱《弘治寧志》）、管律修（嘉靖）《寧夏新志》（下文簡稱《嘉靖寧志》）、楊壽修（萬曆）《朔方新志》（下文簡稱《朔方新志》），對於其後所修志書也作了介紹，包括明朝天啟、崇禎年間編奏記數篇，清朝唐采臣補刻《朔方新志》，寧夏道員楊灝、知府王應瑜、寧朔縣知縣周克開等編修志書的活動。這些志書，有的雖有傳書，但清人認爲其記載內容有限，有的志書則只是動議而已，未有成書。有的雖然完稿，但未刊行。明朝"壬辰兵燹"，大量的政府公文、檔案被毀，再加上"夫寧夏自震災後，故家藏書世牒與鄉先賢之撰述，灰燼之餘，十不存一。"天災人禍，使寧夏很多的文獻泯滅不可考了。故如果再不對寧夏志書進行編修的話，現任地方官員可能就會成爲歷史的罪人了。張金城深刻地認識到了這一點，所以他說："夫後人惜前人之不爲，而復望後人曰'有待在官之事'，輾轉因仍，以至廢墮而不可復理，大率以此。金城既守此土，既任此責，是以不揣鄙陋，偕我同志，勒成此書，亦聊以供蒞事者之考稽，備太史輶軒之採擇。後之覽者，誠鑒其不敢諉謝之由，而寬其不學自擅之咎，則厚幸矣！"於是他花了兩年的時間來準備，終於在就任的第三年組織起了編輯隊伍，開始編修《寧夏府志》。《寧夏府志》編修始末，張金城撰《〈寧夏府志〉序》《纂修〈寧夏府志〉詳文》以及王宋雲撰《〈寧夏府志〉後序》等介紹得最爲詳細。

張金城於乾隆四十五年（1780）七月所撰《〈寧夏府志〉序》載："戊戌之秋，乃與同官諸君共謀編輯。又得郡之文學士若而人攸助焉。比事屬類，博徵慎取，孜孜考訂，閱歲始得脫稿。捐貲立局，鳩工剞劂，又八月而書始成，凡二十二卷。"據張序可知，《寧夏府志》於乾隆四十三年（1778）秋天開始策劃編輯，在編纂人員的共同努力下，一年以後，也就是乾隆四十四年（1779）秋脫稿，然後又用了8個月的時間雕版刊印，大約在乾隆四十五年（1780）七月，22卷《寧夏府志》正式印成發行。

張金城親自擔當"纂修"大任，志書的編修體例、入《人物》的人選和入《藝文》的詩文，都由他來最後決定。《修志凡例》載："採訪編輯，則郡中文學諸君共爲襄贊。至體例之分併，人物之進退，藝文之取捨，皆手訂焉。"《纂修〈寧夏府志〉詳文》載："爰與本郡文學諸人，謀紹往昔方輿之載，分門別類，補缺訂訛。"王宋雲撰《〈寧夏府志〉後序》亦曰："今太守公任事之三年，政通人和，百度修舉。爰及斯志，命雲等相與編纂，而公裁定焉。"取材的基本原則是："義例多以省志爲宗，用昭盛世同文之範。紀載則以本朝爲重，兼取前書部錄之遺。編纂得成，剞劂有待。"可知，《寧夏府志》編纂體例主要參照《甘肅通志》，所記內容以記載清朝寧夏事爲主。在資料的獲取上，要以輯錄本朝資料爲重點，有的需要直接沿襲舊志或他書資料，同時更要以政府公文檔案爲基本材料，梳理各項制度的因革損益情况；同時要注意進行民間資料調查，努力搜集幾近湮沒的歷史事件或人物事蹟，如王宋雲撰《〈寧夏府志〉後序》所曰："刪舊志之繁蕪，詳本朝之制度。稽之列史，以補缺漏；衷之通志，以一體裁。徵考之於案牘，以著因革之由；採詢之於閭閻，以彰幽隱之蹟。於是一州四邑方數千里之地，二百餘年間之事，披卷瞭然可指諸掌矣！"

《寧夏府志》未列出其引用書目，但在有關的一些材料下注明了材料出處。從《寧夏府志》成書情況看，《弘治寧志》《嘉靖寧志》《朔方新志》等寧夏舊志是其主要的取材文獻，行文中常統稱爲"舊志"或"新志"。另外，還引"正史"類《史記》《漢書》《後漢書》《晉書》、新舊《唐書》《宋史》《金史》《元史》等，紀事本末類的《平定朔漠方略》，地理類《水經注》《荆楚歲時記》《元和郡縣志》《太平寰宇記》《廣輿記》《九邊考》等，特別還徵引《大明一統志》《甘肅通志》《靈壽縣志》《寶豐縣志》《中衛縣志》《朔方縣志稿》等舊志材料。引用子部文獻《容齋隨筆》《夢溪筆談》《桯史》《自警編》的材料基本上是沿襲舊志所爲。《寧夏府志》卷三《地理·名勝》記載中衛的十二景時，在"青銅禹蹟""羚羊松風"等二景的材料中均提及當地百姓的傳聞材料。

編修的基本特點如張金城所言："大抵務爲詳，不務爲簡；取其實，不取其華。自舊志斷後迨我朝鼎新以來，二百餘年之事有可考者，亦庶幾乎備矣。"《纂修〈寧夏府志〉詳文》載："事苟係於民生，務使源流洞徹。言期衷諸體要，無取藻繪鋪張。"從內容上看，確如《凡例》所言："茲志名雖因前，實同草創。蓋舊志斷自前明，我朝定鼎後，百度維新，凡土田、賦役、官制、兵防，畫一周詳，足昭萬世法守，故志內一以本朝憲章爲重。舊志所載，則兼採附書，以備掌故。大抵因仍者什之二三，草創者什之七八。"寧夏地區明朝萬曆四十五年至清朝乾隆四十五年（1617—1780）163年的歷史資料有許多幸賴此志，保存至今。

四　內容及編修方法

《凡例》第一條說明《寧夏府志》編纂體例仿（乾隆）《甘肅通志》，根據寧夏實際情況，有些內容太少、不能獨立成卷的就進行省併，曰："《甘肅省志》義例遵《一統志》，今《寧夏府志》亦多遵省志。其間或有事簡文略不能成卷者，則併省附載焉。"

雍正七年（1729），清朝巡撫甘肅都察院右副都御史許容等奉敕纂修《甘肅通志》，乾隆元年（1736），50卷本《甘肅通志》刊刻竣工。卷首包括《凡例》《目錄》《修志銜名》，正文包括：卷一《圖考》，卷二《星野》，卷三《建置》，卷四《疆域》，卷五、卷六《山川》，卷七《城池》，卷八《公署》，卷九《學校》，卷十、卷十一《關梁》，卷十二《祠祀》，卷十三《貢賦》，卷十四《兵防》，卷十五《水利》，卷十六《驛遞》，卷十七《蠲恤》，卷十八《鹽法》，卷十九《茶馬》，卷二〇《物産》，卷二一《風俗》，卷二二、卷二三《古蹟》，卷二四《祥異》，卷二五《陵墓》，卷二六《封爵》，卷二七至卷二九《職官》，卷三〇至卷三二《名宦》，卷三三《選舉》，卷三四至卷三六《人物》，卷三七《忠節》，卷三八《孝義》，卷三九《隱逸》，卷四〇《流寓》，卷四一《仙釋方伎》，卷四二、四三《列女》，卷四四至卷四九《藝文》，卷五〇《雜記》。根據寧夏實際情況，《寧夏府志》"兹志內分類凡三十四，總爲八門。若風俗、物産皆因乎地者也，故統於'地理'；學校必有廨舍，祠祭必有壇廟，故統於'建置'；水利以利民食也，故統於'田賦'；兵防、營汛、驛遞，張官之餘也，故統於'職官'；科貢、文武仕宦，皆邦人之表表者也，故統於'人物'。其他各以類相屬，亦紀事提要，以便覽觀云耳。"

《寧夏府志》體例上模仿《甘肅通志》的痕蹟是很明顯的。其卷首也主要由《凡例》《修志姓氏》《目錄》等内容組成，正文内容共8大類，包括：卷一《恩綸紀》，卷二至卷四《地理》，卷五、卷六《建置》，卷七、卷八《田賦》，卷九至卷十二《職官》，卷十三至卷十七《人物》，卷十八至卷二一《藝文》，卷二二《雜記》。《寧夏府志》仿《甘肅通志》，在每一大類首卷開篇有簡短的小序，說明類目設立的淵源和目的。某些類目之後還附有張金城的按語，對於志書所載史實發表議論，或者補充若干材料入志。《甘肅通志》原獨立成卷的《學校》《祠祀》《兵防》《水利》《驛遞》《物産》《風俗》等7門内容在《寧夏府志》中分別併省或附載到《建置》《職官》《田賦》《人物》《地理》等門中，每門之下又設類。《凡例》曰凡34類。筆者統計，實際爲55類目，如果加上附於類目之下的小類目，共61類目。

在内容上，《甘肅通志》卷三《建置》、卷四《疆域》、卷六《山川》、卷七《城池》、卷八《公署》、卷九《學校》、卷十一《關梁》、卷十二《祠祀》、卷十三《貢賦》、卷十五《水利》、卷二〇《物産》、卷二一《風俗》、卷二三《古蹟》、卷二八《職官》、卷三二《名宦》、卷三六《人物》、卷三七《忠節》、卷三八《孝義》、卷四〇《流寓》、卷四三《列女》等卷帙中均有"寧夏府"專條，成爲《寧夏府志》最主要、最集中的資料來源。

《寧夏府志》卷首包括序5篇、《凡例》19條、《纂修〈寧夏府志〉

詳文》《修志姓氏》《總錄》《圖考》等共6部分內容。序包括兵部尚書兼陝甘總督勒爾謹、寧夏兵備道員永齡、寧夏知府張金城等3人各寫的《〈寧夏府志〉序》，三序之後是明朝楊守禮撰《重修〈寧夏志〉舊序》、楊應聘撰《〈朔方志〉舊序》。《凡例》各條詳細說明各卷內容的編修方法。張金城撰寫的《纂修〈寧夏府志〉詳文》主要強調《寧夏府志》編修的歷史背景、現實意義及編修程式。《修志姓氏》著錄了37位參與《寧夏府志》纂修、參訂、編輯、採訪、校正、監刻等工作的人員姓名、籍貫、科第或官職。《總目》即《目錄》。《圖考》包括《輿圖說》和《圖目》兩部分內容。前者詳細說明圖示寧夏山河、城寨的意圖，後者標注各圖的名稱，有《寧夏輿地全圖》《寧夏府城圖》《寧夏滿城圖》《漢唐各渠水利圖》《賀蘭山圖》等5幅圖。①

　　傳世的明朝寧夏方志中附錄與寧夏有關的圖畫始自《弘治寧志》，其後《嘉靖寧志》《朔方新志》也都附錄有圖畫。《甘肅通志》卷一《圖考》中與今寧夏有關的圖共8幅，包括《寧夏府州縣圖》《寧夏府城圖》《固原鎮圖》《寧夏鎮圖》《八旗駐防滿城圖》《六盤山圖》《賀蘭山圖》《寧夏河渠圖》。《大清一統志》卷二○四附有《寧夏府圖》一幅。《寧夏府志》明顯仿《甘肅通志》，且第一次對各圖畫的意義進行了闡釋。《輿圖說》曰："寧夏郡方數千里，四縣一州之域，城壁堡寨，星羅棋布者凡數百；河渠灌注，支分派別者殆千計。書冊方幅中，不能悉也。今撮其綱要，列爲五圖。有總圖，疆域辨矣，城壁堡寨，居厄塞、駐兵防者皆見焉。府城，一方之都會也；滿城，屯勁旅，保障之重也。各爲圖。渠則圖其在夏、朔、平三邑者，官司之所經理，工役繁，利賴尤大也，其他俱詳於書。若夫朔方名勝，舊志分列八景、十景，今或存或不存。右山而左河，實此邦之勝概也，河已見渠圖，別爲賀蘭山圖。觀其岡巒之層疊，體勢之綿遠，昔人題詠，亦庶可於朝暉夕陰間得其仿佛矣。"

　　《寧夏府志》將《恩綸紀》列爲卷一，包括《聖祖仁皇帝西巡紀事》《上諭》《宸翰》《恩詔》等4類目內容，共55頁。寧夏志書中設置《恩綸紀》，專記與皇帝有關的文獻，《寧夏府志》是第一家，這也從一個側面反映了乾隆時期中央集權得到進一步加強的現象。《凡例》解釋說：

---

① 乾隆四十五年（1780）原刻本五幅圖均標注有圖題，無"寧夏"二字，"漢唐各渠水利圖"標注的圖題是"唐漢各渠圖"。陳明猷點校本對原圖題有改動。

"寧夏幸際聖祖皇上西巡，荒徼小民並得仰瞻天顏，尤屬遭逢異數。若僅隨事例分載，不足彰省方盛典，謹另編一冊，並列聖宸翰、前後賑恤詔書，統曰'恩綸'，列之第一，用志臣民歷世感德之意。"康熙三十六年（1697）清聖祖玄燁巡邊寧夏，對研究康熙皇帝的生平乃至研究清初平定噶爾丹的歷史都有重要的參考價值。《寧夏府志》記康熙西巡事，始於康熙三十六年（1697）二月丁亥車駕發京師，終於同年五月乙未車駕還京師，對於每天發生的重要事情，特別是康熙的一言一行都有詳細記載，類似官修的皇帝實錄。《清實錄·聖祖康熙皇帝實錄》卷一八〇至卷一八三、《平定朔漠方略》卷二〇至卷二五都記錄了康熙三十六年（1697）西巡寧夏事。但《寧夏府志》的取材卻沒有依據《實錄》，《凡例》解釋了這些材料的來源："康熙三十六年，聖祖西巡寧夏，距今八十餘年。雖民間傳頌盛事如新，而《聖祖實錄》非外臣所能備識，今志皆就《平定朔漠方略》所載，事係寧夏者，以次編錄。其傳說無徵者，並不敢闌入，以昭慎重。"①《上諭》收錄康熙巡行寧夏結束返回京師降於寧夏的聖旨1道。《宸翰》錄清朝康熙、雍正、乾隆三朝皇帝所降與寧夏相關的碑文、祭文12篇，《恩詔》錄康熙、雍正、乾隆三朝皇帝所降與寧夏相關的聖旨36道。

《寧夏府志·地理》包括《疆域》（《形勢》附）、《沿革》《星野》《山川》《名勝》《風俗》《物產》《古蹟》（《陵墓》附）等10類目，共3卷68頁，其中卷二26頁、卷三22頁、卷四20頁。各類目對於寧夏郡、寧夏縣、寧朔縣、平羅縣、靈州、中衛縣等情況分別說明，若有重複之處，則重點介紹各自轄境內的情況。各類目情況介紹一般先引舊志或他書材料，然後再將最新的材料附於其後。內容編排上仿康熙二十四年（1685）成書的《靈壽縣志》，將以往志書編入《天文》類的"星野"內容調整到"地理"類中敘述。《寧夏府志》將寧夏各地自秦至明的地理沿革情況用表格的方式分別說明，清朝的地理沿革情況則於表後用文字敘

---

① "朔漠"，乾隆四十五年（1780）原刻本誤作"沙漠"，點校本同誤。據改。《四庫全書總目》卷四九《史部·紀事本末類》載，《親征朔漠方略》40卷，清朝大學士溫達等撰。康熙三十五年（1696）二月，以噶爾丹數為邊患，康熙皇帝親統六師往征，噶爾丹僅以身免，清軍凱旋。同年九月，康熙再幸塞北，降噶爾丹所屬諸部。三十六年（1697）二月，又親征之，噶爾丹敗亡，朔漠悉平。康熙詔溫達等考定平噶爾丹始末，四十七年（1708）成此《親征朔漠方略》。參見（清）永瑢等《四庫全書總目》，中華書局1965年版，第440頁。

述。對於寧夏歷史上屬漢朝朔方郡還是北地郡，《寧夏府志》"附論於後，以俟博識者更徵考焉。"

《建置》包括《城池》《堡寨》（《橋梁》附）、《公署》《學校》《壇廟》（《寺觀》附）、《坊市》（《街巷》附）等9類目，共2卷92頁，其中卷五37頁、卷六55頁。對於寧夏府直屬的府城、縣城，記其大小高厚和修建年月，其餘所屬州縣小城，只記其相隔距離，不詳細考證。每座城池都用很詳細的數據來描述，爲考古發掘或考察古城遺址提供了資料。對於寧夏古代堡寨除了記其名稱及離城距離外，還在按語中對這些堡寨取名特點進行了分析，隨後又舉例說明，認爲："寧夏堡寨，或以人名，或以事名，以地名。"分析很符合實際。從《寧夏府志》內容看，清朝寧夏各地方是比較重視學校教育事業的，《學校》主要記載府學、縣學和社學的基本情況，學院如揆文書院、朔方書院、銀川書院的歷史沿革。對各地學官所在位置，建築佈局，内部陳設禮器名稱、數量等，享受祭祀的人物姓名，皇帝御賜匾額、碑文以及學校存貯書籍情況等記敘詳細。

《田賦》包括《丁稅》《賦額》（《鹽茶雜稅》附）、《水利》等4類目，共2卷98頁，其中卷七42頁、卷八56頁。《寧夏府志》對於寧夏地利的記述非常恰當，曰："寧夏土田，大抵近山者雜沙礫，濱水者多硝鹻。"賦稅資料"皆就現額登載，舊牘不復臚列"。也就是說，只記載張金城在任時當繳的賦稅額度，強調了其時效性。《田賦》中詳細記載各州縣上中下三等田地的數額、應徵的夏秋各色糧食、穀草和折銀的數額，以及應徵丁銀的數額；又記載鹽法、茶法和雜稅制度。這些資料顯然是研究清朝寧夏經濟史的寶貴資料。

"水利爲田賦根本，寧夏資河渠灌溉，號稱沃壤。"水利發展對於寧夏至關重要，張金城曰："河渠爲寧夏生民命脈，其事最要。然人知寧夏有渠之美，而不知寧夏辦渠之難。"《寧夏府志》專列一卷記敘寧夏水利諸事，得到了時任分巡寧夏兼管水利驛務的永齡的讚賞，他說："論寧夏者曰：'三面據邊，獨以一面遮罩關陝，此岩疆也。'又曰：'擅河渠之利，豐稻秋，足魚鹽，此沃壤也。'蓋嘗思之：國家德威遠播西陲，萬里外咸效貢職，邊境之寧謐，跨前古未有也。而於寧夏置滿營，屯勁旅，計至深遠矣。若夫河渠之利，生齒日以繁，田疇日以辟，漢、唐渠外，益以大清、惠農之疏鑿，而灌溉之利恒苦其不足，寧夏之政，方今所重，信無逾此者。今觀張公之志，條分縷析，綱舉目張，而於水利一端，尤源委周悉，言之諄諄。張公於此，誠可謂識治要者矣。"《水利》輯錄乾隆十七年（1752）甘肅巡撫楊應琚頒佈的《浚渠條款》和張金城的按語，是寧夏維修渠道和管水用水制度的重要文獻。古代官員常常撰文、賦詩來紀念興修水利之事，從全書體例考慮，《寧夏府志》把與寧夏水利有關的碑記、詩頌等全部列入《藝文》部分。

《職官》包括《歷代官制》《歷代官姓氏》①《今官制》②《歷任姓氏》③《武官制》④《歷任姓氏》《兵防》《營汛》《驛遞》《宦蹟》等10類目，共4卷187頁，其中卷九72頁、卷十38頁、卷十一27頁、卷十二50頁。以前寧夏舊志，把慶靖王官封寧夏之事列為一個專題，記其世系。《凡例》曰："今考寧夏，前古祚土者絕少，獨有明慶靖王分封兹土，傳十餘世，而其中賢王事蹟可紀者，亦復寥寥，未足自成一帙。漢以後，王爵齊於五等，宗藩守土屏翰，亦臣職也，故並其官屬，悉附於'職官'後。"《寧夏府志》做出了一個重要的調整，把記慶靖王世系的內容不再像其他寧夏志書那樣和其他大類並列，而是將其附屬於《職官》內。做出這樣的處理，顯然有維護中央皇權的用意。能被《宦蹟》所載者，一般是對一地治理有特殊貢獻者。《凡例》載："舊志所載，元以前多略，而有明一代凡官斯土者概列宦蹟，涇渭不分，似乖體例。"所以，編修《寧夏府志》時，對明以前官員有惠于寧夏者又有補充，其他只是恪盡職守、並無突出事蹟者只將其姓名錄入《職官》中，事蹟不再列入《宦蹟》。至周秦迄清朝乾隆時期，入《宦蹟》者有163人。

把《寧夏府志·職官》的部分內容和寧夏其他舊志相同內容相比勘時我們發現，兩者的資料有一定的互補性。如中衛縣知縣，（乾隆）《中衛縣志》卷五《官師考》中，記載有雍正五年（1727）任職的王鳳翔，《寧夏府志》漏載，而《寧夏府志》記載乾隆三十三年（1768）任職的劉若珠，（乾隆）《中衛縣志》、（道光）《續修中衛縣志》都漏載了。中衛縣學教授，（乾隆）《中衛縣志》記載有13位，刊行時間晚于它的《寧夏府志》卻未載1人。中衛縣學教諭，《寧夏府志》記載的乾隆四十年

---

① 《寧夏府志》正文作"歷代職官姓氏"。
② 《寧夏府志》正文作"皇清文職官職"。
③ 《寧夏府志》正文作"皇清文職官姓氏"。
④ 《寧夏府志》正文作"皇清武職官制"。

（1775）任職者葛之蓉、四十二年（1777）任職者張堯甸、四十三年（1778）任職者申桐等3人，（道光）《續修中衛縣志》漏載了。

《人物》包括《鄉獻》《科貢》《武科》《文武階》①《忠》《孝》《義》《隱逸》《流寓》《耆壽》《仙釋》《方技》《列女》13類目，共5卷225頁，其中卷十三48頁、卷十四41頁、卷十五48頁、卷十六45頁、卷十七43頁。入《鄉獻》者主要考察其德其功，不考慮他是否曾經爲官，共163人入傳。一般生者不入《人物》，但《耆壽》中百歲老人王璽、94歲的朱奇略二人當時尚在世。入《方技》者主要爲精通醫術、占卜者和工書畫者。入"節婦"之列者也不論存歿，只要被認定是守貞操者就可入傳。《寧夏府志》專設一卷《列女》，特意又表彰烈女節婦，特別要尋訪過去志書中有遺漏者，將其事蹟錄入志中，同時強調入傳者不可濫及。《寧夏府志·人物》很多内容明顯是襲自明朝志書，只不過輯錄時略有改動。如《仙釋》部分，輯錄有賀蘭二老、永濟尚師、黑禪和尚、海珠和尚等4人事，查傳世的寧夏舊志，朱㮮《寧夏志》卷上《名僧》中錄永濟尚師、黑禪和尚事，《祥異》中錄張秋童事。《弘治寧志》卷二《仙釋》錄海珠和尚事，《嘉靖寧志》卷二《仙釋》《朔方新志》卷三，《仙釋》《銀川小志·寺觀》後都同《弘治寧志》，錄4人故事。前文已述及，各志在輯錄4人故事時，又相繼出現了一些問題。《寧夏府志》也同樣出現了問題。如"永濟尚師"條中，與《弘治寧志》《嘉靖寧志》《朔方新志》《銀川小志》一樣，"通三學"誤作"通五學"，"祖師馬"誤脫作"祖師"。但"釋氏之宗"句同《朔方新志》不誤，而《弘治寧志》《嘉靖寧志》《銀川小志》均誤。"張秋童得錢"條，《寧夏府志》改題爲"明賀蘭二老"，沿襲了《弘治寧志》的部分刪節、改寫，但同《嘉靖寧志》，將《弘治寧志》"二者"的錯誤糾正改爲"二老"。同時糾正《嘉靖寧志》的衍文錯誤，刪"賀蘭山"3字後衍的"後"字。

《藝文》按文章體裁分類，將事關寧夏的文獻分成《奏疏》《賦》《議》《頌》《銘》《贊》②《序》《說》《傳》《書》《記》《詩》12類目，共4卷215頁，其中卷十九80頁、卷二〇63頁、卷二一72頁。有關寧夏藝文，《凡例》曰："寧夏夙稱文物之區，而篇翰遺留絕少，大抵志乘間

---

① 《寧夏府志》原編《目錄》標注，正文無此標目。
② 《寧夏府志》原編《目錄》未標注，正文中有標目。

缺既久，加以戊午震災，家藏著作焚毀又多。故《藝文》所錄，舊志外，不及其半，網羅散失，珍惜倍深。然或無關風土民情者，仍不收載，以乖志體。"此部分内容中，共錄：詩文346篇（首），其中收錄《頌》《銘》《贊》《說》《傳》各1篇、《賦》《序》各2篇、《書》4篇、《議》5篇、《奏疏》14篇；《記》共58篇，其中宋至明朝36篇、清朝22篇；《詩》共300首，① 其中唐詩20首、宋詩2首、元詩1首、明詩91首（含詞8首），清詩186首。

《雜記》包括《紀事》《祥異》《軼事》等3類目，另附王宋雲《寧夏府志·後序》，共1卷86頁，其中王宋雲後序3頁。《紀事》類目，始自漢武帝元朔二年（前127）二月，止于明朝萬曆四十三年（1615）九月，編年記述了寧夏一千七百四十二年的歷史。②《凡例》說明是仿清朝陸稼書修《靈壽縣志》而設，"今亦編列寧夏往蹟凡見史傳者爲一册，非徒稽古，撫綏安攘之方亦可取鑒焉。"《祥異》類目的設置與以往舊志有不同，在歸類上由過去的《星野》類中調整到了《雜記》中。記述内容始自北魏太武帝始光三年（426），止於清朝乾隆四十年（1775），共記一千三百四十九年的祥異事件。其中關於地震的資料充分說明，寧夏是地震多發地區。《寧夏府志》記載的最早的一次寧夏地震發生在唐貞觀二十年（646）靈州地區，最後一次也是最詳細的一次是乾隆三年（1738）十一月二十四日寧夏大地震。所載有明確時間的地震中，唐朝有3次，宋朝有2次，元朝有4次，明朝有14次，清朝有3次。

《軼事》共10條，其中9條是西夏事。第10條"鐵柱泉窟"事原注出處爲《朔方志》，過去有學者認爲當指《嘉靖寧志》，其實不然。查傳世的寧夏舊志，"鐵柱泉窟"事最早見載於《弘治寧志》卷三《靈州守禦千户所·祥異》，此後寧夏舊志都轉錄，但有重要的信息遺失和文字錯誤發生。《嘉靖寧志》轉錄時，"景泰年"作"景泰間"，"堅不能入"句後脱"此蓋古僧墓而設"7字。《朔方新志》除沿襲《嘉靖寧志》之誤外，"李註者"又誤作"李姓者"。《寧夏府志》把《嘉靖寧志》和《朔方新志》的問題都沿襲下來了，其後的（嘉慶）《靈州志蹟》也誤同《寧夏府志》，同時又脱最後一句"機械如洛陽也"6字。

---

① 有一題多詩現象。
② 有學者稱《乾隆寧夏府志·紀事》是以紀事本末體記寧夏事，實誤。

《雜記》部分大部分材料都與西夏有關，如《紀事·宋》基本相當於西夏簡史，《祥異·宋》輯録的全是西夏之事。考核這些史料之源，均襲自《弘治寧志》。

五　版本流傳情況

《寧夏府志》乾隆四十五年（1780）刻本流傳較廣，北京、甘肅、寧夏等地的圖書館均有收藏，東洋文庫等海外藏書機構也有藏。臺灣成文出版社《中國方志叢書》影印版《寧夏府志》，稱是據"嘉慶三年刊本"影印，實際上《寧夏府志》并不存在所謂的"嘉慶三年刻本"。其後，天津古籍出版社、鳳凰出版社等相繼據成文出版社本影印出版了《寧夏府志》，鳳凰出版社對原影印本中存在的個别排版錯誤進行了訂正。蘭州古籍書店影印出版了西北著名學者張維抄補本。寧夏人民出版社影印本或爲民國時期新印本，版本特徵與中國國家圖書館藏本最爲相近。下面以國家圖書館藏乾隆四十五年原刻本（簡稱"乾隆本"）爲參照，對《寧夏府志》的版本作一分析。

（一）中國國家圖書館藏乾隆刻本

乾隆本卷首共35頁。其中：勒爾謹序3頁，每半頁7行，行12至14字。永齡序6頁，每半頁6行，行10至12字。張金城序5頁，每半頁7行，行11至14字。以上三序均爲單、黑魚尾，四周單邊。其後楊守禮序1頁，楊應聘序2頁，《凡例》6頁，《纂修〈寧夏府志〉詳文》2頁，《修志姓氏》3頁，《目録》5頁，《圖考》2頁，均爲單、黑魚尾，四周雙邊，每半頁9行，行19至21字。

正文共22卷1026頁，均爲單、黑魚尾，除卷一《恩綸紀》爲四周單邊外，其他各卷均爲四周雙邊，每半頁9行，行19至22字。《寧夏府志》版式很有時代特點，凡遇與乾隆皇帝有關之事，有"皇祖""聖祖""上諭""御制""御纂""欽定"等字眼的句子，多换行，且首字頂格，以示敬。如卷一，需要顯示其重要性的字眼在雕版時要凸出上邊欄一字的位置，卷六則將"御""欽"等字眼凸出上邊欄一字的位置雕印。但有些需要换行、頂格以示尊敬的内容没有做任何技術處理。從字體風格看，國圖藏乾隆本部分内容可能係抄補而非原刻。如卷九第29頁抄寫字體纖柔，綫條較細，與第 28 頁的刻字風格截然不同。卷二〇第 35、36 頁，卷二一第 61、63 頁等 4 頁爲空白頁，無具體内容。

乾隆本雕刻時有一個值得稱道的地方，爲了方便後世補刻新的内容，不惜工費，在《田賦》《職官》《人物》等部分按州縣、官稱、科貢時間等的不同而另起一頁分别雕版。不同時期的賦税數額、職官人選名單往往是斷定某種方志刻印時間的重要標志。某些中國地方志在其傳世過程中，後任官員對於前人所修地方志書不一定要全部重修，只是把原志所無的新的賦税數額、職官人選等補充進去，然後就刻印傳世。這樣，就出現了一朝志書上會疊加若干朝信息的現象。如果前人所修志書書版上留有足夠的空間供後人補刻的話，後印出的志書版面是比較整潔的。反之，就有可能造成版面混亂現象，給後人利用造成極大不便。《寧夏府志》卷七《田賦》中，寧夏縣"賦額"内容自第 2 頁至第 6 頁右半頁，第 6 頁左半頁完全空白，寧朔縣的"賦額"内容自第 7 頁開始雕版，平羅縣的自第 14 頁雕版，靈州的自第 17 頁雕版，以此類推，只要不是同一州縣的，其内容另起一頁重新雕版。卷九《職官》也有類似的情況。凡記載清朝職官情況的地方，按官稱不同，另版雕刻。如巡撫寧夏都御史名單在第 45 頁左半頁第 6 行止，此後還有 3 行留空，另起一頁雕刻分巡寧夏道的職官名單，至第 48 頁左半頁第 1 行止，此後 8 行都留空，另起一頁，自第 49 頁起雕刻理藩院部郎官員名單。以此類推，只要官職不同，就另起一頁。這樣做極大地方便了以後的補刻。

（二）成文出版社影印本

成文出版社影印 1968 年版《寧夏府志》是《寧夏府志》最早的影印本（簡稱"成文本"），該本版權頁說明是據"嘉慶三年刊本"影印。但從影印本内容看，未見新增嘉慶年間撰寫的序文，正文也未見新增嘉慶時期的史料，也未見有避清仁宗"顒琰"名諱的現象，如卷十"王顒若"，卷十八"楊炎"等。所以，成文本所言的"嘉慶三年刊本"可能並不存在。另外，成文本誤將《纂修〈寧夏府志〉詳文》2 頁裝訂在《凡例》第 2 頁與第 3 頁之間，將楊守禮《重修〈寧夏志〉舊序》誤置於楊應聘《〈朔方志〉舊序》後。

與乾隆本相比，成文本在版式、字體風格、文字内容等方面有較多不同，經過比對，其卷九、卷十三、卷十六、卷十七、卷十八、卷二〇、卷

二一、卷二二等 8 卷當爲乾隆本原刻，其他各卷均不同程度存在抄補現象。

（三）天津古籍出版社、鳳凰出版社等影印本

天津古籍出版社 1988 年版《寧夏歷代方志萃編》據成文本影印《寧夏府志》，[①] 沿襲了成文本的裝訂錯誤。

鳳凰出版社等 2008 年版《中國地方志集成》亦影印出版了《寧夏府志》（簡稱"鳳凰本"），影印說明曰："本書二十二卷首一卷，據清乾隆四十五年（一七八〇）刻本影印。書中間有漫漶不清處，諸館藏本均同，無法配補。"然而據筆者目驗，鳳凰本實據成文本影印，而非據乾隆本影印，鳳凰本只是將成文本《纂修〈寧夏府志〉詳文》的裝訂錯誤改正了過來，其卷七的第 15、17、18、19、24 頁影印的是乾隆本，其餘全同成文本。甘肅圖書館及國家圖書館所藏乾隆本，可補鳳凰本所言"漫漶不清處"。

（四）寧夏人民出版社影印本

寧夏人民出版社 1988 年版《寧夏地方志叢刊》收有《寧夏府志》（簡稱"寧夏本"），三函十七冊，綫裝出版。寧夏本無出版說明，所據底本不詳。乾隆本卷二《沿革表》最上一列的時代名稱中原無"清""中華民國"，而寧夏本中增加了"清""中華民國"等五字，可知寧夏本或爲民國時期印本，定非乾隆四十五年（1780）原刻初印本。[②] 另，寧夏本有些文字書寫風格與乾隆本有明顯不同，或爲民國新印時對原刻本漫漶不清之處修飾所致。寧夏本卷十九卷端及版心書名用字作"甯夏府志"，非"寧夏府志"。與成文本一樣，寧夏本亦將楊守禮《重修〈寧夏志〉舊序》誤置於楊應聘《〈朔方志〉舊序》後。總體看來，寧夏本無論從文字書寫風格還是版式特徵等看，在各影印本中，與乾隆本最爲相近。

（五）張維抄補本

1990 年，蘭州古籍書店出版《中國西北文獻叢書》第一輯《西北稀

[①] 中國國家圖書館將天津古籍出版社影印本誤著錄爲"據清乾隆四十五年（1780）刻本影印"。

[②] 寧夏圖書館著錄此書爲"乾隆四十五年刻本"，實誤。

見方志文獻》，其第 50 卷爲影印甘肅學者張維抄補本《寧夏府志》。此本鈐蓋有"鴻汀""臨洮張氏""還讀我書樓藏書印"等印文印章，自卷十三起爲原刻本，卷首至卷十二是從北平圖書館（即今國家圖書館）抄補的。前有張維辛亥（1911）仲冬提要一篇，對寧夏府的行政歸屬有所考證。

張維抄補本卷首至卷十二與乾隆本有部分出入。乾隆本卷首的排列順序是：勒爾謹《寧夏府志序》、永齡《寧夏府志序》、張金城《寧夏府志序》、楊守禮《重修寧夏志舊序》、楊應聘《朔方舊志序》、張金城《纂修寧夏府志詳文》《凡例》《修志姓氏》《目錄》《圖考》，張維抄補本將《圖考》置於楊應聘序後，楊守禮序被置於《圖考》和《凡例》之間，《纂修寧夏府志詳文》置於《凡例》之後，使得篇章次序較爲混亂。行款上，蘭州本卷一《恩綸紀》爲半頁 10 行，沒有按照乾隆本半頁 9 行抄寫。另外，張維抄補本内容缺漏較多，如卷四缺第 11 頁至第 20 頁，卷二二缺第 65、66 頁兩頁。抄補過程中，文字出現脱、訛、衍、倒等情況。

（六）陳明猷點校本

寧夏人民出版社 1992 年版陳明猷點校本《乾隆寧夏府志》據甘肅圖書館所藏乾隆本爲底本，爲研究者學習、利用提供了一定的方便。但點校本存在一定的整理問題，僅以卷十三至卷十七的《人物》爲考察中心，就存在脱文 16 條、訛文 102 條、衍文 3 條、倒文 2 條。本次重新整理《寧夏府志》時對陳明猷點校本錯誤均給予了糾正。

六　文獻價值

《寧夏府志》文獻價值是多方面的，陳明猷先生在其《寧夏封建時代的一座豐碑——論乾隆〈寧夏府志〉》一文中，從"寧夏三百年間唯一府志""百年戰事的側影""一代盛世的實錄""科學資料與封建意識交織"等 4 個方面深入闡述了《寧夏府志》的研究價值，對於研究、利用《寧夏府志》很有啟發意義。這裏我們還想強調《寧夏府志》的幾點價值。

第一，在明清寧夏總志中，《寧夏府志》編修體例最完善、編輯水平最高、內容最豐富。從體例上看，參考《甘肅通志》和《靈壽縣志》等志書編修上的長處，對類目進行合理省併、調整，使志書內容編排更加合理。組成了分工明確的編輯隊伍，制定了原則性強的《凡例》，保證了志書的順利修成。志書的內容除卷首外有22卷之多，是明清寧夏志書中卷數最多者。成書時間晚於《寧夏府志》的寧夏舊志，如《靈州志蹟》等，直接自《寧夏府志》取材。

第二，《寧夏府志》是多角度研究寧夏不可或缺的一手材料。如卷一收錄的清朝康熙、雍正、乾隆三朝皇帝所降與寧夏有關的聖旨，是研究清朝邊疆民族政策的重要資料；卷六《建置·學校》登記學校存貯書籍的書名、部數、本數，爲研究清朝寧夏教育史提供了寶貴的資料。以學校存貯書籍看，寧夏學校藏書以經部和史部文獻爲主，同時也有與科舉考試、職官、法律、農業等問題有關的文獻。學生所研讀的文獻除十三經這樣的原典外，主要是御制、御纂、欽定的書籍，如《御制日講四書解義》《御纂周易折中》《欽定春秋傳說彙纂》《欽定書經傳說彙纂》《欽定詩經傳說彙纂》等。宣揚程朱理學思想的書籍自然要充斥其中，如《御纂朱子全書》《欽定四書文》《御纂性理精義》等。皇帝的詩文也是學生要學習的，如《御制詩初集》《御制詩二集》《御制文初集》《御制避暑山莊詩》等。警示讀書人不能有異端思想的書籍是每所學校都必須存貯的，如《駁吕留良解義》《御制人臣儆心錄》等。與科考、職官直接有關的《欽定科場條例》《磨勘簡明則例》學校裏也有存貯。史部文獻主要有《廿一史》《明史》《御批資治通鑒綱目》等。卷六《建置·壇廟》記載："清真寺，回教建。一在寧静寺西，一在什子北，一在鎮遠門南。"《坊市》記載在南塘立"同胞三義坊"紀念馬世龍子獻圖、呈圖、負圖三子，立民人王鷁妻王氏、民人胡恒妻李氏、民人馬化龍妻王氏坊等旌表節婦坊共18處，另外，在南薰門東有禮拜寺巷，鎮遠門南有禮拜寺街，振武門東有中禮拜寺街。這些都是非常寶貴的研究寧夏回族史的材料，可惜《寧夏府志》所記過於簡單。卷九、卷十《職官》記載的清代文武官制、人員名單及各官俸薪、養廉並夫役工食等內容顯然是利用了當時官方的公文檔案資料，這是研究清朝寧夏官制的重要資料。

第三，對於寧夏歷史上的西夏時期研究有獨特價值。如卷二二《紀事·宋》基本相當於西夏簡史，《祥異·宋》輯錄的全是西夏之事，《軼事》共10條，其中9條是西夏事。在《古蹟》《陵墓》《壇廟》等部分記元昊故宫、西夏李氏墓、承天寺，在《藝文》中收錄多篇與西夏有關的詩文，等等。充分説明西夏歷史在寧夏歷史上已經打上了深深的烙印。散見於卷十六所謂"忠"的人物傳記資料中，有關明朝末年李自成農民起義軍在寧夏一帶的活動，也爲研究相關歷史提供了參考資料。

第四，不僅爲寧夏府所屬各縣修志提供了寶貴的資料，同時也保存了寧夏佚志的寶貴資料。嘉慶三年（1798）成書的《靈州志蹟》、道光九年（1829）編成的《平羅記略》，道光二十四年（1844）刊行的《續增平羅記略》等志書均自《寧夏府志》中取材。以今銀川市轄境爲記載内容而編修的寧夏舊志中，《朔邑志稿》也因《寧夏府志》而被人知。曾於雍正年間設立、後又因地震而裁汰的寶豐縣也有《寶豐縣記》部分佚文入《寧夏府志》卷二《地理·疆域》。

校注說明

一　本書主要以標點、校勘、注釋等方式對（乾隆）《寧夏府志》進行整理，以清朝乾隆四十五年（1780）刻本（中國國家圖書館藏，簡稱"乾隆本"）爲底本，以臺灣成文出版社、蘭州古籍書店、天津古籍出版社、寧夏人民出版社、鳳凰出版社等影印本及（嘉靖）《陝西通志》、（萬曆）《朔方新志》、（乾隆）《甘肅通志》、（乾隆）《中衛縣志》等爲對校本，部分成果參考寧夏人民出版社1992年版陳明猷點校本。

二　整理成果以繁體橫排形式出版。校勘和注釋條目均以當頁腳注形式注明，用圈碼①、②、③之類排序，圈碼均放在表示停頓的標點符號之後右上角。正文或腳注中以"□"符號表示原本漫漶不清或破損的文字，一個"□"符號代表一個字；原本缺漏内容較多者腳註說明，並以"……"符號表示；正文中以"〔　〕"符號括注的文字，均係整理者增加。

三　以"［校］"字樣當頁腳注校勘成果。校勘以校異文爲主，酌校內容異同。因用字習慣不同而出現人名、地名、族名等同名異寫現象，均出校說明。底本或對校本中存在明顯的誤、脫、衍、倒等現象，於正文中校改後出校說明。雖有異文但意可兩通者，不改正文，僅在校記中說明。除特殊需要外，校本有誤，一般不出校。

四　《寧夏府志》在刊刻時明顯誤刻之字，如："戊""戌"誤作"戍"，"己""已""巳"及"曰""日"互混等，校勘時徑改，不一一出校說明。"征伐"之"征"誤作"徵"等，亦皆徑改，不一一出校。

五　《寧夏府志》刊刻或引用他書文獻時，因避當朝名諱而改前朝文字者，如"慶歷""宏治""萬歷""崇正""元虛""元帝"之類，均據原字或原書回改爲"慶曆""弘治""萬曆""崇禎""玄虛""玄帝"等，僅於首見處出校說明，餘皆徑改，不再一一出校。舊志編者以"狗"

字之類歧視性字詞敵視其他民族者，當加以批判。

六　底本用字中存在的異體字、俗體字、通假字、古今字等現象，如"煙"與"烟"，"關"與"関"，"志"與"誌"之類，一律不出校說明其字形相異。某些不規範的異體字、俗體字、古今字等，或前後用字不一者，均按出版要求適當統改成規範、統一的字體，不出校記。《寧夏府志》轉引他書文字內容，引文若與該書通行版本文字不同，除引文確實有誤，如誤錄人名、地名、時間等需要出校說明外，凡不影響文意理解者一般不改動引文。

七　當頁腳注徑出注釋條目。注釋內容主要包括：原文易致惑者（如文獻簡稱或省稱、干支紀年等）、原文提及的詩文或史料出處、原文體例中資料互見者、整理者對輯補史料的出處說明和整理者的補充文字等。

八　腳注中，凡言"本志"者，均指《寧夏府志》；凡言"本志書例"者，均指《寧夏府志》編修體例。徵引文獻之版本，凡"中華書局點校本"簡稱"中華本"，"文淵閣《四庫全書》本"簡稱"《四庫》本"。書名較長者沿用習慣簡稱，具體簡稱參見《參考文獻》。

九　腳注中，凡引古代文獻，均只注明書名、卷次、篇名等，其作者、版本等詳見《參考文獻·古代文獻》。凡引現當代文獻，均只注明作者、書名或論文篇名、頁碼等，其出版社、刊物名、發表時間等詳見《參考文獻·現當代文獻》。若被引用古代文獻已有整理成果，一般直接吸收其合理意見，不再重複敘述校注理由，注明"參見××"字樣。引文出處、他校資料或他人校勘、考證成果，亦注明"參見××"字樣。

十　《參考文獻》分《古代文獻》和《現當代文獻》分別著錄。其中，《古代文獻》分陝甘寧舊志、經部、史部、子部、集部等五類著錄，《現當代文獻》分著作、論文兩類著錄。

〔勒爾謹〕寧夏府志序

　　志者何？志不朽也。人生所藉以不朽者曰忠孝節義，惟此可以持世教、正人心，使千古忠臣孝子、義夫節婦之精靈不磨於後，而非徒以山川草木之盛、城郭都邑之繁誇耀於人也。非然者不可秉筆而為志。且夫志之作也，本於《春秋》。《春秋》之法，善雖微必錄，惡雖隱必彰。而世之為志者志忠孝矣，而且旁及於仙釋、方技，豈上法《春秋》善善欲長之意歟？抑當郅治之隆，民風日上，無事鑄鼎懸書之赫赫也。我觀一書之成，必有其綱領，而後條目分焉。苟立志者以持世教、正人心為之幹，則夫天文、地理、民物、山川為之，訂其訛而補其缺，第以供後人之採擇而已，而書之有關於世教人心者固不在此。庚子秋①，寧夏守張金城修其府志既成，將付剞劂，請余為序。因閱其書，考核詳明，可無遺憾，而與余所稱"持世教、正人心"者隱相符合。余喜其見之同而嘉其事之成也，遂冠詞於簡端。至於朔方之志，由來舊矣，其間因革損益，代有變通，志中所載已該而備，又何煩余之贅述也哉。

　　兵部尚書兼都察院右都御史、總督陝甘等處地方寧務、兼理糧餉、並兼管甘肅巡撫事兼理茶馬勒爾謹。

---

① 庚子：清高宗弘曆乾隆四十五年（1780）。

〔永齡〕寧夏府志序

己亥之秋，① 余由延安守奉恩命陞授寧夏道。竊念寧夏爲西陲要區，以一監司專統一郡，而兼兵備，督水利，國家設官授任之意可謂重矣。入境以來，亟欲識此邦治理之宜，以稍效其尺寸，因取所謂《朔方志》者觀之。② 其書本簡略不備，又自前明萬曆後僅綴奏牘數篇，③ 而我朝定鼎以來，百數十年之事，紀載缺如，此豈足存一郡之文獻、資官司之法守乎？朔方直謂未有志可也。既而郡守張公言其方纂寧夏志，且就緒，余聞之甚喜，張公可謂識治要者矣。

我朝列聖繼承，重熙累洽，制治立法之美備，雖在遐陬荒徼，莫不釐然畫一，燦然有章。吾儕受寄任理一方之民，率由憲典，以免愆忘，固厚幸矣。然而風土異宜，民俗異尚，設施之序有緩急，潤澤之道有通方，以殊鄉遠所之人涖事於此，其孰從而知之？官司之案牘，因陳累積，連楹充棟，或蛀蠹斷爛而不可校，一日到官，欲得其要領，其孰從而求之？然則郡志之輯，其資於理也不誠大哉？論寧夏者曰："三面據邊，獨以一面屏蔽關陝，此巖疆也。"又曰："擅河渠之利，豐稻秋，足魚鹽，此沃壤也。"蓋嘗思之，國家德威遠播西陲，萬里外咸效貢職，邊境之寧謐，跨前古而未有也。而於寧夏置滿營，屯勁旅，計至深遠矣。若夫河渠之利，生齒日以繁，田疇日以闢，漢、唐渠外益以大清、惠農之疏鑿，而灌溉之利恒苦其不足，寧夏之政方今所重，信無踰於此者。今觀張公之志，條分縷析，綱舉目張，而於水利一端尤源委周悉、言之諄諄，張公於此誠可謂識治要者矣。夫勵奉公之節者不忍視一事之隳，懷利民之心者不徒喜一時

---

① 己亥：乾隆四十四年（1779）。
② 朔方志：指明朝楊壽編（萬曆）《朔方新志》，共5卷。
③ ［校］萬曆：原避清高宗弘曆諱改作"萬歷"，據明神宗朱翊鈞年號用字回改。下同。

之施。以斯志之成，垂示後人，信乎足備一方之文獻，資官司之法守，裨益多矣，豈獨余之固陋得藉手以圖報稱云爾哉。

乾隆庚子秋七月吉旦，特授分巡寧夏兼管水利驛務兵備道、長白永齡撰。

〔張金城〕寧夏府志序

　　古者邦國皆有圖籍，後世撰述其名曰"志"，蓋以著其地里、風俗以備涖事者之稽考。而輶軒採風、太史載筆，亦將於是乎取資焉，典至重也。我朝文治光華之盛，昭雲漢而炳日星，天下輿圖有《一統志》，各省則有省志，下逮一州一邑，莫不各有其地志。而寧夏紀載之缺，因襲簡陋，舉前代斷編，轉相承授而莫之省。噫嘻，此誰之責哉！金城蒙聖恩拔擢，備員郡守，來典此邦，兢兢焉恒懼奉職不稱。甫下車，顧念此事亟宜修舉而未得其緒。既涖事二年，周道屬邑，觀其山川之險易、田之沃瘠，間嘗與其邦人士相接訪，詢其故事與夫農民作苦利病之所在，因悉知其文物風土。戊戌之秋，① 乃與同官諸君共謀編輯，又得郡之文學士若而人伙助焉。比事屬類，博徵慎取，孜孜考訂，閱歲得脫藁。捐貲立局，鳩工剞劂，又八月而書始成，凡二十二卷。大抵務為詳，不務為簡，取其實，不取其華。自舊志斷後，迨我朝鼎新以來，二百餘年之事有可考者亦庶幾乎備矣。或者曰："志之體與史異，為志之難與史同。非有著作之材，輒敢操筆紀錄一方之事，無乃不自量而貽有識者之嗤笑乎？"顧竊念之，世族之家，猶有譜牒以述其先，里黨之人，偶有一善一能之長，猶或為之傳記。況以一郡之大，當邊塞之要，土沃而民庶，士秀而兵強，文通武達者後先相望。而本朝聖祖皇上澤華駐蹕，訓誥昭垂，遭逢尤異也。世宗皇上時開惠農、昌潤二渠，增溉農田數萬頃，利賴尤大也。戊午經震災，② 今皇上發帑金累數十萬，修城郭，建室廬，捐修賑恤，舉顛覆而保安之，德澤尤渥也。自衛所而登府縣，置滿營以重兵鈐，其視他郡紀載所係重且大，若何而顧動以不文謝焉？聽之年延世遠，或就湮沒，其可乎？

---

① 戊戌：乾隆四十三年（1778）。
② 戊午：乾隆三年（1738）。

夫後人惜前人之不爲，而復望後人曰有待。在官之事，輾轉因仍，以至廢墮而不可復理，大率以此。金城既守此土，既任此責，是以不揣鄙陋，偕我同志，勒成此書，亦聊以供涖事者之考稽，備太史、輶軒之採擇。後之覽者，誠鑑其不敢諉謝之由，而寬其不學自擅之咎，則幸厚矣。

　　乾隆四十五年歲次庚子，孟秋之吉，特授寧夏府知府、渤海張金城撰。

〔楊守禮〕重修寧夏志舊序

寧夏鎮志成於弘治辛酉歲,①作之者郡人郎中胡公汝礪,寔大中丞曹南王公珣之意也。嘉靖己亥歲,②守禮叨撫其地,暇日披圖閱志,因革損益,殆相矛盾,遂作而嘆曰:"志成不四十年更易如是,久而人亡事訛,何以考證。"命督糧僉事孟公霦禮請刑科給事中致仕郡人管公律重編,不三月而成。因舊而新,隨事而正。政有關於大體者不厭其煩,事有益於軍民者備記其實。凡百家衆技之流、舊制新設之顛末,綱分目悉,且隨類附以不盡之意。該博之學,經濟之才,可以見矣。南澗子復作而嘆曰:"司馬遷以無罪廢而學發於史,子美不見用於時而學發於詩,古今文人之厄也。管子,③其安命矣夫。"特命刊木以傳。

嗚呼,我明億萬年無疆之休,家有譜,郡有志,國有史,人文兼備,法制森然,胡元不足言矣,④漢唐以來,⑤一統之盛,無如今日。繼是而往,作之者非一人,成之者非一手,先後同心,共成良志,以備國史,顧不美歟。謹稽首頓首,⑥以贅於簡端云。

嘉靖庚子秋八月,⑦巡撫寧夏、右副都御史楊守禮識。⑧

---

① [校]弘治:原避清高宗弘曆諱改作"宏治",據明孝宗朱祐樘年號用字回改。下同。"弘治辛酉",弘治十四年(1501)。

② 嘉靖己亥:明世宗朱厚熜嘉靖十八年(1539)。

③ 管子:指前文提及的"刑科給事中致仕郡人管公律"。管律字應韶,號芸莊,寧夏人,生卒年不詳。明武宗正德十一年(1516)丙子科舉人,十六年(1521)辛巳科進士,除刑科給事中,以憂歸,復除直隸長垣縣丞,仕終山西高平(今屬山西省高平市)知縣。著有《芸莊雜錄備遺》16卷,編修《嘉靖寧夏新志》8卷。

④ [校]胡元不足言矣:此六字原脫,據《嘉靖寧志·重修寧夏新志序》補。

⑤ [校]以來:《嘉靖寧志·重修寧夏新志序》作"宋"。

⑥ [校]稽首:《嘉靖寧志·重修寧夏新志序》作"稽手"。

⑦ 庚子:嘉靖十九年(1540)。

⑧ 《嘉靖寧志》落款的全文爲"嘉靖庚子歲秋八月吉旦欽差巡撫寧夏地方都察院右副都御史晉蒲南澗子楊守禮識"。

〔楊應聘〕朔方志舊序

寧夏，古朔方地，故其志以"朔方"名。志凡四修矣，[①] 新之者何？粵稽國初，開鎮建節，列障張官，文物典章，燦然徃牒，迨罹壬辰兵燹，[②] 遂舉二百餘年之所經理者，蕩然有同草昧。迄兹再紀，而藩統官寺之增損、輿地營砦之廢興、甲兵錢穀之盈朒、習俗民隱之變遷，考徃按今，豈其時異勢殊然與？前撫振峰崔公〔景榮〕安攘之暇，有慨乎中，念舊章不可以遂湮，近事不可以缺載。會癸丑，[③] 楊君〔壽〕假歸，檄道禮延主筆，臬一二逢掖，開局纂修。甫就，而公奉簡命入貳樞筦，楊君亦以謁選行。適余來代，訪舊問遺，乃獲君藁於儒官黃機，機固佐君共襄考訂者也。方下所司督鋟諸梓，而君復以司農使事過里門，又問加參續，請余言弁諸簡端。

余惟古者國必有史，志者史之徵也，今天下一郡一邑莫不有志。矧兹有夏，肇於城朔，扼孤懸而控區脫，實全秦之北門。高皇帝不難分王所親愛，若此其重也。然而風氣之亭毒，教化之漸陶，從來文獻，他鎮不敢望焉。君更以鴻裁卓識，構所覩聞，故其上下千古，煥乎鱗次，分綱衍目，爲帙有五。於天塹、兵食、風俗、理亂，著有儆敕之詞，思深哉，足以昭炯鑑而垂典則矣。雖然，斯志也感壬辰而修也。以彼其時，誰實稔釁而鼓凶，誰實沉幾而定亂？以此思罪罪可知，以此思功功可紀。若夫揭赤心以拒逆，蹈白刃以留芳，凜凜誓不共生，烈烈殉以一死。光爭日月，氣壯山河，豈非黃靈所由以揚休、天道所由以祚順、群策群力所由以宣閟者耶？

[①] 關於楊序所言"四修"即四次修方志事，學者有不同的看法。整理者認爲，當指弘治間胡汝礪修志、嘉靖間管律修志、萬曆五年（1577）解學禮修志、萬曆七年（1579）羅鳳翱修志。

[②] 壬辰兵燹：指明神宗朱翊鈞萬曆二十年（1592）兵變。

[③] 癸丑：萬曆四十一年（1613）。

覽斯志也，臣可勸於忠，子可勸於孝，士可勸於義，婦可勸於貞，斯固崔公〔景榮〕檄修之意而楊君〔壽〕文字足以發之。苟有采風以備惇史，則斯志爲之徵矣。儻云武競示威，儲峙示豫，險塹用復，廢弛用張，此制治保邦之令圖，亦惟填撫茲土之責。余竊志焉，而才弗逮，安敢以時詘爲之辭。因感斯志而樂觀其成也，援筆爲序，敬告來斯。

　　萬曆丁巳正月既望，① 巡撫寧夏、右副都御史楊應聘撰。②

----

① 丁巳：萬曆四十五年（1617）。

② ［校］右副都御史："副"字原脫，據《朔方新志》補。《朔方新志》落款全文爲"萬曆丁巳春王正月既望吉賜進士出身通義大夫奉敕巡撫寧夏等處地方贊理軍務都察院右副都御史前太僕光祿少卿兵部職方司郎中懷遠楚璞楊應聘撰"。

〔張金城〕纂修寧夏府志詳文

寧夏府知府張金城爲詳請纂修府志，以光文治、以垂久遠事。

竊照問俗陳詩，固化民之休烈；徵文考獻，亦爲政之先資。是以郡邑必有成書，而凡守令宜加修輯。維茲寧夏，素號雄區，樹全陝之屏藩，據三邊之要隘。西戎即敘之代，職貢早列雍州；南仲徃城以還，版籍已登周雅。逮夫漢晉，以迄元明，或著安攘之謨，或勤撻伐之烈。理亂之蹟咸在，得失之鑑如林。當時皆採自輶軒，後世乃彰乎簡冊。今考朔方舊志，斷自萬曆中年。一郡政教之留遺，兩朝廢興之典故，殘碑斷碣，半委蒼煙。故老前民，莫咨黄髮，倘不蒐輯於今日，更難昭示於來茲。况聖朝化洽重熙，歌傳畫一，雕題鑿齒，並效賮琛，魚海鳳林，悉通聲教。而寧夏由衛所而陞爲府縣，經震災而重興奠安，官司學校之敷張，水利農田之開闢，武備邊防之修飭，民風物產之滋培，動關睿慮疇咨，盡屬仁恩沐浴。允宜垂光於奕禩，何堪抱缺於休明。

卑府守土此邦，備員下吏，兩河風俗時切咨諏，四境川原幾經閱歷。因革則稽之案牘，樂利則聽乎風謡。竊見羹魚飯稻之鄉，賦役尤重；襟山帶河之地，阨塞偏多。率由欲免乎愆忘，憲章必昭其法守。雖乏三長之技，思效一得之愚。爰與本郡文學諸人，謀紹徃昔方輿之載，分門別類，補缺訂譌。事苟係於民生，務使源流洞徹。言期衷體要，無取藻繢舖張之。義例多以《省志》爲宗，[①] 用昭盛世同文之範。紀載則以本朝爲重，兼取前書部錄之遺。編纂得成，剞劂有待。仰惟大人經綸巨手，黼黻鴻才，持節籌邊，圖關河於聚米；乘流宣化，協日月以從星。伏乞俯賜鑑裁，俾克有所秉式。除俟裝潢既竣，呈電台端，更請序文，錫光簡首。

---

① 省志：指（乾隆）《甘肅通志》，許容等修撰，共50卷。

寧夏府志卷首

凡　例

一，志書志一方之事實，即關一代之憲章，《甘肅省志》義例遵《一統志》，① 今《寧夏府志》亦多遵《省志》。其間或有事簡文略不能成卷者，則並省附載焉。

一，茲志内分類凡三十四，總爲八門。若風俗、物産，皆因乎地者也，故統於《地理》。學校必有廨舍，祠祭必有壇廟，故統於《建置》。水利以利民食也，故統於《田賦》。兵防、營汛、驛遞，張官之餘也，故統於《職官》。科貢、文武仕宦，皆邦人之表表者也，故統於《人物》。其他各以類相屬，亦紀事提要，以便覽觀云耳。

一，本朝德威遠播，中外一家，邊郡共享清寧之福。而寧夏幸際聖祖皇上西巡，荒徼小民，並得仰瞻天顏，尤屬遭逢異數，若僅隨事例分載，不足彰省方盛典，謹另編一册，並列聖宸翰、前後賑恤詔書，統曰《恩綸》，列之第一，用志臣民歷世感德之意。

一，康熙三十六年，聖祖西巡寧夏，距今八十餘年，雖民間傳頌盛事如新，而《聖祖實録》非外臣所能備識，今志皆就《平定朔漠方略》所載，② 事係寧夏者以次編録，其傳説無徵者並不敢闌入，以昭慎重。

一，寧夏舊志曰《朔方志》。按：“朔方”之名見於《小雅》，③ 漢武始開此郡，因名曰“朔方”。至赫連竊據，乃有“夏州”之名。④ 其後或朔方、靈武分

---

① 一統志：指《大清一統志》。
② ［校］朔漠：原作"沙漠"，據《四庫全書總目》卷四九改。
③ 《詩經・小雅・出車》："天子命我，城彼朔方。赫赫南仲，玁狁于襄。"
④ 漢之朔方郡、赫連勃勃之夏州均與今寧夏無關，前者治在今内蒙古境内，後者治在今陝西定邊縣。

建，或夏州、靈州並稱，或分夏州爲東、西，或以靈武統朔方，因革不一。至元始有"寧夏"之號。今寧夏地不盡古朔方地，故改名《寧夏府志》，著其實也。

一，志書多首《天文》紀星野，然《周禮》保章氏以星土辨九州之地，所封封域皆有分星，以觀妖祥，是星辰雖麗天，而區分實以地。今用《靈壽縣志》例，①首《地理》而以《星野》分屬焉。

一，舊志以寧夏爲漢朔方郡地，所屬有三封、朔方、修都、流河等十縣。《甘肅省志》以寧夏爲漢北地郡地，地所屬有靈武、富平等六縣，皆據《漢書》，徵引不同。今遵《省志》，列爲《沿革表》，並附論於後，以俟博識者更徵考焉。

一，寧夏府、縣各城多因前代建置舊蹟，乾隆三年經地震，重建修葺，亦未有改移。各屬堡寨屯，或駐官兵，曾動帑修築者，併與府、縣城一例，記其大小高厚、建修歲月，其餘則只就所屬州縣城，記相去遠近，建置無關輕重，故不悉考。

一，寧夏土田大抵近山者雜砂礫，濱水者多硝鹻。因田定賦，科則極繁，志內各爲分悉詳載，俾司牧者識其梗概。至民戶、丁口、徵賦若干，皆就現額登載，舊牘不復臚列。

一，水利爲田賦根本。寧夏資河渠灌溉，號稱沃壤，然渠工歲歲修濬，人夫、物料之數，封俵、宣洩之宜，利弊極多，關係最重，故志內所載尤備。並採前人議論規條通明切當者即附於後，亦庶幾展卷瞭如，其則不遠。至各渠碑記、詩頌，則仍列《藝文》。

一，《甘肅省志》、朔方舊志皆有《封建》一門。今考寧夏，前古祚土者絕少，獨有明慶靖王分封茲土，傳十餘世，而其中賢王事蹟可紀者亦復寥寥，未足自成一帙。漢以後王爵齊於五等，宗藩守土屏翰，亦臣職也，故併其官屬，悉附於《職官》後。

---

① 《靈壽縣志》主要是由傅維櫆編纂而成。陸隴其所撰《三魚堂文集》卷八《〈靈壽縣志〉序》載："國學生傅君維櫆憫舊志之殘缺，網羅放失舊聞，彙緝成編，藏於家塾。筆削詳略，具有法度，不鑿不濫，然其已湮沒者亦末如之何也。適餘奉部檄征縣志，因取其書，稍爲更定，附以管見，分爲十卷，聊以備採擇云耳。"《靈壽縣志》10卷，卷首1卷，末1卷。卷首爲前志及現志纂修人姓氏、凡例、序言、縣圖。以下依次爲地理（附紀事、方音）、建置、祀典、災祥、物產、田賦、官師、人物、選舉、藝文。10卷書志正文，每志前後均有論贊。末1卷爲附錄，是陸隴其與傅維櫆爲修志所交往的信函。陸隴其（1630—1692）初名其，字稼書，浙江平湖人，康熙九年（1670）進士。二十二年（1683），授直隸靈壽知縣。被清廷譽爲"本朝理學儒臣第一"。與陸世儀並稱"二陸"。死諡清獻，從祀孔廟。著有《困勉錄》《讀書志疑》《三魚堂文集》等。

一，《職官》中有《名宦》，所以示勸也。舊志所載元以前多略，而有明一代，凡官斯土者概列《宦蹟》，涇渭不分，似乖體例。今考列史，前賢有惠愛及民者悉爲補入，其循分供職、無咎無譽者則第列《職官》。前明迄今，亦以此例爲斷，非敢過苛，庶足傳信於後耳。

一，國家設科取士，仕宦多由科目。然寧夏以武勇著稱，舊志所載，奮蹟行陣，秉節鉞、任封疆者累累相望，至我朝尤稱絕盛。其文員援例入仕、由蔭得官、致位通顯者，亦往往而有，另列爲《文武階》附《選舉》之後。丞、尉、都、守以下則不書，不勝書也。若夫立德立功應入《鄉獻》者，不以宦資爲限。

一，《人物》以功德爲衡，功德必沒世始定，故凡生存者概不入志。若節婦則貞操既全，不拘存沒，並爲敘錄，亦志例也。

一，《列女》不專載節婦，而以節著者居多。樹之綽楔，表厥宅里，國家典至重也。然窮鄉僻壤，恒有苦節終身、並不知有旌表之典者。又有年事符例而門祚孤單，親族不爲舉，長吏無由聞，白至青熒，煢煢畢命，此輩尤可敬可憫。今就採訪所逮，核其實蹟，亦爲附載，以慰幽芳，要亦無敢濫及。

一，寧夏夙稱文物之區，而篇翰遺留絕少。大抵志乘間缺既久，加以戊午震災，① 家藏著作焚毀又多，故《藝文》所錄，舊志外不及其半。網羅散失，珍惜倍深。然或無關風土氏情者，仍不收載，以乖志體。

一，朔方爲西陲要地，自漢以來，設官命將，置吏分屯，以及竊據廢興，一方動靜皆係國勢安危。陸稼書先生《靈壽縣志》有《紀事》一條附《地里》末，今亦編列寧夏往蹟凡見史傳者爲一册，非徒稽古，撫綏安攘之方亦可取鑑焉。

一，他志災祥多附於《星野》。天人感應，理自不爽，然《洪範》庶徵，究未可一一比附曲爲之說。今類次災祥見於一方者附《紀事》後，與《軼事》舊聞並存，以備參考。

一，兹志名雖因前，實同草創。蓋舊志斷自前明，我朝定鼎後，百度維新，凡土田、賦役、官制、兵防，畫一周詳，足昭萬世法守，故志內一以本朝憲章爲重。舊志所載，則兼採附書，以備掌故。大抵因仍者什之二三，草創者什之七八。採訪、編輯，則郡中文學諸君共爲勸贊。至體例之分併、人物之進退、藝文之取舍，皆手訂焉。邊土藏書既少，不能博徵，

---

① 戊午：乾隆三年（1738）。

而震災以前官司案牘亦多殘缺，搜討雖不遺餘力，疎漏固在所難免，聊述見聞，等諸綿蕝。若夫潤色盛美，以垂此邦典則，尚有俟於後之君子。

修志姓氏

纂修

寧夏府知府　張金城

參訂

署寧夏府水利同知　德慧

寧夏府理事同知　文光

寧夏縣知縣　宋學淳

署寧朔縣知縣　佟躍岱

平羅縣知縣　杜耕書

靈州知州　黎珠

中衛縣知縣　王臣

編輯

辛卯科進士、① 截取知縣　楊浣雨

戊子科舉人、② 原任直隸寧津縣知縣　楊夢龍

戊子科舉人、候銓知縣　王宋雲

庚午科副榜、③ 候銓教諭　張映梓

庚寅科副榜、④ 州判借補宛平縣主簿　王三傑

寧朔縣廩生　王永祐

校正

寧夏府廩生　張大鏞

寧夏縣廩生　楊潤

寧夏縣廩生　周朝相

寧朔縣廩生　田霈

---

① 辛卯：乾隆三十六年（1771）。
② 戊子：乾隆三十三年（1768）。
③ 庚午：乾隆十五年（1750）。
④ 庚寅：乾隆三十五年（1770）。

採訪

寧夏府學教授、推陞上高縣知縣　黃元春

寧夏府學教授、截取知縣　張科

寧夏縣學教諭　潘醇德

寧朔縣學教諭　丁誠衷

寧夏府學訓導　楊生芝

平羅縣學訓導　連進本

靈州學學正　張璉

中衛縣學教諭　申桐

中衛縣學訓導　牛亢

原任岷州訓導　劉曖

貢生、候銓教諭　李德恒

貢生、候銓訓導　巫兆元

寧夏縣庠生　朱文煥

寧朔縣庠生　康發秀

寧朔縣廩生　任岳宗

繕寫

寧夏縣庠生　徐乃雄

寧夏府庠生　趙瑛

寧夏縣庠生　鈕曰康

監刻

寧夏府經歷　劉枋

寧夏府志目錄

卷首　　序文　　凡例　　修志姓氏　　總目　　圖考

卷一

恩綸紀

卷二

地里　　疆域　　形勢附　　沿革　　星野

卷三

地里　　山川　　名勝

卷四
地里　　風俗　　物産　　古蹟　　陵墓附
卷五
建置　　城池　　堡寨　　橋梁附　　公署
卷六
建置　　學校　　壇廟　　寺觀附　　坊市　　街巷附
卷七
田賦　　丁税　　賦額　　鹽、茶、雜税附
卷八
田賦　　水利
卷九
職官　　歷代官制　　歷代官姓氏　　今官制　　歷任姓氏
卷十
職官　　武官制　　歷任姓氏
卷十一
職官　　兵防　　營汛　　驛遞
卷十二
職官　　宦蹟
卷十三
人物　　鄉獻
卷十四
人物　　科貢
卷十五
人物　　武科　　文武階
卷十六
人物　　忠　　孝　　義　　隱逸　　流寓　　耆壽　　仙釋　　方技
卷十七
人物　　列女
卷十八
藝文　　奏疏　　賦　　議　　頌　　銘　　序　　說　　傳　　書
卷十九
藝文　　記

卷二十

藝文　　記

卷二十一

藝文　　詩

卷二十二

雜記　紀事　祥異　軼事

寧夏府志圖考

輿圖說

　　自晉裴秀爲輿地圖，標其六體，後世圖地里者，衷毫釐，計贏縮，其法益精。然寧夏郡方數千里，四縣一州之域，城壁堡寨，星羅棋布者凡數百，河渠灌注，支分派別者殆千計，書册方幅中不能悉也。今撮其綱要，列爲五圖。有總圖，疆域辨矣；城壁堡寨，居阨塞、駐兵防者皆見焉；府城，一方之都會也；滿城，屯勁旅，保障之重也。各爲圖。渠則圖其在夏、朔、平三邑者，官司之所經理，工役繁，利賴尤大也，其他具詳於書。若夫朔方名勝，舊志分列八景、十景，今或存或不存。右山而左河，實此邦之勝概也。河已見渠圖，別爲《賀蘭山圖》，觀其岡巒之層疊、體勢之綿遠，昔人題詠亦庶可於朝暉夕陰間得其彷彿矣。

圖目

寧夏輿地全圖

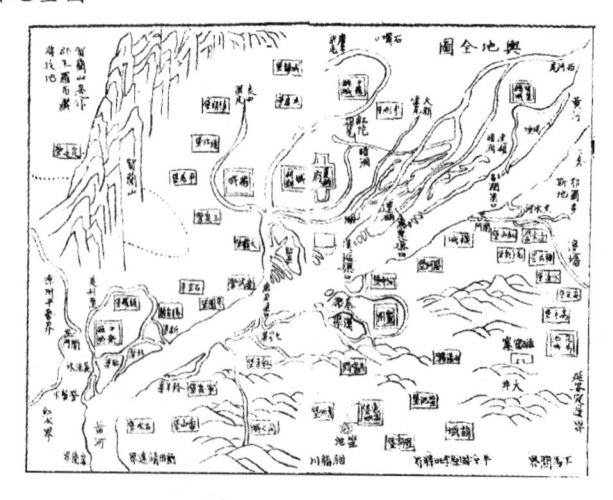

寧夏府城圖

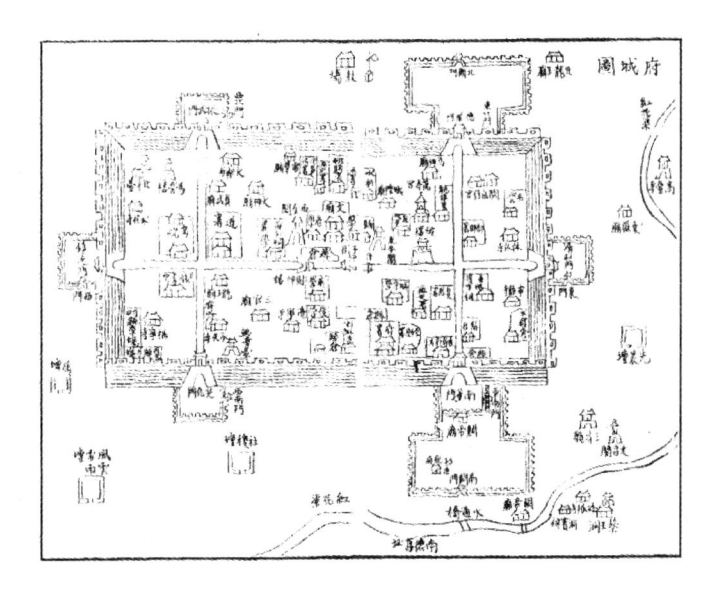

寧夏滿城圖

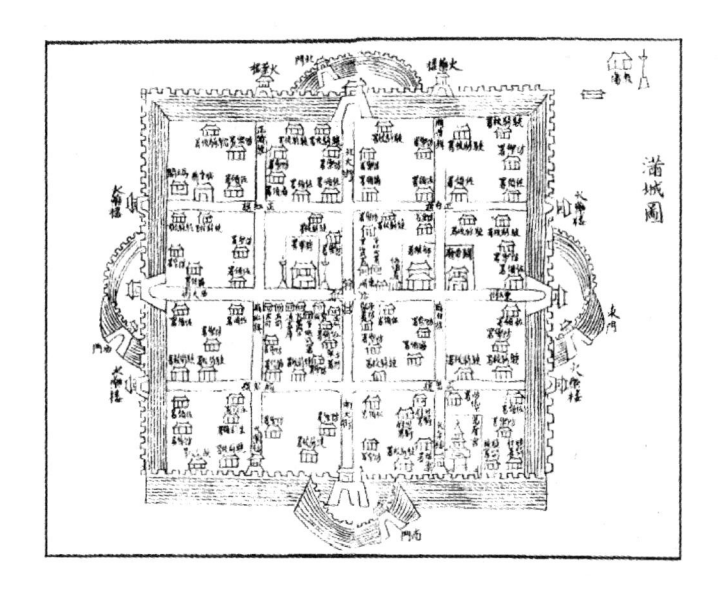

漢唐各渠水利圖

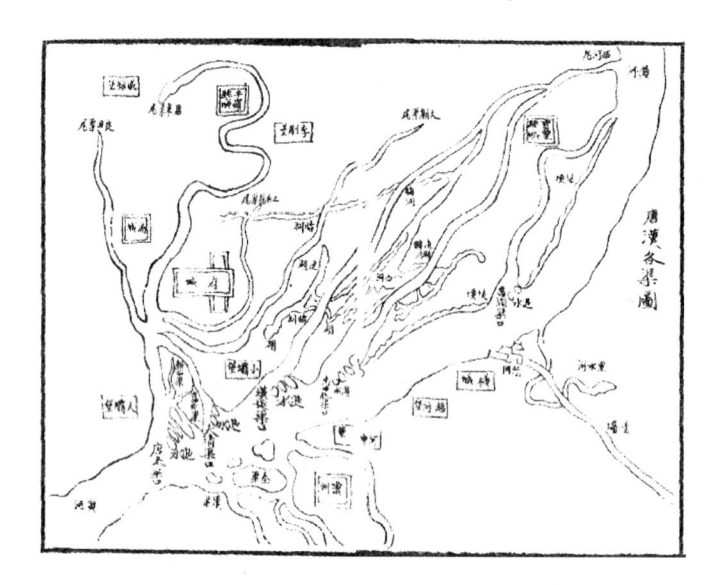

賀蘭山圖

寧夏府志卷一

恩綸紀

四巡載於《虞書》，① 時邁歌於《周頌》，② 省方觀民，其典舊矣。然方嶽以外，遐陬僻壤，不能遍也。寧夏距京師三千餘里，聖祖仁皇帝奮安攘遠謀，濯征朔漠，躬親臨幸，邊土臣民咸得瞻仰。雲日光華，天語煌煌，耳聆訓誥，信千古異數矣。恭紀其事，并列聖睿藻德音，別爲一册，統曰"恩綸"，列諸卷首，用示奕禩，志臣民之感於勿替云。

聖祖仁皇帝西巡紀事

康熙三十六年二月丁亥，車駕發京師。

三月戊辰，駕至安邊。寧夏總兵官殷化行接駕，奏請以寧夏兵迎境上，恭候皇上閱視，又請預備馬軍數百於花馬池，恭候聖駕行圍。上曰："朕行軍二次，深悉軍情。今噶爾丹尚未撲滅，正有事之際，馬匹關係緊要。寧夏兵丁來花馬池，往返須七八日，馬匹必致疲瘦。夫獵獸細事耳，圖噶爾丹爲急，今罷獵而休養馬匹以獵噶爾丹，何如？爾速遣人，止其來花馬池迎接，其餘兵丁，俱不必披執照榆林兵丁排列迎候。俟朕至寧夏，閑暇之日再閱爾軍。"己巳，上仍駐蹕安邊城東。庚午，駕次定邊。辛未，駕至花馬池。壬申，駕次安定堡。癸酉，駐蹕興武營西。③ 甲戌，駕至清水營。乙亥，駕次橫城。鄂爾多斯貝勒宋喇卜請定邊、花馬池、平羅城三處與橫城一體貿易，與民雜耕，許之。

---

① 虞書：指《尚書·虞書》，包括《堯典》《舜典》《大禹謨》《皋陶謨》《益稷》。
② 周頌：指《詩經·周頌》。
③ ［校］西：此字原脱，據《平定朔漠方略》卷三九、《清聖祖實録》卷一八一補。

丙子，上自橫城渡黃河，駐蹕河崖，遣大學士伊桑阿祭黃河之神。文曰："朕以廑念安攘，巡幸邊境。自晉省濟河以來，跋履千餘里，歷秦延、慶二郡之地，茲復將濟河而西，進抵寧夏。惟神洪流灝漾，膏潤弘長，釃入唐、漢之渠，允貽朔方之利。朕乘輿式蒞，秩祀宜申，是用再遣專官，虔具牲帛致祭。尚其丕彰靈爽，永惠邊氓，惟神默鑑焉。"

時勇略將軍趙良棟新故，上諭大學士伊桑阿曰："趙良棟，爲國立功之人，今已身故，其褊急不足介意。明日過其門，當遣皇長子、部院諸大臣吊之，賜祭一次。陳福亦爲國效力之人，現經此地，亦賜祭一次。著議政大臣、滿漢大學士、部院大臣會議來奏。"議奏："良棟，遣皇長子、諸大臣徃吊，賜祭一次。陳福亦賜祭一次。"上從之，著左翼額駙尚之隆、①內大臣阿米達、右翼內大臣坡而坡、大學士伊桑阿，每翼侍衛十人，偕皇長子同徃。

丁丑，駕臨寧夏，駐蹕原任總兵馮德昌第。上諭大學士伊桑阿曰："朕既臨此地，著查寧夏陣亡官兵加恩。陣亡官員，有遣官奠酹之例。如有陣亡官員，著遣官致奠。"是日，遣皇長子徃吊將軍趙良棟。

戊寅，總督吳赫朝見。上諭吳赫曰："朕巡幸沿邊地方，詢察閭閻生聚及土田沃瘠之狀，自晉及秦，經行二千餘里，②直抵寧夏，所以勤求民隱，至殷至切。惟朔方資大河之灌注，疏渠溉田，宜於稼穡。當兹春風暢遂，③正三農盡力南畝之時。誠恐有司官員不體朕懷，因車駕經臨，調遣師旅，借詞供億，擾累小民，既東作之有妨，將秋成之奚望？④今一切軍需芻糧，俱已儲偫，足以資用，至扈從人員，概從簡約。所有馬匹，悉牧放水草善地，並不許供辦草豆，⑤動煩民力。爾可傳敕有司，禁勿借端妄行科派，違者事覺，定行處分。仍遍諭地方百姓，各安本業。廛無廢市，隴無輟耕，庶不負朕親歷邊圉、軫念民依之至意。"諭內大臣、大學士等曰："著將寧夏所有鄉紳，或武進士、武舉、武生，及殷實人民，有情願自備資用、軍前效力者，開名奏聞。"

己卯，大學士伊桑阿遵旨議恤寧夏昭木多、瓮金陣亡官兵，千總劉進

---

① ［校］尚之隆：原作"尚之龍"，據《平定朔漠方略》卷三九改。
② ［校］二千：此同《平定朔漠方略》卷三九，《清聖祖實錄》卷一八一作"三千"。
③ ［校］春風：此同《平定朔漠方略》卷三九，《清聖祖實錄》卷一八一作"春氣"。
④ ［校］秋成：此同《平定朔漠方略》卷三九，《清聖祖實錄》卷一八一作"西成"。
⑤ ［校］不許：《平定朔漠方略》卷三九作"不須"，《清聖祖實錄》卷一八一作"不以"。

孝，遣侍衛徃吊，例給銀一百五十兩。其馬兵六十一名，各給銀五十兩。上從之。

閏三月甲申，遣內大臣公常泰諭祭故提督陳福，其子陳世濟率族人至行宮謝恩。丙戌，遣大學士伊桑阿諭祭故將軍趙良棟，其子趙弘煜率其族人赴行宮謝恩。①

己丑，②陝西總督吳赫奏請由內地回鑾，慰陝西臣民望幸之誠。上曰："朕臨寧夏，原爲調兵以滅噶爾丹也。今噶爾丹尚未擒，朕由邊外徃，相機而行。於此一舉，務成大事，不得從內地行。"吳赫又懇請，上曰："陝西距京甚近，至無事之時，朕當特來也。"

先是，寧夏、蘭州各駐防滿兵圈取民居，建造官房。癸巳，上諭議政大臣曰："寧夏、蘭州設兵駐防，事屬無益。此所佔營房原係民居，其房仍歸原主。爾等其同總督議奏。"隨議奏："將寧夏所圈民房五千九百六間悉給還。"③

甲午，寧夏紳衿兵民聞御駕於次日啟行，擁集行宮外，叩首奏曰："皇上欲安邊塞生民，躬親勞瘁，俯臨寧夏，臣等幸瞻仰天顏，屢沐聖恩。今聞車駕於十五日啟行，臣等犬馬戀主之心不勝激切，伏乞聖駕復留數日，以慰群情。"上曰："朕欲掃蕩寇氛，以安黎庶，特幸寧夏，經理軍務，駐蹕十有餘日。曩者南巡，及凡所巡幸之處，未有駐蹕至三日者。且邊地磽瘠，民生艱苦，朕深憫之。朕扈從人衆，恐多留一日，即滋百姓一日之擾，已定十五日啟行。爾等誠懇之意，朕已知悉。又曩者曾欲使禁軍駐防此地，恐民間居處狹隘，已命將房舍查明，給還本主，爾等即各遷回故居可也。"衆聞之，俱各歡呼，叩頭謝恩。又奏曰："寧夏實係邊塞窮荒，皇上躬親臨幸，誠千載一遇，乞製聖訓，頒賜臣等，勒之貞珉，光垂萬禩，臣等子孫世世瞻仰。"上曰："朕巡幸原欲安民，今製文頒賜，則百姓運碑僱匠，轉致煩苦。不必製文賜給，准其謝恩。"衆復叩首陳請。上命大學士伊桑阿等議，僉曰："臣等伏惟寧夏闔城人民叩請皇上親製聖訓，光垂永久，其瞻雲望日之意殊爲誠懇。皇上親製聖訓，令其敬勒

---

① [校] 趙弘煜：本志載趙良棟子弘燦、弘燮、弘煜之"弘"，均因避清高宗弘曆諱改爲"宏"，今回改。下同。

② [校] 己丑：原同《平定朔漠方略》卷三九作"乙丑"，據《清聖祖實錄》卷一八二改。

③ [校] 五：此字原脫，據《平定朔漠方略》卷四一補。

貞珉，垂示無窮，洵爲盛事。"奉旨："訓旨候頒給。"於是紳衿兵民人等於行宮外叩謝聖恩，踴躍歡忭，聲震天地。

乙未，車駕發寧夏，由河套取道回鑾。五月乙未，車駕還京師。

謹按《平定朔漠方略》所載，聖祖仁皇帝臨幸寧夏，時正噶爾丹窮蹙無歸，所部叛散，邊庭羽書奏報紛集行在。聖祖皇上內籌進剿兵食，外諭招撫機宜，睿慮勤勞，宵旰靡暇，然猶軫念邊民。閭閻瑣屑，莫不採詢周知。親巡農野，視渠流灌溉。耕者餘者，徂來不禁，蠲免是歲田租。御閱武堂，簡閱將士，賜酒食，部武皆霑飫。頒賫諸忠勇眷屬孀孤悉遍，又御書"雲林幽"字，賜張文煥之父張應賦。又見前明經略馬世龍坊字壞缺，御書"總理六師"字以賜。駐蹕寧夏凡二十日，深仁大度，不設警蹕。每鑾輿出，民間充巷塞塗，至於婦孺，無不得遂瞻仰之願者。及回鑾有期，老幼伏籲懇留，累蒙溫言撫慰。邊黎戀戀私忱，聖主拳拳德意，一時君民之際儼若家人。迄今將百年，民間父子祖孫，嘖嘖傳頌。當日殊恩曠典，殆不可悉數。伊古以來，巡幸施惠之盛，誠未有及此者矣。

上　諭

諭寧夏紳士官民①

上諭：朕體天育物，日以治安爲念，雖身在宮庭，而心恒周四海。頃因指畫軍務，不憚勤勞，遠蒞寧夏，無非爲蕩滌寇氛，綏乂生靈計也。緣邊千餘里，土壤磽瘠，惟寧夏洪流灌輸，諸渠環匝，巡覽所至，甚愜朕懷。夫農桑者，衣食之本；積儲者，殷阜之原。爾官吏宜董勸父老子弟，三時力田，以盡地利；比屋勤殖，以裕蓋藏。縱使歲偶不登，亦可無憂匱乏。若夫秦風健勇，自昔爲然，其在朔方，尤勝他郡。爾等或職居將領，或身列戎行，尚各屬精銳，以效干城禦侮之用，斯國家有厚望焉。至於忠孝慈惠，服官之良規；孝弟齒讓，生人之大經。法紀不可不明，禮教不可不肅。勿以地處邊陲而不治以經術，勿以習尚氣力而不澤以《詩》《書》。總期上率下從，庶幾馴臻雅化。兹乘輿返蹕，距靈朔雖遠，而眷念塞垣，

---

① 《清聖祖實錄》卷一八二載，此諭發佈於康熙三十六年（1697）閏三月甲午。

如在几席。爾等誠能敬體朕言,①將吏協恭,兵民咸理,生聚日益厚,風俗日益淳,則疆圉實有攸裨,朕心亦用深慰。慎毋視爲具文,辜朝廷惓惓牖導之意。②欽哉,特諭。

宸 翰

聖祖仁皇帝平定朔漠告成太學碑③

維天盡所覆,海內外日月所出入之區,④悉以畀予一人。自踐阼至今,早夜殫思,休養生息,冀臻熙皞,以克副維皇大德好生之意,庶幾疆域無事,得以偃兵息民。迺厄魯特噶爾丹阻險北陲,困此一方人,既荼毒塞外,輒狡焉肆其凶逆,犯我邊鄙,虐我臣服,人用弗寧。夫蕩寇所以息民,攘外所以安內,邊寇不除,則吾民不安。此神人所共憤,天討所必加,豈憚一人之勞,弗貽天下之逸。於是斷自朕心,躬臨朔漠,欲使悔而革心,故每許以不殺。彼怙終不悛,我師三出絕塞,朕皆親御以行,深入不毛,屢涉寒暑,勞苦艱難,與偏裨士卒共之。迨彼狂授首,脅從歸誠,荒外君長,來享闕下。西北萬里,灌燧消烽,中外乂謐。惟朕不得已,用兵以安民。既告厥成事,迺蠲釋眚災,潔事禋望,爲億兆祈昇平之福。而廷臣請紀功太學,垂示來茲。朕勞心於邦本,常欲以文德化成天下,⑤顧茲武略,廷臣僉謂所以建威消萌,宜昭斯績於有永也。朕不獲辭,考之《禮·王制》有曰:⑥"天子將出征,受成於學。出征執有罪,反,釋奠於學,以訊馘告。"而泮宮之詩亦曰:⑦"矯矯虎臣,在泮獻馘。"又《禮》:⑧"王師大獻則奏愷樂。"大司樂掌其事。則是古者文事、武事爲

---

① [校]誠能:原作"勤能",據《聖祖文集》第二集卷二八、《清聖祖實錄》卷一八二改。
② [校]牖導:原作"牖道",據《聖祖文集》第二集卷二八、《清聖祖實錄》卷一八二改。
③ 《清聖祖實錄》卷一九〇載,碑文發佈於康熙三十七年(1698)十月乙巳。
④ [校]海內外:此三字前原有"薄"字,據《平定朔漠方略》卷四八、《國子監志》卷三一《禮志七·獻功》刪。
⑤ [校]常:《國子監志》卷三一《禮志七·獻功》作"嘗"。
⑥ 參見《禮記·王制》。
⑦ 參見《詩經·魯頌·泮水》。
⑧ 參見《周禮·春官大宗伯下》。

一，折衝之用，具在樽俎之間。故受成、獻馘一歸於學，此文武之勝制也。① 朕嚮意於三代，故斯舉也，出則告於神祇，歸而遺祀闕里。兹允廷臣之請，猶禮先師以告克之遺意，而於六經之旨爲相符合也。爰取"思樂泮水"之意，爲詩以銘之，以見取亂侮亡之師，在朕有不得已而用之之實，或者不戾於古帝王伐罪安民之意云耳。銘曰：

巍巍先聖，萬世之師。敬信愛人，治平所基。煌煌聖言，文武道一。禮樂征伐，自天子出。朕臨域中，踰兹三紀。嘗見羹牆，寤寐永矢。下念民瘼，上承帝謂。四海無外，盡隸侯尉。維彼兇醜，瀆亂典常。既梗聲教，遂窺我疆。譬之於農，患在螟螣。秉畀不施，將害稼穡。度彼游魂，險遠是怙。震以德威，可徃而取。朕志先定，龜筮其依。屬車萬乘，建以龍旗。祝融驂驚，風伯戒途。宜暘而暘，利我樵蘇。大野水涸，川瀆效靈。泉忽自湧，其甘如醴。設爲犄角，一出其西，一出其東，中自將之。絶域無人，獸群受掩。② 五月窮追，彼狂走險。大殲於路，波血其弩。剪其黨孽，俘彼卒徒。梟烏晝號，單馬宵遁。恐久駐師，重爲民困。慎固戍守，還轅於京。自夏徂冬，雨雪其零。載馳載驅，我行至再。蠢兹窮寇，昏惑不悔。我邊我民，以休以助。爰寧其居，爰復其賦。藩落老稚，斯恬斯嬉。歲晏來歸，春與之期。春風飄飁，揚我旆旐。我今于邁，如涉我郊。言秣我馬，狼居胥山。登高以眺，閔彼彈丸。天降兇罰，孤雛就覊。三駕三捷，封狼輿尸。既臘梟獍，既獮豺貙。大漠西北，解甲棄殳。振旅凱入，澤霑郊卜。明禋肆赦，用迓景福。昔我徃矣，在泮飲酒。陳師鞠旅，誓屈羣醜。今我來思，在泮獻功。有赫頌聲，文軌來同。采芹采藻，頌興東魯。車攻馬同，亦鑴石鼓。師在安民，非出得已。古人有作，昭示此旨。緬維虞廷，誕敷文德。聖如先師，戰慎必克。惟兵宜戢，惟德乃綏。億萬斯年，視此銘詞。

世宗憲皇帝平定青海告成太學碑③

我國家受天眷命，撫臨八極，日月所照，罔不臣順，遐邇乂安，兆人蒙福。乃有羅卜藏丹津者，其先世固始汗，自國初稽首歸命。當時使臣建

---

① ［校］勝制：《平定朔漠方略》卷四八、《國子監志》卷三一《禮志七•獻功》均作"盛制"。

② ［校］受掩：此同《平定朔漠方略》卷四八，《國子監志》卷三一《禮志七•獻功》作"自掩"。

③ 《清世宗實錄》卷二一載，碑文發佈於雍正二年（1724）六月乙酉。

議，畀以駐牧之地。其居雜番、羌，密近甘、凉。我皇考聖祖仁皇帝睿慮深遠，每廑於懷。既親御六師，平定朔漠，威靈所加，青海部落扎什巴圖兒等震讋承命。聖祖仁皇帝因沛殊恩，封爲親王，兄弟八人，咸賜爵禄，羈縻包容，示以寬大。而狼心梟性，不可以德義化，三十年來，包藏異志。朕紹登寶位，優之錫賚，榮其封號，尚冀革心，輯寧部衆。而羅卜藏丹津昏謬狂悖，同黨吹拉克諾木齊、阿爾布坦温布、藏巴扎布等，實爲元惡。謂國家方宏浩蕩之恩，不設嚴密之備，誕敢首造逆謀，迫脅番、羌，侵犯邊城，反狀彰露，用不可釋於天誅。遂命川陝總督、太保公年羹堯爲撫遠大將軍，聲罪致討。以雍正元年十月，師始出塞，自冬涉春，屢破其衆。凡同叛之部落，戈鋋所指，應時摧敗，招降數十萬衆，又降其貝勒、貝子、公、①台吉等二十餘人。朕猶憫其蠢愚，若悔禍思愆，束手來歸，尚可全宥，而怙惡不悛，負險抗違，乃決剪滅之計。以方略密付大將軍羹堯，調度軍謀，簡稽將士。用四川提督岳鍾琪爲奮威將軍，於仲春初旬，禡牙徂征，分道深入，搗其窟穴。電掃風驅，搜剔嚴阻，賊徒蒼黄麋潰，窮蹙失據。羅卜藏丹津之母及逆謀渠魁悉就俘執，擒獲賊衆累萬，牲畜軍械不可數計。賊首逃遁，我師踰險窮追，獲其輜重人口殆盡。羅卜藏丹津子身易服，竄匿荒山，殘喘待斃。自二月八日至二十有二日，僅旬有五日，軍士無久役之勞，内地無轉輸之費，克奏膚功，永清西徼。三月之朔，奏凱旋旅，鐃鼓喧轟，士衆訢喜。四月十有二日，以倡逆之吹拉克諾木齊等三人獻俘廟社。受俘之日，臣民稱慶。伏念聖祖仁皇帝威靈震於遐方，福慶流於奕葉，用克張皇六師，殄滅狂賊。行間將士，亦由感激湛恩厚澤，爲朕踴躍用命。斯役也，艾夷凶悖，綏靖番、羌，俾烽燧永息，中外人民胥享安阜，實成先志，以懋有丕績。廷臣上言："稽古典禮，出征而受成於學，所以定兵謀也；獻馘而釋奠於學，所以告凱捷也。宜刊諸珉石，揭於太學，用昭示於無極。"遂爲之銘曰：

天有雷霆，聖作弧矢。輔仁而行，威遠寧邇。維此青海，種類實繁。錫之茅土，列在藩垣。被我寵光，位崇禄富。負其阻遐，禍心潛構。恭惟聖祖，慮遠智周。眷念荒服，綏撫懷柔。朔野既清，西陲攸震。爵號洊

---

① [校] 公：此同《平定準噶爾方略》前編卷十四，《國子監志》卷三一《禮志七·獻功》無此字。

加，示之恩信。如何凶狡，造謀逆天。鼓動昏憃，寇侵於邊。惟彼有罪，自干天罰。桓桓虎貔，爰張九伐。王師即路，冬雪初零。日耀組練，雷響鼙鉦。蠢茲不順，敢逆戎旅。奮張螳臂，以當齊斧。止如山嶽，疾如雨風。我戰則克，賊壘其空。彼昏終迷，①曾不悔戾。當蔇而滅，斯焉決計。厲兵簡將，徃搗其巢。踰歷嶔嶇，坦若坰郊。賊棄其家，我縶而獲。牛馬谷量，器仗山積。塞兔失窟，何所遁逃。枯魚遊釜，假息煎熬。師以順動，神明所福。旬日凱歸，不疾而速。殪彼逆謀，懸首藁街。獻俘成禮，金鼓調諧。西域所瞻，此爲雄特。天討既申，群酋惕息。橐戈偃革，告成辟雍。聲教遐暨，萬國來同。惟我聖祖，親平大漠。巍功煥文，邁桓軼酌。流光悠久，視此銘辭。繼志述事，念茲在茲。

　　御製平定金川告成太學碑②

　　天畀我皇清，握乾符，俯坤軸，函括萬邦，悉主悉臣。五后纘承，創守啟佑，③亦惟是二三藎臣布德宣力。予曰有先後，予曰有禦侮，用造我丕基，④罔有蘖芽，罔不煦嫗長養，游於大常。⑤粤有金川莎羅奔者，居西蜀桃關以外，界綽斯甲、小金川之間，向曾從征，得受符檄，與諸土司齒。顧恃其險遠，夜郎自大，搆釁隣番。各土司申訴封疆吏，吏曰："蔓之不圖，豈其視爲甌脫。"乃請兵籌餉，期掃其穴。而司其事者，或怯縮以老師，或摽狡以蓄志，軍無適從，事用弗集。予心憫然，念遠徼之不寧，或致增防置戍，重勞吾民。大學士忠勇公傅恒義同休戚，毅然請肩斯任。乃命以經略印，益厚集諸路軍，芻粟相繼，間閻不驚。卜吉於戊辰十

---

① ［校］迷：此同《平定準噶爾方略》前編卷十四，《國子監志》卷三一《禮志七·獻功》作"昧"。
② 《清高宗實錄》卷三三五載，碑文發佈於乾隆十四年（1749）二月甲午。
③ ［校］啟佑：《平定金川方略》卷二七、《國子監志》卷三一《禮志七·獻功》均作"佑啟"。
④ ［校］丕基：《平定金川方略》卷二七、《國子監志》卷三一《禮志七·獻功》均作"丕丕基"。
⑤ ［校］大常：《平定金川方略》卷二七、《國子監志》卷三一《禮志七·獻功》均作"大當"。

一月之三日,①禡牙以指所征。朕親御武帳,賜經略酒以行。天氣和昶,②陽氣宣復,都人士聽覩聳躍,罔不忭喜,謂露布之旦暮至也。乃歷燕、晉,驅秦、隴,越劍關,絕川江,陵桃關之巇,③經天射之峻。④又曰討軍實,而教訓拊循之,均其渴飲飢食,同其曉行夜眠。⑤至於密贊機務,親草奏章,⑥則又經略獨勤其勞,而諸武臣有所不知,有弗能共者。恩威既明,士用益勵,度番落如戶庭,⑦過部武於衽席。奸酋授首,軍聲大振。復以巨礮擊其碉,堅碉以摧。將俟諸軍之集,擣其中堅,而番首驟罹駴喙,稽首請降。經略臣以彼罪重惡極,窮而乞生,久或渝且背焉,⑧慮不允所請。朕惟天地之德在好生,彼蟻潰而鼠駭者,毋寧赦而宥之。且求降而盡殲之,不可謂武,刴不足以汙我斧也。於是經略宣朕明旨,登壇受降。己巳二月之望日,⑨金川平定,捷音至京。是役也,罙入數千里,奏凱未七旬,而振旅之師多有返自中途,未究其用者。昔之成功巴蜀,如建武之定公孫、江陵之降李勢,皆在版圖之内,無足比數。廷臣舉皇祖朔漠、皇考青海成例,請勒碑成均,以示來許。夫秉丹誠而運籌決勝、永靖荒徼者,經略大學士之力也。⑩商可否於帷幄、衝矢石於行陣者,參贊大臣及諸將士力也。朕何有焉?惟是體乾元之德,凜佳兵之戒,保大定功,安民和衆,庶幾可以垂則乎!乃系之以詞曰:

維天生人,類聚群分。凡茲林林,孰非我民。有羈而縻,有誨而諄。豈伊異視,遠近殊倫。守在四夷,稽古名言。無已用之,寓義於仁。蠢彼金夷,恃其險阻。蠶食狶張,謂莫我拒。不靖不庭,侵茲鄰聚。駴奔呌

---

① 戊辰:乾隆十三年(1748)。
② [校]天氣:《平定金川方略》卷二七、《國子監志》卷三一《禮志七·獻功》均作"天日"。
③ [校]陵:《平定金川方略》卷二七、《國子監志》卷三一《禮志七·獻功》均作"凌"。
④ [校]經:此同《平定金川方略》卷二七,《國子監志》卷三一《禮志七·獻功》作"徑"。
⑤ [校]曉行:《平定金川方略》卷二七、《國子監志》卷三一《禮志七·獻功》均作"曉征"。
⑥ [校]親:原作"觀",據《平定金川方略》卷二七、《國子監志》卷三一《禮志七·獻功》改。
⑦ [校]番落:原作"番路",據《平定金川方略》卷二七、《國子監志》卷三一《禮志七·獻功》改。
⑧ [校]背:《平定金川方略》卷二七、《國子監志》卷三一《禮志七·獻功》均作"倩"。
⑨ 己巳:乾隆十四年(1749)。
⑩ [校]力:《平定金川方略》卷二七、《國子監志》卷三一《禮志七·獻功》均作"功"。

呶，以千大咎。匪棘匪紓，玁狁之故。我張我伐，玁狁之故。我師既集，賊亦相持。非敢相持，懼誅自支。兩易寒暑，敉功稍稽。① 賊益以狂，怒臂當車。罪臣既誅，以徇我師。朕咨於恒，汝往視之。朕咨於恒，惟汝同德。惟我庶士，亦久於役。將茲旗兵，羽林神策。② 其勇熊羆，其心金石。何敵不摧，③ 何攻弗克。濟以汝忠，奏捷頃刻。恒拜稽首，臣弗敢覆。④ 既禡既宜，師出於京。師出於京，時惟一陽。未踰五旬，乃壓其疆。前旌獵獵，有節煌煌。群番逌驚，⑤ 謂自天降。惟彼攸恃，曰良爾吉。以偵以諜，如鬼如蜮。其恃爰誅，其類服慄。紀律是明，戎兵是詰。鑄礟攻碉，其守以失。惟是懼誅，潛弗敢出。其潛弗出，乃旦夕延。將齊我軍，披其中堅。大鞞大膊，期目之前。⑥ 彼乃窮蹙，乞降悚虔。惟命是從，六事永遵。除道築壇，肉袒羊牽。赳赳鍾琪，乃度之懇。聿抵賊巢，開誠以諭。携其二酋，軍門親赴。悔罪歸誠，車塵馬足。順斯撫之，昭我王度。昔也雷霆，今也雨露。七縱諸葛，單騎汾陽。曰我相臣，於前有光。晉爵錫服，黼黻龍章。速歸黃閣，左右贊襄。休養生息，惠鮮蜀邦。我武既揚，無疆惟慶。

御製平定準噶爾告成太學碑⑦

遼矣山戎、薰粥，旃裘毳幕之人，界以龍沙，⑧ 畜其驔奚，雖無恒業，厥有分部。蓋自元黃部判，萬物芸生，東夷、西夷各依其地，謬舉浮

---

① [校] 敉：原作"數"，據《平定金川方略》卷二七、《國子監志》卷三一《禮志七‧獻功》改。

② [校] 神策：原作"神勇"，據《平定金川方略》卷二七、《國子監志》卷三一《禮志七‧獻功》改。

③ [校] 不：《平定金川方略》卷二七、《國子監志》卷三一《禮志七‧獻功》均作"弗"。

④ [校] 臣弗敢覆：《平定金川方略》卷二七、《國子監志》卷三一《禮志七‧獻功》均作"臣敢弗覆"。

⑤ [校] 逌：原作"迎"，據《平定金川方略》卷二七、《國子監志》卷三一《禮志七‧獻功》改。

⑥ [校] 期目：原作"期日"，據《平定金川方略》卷二七、《國子監志》卷三一《禮志七‧獻功》改。

⑦ 《清高宗實錄》卷四九九載，碑文發佈於乾隆二十年（1755）十月戊午。

⑧ [校] 界：原作"畀"，據《皇輿西域圖志》卷首一《天章》、《國子監志》卷三一《禮志七‧獻功》改。

爲，① 未爲理據。皇古莫紀，其見之書史者，自周宣太原之伐，秦政亙海之築，莫不畏其侵軼，猾夏是虞。自時厥後，一二奮發之君，慨然思挫其鋒而納之宥。然事不中機，材不副用，加以地遠無定處，故嘗勞衆費財，十損一得。縉紳之儒守和親，介胄之士言征伐。征伐則民力竭，和親則國威喪，於是有"守在四夷，羈縻不絕，地不可耕，民不可臣"之言興矣。然此以論漢唐宋明之中夏，而非謂我皇清之中夏也。

皇清荷天之寵，興東海，撫華區。有元之裔，久屬版章，歲朝貢，從征狩，執役惟謹。準噶爾厄魯特者，本有元之臣僕，叛出據海西，② 終明世爲邊患。至噶爾丹而稍強，吞噬鄰藩，闌入北塞。我皇祖三臨朔漠，用大破其師，元惡伏冥誅，脅從遠遁蹟，毋俾遺種於我喀爾喀。厥侄策妄阿拉布坦收其遺孽，僅保伊犁，故嘗索俘取地，無敢不共。逮夫部落滋聚，乃以計襲哈密，入西藏，準夷之勢，③ 於是而復張。兩朝命將問罪，雖屢獲捷，而庚戌之役，④ 逆子噶爾丹策楞能用其父舊人，乘我師怠，掠畜於巴里坤，搗營於和卜多，於是而準夷之勢大張。然地既險遠，主客異焉，此勞徃而無利，彼亦如之。故額而德尼招之，敗彼，亦以彼貪利而深入也。皇考謂："我武既揚，不可以既，允其請和，以息我衆。"予小子敬奉先志，無越思焉。既而噶爾丹策楞死，⑤ 子策妄多爾濟那木扎爾暴殘，喇嘛達爾濟篡奪之。達瓦齊又篡奪喇嘛達爾濟，而酗酒虐下，尤甚焉。癸酉冬，⑥ 都爾伯特台吉策楞等率數萬人來歸。越明年秋，輝特台吉阿睦爾撒納、和碩特台吉班珠爾又率數萬人來歸。朕謂來者不可以不撫，而撫之莫若因其地、其俗而善循之。且毋令滋方來之患於我喀爾喀也。於是議進兩路之師，問彼罪魁，安我新附。凡運餉籌馱，長行利戰之事，悉備議

---

① [校]浮爲：《皇輿西域圖志》卷首一.《天章》、《國子監志》卷三一《禮志七·獻功》均作"淳維"。

② [校]海西：原作"西海"，據《皇輿西域圖志》卷首一《天章》、《國子監志》卷三一《禮志七·獻功》改。

③ [校]準：原作"准"，據《皇輿西域圖志》卷首一《天章》、《國子監志》卷三一《禮志七·獻功》改。

④ 庚戌：雍正八年（1730）。

⑤ [校]既而："而"字原脫，據《皇輿西域圖志》卷首一《天章》、《國子監志》卷三一《禮志七·獻功》補。

⑥ 癸酉：乾隆十八年（1753）。

之。始熟徑於庚戌之艱者，① 咸懼蹈轍，惟大學士忠勇公傅恒見與朕同，而新附諸台吉則求之甚力。朕謂犁庭掃穴，即不敢必，然喀爾喀之地必不可以久居，若而人毋寧用其鋒而觀厥成，即不如志，亦非所悔也。故凡禡旗命將之典概未舉行，亦云偏師嘗試爲之耳。塞上用兵必以秋，而阿睦爾撒納、瑪木特請以春月，欲乘彼馬未肥，則不能遁。朕謂其言良當，遂從之。北路以二月丙辰，西路以二月己巳，各啟行。哈密、瀚海向無雨，今春乃大雨，咸以爲時雨之師。入賊境，凡所過之鄂拓克，攜羊酒糗糒迎恐後。五月乙亥，至伊犁，亦如之。達瓦齊於格登山麓結營以待，兵近萬人。我兩將軍議以兵取則傷彼必衆，彼衆皆我衆，多傷非所以體上慈也。丁亥，遣阿玉錫等二十五人，② 夜斫營，覘賊向。賊兵大潰，相蹂躪死者不可勝數，來降者七千餘。我二十五人，無一受傷者。達瓦齊以百餘騎竄。六月庚戌，回狪人阿奇穆、霍集斯、伯克執達瓦齊來獻軍門，準噶爾平。

是役也，定議不過一二人，籌事不過一年，兵行不過五月，無亡矢遺鏃之費，大勳以集，遐壤以定，豈人力哉！天也。然天垂祐而授之事機，設不奉行之，以致坐失者多矣。可與樂成，不可與謀始，亦謂蚩蚩之衆云爾，豈其卿大夫之謂。即克集事，則又曰："苟知其易，將勸爲之。"夫明於事後者，必將昧於幾先，朕用是寒心。且準噶爾一小部落耳，一二有能爲之長，而其樹也固焉，一二暴失德之長，而其亡也忽焉。朕用是知懼。武成而勒碑文廟，例也。禮臣以爲請，故據實事書之。其辭曰：

茫茫伊犁，大幹之西。匪今伊昔，化外羈縻。條支之東，大宛以南。隨畜獵獸，蟻聚狼貪。乃世其惡，乃恃其遠。或激我攻，而乘我後。③ 其計在斯，其長可窮。止戈靖邊，化日薰風。不侵不距，不來其那。款關求市，亦不禁訶。始慕希珍，終居奇貨。吏喜無事，遷就斯懦。漸不可長，我豈懼其。豈如宋明，和市之爲。既知其然，飭我邊吏。弗縱弗嚴，示之

---

① ［校］徑：《皇輿西域圖志》卷首一《天章》、《國子監志》卷三一《禮志七·獻功》均作"經"。

② ［校］阿玉錫：原作"阿王錫"，據《皇輿西域圖志》卷首一《天章》、《國子監志》卷三一《禮志七·獻功》改。下同。

③ ［校］後：《皇輿西域圖志》卷首一《天章》、《國子監志》卷三一《禮志七·獻功》均作"緩"。

節制。不仁之守，再世斯斬。篡奪相仍，飄忽荏苒。風沙革面，① 煎鏊披忱。集泮飛鴞，食黮懷音。錫之爵位，榮以華裾。膝前面請，願效前驅。兵分兩路，雪甲霜鋒。先導中堅，如鼉錯攻。益以後勁，蒙古舊屬。八旗子弟，其心允篤。二月卜吉，牙旗飄颻。我騎斯騰，無待折膠。泉涌於磧，蕪茁於路。我衆歡躍，謂有天助。匪啻我衆，新附亦云。黃髮未覯，水草富春。烏魯木齊，波羅塔拉。台吉宰桑，紛紛納款。牽其肥羊，及馬潼酒。獻其屠耆，合掌雙手。予有前論，所禁侵陵。以茶交易，大愉衆情。衆情既愉，來者日繼。蠢達瓦齊，擁兵自衛。依山據淖，惟旦夕延。有近萬人，其心十千。勇不目逃，擒二十五。曰阿玉錫，率徃賊所。銜枚夜襲，直入其郛。揮矛拍馬，大聲疾呼。彼人既離，我志斯合。突將無前，縱橫鞯韃。案角鹿埵，隴種束籠。自相狼籍，孰敢攖鋒。狐竄鼠逃，將徃異域。猢部遮之，兇渠斯得。露布既至，告廟受俘。幾此藏功，荷天之衢。在古周宣，二年乙亥。淮夷是平，常武詩載。越我皇祖，征噶爾丹。命將禡旗，亦乙亥年。② 既符歲德，允協師貞。兵不血刃，漠無王庭。昔時準夷，弗恭弗諝。今隨師行，為師侯尉。昔時準夷，日戰夜征。今也偃臥，知樂人生。曰匪準夷，曰我臣僕。自今伊始，安爾游牧。爾牧爾耕，爾長孫子。曰無向非，豈有今是。兩朝志竟，億載基成。③ 側席不遑，保泰持盈。

御製雲南提督張國樑碑文

朕惟任重封疆，資壯猷於將帥；寵宣綸綍，沛渥典於臣工。惟保障之久勤，宜恩施之誕被，所以風有位示來茲也。爾張國樑，矢志恪恭，賦資果毅，初奮身於營伍，早奏績於行間。上谷恒山，屢分麾於近甸；三湘七澤，兩作鎮於南邦。屬滇海之要區，膺董戎之重寄。成勞懋著，眷顧攸隆。奄逝遽聞，軫懷良切。龍章日麗，定美諡於生平；馬鬣雲封，峙豐碑於奕世。於戲！抒誠宣力，威名尚播。巖疆念舊，飾終錫命。增光泉壤，昭垂無斁，永貢宏休。

---

① ［校］風沙：此同《清朝文獻通考》卷六七《學校考》，《皇輿西域圖志》卷首一《天章》、《國子監志》卷三一《禮志七·獻功》作"凤沙"。

② 乙亥年：康熙三十四年（1695）。

③ ［校］億載：此同《清朝文獻通考》卷六七《學校考》、《皇輿西域圖志》卷首一《天章》，《國子監志》卷三一《禮志七·獻功》作"億萬"。

御製原任古北口提督吳進義碑文

朕惟重任元戎，端籍干城之寄；禮垂令典，聿增竹帛之光。抒分閫之壯猷，克孚威信；頒易名之寵命，用備哀榮。爾原任古北口提督吳進義，勇略夙彰，老成攸賴。行間陳力，曉暢戎機。帳下掄才，深明軍律。參幕府而馳驅弗懈，由裨將而節鉞旋膺。建甌越之牙旗，海壖寧謐；移壽春之虎節，江介澄清。表率三軍，寄東南之重鎮；屏藩半壁，歷閩浙之雄封。繼因吏議以就閒，復沛恩綸而錄舊。旌旗卷塞，壯三輔之嚴關；劍佩趨朝，識八旬之耆碩。宮御晉錫，榮隨麟閣之班聯；人瑞聿徵，寫入香山之圖畫。方期頤之遙卜，忽遺疏之土陳。追贈崇階，載陳祀典。特與壯愨之令諡，永貽奕禩之休聲。嗚呼！襃帝猶存，眷舊感隕星之日；松楸長蔭，酬庸視麗牲之碑。勗爾後人，敬承恩命。

諭祭故陝西提督、總兵官、三等精奇尼哈番、追封公爵、諡忠愨陳福祭文

人臣奉職，以致身爲難；國家敷恩，以襃忠爲重。朕惓懷良將，追念舊勳。惟盡瘁之節，歷久而長新；曠典之頒，踰時而加渥。爾陳福，恪蓋秉心，韜鈐裕略，久更行陣，累上首功。遂移西蜀之麾，俾鎮朔方之地。屬以群逆搆亂，三秦震驚，爾建纛涇原，誅鋤渠寇。城堡歷經收復，叛黨次第招徠，爰乘勝以星馳，期滅此而朝食。夫何倉卒遘變，肘腋生奸，竟墮狡賊陰謀，致使元戎頓隕。訃聞之日，憫悼殊深。贈爵易名，已歷年所。茲朕巡省邊陲，行次寧夏，過爾宅里，知燕翼之有人；詢爾邱墟，嘆墓木之已拱。緬維疇昔，良用憮然，聿遣專官，特賜奠醊。嗚呼！偉烈垂於青史，儼壯氣以如生；恩澤沛於重泉，庶忠魂其益慰。爾靈不昧，尚克欽承。

諭祭故勇略將軍、總督雲貴、兵部尚書兼都察院右副都御史、世襲一等精奇尼哈番趙良棟祭文

朕於國家宣力之臣，無不恩篤始終，誼周存歿。矧其爲老成宿將，績著封疆。方眷倚之是殷，期榮休於有永，遽聞溘逝，能無盡傷。爾趙良棟，剛鯁賦資，精强勵職，粵從早歲，克展壯猷，嗣歷戎行，洊膺重寄。屬當逆氛煽虐，禁旅交馳，惟爾首倡入蜀之謀，提孤軍以進取，力奮克滇之勇，激諸將以爭先。公論歷久踰明，朕心深嘉乃績。詔崇世秩，懋獎成勞。比者來覲闕廷，時攄忱悃，倏以抱疴邸舍，遂乞旋歸。自卧林泉，遙頒藥物，每陳章疏，輒答襃綸。尚冀調攝漸痊，何意哀音驟至。茲朕躬臨

朔方，籌畫軍務，經爾里第，惜黃髮之乍凋；念爾音容，憫丹心之未燼。特命皇子親視几筵，爰沛宸章，用申諭祭。嗚呼！禮隆異數，示朝廷非常邺賚之仁；光溢閭門，彰勞臣畢世忠勤之報。爾靈不昧，尚克欽承。

諭祭雲南烏蒙鎮遊擊、加贈署都司僉書馬秉倫祭文

鞠躬盡瘁，臣子之芳踪；殉死報勤，國家之盛典。爾馬秉倫，賦性忠勇，才能稱職，捐躬報國，效力師中，奮不顧身，朕用悼焉。特頒祭葬，以慰幽魂。嗚呼！寵錫重壚，庶沐匪躬之報；名垂信史，聿昭不朽之榮。爾如有知，尚克歆享。

諭祭原任浙江溫州鎮總兵官吳開增祭文

鞠躬盡瘁，臣子之芳踪；賜殉報勤，國家之盛典。爾吳開增，性行純良，才能稱職，方冀遐齡，忽聞長逝，朕用悼焉。特頒祭葬，以慰幽魂。嗚呼！寵錫重壚，庶沐匪躬之報；名垂信史，聿昭不朽之榮。爾如有知，尚克欽承。

諭祭原任古北口提督吳進義祭文

職隆專閫，封疆覘節制之勳；典重飭終，綸綍備哀榮之禮。抒壯猷於雄服，端賴干城；念成績於耆英，宜頒秬鬯。爾吳進義，戎略素諳，老成素著。拔行間而筮仕，早識兵樞；授裨將以宣勞，克嫺軍政。旌麾旋秉，資彈壓於東甌；節鉞是專，展韜鈐於江左。三浙則牙幢再建，七閩則甲帳遙臨。嗣因微青而就閑，特沛殊恩而入名。馳驅堪效鎖鑰，俾掌於北門；歷練久資年齒，旋增乎大耋。予宮御以寵錫，用獎成勞；表人瑞於班聯，特加優眷。忽聞淪逝，深用軫懷，載晉崇階，爰申奠醊。嗚呼！氣應星辰，劍珮想雍容之度；榮增泉壤，松楸載雨露之恩。惟爾有靈，祇承令典。

諭祭原任古北口提督吳進義祭文

元戎作鎮，奏偉績於師中；彝典酬庸，疊恩施於身後。老成眷篤，念裘帶之風規；巽命重申，潔几筵之芬苾。爾吳進義，嫺知韜略，敭歷戎行。早效馳驅，奮身在後勁前矛之列；深明紀律，宣力於襟江帶海之區。繼專閫而登壇，克抒猷以報國。三省之封疆遍蒞，旋持虎節於雄關；八秩之神明不衰，屢荷龍光於魏闕。宮御晉錫，榮隨方召之班；耆碩加襃，望重幽燕之將。忽聞徂謝，崇階申邺贈之文；追念勤勞，載奠肅明禋之典。嗚呼！壯氣煥風雲之色，璧壘猶新；殊恩生俎豆之輝，椒漿復賁。靈而不昧，尚克歆承。

恩　詔

康熙三十五年，①奉上諭：朕惟治安天下，惟期民生得所，而欲民生之得所，以敷恩寬賦爲要。朕於一切事務，稍有動用民力之處，即廑懷殷切，刻不能忘。比年以來，因厄魯特噶爾丹狂逞逆命，遣發天兵，②分道進剿，軍興供億，不得已而煩民力。甘肅所屬各州縣衛所、榆林等處沿邊各州縣衛所，適當師行要道。其餵養軍前需用馬匹，並大兵徃來經過各項措辦，雖俱支給正項錢糧，而供應繁多，閭閻勞苦，朕心深用軫念。著將康熙三十六年甘肅巡撫所屬州縣衛所、陝西巡撫所屬榆林等沿邊州縣衛所屬地丁銀米，盡行蠲免。行文各該撫遍加曉諭，務俾小民均沾實惠，稱朕體恤黎元至意。甘肅所屬銀米既經全免，需用錢糧，著於鄰近省分作速撥給。欽此。

康熙四十一年，奉上諭：朕撫御寰區四十餘年，無刻不以民生爲念，天下至大，兆民至衆，惟恐窮鄉僻壤百姓疾苦不能上達，所以孜孜勤求，③未嘗稍懈。從來水旱，自古有之，備荒之法，全賴督撫得人。倘以諱災爲事，虧空塞責，一有歉薄，莫知所措，視民命爲草芥，何以爲民父母。況秦省不通水運，若不謹於蓋藏，儉歲難於賑恤。河西一帶地方素稱貧瘠，雖免四十一年錢糧，民生未裕，再將四十二年地丁錢糧，通行蠲免。該督撫遍示所屬地方，務使閭閻均沾實惠，以副朕惠愛元元之至意。欽此。

康熙五十二年，奉上諭：朕勤求民瘼，無間遐邇，雖在邊徼遠省，偶有旱澇災傷，無不訪察情形，殫思賑救。今歲直省各處俱獲收成，惟廣東三水、清遠、高要、高明、四會五縣，福建侯官縣、福防廳所屬福右衛二處，④甘肅靖遠衛、環縣、鎮原縣、固原州、固原衛、平涼縣、平涼衛、崇信縣、慶陽衛、靈州所、會寧縣、寧夏中衛、寧夏所、古浪所一十四

---

① ［校］三十五年：原作"三十六年"，《聖祖文集》第二集卷十五、《清聖祖仁實錄》卷一七八等，載此上諭發於康熙三十五年（1696）十二月辛亥，據改。

② ［校］天兵：《聖祖文集》第二集卷十五、《清聖祖實錄》卷一七八均作"大兵"。

③ ［校］所以：此二字原脫，據《聖祖文集》第三集卷三、《清聖祖實錄》卷二一〇補。

④ ［校］福防廳所屬福右衛：此同《聖祖文集》第四集卷三、《清聖祖實錄》卷二五七無"福防廳所屬"五字。"福右衛"，《清聖祖實錄》卷二五七作"福州右衛"。

處，今歲夏秋被災，① 各督撫已經奏聞。雖各省地丁錢糧新經全免，然一方災歉，悉塵朕心。艱食之際，重以追呼，朕所不忍。其明年應徵廣東省三水等五縣額銀七萬七千九百兩零、米一萬七千六百石零，福建省侯官縣等二處額銀三萬六千六百兩零、② 米六千四百石零，甘肅靖遠衛等一十四處額銀四萬七千七百兩零、③ 糧八萬八千五百石零、草八十四萬三百束零，盡予蠲豁。户部即行文各督撫，務須星速奉行，即刻遍行曉諭，俾民間無催徵之累，肆力東作，用稱朕撫恤災黎至意。倘有不肖有司，奉行稽遲，或借端別行科派，使小民不沾實惠，該督撫嚴加參處。④ 如該督撫失察，一併從重治罪。欽此。

康熙五十五年，奉上諭：朕統一寰宇，無分中外，皆欲久安長治，共樂昇平，宵旰孜孜，五十餘年未嘗頃刻去懷也。策妄阿喇布坦前曾頻行請安，遣使來徃，近忽狂悖，⑤ 侵擾哈密。哈密係我編置佐領之部落，⑥ 與内地無異，若不遣發師旅，置之不問，斷乎不可。故特徵兵備邊，一切飛芻輓粟，悉支正供，毫無累及閭閻。然而行軍置驛，及諸凡輓運，皆由邊境。今歲山西、陝西二省雖屬豐收，⑦ 喜登大有，猶念邊民效力，⑧ 轉輸無誤，急公固其常分，而民勞亦所堪恤。若非格外施恩，何以昭鼓勵。兹特大沛膏澤，加意培養，著將沿邊一帶運糧地方，自山西大同府屬前衛、右衛、大同、懷仁、馬邑、朔州、保德等七州縣衛，陝西延安府屬府谷、神木、安塞、綏德、米脂、安定、吴堡、保安、榆林、保寧、常樂、⑨ 雙山、魚河、歸德、嚮水、波羅、懷遠、威武、清平，甘肅屬山丹、高臺、古浪、莊浪、西寧、肅鎮、寧夏左屯、中屯、平羅、中衛、靈、寧、平

---

① ［校］夏秋：原倒作"秋夏"，據《聖祖文集》第四集卷三、《清聖祖實録》卷二五七乙正。
② ［校］等二處："等"字原脱，據《聖祖文集》第四集卷三、《清聖祖實録》卷二五七補。
③ ［校］一十四：此三字原脱，據《聖祖文集》第四集卷三補，《清聖祖實録》卷二五七作"十四"。
④ ［校］嚴加：《聖祖文集》第四集卷三、《清聖祖實録》卷二五七均作"嚴察"。
⑤ ［校］狂悖：此二字原脱，據《聖祖文集》第四集卷九、《清聖祖實録》卷二七〇補。
⑥ ［校］係我編置佐領："係我編置"，《清聖祖實録》卷二七〇作"已經編置"。"佐領"，原作"位領"，據《聖祖文集》第四集卷九、《清聖祖實録》卷二七〇改。
⑦ ［校］雖屬豐收："雖"字原脱，據《聖祖文集》第四集卷九補。
⑧ ［校］猶念：《聖祖文集》第四集卷九作"獨念"。
⑨ ［校］常樂：原作"常泰"，據《聖祖文集》第四集卷九、《清聖祖實録》卷二七〇改。

凉、固原、鎮戎、西安、慶陽、阜城、甜水、河州、歸德、蘭州、洮州等四十二州縣衛所堡，康熙五十六年額徵銀八萬六千一百兩零、糧米豆穀三十一萬七千七百二十五石零、草二百七十六萬五千九百束零，通行蠲免，並將從前歷年逋欠銀糧草豆，亦悉予蠲除。諭旨到日，該督撫即遍行張示，使遐陬僻壤莫不周知，仍嚴飭所司，實心奉行，以副朕加厚邊民至意。其或陽奉陰違，澤不下究，該督撫題參，從重治罪。欽此。

康熙五十八年，① 奉上諭：朕惟天下之要，首以治安民生爲急。故自御極以來，於閭閻疾苦，無不博咨廣詢，渙散痾瘵。其有動用民力之處，尤孜孜廑念，刻不能忘，蓋六十年如一日也。比年因策妄阿喇布坦狂逞跳梁，軍興征繕，遠歷邊陲。其沿邊數處，師旅屯駐，一切雖皆支用正項錢糧，而協辦轉輸，行齎居送之時，民力勞瘁，朕心時切軫念。曾將陝西、甘肅巡撫所屬康熙五十八年額徵地丁銀一百八十萬兩零、歷年舊欠銀四萬兩，特沛恩綸，悉行蠲免。而沿邊各州縣衛所，軍行既多飛輓之勞，辦賦復滋催科之擾，若非格外加恩，黎民恐致失業。所有沿邊一帶，陝西延安府屬府谷、神木、安塞、綏德、米脂、安定、吳堡、保安、榆林、保寧、常樂、雙山、魚河、歸德、嚮水、波羅、懷遠、威武、清平、葭州、隴州、鎮靖、鎮羅、寧塞、靖邊、柳樹澗、安邊、磚井、定邊、饒陽水堡、高家堡，甘肅屬山丹、高臺、古浪、莊浪、西寧、肅州鎮、寧夏左屯、中屯、平羅、中衛、靈州、寧州、平涼衛、固原州、鎮戎、西安、阜城、甜水、河州、歸德、蘭州、洮州、寧夏前衛、平涼縣、固原衛、固原廳、河州衛、蘭州衛、蘭州廳、慶陽、涼州衛、永昌衛、鎮番衛、甘州衛、甘州右衛、肅州衛、鎮彝所等六十八州縣衛所堡，康熙五十九年錢糧米豆草束，俱宜蠲免。但目下係有軍務之時，除米豆草束外，將五十九年額徵銀九萬八千一百兩零，盡行蠲免。戶部行文該督撫通行曉諭，實心奉行，務俾均沾德惠，以副朕曲軫邊民之至意。欽此。

雍正七年，② 奉上諭：年來用兵西藏，剿撫苗蠻，及目今辦理軍需，一切皆動支公帑，而糧餉轉輸，不無資於民力，朕心深爲軫念。是以降旨

---

① [校] 五十八年：原作"五十九年"，據《清聖祖實錄》卷二八六改。
② [校] 七年：原同《乾隆甘志》卷十七《蠲邺》作"六年"，據《清世宗實錄》卷八六、《平定準噶爾方略》前編卷十九、《上諭内閣》卷八六改。

將甘肅、四川、雲、貴、廣西五省庚戌年地丁錢糧，① 全行蠲免。查甘肅之河西四府，如寧夏、西寧及甘、涼、肅，以至嘉峪關外之靖逆、赤金、柳溝等衛所，歷來額徵俱係糧料草束，與各省額徵折色無異。今當用兵之際，雖絲毫不派及民間，而黎民踴躍急公之意，大將軍岳鍾琪屢次奏聞，甚屬可嘉。應將額徵本色加恩豁免，以示惠愛邊民之至意。著戶部即行查明具奏。欽此。

雍正十年，② 奉上諭：甘肅地方年來預備軍需，雖事事取辦於公帑，而百姓輓輸效力亦甚勤苦。朕心軫念維殷，屢加恩澤。前聞今歲蘭州、平涼、西寧等府所屬州縣內有雹損、③ 蟲傷之處，已諭該督撫留心賑恤，停止催科。嗣聞從前雨少之地，俱已沾被甘霖，秋成可望，朕心深慰。因念甘肅為軍需總匯之區，百姓急公趨事，所當格外加恩，俾閭閻力量寬餘，無催征之擾，以昭予惠元元，獎勞賞善之至意。著將河東、河西各屬民戶、屯戶及番民等，本年應徵各項銀糧草束一概蠲免。若有已經完納者，准作來年正賦。該督撫等務體朕心，督率有司，敬謹奉行，俾秦民均沾實惠。倘有豪胥舞弊作奸使澤不下逮者，④ 經朕訪聞，定將該管大小官員嚴加議處。特諭，欽此。

乾隆三年，奉上諭：前據寧夏將軍阿魯奏報，寧夏地方於十一月二十四日戌時地動，朕心軫念，已降旨令將軍、督撫等加意撫綏安插，無使兵民失所。今據阿魯續報，是日地動甚重，官署民房傾圮，兵民被傷身斃者甚多，文武官弁亦有傷損者。朕心甚為慘切，惟有敬凜天變，身自修省。著兵部侍郎班第馳驛前去，即於明日起程。動撥蘭州藩庫銀二十萬兩，會同將軍阿魯，並地方文武大員，查明被災人等，逐戶賑濟，急為安頓，無使流離困苦。其被壓身故之官弁，著照巡洋被風身故之例，加恩賞賜卹典。其動用銀兩，該部另行撥補。再寧夏附近之州縣被災者，著班第會同地方文武大員一體查賑，毋得遺漏。欽此。

乾隆四年，奉上諭：寧夏慘遭地震，閭閻困苦，深可憫念。朕雖遣大

---

① 庚戌年：雍正八年（1730）。

② ［校］十年：原同《乾隆甘志》卷十七《蠲邮》作"六年"，據《清世宗實錄》卷一二一、《上諭內閣》卷一二一改。按：本條"雍正十年"恩詔原位於上條"雍正七年"恩詔之前，據本志書例，依其實際頒發之年編排於"雍正七年"恩詔後。

③ ［校］雹損：原作"雹雨"，據《清世宗實錄》卷一二一、《上諭內閣》卷一二一改。

④ ［校］逮：原作"究"，據《清世宗實錄》卷一二一、《上諭內閣》卷一二一改。

臣赴寧，會同文武大員加意撫綏，尤當格外施恩。著將本年額徵應徵銀糧草束雜稅等項，悉行豁免。如有舊欠，亦著蠲除。務使百姓均霑實惠，以培元氣。欽此。

乾隆四年，奉上諭：上年寧夏地震之後，朕日夜憂思，多方籌畫。一年以來，陸續經理，地方漸有起色，朕心稍慰。嗣後加恩體養，① 方能培復元氣。著將寧夏、寧朔、平羅三縣額徵銀糧草束，再寬免一年，以滋生息，以裕蓋藏。著令該督撫遍行出示曉諭，務使窮鄉僻壤均霑實惠。並不時密查，如有私征侵蝕等弊，即行指名揭參。欽此。

乾隆五年，奉上諭：從前寧夏等處地動為災，黎民困苦，朕百計籌畫，加意撫綏，始不至於失所。惟是瘡痍甫起，戶鮮蓋藏。本年平羅地方又有被水、被旱之處，若照分數成例蠲免，② 恐民力仍不免拮据。著格外加恩，將銀糧草束概予全免。至未被災之邨莊，及夏、朔二縣從前被災較重，雖兩年以為均屬有收，而工役繁興，人夫雲集，米糧物價猝難平減，亦應酌量加恩，與民休息。著將夏、朔二縣及平羅未被災邨莊，辛酉年額徵銀糧草束，③ 俱寬免一半。欽此。

乾隆十年，④ 奉恩旨：各省蠲免正供之年，若其未完舊欠，仍按期帶徵，則民間猶不免追呼之擾。著一併停其徵收，至開倉之年，⑤ 照例輸納。欽此。

乾隆十年，⑥ 奉上諭：向來蠲免錢糧定例，止係地丁，而糧草不在其內。朕前降旨，將乾隆丙寅年直省應徵錢糧通行蠲免。⑦ 惟是甘省地處邊隅，所徵地丁少而糧草多，其臨邊各屬，丙寅年應徵番糧一萬二千六百餘石、草五百餘束，著格外加恩，一體蠲免。再河東、河西額徵屯糧草束，亦著蠲免三分之一。該督撫善為辦理，務使民番均沾寔惠。⑧ 該部即遵諭行。欽此。

---

① ［校］體養：《清高宗實錄》卷一〇五作"休養"。
② ［校］蠲免：《清高宗實錄》卷一二九"免"後有"錢糧"二字。
③ 辛酉：乾隆六年（1741）。
④ 《清高宗實錄》卷二四三載，本條上諭發佈於乾隆十年（1745）六月乙丑。又，本上諭原位於下條乾隆十年上諭後，據本志書例移至此。
⑤ ［校］開倉：《清高宗實錄》卷二四三作"開徵"。
⑥ 《清高宗實錄》卷二四七載，本上諭發佈於乾隆十年（1745）八月丁卯。
⑦ 乾隆丙寅：乾隆十一年（1746）。
⑧ ［校］寔惠：《清高宗實錄》卷二四七作"實惠"。

乾隆十六年，奉上諭：①甘省結年民欠未完銀二十三萬七千餘兩、未完糧一萬四千餘石。往往舊欠未及清償，正額又成積欠，每年徒有徵催之名而無輸將之實。經朕傳諭該督撫，令其詳悉查辦。今據尹繼善、鄂昌摺奏，此内所有"查出胥役侵蝕之項，現在照例治罪勒追。至民舊欠爲數實屬繁多，與其新舊並徵，有名無實，不若量情停緩，設法清釐"等語。朕念甘肅邊土苦寒，民力拮据，自非腹地可比，但逋欠日積，陳陳相因，伊於何底。著將該省積欠乾隆十一年至十四年未完銀兩，分作五年帶徵。如有現准部文帶徵者，仍照原限辦理。其乾隆元年至十年舊欠銀糧，概予豁除。該省士民應倍感朕格外之恩，急公輸納。該地方官亦須實力整頓，使年年清款，不得任其仍蹈故習，希冀殊恩之可以屢邀也。欽此。

乾隆十六年，②奉恩詔：直隸、奉天、山東、江南、陝西、甘肅等省，乾隆九年以前所有出借籽種、口糧、牛草等項，民欠未完銀糧米豆穀石，③著該督撫查明，實在無力完繳者，准予豁免。

乾隆二十一年，奉上諭：前因甘省地方承辦軍需，降旨將甘、凉、肅三府州屬民屯及番民等本年應徵各項錢糧、米、豆、草束，一概蠲免。其餘各府州縣，雖地方有衝僻之不同，承辦有多寡之或異，朕念該處小民趨事奉公，均屬勤苦，著加恩將甘省十三府廳州屬各州縣衛乾隆十一年至十五年民欠地丁錢糧草束，④概予蠲免。十六年至二十年民欠未完正借錢糧，著自丁丑年爲始，⑤分作五年帶徵。其安西五衛近接軍營，皋蘭一縣居省會，出力尤多，著將本年應徵各項錢糧，俱照甘、凉、肅三府州之例，一體蠲免。其寧夏、平涼、鞏昌、蘭州等府屬十七州縣本年應徵各項錢糧，⑥亦著蠲免十分之三，以舒民力。再甘肅通省尚有乾隆元年至九年蠲剩未完，及十年至十五年民欠籽種、口糧、牛本等項銀糧，非因災出

---

① [校]諭：原作"輸"，據文意改。
② [校]十六年：《清高宗實録》卷三七〇作"十五年"。
③ [校]銀糧：《清高宗實録》卷三七〇作"銀錢"。
④ [校]府廳州：《清高宗實録》卷五二二、《平定準噶爾方略》正編卷三一均作"府州廳"。
⑤ 丁丑：乾隆二十二年（1757）。
⑥ [校]府屬十七州縣本年應徵各項錢糧："屬""年"二字原脱，據《清高宗實録》卷五二二、《平定準噶爾方略》正編卷三一補。

借，爲定例所不應免。但該省承辦軍需，民力深堪軫念，著一併加恩蠲免。該督撫等其董率屬員實心經理，務使膏澤下逮，以副朕格外施恩優恤邊民之至意。欽此。

乾隆二十二年，奉上諭：甘肅地方承辦軍需，小民急公趨事，甚是勤勞。屢經降旨，將甘省歷年積欠，並承辦之甘涼肅三府、安西五衛、皋蘭一縣，本年應徵地丁錢糧、米、豆、草束，概予蠲免。但現在軍需未竣，① 該省爲總匯之地，小民出力尤多，朕心時切軫念。著將甘肅通省乾隆二十三年應徵地丁錢糧，加恩概予蠲免。該督撫等其董率屬員預行出示曉諭，實心查辦，毋任不肖官吏從中舞弊，以副朕優邮邊民，格外施恩至意。該部即遵諭行。欽此。

乾隆二十三年，奉上諭：甘省地方數年以來辦理軍需，悉頒帑項，雖絲毫不以累民，而小民趨事甚屬勤勞，殊堪廑念。前經降旨，將本年應徵地丁錢糧，概予蠲免。又經降旨，將二十二年以前舊欠之銀糧草束，通行豁除。但該省爲軍需總匯，民風淳厚，出力尤多，朕心時切軫念，著將甘肅通省乾隆二十四年分應徵地丁錢糧再行加恩，悉予蠲免。該督撫等，其董率屬員預行出示，遍爲曉諭，毋任不肖官吏從中舞弊，以副朕格外加恩優恤邊氓至意。該部即遵諭行。欽此。

乾隆二十三年，奉上諭：甘省歷年正供及雜項錢糧，並二十四年地丁額賦，屢經降旨加恩豁免。其正賦之外，隨徵耗羨係供支地方公費之需，② 例不免徵，但念甘省地方土瘠民貧，正供既已蠲除，而歷年積欠耗羨尚須照數完納，小民輸將，仍不免拮据。著再加恩，將甘省乾隆六年至二十二年民欠耗銀三萬三千四百餘兩、耗糧一十五萬八千六百四十餘石，概予豁除。其二十三四兩年應徵耗羨銀糧，亦並暫緩催徵，俟正賦開徵之年，再行輸納，用昭體恤邊氓至意。該部即遵諭行。欽此。

乾隆二十四年，奉上諭：甘省本年應徵地丁錢糧，及歷年積欠銀糧草束等項，業經上年屢次降旨加恩豁免，猶念該省邊地苦寒，年來承辦軍需，小民急公趨事，踴躍爭先，朕心深爲嘉予。著再加恩，將甘肅省乾隆二十五年分通省應徵地丁錢糧，悉予蠲免。該督撫等即行出示，遍爲曉

---

① ［校］軍需：《清高宗實錄》卷五四〇作"軍務"。
② ［校］隨徵：原作"隨正"，據《清高宗實錄》卷五六六改。

諭，並嚴飭屬員實力奉行，以副朕格外優恤邊氓至意。欽此。

乾隆二十四年，奉上諭：甘省承辦軍需，一切糧料草束食物等項，採購既多，價值未免增長，所有額支運腳亦恐不敷，前已屢經降旨，茚次量爲增給。而肅州、安西一帶，市集尤爲稀少，①料草辦理維艱，宜加渥恩，用昭體恤。將該省所有運送賑糧、②兵糧腳價，均照輓運軍糧之例，一體增給。其肅州、安西塘驛應差馬匹，及中路自高臺縣至涇州等二十一州縣，北路自中衛縣至靈州六府廳州縣所管塘驛馬匹，俱暫停折支糧草乾銀，③著照日支給本色料草，以資飼秣。俟軍需告竣之日，仍舊支給折色。再涼、莊、滿營採買糧料草束，以及寧夏滿營官員應需粳米，並著查明，照依時價採買供支。該督撫等其妥協經理，毋任吏胥從中侵蝕，轉致滋擾也。欽此。

乾隆二十四年，奉上諭：甘省折賑，向例每石給銀一兩，上年因該地方歲事歉收，恐貧黎買食不敷，④已降旨河東每石加銀三錢，河西每石加銀四錢。今皋蘭等各屬被災地方糧價尚未平減，朕心深爲軫念。著再加恩將皋蘭、靖遠、金縣、平番、固原、鹽茶廳、環縣、古浪、安定、會寧、靜寧、隆德、靈州、花馬池、中衛、狄道、河州、碾伯等各州縣賑糧折價，俱於前加每石三錢、四錢外，河東、河西每石再各給銀三錢，俾窮民足敷買食，以示惠養編氓至意。該部遵諭速行。

乾隆二十五年，奉上諭：甘省自軍興以來，連年疊次施恩豁免正雜錢糧，及一切展賑緩徵，酌增運腳，所有正賦已蠲至二十五年，俾邊民溥沾渥澤。現在大兵凱旋，軍務全竣，正宜與邊民休息，上年歲收未能豐稔，朕心猶深軫念。著再加恩將甘肅省乾隆二十六年分應徵地丁錢糧通行豁免，俾得共安耕作，永承樂利之休，以示朕優恤邊黎有加無已至意。

乾隆二十五年，奉上諭：甘省乾隆二十三四兩年耗羨，業經降旨緩徵。其二十五六兩年應徵耗羨，該撫吳達善奏請帶徵。朕念隨徵耗羨，向遇蠲免正供，例不應停緩。但甘肅自辦理軍務以來，小民急公趨事，誠樸

---

① ［校］尤：原作"猶"，據《清高宗實錄》卷五七八、《平定準噶爾方略》正編卷六七改。
② ［校］所有：《清高宗實錄》卷五七八、《平定準噶爾方略》正編卷六七均無此二字。
③ ［校］糧草：《清高宗實錄》卷五七八、《平定準噶爾方略》正編卷六七均作"料草"。
④ ［校］恐：此字原脫，據《清高宗實錄》卷六〇一補。

可嘉，業已疊次加恩，凡屬緩帶及一切正雜錢糧無不破格豁除，以示撫綏。今軍務告竣，幸遇雨暘應時，① 秋收可望，正宜益加意惠養，俾蒙樂利鴻庥。著將該省二十五六兩年應徵耗羨，概行豁免，用彰優恤編氓，格外加恩之至意。該部遵諭速行。欽此。

乾隆二十六年，奉上諭：向來寧夏駐防官員每歲所支粳米一千餘石，俱係官爲採買辦供。今據吳紹詩奏，請於夏、朔二縣額徵應輸粟米内，量收粳米作抵。夏、朔二縣既非出産粳米之區，② 採買抵輸均屬煩擾，該處駐防官員爲數無多，著一體供支粟米，不必另辦粳米給發。欽此。

乾隆二十九年，奉上諭：甘省皋蘭等屬，上年夏秋俱有偏災較重之處，雖經該督撫等照例撫賑，災黎自可不致失所。第念該省土瘠民貧，生計維艱，時届春和，若饔飧不繼，何以課其盡力田疇。著再加恩，將夏秋兩次被災之永昌、西寧、碾伯三縣，無論極次貧民，俱各展賑兩個月。其夏禾被旱之皋蘭縣並所屬之紅水、張掖縣並所屬之東樂、以及撫彝廳、山丹、莊浪廳、武威、鎮番、古浪、平番、中衛，秋禾被災之狄道、河州、靖遠、平凉、華亭、固原、隆德、鹽茶廳、巴燕戎格廳等十九廳州縣，無論極次貧民，俱各展賑一個月，以資接濟。該督撫等董率屬員妥協經理，務使災黎均沾實惠，副朕愛養黎元至意。該部遵諭速行。欽此。

乾隆二十九年，奉上諭：甘肅省續據題報，翻種秋禾復被偏災之金縣、沙泥州判、環縣、靈州、花馬池等處，雖經該撫照例賑恤，恐民力尚不無拮据。並著加恩，照皋蘭等十九州縣之例，加賑一個月。該督撫等其各飭屬員實心經理，務俾小民均沾實惠。該部遵諭速行。欽此。

乾隆二十九年，奉上諭：甘省鞏昌等府屬，前此雨水未足，時廑朕懷。今據楊應琚奏到"六月中連次得雨，夏禾仍屬有收，秋禾亦可及時趕種。惟皋蘭等州縣廳屬，不及補種秋禾，應查勘辦理"等語。該處緣邊土瘠，夏秋雨澤未遍，歲事歉收，朕心深爲軫念。該督其速飭所屬悉心察勘，③ 按例實力撫綏，無使災黎稍有失所。因念西陲辦理軍務時，歲歲加恩蠲除正賦，今大功告竣，已歷數載，甘民未受恩惠，本年秋成既未能

---

① ［校］雨暘：《清高宗實錄》卷六一四、《平定準噶爾方略》續編卷三均作"暘雨"。
② ［校］二縣：《清高宗實錄》卷六五一作"等縣"。
③ ［校］察勘：《清高宗實錄》卷七一六作"查勘"。

一律收穫，民力未免拮据。著特加恩，將被旱較重之皋蘭、金縣、渭源、靖遠、紅水縣丞、沙泥州判、隴西、通渭、會寧、鹽茶廳、山丹、東樂縣丞等十二州縣廳，並被旱較輕之河州、狄道、漳縣、安定、平涼、固原、靜寧、隆德、莊浪、張掖、武威、鎮番、平番、古浪、永昌、西寧、碾伯、花馬池州同等十八州縣廳，及靈州、中衛縣屬之被災旱地，所有本年應徵地丁錢糧，概予蠲免。該督其董率有司妥協辦理，毋致胥吏人等中飽侵漁，副朕加惠元元之至意。該部遵諭速行。欽此。

乾隆三十五年，奉上諭：朕寅承丕緒，撫有萬方，申旦求衣，① 無日不以勤恤民依爲念。是以邵農省歲，減賦逋徵，不斬多費帑金，蘄閭閻共臻康阜。溯在乾隆十一年丙寅，朕御宇周旬，② 肇敷圖澤，曾恭依皇祖普免天下錢糧恩例，蠲除直省額徵正賦二千八百萬兩有奇。越在三十一年丙戌，際當必世興仁，益惟比户饒裕是計，復下詔將應徵漕米省分，照康熙年例，概蠲一次，俾各倉箱盈衍，倍積耕餘。邇年以來，寰寧乂寧，民氣和樂，惟上天孚佑我邦家，洊錫康年，頌符綏履。朕祗膺昊蒼鴻眷，其不可不究澤推仁，以與我海内元元，答茲嘉貺。我國家席全盛之模，内外經費度支有盈無絀，府庫所貯月羨歲增。因思天地止此生財之數，不在上，即在下，與其多聚左藏，無寧使茅簷蔀屋自爲流通。洒者仰紹列祖貽庥，化成熙洽，爲民藏富，欣際斯辰。且今年爲朕六十誕辰，明歲恭逢聖母八旬萬壽，普天忭祝，慶洽頻年，尤從來史册所未有。是宜更沛非常之恩，以協天心而彰國慶。茲用乘春頒令，誕布陽和，著自乾隆三十五年爲始，將各省應徵錢糧通行蠲免一次。其如何分年遞蠲之處，著大學士會同該部即速詳議具奏。欽此。

乾隆三十五年，奉上諭：③ 本年正月降旨，將各省應徵錢糧通行蠲免一次。經部議甘肅省應於明年輪免。第該省所徵地丁少而糧草多，著照乾隆十年蠲免之例，將甘肅臨邊各屬辛卯年應徵番糧草束，④ 均格外加恩，一體蠲免。其河東、河西額徵屯糧草束，亦著蠲免三分之一，俾得均沾愷澤。該部即遵諭行。欽此。

---

① ［校］申旦：原作"申且"，據《清高宗實錄》卷八五〇改。
② ［校］周旬：原作"周甸"，據《清高宗實錄》卷八五〇改。
③ ［校］奉：此字原脫，據本志書例補。
④ 辛卯：乾隆三十六年（1771）。

乾隆三十六年，奉上諭：據明山奏"甘省歷年民借籽種、口糧、牛本等項銀糧積欠甚多，請分別六年、四年帶徵"等語，該省邊陲地瘠，民乏蓋藏，從前因辦理軍需歲予蠲貸，間閻幾不知有輸將。自大功告成以後，無從格外施恩，而常時所借籽糧等項，應按年償納。乃比歲疊被偏災，收成歉薄，致舊欠日積日多，在小民固屬分所應完，即帶徵已爲體恤。第念各該州縣民間借欠究屬因災，若令新其舊併完，貧民未免拮据。著加恩將甘省各廳州縣，所有茆年未完民借籽種、口糧等項倉糧四百四萬餘石，概行豁免，俾邊民得免追呼，其未完銀一百三十二萬餘兩，無論被災輕重，統予分作六年帶徵完納，以紓民力。該督其董率所屬，實力妥辦，使窮簷日臻康阜，生計有資，副朕嘉惠遠黎至意。該部遵諭速行。欽此。

乾隆三十八年，奉上諭：現在派調京兵二千，及吉林、黑龍江兵二千赴川軍營，應用一切，經過地方停頓供億，俱動公帑，官爲辦理，絲毫不累閭閻。而挽運負任之勞，不能不稍藉民力，朕每念百姓等之誠心奉公，深可嘉尚，屢示優恤。新正曾加恩，將川省官兵經過各廳州縣本年額徵錢糧，俱緩至乾隆三十九年帶徵。其分辦夫糧，未經過兵地方，蠲剩應帶之項，亦展至三十九年再行帶徵。此次京兵過境，宜再沛渥恩，著將川省乾隆三十九年額徵錢糧，均再緩至次年帶徵，俾黎庶益臻寬裕。至陝甘過兵各州縣，亦經降旨於本年新賦內分別緩徵。著再加恩，將已緩五分者全予緩徵，四分者加緩八分，三分者加緩六分。仍按照分數多寡，一體酌分年限帶徵。其直隸、河南二省京兵經過地方，並著加恩，將本年應徵錢糧酌緩十分之五，令得一體均沾。再邇年辦理軍務以來，小民趨事急公，共知踴躍無惧，足見人具天良，倍宜愛惜。第恐不肖有司及奸胥蠧役，藉辦差爲由，妄以無名之項加派侵肥，凌以官勢，使萬姓奉上之忱，轉受墨吏滋擾之累，不可不實力查辦，以安善良，著各該督撫留心嚴行查察，設有藉端累民之弊，立即據實嚴參。審明之時，無論官吏，即於該處正法，毋得稍爲姑息。倘督撫等懼干失察，處分意存徇庇回護，經朕另有訪聞，或別經發覺，查訊確實，惟該督撫是問。著將此旨即行通諭知之。欽此。

乾隆四十一年，奉上諭：上年甘肅省夏秋二禾，① 統計收成七分有

---

① ［校］上年：此二字原脱，據《清高宗實錄》卷一〇〇〇補。

餘。惟皋蘭等三十一廳州縣，夏禾間有被旱、被雹之處，皆屬一隅偏災，業已蠲賑兼施，俾無失所。內惟皋蘭、金縣、渭源、平番、中衛、靈州、肅州七州縣，並皋蘭分駐之紅水縣丞所屬，或情形較重，或值積歉之後，民食未免拮据。著加恩於青黃不接之時，各展賑一個月。又續報秋禾偏被霜雹之隴西等十三州縣，亦經照例賑恤。內涇州、平涼二處被災稍重，並著一體展賑一個月，用敷春澤。其餘夏秋被災較輕之河州、隴西等，今春如有缺乏籽種、口糧之戶，並著該督隨時體察，酌借以資接濟。該省係瘠薄之區，災黎尤堪廑念。勒爾謹務董率所屬，實心妥爲料理，俾得均沾實惠，以副朕軫恤邊民之至意。該部遵諭速行。欽此。

乾隆四十二年，奉上諭：甘肅地處邊陲，民貧土瘠，一遇水旱偏災，即降旨蠲賑緩帶，殆無虛歲。民間節年所借籽種、口糧等項，積欠甚多，曾於乾隆三十六年降旨加恩，將舊欠倉糧四百餘萬石概行豁免。其舊欠各項銀兩一百三十餘萬，分作六年帶徵，以紓民力。嗣因該省歷年均有偏災，復經節次加恩，分別展限徵收，俾得從容輸納。近年以來，僅完銀四十八萬餘兩，仍未完銀八十四萬餘兩。地方官以欠項定有年限，自應按數催徵。第念該省係積欠之區，上年夏禾又被旱災，民力實多疲乏，況每年均有應徵地丁籽種等項，若同時新舊並徵，輸將不無拮据，朕心實爲軫念。乘春布澤，用沛恩膏，著加恩將該省自乾隆二十三年至三十五年民欠未完折色銀八十四萬餘兩，① 概予豁免，俾荒瘠邊黎得免追呼，共享昇平之福。該部遵諭速行。欽此。

乾隆四十二年，奉上諭：前因聖母萬壽，特宏錫類之仁，普蠲各直省錢糧，② 以昭慶惠，朕本欲俟恭祝聖母九旬萬壽之年，再溥恩施一次。茲者仙馭升遐，此後更無可推廣慈仁之處。現在部庫帑項又積至七千餘萬兩，著再加恩，自戊戌年爲始，③ 普蠲天下錢糧，仍分三年輪免，俾寰宇億兆人民仍得共被慈恩，永申感慕。④ 而朕終天罔極之忱，雖不能仰酬萬一，庶幾藉茲稍展。其如何輪派年分，著戶部即速悉心核奏遵行。欽此。

---

① ［校］未完折色銀：《清高宗實錄》卷一〇二四作"折色未完銀"。
② ［校］直：《清高宗實錄》卷一〇二五無此字。
③ 戊戌：乾隆四十三年（1778）。
④ ［校］感慕：《清高宗實錄》卷一〇二五作"哀慕"。

乾隆四十二年，奉上諭：前經降旨，普免直省地丁錢糧。甘肅省應於戊戌年輪免，其額徵糧草一項，本不在蠲免之例，第念該省所徵地丁少而糧草多，乾隆十年及三十五年，普蠲各案內，均經加恩將各項糧草分別蠲免，現在又屆普蠲之年，所有甘肅省臨邊各屬，應徵番糧草束，仍著一體蠲免。其河東、河西額徵屯糧草束，亦著照上次之例，蠲免十分之三，俾邊省群黎咸沾愷澤。該部即遵諭速行。[1] 欽此。

---

[1] ［校］速行：《清高宗實錄》卷一〇三七無"速"字。

寧夏府志卷二

地　里

古者建國，占分星之躔度，據山川之形便，以定疆域。民生其間，器械異制，服食異尚，耕作異候，物産異品。《記》曰：[1]"修其教不易其俗，齊其政不易其宜。"貴因地也。寧夏郡地屏絶塞，跨河東西，土沃而民庶，何以固保障，何以致阜康，必於是乎權輿矣。若夫登高能賦，考徃蹟，弔遺墟，亦不可以無徵也。志《地里》。

疆　域

寧夏府，東至延安府屬定邊縣鹽塲堡界三百六十里，西至涼州府屬平番縣紅水交界七百一十里，南至平涼府屬固原州李旺驛界三百八十里，北至平羅縣石嘴口邊界二百三十五里，東南至平涼府屬固原州下馬關界三百八十里，西南至蘭州府屬靖遠縣柴薪梁界六百三十里。東北至靈州橫城閘門交界三十里，外鄂爾多斯地。西北至賀蘭山外邊界七十里，外係郡王羅布藏遊牧地。至甘肅布政司九百四十里，至京師三千六百四十里。

寧夏縣，治在府城內。東至靈州臨河堡界三十里，西至寧朔縣豐盈堡界十五里，南至寧朔縣林皋堡界九十里，北至寧朔縣謝保堡界二十里。

寧朔縣，治在府城內。東至寧夏縣張政堡溝橋界五里，西至賀蘭山外邊界七十里，南至寧夏縣王元橋界一十八里。又自寧夏縣葉昇堡興理廟起，至中衛縣屬分守嶺交界六十里。東南至青銅峽河岸十里，北至平羅縣李剛堡界四十里。

---

[1] 參見《禮記·王制》。

寧夏形勢：背名山而面洪流，左河津而右重塞。《夏京都賦》。① 左距豐勝，右帶蘭會。舊志。② 黃河遶其東，賀蘭聳其西。西北以山爲固，東南以河爲險。《一統志》。③ 東起鹽塲，西盡中衛。《三大征考》。④ 背山面河，四塞險固。明大學士彭時《儒學記》。⑤

平羅縣，治在府西北一百二十里。東至黃河岸三十里，西至賀蘭山外邊界六十里，南至寧朔縣張亮堡界八十里，⑥ 北至石嘴口鎮遠關界一百一十五里，東南至寧夏縣王澄堡界八十里，西南至寧朔縣豐登堡界九十里，東北至黃河七十里，西北至賀蘭山打磴口五十里。

平羅形勢：黃河流於東南，賀蘭峙於西北。地當北面之衝，⑦ 鎮遠關、黑山營、洪廣營，實爲外險。《九邊考》。⑧ 地勢平曠，土脈蜿蜒，係賀蘭之盡幹。背山面河，瀠洄環抱。高關聳峙於河北，昌潤繚遶於城南。《寶豐縣記》。⑨

靈州，治在府東南九十里。東至榆林府定邊縣界二百八十里，西至寧夏縣三十里，南至李旺堡、平涼府固原州界二百八十里，北至橫城邊牆七十里，東南至甜水堡、慶陽府環縣界二百九十里，西南至廣武營、中衛縣界一百二十里，東北至興武營一百四十里，西北至河西寨、寧夏縣界七十里。

靈州形勢：西陲巨屏。《朔方志》。⑩ 北控河朔，南引慶涼，黃河爲帶，金積如礪。他如峽口、螺追遙峙西南，馬鞍、東山環抱東北，舟車輻會，壤接平〔涼〕、慶〔陽〕，誠寧鎮之控扼，實關陝之襟喉。舊志。

──────────

① 參見《晉書》卷一三〇《載記·赫連勃勃》、《十六國春秋》卷六九《夏錄四·胡義周》。本段引文在《弘治寧志》《大明一統志》《朔方新志》《乾隆甘志》等皆有引用，標其文題曰《赫連夏京都頌》或《夏京都頌》等。

② 舊志：具體書名不詳。《大明一統志》卷三五《平涼府》轉引元朝《開成志》載："左控五原，右帶蘭會。黃流在其北，崆峒阻其南。"參見《弘治寧志》卷一《寧夏總鎮·形勝》。

③ 參見《大明一統志》卷三七《寧夏衛》。

④ 參見《萬曆三大征考·寧夏圖》。

⑤ 參見《嘉靖寧志》卷一《寧夏總鎮·公署》、《朔方新志》卷四《詞翰》、本志卷十九《記》載彭時撰《重修儒學碑記》。

⑥ ［校］八十：《乾隆甘志》卷四《疆域》作"七十"。

⑦ ［校］衝：原作"衢"，據《乾隆甘志》卷四《疆域》改。

⑧ 《九邊考》10卷，明魏煥著。本志引文參見《乾隆甘志》卷四《疆域》轉引。

⑨ 《寶豐縣記》已佚，《乾隆甘志》卷四《疆域》亦據《寶豐縣記》引此文。

⑩ 參見《長編》卷五〇"咸平四年十二月"條、《宋史》卷二七七《劉綜傳》，《弘治寧志》卷三《靈州守禦千户所·形勢》引自《宋史·劉綜傳》。

中衛縣，治在府西南三百六十里。東至分守嶺、寧朔縣界二百二十里，西至營盤水、皋蘭縣界二百一十里，南至白崖口、靈州界一百三十五里，北至邊牆十里，東南至大風溝、靈州界二百里，西南至柴薪梁、蘭州府靖遠縣界二百里。

中衛形勢：左聯寧夏，右通莊浪，東阻大河，西據沙山。前有大河之險，後倚賀蘭之固。《元史》。① 邊陲要路。舊志。② 北背邊牆，南面大河，據朔方之上游。其東則青銅、牛首，鎖鑰河門。其南則香巖雄峙，列若屏障。左倚勝金之固，右憑沙嶺之險。《中衛縣志》。③

邊界

寧夏三面距邊。西邊以賀蘭爲障，隘口四十餘處，皆通人騎往來。其中赤木口尤衝，口闊八丈，通車輿，容千騎。明巡撫楊守禮扼險築關，有石砌邊牆一道、斬山一道。

西長城，舊志不載修築年歲。有闇門，去中衛縣西四十里。今爲蘭、靖孔道，設驛孤山、長流水等處，經番部二百里。《中衛縣志》：④ 鳴沙州南有舊邊一道，跨山直至定邊，⑤ 俗稱"古長城"。

北長城，在平羅縣西南五十里。有鎮遠關，關南五里爲黑山營。正德初，棄之於外。後王圮口自河抵山又築北門關，北去平羅四十里。巡撫楊守禮疏謂：⑥ "鎮遠關在山河之交，最爲要地。南五里故有黑山營，西沿山四十里有打磑口，東西聯屬，烽火嚴明，賊難輕入。弘治前，餉缺卒逋，關營不守。打磑口山水俱從此出，竟至衝塌，蹟尚可考。正德間，大賊奔入，或從旁乾關、棗兒溝、桃坡等口入，或渡河而過。雖有

---

① 參見《元史》卷六〇《地理志》。按："左聯寧夏右通莊浪""前有大河之險後倚賀蘭之固"等句始見於《嘉靖寧志》卷三《中衛·形勝》，原文作："後接賀蘭之固，前有大河之險。左聯寧夏，右通莊浪，邊陲之要路也。"《乾隆甘志》卷四《疆域·寧夏府·中衛縣》注此段史料均出自《元史》，本志襲《乾隆甘志》之說。據本志書例，惟"東阻大河，西據沙山"句出自《元史》。

② 參見《弘治寧志》卷三《寧夏中衛·形勝》、《嘉靖寧志》卷三《中衛·形勝》、《朔方新志》卷一《山川》。

③ 參見《中衛縣志》卷一《地理考·疆域》。

④ 參見《中衛縣志》卷八《古蹟考·古蹟》。

⑤ ［校］跨山直至定邊：《中衛縣志》卷八《古蹟考·古蹟》無此六字。

⑥ 參見《朔方新志》卷二《外威·邊防》。

平虜城，①軍馬不足，實難戰守。以故於平虜城北十里許，自山至沙湖，東西築城約五十里。盡西又設臨山堡，居人始敢樵牧。"國朝以石嘴口爲界，去縣城北一百一十五里，有市口與東西兩番部交易，月三次。

東長城，在河東。舊邊牆自黃河嘴至花馬池，長三百八十七里。成化時，巡撫余子俊奏築，巡撫徐廷璋、總兵范瑾贊成之。新牆自橫城至花馬池，接延綏界三百六十里。有長城關在花馬池城北六十里，明總制王瓊所築。關上有樓，高聳雄壯。下設閽門，外立市場，番漢交易，月三次。橫城堡閽門一，亦通市，月三次。橫城即紅城子。舊市場去閽門三十里，今即在門外。舊志安定營、興武營、紅山堡皆各有閽門，今並廢。

按舊志謂：②"余公〔子俊〕始築舊邊之意，蓋不專於扼塞而已。謂虜逐水草以生，故凡草茂之地築之於内，使虜絕牧，沙磧之地築之於外，使虜不廬。是去邊遠，而爲患有常。苟有之，③亦如雲中大邊、小邊之設，藩籬益厚，夫豈不可。今棄之，有深略者恐未爲然。蓋惜其百年成之而不足，一旦棄之而有餘矣。"又橫城迤北土牆，西抵河堰，水漲即傾，水退復爲平地。虜乘間竊入，邊患靡寧。巡撫羅鳳翱改建石牆，④長七十五丈，外捍以敵臺，始絕寇路。兵變半毀。〔萬曆〕三十五年，巡撫黃嘉善檄參將吳繼祖驅石甃城，⑤直接河壖。城上創建敵臺，視前規制宏敞，爲長城雄觀。興武營邊土沙相半，不堪保障。嘉靖十六年，總制劉天和沿邊内外挑壕塹各一道，袤長五十三里，深一丈五尺，闊一丈八尺。

西長城，自靖遠蘆溝界迤北，接賀蘭山。山四百一十一里，迤北接北長城。自西而東三十里，接黃河。河一百三十里。自北而南，踰岸接東長城，三百六十里接延綏界。凡周一千一百七十里。

賀蘭山邊外，係阿拉善厄魯特扎薩克、和碩親王多羅、額駙羅布藏多爾濟一旗游牧，住宿嵬口外定遠營，距口五十二里。共分佐領七，每佐領一百五十丁，協理台吉二員，輔國公一員，護國公一員。地界自寧夏西北

---

①〔校〕平虜：原作"平羅"，據《朔方新志》卷二《外威·邊防》改。下文"以故於平虜城北十里許"之"平虜"同。

② 參見《朔方新志》卷二《外威·邊防》。

③〔校〕有之：《嘉靖寧志》卷一《寧夏總鎮·邊防》作"存之"。

④〔校〕羅鳳翱：原作"羅鳳翔"，據《山西通志》一二五《人物》、本志卷九《職官》等改。下同。

⑤〔校〕吳繼祖：《朔方新志》卷二《外威·邊防》作"吳雄祖"。

賀蘭之布爾噶素大口起，至肅州所屬金塔寺之厄濟内河止。沿邊一帶接壤内地與民人，以閘門外六十里爲界。其西北界連土爾古忒，北界烏拉忒三公，東北以黃河爲界。河東北岸，即鄂爾多斯地。

河東邊外，鄂爾多斯七旗游牧。正南扎薩克，鄂套多羅貝勒東羅布塞楞，共佐領八十三。東南扎薩克，武勝貝子布彥圖共佐領三十六。正東扎薩克，郡王、正盟長策令多爾濟共佐領十七。東北扎薩克，台吉旺扎爾色布騰多爾濟，共佐領十二。雍正十三年，增正北扎薩克，中噶爾貝子那木扎爾多爾濟共佐領四十二。西北扎薩克，達賴貝子、副盟長丹把達爾濟共佐領四十四。西南扎薩克，杭鋆貝子拉什達爾濟共佐領三十六。每旗各台吉二員。地界自寧夏橫城口起，至陝西所屬府谷縣止，皆面邊牆，背黃河，所稱"河套"是也。

河北即土默特蒙古，並山西歸化城所屬之薩拉齊、托克托城等處，俱以黃河爲界。各蒙古與内地民人交易，有花馬池、橫城、石嘴子三市口，俱十日交易一次。硝磺、鋼鐵、軍器、白米、白麵、菀豆，奉文禁止出口售賣。除三市口交易外，阿拉善蒙古曾經議給腰牌三十面，各准十人以下隨時進赤木、黃峽、宿鬼三口，與寧夏城内民人交易，以羊隻、毛氈、皮張、大鹽，易換布匹、米糧。

鄂爾多斯除橫城等三市外，尚有靖遠縣口外之寧條梁、榆林府城、神木縣城，并山西歸化城、托克托城等處，並得各就近交易。寧夏三市口惟石嘴通蒙古最多，哈爾哈、土爾古忒、烏拉忒等部皆赴口通市。

民人出口，非奉官遣，不得私越。蒙古入口，並喇嘛朝廟進香者，悉由部郎衙門給印票，各汛守驗放。

按：黃河自寧夏東北流，經榆林西、舊豐州西，折而東，經三受降城南，折而南，經舊東勝衛，又東入山西平虜衛地界，可二千里。大河三面環之，所謂"河套"也。明洪武中爲内地，天順後，元裔阿羅出、毛里孩、孛羅出相繼居之，遂棄邊外。定遠營初設守備，駐綠營兵在六十里邊界内。雍正年，世宗憲皇帝賞給額駙阿保居住。

關隘　附

長城關，在花馬池城北。

北門關，在平羅城北。

赤木口關，在賀蘭山。

勝金關，在中衛東六十里。山河相逼，一線之路以通往來，誠衛之吭也。弘治六年，參將韓玉築，謂其過於金陡、潼關，故名。萬曆四十一年，巡撫崔景榮檄參將某重修。

形勢總論

寧夏之境，賀蘭環於西北，黃河遶於東南，地方五百里，山川險固，土田肥美。溝渠數十處，皆引河以資灌溉，歲用豐穰。而烏、白、花馬等池，出鹽甚多，度支收糴，其利又足以佐軍儲，誠用武之要會、雄邊之保障也。漢瀕河置戍，關輔緩急，視此地之安危。晉邊備不修，嚴疆盡成戎藪。故涇、渭以北，① 訖無寧宇。後魏既并赫連，② 緣邊列鎮。薄骨律與高平、沃野相爲形援，而後關隴無禍患者幾百年。西魏以迄周、隋，亦以靈州爲關中之捍蔽。唐開元中，建朔方節度於此，士馬強盛，甲於諸鎮，肅宗中興，實賴此爲根本。迄於唐之末造，朔方猶列版圖。至宋咸平五年，靈州始陷於趙保吉，自是西夏遂成強敵。天聖以後，涇原、環慶、關內不啟，而東至鄜延、西至秦鳳，亦皆耗殘。蓋靈武據堵路上游，③ 縱橫四出，關中且不知所備也。元太祖滅夏，始置寧夏路總管府。明初建寧夏衛，亦以爲重鎮，即有寇鈔，不過河西一帶。自正統以後，駐牧套內，而患乃更在河東，其禍切備急者，則尤在花馬池。必花馬池之備密，而寧夏之肩背始可稍息，何也？河西所當備者，若洪廣、若廣武、若玉泉、若中衛，雖皆爲窺伺之所，而猶有山谿隔礙，有險可憑。花馬池則川原平曠，北騎馳突於此最易。由花馬池而西，則興武營。興武營而西北，④ 則爲靈州。靈州居寧夏之中，迫近大河，其南與固原邊相接。靈州者，實南北之喉舌，而花馬池，則靈州之門戶也，備可一日緩乎哉！若夫賀蘭盤峙寧夏西，⑤ 套寇闌入河東，往往取道於此。而徐斌水在寧夏西南，又爲固原西路之險。河凍則守舊邊，春融則守新邊，此前人之成算也。夫恃河爲險，實非遠猷。明萬曆中，嘗得松山之地。說者謂，自索橋而上，直接鎮番，增築保障，廣布耕屯，則賀蘭以西皆爲內境。而黃河之險，我不與敵共，將莊浪、蘭靖以迄固原之間，皆可安枕而臥矣。《甘肅通志》。⑥

---

① ［校］渭：原作"謂"，據《乾隆甘志》卷四《疆域·寧夏府》改。
② ［校］後魏：原作"後衛"，據《乾隆甘志》卷四《疆域·寧夏府》改。
③ ［校］靈武：《乾隆甘志》卷四《疆域·寧夏府》作"靈州"。
④ ［校］西北："北"字原脫，據《乾隆甘志》卷四《疆域·寧夏府》補。
⑤ ［校］寧夏西："西"字原脫，據《乾隆甘志》卷四《疆域·寧夏府》補。
⑥ 參見《乾隆甘志》卷四《疆域·寧夏府》。

沿 革

沿革表

	秦	漢	後漢	晉	魏	南北朝	隋	唐	五代	宋	元	明
寧夏郡	北地郡。始皇攘卻匈奴，得河南北地千里，徙民充之，名曰新秦中	北地郡，朔方郡。①元朔二年，衛青逐匈奴白羊、樓煩王，取河南地，又置朔方郡，使平陵侯蘇建築朔方城，屬并州刺史	北地郡，涼州刺史。朔方郡，②并州刺史	北地郡。③惠帝後，赫連勃勃據統萬城，曰夏州	化政郡。太和十二年置，④屬夏州。西魏置弘化郡，⑤後周始置懷遠郡	夏州。後魏始光四年，⑥為統萬鎮	朔方郡，靈武郡。開皇初廢弘化、懷遠，分置二郡	靈武郡，屬靈州。朔方郡，屬夏州。僖宗時拓跋思恭鎮夏州，世有其地		咸平中，西夏置興州。尋建國，升興慶府，又曰中興府	寧夏路。至元八年，立西夏中興等路行省。二十五年，改置路。尋罷行省，屬甘肅行省	寧夏衛。初置府，洪武五年，府廢。九年，改置衛，隸陝西都司

---

① 朔方郡：西漢、東漢之朔方郡在今內蒙古境內，均與今寧夏無關，彼時寧夏處於北地郡與安定郡轄下。本表下文所列魏之化政郡、南北朝之夏州、隋之朔方郡、唐之朔方郡等均在今陝西轄境內，均與今寧夏無涉。

② 參見前條注釋。

③ ［校］北地郡：西晉北地郡在今陝西境內，寧夏北部為少數民族駐牧之地，無建置，南部地區屬雍州安定郡。下同。

④ ［校］十二年：原作"十一年"，據《魏書》卷一〇六下《地形志》改。

⑤ ［校］弘化：原避清高宗弘曆諱改作"宏化"，據《隋書》卷二九《地理志》回改。下同。

⑥ ［校］後魏：原作"後衛"，據《乾隆甘志》卷三《建置沿革》改。

（續沿革表1）

	秦	漢	後漢	晉	魏	南北朝	隋	唐	五代	宋	元	明
寧夏縣		富平、廉、靈武三縣地，屬北地郡				巖緑縣，後魏置，屬化政郡。懷遠縣，後周置。建安縣，後周置	巖緑縣，屬朔方郡。又爲懷遠、靈武、弘静三縣地，①屬靈武郡	朔方縣，貞觀三年改名，屬夏州朔方郡。懷遠、靈武、保静，屬靈武郡	懷遠縣，保靖縣	懷遠鎮	屬寧夏路	寧夏衛
寧朔縣		富平縣				懷遠縣。寧朔縣，後周置	懷遠縣、寧朔縣，屬朔方郡	懷遠縣、寧朔縣，屬夏州朔方郡		懷遠鎮	屬寧夏路	寧夏右衛
平羅縣		北地郡北地										平虜所。②洪武初置，屬寧夏衛

① ［校］弘静：原避清高宗弘曆諱改作"宏静"，據《隋書》卷二九《地理志》、《舊唐書》卷三八《地理志》、《新唐書》卷三七《地理志》、《元和郡縣圖志》卷四《關内道・靈州》、《輿地廣記》卷十七《陝西路化外州》回改。下同。

② ［校］平虜所：原作"平羅所"，據《嘉慶重修一統志・寧夏府表》改。

(續沿革表2)

	秦	漢	後漢	晉	魏	南北朝	隋	唐	五代	宋	元	明
靈州		朐衍縣,靈洲縣,屬北地郡			鹽州,大興郡。西魏改五原郡,置西安州①	靈州。迴樂縣及帶普樂郡治	靈武郡,大業元年改置。迴樂縣。鹽川郡,五原縣	靈州靈武郡,屬關內道。鹽州五原郡。貞元初,陷吐蕃。九年,收復。迴樂縣,五原縣,白池縣	靈州,鹽州。迴樂縣,五原縣	靈州。咸平五年,陷於西夏,改西平府,又改翔慶軍②	靈州復名,屬寧夏路。鹽州,廢爲環州地	靈州所。初改置所,屬寧夏衛,③宣德三年移治
中衛縣		眴卷縣,屬安定郡④			靈州地。周置會州,尋廢		鳴沙縣,開皇十九年置,屬靈武郡。豐安縣,⑤開皇十年置,屬靈武郡	鳴沙縣。神龍後移置於廢豐安城。威州	鳴沙縣	鳴沙縣,入西夏	應理州,初置,屬寧夏路。鳴沙州,屬寧夏路	寧夏中衛。洪武初廢州,三十二年移建衛,屬陝西都司

① [校]西安州:原作"安西州",據《隋書》卷二九《地理志》、《元和郡縣圖志》卷四《關內道·鹽州》、《太平寰宇記》卷三七《關西道·鹽州》改。
② [校]翔慶軍:原作"翔慶府",據《元史》卷六〇《地理志》改。
③ [校]屬:原作"爲",據本志書例、《明史》卷四二《地理志》改。
④ [校]郡:原作"縣",據《漢書》卷二八下《地理志》改。
⑤ [校]豐安:原作"豐樂",據《隋書》卷二九《地理志》改。

寧夏，《禹貢》雍州渠搜地。① 春秋時，羌戎居之。秦屬北地郡。②漢武帝時，始置朔方郡。東漢因之。晉亂，爲赫連氏所據，曰夏州。後魏置弘化郡，隸夏州。西魏亦爲弘化郡。後周置懷遠郡。隋開皇間，郡廢，後又置朔方、靈武二郡。唐屬關内道，夏州朔方郡、靈州靈武郡並置。唐末，拓拔思恭鎮夏州，遂世有其地。歷五代迄宋，其孫繼捧入朝獻地。景德間，復據靈州。傳子德明，城懷遠鎮，爲興州。其子元昊僭號，陞爲興慶府，即今府城。寶慶中，元滅夏，置寧夏路，立總管府。明初，③ 設寧夏府，洪武五年廢。九年，改置寧夏衛，後又增前、中、左、右，共五衛，隸陝西都司。④ 國朝初，因其舊。順治十五年，併前屯衛入寧夏衛，併中屯衛入右衛，隸寧夏道。雍正二年，⑤ 改爲府、縣，領州一、縣六。乾隆四年，裁新渠、寶豐二縣，併入平羅，凡領州一、縣四。

寧夏縣，漢富平縣地。魏曰巖綠，周曰懷遠，又曰建安。隋亦曰巖綠，曰懷遠，又改靈武置弘靜。唐曰朔方，亦曰懷遠，曰靈武，又改保靜。五代亦曰懷遠，宋初爲懷遠鎮，後入西夏。元屬寧夏路。明置五衛。國朝順治十五年，併前衛入寧夏衛。雍正二年改縣，屬寧夏府。附郭。

寧朔縣，漢富平縣地。魏、周、隋、唐亦皆爲懷遠縣地。周又置寧朔。隋、唐並因之。宋亦爲懷遠鎮，後入西夏。元屬寧夏路，明爲寧夏右衛。國朝順治十五年，併中衛入右衛，雍正二年，改寧朔縣，屬寧夏府。附郭。

平羅縣，漢北地郡北境地。唐定遠城北境。明初置平虜千户所，⑥ 屬

---

① ［校］渠搜：原倒作"搜渠"，據《尚書正義》卷五《禹貢》、《乾隆甘志》卷三《建置沿革》等乙正。

② ［校］北地郡：原作"上郡"，據《漢書》卷二八下《地理志》、《乾隆甘志》卷三《建置沿革》改。

③ 《明史》卷四二《地理志》載，洪武三年（1370）設寧夏府。

④ ［校］都司：原作"行都司"，據《明史》卷九〇《兵志二》、《讀史方輿紀要》卷六二《陝西十一·寧夏鎮》等改。

⑤ ［校］二年：原作"三年"，據《清世宗實錄》卷二五、《銀川小志·疆域》改。下文提及之寧夏、寧朔、平羅、中衛等四縣及靈州，亦均建置於雍正二年，本志原均作"三年"，據以統改。參見魯人勇等編著《寧夏歷史地理考》卷十五《清朝》。

⑥ ［校］平虜：原作"平羅"，據《弘治寧志》卷三《平虜城》、《乾隆甘志》卷三《建置沿革》改。

寧夏衛，國朝亦爲平羅所。雍正二年，改平羅縣。四年，又取查漢托護地置縣，曰新渠、寶豐，① 皆屬寧夏府。乾隆四年並廢，併入平羅。查漢托護，漢方渠，唐警州，宋定州地。

靈州，漢惠帝四年置。初曰靈洲，以洲在水中，隨水上下，未嘗淪沒，故號曰靈洲。後魏置薄骨律鎮。孝昌中，改置靈州。西魏又爲鹽州地。後周置帶普樂郡及回樂縣。隋大業三年，改靈武郡。唐爲靈州，亦曰靈武郡。開元中，置朔方節度使。天寶初，復改州爲靈武。五代爲朔方軍治。咸平時，入西夏，改西平府，又名翔慶軍。元復曰靈州，屬寧夏路。明弘治十三年，② 置守禦所千户。③ 正德元年，改寧夏後衛，④ 仍以千户攝之，屬寧夏道。國朝因之。雍正二年改州，並省守禦所附入，屬寧夏府。

中衛縣，漢爲昫卷縣。後魏屬靈州。周曰會州。⑤ 隋置環州，縣曰鳴沙，又曰豐安。唐亦爲環州，縣曰鳴沙，又曰威州。宋沒於西夏。元置應理州，屬寧夏路。明永樂元年，⑥ 建寧夏中衛，國朝因之。雍正二年，改中衛縣，屬寧夏府。

按：今寧夏地在漢屬三郡十七縣。後魏置夏州，領四郡，又別有靈州，亦計十餘縣。隋唐之代，朔方、靈武二郡並建，各領屬縣，加以軍府錯雜其間，名號時易代更，不可紀數。《甘肅通志》據《明一統志》，謂

---

① 《清世宗實錄》卷七五載，新渠縣設於雍正四年（1726），寶豐置縣設於雍正六年（1728）。本志不當將二縣設置時間連敘在雍正四年（1726）。參見魯人勇等編著《寧夏歷史地理考》卷十五《清朝》"寶豐縣"條。

② ［校］十三年：原作"十五年"。《明史》卷四二《地理志》、《明太祖實錄》卷一五七、《明孝宗實錄》卷一六六、《弘治寧志》卷三《靈州守禦千户所》等載，洪武十六年（1383），廢靈州，置靈州河口守禦千户所，弘治十三年（1500），復置靈州，十七年（1504），革州，置千户所。據改。參見魯人勇等編著《寧夏歷史地理考》卷十四《明朝》"靈州千户所"條。

③ ［校］守禦所千户：據《明太祖實錄》卷一五七、《明武宗實錄》卷十七，靈州名"守禦千户所"者只有洪武初置及正德年間，餘皆曰"靈州千户所"。參見魯人勇等編著《寧夏歷史地理考》卷十四《明朝》"靈州千户所"條。

④ ［校］寧夏後衛：據《明史》卷四二《地理志》，寧夏後衛原爲花馬池守禦千户所，正德元年（1506）改衛。又《明武宗實錄》卷十七載，正德元年改靈州千户所爲靈州守禦千户所，歸寧夏衛管轄，非改寧夏後衛。

⑤ 周：指南北朝之後周。

⑥ ［校］永樂元年：原同《嘉靖寧志》卷三《中衛》作"洪武三十二年"，據《明太宗實錄》卷十六、《明史》卷四二《地理志》改。

寧夏爲漢北地郡，而於朔方十縣不復旁引。朔方舊志則只載三封、朔方等十縣，而於北地郡下富平、方渠等六縣又概置弗道。前朔邑令周君有《朔縣志稿》，① 引《水經》證寧夏爲朔方郡甚詳。而《漢書》北地郡之富平、方渠、廉縣，魏之薄骨律鎮，亦未能別指今何地以當之。

邊土多沙磧平壤，賀蘭、黃河外，絕少山溪澗谷可爲標志。又自前代河套淪沒，此地已非漢魏舊郡全局，必欲分疆畫界，指其孰爲修都，孰爲臨河，孰爲新囵，孰爲啟寧，年遠蹟湮，紀載荒略，誠有不容穿鑿附會者矣。姑就《通志》列之爲表，並載周君之論於後。

《朔邑志稿》論曰：古人著書，恐水之東西南北迤折無憑，多以近河郡縣言之。自九州代興，滄桑日易，則州縣地名更改互殊，又必轉借《水經》所載以稽之，而縣邑庶幾無訛。按《水經注》，自漢元朔二年大將軍衛青取河南地置朔方郡，使校尉蘇建築朔方城。考晉、魏、唐、宋、元、明諸書，皆以《漢書》朔方郡爲寧夏，無以北地郡爲寧夏者。朔方郡屬邑凡十，《水經》及《注》已詳其七。《水經》云：②"河北過朔方臨戎縣。"《注》云"東北經三封縣故城東"③。《經》云：④"河水又北逕臨戎縣故城西。⑤又北，有枝渠東出，謂之銅口，東逕沃野故城南，⑥枝渠東出以溉田。所謂智通在我也。"銅口即青銅峽地。北逕西溢於窳渾故城東。河水自臨河縣東經陽山南，又東逕朔方縣故城東北。河水自朔方城東轉，逕渠搜故城。是寧夏之爲朔方郡，寧朔之爲朔方沃野縣，彰彰可考。又考《唐書·地理志》云：⑦"橫刲、沃野，經大非苦鹽池，至賀蘭驛。"則賀蘭山在沃野界，又可互相證注矣。漢時朔方郡在河西，北地郡在河東。靈州在漢時爲靈縣，不屬朔方，而屬北地。至唐時，合靈州均屬於河西。今因《水經注》"富平爲寧夏"一語，概以寧夏郡地屬北地郡，並引界移山、廉縣、薄骨律鎮城爲寧夏古蹟，似誤矣。

---

① 《朔縣志稿》及下文《朔邑志稿》係同書異名，已佚。
② 參見《水经注》卷三《河水》。
③ [校] 東北："東"字原脫，據《水經注》卷三《河水》補。
④ 參見《水經注》卷三《河水》。按：以下引文爲酈道元注文，非《水經》原文。
⑤ [校] 故城西："西"字後原衍"南"字，據《水經注》卷三《河水》刪。
⑥ [校] 東逕沃野故城南："東"字原脫，據《水經注》卷三《河水》補。"南"字後原衍"注"字，據《水经注》卷三《河水》刪。
⑦ 參見《新唐書》卷四三下《地理志》。

星　野

舊志據《大統曆》：① 井八度三十四分九十四秒，入鶉首之次，辰在未。② 赤道：井三十三度三十分，鬼二度二十分，尾十九度一十分，柳十三度三十分。黃道：井三十一度一分，鬼二度十一分，尾十七度九十五分，柳十三度。

《春秋元命苞》曰：③ "東井、鬼宿爲秦。"

《史記·天官書》：④ "東井、輿鬼，雍州之分。"

《前漢·地理志》曰：⑤ "自井十度至柳三度，爲鶉首之次，秦之分。"

《後漢·律曆志》曰："井十二度至鬼五度，爲秦分。"⑥

《晉·天文志》曰：⑦ "自東井十六度至柳八度，爲鶉首。"而費直又謂"起井十二度"，蔡邕又謂"起井十度"。

《唐志》云：⑧ "東井、輿鬼，鶉首也。自漢三輔及北地、上郡、安定，西自隴坻至河右，西南盡巴、蜀、漢中之地，及西南夷犍爲、越嶲、⑨ 益州郡，極南河之表，東至牂柯，古秦梁、豳、芮、豐、畢、駘杠、有扈、密須、庸、蜀、羌、髳之國。"

《晉志》北地、上郡、天水、隴西、酒泉、張掖、金城、武威、燉煌諸郡，各指其所入之星爲尾、爲室、爲壁，詳紀度數。

《唐志》又稱：⑩ "東井居兩河之陰，⑪ 自山河上流，當地絡之西北。輿鬼居兩河之陽，自漢中東盡華陽，與鶉火相接，當地絡之東南。鶉火之

---

① 參見《朔方新志》卷一《天文》。
② [校] 辰：此字原脫，據《元史》卷五四《曆志》補。
③ 《春秋元命苞》原書已佚，《藝文類聚》卷六《地部·雍州》引曰："東井、鬼星散爲雍州，分爲秦國。"
④ 參見《史記》卷二七《天官書》。
⑤ 參見《漢書》卷二八下《地理志》。
⑥ 本段引文見載於《乾隆甘志》卷二《星野》，《後漢書·律曆志》不載，《乾隆甘志》不知何據。
⑦ 參見《晉書》卷十一《天文志》。
⑧ 參見《新唐書》卷三一《天文志》。
⑨ [校] 越嶲：原作"越裳"，據《新唐書》卷三一《天文志》改。
⑩ 參見《新唐書》卷三一《天文志》。
⑪ [校] 兩河："河"字原脫，據《新唐書》卷三一《天文志》補。

外,① 雲漢潛流而未達。故狼星在江、河上源之西,弧矢、雞、犬,皆徼外之備也。西羌、吐蕃、② 吐谷渾及西南徼外夷人,③ 皆占狼星。④"

躔次

《晉·天文志》:⑤ "上郡、北地,入尾十度。"《唐志》:⑥ "夏州,東井之分。"

五星

鶉火實沉,以負西海,至於華山太白位焉。

北方水位,自河西皇甫川西經榆林至寧夏,又西經蘭州踰河,至嘉峪關四千餘里,得水位之半。

步天歌

井宿

八星橫列河中净,⑦ 一星名鉞井邊安,兩河各三南北正。天罇三星井上頭,罇上橫列五諸侯。侯上北河西積水,⑧ 欲覓積薪東畔是。鉞下四星名水府,水位東邊四星序。⑨ 四瀆橫列南河裏,南河下頭是軍市。軍市團圓十三星,中有一箇野雞精。孫子丈人市下列,⑩ 各立兩星從東説。闕邱

---

① [校] 鶉火:《新唐書》卷三一《天文志》作"鶉首"。
② [校] 吐蕃:此二字原脱,據《新唐書》卷三一《天文志》補。
③ [校] 西南:"西"字原脱,據《新唐書》卷三一《天文志》補。
④ [校] 占狼星:"占"字原脱,據《新唐書》卷三一《天文志》補。
⑤ 參見《晉書》卷十一《天文志》。
⑥ 參見《新唐書》卷三一《天文志》。
⑦ [校] 八星橫列河中净:"橫",原作"行",據《通志》卷三八《天文略》、《中國恒星觀測史》五章一節《校訂〈步天歌〉》、《敦煌天文曆法文獻輯校》所錄嘉慶抄本《步天歌》改。
⑧ [校] 西:原作"南",據《通志》卷三八《天文略》、嘉慶抄本《步天歌》、《中國恒星觀測史》五章一節《校訂〈步天歌〉》改。另據敦煌本《全天星圖》,積水星在北河星的西側。
⑨ [校] 邊:原作"畔",據《通志》卷三八《天文略》、《玉海》卷三《天文書》、《中國恒星觀測史》五章一節《校訂〈步天歌〉》、嘉慶抄本《步天歌》改。
⑩ [校] 列:原作"立",據《通志》卷三八《天文略》、《玉海》卷三《天文書》、《中國恒星觀測史》五章一節《校訂〈步天歌〉》、嘉慶抄本《步天歌》改。

二箇南河東，① 邱下一狼光蓬茸，② 左畔九箇彎弧弓，一矢擬射頑狼胸，有箇老人南極中，春秋出來壽無窮。③

鬼宿

四星册方似木櫃，中央白者積尸氣。鬼上四星是爟位，④ 天狗七星鬼下是。外廚六間柳星次，天社六箇孤東倚，社東一星是天紀。

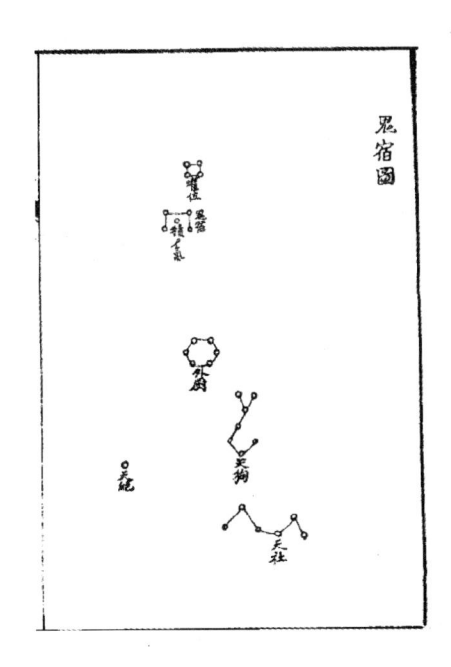

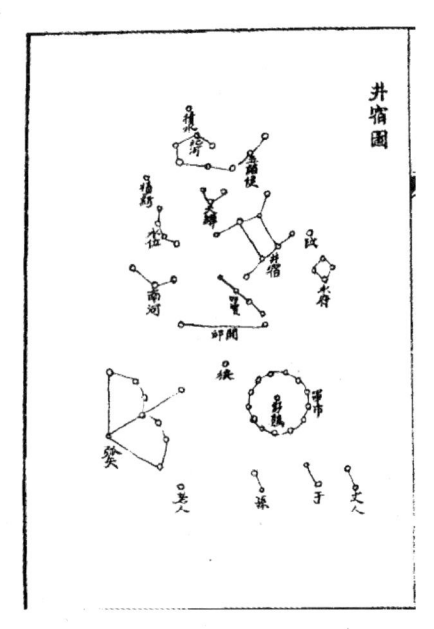

---

① ［校］闕邱二箇南河東："南河"，原作"河南"，據《通志》卷三八《天文略》、《玉海》卷三《天文書》、《中國恒星觀測史》五章一節《校訂〈步天歌〉》、嘉慶抄本《步天歌》改。"邱"，《中國恒星觀測史》五章一節《校訂〈步天歌〉》、敦煌本《全天星圖》均作"丘"，清避孔子名諱改。

② ［校］蓬茸：此同《玉海》卷三《天文書》，《通志》卷三八《天文略》、嘉慶抄本《步天歌》均作"蒙茸"。《中國恒星觀測史》五章一節《校訂〈步天歌〉》又言"一本作'丘下一狼光熊熊'"。

③ ［校］來：此同《玉海》卷三《天文書》，《通志》卷三八《天文略》、《中國恒星觀測史》五章一節《校訂〈步天歌〉》均作"人"，嘉慶抄本《步天歌》作"沒"。

④ ［校］鬼：原作"册"，據《通志》卷三八《天文略》、《玉海》卷三《天文書》、《中國恒星觀測史》五章一節《校訂〈步天歌〉》、嘉慶抄本《步天歌》改。

星野説

東井輿鬼，鶉首之次，爲雍州分野。寧夏郡在雍之西境，歷世天官家或謂兼尾，或謂兼柳、尾，其躔次度數，言各不同。考古測驗，大抵主井、鬼者居多。《甘肅通志》僅列二宿圖，不爲無據，故仍之不及其他。

寧夏府志卷三

山　川

寧夏、寧朔縣

賀蘭山，在府城西六十里，番名阿蘭鄯山。《北邊備對》云：①"山之草樹，遠望青碧如駁馬。北人謂馬之駁者曰'賀蘭'，故名賀蘭。"北距黄河，南至勝金關，延亘五百餘里。連巒峭聳，縈塞極天。昔人謂形如偃月，環蔽郡城，儼若屏嶂。其上高寒，自非五六月盛暑，巔常戴雪。水泉甘洌，色白如乳，各溪谷皆有。以下限沙磧，故及麓而止，不能溉遠。山口內各有寺，多少不一，大抵皆西夏時舊址。元昊宮殿遺墟，斷甓殘甃所在多有，樵人往往於壞木中得釘長一二尺。每歲六月，城市村堡多進香山寺，輪蹄絡繹，不絶於道，名曰朝山，亦藉以遊覽滌暑云。山少土多石，樹皆生石縫間，山後林木尤茂密。明弘治時，常禁樵採。我朝百餘年來，外番賓服，郡人榱桷薪蘇之用，實取材焉。舊志又稱"出鉛、礬。"②

省嵬山，在府東北一百四十里黄河東岸。舊有省嵬城，橫枕河濱，爲防禦要地。今屬套地內。

卑移山，《漢志》在廉縣西北。③《五邊考》：④"寧夏衛西北境有寧羅山，其西南爲黽山、松山、揹次山，與莊浪衛相接，皆有險塞可憑。"⑤按：此皆在賀蘭山後。

---

① 參見《北邊備對·賀蘭山》。
② 參見《正統寧志》卷一《山川》、《弘治寧志》卷一及《嘉靖寧志》卷一《寧夏總鎮·物産》、《朔方新志》卷一《食貨·物産》。
③ 參見《漢書》卷二八下《地理志》。
④ ［校］五邊考：原作"五邊備考"，據《大清一統志》卷二〇四《寧夏府》、《乾隆甘志》卷六《山川》改。
⑤ 本段內容亦見引於《大清一統志》卷二〇四《寧夏府》、《乾隆甘志》卷六《山川》。

娑羅模山，在府西南一百里，① 近賀蘭山靈武口。有水湧出，流入玉泉地，玉泉營以此得名。

　　筆架山，在賀蘭山小滚鐘口，三峰矗立，宛如筆架。下出紫石，可爲硯，俗呼"賀蘭端"。

　　大青山，在賀蘭山後。隆慶三年，把總哱拜出邊擊虜，敗之於大青山。

　　宗高谷，在賀蘭山後。唐天祐三年，靈武帥韓遜奏吐蕃營於宗高谷。

　　占茂山，在賀蘭山後，去黄峽口三十里。乾隆二十一年，山後郡王建喇嘛寺祝釐，欽賜扁額。地本在六十里邊境内，經會勘奏明，於山頂立石定界。寺内木植任喇嘛培植，界外仍聽民樵採。

　　快活林，在府西四十里，豐水草，宜蓺牧。

　　黄河，在府東三十里，② 自中衞來，出青銅峽，爲寧朔縣地，唐、漢各渠口比列焉。又北經寧夏縣界，又東北入平羅縣界。舊志：③ "河自蘭、會北流，兩岸層崖峭壁，河狹而水勢湍急，④ 商市莊寧山木而下者，日行可二百里。寧夏宫室廨署棟楔之用，多取材焉。經中衞入峽口，灑爲唐、漢各渠，溉田數萬頃。又東北過新秦中，出龍門，⑤ 由延綏南至華陰，而東至河南境，因有河套之地。"

　　三岔河，舊志："在寧夏衞東南，黄河西岸曲折處。明成化中，虜寇韋州，總兵官劉聚邀擊之於三岔河。"

　　黑水河，在府東九十里河套内。源出邊外，由闇門入境，西流入黄河。《明一統志》：⑥ "番名哈喇兀速河。"

　　大鹽池，在府北四百里，今屬邊外。小鹽池，在府東一百七十里，屬靈州。其鹽皆不假人力，自然凝結。

　　長湖，在張政堡，去城一十五里。渟泓浩渺，水光澄碧。

————————

　　① ［校］西南："西"字原脱，據《正統寧志》卷上《山川》、《弘治寧志》卷一《寧夏總鎮·山川》、《嘉靖寧志》卷一《寧夏總鎮·山川》補。

　　② ［校］東三十里："東"，《大明一統志》卷三七《寧夏衞》、《乾隆甘志》卷六《山川》均作"東南"。"三十"，此同《乾隆甘志》卷六《山川》，《大明一統志》卷三七《寧夏衞》作"四十"。

　　③ 參見《朔方新志》卷一《山川·寧夏》。

　　④ ［校］狹：原作"峽"，據《朔方新志》卷一《山川·寧夏》改。

　　⑤ ［校］出：原作"入"，據《朔方新志》卷一《山川·寧夏》改。

　　⑥ 參見《大明一統志》卷三七《寧夏衞》。

觀音湖，在城西北九十三里，① 賀蘭山大水口下。

清水湖，在葉昇堡。

月湖，在張亮堡，去城三十里。② 以形似月故名。

黑渠湖，在楊和堡。

沙湖，在府東二十里。

大蓮湖，在鎮河堡。

塔湖，在河西寨堡。

巽湖，在府東南三十五里。

龍頭湖，在魏信堡。

張浪湖，在許旺堡。

高臺寺湖，在府東十五里。

滋泥湖，在王全堡。

暖泉，在府西北八十里。

白家湖，在王洪堡。

陳家湖、解而湖，在玉泉堡。

野猪湖，在潘昶堡。

楊家湖，在邵剛堡。

位光湖，在王泰堡。

蒲湖，在李祥堡。

平列湖，在瞿靖堡，産魚。

老鸛湖，在李俊堡，出魚。周圍數十里，水澄澈，無葭荄，望之森然。賀蘭倒影，野樹環匝，漁子操輕舠出沒煙波，真有江鄉風色，於秋澄月夜尤宜。

葦子湖，在宋澄堡。

慶家湖，在城外東北。

雙塔湖、黃沙湖，在曾剛堡。

---

① [校] 九十三里：此同《弘治寧志》卷一、《嘉靖寧志》卷一《寧夏總鎮·山川》，《大明一統志》卷三七《寧夏衛》作"九十五里"，《嘉靖陝志》卷四《山川下·寧夏衛》作"九十里"。

② [校] 三十里：《弘治寧志》卷一《寧夏總鎮·山川》、《大明一統志》卷三七《寧夏衛》均作"七十五里"，《嘉靖陝志》卷四、《康熙陝志》卷三、《大清一統志》卷二〇四《寧夏府》、《乾隆甘志》卷六《山川》均作"三十五里"。

海子湖，在靖益堡。

洛洛湖，在寧化寨。

膠泥湖、牛毛湖，在楊顯堡，係鎮營管。

駕馬湖、鷹食湖、張家湖、段子湖、上湖、瓦一湖、官湖、孟家湖、周家湖、化牙湖、下湖，皆在豐盈堡。

陳家湖、西湖、鍋底湖、新生湖、金凌湖、路家湖、池子湖，皆在豐登堡。

平羅縣

賀蘭山，在西北六十里，東抵河。其處又名乞伏山。

西瓜山，在縣北二十八里。

石崖山，在縣東北。《水經注》：① "河水經石崖山西，去北地五百里。崖上自然有文，若戰馬之狀，燦然成著，類圖焉，故亦謂之畫石山。"

老虎山，在縣東北一百八十里，黃河岸上。《九邊考》："自老虎山而西，為長流水、蒲草泉等險，距寧夏衛可數百里，皆可收為外險。"② 按：此皆在套地。

黑山，在縣北三百里，③ 賀蘭之尾也。形似虎踞，飲河扼隘。

不老山，在縣北塞外。④

石嘴山，在縣北。

居中山，在縣東南。

黃河，在縣東二十里。

西河，在縣東五里，北流入黃河，⑤ 即惠農渠并唐、漢支渠剩水洩焉。

蒲草溝，在縣西北二百里。明總制王越分兵討賀蘭山後叛寇，⑥ 北哨擊賊於花果園，南哨至蒲草溝。賊從沙窩遁去，合兵追至大把都城，又追

---

① 參見《水經注》卷三《河水》。

② 本段內容亦見引於《大清一統志》卷二○四《寧夏府》、《乾隆甘志》卷六《山川》。

③ ［校］北三百里：《弘治寧志》卷一、《嘉靖寧志》卷一《寧夏總鎮·山川》，《朔方新志》卷一《山川·寧夏》均作"城東北二百里"。

④ ［校］縣北：《乾隆甘志》卷六《山川》作"縣東北"。

⑤ ［校］北流：《乾隆甘志》卷六《山川》作"自北流"。

⑥ ［校］王越：原作"王鉞"，據《明史》卷一七一《王越傳》，《弘治寧志》卷二、《嘉靖寧志》卷二《寧夏總鎮·宦蹟》改。下同。

敗之柳溝兒，寇遂遁。

澗泉，在縣城北三十五里。

九泉，在縣城西北四十五里。

靈州

馬鞍山，在州東北五十里，形似馬鞍。

磁窑山，在州東六十里，① 爲陶冶之所，出石炭。成化九年，撫臣馬文升議築磁窑堡於此，以接靈州邊界。

打狼山，在州東南。《明一統志》"狼山"即此。套虜由韋州入犯鎮原、平凉道。

三山，② 在韋州堡東一百里，③ 三峰列峙。

樺子山，在三山南。溪澗險惡，豺虎所居，人蹟罕到。

金積山，在州西南一百餘里。④ 産文石，山土色如金。北崖石板下水滴如雨，禱旱有應。

炭山，在州南五十里。⑤

黑鷹山，在韋州堡南一百五十里，近琥八山。

長樂山，在州南。《元和志》：⑥ "迴樂縣有長樂山。舊名達樂山，又曰鐸落山，以山下有鐸落泉，故名。舊吐谷渾所居。"《寰宇記》引《十道記》云：⑦ "山近安樂州。⑧"

大蠱山，在韋州堡西二十五里，⑨ 層巒疊嶂，蒼翠如染。初無名，明慶府長史劉昉以其峰如蠱，故名。四旁皆平地，屹然獨立，上多奇木、異卉、良藥。山北有祠，雨暘輒禱之。明慶王諸陵墓皆在焉，舊尚有宫殿，

---

① ［校］東：此同《乾隆甘志》卷六《山川》，《弘治寧志》卷三、《嘉靖寧志》卷三《靈州守禦千戶所・山川》及《嘉靖陝志》卷四《山川下・靈州守禦千戶所》均作"東北"。

② ［校］三山：《正統寧志》卷上《山川》、《弘治寧志》卷三《韋州・山川》及《弘治寧志》、《嘉靖寧志》附《國朝混一寧夏境土之圖》、《嘉靖陝志》卷六《土地四・寧夏衛》所附《寧夏衛疆域圖》等均作"三山兒"。

③ ［校］一百里：《嘉靖陝志》卷四《土地二・山川下》作"二百里"。

④ ［校］一百餘里：此同《弘治寧志》卷三、《嘉靖寧志》卷三《靈州守禦千戶所》，《嘉靖陝志》卷四《靈州守禦千戶所》作"二百里"。

⑤ ［校］南：《嘉靖陝志》卷四《土地二・山川下》作"東南"。

⑥ 參見《元和郡縣圖志》卷四《關内道・靈州》。

⑦ 參見《太平寰宇記》卷三六《關西道・靈州》。

⑧ ［校］州：原作"川"，據《太平寰宇記》卷三六《關西道・靈州》改。

⑨ ［校］二十五里：《古今圖書集成》卷五七六《職方典・寧夏衛山川考》作"二十里"。

今皆毁。

小蠡山，在大蠡山之南，① 其脈相聯。舊志："在韋州西二十里，亦曰螺山。套虜入寇，常駐牧於此。"

琥八山，在韋州堡南八十里。② "琥八"，方言，猶華言"色駁雜"也。

打剌坡山，在韋州堡南四十里。

峽口山，在州西南一百四十里，東北岸爲中衛界。

平山，在州東八十里。③

囉龐山，在州西。乾道六年，夏相任得敬脅其主仁孝欲分夏國，仁孝分西南路及靈州之囉龐嶺與之，即此。

歡喜嶺，在州東。明成化中，虜入州東永隆墩，諸戍官軍追敗之於此。

黃河，在州西。《水經》云：④"河水又北，逕臨戎縣故城西。又北，有支渠東出，謂之銅口。東逕沃野故城南。"銅口即今峽口山，州之秦、漢渠口亦在焉。

蒲草湖，在州南二十里。⑤

安樂川，在州南稍東一百八十里。⑥《寰宇記》："川近安樂山。"

天麻川，在州東北。

東湖，在韋州東一里。

鴛鴦湖，在東湖北三里。

---

① [校] 南：此同《弘治寧志》卷三、《嘉靖寧志》卷三《韋州·山川》及《朔方新志》卷一《山川·韋州》，《正統寧志》卷上《山川》、《嘉靖陝志》卷四《土地二·山川下》均作"東北"。吳忠禮《寧夏志箋證》認爲《正統寧志》當作"東南"，參見其書第60頁《箋證》[四五]。

② [校] 八十里：《弘治寧志》卷三、《嘉靖寧志》卷三《韋州·山川》均作"八十餘里"。

③ [校] 東：《弘治寧志》卷三《靈州守禦千户所·山川》、《乾隆甘志》卷六《山川》均作"東北"。

④ 參見《水經注》卷三《河水》。

⑤ [校] 南二十里：此同《乾隆甘志》卷六《山川》，《古今圖書集成》卷五七六《職方典·寧夏衛山川考》、《宣統甘志》卷七《輿地志·山川下》均作"東南十里"。

⑥ [校] 安樂川：此同《元和郡縣圖志》卷四。《太平寰宇記》卷三六《關西道·靈州》引《十道記》云："安樂州在靈武南稍東一百八十里，近長樂山下。"本志轉引《太平寰宇記》，"州"作"川"，"長樂山"作"安樂山"，疑有引誤。參見魯人勇等編著《寧夏歷史地理考》卷十"安樂州""長樂州"條。

草塲湖，在州南三十里。

滾泉，在金積山東。水自地湧出，① 高丈許，其沸如湯。

滴水，在滾泉東北，② 崖上一石坂突出下瞰，③ 水自石阪亂滴如雨。

暖泉，在舊寧夏所北三十里，④ 鹽池西南三十里。明萬曆四十一年，總制黃嘉善檄操守盧文善拓其基，建亭鑿池，爲行邊暫憩之所。《元和志》迴樂縣有"溫泉"，⑤ 即此。

富泉，在大螽山之南，⑥ 引以溉田。

旱海，在州東南。宋張洎曰：⑦ "自威州抵靈州，有旱海七百里。斥鹵枯瀉，無溪澗川谷。"張舜民曰："今旱海坪即旱海，⑧ 在清遠軍北。"趙珣曰：⑨ "鹽、夏、清遠軍並係沙磧，俗謂之旱海。自環州出青岡川，本靈州大路，自北過美利砦，漸入平夏，徑旱海中，至耀德、清邊鎮，入靈州。"

沙窩井，在惠安堡北五里許。味清而甘美，居民萬家及四方往來人畜，咸利賴之。雖旱不竭。

羊坊井，在惠安堡北五里。

中衛縣

石空寺山，在縣東八十里，⑩ 石空堡西北。石壁峭立，中空如陶穴，宏敞可坐數百人。內因石鏤成佛像，梵宇皆倚山結構。每夜僧燃燈，遠望如星懸天際。

---

① ［校］地：《嘉靖陝志》卷四《土地二·山川下》作"池"。

② ［校］東北：原作"南北"，據《弘治寧志》卷三、《嘉靖寧志》卷三《靈州守禦千戶所·山川》改。

③ ［校］下瞰：《正統寧志》卷上《山川》作"下懸"。

④ ［校］寧夏所："所"字原脫，據《乾隆甘志》卷六《山川》補。

⑤ ［校］元和志："和志"二字原脫，據《乾隆甘志》卷六《山川》補。

⑥ ［校］大螽山之南："大"，此字原脫，據《弘治寧志》卷三、《嘉靖寧志》卷三《韋州·山川》、《乾隆甘志》卷六《山川》補。《正統寧志》卷上《山川》作"居大小螽山之間"，《嘉靖陝志》卷四《土地二·山川下》作"螽山下"。

⑦ ［校］張洎：原作"張泊"，據《長編》卷三九、《乾隆甘志》卷六《山川》改。

⑧ ［校］旱海坪：《乾隆甘志》卷六《山川》作"旱江坪"。

⑨ 參見《資治通鑑》卷二八五，胡三省注，引趙珣《聚米圖經》。按：《聚米圖經》已佚。參見胡玉冰《傳統典籍中漢文西夏文獻研究》第一章第四節《宋代漢文西夏地理文獻》。

⑩ ［校］八十：《弘治寧志》卷三《寧夏中衛·山川》、《嘉靖陝志》卷四《山川下·寧夏中衛》均作"七十"。

黑山，在縣東三十里，石色皆黑，盛夏積雪不消。舊志云："沙嶺從西來，綿亘起伏，拱衛若屏，至衛東北三十里，結爲石山，名黑山。又三十里，至勝金關，與黃河會。河自蘭、靖，穿崖觸石，激射而下，至衛西四十里始落平川，遶城而東折。而北抵勝金關，山則石峰突兀，槎枒錯出，水則洪波瀾漫，旋折相向。兩勢緊逼，中通一線，斯則中衛之形勝也。"

羚羊山，即永康山，① 其近山有羚羊角、羚羊殿、羚羊夾各渠，多因山得名。又有羚羊寺。

香山，縣之南山總名，周環五百餘里。山巔高十里，舊建香巖寺。其地可耕牧，民多隨水而居。然田皆高亢，雨暘時若乃有收，歲旱偏災，賑邺之事多於他所。

米鉢山，在縣南七十里，因山有米鉢寺，故名。

天景山，在宣和堡東，② 或稱天成山。《廣輿記》有天都山，③ 殆即此。

回軍山，又名尖峰山，在廣武堡西北三十五里。相傳在昔西征軍士遇大雪迷道，惟見此山一峰獨青，望之而行，四日乃還，故名。

分守嶺，在廣武堡北二十里，爲朔縣、中衛交界。

紫金山，在廣武堡，大河之東，俗名牛首山。峰巒聳峙，巖壑蒼秀，最著者爲文華、武英二峰。上有梵宮十餘所，相傳以爲"小西天"。其山嶺有池，號金牛池。

青銅峽，在廣武堡北。兩山對峙，河水經焉。中有禹王廟。又有古塔一百八座，不知所始，或云昔人壓勝之具。有新月、白電、美女彈箏諸峰，複壁森峭，奔流湍駛。泛舟其間，雖盛夏六月，寒神淒骨，亦塞上一偉觀云。

磨盤山，即牛首山西南之支，以形似故名。其山土色赤，中產花石，紫質黑文。

羊頭山，在廣武西南三十里，長城經其下。

大泉山，在白馬灘南，西連平山，東接牛首。

---

① ［校］永康山：《中衛縣志》卷一《山川》作"永康南山"。
② ［校］東：《中衛縣志》卷一《山川》作"東南"。
③ 參見《增訂廣輿記》卷九《臨洮府》。

聚寶山，山足有白馬寺。在縣東南一百五十里。

豐臺山，在古水南，與雪山、冷山相接，山勢高聳，草木頗蕃，産青羊。

麥垛山，在鎮羅堡之北三十里，以形似故名。其山頂平，舊有營址，相傳昔曾駐兵於此。泉眼山，在寧安堡西三十里，爲七星渠口。相傳山下有泉七眼，若列星，故以名渠云。

平山，在鳴沙州紅柳溝迆北，爲土人孳牧之地。

大洪溝，在寧安堡西南七十里，① 産石炭。

簡尖山，在香山之南，其東南接長流水、胭脂川。

靈州界山，上有墩，爲古水營汛界。

高泉山，在香山七眼井東南。相傳山頂舊有泉，因名。

冷山與雪山，俱在大河之南。

炭山，在縣西南三十里，夜有火光。

沙山，在縣西五十里。《元志》：②"應理州西據沙山。"因沙所積，故名。

大沙子山，在縣西北七十里，在舊應理州西南，俗呼"扒里扒沙"。迆西近平番、凉州諸界。

硯瓦石井，在棗園、石空之北。産石純黑色，可爲硯。

啟剌八山，在縣大河之西北。

觀音山，在縣北五十里，有觀音洞，故名。北即邊界。

黃河，在縣南十里。自靖遠來，至縣西落平壤，遶城而東北流，至廣武。開美利等一十八渠，溉田八千餘頃。入青銅峽、靈州界。

山河，在鳴沙州南，距縣二百五十里，所謂葫蘆河是也。河流甚狹，自平凉界來，西注黃河。一名高平水。

南河，在寧安堡南一里，其流清，即舊志訛爲"清水河"者。至張恩堡蔣家崖入河。《中衛志》改名南河。

長流水，在縣西七十里。源出寫沙坡下，東南流至冰溝峽入河。其地爲蘭、凉驛路。

---

① ［校］西南：《中衛縣志》卷一《山川》作"南"。
② 參見《元史》卷六〇《地理志》。

一碗泉，① 在縣西一百一十里。僅盈一碗，取之不竭，因名。

石井水，在縣西一百六十里，乾塘子之南又十餘里。乾塘爲口外戈壁地，② 汲飲惟恃此水。軍需供支浩繁時，舖民往往入擔驢馱以給。

營盤水，通涼州、莊浪驛路。居人鑿井而飲。北山下，泉味甘。

瑜井，在廣武營麓子山。水色白而味甘冽，迥異他井。泉眼莫測深淺，以竿探之，失手，竿如矢上。

沙梁泉，在鎮羅堡北。自沙湧出，流里餘入地。

石硼水，在香山教佛臺南。水出上石硼，又合石縫滴水下流，四時涓涓不息。

高泉水，在永康堡東南五十里。

七眼井，在香山南，相傳泉眼有七。

紅石崖水，在香山寺口。四時不竭，可灌田園。

寬口井，在天景山下。夏秋雨後，可潴澆附近田禾。

魏鎖井，在要崖西南，日可飲羊數千。

紅泉，在香山北。

紅柳溝，在鳴沙州東南五里。源出靈州螺山下，流入河。跨溝建環洞，爲飛槽，渡七星渠，水澆白馬灘。

石甕水，在大澇壩。水自山崖流注，其下石池若甕，所注水四時不竭。

楊柳泉，在青銅峽。其地石徑險窄，今設汛防。

艾泉，在沙坡下。泉三眼，自沙中湧出，合爲池。相傳舊爲蕃王園，其中一泉水畔產艾頗佳，人稱"九葉艾"，故名。

裴家川，在縣西南，接靖遠縣北境。《五邊考》："其地有腴田萬頃，軍民歲以寇患，不得田作。明隆慶時，督臣王之誥於寧夏舊堡河口等邊，③ 悉駐將領，遏寇出入要路。又築東西隘口，自是裴家川爲內地，④

---

① ［校］一碗泉："一"字原脫，據《中衛縣志》卷一《山川》補。

② ［校］戈壁：原同《中衛縣志》卷一《山川》作"戈必"，據《續中衛志》卷一《山川》改。

③ 《讀史方輿紀要》卷六二《寧夏鎮》轉引《五邊考》曰："隆慶五年，督臣王之誥於寧夏扯木峽舊堡河口至五方寺、塔兒溝、白草川墩增築邊牆、墩臺、大小堡寨。"

④ ［校］自是裴家川爲內地：《讀史方輿紀要》卷六二《寧夏鎮》轉引《五邊考》本句下有"更置軍營曰永安營"八字。

軍民賴之。"

洛陽川，在縣西二十五里。

馬槽湖，在縣東三十里，① 東南流入大河。

龍潭泉，在縣西二十里。其水夏則潆蓄，冬不凝冰，一名暖泉，禱雨有應。

野馬水，② 在縣北二十里。

蒲塘，在縣北四十里。塘中產蒲，亦注於河。

名　勝

舊志載"寧夏八景"

賀蘭晴雪。

漢渠春漲，即漢延渠。

月湖夕照，在張亮堡。

黃沙古渡，在王澄堡東。

黑水故城，即赫連所築統萬城。

官橋柳色，在楊和堡北，跨漢延渠。

靈武秋風。靈武山在林皋堡西，每歲七八月，聲入秋撼。

梵刹鐘聲，即承天寺。

黃中丞〔圖安〕續題"八景"

藩府名園。麗景園、小春園，爲城東極盛之觀。

承天塔影。承天寺南廊之僧房，有塔影倒垂，後又在東廊。理本難窮，說亦非一。

南樓秋色。南薰門樓傍山面湖，居民邨落連屬，當秋高氣爽，可以遠眺。

泮池巍閣。郡學泮池，引活水流注。巍閣高峙，③ 映帶欞星。

霜臺清露。城北舊有都御史行臺，儀制森嚴。更樓上銅壺滴漏，午夜聲傳，猶前朝遺器。

---

①　[校] 東三十里：此同《乾隆甘志》卷六《山川》，《大明一統志》卷三七《寧夏中衛·山川》、《嘉靖陝志》卷四《山川下·寧夏中衛》均作"東北二十五里"，《弘治寧志》卷三《寧夏中衛·山川》作"東北二十里"。

②　[校] 野馬水：《乾隆甘志》卷六《山川》作"野馬泉"。

③　[校] 巍：原作"魏"，據前文改。

南塘雨霽。南塘之盛，水榭、畫舫，昔擬西湖。其尤佳者，雲氣初收，晴光乍展，魚鳥花柳，別有新趣。

黑寶浮圖。黑寶塔十三級，高聳入雲。自七層而上從外攀旋，雖當晴明，風颯颯如御虛然。

土塔名刹。即龍興寺，在西門外唐來渠下。臺閣高敞，遠眺賀蘭，俯臨流水，與黑寶相輝映焉。

改定"朔方八景"

寧夏爲塞上名區久矣，舊志載有八景。本朝初年，巡撫黃公圖安又增其八。歷今百餘年，河山風物固自不殊，而名勝故蹟亦復時有興廢。參酌其間，略爲更定，要在舉目憑眺，足供吟賞，非必求異前人也。若夫曩製佳篇，並仍舊題存錄焉。

山屛晚翠。賀蘭山環抱如屛，在郡城西。每當斜陽返照，萬壑千巖，嵐氣蒼翠欲滴。

河帶晴光。河自西南來，出峽口，遶郡城，過平羅，復北折而西。紫瀾浩汗，晃日浮金，縈回數百里，望之若帶。

古塔凌霄。城北海寶塔，舊志稱赫連氏重修，蓋漢、晉間物矣。乾隆戊午，① 毀於地震。近寺僧某募重建焉。高十一級，計百餘尺，觚稜秀削，迥矗雲表。

長渠流潤。渠之大者，漢、唐、惠農，各長二三百里，兩岸陡口以千計。洪流分注，噴瀑濺濤，繡壤連畦，瞬息並溉，洵斯民之美利，即此地之勝觀。

西橋柳色。唐渠過郡郭西，穹橋駕其上，滿、漢城通途也。橋北爲龍王廟，廟西板屋數椽，面山臨流，風廊水檻，夾岸柳影。繼縿來徃，輪蹄絡繹其間，望之入繪。舊志八景有"官橋柳色"，以今準昔，殆此勝於彼矣。

南麓果園。漢渠東，官橋以南，園林尤勝。多植林檎，當果熟時，枝頭紺碧，累累連雲，彌望不絕。唐韋蟾詩云"賀蘭山下果園成"，② 想昔時風物已自如是。

連湖漁歌。唐渠東畔，多瀦水爲湖，俗以其相連屬，曰連湖，亦曰蓮

---

① 乾隆戊午：乾隆三年（1738）。
② 參見本志卷二一《藝文·詩》載韋蟾撰《送盧藩之朔方》。

湖。在邵剛、李俊二堡間者最大，周環數十里，不生葭葭，而水深多魚。澄泓一碧，山光倒影，遠樹層匝。時有輕舠出沒煙波中，過者淼然，動江鄉之思。

高臺梵刹。郡城多古刹，以高臺寺爲絕勝。前明爲小春園地，今園廢寺存，僧房佛閣，閑靜崇敞。前跨兩臺間爲天橋，憑欄遠眺，極目河表，數十里青畦綠樹，皆在履舄之下，真柳子厚所謂"曠如"者。

靈州

寧河勝覽。黃河東渡，築臺高五丈餘。登眺於上，則河山景物舉在目中。

晏湖遠眺。晏湖古爲水澤，臺制似寧河。面山環遶，① 水碧沙明，足以豁目。

牛首飛霞。牛首山在中衛界，山形突兀，上有古刹，時現祥霞。

龍泉噴玉。泉在金積山，其水清冷可掬，滾滾若珠玉傾瀉。

高橋春柳。城南有橋，以形高古名焉。② 自蕭關北，荒沙無際，至是忽覩林木陰森，柳更條暢，若屏然，相傳"塞北江南"蓋以此云。

滴水秋梧。水自石洩，若倒囊出珠。下有梧桐，枝柯繁茂可觀。

青峽曉映。即古之青銅峽。③ 旭日方升，水光山色，映若圖畫。

黃沙夕照。城東之山半爲沙礫，每晴日夕時，蒼黃遠映，光照人目。

韋州

蠡山疊翠，東湖春漲，西嶺秋容，④ 石關積雪。

中衛

暖泉春漲，羚羊夕照，黃河曉渡，鳴沙過雁，蘆溝煙雨，石空夜燈，⑤ 石渠流水，紅崖秋風，黑山晴雪，⑥ 槽湖春波。

---

① ［校］面山：《朔方新志》卷三《古蹟》作"而山"，《銀川小志·景致》作"衆山"。

② ［校］古：據文意疑當作"故"。《靈州志蹟》卷一《壇廟坊市橋梁津渡名勝誌第六·名勝》正作"故"。

③ ［校］青銅峽：原作"青崗峽"，據《朔方新志》卷三《古蹟》、《銀川小志·景致》改。

④ ［校］秋容：原作"秋蓉"，據《弘治寧志》卷三、《嘉靖寧志》卷三《韋州·景致》改。

⑤ ［校］夜燈：原作"夜光"，據《弘治寧志》卷三、《嘉靖寧志》卷三《中衛·景致》改。

⑥ ［校］晴雪：原作"積雪"，據《弘治寧志》卷三、《嘉靖寧志》卷三《中衛·景致》改。

知縣黃恩錫改定"中衛十二景"

青銅禹蹟。按：青銅峽在廣武之東北。河自蘭、靖黃沙漩下冰溝峽，入中邑境，凡三折而東，至青銅古峽。支流匯合，兩山緊束，幾如龍門之狀，① 第水勢稍平耳。對岸山石嵯岈，與河流映照，時作青紅色，疑返照之翻赤壁，此殆青銅之所由名與？入峽北岸有禹王廟，因石穴爲殿宇。詢據土人述所傳聞云："中邑古爲澤國，禹導河至積石，經此以神斧鑿削石壁，河乃暢流，因祀於此。"〔黃恩〕錫舟行數過，復潔志搜探碑碣，肅瞻禹廟，崖閣參差，像在石洞中，幽邃而明透，令人低徊者久之。因撮記其事併入志乘，以俟博雅之備考云耳。

河津雁字。按：舊志載"鳴沙過雁"，②〔黃恩〕錫於賓鴻接陣之秋時至故城，斷垣廢塔，塌岸荒灘，求其所謂踐沙之鳴，既不復得，即聞聲顧影，徒爲遺墟興感。而亂流古渡，嘹唳晴空，覜縱橫廻翔之致，轉增煙雲飛舞之思矣。

香巖登覽。按：香山之巔，峰巒巍聳，凌雲插漢頂，舊建佛寺。每登覽遠眺，群山皆俯，南通靈、固，北盡沙漠，城堡星羅，河流如帶，殊足以蕩心胸而資流覽矣。

星橋柳翠。七星渠自馮城環洞以下，觀察鈕公〔廷彩〕於雍正十二年請項創修紅柳溝環洞、飛槽，渠始下繞白馬灘。③ 沿岸植青楊垂柳，春夏之交，渠流新漲，千株掛綠，翠色涵波，足供人遊賞不置云。

羚羊松風。舊志載"羚羊夕照"一景，查羚羊寺在永康堡東南土岡下，〔黃恩〕錫往來香山，數止其地，詢附近耆老云："古寺毀於前明萬曆間，今寺則重建於雍正元年。"寺碑剝落，字蹟缺略無考據。而常樂、永康、宣和三渠，皆有羚羊角、羚羊殿、羚羊夾之名，志詩亦云"羚羊山勢壯邊州"，是山以"羚羊"得名，而寺與渠亦因山而得名也。第志詩所謂"夕陽流翠""携酒登樓"者，杳不知其所在，豈山川顯晦，各有其時耶？錫憩息寺中時，其前梨楊棗杏，園林相望，寺階下有松一，爲中邑所僅見者。頃之，響傳林木，與寺松聲相和，殊動人瀟然出塵之想，因不揣附記所見，並更目爲"羚羊松風"，以待大雅君子之考詠焉。

---

① ［校］狀：《中衛縣志》卷八《古蹟》作"壯"。
② 參見《朔方新志》卷一《古蹟》。下文載"羚羊夕照""石渠流水""黃河曉渡"亦同。
③ ［校］繞：《中衛縣志》卷一《山川》、卷八《古蹟》作"澆"。

官橋新水。舊志載"石渠流水",殆指美利渠自石壩入口故也。渠流至近城三里許,爲官橋,① 有龍王廟,兩岸建二坊,一曰"銀川門戶",一曰"玉塞津梁"。亦倣夏城立迎水之祭,歲以爲常。向渠爲觀水堂,櫺窗洞啟,憑欄觀水,活流新漲,頓洗塵襟,令人目爽神怡。邑之士民咸賽神遊賞,稱勝會云。

牛首慈雲。山在廣武河東,東瞰靈州,西枕大河。峰巒突兀,蒼翠欲流,上有古刹。山頂時見祥雲,觸石膚寸,出岫橫空。瞻望崖閣參差,或隱或現於雲壑間。山麓有地湧塔,每歲西僧、蒙古皆來朝,殆佛地也。舊志因廣武隸於朔方,未列中邑各景,今增入之。舊志有蕭如薰《登牛首山》詩云:"理棹還登岸,② 攀蘿入紫煙。雲霄千嶂出,色界一燈懸。石蘚碑磨滅,金光像儼然。不須探絕勝,即此是諸天。"

黃河泛舟。舊志載"黃河曉渡"。〔黃恩〕錫於河曉渡屢矣,不獨春秋風雨,即詰朝喚渡,濁流拍岸,景殊無取。故不若扁舟載酒,夾岸堤柳,村花映帶,洪流觸目,渚鳧汀鷗,飛鳴蘆浦。每於濁浪土崖間見蓑笠漁人,葦蓬小艇,舉網得魚。於時買鮮浮白,嘯詠滄洲,令人流連忘歸矣。

石空夜燈。③ 寺在石空堡西北十里許。山半樓臺殿閣,遙望在畫圖間。至夜佛燈僧燭,炳若列星,乃中邑古名刹也。〔黃恩〕錫邐道登探,寺在山半,爲兩院。其東院山門內,重樓倚山,樓下啟洞門而入,中空若邃屋。考寺碑,相傳自昔山鳴三日,突啟洞天,現三尺六身,土石相凝結,宛然肖佛像。居人因鑿削成之,祈禱多應,由來不記何代矣。西院梯土堆而上,有真武閣,亦因山窟而室。轉西則新建佛殿巍然,內外各六楹。其前因山築臺,憑欄遠眺,河流環抱,村堡錯落,心境爲之一豁。其旁僧在住小房,亦雅潔可坐。誠邊邑之佳境也。

暖泉春漲。舊志無名氏詩云:④ "一脈遠通星宿海,春回塞上氣初融。青青石眼涓涓發,流出桃花洞口東。"

黑山晴雪。舊志無名氏詩云:⑤ "翠壁丹崖指顧間,隨時風物自闌珊。

---

① 〔校〕官橋:《中衛縣志》卷八《古蹟》作"官渠橋"。
② 〔校〕棹:《朔方新志》卷五《詞翰》載蕭如薰撰《登牛首山》作"楫"。
③ 〔校〕夜燈:《中衛縣志》卷八《古蹟》作"燈火"。
④ 參見《朔方新志》卷五《詞翰》載無名氏撰《暖泉春漲》。
⑤ 參見《朔方新志》卷五《詞翰》載無名氏撰《黑山晴雪》。

六花凝素寒侵眼，① 徙倚危樓看玉山。"

　　炭山夜照。在邑之西南，近河，山産石炭。城堡幾萬家，朝爨暮炊，障日籠霧。至冬春，則數里外不見城郭。所燒炭，皆取給於此山。近西一帶有火，歷年不息，未知燃自何時。第見日吐霏煙，至夜則光焰炳然，燒雲絢霞，照水燭空，俗呼爲"火焰山"。其燃處氣蒸凝結，土人取以熬礬，較勝他産，亦一奇也。

---

　　① ［校］侵眼：《朔方新志》卷五《詞翰》載無名氏撰《黑山晴雪》作"浸眼"。

寧夏府志卷四

風　俗

強梗尚氣，重然諾，敢戰鬭。《金史》夏國贊。①

雜五方，尚詩書，攻詞翰。② 朔方舊志。

重耕牧，閑禮義。朔方舊志。

靈州尚耕牧，工騎射，信機鬼。③ 舊志。

富強日倍，禮義日新。新志。

後衛務耕牧，習射獵。舊志。

中衛人性勇幹，以耕獵爲事，孳畜爲生。舊志。

居室惟公署、宦族覆瓦，民家皆板屋，覆以土，猶秦風之遺。中堂供先祖，或懸佛像。食主稻稷，間以麥。貧者飯粟。中人之家，恒以一釜並炊稻稷，稻奉尊老，稷食卑賤。衣布褐，冬羊裘。近世中家以上，多襲紈綺矣，女服尤競鮮飾。

四時儀節

元旦燃香燭，祀真宰，拜先祖。長幼畢拜賀，出賀姻友。嘗預爲三日炊，曰"年飯"。

四日乃更炊生米。四日三鼓，熾炭或鐵投醋盆，遶屋行，道吉語，除不祥，及大門外覆之，曰"打醋壇"，④ 又曰"送五窮"。

---

① 參見《金史》卷一三四《西夏傳》"贊曰"。

② ［校］攻詞翰："攻"字原脫，據《弘治寧志》卷一、《嘉靖寧志》卷一《寧夏總鎮·風俗》補。

③ ［校］機鬼：此同中華本《宋史》卷四八六《夏國傳》、《嘉靖寧志》卷六《拓跋夏考證》，《四庫》本《宋史》卷四八六《夏國傳》、《弘治寧志》卷三《靈州守禦千戶所·風俗》、《朔方新志》卷一《地里·風俗》均作"譏鬼"。

④ ［校］打醋壇："打"字原脫，據《宣統甘志》卷十一《輿地志·風俗》補。

五日拘忌，非至戚不相徃來。

新歲必擇吉，持紙燭就郊外喜神方迎拜，然後遠行、作百事，皆無禁忌。

七日食餅、麵。擊銅器相叫呼，爲招魂。

上元食元宵，前後三夜，街市皆燃燈，祀天神，祝國釐。坊各立會積錢，至期，延門樹木架，對懸紗燈。中衢列燈坊，近又有燈閣、燈亭，製皆如真。糊以紗，書繪間錯，中燃燭，通衢數里，照如白晝。皆以柏燭，燭自南來，斤值錢數百文。計一宵之費數百貫，信邊城巨觀，亦土人一癖好云。

十六夜，民戶婦女相携行坊衢間，曰"遊百病"，亦曰"走橋"。經官禁，近稍減。

二月上丁後至清明，擇吉日，具牲酒，載紙標，爲墓祭，各修治先塚。

清明日，挈榼提壺，相邀野田或梵剎間共遊飲，曰"踏青"。插柳枝戶上，婦女並戴於首。

三月二十八日，焚香東嶽廟，前後三日，並於東門外陳百貨相貿易。老幼携持，遊觀填溢。孟夏八日，西門外土塔寺爲洗浺會，亦如之。

端午貼符，戶插菖蒲、艾葉，飲雄黃酒，啖角黍。閨中並以綵絲作符，剪艾虎，相餽送。

五月十三日，競演劇祀關聖。先日，備議仗迎神，前列社火，周遊城中。望日，祀城隍，並於廟陳百貨爲貿易。

七夕，閨人亦有以針工、茗果作乞巧會者。

孟秋，朔至望，亦擇吉祭墓，曰"上秋墳"。墳遠者，於望日設祭於家。

中秋祀月。作月餅，陳瓜果，比屋皆然。餅筵瓜市，嘗遍衢巷。

重陽食糕，飲菊酒，亦有爲登高會者。

孟冬之朔，祀先祖，薦湯餅。

仲冬長至日，祀先祖，家人姻友相拜賀。切肉雜粉腐爲羹，和酒啜之，曰"頭腦酒"。以"冬至一陽生"，取"作事有頭腦"意。

臘月八日煮粥，雜以豆、肉，曰"臘八粥"。是月初旬，取水釀酒，曰"臘酒"。

廿三日，以雞、酒、餅飴之屬祀竈神，曰"送竈"。雞陳而不殺，至除夕始薦熟，曰"接竈"。

歲暮貼春聯、桃符，爲餅餌、酒食相餽送。

除夕，祀先祖，拜尊長，燃香燈，鳴爆竹，飲酒守歲。分錢與卑幼，曰"押歲"。閨中以棗、柿、芝麻及雜果堆滿盞，著茶葉，奉翁姑及尊客，曰"稠茶"。女筵以爲特敬，新婦拜見舅姑，針工外尤重此，多者至百餘盞。計其費，一盞數十錢。相傳始於明王府，至今不能變云。

舊志載：[①]"仲冬後，紈綺牽黃臂蒼，畋獵畢舉。"今俗頗革。

婚禮

媒妁既通，必取男女年庚，對合無忌尅乃定，世家多不拘。定禮用綵幣、鐲鑷之屬，貧者梭布、簪餌，女家以冠佩相答。婚期既定，男家必備禮盒、酒果，倩賓送期於女家，曰"通信"，蓋古"請期"之遺。既復，擇吉日，爲茶餅，具羊、酒併衣物、首飾，送女家，曰"下茶"，亦"納徵"之遺意也。先期一日，女以妝奩送男家，曰"舖床"。至日，男家又以大蒸餅併果盤，隨綵輿赴女家，曰"催粧"。倩女賓爲新婦插花冠笄，曰"冠帶"。女家亦請女賓隨輿至男家，曰"送親"。娶多用綵轎鼓吹，貧者以車。世族之家間亦有奠雁親迎者。新婦三日拜見舅姑，贄以針工，同室長幼各拜見，曰"分大小"。

冠禮

多不行。婚禮納徵時，女家以冠履衣物相答，必有梳箆鏡匣，曰"冠巾"，蓋亦存其意云。

喪禮

俗最重衰絰，冠履多依古製三年服。雖既葬，麻巾衰衣，必大祥後始易。期功以下，近亦多就簡便，不盡如古禮。七日行大殮禮，親戚多會吊。將葬，先期訃，親友前一日各以酒盒、奠儀往祭，喪家備酒食相酢。多者至數百人，賻奠之儀恒不足爲餚核費。每進食飲，孝子必出稽顙，謝禮尤瑣，羸弱者至憊不能支。中衛、靈州俗尤尚送葬，男女或數十百人，喪家爲備酒食、車乘。力不能辦者，或至留殯數十年不敢舉。相傳明季近邊各堡，韃虜常伺人葬，出劫衣物，故遣葬者，皆請姻戚爲之備。今太平已百餘年，習而不改，轉成獘俗矣。

祭禮

世族之家有宗祠、家廟，會祭多用羊。士民多祭於寢，用恒品隨豐

[①] 參見《朔方新志》卷一《地里·風俗》。

儉，無定數。春祭墓，夏無祭。秋以七月望，亦有墓祭者。冬祭以十月朔。冬至及歲暮祭，必備物，懸遺像，其禮尤重。

按：寧夏在雍州之西，其人剛果質直，重信義，勇戰鬥，固地氣使然，明初盡徙其民於長安，遷謫他方之人以實之，而吳、楚為多，故尚詞翰，矜儒雅。迄今觀其節物禮儀，多與《荊楚歲時記》合，① 蓋其俗實於此一變云。國朝百餘年以來，涵濡禮義之化，優游耕作之恒，人物滋豐，風氣益盛。而聖祖時以武節奮功名、秉旄鉞者，一郡常數十人，甲第連甍，金貂累葉，往往以宮室車服相競，習俗侈靡，有由然矣。震劫之後，凋耗殆盡，迄今垂四十年，猶不能復。金、張故宅，瓦礫連墟，樂、鄧遺裔，饘粥不繼。而豪華結習，或且未改。婚喪吉凶之舉，靡文盛而禮意輕；交遊征逐之場，飲食豐而真詣薄。不惜終歲之積，苟且旦夕之觀。生齒日繁，三農懸罄；用物益多，百貨騰踴。雖有識之士，亦為習俗所持。蓋舉國由之，而欲以一二人矯之，百年安之，而欲以數年革之，此事誠未易言。然國奢則示之以儉，敦本實，務蓋藏，固今日之急務矣。舊志云：② "轉移之機，捺之在上，表正之責，則在士大夫。"其信然哉。

物　產

舊志：賀蘭山出鉛、礬，麥垛山出鐵。今皆不開採。凡麻、碧瑱、馬牙鏞、紅花、今無。藍靛、鑌鐵器物。

穀之屬：稻、糜、稷、大麥、小麥、羊眼豆、豌豆、綠豆、黑豆、黃豆、青豆、紅豆、扁豆、蠶豆、胡麻、青稞、秋。

菜之屬：芥、芹、蔥、韭、胡蘿蔔、白蘿蔔、菠稜、芫荽、萵苣、③ 蔓菁、甘露子、白花菜、沙蔥、白菜、沙芥、西瓜、甜瓜、絲瓜、黃瓜、冬瓜、南瓜、菜瓜、香瓜、茄蓮、地椒、葫蘆、滑菜、荁蓬、刀豆、豇豆、茶豆、茄、蒜、莧、薺、瓠。按《中衛志》載：④ "草有綿蓬、刺蓬、水蓬子，皆可食。遇旱，山民採以備荒。綿蓬子，可釀酒。又有登粟，產沙地，子可作麵

---

① 《荊楚歲時記》1卷，南朝梁人宗懍撰。
② 參見《朔方新志》卷一《地里‧風俗》。
③ ［校］萵苣：原作"萵巨"，據《弘治寧志》卷一、《嘉靖寧志》卷一《寧夏總鎮‧物產》改。
④ 參見《中衛縣志》卷一《物產》。

食，亦可糖食，一名沙米。"

花之屬：牡丹、芍藥、薔薇、石竹、雞冠、萱草、玉簪、罌粟、小竹、戎葵、黃蜀葵、百合、①鳳仙、珍珠、山丹、菊、荷、寶像。②

果之屬：杏、桃、李、梨、菱、藕、芋、③柰、葡萄、林檎、櫻桃、秋子、胡桃、花紅、棗、白沙、沙棗、桑椹、酸棗、茨菰、含桃。

木之屬：松、栢、槐、樺、椿、榆、柳、檉、暖木、白楊、梧桐。

藥之屬：荊芥、防風、蓯蓉、枸杞、桑白皮、柴胡、甘草、黃芪、④遠志、牛蒡子、⑤地骨皮、麻黃、黃芩、紫蘇、苦參、兔絲子、寒水石、瞿麥、茴香、知母、升麻、葫蘆巴、⑥天仙子、大戟、扁蓄、秦艽、黃精、三稜草、青木香、百合、茵陳、亭藶、血竭、⑦千金子、車前子、薄荷、菖蒲、木瓜、青鹽、鎖陽。

六畜：馬、駝、牛、羊、騾、驢、豕。

禽之屬：雕、鷹、鶻、鷂、雞、鵝、鴨、鴿、山雞、半翅、馬雞、天鵝、鵪鶉、雁、鸂鷘、鶺鶒、鴛鴦、鸘鷞、鸚鵡、白鴿、鳧、臘嘴、黃豆、倉庚、喜鵲、烏鴉、鴇、鳩、隼、雀。

獸之屬：虎、狼、鹿、麝、麈、土豹、野馬、羱羊、青羊、黃羊、野豕、夜猴兒、艾葉豹、獾、狐、沙狐、野貍、熊、豺、黑鼠、黃鼠。

鱗之屬：鯉、鯽、鮎、鱧、沙魚、鱔、白魚、石魚、鰍。

介之屬：鼈、蚌、螺。

按：風俗，寧夏五邑皆同。中衛、靈州、平羅，地近邊，畜牧之利尤廣。其物產最著者：夏、朔之稻，靈之鹽，寧安之枸杞，香山之羊皮。中

---

① ［校］百合：原作"白合"，據《弘治寧志》卷一、《嘉靖寧志》卷一《寧夏總鎮·物產》改。

② ［校］寶像：原作"寶象"，據《弘治寧志》卷一、《嘉靖寧志》卷一《寧夏總鎮·物產》改。

③ ［校］芋：原作"芉"，據《正統寧志》卷上《土產》、《弘治寧志》卷一《寧夏總鎮·物產》改。

④ ［校］黃芪：原作"黃芪"，據中藥名稱用字改。

⑤ ［校］牛蒡子：原作"牛旁子"，據中藥名稱用字改。

⑥ ［校］葫蘆巴："葫"原作"萌"，據《弘治寧志》卷一《寧夏總鎮·物產》，《朔方新志》卷一《食貨·物產》改。

⑦ ［校］血竭：《正統寧志》卷上《土產》、《弘治寧志》卷一《寧夏總鎮·物產》均作"草血竭"。

衛近又以酒稱。其他恆物，亦多相類。唐，夏州貢有氎、角弓、拒霜薺，靈州貢有紅藍、①甘草、蓯蓉、代赭、白膠、青蟲、雕鶻、白羽、麝、野馬、鹿革、野豬黃、吉莫靴、鞦、氈、庫利、赤棠、馬策、印鹽、黃牛臆。②明制，貢紅花、泊馬。③紅花，土實不產，舊志稱"歲役千夫，貢只五百斤"，④不解所由。嘉靖初，給事中張翀始奏罷之。⑤本朝寧夏無土貢，尤見體恤邊方之意云。

古　蹟

寧夏、寧朔縣

懷遠故城，今府城，漢富平縣地，後周置懷遠縣。唐儀鳳二年爲河水泛損，三年乃更築新城於故城西。宋乾興二年，李德明城懷遠鎮爲興州，元昊升爲興慶府。元伐夏，改中興府。⑥至元二十五年，置寧夏路。洪武九年，改置寧夏衛。

宥州，漢三封縣地，唐立六胡州刺史以統之。天寶間，改寧朔郡。後爲夏所據。

長城，隋開皇五年，司農少卿崔仲方發丁男三萬於朔方、靈武築長城。東距黃河，西至綏州，南至勃出嶺，綿歷七百里。六年春，復令仲方發丁男十餘萬人修長城。

受降城，唐景龍二年，⑦朔方總管張仁愿築三受降城。《新唐志》⑧：

---

①［校］紅藍：原作"紅鹽"，據《新唐書》卷三七《地理志》改。

②《元和郡縣圖志》卷四《關內道》載，唐靈州土貢還有紅花、野馬皮、鳥翎、鹿角膠、雜筋、麝香。

③［校］泊：原作"洎"，據《朔方新志》卷一《食貨·土貢》改。

④參見《朔方新志》卷一《食貨·土貢》。

⑤［校］給事中："中"字原脫，據《明史》卷一九二《張翀傳》、《嘉靖寧志》卷一《寧夏總鎮·土貢》、《朔方新志》卷一《食貨·土貢》補。

⑥［校］此同《乾隆甘志》卷二三《古蹟·寧夏府》。《元史》卷六〇《地理志》、《大明一統志》卷三七《寧夏衛》、《朔方新志》卷一《建置沿革》、《乾隆甘志》卷三下《建置沿革·寧夏府》等均載，夏景宗元昊陞興州爲興慶府，又改爲中興府，非元朝討伐西夏而改名。本志及《乾隆甘志》均誤。

⑦［校］景龍二年：此同《資治通鑒》卷二〇九，《舊唐書》卷九三、《新唐書》卷一一一《張仁愿傳》均作"神龍三年"，《新唐書》卷三七《地理志》作"景雲三年"，《輿地廣記》卷十七作"景雲二年"。"景龍二年"疑是。參見王亞勇《三受降城修築時間考》。

⑧參見《新唐書》卷一一一《張仁愿傳》。

"東城南直榆林，中城南直朔方，西城南直靈武。三壘相距各四百餘里，①其北皆大磧也。"宋白曰：②"東受降城，東南至朔州四百里，西南渡河至勝州八里，西至中受降城三百里，本漢雲中郡地。中受降城，西北至天德軍二百里，南至麟州四百里，③北至磧口五百里，④本秦九原郡地，在榆林，漢更名五原。西受降城，東南渡河至豐州八十里，西南至定遠城七百里。"按此則去寧夏極爲遼遠，姑因舊志列之以備考。

廢夏州，《初學記》：⑤"夏州，赫連之都。"魏滅赫連，以爲統萬鎮，太和十一年置夏州。隋改州爲朔方郡，唐復爲夏州城。在古鹽州東北三百里。今河套哈剌兀速之南，即華言"赫水"，⑥有廢城曰"忻都"，即夏州也。

靈武廢縣有三：一爲漢縣，在府西北。《地里志》屬北地郡，後漢省。一爲隋縣，在府東北，即渾懷障。一爲唐縣，在府南，即《水經注》所謂胡城也。後魏破赫連昌，收其户徙之於此，因名。

靈武鎮，亦唐鎮，宋靈州，夏順州，在府南六十里。與定遠、保静咸有遺址。⑦

保静廢縣，在府東南靈州界。隋開皇十一年置弘静縣。唐屬靈州，後改安静縣，至德元年又改保静。宋咸平四年，李繼遷改懷遠縣。《府志》：⑧"在鎮南六十里。"

高臺寺城，府東一十五里有廢城，臺在其東，元昊建寺於此。

上河城，在府南。《水經注》：⑨"河水自胡城又經上河城東，世謂之

---

① ［校］餘：此字原脱，據《新唐書》卷一一一《張仁愿傳》補。
② 宋白字太素，宋朝大名人，曾參與編修《太平御覽》《文苑英華》等，《宋史》卷四三九有傳。本志引宋白之語不載於本傳，係轉引自《乾隆甘志》卷二三《古蹟》。
③ ［校］麟州：此同《元和郡縣圖志》卷四《關内道》，《太平寰宇記》卷三九《關西道·豐州·中受降城》作"靈州"。
④ ［校］磧口：原作"磧石"，據《元和郡縣圖志》卷四《關内道》、《太平寰宇記》卷三九《關西道·豐州·中受降城》改。
⑤ 參見《初學記》卷八《州郡部·關内道》。
⑥ ［校］赫水：《乾隆甘志》卷二三《古蹟》音譯作"黑水"。
⑦ ［校］保静：原作"保靖"，據《舊唐書》卷三八《地理志》、《新唐書》卷三七《地理志》、《元和郡縣圖志》卷四《關内道·靈州》、《乾隆甘志》卷二三《古蹟·寧夏府》改。下文"保静廢縣""至德元年又改保静"之"保静"原亦作"保靖"，同改。
⑧ 府志：文獻具體名稱不詳，下段引文轉引自《乾隆甘志》卷二三《古蹟·寧夏府》。
⑨ 參見《水經注》卷三《河水》。

漢城。又北經典農城，皆馮參爲都尉所屯以事農者。"

新堡城，《元和志》：①"在懷遠縣西北四十里。永昌元年置，舊名千金堡。②"

元昊故宮，在賀蘭山之東，有遺址。又，振武門內有元昊避暑宮，明洪武初遺址尚存，後改爲清寧觀。廣武西大佛寺口亦有元昊避暑宮。

慶王府，在南薰門內，通衢之右。明洪武三十四年，③慶靖王自韋州遷此。

海寶塔，在振武門外三里。舊志名"黑寶塔"，④云赫連勃勃重修。⑤

百八塔，在青銅峽內，黃河岸左有古塔一百八座，又有坎離窑、青崖窟不計其數。

洪門鎮，唐邠寧節度使張獻甫所築。夏號洪州。

古戰場，即月湖，廣斥無水草，遠望瑩然畢照。俗傳古戰場也。

艾山舊渠，後魏刁雍爲薄骨律鎮將，上表請自艾山南鑿渠通河，溉公私田四萬頃。

金波湖，在麗景園青陽門外，垂楊沿岸，青陰蔽日，中有荷芰，畫舫蕩漾，爲北方盛觀。

臨湖亭、湖之西。鴛鴦亭、湖之北。宜秋樓。湖之南，慶靖王建，有《記》。⑥

南塘，在南薰門外永通橋西南，舊爲停潦之區。嘉靖間，都御史楊守禮委指揮方興因勢修濬。植柳千株，繚以短牆，注以河流，周方百畝。菰蒲蘋藻，鷗鷺鳧魚，雜然於中。泛以樓舡，人目之如"西湖"。萬曆兵變毀，三十二年，巡撫黃嘉善重修，榜曰"濠濮間想"。⑦

麗景園，在府城清和門外。

----

① 參見《元和郡縣圖志》卷四《關內道·靈州》。
② [校]千金堡：原作"十金堡"，據《元和郡縣圖志》卷四《關內道·靈州》改。
③ [校]三十四年：原作"三十五年"，據寧夏同心縣出土《慶王壙志》、《明史》卷一〇二《諸王世表》改。
④ 參見《朔方新志》卷三《寺觀》。
⑤ [校]重修：《乾隆甘志》卷二三《古蹟》作"所建"。
⑥ 本志卷二一《藝文·詩》載慶靖王朱㮞撰《登宜秋樓》，《正統寧志》卷下《文》載凝真（朱㮞之號）撰《宜秋樓記》。
⑦ [校]間想：原作"問想"，據《朔方新志》卷三《古蹟》、卷四載黃嘉善撰《漣漪軒記》改。

小春園，在麗景園南。

樂遊園，在光化門外西南。

擷芳園，在南薰門外西南。

盛實園，在德勝門外東。①

逸樂園，在慶府內。

永春園，在鞏昌王府內。

賞芳園，在真寧王府內。

静得園、寓樂園，在弘農王府內。②

真樂園，在豐林王府內。

凝和園，在鞏昌王府內。③

漣漪軒，明巡撫黄嘉善建，有《記》。④

知止軒，明巡撫楊守禮建，有《記》。⑤

延賓館，慶府內，康王建，爲儀賓路升讀書之所。⑥

芳林宮、芳意軒、清暑軒、擬舫軒、⑦凝翠軒、群芳館、清賞軒、望春樓、來清樓、擁翠樓、大覺殿、眺遠臺、清趣齋、鴛鴦池、鵝鴨池、望春亭、水月亭、清漪亭、涵碧亭、芍藥亭、牡丹亭、八角亭、湖光一覽亭、山光水色亭、荷香柳影亭、月榭、滄州、桃蹊杏塢、⑧杏莊、菊井、鶴汀、鳧渚、碧沼。

平羅縣

古將臺，在縣西北。其地平曠，圍三十里，有將臺旗礎遺址。

廢定州，在府東北，舊新渠縣界，唐置。《元和志》：⑨"靈州有定遠

---

① ［校］東：《弘治寧志》卷一《寧夏總鎮·園》作"東北"。

② ［校］在弘農王府內：《嘉靖寧志》卷二《寧夏總鎮·遊觀》載："静得園，真寧王府前，取邵堯夫'萬物靜觀皆自得'之意。"《朔方新志》卷三《古蹟》亦載："静得園，真寧王府前。"故静得園不在弘農王府內，本志疑誤。

③ ［校］王府內：《嘉靖寧志》卷二《寧夏總鎮·遊觀》作"王府西"。

④ 參見《朔方新志》卷四《詞翰》載黄嘉善撰《漣漪軒記》。

⑤ 參見《朔方新志》卷四《詞翰》載楊守禮撰《知止軒說》。

⑥ ［校］路升：《嘉靖寧志》卷一《寧夏總鎮·遊觀》作"路昇"。

⑦ ［校］擬舫軒：原作"擬芳軒"，據《弘治寧志》卷一《寧夏總鎮·軒》、《嘉靖寧志》卷二《寧夏總鎮·遊觀》改。

⑧ ［校］桃蹊：原作"桃溪"，據《弘治寧志》卷一《寧夏總鎮·塢榭》、《嘉靖寧志》卷二《寧夏總鎮·遊觀》改。

⑨ 參見《元和郡縣圖志》卷四《關內道·靈州》。

城，在州東北二百里。先天二年，郭元振以西城遠闊，豐安勢孤，故置此城，募兵鎮之。"杜佑《通典》云在黃河外，① 俗呼爲"田州"。

省嵬城，在省嵬山下西南，去府一百四十里，西夏所築。

石堡鎮，本延州西邊鎮塞，宋至道中陷於元昊，號"龍州"。②

塔塔裏城，今黑山北，去府二百餘里。唐郭元振以西城無援，豐安勢孤，③ 置定遠鎮，此蓋豐安鎮城也。元爲塔塔裏千户所。

得補兒湖城，在忻都北。

察罕腦城，在忻都東北。

靈州

靈州故城，在州北。《地理志》④："惠帝四年置。"唐曰靈州，天寶初改靈武郡。宋初，改翔慶軍。元復曰靈州。

回樂廢縣，《輿地廣記》云：⑤"在靈州故城之内，唐肅宗即位於此。"

薄骨律城，在州西南。《後魏書》：⑥"太平真君五年，刁雍爲薄骨律鎮將。⑦ 九年，表求造城，詔名曰刁公城。"《水經注》云：⑧"城在河渚上，赫連果城也。但語出戎方，不究城名。訪諸耆舊，咸言赫連之世有駿馬死此，取馬色以爲邑號，故目城爲白口騮，韻轉之謬，⑨ 遂仍今稱也。"

富平廢縣，在州西南。漢置，屬北地郡，永初五年徙郡於池陽，永建四年又徙馮翊，自是故縣遂廢。

温池廢縣，在州東南。唐神龍元年置，⑩ 屬靈州，縣側有鹽池，五代

---

① ［校］杜佑：原作"杜祐"，據《舊唐書》卷一四七、《新唐書》卷一六六《杜佑傳》改。下同。本志引文參見《通典》一七二《州郡二》。

② ［校］龍州：原作"龍川"，據《武經總要》前集卷十八下《西蕃地理》改。

③ ［校］豐安：原倒作"安豐"，據《元和郡縣圖志》卷四《關内道·靈州》、《太平寰宇記》卷三六《關西道十二·靈州》改。下文"豐安鎮"之"豐安"亦同改。

④ 參見《漢書》卷二八下《地理志》。

⑤ 參見《輿地廣記》卷十七《靈州》。

⑥ 參見《魏書》卷三八《刁雍傳》。

⑦ ［校］薄骨律：原同《乾隆甘志》卷二三《古蹟》作"薄古驢"，據《魏書》卷三八《刁雍傳》等改。

⑧ 參見《水經注》卷三《河水》。

⑨ 《水經注集釋訂訛》卷三《河水》注曰："朱云'韻'字下當有'轉'字，謂'白口驢'轉讀'薄骨律'耳。"

⑩ ［校］元年：原作"五年"，據《舊唐書》卷三八《地理志》、《太平寰宇記》卷三六《關西道十二·靈州》改。

時廢，今惠安堡。北至州一百八十里，產鹽。

燕然廢州，唐開元初置，寄治回樂縣界。至德後廢。

韋州廢城，在州東南，西夏置。《宋史》：① 嘉祐七年，② 夏人改韋州監軍司爲祥祐軍，後又改靜塞軍。③ 元廢。

鹽州廢城，舊志："在靈州東南三百里。"④ 今花馬池營是。隋置鹽川郡，西魏置西安州。《元和志》：⑤ "貞觀二年，平梁師都，復置鹽州。"《新唐志》：⑥ "貞元三年，沒於吐蕃。九年，復城之。有鹽川府，又有保塞軍。"宋咸平以後入西夏，仍曰鹽州。

新昌廢郡，⑦ 在靈州東北。西魏置臨河郡。開皇元年改曰新昌，三年廢。《新唐志》：⑧ "靈州黃河外有新昌軍。"即此。

白池廢縣，南至靈州九十里。景龍三年置，以近白鹽池爲名。本興寧縣，宋陷於西夏，遂廢。

五原廢縣，漢置朐衍縣，屬北地郡。西魏改五原郡。正統九年，建興武營，五原西。按：縣在今榆林界。

丁奚城，《東觀記》：丁奚城在靈州北。⑨ 後漢永初六年，漢陽賊杜季貢降於滇零羌，別居於此，任尚破之。

豐寧城，《新唐志》：⑩ "靈州有武略、河間、靜城、⑪ 鳴沙、萬春五府，豐寧、保寧等城。"

———

① 參見《宋史》卷四八五《夏國傳》。
② ［校］七年：原作"六年"，據《宋史》卷四八五《夏國傳》改。
③ ［校］祥祐軍與靜塞軍是兩個不同的軍事區劃，非前後之異名。《宋史》卷四八五《夏國傳》載："又改西壽監軍司爲保泰軍，石州監軍司爲靜塞軍，韋州監軍司爲祥祐軍。"故本志曰"後又改靜塞軍"誤。
④ ［校］在靈州東南：原作"東南至靈州"，據《朔方新志》卷三《古蹟》改。
⑤ 參見《元和郡縣圖志》卷四《關內道·鹽州》。
⑥ 參見《新唐書》卷三七《地理志》。
⑦ ［校］新昌：原作"興昌"，據《輿地廣記》卷十七《陝西路化外州》、《乾隆甘志》卷二三《古蹟·寧夏府》改。下同。
⑧ 參見《新唐書》卷三七《地理志》。
⑨ ［校］丁奚城在靈州北：《東觀漢記》卷三《恭宗孝安皇帝傳》載，東漢安帝元初二年（115）冬十月，安定太守"杜恢與司馬鈞等并威擊羌，恢乘勝深入至北地靈州丁奚城，爲虜所害。鈞擁兵不救，收下獄"。蓋言丁奚城屬北地郡靈州縣所轄，《乾隆甘志》卷二三《古蹟》誤理解爲"丁奚城在靈州北"，本志襲此誤。
⑩ 參見《新唐書》卷三七《地理志》。
⑪ ［校］靜城：原作"保靖"，據《新唐書》卷三七《地理志》改。

鐵角城，與鹽州相近，亦名三角城。明初爲官軍屯戍處。

臨河鎮，宋置巡檢使管蕃部三族，① 後陷於夏。

漢御史、尚書、填漢三渠。② 唐大曆十三年，虜酋馬重英以四萬騎寇靈州，奪御史、尚書、填漢三渠以擾屯田。③ 常謙光逐之。④

唐光禄渠，即漢光禄渠也。廢塞歲久，大都督長史李聽復開決以漑屯田。

唐特進渠。⑤《地理志》：⑥ "靈州回樂有特進渠。長慶四年七月詔開，⑦ 漑田六百頃。⑧"

地宮，明慶王建以避暑者，在韋州府內。

中衛縣

應理州，今縣治。《元志》：⑨ "寧夏府路領應理州，⑩ 與蘭州接境。唐靈武郡地。"洪武初州廢，三十二年，移建寧夏中衛於此。

眴卷廢縣，在縣東。漢置，屬安定郡。舊志："城在靈州所西二百里。"

鳴沙廢州，在縣東北一百五十里。舊稱此地沙人馬經行，踐之有聲，故名。《隋志》：⑪ "靈武郡領鳴沙縣。"貞觀九年，州廢，縣屬靈州。神龍二年，爲默啜所破，遂移縣於廢豐安城，即今縣治。咸亨三年歸復，因其地置安樂州，移吐谷渾部落於此。至德後，復陷吐蕃。大中三年，靈武

---

① ［校］蕃部三族：原作"番部"，據《武經總要》前集卷十八下《邊防·西蕃地界》、《朔方新志》卷三《古蹟》改。
② ［校］填漢：原作"光禄"，據《資治通鑑》卷二二五、《玉海》卷二一《地理·河渠》改。
③ ［校］奪御史尚書填漢三渠：原作"塞御史尚書光禄三渠"，據《資治通鑑》卷二二五改。
④ ［校］常謙光：原作"常讓光"，據《新唐書》卷二一六下《吐蕃傳》、《資治通鑑》卷二二五、《玉海》卷二一《地理·河渠》改。
⑤ ［校］特進渠：《四庫》本《唐會要》卷八九《疏鑿利人》作"時逐渠"。
⑥ 參見《新唐書》卷三七《地理志》。
⑦ ［校］七月：此同《朔方新志》卷三《古蹟》，《新唐書》卷三七《地理志》無此二字。
⑧ ［校］漑田：《舊唐書》卷十七上《敬宗本紀》、《唐會要》卷八九《疏鑿利人》、《册府元龜》卷五〇三《邦計部·屯田》均作"置營田"。
⑨ 參見《元史》卷六〇《地理志》。
⑩ ［校］寧夏府路："府"字原脱，據《元史》卷六〇《地理志》補。
⑪ 參見《隋書》卷二九《地理志》。

節度使朱叔明收復，改威州，仍領鳴沙縣。元立鳴沙州，屬寧夏路。明初廢。

東皋蘭州，在縣東。《舊唐志》：①"東皋蘭州，突厥九姓部落，②開元初置，③寄治鳴沙縣界。"

豐安軍故城，④杜佑《通典》云：⑤"豐安軍在靈武西黃河外百八十餘里。⑥"武德四年，分靈州回樂縣置豐安縣。⑦

廢雄州，在縣東。《新唐志》：⑧"雄州在靈州西南一百八十里。中和元年，徙治承天堡，為行州。"五代時廢。

陵墓附

宋西夏李氏墓，在寧朔縣賀蘭山之東。數塚累累然，皆繼遷等墓，即僞夏所謂嘉、裕諸陵是也。⑨

明慶王墓：靖王、康王、懷王、莊王、恭王、定王、惠王、端王、憲王、端和世子，並慶藩分封之真寧、安化、弘農、豐林、壽陽、延川、華陰諸王墓，俱在靈州韋州堡蠡山。

安塞宣静王墓，在寧朔縣賀蘭山乾溝口孤山之下，亦慶藩分封者。

總兵張泰墓，在寧夏縣東十里。

崇禎末守城靖難寧夏廳邱希孔併侄子賢墓，⑩在鎮遠門外，有《碑記》。

經略馬世龍墓，在城東蝗蟲廟。

世龍子負圖、呈圖、獻圖三忠墓，在漢渠東岸。

---

① 參見《舊唐書》卷三八《地理志》。
② ［校］突厥：《舊唐書》卷三八《地理志》無此二字。
③ ［校］開元初置：《舊唐書》卷三八《地理志》無此四字。
④ ［校］豐安軍：原倒作"安豐軍"，據《通典》卷一七二、《資治通鑒》卷二一一胡三省注乙正。下同。
⑤ 參見《通典》卷一七二《州郡二》。
⑥ ［校］餘：此字原脫，據《通典》卷一七二《州郡二》補。
⑦ ［校］靈州：原同《資治通鑒》卷二一一胡三省注作"豐州"，據《新唐書》卷三七《地理志》改。
⑧ 參見《新唐書》卷三七《地理志》。
⑨ 經科學考古發掘表明，寧夏賀蘭山東麓之九座西夏帝陵中，六號陵為夏太宗李德明之嘉陵，七號陵為夏仁宗李仁孝之壽陵，其他帝陵陵主需要進一步考古才能確定。參見孫昌盛《西夏六號陵陵主考》。
⑩ ［校］崇禎：原避清世宗胤禛諱改作"崇正"，據明毅宗朱由檢年號用字回改。下同。

鎮朔將軍江應詔墓，在城東蝗蟲廟。

國朝太保劉芳名墓，在府城東南十餘里。

忠潛公陳福墓，在府城正東十餘里。

勇略將軍趙良棟墓，在城東張鎮堡渠東。

寧夏府志卷五

建　置

《周禮》司空掌邦事，度地居民，則先營建。自城郭官府，下逮川塗杠梁，經畫必以制，興作必以時，蓋其慎也。寧夏爲西陲重鎮，歷世規制不同簡陋。乾隆戊午經地震，① 頹堙殆盡。天子發帑金數十萬，作城邑，建室廬，"捄之陾陾，度之薨薨，築之登登"，② 金湯於以固，風雨於以除。一椽一廈之植，皆同再造，恩至渥也。居者逸，作者勞，後之人其可弗永念乎？志《建置》。

城　池

寧夏府城，宋興州城故址，景德間趙德明所築。③ 舊制周圍一十八里，東西袤於南北，④ 相傳以爲"人"形。元末，因寇亂難守，棄其西半。明正統間，生齒繁庶，復築所棄。統甃磚石，四角刓削，以示不滿之意。歲久失其制，猶闕艮方。⑤ 環城引水爲池，南北門有關。萬曆三年，巡撫羅鳳翱增繕。二十年兵變，⑥ 湧水灌城，間有傾圮。事平，巡撫周光鎬修葺。其後巡撫楊時寧、黃嘉善、崔景榮相繼重修，號稱壯麗。

---

① 乾隆戊午：乾隆三年（1738）。

② 參見《詩經·大雅·緜》。

③ ［校］景德間：《長編》卷九六載，宋真宗天禧四年（1020），趙德明始城懷遠鎮而居之，號興州。《宋史》卷四八五《夏國傳》載德明城興州事於宋仁宗天聖元年（1023），均不在宋真宗景德年間（1004—1007）。本志疑誤。

④ ［校］袤：《弘治寧志》卷一《寧夏總鎮·城池》、《嘉靖寧志》卷一《寧夏總鎮·建置沿革》均作"倍"。

⑤ 艮方：即東北方。

⑥ ［校］二十：原作"三十二"，據《朔方新志》卷一《城池》、《銀川小志·城池》改。

國朝順治十三年，巡撫黄圖安修繕。康熙元年，巡撫劉秉政繼修。乾隆三年地震，城盡毀。乾隆五年，發帑重建。周圍長二千七百五十四丈，東西徑四里五分，南北徑三里一分，高二丈四尺。址厚二丈五尺，頂厚一丈五尺，並磚石包砌。外垛口牆高五尺三寸，內女牆高三尺。城門六：東曰清和，西曰鎮遠，東南曰南薰，西南曰光化，東北曰德勝，西北曰振武。城樓六座，甕城門六，樓六座，角樓四座，礮臺舖樓二十四座。水溝六十二道。六門馬道六座，水關四座。南薰門外，關廂土城一座，周圍共長五百九十八丈，計三里三分二釐，高二丈，址厚二丈，頂厚一丈，外磚砌。垛口牆高五尺二寸，內女牆高一尺八寸。關門一座，曰朝陽。門樓一座，馬道一座，便門一座，便門一座，東西稍門二座，水溝二十三道，水關六道。德勝門外，關廂土城一座，周圍長四百三十丈六尺，計二里四分。高厚制與南關同。關門一座，舊曰平虜，今改曰永安，門樓一座，馬道一座，東西稍門二座，水溝一十三道，水關二道。城河一道，寬三丈，深一丈。乾隆五年五月興工，乾隆六年六月告竣，共費帑銀三十一萬四千五百二十九兩零。

　　滿城，舊在府城外東北，雍正元年築，乾隆三年震廢。五年，移建府城西十五里，平湖橋東南。城東西三里七分半，南北亦如之，共延長七里五分。高二丈四尺，址厚二丈五尺，頂厚一丈五尺，垛牆五尺三寸，俱甃以磚。城門四：東曰奉訓，西曰嚴武，南曰永靖，北曰鎮朔。城樓四座，馬道四座，甕城門四，門樓四座。角樓四座，舖房八座，礮臺二十四座。水溝二十四道。城河一道，寬三丈，深一丈。乾隆五年五月興工，乾隆六年六月告竣，共費帑銀一十五萬六千五百二十三兩零，皆寧夏道阿炳安承修。

　　玉泉營土城一座，屬寧朔縣，距縣九十里，城周圍三里。萬曆十五年築，國朝因其舊，駐遊擊守備。

　　平羌堡土城一座，屬寧朔縣，距縣三十里。乾隆三年地震傾塌，乾隆五年重修，共費帑銀八千四百一十八兩零。前明置操守，今駐把總。

　　鎮北堡土城一座，屬寧朔縣，距縣四十里。乾隆三年地震傾塌，乾隆五年重修，共費帑銀八千二百一十三兩零。前明置操守，今駐把總。

　　平羅城，明永樂初建。萬曆三年，巡撫羅鳳翱甃以磚石。國朝乾隆三年，地震傾塌。四年，發帑重修。周圍長四里三分，高二丈四尺，址厚二丈四尺，頂厚一丈五尺。南北二門，南曰永安，北曰鎮遠。門樓二座，馬道二座，角樓四座，敵樓八座，東西堆房二座，南北堆房二座。城河一道，寬五丈，深八尺。鳳翔府鹽捕廳耿覲業、知平羅縣何世寵監修，費帑銀七萬餘兩。

洪廣營土城一座，屬平羅縣，距縣六十里。舊城周圍二里一百六步，萬曆三十三年，巡撫黃嘉善拓其西北，共一百六十四丈。池深一丈，闊倍之。國朝乾隆三年被震塌，四年修建。周圍二里六分，高二丈四尺，址厚二丈四尺，頂厚一丈五尺。南門一座，門樓一座，角樓四座，敵樓三座。駐遊擊守備。

寶豐城一座，距平羅五十里。雍正五年設縣治。① 乾隆三年地震廢，城舊址尚存。乾隆十二年改設縣丞，駐城內，司渠務。

新渠縣城一座，雍正四年築，② 地震後廢。

靈州城，舊在黃河南，洪武十七年，城爲河水所囓，移築於河北七里。宣德三年，河又崩塌，移築於東北隅五里。景泰三年展築之，併南關周圍七里八分。萬曆五年，巡撫羅鳳翱甃以磚石，高三丈一尺，址厚二丈五尺，頂厚一丈五尺。城門四道：東曰澄清，西曰孕秀，③ 南曰弘化，北曰定朔，上皆有樓，外有月城。角樓四座，敵樓四座，門臺四座，礮臺四座。環城河一道，深一丈，寬三丈。國朝乾隆三年地震損塌，五年重修。知府朱佐湯、千總索雲飛、把總邸得倫、孫洗監修，費帑銀六萬七千一百餘兩。

花馬池城，明後衛所，今屬靈州。舊城築於正統八年，在塞外花馬鹽池北，天順間改築今地。城門二：東曰永寧，北曰威勝。萬曆三年開南門，曰廣惠。八年，巡撫蕭大亨甃以磚石。國朝乾隆六年重修，周圍七里三分，地厚二丈五尺，頂厚一丈五尺。門樓三座，角樓四座。池深一丈，寬二丈。駐州同、參將。

清水營城，周圍一里，弘治間巡撫王珣拓以二里，國朝乾隆六年重修。高三丈，址厚二丈五尺，頂厚一丈五尺。城門一道，門樓一座。駐

---

① ［校］五年：原作"三年"，據《清世宗實錄》卷七五改。參見魯人勇等編著《寧夏歷史地理考》卷十五。

② ［校］四年：原作"三年"，據《清世宗實錄》卷四四改。參見魯人勇等編著《寧夏歷史地理考》卷十五。

③ ［校］孕秀：《弘治寧志》卷三《靈州守禦千戶所·城池》、《嘉靖寧志》卷三《靈州守禦千戶所·建置沿革》、《朔方新志》卷一《城池》等均作"臨河"。

把總。

興武營城，周圍三里八分。① 明正統間巡撫金濂築，萬曆十二年，② 巡撫晉應槐甃以磚石。國朝乾隆六年重修。高二丈五尺，址厚二丈七尺，頂厚一丈五尺。東門一，③ 南門一，門樓二座。池深一丈，寬二丈。駐都司。

橫城，周圍二里。正德時總制楊一清築，後巡撫楊時寧甃以磚石，國朝乾隆六年重修。高三丈，址厚二丈五尺，頂厚一丈五尺。城門一道，門樓一座。乾隆二十五年，河水泛漲沖塌，靈州知州西岷峩詳請修築，委江南銅沛營守備李永吉、外河營千總劉德監督。於乾隆二十五年十一月興工，二十六年三月工竣，費帑銀三千三百三十五兩零。駐都司。

惠安堡城，周圍二里四分。明巡撫黃嘉善甃以磚石，巡撫崔景榮題設鹽捕通判。高三丈，址厚二丈五尺，頂厚一丈五尺。門二道，門樓二座，南北敵臺三座。駐通判。

韋州堡城，周圍二里。④ 明弘治間，巡撫王珣奏築東關，門二道。駐把總。

中衛縣城，元應理州城舊址。明正統二年，都指揮仇廉增拓之，周圍五里八分。天順四年，參將朱榮增修。萬曆三年，參將張夢登奏請甃磚。舊城東、西門二，嘉靖時參將周尚文始開南門。國朝康熙四十八年地震，城圮，官吏捐修，未盡完備。乾隆三年寧夏地震，城垣併毀，督撫會奏，併中衛縣城一並修建。其舊基東西長，南北縮，周圍五里七分。高二丈四尺，址厚二丈五尺，頂厚一丈五尺。垛牆五尺九寸，女牆三尺。⑤ 城門三：東曰振威，西曰鎮遠，南曰永安。上皆有樓，外有月城。角樓三座，敵樓八座，門臺六座，礮臺十四座。環城河一道，深一丈，寬三丈。東門外有關，萬曆初巡撫羅鳳翱奏建，周圍二百四十八丈。萬曆十一年，巡撫

---

① ［校］三里八分：此同《朔方新志》卷一《城池》，《弘治寧志》卷三《興武營守禦千戶所·城池》作"二里八分"。

② ［校］十二年：原作"十三年"，據《朔方新志》卷一《城池》改。

③ ［校］東門：《弘治寧志》卷三《興武營守禦千戶所·城池》、《嘉靖寧志》卷三《東路興武營守禦千戶所·建置沿革》載，無東門，有西門。

④ ［校］二里：《弘治寧志》卷三《韋州·城池》作"四里三分"，《嘉靖寧志》卷三《韋州·建置沿革》作"三里餘"。

⑤ ［校］三尺：《宣統甘志》卷十四《建置志》作"五尺餘"。

張一元甃以磚，國朝康熙己丑地震後多圮。① 駐副將。

廣武城，夏興州地，今屬中衛縣。明正統九年，巡撫金濂奏築城。駐都指揮，領官軍防守，後改遊擊。城周圍二里。成化九年，② 遊擊陳連展築爲三里。弘治十三年，巡撫王珣又拓之。高二丈五尺，池深一丈五尺。南門一，上有樓。國朝乾隆四年重修，周圍五百七十丈，③ 門樓牆堞增築，較舊制有加。駐遊擊。

棗園堡城，明弘治元年建，國朝乾隆四年重修。周圍四百二十四丈六尺。南門一，外有月城。甃以磚石，上皆有樓。駐把總。

石空城，明萬曆十三年，巡撫張一元題建，設守備防守。國朝乾隆四年重修。南門一，外有甕城，甃以磚石。城樓三，角樓四，礮臺二。仍設守備。

鎮羅堡城，明弘治元年建，設把總防守。國朝乾隆四年重修。南門一，外有甕城，甃以磚石。城樓三，角樓四，礮臺二。仍設把總。

古水城，明萬曆四十一年，④ 巡撫崔景榮題請設兵防守，守備孟應熊始剗山築城。今多頹廢。駐守備。

堡　寨

寧夏縣所屬二十一

葉昇堡，在城正南九十里。

河中堡，在城東南九十里。

任春堡，在城正南七十里。

王鋐堡，⑤ 在城正南六十里。

王泰堡，在城正南五十里。

王全堡，⑥ 在城西南四十里。

---

① 康熙己丑：康熙四十八年（1709）。

② ［校］九年：原作"元年"，據《弘治寧志》卷三《廣武營》、《嘉靖寧志》卷三《西路廣武營》改。

③ ［校］七十：《中衛縣志》卷二《建置考・城池》作"五十七"。

④ ［校］四十一年：原作"四十三年"，據《朔方新志》卷一《衛砦》改。

⑤ ［校］王鋐堡：此同《嘉靖寧志》卷一《寧夏總鎮・寧夏衛》，《弘治寧志》卷一《寧夏總鎮・營堡》作"王宏堡"，《乾隆甘志》卷十一《關梁》作"王洪堡"。

⑥ ［校］王全堡：此同《弘治寧志》卷一《寧夏總鎮・營堡》，《嘉靖寧志》卷一《寧夏總鎮・左屯衛》作"王佺堡"，《朔方新志》卷一《衛砦》作"王銓堡"。

楊和堡，在城正南四十里。

許旺堡，在城西南三十里。

魏信堡，在城正南三十里。

張政堡，在城正東十五里。

河西寨，在城東南三十里。明有遞運所，今廢。

李祥堡，在城東南十二里。

鎮河堡，在城正東二十里。明設操守。舊志：① "每冬，黃河冰結，套虜乘夜長驅，直抵城下，俟侵晨，人畜出，潛掠而還，以致農廢恒業。雖分兵伏高臺寺，虜終不爲忌。迄嘉靖十五年，有晏海湖之失。十七年，巡撫吳鎧檄都指揮呂仲良城之，人以爲便。"

金貴堡，在城正東三十里。舊設防河兵二十名，北路平羅營經管。明駐操守。

潘昶堡，在城東北二十里。

王澄堡，在城東北三十里。

通寧堡，在城東南三十里。

通朔堡，在城正東三十里。

通貴堡，在城東北三十五里。

通昶堡，在城東北三十五里。

通吉堡，在城東北四十里。

以上五堡，② 皆雍正三年新設，屬新渠縣。後縣廢，歸併寧夏縣。

橋梁

方家溝橋，去城南二十五里。

五渠溝橋，去城南二十二里。

紅花渠橋，去城東一里。

永通橋，在城南關外。

新渠橋，去城東五里。

西河溝橋，在城東二十五里。

蓄水溝橋，去城東八里。

---

① 參見《朔方新志》卷一《地理·衛砦》。

② 五堡：指通寧堡、通朔堡、通貴堡、通昶堡、通吉堡等五堡。

龍泉閘，① 去城南一百里。漢渠、惠農渠上多因閘爲橋。

李俊閘，去城南八十五里。

李正閘，去城南八十里。

唐鐸閘，去城南七十里。

玉泉閘，去城南六十里。

納忠閘，② 去城南四十里。

官鎮橋，去城南三十八里。

小官橋，去城南三十五里。

板橋，去城南三十里。

通濟橋，去城東南二十里。

張政橋，去城東二十里。

小新橋，去城東二十里。

大新橋，去城東二十里。

五道橋，去城東十五里。

蔡家橋，去城東十五里。

楊官橋，③ 去城東二十里。

沙窩橋，去城東二十二里。

潘昶橋，去城東北二十五里。

備蘆橋，去城東北三十里。

王澄橋，去城東北三十里。

賀忠橋，去城東北三十五里。

丁家橋，去城東北三十八里。

馬家橋，去城東北四十里。

李剛橋，去城北四十里。

殷家橋，去城北四十五里。

以上橋皆在漢延渠上。

龍門橋，去城南九十五里。

躍浪橋，去城南九十里。

---

① ［校］龍泉閘：《乾隆甘志》卷十一《關梁》作"隆泉閘"。
② ［校］納忠閘：《乾隆甘志》卷十一《關梁》作"納中閘"。
③ ［校］楊官橋：《乾隆甘志》卷十一《關梁》作"羊官橋"。

正閘橋，去城南八十二里。
通春橋，去城南七十五里。
跨虹橋，去城南七十里。
通泰橋，去城東六十里。
通和橋，去城東五十里。
南通寧橋，去城東三十五里。
北通寧橋，去城東二十五里。
通朔橋，去城東二十八里。
通貴橋，去城東北三十五里。
通昶橋，去城東北四十里。
通濟橋，去城東北四十五里。
以上橋皆在惠農渠上。

津渡三

高岸，李祥，橫城。

寧朔縣所屬堡寨二十三

鎮北堡，在城西四十里。明置操守，今駐把總。
平羌堡，在城西三十里。明置操守，今駐把總。
玉泉營，在城西南九十里。駐遊擊、守備。
大壩堡，在城南一百二十里。明設守備，今駐把總。
陳俊堡，在城南一百一十里。
漢壩堡，在城南一百里。
林皋堡，在城南九十五里。
馬站堡，① 在城南八十里。
李俊堡，在城南七十里。
唐鐸堡，在城南六十里。②
蔣頂堡，③ 在城南一百一十里。
瞿靖堡，在城南一百里。

---

① ［校］馬站堡：《嘉靖寧志》卷一《寧夏總鎮·左屯衛》、《朔方新志》卷一《衛砦》均作"林武馬站堡"。

② ［校］城南六十里：《乾隆甘志》卷十一《關梁》作"府東南四十里"。

③ ［校］蔣頂堡：《弘治寧志》卷一《寧夏總鎮·營堡》、《嘉靖寧志》卷一《寧夏總鎮·左屯衛》、《朔方新志》卷一《衛砦》均作"蔣鼎堡"。

邵剛堡,① 在城西南九十里。
寧化寨,在城西南六十里。
宋澄堡,在城南五十里。
曾剛堡,在城南五十里。
靖益堡,② 在城南五十里。
楊顯堡,在城南三十里。
豐盈堡,在城西二十里。③
楊信堡,在城南三十里。
豐登堡,在城西三十里。
張亮堡,在城北三十里。
謝保堡,在城北一十五里。
查舊志尚有漢伯、中營、黃沙馬寨等堡,今廢。

橋梁

大壩橋,去城一百二十里。
玉泉橋,去城西南九十里。
寧化橋,去城西南七十里。
社稷橋,去城南二里。
保安橋,去城西南一里。
西門橋,在城西門外。
站馬橋,去城西北四十里。
以上橋皆在唐來渠上。
漢壩橋,去城南一百一十里。
陸泉橋,去城南九十里。
龍泉橋,去城南一百里。
李俊橋,去城南八十里。
以上橋皆在漢延渠上。
陳俊橋,去城南一百一十里。

---

① [校] 邵剛堡:此同《弘治寧志》卷一《寧夏總鎮·營堡》,《嘉靖寧志》卷一《寧夏總鎮·左屯衛》、《朔方新志》卷一《衛砦》均作"邵綱堡"。

② [校] 靖益堡:《弘治寧志》卷一《寧夏總鎮·營堡》、《嘉靖寧志》卷一《寧夏總鎮·右屯衛》、《朔方新志》卷一《衛砦》均作"靖夷堡"。

③ [校] 城西二十里:《乾隆甘志》卷十一《關梁》作"府西南四十里"。

沈家橋，去城南一百一十里。
甯家橋，去城南一百五里。
申家橋，去城南一百五里。
石板橋，去城南一百里。
牛家橋，去城南一百里。
尚家橋，去城南一百里。
上橋，去城南九十里。
下橋，去城南九十里。
古閘橋，去城南七十五里。
朱家橋，去城南六十里。
以上橋皆在清渠上。

按：寧夏堡寨，或以人名，或以事名、以地名。明洪武初，盡徙寧夏之民於他所，其後復遷謫秦、晉、江淮之人以實之，分屯建衛築堡以居，因即以其屯長姓名名堡，若葉昇、王鋐、李祥、張政之類是也。其以事名、以地名者，大抵據扼塞，駐軍屯以遏寇虜，若鎮河、平羌之類是也。以人名者什六七，以事名、以地名者什二三。靈州、中衛則以地名者居多。又舊志，唐、漢渠橋梁四十有八，今惟官橋、板橋、通濟、張政等八橋仍舊名，餘或移地更造，或因時異名，不能詳考，並載其名於後：魏信橋、王堡橋、楊順橋、金貴橋、賀蘭橋、或云在城內今豬市街口。明初未築新城時，橋在西門外。新立橋、天生橋、閆貴橋、張淮橋、吳華橋、郭陽橋、鄭家橋、閔家橋、楊芳橋、黃泥崗橋、新墩橋、茆家橋、上紅花橋、下紅花橋、盛實園橋、王原橋、王木匠橋、侯儀賓橋、杜家橋、李福榮橋、陳油房橋、葦莊橋、紅廟橋、葉卜花橋、倒灣橋、校尉橋、駱駝橋。今亦有尚仍舊名者，皆民自修建。

平羅縣所屬堡寨六十二
洪廣堡，在縣城西南六十里。明置遊擊，今仍駐遊擊、守備。
鎮朔堡，在縣城西南七十里。明置操守，今設把總。
威鎮堡，在縣城北十五里。明置操守，今設把總。
寶豐城，在縣城北五十里。駐縣丞。
徐合堡，在縣城西七十里。
桂文堡，在縣城西六十五里。
虞祥堡，在縣城西四十六里。

常信堡，在縣城西四十五里。

高榮堡，在縣城西五十四里。

李剛堡，在縣城南六十里。① 明置操守，今設把總。

丁義堡，在縣城西五十二里。

姚伏堡，② 在縣城南四十里。

周澄堡，在縣城南三十里。

惠威堡，在縣城北十五里。

以上堡皆舊戶。

通義堡，在縣城南六十里。

通成堡，在縣城南三十五里。

通伏堡，在縣城南四十里。

清水堡，在縣城南五十五里。

六中堡，在縣城南二十里。

五香堡，在縣城南二十五里。

沿河堡，在縣城南十五里。

渠中堡，在縣城北四十里。

簡泉屯，在縣城北十五里。

上寶閘，在縣城北二十里。

下寶閘，在縣城北十五里。

西河堡，在縣城北三十里。

南長渠，在縣城北二十五里。

北長渠，在縣城北二十五里。

惠北堡，在縣城北二十里。

萬寶屯，在縣城北七十里。

萬寶池，在縣城北七十里。

西寶池，在縣城北二十五里。

通潤堡，在縣城北三十五里。

---

① ［校］李剛堡在縣城南六十里："李剛堡"，《弘治寧志》卷一《寧夏總鎮·營堡》、《嘉靖寧志》卷一《寧夏總鎮·前衛》、《朔方新志》卷一《衛砦》均作"李綱堡"。"六十里"，《乾隆甘志》卷十一《關梁》作"三十五里"，《四庫》本《乾隆甘志》同卷作"三十里"。

② ［校］姚伏堡：《弘治寧志》卷一《寧夏總鎮·營堡》、《嘉靖寧志》卷一《寧夏總鎮·右屯衛》、《朔方新志》卷一《衛砦》均作"姚福堡"。

通豐堡，在縣城北四十五里。
東永固，在縣城北六十里。
西永固，在縣城北六十里。
永固池，在縣城北七十里。
寶馬屯，在縣城北八十里。
聚寶屯，在縣城北八十里。
市口堡，在縣城北九十里。
尾閘堡，在縣城北六十里。
上省嵬，在縣城北六十里。
下省嵬，在縣城北七十里。
沿堤堡，在縣城北八十里。
永屏堡，在縣城北八十里。
廟臺堡，在縣城北六十里。
內紅崗，在縣城北十五里。
外紅崗，在縣城東二十五里。
東永惠，在縣城東二十里。
西永惠，在縣城東十五里。
六羊堡，在縣城東十五里。
東通平，在縣城東十五里。
西通平，在縣城東十里。
渠陽堡，在縣城東四十里。
靈沙堡，在縣城東三十五里。
東永潤，在縣城東十五里。
西永潤，在縣城東十五里。
通惠堡，在縣城東二十里。
渠口堡，在縣城東二十里。
交濟堡，在縣城東二十里。
內外正閘，在縣城東二十里。
內外雙渠，在縣城東二十五里。

以上皆新户里名，多未築堡。新渠、寶豐二縣廢，地入平羅者曰"新户"。

橋梁

通義橋，去城東南六十里。
通伏橋，去城東南四十里。
通成橋，去城東南二十五里。
惠元閘，去城東南三十里。
沿河閘，去城東南十五里。
通平橋，去城東十五里。
單家橋，去城東北六里。
通惠閘，去城東北十里。
永普閘，去城東北二十五里。
通潤橋，去城東北二十五里。
通豐橋，去城北五十里。
尾閘，去城北七十五里。
以上橋皆在惠農渠上。
滿達喇橋，去城西南九十里。
站馬橋，去城西南六十里。
張明橋，去城西南四十五里。
閆桂橋，去城西南四十里。
張桂橋，去城西南三十五里。
太平橋，在城南門外。
龍鳳橋，在城東一里。
沙窩橋，去城北一里。
四道橋，去城東北一里。
以上橋皆在唐來渠上。
西河橋，去城東五里。
通惠橋，去城東北五里。
六羊橋，去城東十里。
柳陌橋，去城北二十里。
以上橋皆在西河上。
黃家橋，去城東南二十里。
魏家橋，去城東南四十里。
康家橋，去城東南三十五里。

征家橋，去城東南三十里。

分水閘，去城西南二十五里。

木閘，去城東南二十里。

頭閘，去城東十五里。

永潤渠，去城東三十里。

雙渠閘，去城東二十里。

二閘，去城東北三十里。

永伏閘，去城東北四十里。

廟臺閘，去城東北五十里。

三閘，去城東北六十里。

以上橋皆在昌潤渠上。

靈州所屬堡寨三十六

棗園堡，在城西南四十里。

吳忠堡，在城南四十里。

惠安堡，在城南一百六十里。駐寧夏府通判，司鹽務。

漢伯堡，① 在城東南七十里。

金積堡，在城西南七十里。

忠營堡，② 在城東南七十里。

秦壩關，在城西南七十里。

同心城，在城西南四百五十里。③ 明置操守，今設守備。

胡家堡，在城南二十里。

新接堡，在城西南三十里。

臨河堡，在城北六十里。今設把總。

夏家堡，在城北二十里。

河東關，在城北四十里。

大沙井，在城東南四十里，明設驛遞。

石溝驛，在城東南九十里，明置操守。

---

① ［校］漢伯堡：《弘治寧志》卷三《靈州守禦千戶所·寨堡》、《嘉靖寧志》卷三《靈州守禦千戶所》、《朔方新志》卷一《衛砦》均作"漢伯渠堡"。

② ［校］忠營堡：《嘉靖寧志》卷三《靈州守禦千戶所》、《朔方新志》卷一《衛砦》均作"中營堡"。

③ ［校］四百五十里：《乾隆甘志》卷十一《關梁》作"二百九十里"。

鹽池堡，在城東南一百五十里，① 産鹽。明置操守、驛遞，今廢。
隰寧堡，在城東南二百里，明有驛遞。
萌城，在城東南二百五十里，明有驛遞。
磁窑寨，在城東七十里。出磑炭，其土可陶。
清水營，在城東北七十里。② 明置操守，繼改守備，今設把總。
橫城，在城北七十里。③ 明置操守，繼改守備，今設都司。
紅山堡，在城東北六十里。明置操守，今設把總。
紅寺堡，在城南二百九十里。明置操守，今設把總。
興武營，在城東北一百四十里，今設都司。
花馬池，在城東二百六十里。明設後衛，駐副將。今因之，後改參將。
韋州堡，在城東南二百一十里。④
安定堡，在城東二百里。明設守備，今因之。
柳楊堡，在城南一百四十里。
野狐井，在城東南一百八十里。
西水頭，在花馬池西六十里。
南水頭，在花馬池南九十里。
張貴堡，在花馬池西南一百二十里。
孫家水，在花馬池東南一百九十里。
寺兒掌，在花馬池西南一百六十里。
鐵柱泉，在花馬池西一百二十里。
查舊志尚有紅崖站堡，今廢。

橋梁

哈達橋，去城東三里。
輿梁橋，去城南二里。
韓家橋，去城南十五里。
黑渠橋，去城北三里。

---

① ［校］五十里：《乾隆甘志》卷十一《關梁》作"六十里"。
② ［校］東北七十里：《乾隆甘志》卷十一《關梁》作"東八十里"。
③ ［校］北：《乾隆甘志》卷十一《關梁》作"東北"。
④ ［校］一十里：《乾隆甘志》卷十一《關梁》作"二十里"。

以上橋皆在秦渠上。

查舊志尚有通濟、定朔等橋。

津渡三

寧河、① 馬頭、高崖。②

中衛縣所屬堡寨一十九

渠口堡，在縣城東一百七十里。

廣武營，在縣城東二百里，駐遊擊。

石空寺堡，在縣城東九十里，③ 駐守備。

鎮羅堡，④ 在縣城東三十里，駐把總。

棗園堡，在縣城東一百三十里，⑤ 駐把總。

鐵桶堡，在縣城東南一百五十里。

張義堡，在縣城東一百一十里。明設把總，今裁。

永興堡，在縣城東六十里，⑥ 堡已沒於河。

鎮靖堡，在縣城東南二十里，俗稱"前所營"。

柔遠堡，在縣城東十里，俗稱"中所營"。

常樂堡，在縣城西南二十里。堡南接大潦壩，通蘆溝驛。堡西有邊牆一道，跨西南山直抵蘆溝堡、喜鵲溝，長二百四十里。⑦ 外臨河有紅蟒牛墩，至今設防汛焉。

永康堡，在縣城東南三十里。

宣和堡，在縣城東南五十里，俗稱"七百户"。

寧安堡，在縣城東南一百里。堡東南通靈州、固原，西南通蘭、靖，為河南通衢。乾隆二十四年，增設巡檢一員。

新寧安堡，在縣城東南一百三里。

---

① [校] 寧河：此同《古今圖書集成》卷五七六《職方典·寧夏衛關梁考》，《乾隆甘志》卷十一《關梁》作"臨河"。

② 《乾隆甘志》卷十一《關梁》載，臨河渡在州東七十里，馬頭渡在州東三十里，高崖渡在州東南四十里。

③ [校] 石空寺堡在縣城東九十里："堡"，此字原脫，據本志書例、《乾隆甘志》卷十一《關梁》補。"東九十里"，《乾隆甘志》卷十一《關梁》作"東北八十里"。

④ [校] 鎮羅堡：《嘉靖寧志》卷三《中衛》、《朔方新志》卷一《衛砦》均作"鎮虜堡"。

⑤ [校] 東一百三十里：《乾隆甘志》卷十一《關梁》作"東北一百二十里"。

⑥ [校] 六十里：《乾隆甘志》卷十一《關梁》作"七十里"。

⑦ [校] 四十里：《中衛縣志》卷二《建置考·堡寨》作"四十九里"。

恩和堡，在縣城東南一百一十里，舊名"威武"，今俗稱"四百户"。

鳴沙州，在縣城東南一百四十里。漢鳴沙州鎮地。相傳其地沙踐之有聲，故名。後周移置會州於此。隋置鳴沙縣，屬環州。唐以縣屬靈州。神龍初爲默啜所據。咸亨中收復，置安樂州以處吐谷渾部。後没於吐蕃。大中時收復，改威州。元置鳴沙州，明初廢。正統中，巡撫金濂葺故城，摘官軍防守，隸中衛。今城大半没於河。

張恩堡，在縣城東南二百八十里。

古水堡，在縣城西南五十里，① 駐守備。

橋梁

油梁溝橋，在勝金關西五里。②

上山河橋，在寧安堡，通寺口道。③

下山河橋，在紅崖子東，自宣和通寧安道。橋皆因崖岸壘石作基，相次排木，縱横更爲鎮壓。兩岸相赴，中去三四丈，駕大材其上，覆以横板，外施鉤欄，懸空而行，惟人馬可渡。設防兵。

南河橋，在寧安堡東南二里。

大通橋，在縣城東，上建坊。舊志亦有。

官渠橋，在縣城西三里，岸有二坊。舊志：④ 城西有鎮遠橋。

緑楊橋，在縣城南。舊志亦有。

津渡六

常樂，舊志亦有。永康，舊志亦有。張義，冰溝，老鼠嘴，青銅峽。

公　署

滿城

萬壽宫，在城東南街。

將軍署，在城西大街。

左翼副都統署，在城東大街。

右翼副都統署，在城西大街。缺裁，今爲公所。

---

① ［校］古水堡在縣城西南五十里："古水堡"，《朔方新志》卷一《衛砦》作"古水井堡"。"西南五十里"，《乾隆甘志》卷十一《關梁》作"南三十里"。

② ［校］西：此字原脱，據《中衛縣志》、《續中衛志》卷四《關梁》補。

③ ［校］寺口：原作"四口"，據《中衛縣志》、《續中衛志》卷四《關梁》改。

④ 參見《朔方新志》卷一《食貨·水利·中衛》。

八旗官兵營房：鑲黃、正白在城東北，正黃、正紅在城西北，鑲白、正藍在城東南，鑲紅、鑲藍在城西南。協領、佐領、防禦、驍騎校署各在本旗。

筆帖式署，① 在城東北。

火藥局，在城北。

軍器庫，在各旗檔子房。

教場，在東門外。

馬廠，在通義十三堡沿河堤埝外，丈清地五百五十頃八十三畝八分。

寧夏府城

萬壽宮一所，在城北學宮東，明都察院舊址。康熙三十七年建，乾隆九年重修。中建萬壽亭，宮門三楹，左右朝房各五楹，外牌坊一座，左右列木柵二十九丈，各有門照壁一座。周圍垣牆一百三十八丈。

寧夏道署，舊在城隍廟西，乾隆三年地震毀，四年，移建於城西豬市街東原理刑廳公署。大堂左有廣裕庫。

寧夏府署，在舊南門大街西，監收廳署舊址。② 雍正三年改建府署，乾隆四年重修。廣裕庫在堂左，額貯備用軍需銀三萬兩。

經歷司署，在府署東。

禮藩院部郎署，在北門大街東。

理事同知署，在雷神廟街東。

西路同知署，在中衛縣。

水利同知署，在城隍廟西，舊右衛署。

鹽捕通判署，在惠安堡。

寧夏縣署，在南門大街西。初設縣，未有署，乾隆四年始建。庫在堂左，額貯經費銀四百兩。典史署在縣署西，獄在典史署後。

寧朔縣署，原道署，乾隆四年改為縣署。庫在堂左，額貯經費銀四百兩。典史署在縣署西，獄在典史署側。

考院，在豬市街西北。

寧夏府倉，在南門大街東，今歸寧夏縣經管。

---

① ［校］筆帖式：原作"筆帖試"，據《清朝文獻通考》卷八一《職官考》、《清朝通典》卷二五《職官典》改。

② ［校］監收廳：原作"監守廳"，據《乾隆甘志》卷八《公署》改。

寧夏縣倉四：一在左營遊擊署東，一在左營守備署東，一在府署西，一在南門大街東。又社倉二：一在楊和堡，一在任春堡。

寧朔縣倉四：一在文廟南，一在大倉後，一在喇嘛寺西，一在玉泉營。

府稅局，在南關內。

夏、朔縣草塲，並在城西南隅，明五衛草塲舊地。

夏、朔縣養濟院，在破車市東。養濟孤貧一百三十二名，每名月支糧三斗，在兩縣支撥。舊志：①"養濟院在預備倉北。"

寧夏縣：清和門外官廳一所，葉昇堡、楊和堡公館各一所，黃公祠官舖十七間。每年收租二十二千一百文，供義學費。

寧朔縣：南薰門外官廳一所，米糧市官舖五間。每年收租二十八千文，供義學費。

寧夏總兵署，在舊北門大街西，即明帥府。

左營遊擊署，在寧夏縣大倉西。

右營遊擊署，在舊北門大街東。

前營遊擊署，在西方井街東。

後營遊擊署，在米糧市街南。

城守營都司署，在羊市街北。

左營守備署，在城隍廟街西，舊水利都司署。

右營守備署，在舊北門大街東。

前營守備署，在寧夏縣瓦倉後。

後營守備署，在城隍廟街前。

軍器局，在各守備署。

火器局，在城北真武廟。

教塲，在德勝門外。將壇舊南向，明嘉靖時，大督都周尚文改使西向，給事中管律有《記》。②

馬廠，在河西塞以南堤埂外。

玉泉營遊擊署，在玉泉城西北。守備署，在城東南。火器局，在城北。教塲，在城外西南。

---

① 參見《朔方新志》卷二《內治·驛遞》。
② 參見《朔方新志》卷四《詞翰》載管律撰《演武場記》。

平羌堡把總署，在平羌堡內。火藥局，在堡內北。教場，在堡外東南。

鎮北堡把總署，在鎮北堡內。火藥局，在堡內。教場，在堡外。

大壩把總署，在大壩堡內。火藥局，在堡內。教場，在堡外西南。

平羅縣

縣署，在城北街。庫在堂左，額貯經費銀三百兩。典史署在城東北，獄在典史署西北。

縣丞署，在舊寶豐縣城。

倉五：一在縣城西，一在洪廣營，一在李剛堡，一在寶豐縣，一在府城東南。

草場，在城內西北。

養濟院，在縣城北門外，養濟孤貧二十名，每名月支糧三斗。

參將署，在縣城東街。守備署，在縣城南街。軍器局，在守備署內。火藥局，在縣城東北。教場，在縣城外正南。

洪廣營遊擊署，在洪廣堡內。守備署，在堡東北。軍器局，在守備署內。火藥局，在堡西北。教場，在堡外西南。

威鎮堡把總署，在威鎮堡內西北。火藥局，在堡內。教場，在堡外西南。

李剛堡把總署，在李剛堡內正東。火器局，在堡內。教場，在堡外西南。

靈州

知州署，在城東街。庫在堂左，額貯經費銀四百兩。

吏目署，在城西街，獄在城內西北。

州同署，在花馬池。

鹽捕通判署，在惠安堡。鹽大使署，在堡內，今裁。

倉五：大倉在城中街，草場倉在東城，東園倉、新府倉俱在文廟街，道府倉在中廟街。

草場，在東門外。

養濟院，在白衣菴街，養濟孤貧二十八名，每名月支糧三斗。

公館在城東街。南門外普濟堂官房一所。

參將署，在城北街。守備署，在城西南。軍器局，在火神廟南。火藥局，在廟北。教場，在城東門外。

花馬池參將署，在花馬池城內。軍器局，在參將署內。火藥局，在城北。教場，在東門外。

興武營都司署，在興武營城內。軍器局，在城東。火藥局，在城西北。教場，在城外東南。

橫城都司署，在橫城內。軍器局，在都司署內。火藥局，在城西北。教場，在城外東南。

同心城守備署，在同心城內。軍器局、火器局，俱在守備署內。教場，在城北。

安定堡守備署，在安定堡內。軍器局，在守備署內東。火藥局，在守備署內西。教場，在城北。

清水營把總署，在清水營內。火藥局，在城內。教場，在城北。

毛卜喇把總署，在毛卜喇堡內。火藥局，在堡內。教場，在堡外。

紅山堡把總署，在紅山堡內。火藥局，在堡內。教場，在堡北。

臨河堡把總署，在臨河堡內。火藥局，在堡內。教場，在堡外。

中衛縣

縣署，在縣城西。庫在堂左，額貯經費銀四百兩。典史無署，寓民房。獄在縣署右。

渠寧巡檢署，在舊寧安堡。

西路同知署，在縣城大街，缺裁，今爲公署。

倉七：一在本城南門大街，一在關帝廟巷，一在石空堡內，一在棗園堡內，一在廣武堡內，一在古水堡內，一在寧安堡內。

草場，在縣城西南。

養濟院，在城西門外，乾隆二十三年署西路同知富斌、知縣黃恩錫捐建。養濟孤貧二十名，每名月支糧三斗。

本城公館一處，乾塘子一處，勝金關一處，鳴沙州一處，寧安堡一處。

副將署，在城東。都司署，在城西北。軍器局，在副將署內西。火藥局，在城東南。大教場，在城東門外。小教場，在西門外。

廣武營遊擊署，在堡東。守備署，在堡西北。[1] 軍器局，在堡東南。火藥局，在堡西。教場，在堡外西北。

---

[1] ［校］西北：《中衛縣志》卷二《官署》作"東南"。

石空寺守備署，在堡北。① 軍器局，在守備署內。火藥局，在守備署東。教場，在堡外北灘。

　　古水井守備署，在堡內。軍器局，在守備署內。火藥局，在守備署東。教場，在堡南大溝灘。

　　棗園堡把總署，在堡東北。火藥局，在堡內。教場，在堡外。

　　鎮羅堡把總署，在堡正北。火藥局，在堡內。教場，在堡外。

　　按舊志載：② 寧夏衛有寧夏倉在報恩寺東，左倉、右倉在儒學前，前倉在鑾駕庫東，新倉在城隍廟後，預備倉在報恩寺西。平虜所倉：金貴、李剛、③ 威鎮各有倉。洪廣營倉：鎮朔、鎮北各有倉。玉泉營倉：平羌、大壩各有倉。廣武營倉：所屬棗園倉。中衛應理倉：石空、鎮虜、鳴沙、古水各有倉。靈州倉：橫城、紅山、清水、鹽池、紅寺、石溝、韋州等各有倉。興武營倉：所屬毛卜喇倉。④ 後衛常濟倉、備急倉：安定、鐵柱泉各有倉。廣裕庫在寧夏倉內，庫大使帶領之。又有批驗鹽引所，原設萌城，弘治末改慶陽府北關內。嘉靖間，巡撫張潤奏仍其舊，後改惠安堡。鹽課司、巡檢司，⑤ 皆在惠安堡。又有兵車廠，正統間，總兵官張泰奏置兵車六百輛，建兵車廠貯之。嘉靖間，總制劉天和奏置隻輪全勝車千輛。神機庫，貯大礮、鎗銃。雜造局二：一造寧夏衛兵器，一造中衛兵器。營房三百間，在振武門內，巡撫楊守禮以給操軍之無屋者。後兵變毀。藥局在南薰門內。馬營在城西北隅，以居備寓官軍，今歸民。受降館二：一在養濟院北，一在馬神廟西。今皆廢。

---

① ［校］北：《中衛縣志》卷二《官署》作"東北"。
② 參見《朔方新志》卷二《內治·倉庫》。
③ ［校］李剛：《朔方新志》卷二《內治·倉庫》作"李綱"。
④ ［校］毛卜喇：《朔方新志》卷二《內治·倉庫》作"毛卜剌"。
⑤ ［校］巡檢司：《朔方新志》卷二《內治·草場》作"巡查司"。

寧夏府志卷六

學　校
寧夏府
學宮

在府治北。明永樂元年,① 鎮人朱真奏請建設。② 初在效忠坊, 後移今所。成化六年, 巡撫張鎣重修, 大學士彭時記。③ 其後, 巡撫劉憲、羅鳳翱、黃嘉善相繼重修。④ 國朝順治十八年, 巡撫劉秉政、河西道李嵩陽增修。康熙三十八年, 監守同知李珩重修。舊爲衛學, 雍正二年改府,⑤ 即以爲府學。十年, 本郡宮吏紳士復捐修。乾隆三年地震毀, 四年, 奉旨動帑修建。大成殿五間, 東、西廡各七間。戟門三間, 東、西角門各一間。東, 更衣廳三間。西, 省牲所三間。櫺星門三間。內有泮池, 環牆一道。雲路前牌坊一座, 曰"金聲玉振"。照牆一座。柵門牌坊二座, 東曰"聖域", 西曰"賢關"。外牌坊二座, 東曰"騰蛟", 西曰"起鳳"。

---

① 吳忠禮據《明太祖實錄》等文獻考證認爲, 寧夏儒學當設立於明太祖洪武二十八年 (1395), 無其他文獻記載明惠帝建文三年 (1401) 廢除寧夏儒學事, 明成祖永樂四年 (1406) 改"寧夏中屯等衛儒學"爲"寧夏等衛儒學"。本志載寧夏儒學興廢時間蓋襲《正統寧志》誤說。參見吳忠禮《寧夏志箋證》, 第125頁《箋證》[二一]。

② [校]朱真: 原作"宋鎮", 據《嘉靖寧志》卷一《寧夏總鎮·學校》、《朔方新志》卷二《內治·學校》改。又, "朱真", 《弘治寧志》卷一《寧夏總鎮·學校》作"朱貞"。

③ 參見《嘉靖寧志》卷一《寧夏總鎮·公署》、《朔方新志》卷四《詞翰》、本志卷十九《記》載彭時撰《重修儒學碑記》。

④ 《朔方新志》卷二《內治·學校》載, 成化六年 (1470), 巡撫張鎣重修學校, 同書卷四載彭時撰《重修儒學碑記》記其事; 弘治十六年 (1503), 巡撫劉憲重修學校, 同書卷四載張嘉謨撰《重修儒學碑記》記其事; 萬曆二年 (1574), 巡撫羅鳳翱重修學校, 同書卷四載張大忠撰《重修儒學碑記》記其事; 三十三年 (1605), 巡撫黃嘉善重修學校, 同書卷四載李維禎撰《巡撫都御史黃公嘉善重修儒學記》記其事。

⑤ [校]二年: 原作"三年", 據《清世宗實錄》卷二五改。

大成殿

康熙二十五年奉頒御書"萬世師表"扁額，並《御製至聖贊文》一通並序曰："蓋自三才建而天地不居其功，一中傳而聖人代宣其蘊。有行道之聖，得位以綏猷；有明道之聖，立言以垂憲。此正學所以常明，而人心所以不泯也。① 粵稽往緒，仰遡前徽，堯、舜、禹、湯、文、武，達而在上，兼君師之寄，行道之聖人也。孔子不得位，窮而在下，秉刪述之權，明道之聖人也。行道者勳業炳於一朝，明道者教思周於百世。② 堯、舜、文、武之後，不有孔子則學術紛淆，仁義湮塞，斯道之失傳也久矣。後之人欲探二帝三王之心法，③ 以爲治國平天下之準，其奚所取衷焉？然則孔子之爲萬古一人也審矣。朕巡省東國，謁祀闕里，景企滋深，敬摛筆而爲之贊曰：

"清濁有氣，剛柔有質。聖人參之，人極以立。行著習察，舍道莫由。惟皇建極，惟后綏猷。作君作師，垂統萬古。曰惟堯舜，禹湯文武。五百餘歲，至聖挺生。聲金振玉，集厥大成。序《書》刪《詩》，定《禮》正《樂》。既窮象繫，亦嚴筆削。上紹往緒，下示來型。道不終晦，秩然大經。百家紛紜，殊途異趣。日月無踰，羹牆可晤。孔子之道，惟中與庸。此心此理，千聖所同。孔子之德，仁義中正。秉彝之好，根本天性。庶幾夙夜，勖哉令圖。遡源洙泗，景躅唐虞。載歷庭除，④ 式觀禮器。摛毫仰贊，心焉遐企。百世而上，以聖爲歸。百世而下，以聖爲師。非師夫子，惟師於道。統天御世，惟道爲寶。泰山巖巖，東海泱泱。牆高萬仞，夫子之堂。孰窺其藩，孰窺其徑。道不遠人，克念作聖。"

四配

顏子贊曰："聖道早聞，天姿獨粹。約禮博文，不遷不貳。一善服膺，萬德來萃。能化而齊，其樂一致。禮樂四代，治法兼備。用行舍藏，

---

① ［校］而：《清聖祖實錄》卷一四〇、《聖祖文集》卷二五、《國子監志》卷首《聖諭天章》等均無此字。

② ［校］百世：此同《聖祖文集》卷二五、《國子監志》卷首《聖諭天章》，《清聖祖實錄》卷一四〇作"萬世"。

③ ［校］後之人：《清聖祖實錄》卷一四〇、《聖祖文集》卷二五、《國子監志》卷首《聖諭天章》等"人"字後均有"而"字。

④ ［校］庭除：原作"廷除"，據《清聖祖實錄》卷一四〇、《聖祖文集》卷二五、《國子監志》卷首《聖諭天章》改。

王佐之器。"曾子贊曰："洙泗之傳，魯以得之。一貫曰唯，聖學在茲。明德新民，止善爲期。格致誠正，均平以推。至德要道，百行所基。纂承統緒，修明訓辭。"子思子贊曰："於穆天命，道之大原。静養動察，庸德庸言。以育萬物，以贊乾坤。九經三重，大法是存。篤恭慎獨，成德之門。卷之藏密，擴之無垠。"孟子贊曰："哲人既萎，楊墨昌熾。子輿闢之，曰仁曰義。性善獨闡，知言養氣。道稱堯舜，學屏功利。煌煌七篇，並垂六藝。孔學攸傳，禹功作配。"右贊皆勒石殿上。雍正三年，奉頒御書"生民未有"扁額。乾隆三年，奉頒御書"與天地参"扁額。

十二哲

舊本十哲，康熙五十一年陞配朱子，乾隆三年又陞配有子，① 共十二哲。閔子損、冉子雍、端木子賜、仲子由、卜子商、有子若，殿東西向。冉子耕、宰子予、冉子求、言子偃、顓孫子師、朱子熹，殿西東向。

〔東廡、西廡從祀先賢〕

東廡從祀先賢三十九位：康熙、雍正間，復祀、增祀、陞祀共八位。蘧瑗、澹臺滅明、原憲、南宫适、商瞿、漆雕開、司馬耕、梁鱣、冉儒、伯虔、冉季、漆雕徒父、漆雕哆、公西赤、任不齊、公良孺、公肩定、鄡單、罕父黑、榮旂、左人郢、鄭國、原亢、廉潔、叔仲會、公西輿如、邦巽、陳亢、琴張、步叔乘、秦非、顏噲、顏何、縣亶、樂正克、萬章、周敦頤、程顥、邵雍。

西廡從祀先賢三十八位：康熙、雍正間，復祀、增祀、陞祀共八位。林放、宓不齊、公冶長、公晳哀、高柴、樊須、商澤、巫馬施、顏辛、曹丘、② 公孫龍、秦商、顏高、壤駟赤、石作蜀、公夏首、后處、奚容蒧、顏祖、句井疆、秦祖、縣成、公祖句兹、燕伋、樂欬、狄黑、孔忠、公西蒧、顏之僕、施之常、申棖、左丘明、秦冉、牧皮、公都子、公孫丑、張載、程頤。

〔東廡、西廡從祀先儒〕

東廡從祀先儒二十三位：康熙、雍正、乾隆年間、復祀、增祀共八位。穀梁赤、伏勝、后蒼、董仲舒、杜子春、范甯、韓愈、范仲淹、胡瑗、楊

---

① 〔校〕三年："三"字原爲空格，據《國子監志》卷三〇《禮六·告祭》補。
② 〔校〕曹丘："丘"原避孔子名諱改作"邱"，據《史記》卷一〇〇、《漢書》卷三七《季布傳》回改。下同。

時、羅從彥、李侗、張栻、黃幹、真德秀、何基、趙復、吳澄、許謙、薛瑄、王守仁、羅欽順、陸龍其。

西廡從祀先儒二十三位：雍正二年復祀、增祀共八位。公羊高、孔安國、毛萇、高堂生、鄭康成、諸葛亮、王通、司馬光、歐陽修、胡安國、尹焞、呂祖謙、蔡沈、陸九淵、陳淳、魏了翁、王柏、許衡、金履祥、陳澔、陳憲章、胡居仁、蔡清。

〔崇聖祠〕

崇聖祠三間，在正殿東，原名啟聖祠。雍正元年，詔追封啟聖公以上五代皆爲王，祠易今名。肇聖王本金父、裕聖王祈父、詒聖王防叔、昌聖王伯夏、啟聖王叔梁紇。

配位先賢：顏氏無繇、孔氏鯉，西向。曾氏點、孟孫氏，東向。從祀先儒：① 周輔成、程珦、蔡元定，西向。張迪、朱松，東向。

每歲春秋上丁日致祭。乾隆初，奉部文頒定陳設：先師位，制帛一、爵三、牛一、羊一、豕一、登一、鉶二、簠二、簋二、籩十、豆十、酒樽一。四配位，每位制帛一、爵三、羊一、豕一、鉶一、籩八、豆八、酒樽一。十二哲位，制帛一、爵各一、豕一、鉶各一、簠各一、簋各一、籩各四、豆各四、豕首一。東、西廡，制帛一、爵各一、豕三，每案簠一、簋一、籩四、豆四。

崇聖祠，每位制帛一、爵三、羊一、豕一、鉶一、簠二、簋二、籩八、豆八、酒樽一。配位，制帛二、豕首二，每位爵三、簠一、簋一、籩四、豆四、豕肉一。兩廡，制帛二，每位爵一，每案簠一、簋一、籩四、豆四、豕肉一。

〔名宦祠、講堂、明倫堂、尊經閣〕

名宦祠三間，在戟門左。鄉賢祠三間，在戟門右。每歲支領祭祀銀四十五兩。

講堂，在學宮東，明揆文書院遺址，今并入學。門三間，堂三間。忠教祠，在其東，節義祠在其西，各三間。

明倫堂，在學宮西。門三間，二門一間，東、西角門各一間，堂五間，東、西齋房各五間，照牆一座。

尊經閣，在正殿後，五間，高三丈一尺。明巡撫黃嘉善創建，今仍舊

---

① 〔校〕儒：原作"孺"，據前文改。

址。上舊祀文昌、魁星，乾隆三十三年，知府顧光旭移像祀銀川書院文明閣。

〔御製碑文、上諭〕

順治九年二月，奉頒《御製曉示生員條教卧碑文》："朝廷建立學校，選取生員，免其丁糧，厚以廩膳，設學院、學道、學官以教之，各衙門官以禮相待，全要養成賢才，以供朝廷之用。諸生皆當上報國恩，下立人品。所有條教，開列於後：

"一，生員之家，父母賢智，子當受教，父母愚魯，或有非爲者，子既讀書明理，當再三懇告，使父母不陷於危亡。

"一，生員立志，當學爲忠臣、清官。書史所載忠清事蹟，務須互相講究。凡利國愛民之事，更宜留心。

"一，生員居心忠厚正直，讀書方有實用，出仕必作良吏。若心術邪刻，讀書必無成就，爲官必取禍患。行害人之事者，往往自殺其身，常宜思省。

"一，生員不可干求官長，交結勢要，希圖進身。若果心養德全，上天知之，必加以福。

"一，生員當愛身忍性，凡有司官衙門不可輕入，即有切己之事，止許家人代告。不許干預他人詞訟，他人亦不許牽連生員作證。

"一，爲學當尊敬先生。若講說，皆須誠心聽受。如有未明，從容再問，勿妄行辨難。爲師者亦當盡心教訓，勿致怠惰。

"一，軍民一切利病，不許生員上書陳言。如有一言建白，以違制論，黜革治罪。

"一，生員不許糾黨多人立盟結社，把持官府，武斷鄉曲。所作文字，不許妄行刊刻，違者提調官治罪。"

康熙四十一年，奉頒《御製訓飭士子文》："國家建立學校，原以興行教化，作育人材，典至渥也。朕臨馭以來，隆重師儒，加意庠序。近復慎簡學使，釐剔弊端，務期風教修明，賢才蔚起，庶幾《棫樸》作人之意。[①] 乃比來士習未端，儒效罕著，雖因內外臣工奉行未能盡善，亦因爾諸生積錮已久，猝難改易之故也。茲特親製訓言，再加警飭，爾諸生其敬聽之。從來學者，先立品行，次及文學、學術、事功，源委有敘。爾諸生

---

① 參見《詩經·大雅·棫樸》。

幼聞庭訓，長列宮牆，① 朝夕誦讀，寧無講究。必也躬修實踐，砥礪廉隅，敦孝順以事親，秉忠貞以立志。窮經考義，勿雜荒誕之談；取友親師，悉化驕盈之氣。文章歸於醇雅，勿事浮華；軌度式於規繩，最防蕩軼。子衿佻達，自昔所譏，苟行止有虧，雖讀書何益？若夫宅心弗淑，行己多愆，或蜚語流言，脅制官長；或隱糧包訟，出入公門；或唆撥姦猾，欺孤凌弱；或招呼朋類，結社要盟。乃如之人，名教不容，鄉黨弗齒。縱倖逃褫撲，濫竊章縫，返之於衷，能無愧乎？況乎鄉、會科名，乃掄才大典，關係尤鉅，士子果有真才實學，何患困不逢年？顧乃標榜虛名，暗通聲氣，貪緣詭遇，罔顧身家。又或改竄鄉貫，希圖進取，囂凌騰沸，網利營私。種種弊情，深可痛恨。且夫士子出身之始，尤貴以正，若茲厥初拜獻，便已作姦犯科，則異時敗檢踰閑，何所不至。又安望其秉公持正，為國家宣猷樹績，膺後先疏附之選哉。朕用嘉惠爾等，故不禁反復惓惓。茲訓言頒到，爾等務共體朕心，② 恪遵明訓，一切痛加改省，爭自濯磨，積行勤學，以圖上進國家。三年登造，束帛弓旌，不特爾身有榮，即爾祖、父亦增光寵矣。逢時行志，寧俟他求哉。若仍視為具文，玩愒弗儆，毀方躐治，暴棄自甘，則是爾等冥頑無知，終不能率教也。③ 既負栽培，復干咎戾。王章具在，朕亦不能為爾等寬矣。自茲以往，內而國學，外而直省鄉校，凡學臣師長，皆有司鐸之責者，並宜傳集諸生，多方董勸，以副朕懷。否則職業勿修，咎亦難逭，勿謂朕言之不預也。爾多士，尚敬聽之哉。"

乾隆二十四年，內閣奉上諭："前因磨勘順天等省鄉試卷，見其中字句紕謬者不一而足，甚至不成文義，如'飲居心於江海'之語，於文風士習深有關係。已降旨宣諭中外，俾衡文、作文者知所敵惕。④ 第念別裁偽體，以端風尚，固在考官臨時甄拔公明，而平時之造就漸摩，使士子皆知崇實黜浮，不墮揣摩掯撦惡習，則學政責任尤重。鄉、會兩試，乃士子

---

① [校] 宮牆：原作"官牆"，據《國子監志》卷首《聖諭天章》、《聖祖文集》第三集卷二五《碑文》改。

② [校] 務共：原作"其"，據《國子監志》卷首《聖諭天章》、《聖祖文集》第三集卷二五《碑文》改。

③ [校] 能：此字原脫，據《國子監志》卷首《聖諭天章》、《聖祖文集》第三集卷二五《碑文》補。

④ [校] 敵：《清朝文獻通考》卷七一《學校考》作"警"。

进身阶梯，① 而学臣于三年之前岁科考校评骘甲乙者，此日之生童，即可爲他日之举人、进士。所云正本清源，舍是无由也。爲学政者，果能以清真雅正爲宗，一切好尚奇诡之徒无从倖售，文章自归醇正。否则素日趋向纷歧，一当大比，爲试官者璅闇，校拔不过就文论文，又何从激勸而懲创之。且学政按临，谒庙讲书，原与士子相见，非考官易书糊名，暗中摸索者比。文字一道，人品心术，即于此见端，自应随时训励整顿，务去佻巧僻涩之浇风，将能爲清真雅正之文，而其人亦可望爲醇茂端谨之士。由此贤书释褐，足备国家任使，斯士子无负科名，而学臣亦不负衡人之任。但不因有是旨，徒以字句疵颣易爲磨勘指摘，随专取貌似先正之文，于传注无所发明，至相率而归于空疎浅陋，此又所谓矫枉过正，救弊适以滋弊。不独舆论难诬，一经朕鑑察，亦惟于该学政是问。今岁正学政受代之始，诸臣皆朕特简，各宜勉副兴贤育才至意。著将此旨録于学政公署并各府、州、县学明伦堂，用资触目警心。而凡我多士，亦皆得审所就范，朕实有厚望焉。钦此。"

府学教授署，在明伦堂后之东。训导署，在明伦堂后之西。府学学生，一年一贡，廪四十缺，增四十缺。每岁考，拨入文、武生各二十名。科考，拨入文生二十名。佾舞生六十四名。

宁夏县学官署，在讲院后之东。朔县学官署，在讲院后之西。两学学生，二年一贡，廪各二十缺，增各二十缺。每岁考各取文生十七名、武生二十名。科考各取文生十七名。雍正三年，以宁夏弓马最优，特增武生取额。佾舞生各六十四名。

宁夏府商籍学，明天启元年巡抚张九德爲盐商题设。② 以宁夏等卫教官摄之，童生由盐捕通判考送。学宫在惠安堡。国朝雍正二年改府，③ 归府学。学生三年二贡，廪五缺，增五缺。每岁考取文武生各八名，科考取文生八名。乾隆四十三年奉旨：本省商人子弟，不准冒入商籍应试。宁夏商籍生童各改归本籍，商学并裁。

国朝乡试，边府各设字号。宁夏爲"丁"字号，取中举人一名，后

---

① ［校］阶：原作"楷"，据文意改。
② ［校］张九德：原作"周懋相"，据《朔方新志》卷二《内治·学校》、《古今图书集成》卷五七六《职方典·宁夏卫学校考》、本志卷十二《宦蹟》改。
③ ［校］二年：原作"三年"，据《清世宗实録》卷二五改。

增至二名。副舉中數不入額。乾隆三十八年，學臣楊嗣曾奏請：遞科分合，一科照舊額取中二名，一科去字號，與通省合試，俟將來文風大盛，再爲統歸大號。奉旨"依議"，自乾隆甲午科始。①

書籍

寧夏府學存貯書籍：《御製日講四書解義》六部，每部十二本。《御纂周易折中》六部，每部十本。《欽定春秋傳說彙纂》六部，每部二十四本。《御纂性理精義》五部，每部六本。《御纂朱子全書》六部，每部三十二本。《欽定科塲條例》三部，十四本。《欽定詩經傳說彙纂》六部，每部二十四本。《欽定書經傳說彙纂》六部，每部二十四本。《御批資治通鑑綱目》一部，四本。《御製詩初集》四套，二十四本。《御製詩二集》八套，四十六本。《御製文初集》一套，十六本。《欽定四書文》五部，每部二十二本。《駁呂留良四書講義》十部，② 每部八本。《續增科塲條例》二本。《磨勘簡明則例》二本。《捐款補用例册》一本。

提督吳進義捐送書籍：《御製人臣儆心錄》一套，一本。《聖祖仁皇帝集》六套，七十八本。《欽定古文淵鑑》四套，二十四本。《御製避暑山莊詩》一套，二本。《御纂周易折中》二套，十六本。《御製佩文韻府》二十套，二百本。《御纂性理精義》一套，五本。《御定春秋傳說彙纂》四套，二十四本。《御纂日講四書解義》二套，二十本。《御製月令輯要》二套，十二本。《御選唐詩》四套，三十二本。《御製廣群芳譜》四套，三十二本。《御製考經衍義》二套，三十本。《御製朱子全書》三套，二十五本。《聖諭廣訓》一套，一本。《欽定詩經傳說彙纂》四套，二十四本。《欽定書經傳說彙纂》四套，二十四本。《欽頒古文約選》一套，十本。《御製大清會典》十四套，一百本。《御製佩文詩韻》一部，四本。《御製性理大全》四套，三十二本。《御製日講春秋》四套，三十二本。《御製周易義例》一套，一本。《文獻通考紀要》一套，二本。《大學衍義》一套，八本。《五子近思錄》一套，六本。《周易本義》一套，二本。

---

① 乾隆甲午：乾隆三十九年（1774）。

② ［校］四書講義：原作"解義"。《上諭內閣》卷一一三雍正九年十二月十六日上諭曰，大學士朱軾等對呂留良所刊《四書講義》《語錄》等書逐條摘駁，纂輯成帙，呈請刊刻，遍頒學宮。雍正准其所請。本志下文載靈州學、中衛縣學存貯書籍中有《駁呂留良四書講義》。據改。

《繹史》六套，三十六本。

寧夏縣學存貯書籍：《御纂周易折中》四部，每部十本。《欽定春秋傳說彙纂》四部，每部二十四本。《御纂性理精義》四部，每部五本。《御纂朱子全書》四部，每部三十二本。《御製日講四書解義》四部，每部十二本。《欽定科塲條例》二部，共九本。《聖諭廣訓》一本。《欽定詩經傳說彙纂》四部，每部二十四本。《欽定書經傳說彙纂》四部，每部二十四本。《御製詩初集》一部四套，共二十四本。《御製詩二集》一部八套，共四十六本。《御製文初集》一部，十六本。《御纂禮記義疏》一部，共八十三本。《御纂春秋直解》一部，共八本。《欽定四書文》四部，每部二十二本。《御纂周易述義》一部，四本。《御纂詩義折中》一部，八本。《文廟祭禮儀節》三本。《文廟樂章》一本。《明史》一部，一百一十二本。《磨勘簡明條例》一本。《勸民勸農書》一本。

寧朔縣學存貯書籍：《御纂周易折中》四部，每部十本。《欽定春秋傳說彙纂》四部，每部二十四本。《欽定性理精義》四部，每部五本。《御纂朱子全書》四部，每部三十二本。《御纂日講四書解義》四部，每部十二本。《欽定禮記》一部，共八十三本。《欽定詩經傳說彙纂》四部，每部二十四本。《欽定書經傳說彙纂》四部，每部二十四本。《欽定科塲條例》二部，共九本。《欽定儀禮義疏》一部，共五十本。《欽定周官義疏》一部，共四十九本。《欽定四書文》四部，每部二十二本。《欽頒磨勘簡明條例》一本。《駁呂留良四書講義》四部，[①] 每部八本。《科塲磨勘簡明則例》一部，共二本。《續增學政全書》一部，共四本。

祭器

帛匣二十，白磁爵四十二，銅爵一百五十，鐏十，鐏勺十，鐏袱十，鐏棹二，登一，鉶二十三，簠一百六十四，簋一百六十四，籩六百五十八，豆六百五十八，牲俎二十，俎架二十。

樂語

麾幡二，琴八，瑟二，搏拊二，柷一，敔一，龍笛二，鳳簫二，洞簫二，笙四，箎二，塤二，金鐘十六，玉磬十六，應鼓一。

舞器

————

① ［校］四書：此二字原脫，據《上諭內閣》卷一一三及本志下文載靈州學、中衛縣學存貯書籍中有《駁呂留良四書講義》而改。參見本志第124頁腳注［二］"四書講義"條。

莭二，羽三十六，籥三十六，干十六，戚十六。

書院

明揆文書院，在學宮東。初名養正書院，嘉靖時巡撫吳鎧創立。後巡撫王崇古移於奎星樓西，改名"揆文"。萬曆間，巡撫羅鳳翱、黃嘉善相繼增修。今講院即其舊址。有《記》，見《藝文》。①

朔方書院，在後衛城。嘉靖四十五年，户部郎中蔡國熙建。有《記》，見《藝文》。②

皇清銀川書院，在光化門内街西。乾隆十八年，知府趙本植創立，三十三年，知府顧光旭增拓重建。有《碑記》，見《藝文》。③

書院學田在平羅縣，共一百八頃六畝五分，係新〔渠〕、寶〔豐〕廢地，後重墾。前寧夏道楊灝、知府朱佐湯詳請收租爲書院膏火費。每歲共收租糧九百一十五石五斗八升五合，内乾隆三十三年詳報升科糧一百四十七石五斗八升，餘糧六百七十五石六斗七升六合。舊係寶豐縣丞每歲徵收解府，變價給書院費，後歸平羅縣。又乾隆四十一年，寧夏道王廷贊清查地畝，平羅埂外民人私墾田八頃四十二畝，詳請收租歸入書院，每歲收租銀九十二兩一錢。

社學

寧夏縣五：府城黃公祠一所、楊和堡一所、魏信堡一所、葉昇堡一所、金貴堡一所。每歲脩脯共一百一十六兩。黃公祠官舖十七間，收租二十二千二百文，餘係本官捐墊。

寧朔縣四：府城西門甕城一所、張亮堡一所、唐鐸堡一所、靖益堡一所。每歲脩脯銀九十八兩。米糧市官舖五間，歲收錢二十八千文，餘係本官捐墊。

平羅縣

學宮，在縣治南。乾隆三年地震毀，六年動帑重建。

大成殿五間，東、西兩廡各五間，戟門三間，東、西更衣廳、省牲所各三間，欞星門三間，牌坊一座。

崇聖祠三間，在正殿東北。名宦、鄉賢祠各三間，在戟門左、右。忠

---

① 參見本志卷十九《藝文·記》載殷武卿撰《揆文書院記》。
② 參見本志卷十九《藝文·記》載王道行撰《朔方書院記》。
③ 參見本志卷二〇《藝文·記》載路談撰《銀川書院碑記》。

孝祠，在學宮東。莭義祠，在學宮内。

尊經閣一座，在正殿西北。明倫堂三間，在學宫正西。東、西齋房各三間。學官署，在明倫堂後。學生二年一貢，廩二十缺，增二十缺。每歲考，取文、武生各八名。科考，取文生八名。佾舞生六十四名。

存貯書籍：《御製日講四書》二部，共二十四本。《御纂周易折中》二部，共二十本。《聖諭廣訓》一本。《御纂朱子全書》二部，六十四本。《御批通鑑綱目》一部，四本。《御製詩初集》四套，二十四本。《御製詩二集》八套，四十六本。《御製文初集》一套，十六本。《御纂春秋直解》一部，八本。《御纂周易述義》一部，四本。《御纂詩義折中》一套，八本。《廿一史》一部，五十套，五百本。《十三經》一部，十二套，一百二十本。《科塲條約》八本。《學政全書》一本。《樂章》一本。

社學五：本城武廟一所、西河堡一所、洪廣堡一所、李綱堡一所、寶豐堡一所。

靈州

學宫，在州治東南。明弘治十三年設州置學，① 十七年州裁，學廢。正德十三年復立，十五年，寧夏巡撫王時中興建。皇清順治十六年省後衛教缺，併入靈州，巡撫黃圖安重修。康熙四十六年，中路同知祖良真、舉人季秋橘等重修。雍正二年，② 改靈州所學為靈州學。

大成殿七間，東、西廡各九間，戟門三間，東、西角門外，更衣廳三間，省牲所三間。名宦祠三間。鄉賢祠三間。泮池環橋一座，上有坊。櫺星門三間，照壁一座。門東有"聖域義路"坊，門西有"賢關禮門"坊。

崇聖祠，舊在廟東，旁有敬一亭，廢。

尊經閣一座，在廟西。明倫堂五間，在閣東。東、西齋房各五間。儀門三間。東、西角門各一間。大門三。

學正署在後。學生三年二貢，廩三十缺，增三十缺。每歲考，取文武生各十五名。科考，取文生十五名。佾舞生六十四名。

存貯書籍：《御纂周易折中》四部，每部十本。《御纂四書解義》四部，每部十二本。《御纂性理精義》四部，每部六本。《欽定春秋傳說彙

---

① ［校］弘治十三年：原作"洪武十五年"，據《弘治寧志》卷三、《嘉靖寧志》卷三《靈州守禦千户所·學校》改。參見本志第59頁腳注［二］"十三年"條。

② ［校］二年：原作"三年"，據《清世宗實錄》卷二五改。

纂》四部，每部二十四本。《欽定朱子全書》四部，每部三十二本。《聖諭廣訓》一本。《御批資治綱目》一部，四本。《上諭》一部。《欽定書經傳說彙纂》四部，每部二十四本。《欽定詩經傳說彙纂》四部，每部二十四本。《大清律》一部，二套。《欽定四書文》四部，每部二十二本。《駁吕留良四書講義》八部，① 每部八本。《明史》一部，一百一十二本。《廿一史》一部，五十套。《十三經》全部，十二套。《科塲條例》二部。《學政全書》一部。

書院：鍾靈書院在州城西門外。乾隆三十八年，署知州周人傑創立。有《碑記》，見《藝文》。② 每歲膏火銀八十兩，本官捐墊。

社學五：本城一所、吴忠堡一所、大沙井一所、惠安堡一所、花馬池一所。每歲脩脯銀四十四兩，本官捐墊。

中衛縣

學宫，舊在縣治東北，明正統八年，鎮撫陳禹奏建，③ 巡撫徐廷璋徙於縣治東南，巡撫王珣拓修，尚書王恕記。④ 皇清康熙四十八年，教授劉追儉修。雍正二年設縣，⑤ 改爲縣學。

大成殿，六間，東、西廡各八間。戟門四間，東、西角門各兩間。更衣廳四間。欞星門木坊一座，東、西列柵門。乾隆五年，諸生捐貲修築正殿基階及東西廡。名宦、鄉賢祠皆增飾焉。又增建忠義祠四楹於名宦左。崇聖祠四間在正殿東。乾隆二十五年，署西路同知富斌、知縣黄恩錫修。

尊經閣，在正殿後，層樓五間，高三丈餘，雍正三年建。明倫堂三間，在正殿西。左、右齋房十間。教諭訓導署，在堂後。學生二年一貢。廪二十缺，增二十缺。每歲考，取文武生各十五名。科考，取文生十五名。佾舞生六十四名。學田一百畝。各學祭器、樂舞器皆如制。

存貯書籍：《御製朋黨論》一本。《旨諭録》一部，十本。《欽頒平定

---

① ［校］留良：原作"良留"。吕留良，明末清初浙江石門人，《碑傳集補》卷三六有傳。《上諭内閣》卷一一三及本志本卷載寧朔縣學、中衛縣學存貯書籍中有《駁吕留良四書講義》。據改。

② 參見本志卷二〇《藝文·記》載周人傑撰《鍾靈書院碑記》。

③ ［校］鎮撫陳禹：原作"巡撫陳珣"，據《弘治寧志》卷三《寧夏中衛·學校》、《嘉靖寧志》卷三《中衛·學校》、王恕《中衛儒學記》改。

④ 參見本志卷十九《藝文·記》載王恕撰《中衛儒學記》。

⑤ ［校］二年：原作"三年"，據《清世宗實録》卷二五改。

青海告成太學碑》墨刻一張。①《御製日講四書解義》四部，每部十二本。《御纂周易折中》二部，共二十本。《聖諭廣訓》一本。《上諭》一部，二十四本。《上諭》一本。《瑞穀圖》一本。《御纂朱子全書》四部，每部三十二本。《御纂性理精義》四部，每部五本。《上諭》八部，每部十本。《欽定詩經傳說彙纂》四部，每部二十四本。《欽定書經傳說彙纂》四部，每部二十四本。《大清律》一部，二套，共二十本。《御批資治通鑑綱目》一部，四本。《欽定四書文》四部，每部二十二本。《明史》一部，共一百十二本。《廿一史》五十套，共五百本。《十三經》十二套，共一百二十本。《駁呂留良四書講義》八部，每部八本。

社學十：本城一所，舊名"應理書院"，知縣黃恩錫建，有學田一百一十六畝；宣和堡一所，學田一方，歲收租銀十兩；白馬灘一所，學田六十畝；廣武堡一所，原任湖廣提督俞益謨捐建，學田四十二畝；鎮羅堡一所，學田七十五畝；恩和堡一所，學田八十畝；永康堡一所，學田租銀八兩，市舖租銀五兩五錢；鳴沙州一所，學田六十畝；棗園堡一所，學田五十七畝；寧安堡一所，學田二十畝，市舖三十二間，收租銀二十兩。

壇　廟

府城

山川社稷壇，在光化門外。每歲春、秋二仲上戊日致祭，祭品用帛、酒、羊、豕，鉶一，籩四，豆二，簠一，簋二。

風雲雷雨壇，在光化門外。每歲春、秋二仲上戊日致祭，祭品同社稷壇。二項共祭祀銀一十九兩二錢五分，在司庫支領。

先農壇，在清和門外。每歲春耕籍日致祭，祭品同社稷壇。祭祀銀，籍田變價。

厲壇，在鎮遠門外。每歲春、秋致祭，用地丁銀四兩六錢六分。

東魁閣，在學宮東。乾隆三年地震廢，五年，重建。

西魁閣，在學宮西。乾隆三年地震廢，四十年，士民捐建。

文昌閣，在城外東南。順治間士民捐建，乾隆三十三年，生貢張映槐、任岱宗等募貲重修。

---

① ［校］太學：原作"大學"，據《國子監志》卷首《聖諭天章》及本志卷一《恩綸紀》改。

文昌宮，在賀蘭山大滾鐘口，康熙年間紳縉捐建。乾隆二十六年，生員張增募貲重修。

關帝廟，在城東北隅，相傳自唐時建，明巡撫羅鳳翱、總兵蕭如薰重修。乾隆三年地震毀，四年，動帑重建。每歲春、秋二仲五月十三日致祭，用太牢。領祭祀銀二十一兩七錢八分。一在南薰門外永通橋東，明成化間巡撫崔讓建。乾隆三年地震後，人民重修。一在南關北，有立馬銅像，一在蘆席巷北。

城隍廟，在城北，① 明成化間巡撫張鵬修。萬曆間，巡撫楊時寧、黃嘉善重修。乾隆三年地震毀，動帑重建。每歲春、秋同祭於山川壇，朔、望則行香於廟。

馬神廟，在總兵署西北。② 每歲春、秋致祭，用地丁銀四兩六錢六分。

火神廟，在清和門甕城。每歲春、秋致祭，用地丁銀四兩六錢六分。

龍王廟，在鎮遠門外唐來橋。每歲立夏開水日致祭，祭品用羊、豕，係水利同知公項備用。一在城內道署南，乾隆三十八年，生員劉夢麟、趙樞等重建。一在任春堡惠農渠正閘，乾隆七年動帑建。一在大壩堡唐渠口，乾隆四十二年，寧夏道王廷贊建。有《碑記》，見《藝文》。③ 一在小壩堡漢渠正閘。一在昌潤渠渠口堡。一在莎羅模山靈武口。

按：前代無"龍王"之稱，至宋始有"五龍""九龍"之號，大抵出於道家者流。寧夏各渠龍神，載在祀典，其他村堡亦所在多有廟。塑像每以三，初不解其故，及觀朔方舊志有王遜《莎羅模龍王祠記》，④ 乃知三龍神者，即所稱莎羅模、祈答刺模、失哈刺模。觀其名號，亦類番僧譯語，蓋由來相沿久矣。寧夏享河水之利，宜祀河神，顧《記》稱其神潛宅莎羅模山下三泉中，旱澇雨暘，禱輒有應，自前明迄今，爲一方庇廕，厥功大矣，厥靈著矣。公私報祀，因而弗改。《記》曰："有其舉之，莫可廢也。"即以三龍神爲寧夏河渠之專祀，不亦宜乎。

岳武穆廟，在城東北隅。明萬曆間，巡撫黃嘉善、總兵蕭如薰建。乾

---

① ［校］城北：《乾隆甘志》卷十三《祠祀》作"府城東北"。
② ［校］西北：《乾隆甘志》卷十三《祠祀》作"北"。
③ 參見本志卷二〇《藝文·記》載張金城撰《新建峽口龍神廟碑記》。
④ 參見《朔方新志》卷四《詞翰》載王遜撰《莎羅模龍王祠碑記》。

隆三年地震後，知府牟融、生員王家彥等捐募重修。

北龍廟，在北關外，萬曆壬辰兵變後建。①

八蜡廟，在清和門外七里。

豐收廟，在城東南隅。乾隆二十六年，寧夏道富泥漢建。

雷尊廟，在理事廳署西。

三皇廟，在城西，明萬曆間弘農王倪勳等建。一在南薰門外。一在城西。

上帝廟，在犁花尖街北。

三官廟，在城南承天寺東。

晏公廟，在文廟南。明初遷謫多南人，故立是廟。

洞賓祠，在永通橋東。

黃公祠，在米糧市西，祀明巡撫黃嘉善。

王公祠，在府署東，祀國朝監收同知王全臣。士民公建，地震後，生員王家彥勸募重修。

汪公祠，在漢、唐兩壩，祀明河西道汪文輝。

寧静寺，在清和門內南，明正統時建。

承天寺，在光化門內東，夏諒祚建，有《記》。② 明洪武初，一塔獨存。萬曆間重修，增建毗盧閣。乾隆三年地震，塔廢。今遺址猶存。

喇嘛寺，在府署西，即前明報恩寺。

護國寺，在梅家街口。

永祥寺，在馬營，明正統間建。乾隆三年地震後，人民重修。

邊寧寺，在西方井街東。

福寧寺，在草塲東。

白衣寺，在鐵局街北。

大佛寺，在德勝門甕城。

吉祥寺，在喇嘛寺西。

華嚴寺，在城隍廟前。

休休寺，在送子菴北。

① 萬曆壬辰：萬曆二十年（1592）。
② 參見本志卷十九《藝文·記》載《承天寺碑記》，即《夏國皇太后新建承天寺瘞佛頂骨舍利軌》。

延壽寺，在小院巷。

大平寺，在南薰門外東。

土塔寺，在鎮遠門外，明正統時建。乾隆三年地震，塔廢。今改建殿。

海寶塔，在振武門外。不知始建何時，五代赫連勃勃重修。康熙四十八年地震，頹其顛四層。次年，僧照垄募修，有《碑記》，見《藝文》。[①]乾隆三年地震，塔廢。四十三年，山後郡王、寧夏滿漢官吏軍民捐資重建。

高臺寺，舊在城東二十里，爲黃河崩沒。明萬曆時，慶府移修在清和門外紅花渠東。乾隆二十三年，民人捐貲重修。

牛王寺，在振武門、光化門甕城。一在北關甕城。

濟孤寺，在永通橋東。

清真寺，回教建。一在寧靜寺西，一在什子北，一在鎮遠門南。

清寧觀，在振武門東，祀北帝真武，元昊避暑宮舊址。明總兵陳泰建，奏請賜額。萬曆巡撫楊時寧重修，後總督黃嘉善、巡撫崔景榮增修。乾隆三年地震後，人民重建。

三清觀，在南薰門外東，明慶靖王建。有詩，見《藝文》。[②] 乾隆三年地震後，人民重修。

藥王洞，在永通橋東，明萬曆時建，地震後殘毀。乾隆二十八年，醫學官吳開至創募重修。

北斗臺，在馬營南。

無量臺，在承天寺東。

牛王臺，在鎮遠門外唐渠西。

鐵錘臺，在清和門外。

平佛臺，在鎮遠門外。

呂祖臺，在南薰門外。

正覺臺，在南薰門外。

三教堂，在光化門外。

觀音堂，在清和門外。

---

① 參見本志卷二〇《藝文·記》載趙弘燮撰《重修寧夏衛海寶塔碑記》。

② 參見本志卷二一《藝文·詩》載金幼孜撰《遊三清觀》。

给孤堂，在南薰门外。每岁清明，设坛祭鬼之无主祀者。

十方院，在城南。

下院，在城北。

三义宫，在永通桥南。

三元宫，在芦席巷。

财神殿，在城南山西商民会馆。

送子菴，在清和门北。

崇寿菴，在东柴市西。

祝寿菴，在王银大街。

永乐菴，在经堂巷。

三圣菴，在喇嘛寺西。

波罗菴，在叠柳坡。

准提菴，在西方井街。

地藏菴，在三皇庙南。

大悲菴，在草塌北。

姑子菴，在马营南。

旧志载①

武成王庙，在清宁观东。明万历时，巡抚杨时宁、黄嘉善增修竖坊。② 丁日致祭吕尚父，以孙武子、黄石公等配享。③ 庙前有射圃，弘治时巡抚韩文建，嘉靖时巡抚杨守礼重修。后因兵变残毁，万历时修复。④ 今废，改为火药局。

旗纛庙，在新谯楼西。有祠，祀镇守劳绩于地方者。嘉靖时，⑤ 巡抚杨守礼重修。今废，地入宁夏道署。

宝纛坛，在山川坛西，霜降日明王府祭。

---

① 参见《朔方新志》卷三《坛祠》。
② 《朔方新志》卷三《坛祠》载，武成王庙于万历二十七年（1599）杨时宁重修，三十六年（1608）黄嘉善又增修竖坊。
③ ［校］等：此字原脱，据《朔方新志》卷三《坛祠》补。
④ 《朔方新志》卷三《坛祠》载，韩文建武成王庙前射圃事在弘治七年（1494），杨守礼重修事在嘉靖十九年（1540）。后因兵变残毁，万历三十六年（1608）修复。
⑤ 《朔方新志》卷三《坛祠》载，杨守礼重修旗纛庙事在嘉靖十九年（1540）。

遺愛祠，在永通橋西，即名賢祠，① 祀前明撫夏之有惠政者。巡撫王崇古改題曰"遺愛"。② 有文，見《藝文》。③

忠烈祠，在城西南。④ 正德五年，巡撫安惟學、⑤ 總兵姜漢死於寘鐇之亂，嘉靖間建祠祀之。⑥

北祠，在北關，祀本鎮死敵之官，嘉靖十九年建。

咸寧侯祠，在新關帝廟西，⑦ 正德五年，⑧ 遊擊將軍仇鉞平寘鐇之亂。七年，⑨ 鎮人捐貲立祠以祀。

功德祠，在城南，祀明巡撫王鑑川、黄梓山、羅念山、楊小林、總兵蕭如薰。⑩

顯忠祠，在馬營，祀萬曆壬辰兵變被害官民。

貞烈祠，⑪ 在馬營，祀萬曆壬辰兵變烈女。

三忠祠，在城東，祀馬世龍子獻圖、呈圖、負圖。

方妃祠，在寧夏縣前。乾隆三年地震毀，主入節孝祠。

永壽寺，在鞏昌府東。⑫

興國寺，在清和門東南。⑬

以上祠、寺，今皆廢。

---

① ［校］名賢祠：原作"明賢祠"，據《嘉靖寧志》卷二《寧夏總鎮·壇壝祠祀》、《朔方新志》卷三《壇祠》改。

② ［校］王崇古：原作"王瓊"。《朔方新志》卷三《壇祠》載，名賢祠由"鑑川王公"改題。王崇古，別號鑑川。據改。

③ 參見《朔方新志》卷四《詞翰》載康海撰《寧夏名賢祠記》。

④ ［校］城西南：《朔方新志》卷三《壇祠》作"新城南"。

⑤ ［校］安惟學：原作"安維學"，據《朔方新志》卷二《壇祠》改。

⑥ 《朔方新志》卷三《壇祠》，嘉靖三十六年（1557）建祠祀之。

⑦ ［校］關帝：《朔方新志》卷三《壇祠》作"關王"。

⑧ ［校］五年：原作"六年"，據《朔方新志》卷三《壇祠》改。

⑨ ［校］七年：此二字原脫，據《朔方新志》卷三《壇祠》補。

⑩ 《朔方新志》卷三《壇祠》載，功德祠有五：一在前倉南，祀王崇古；一在譙樓地基，祀黄嘉善；一在南熏園城東，祀羅鳳翱；一在王公祠東，祀楊應聘；一在城隍廟前，祀蕭如薰。

⑪ ［校］貞烈：原作"忠烈"，據《朔方新志》卷三《壇祠》改。

⑫ ［校］東：原作"東南"。《朔方新志》卷三《寺觀》載："永壽寺在鞏昌府迤東，南向。"據改。

⑬ ［校］東南：原作"南"。《朔方新志》卷三《寺觀》載："興國寺，舊名彌陀建，在清和門之巽方。"據改。

平羅縣

社稷壇，在城東門外。

先農壇，在城東門外。

風雲雷雨壇，在城東門外。

厲壇，在城北門外。

關帝廟，在城正南。

城隍廟，在城東南。

以上俱係乾隆六年動帑重建。

文昌閣，在城外東南。乾隆二十八年，生員龔弼等捐建。

三官廟，在城東北。

馬神廟，在城東北。

牛王廟，在南門外。

龍王廟，在南門外。

東嶽廟，在東門外。

掩骨寺，在北門外。

八蜡廟，在城外東北。

舊志載①

龍王廟，在賀蘭山大水口，石崖有泉，一股從神座後徃，一股前流下山。一在拜寺口，廟有泉水。今皆廢。

忠節祠，在常信堡，祀萬曆壬辰兵變死難士民，今廢。

保安寺，在城南，今廢。

靈州

社稷壇，在城西門外。

先農壇，在城東門外。

風雲雷雨壇，在城南門外。

厲壇，在城北。

文昌閣，在城東南。

關帝廟，在城正南。

城隍廟，在城西北。

旗纛廟，在城南大街。

---

① 參見《朔方新志》卷三《壇祠》。

馬神廟，在花馬池。

千佛寺，在城東。

華藏寺，在城北。

卧佛寺，在城東南。

白衣寺，在城西。

牛首寺，在城西南。有詩，見《藝文》。①

一百八塔寺，在峽口山。

三清觀，在城西。

龍王廟，在南門外。

舊志載②

永静寺，在城内。

興教寺，在城内。

石佛寺，在城北。

康濟寺，在韋州堡。

弘福寺，③ 在後衛。

真武觀，在城南。

三賢祠，在州内，祀總督楊一清、王瓊，河西道張九德，今皆廢。

中衛縣

社稷壇，在城西南，雍正五年建。

先農壇，在城東南，雍正十年建。

風雲雷雨壇，在城南，雍正十年建。

厲壇，在城西北。

文昌閣，在新鼓樓。

魁星閣，在東南城臺。

關帝廟，在東門外。

城隍廟，在城古樓東。

八蜡廟，在東門外。

---

① 參見本志卷二一《藝文·詩》載黄恩錫撰《登牛首山寺》。

② 參見《朔方新志》卷三《寺觀》。

③ ［校］弘福寺：原避清高宗弘曆諱改作"宏福寺"，據《朔方新志》卷三《寺觀》回改。下同。

馬神廟，在東門外。

河渠龍王廟，在城內。西路同知富斌、知縣黃恩錫倡建，有《記》。①

元壇廟，在城西門。

三皇廟，在東門外。

玉皇閣，在城北臺。

東嶽廟，在東關。

火神廟，在南門外。

牛王寺，在城東南。

藏經閣，在協署前。

真武廟，在城內。

華嚴寺，在城外東南十里，有磚塔，俗號"塔寺"。

香山寺，在香山。

羚羊寺，在永康堡。

塔兒寺，在寧安堡西十里。

白馬寺，在白馬灘。

安慶寺，在鳴沙州。

石空寺，在縣城北。

蘇武廟，在寺口。

米鉢寺，在寺口。

金龍王寺，在鳴沙州。

晏公廟，在永康渡口。

屏山寺，在棗園堡。

鈕公祠，在鳴沙州，祀寧夏道鈕廷彩。

高公祠，在東關外，祀西路同知高士鐸。

王公祠，在廣武堡，祀遊擊王正。

舊志載②

大佛寺，在西路邊外，元昊時建。③

---

① 參見本志卷二〇《藝文·記》、《中衛縣志》卷九《藝文編》載張若敏撰《龍神廟碑記》。

② 參見《朔方新志》卷三《寺觀》。

③ [校] 時：此字原脫，據《朔方新志》卷三《寺觀》補。

慶壽寺，在廣武堡。

弩瓦剌，在啟剌八山，[①] 元之廢寺。

坊　市

府城

〔坊〕

四牌樓，在城中，乾隆三年震災後動帑重建。東曰"東來紫氣"，西曰"西土孔固"，南曰"南薰解慍"，北曰"北拱神京"。"金聲玉振"坊在文廟前。廟東曰"騰蛟"，西曰"起鳳"。

"赤帝揚輝"坊，在南薰門外關帝廟前。

"乃聖乃神"坊，在關帝廟前紅花渠上。

"功德攸立"坊，在德勝門內關帝廟巷。

"關岳行宮"坊，在德勝門內岳廟巷口。

御書賜雲貴總督張文煥之父張應賦坊曰"雲林幽"，在鐵局街西。

御書賜雲貴總督張文煥坊曰"建牙統眾"，在光化門大街。

御書賜勇略將軍趙良棟坊曰"勇略邦屏"，聯曰："憶昔鷹揚能百勝，每思方略冠三軍。"在清和門大街，地震毀。

御書賜勇略將軍趙良棟坊曰"謀勇兼優"，在南薰門大街，地震毀。

御書賜兩廣總督趙弘燦坊曰"雅鎮海服"，在南薰門內東。

御書賜直隸總督趙弘燮坊曰"風清畿甸"，在南薰門大街，地震毀。

御書改賜前明經略馬世龍坊曰"總理六師"，在二府街口。

御書賜臺灣參將羅萬倉坊曰"夫忠婦節"，在永通橋南，地震毀。

御書賜雲南提督張國樑坊曰"小桓侯"，在國樑墓前。

御書賜古北口提督吳進義坊曰"夔鑠專閫"、"節鎮耆英"，在光化門大街。

敕建"同胞三義"坊，為馬世龍子獻圖、呈圖、負圖"三忠"立，在南塘，地震毀。

"五世封疆""三鎮元戎"，為寧夏總兵吳鼎，副都統吳坤、鶴麗，總兵吳開圻、溫州總兵吳開增、江南提督吳進義建，在四牌樓東。

"頂闕風雲"坊，為進士丁斗炳建，在光化門西，地震毀。

---

① [校] 弩瓦剌：《朔方新志》卷三《寺觀》作"弩兀剌"。

總兵署坊曰"綏靖銀疆",東曰"斗樞上將""箕翼雄師",西曰"關陝金城""朔方重鎮"。

道署坊曰"節鉞朔方",東曰"綱紀法度",西曰"禮樂兵農"。

寧夏府署坊,東曰"綱維五屬",西曰"表率兩河"。

部郎署坊,東曰"鎖鑰中外",西曰"控制華彝"。

寧夏縣署坊曰"醇俗丕興",知縣張嗣炳建。

寧朔縣署坊曰"農皁士賓",知縣周克開建。

旌表節婦坊共一十八處①

拔貢生李杼妻王氏坊,在柳樹巷。

庠生田大有妻江氏坊,在道署東大街。

武生馮長健妻陳氏坊,在柳樹巷。

儒童高迪吉妻王氏坊,在東遲巷。

儒童高繡妻陳氏坊,在東遲巷。

武生朱耀滄妻李氏坊,在東遲巷。

儒童馮朝鼎妻周氏坊,在西門大街。

監生趙秉鉞妻徐氏坊,在寧靜寺後。

民人王鶹妻王氏坊,在東遲巷。

民人胡恒妻李氏坊,在磑子市。

民人張蓁妻陳氏坊,在振武門大街。

民人高登第妻郭氏坊,在德勝門大街。

民人馬化龍妻王氏坊,在德勝門大街。

民人王元妻陳氏坊,在麟巷。

民人王進喜妻駱氏坊,在麟巷。

民人王欽妻孫氏坊,在馬神廟街。

民人姚振公妻高氏坊,在豬市街口。

儒童王琮妻源氏坊,在哈八巷。

舊志載明初坊表②

"恩隆三錫""賢冠宗藩"爲慶惠王立,在欞星門南。

"遺愛"爲中丞羅念山〔鳳翱〕立。

---

① [校]一十八:原作"一十七",據下文所載節婦坊實際數量改。
② 參見《朔方新志》卷一《地理·坊市》。

"司馬"爲兵部尚書徐琦立。

"尚書"爲兵部尚書胡汝礪立。

"三桂"爲王元、賈萬鎰、杜文錦立。

"文宗柱史"爲直隸學政黃綬立。

"黃門清要"爲潘九齡立。

"青瑣"爲管律立。

"都憲"爲楚書、馬昊立。

"天宮大夫"爲劉思唐立。

"黃堂司牧"爲李微立。

"進士"爲劉慶、楚書、黃綬、張嘉謨、劉思唐立。①

"麟經魁選"爲山岳立。

"群英繩武"爲歷科鄉舉立。

"一鳳鳴陽"爲屈大伸立。

"父子登科"爲梅信、梅羹立。

"兄弟魁名"爲夏景芳、夏景華立。

"鵬搏萬里"爲吳過立。

"黃甲蜚英"爲王元立。

"武帥"爲史鏞、② 保勛立。③

"忠烈"爲楊忠、李睿立。

"兩京都督"爲郭震立。

"兩鎮元戎"爲呂經立。④

"大都督""三膺樞府"爲趙應立。⑤

---

① 據《朔方新志》卷一《坊市》載,"進士"坊共有五,一人各立一坊。

② [校]武帥:原作"武師",據《朔方新志》卷一《坊市》改。

③ [校]保勛:原作"保勳",據《弘治寧志》卷三《寧夏後衛·宦蹟》、《嘉靖寧志》卷二《寧夏總鎮·宦蹟》、《朔方新志》卷一《坊市》改。下同。

④ 《朔方新志》卷一《坊市》載:"'三鎮元戎'爲吳鼎。"

⑤ [校]趙應立:此三字下原有"武帥爲史鏞立"六字,前文已載"武帥爲史鏞、保勛立",此重出,據刪。

"蘭山三鳳"爲王繼祖、①李廷彥、丁文亨立。②

"一門雙莭"爲曹澗立。

"六世同居"爲安廷瑞立。③

"三邊統帥""七鎮元戎"爲史昭立。④

"五桂聯芳"爲王師古、⑤楚書、汪文淵、梁仁、劉伸立。

"經元"爲程景元、⑥李暹、濮頤、⑦駱用卿、呂渭、吳冕、楊經、秦聘、⑧呂用賓立。

以上俱於萬曆壬辰兵變毁。

"宗烈"爲慶憲王方妃立。⑨

"宗義"爲宗室倪爋等六十三人立。⑩

"功德"爲中丞王崇古立。

"賢帥遺思"爲總兵蕭如薰立。⑪

"十年遺愛"爲中丞黃嘉善立。

----

① 〔校〕王繼祖：原作"王季祖"，據本志卷十四《科貢·進士》、《朔方新志》卷一《坊市》及卷三《文學·科貢》改。

② 〔校〕丁文亨：原作"丁文亭"，據本志卷十四《科貢·舉人》、《朔方新志》卷一《坊市》及卷三《文學·科貢》改。

③ 〔校〕安廷瑞：原作"安延瑞"，據本志卷十六《義》、《朔方新志》卷三《義·安廷瑞》改。

④ 〔校〕史昭：原作"史釗"，據《明宣宗實錄》卷八八、《明史》卷一七四《史昭傳》改。參見本志第279頁脚注〔一〕。又，《朔方新志》卷一《坊市》未載此兩坊。

⑤ 〔校〕王師古：原作"王思古"，據本志卷十四《科貢·舉人》、《朔方新志》卷一《坊市》及卷三《文學·科貢》改。

⑥ 據《朔方新志》卷一《坊市》載，"經元"坊共有九，一人各立一坊。

⑦ 〔校〕濮頤：原作"濮順"，據本志卷十四《科貢·舉人》、《弘治寧志》卷二《寧夏總鎮·人物·國朝科目》、《嘉靖陝志》卷三一《文獻十九·寧夏衛·科貢》、《嘉靖寧志》卷二《寧夏總鎮·選舉》、《朔方新志》卷一《坊市》改。

⑧ 〔校〕秦聘：原作"秦勝"，據本志卷十四《科貢·舉人》、《嘉靖陝志》卷三一《文獻十九·寧夏衛·科貢》、《嘉靖寧志》卷二《寧夏總鎮·選舉》、《朔方新志》卷一《坊市》、卷三《文學·科貢》改。

⑨ 〔校〕宗烈：此同《朔方新志》卷一《地里·坊市》，同書卷二《内治·藩封》作"宗烈春秋"。下同。

⑩ 〔校〕倪爋等六十三人："倪爋"，原作"倪勳"，據《朔方新志》卷一《坊市》、《明史》卷一一七《諸王傳》改。"六十三"，原倒作"三十六"，據《朔方新志》卷一《坊市》乙正。

⑪ 〔校〕遺思：此二字原脱，據《朔方新志》卷一《坊市》補。

"奕世承恩"爲蒯諫立。

"彤庭弼直""天綸重賁"爲侯廷佩立。

"天朝耳目""京卿"爲穆來輔立。

"威振華夷"爲關武安王立。①

"氣壯山河"爲岳武穆王立。

"進士"爲李廷彦立。

以上俱於乾隆三年地震毀。

滿城

四牌坊，在城之中，乾隆五年移城新建。東曰"承恩"，西曰"威遠"，南曰"定功"，北曰"拱極"。

西大街新建坊，東曰"恩澍"，西曰"惠澤"。

市集

府城

四牌樓，在大什子街，通衢四達，百貨雜陳，商賈雲集。

米糧市，在四牌樓西大街。

羊市，在城守營署前。

炭市，在羊肉街口南。

豬市，在南關。

東柴市，在古樓街。

西柴市，在鎮武門東。

騾馬市，在新街口北。

磑子市，在會府西。

青果市，在會府南。

番貨市，在四牌樓南。

舊木頭市，在箱櫃市西。

新木頭市，在道署南。

故衣市，在羊肉街口。

麻市，在什子東。

箱櫃市，在管達街口西。

---

① [校] 華夷：原作"華彝"，蓋清避"夷"字諱改，據《朔方新志》卷一《坊市》回改。

蔴生市，在什子東。

舊志載①

平善坊，市胡麻、糟糠、雜項貨物。

感應坊，市布帛。

清寧坊，市果品、顏料、紙筆、韡帽、山貨等物。

毓秀坊，市五穀並蘇杭等物。

凝和坊，市豬羊肉脯、果菜等物。

永春坊，市馬、牛、騾、驢、豕、羊。今皆廢。

按：寧夏府城，人煙輻湊，商賈並集，四衢分列，闤闠南北，蕃夷諸貨並有，久稱西邊一都會矣。平羅、靈州、中衛城僅數里，多就通衢貿易，坊市故不分載。各堡寨距城稍遠者，或以日朝市，或間日、間數日一市，或合數堡共趨一市，大抵米、鹽、雞、豚、用物而已。其布帛什器猶多於城。若靈州之花馬池、惠安堡，中衛之寧安堡，當孔道，通商販，其市集之盛，殆與州邑等。

街巷

自清和門至南薰門、光化門至鎮遠門

東門頭道巷、寧靜寺街、禮拜寺巷、樊家園、桑椹園、平羅倉巷、祠堂街。以上在南薰門東。

驛馬房、杜府街口、方妃祠巷、侯家巷、喇嘛寺巷、薩家巷、審理所巷、新街、硝房巷、會府巷、碴子市街、雞市街口、騾馬市巷、小院巷、柳樹巷、番貨市街、羊市街、府倉街、東蘆席巷、西蘆席巷、關帝廟巷、魯班廟巷、疊柳坡、管達街口、左司衙門巷、西方井街、白衣寺巷、鱗巷、儀賓府街、三聖菴巷、波羅菴巷、邊寧寺巷、鹽池巷、官財巷、宗茂巷、鐵局街、哈八巷、西哈八巷、薛家巷、三官廟巷、西塔寺街、老君廟街、新木頭市街、龍王廟巷、南門頭道巷。以上在光化門東。

西頭道巷、東高耳巷、西高耳巷、福寧寺街、三皇廟街、紅果樹巷、豬市街口、大井巷、三堂街口、羅家井巷、書院街、草塌街、祁家樓南巷、西門頭道巷、禮拜寺街。以上在鎮遠門南。

自清和門至德勝門、振武門至鎮遠門

---

① 參見《朔方新志》卷一《坊市》。

北頭道巷、二道巷、送子菴巷、井巷、花園巷、羊肉街口、二府街口、關帝廟巷、岳廟巷、紅牌樓街、稻草巷、磚巷、左營衙門巷、休休寺街、總府東柵口。以上在德勝門東。

馬神廟街、總府西柵口、真寧府街、二司街口、貴家巷、東柴市古樓街、萬壽宮巷、城隍廟街、菴北朝巷、陸紗帽巷、糠市街、中禮拜寺街、晏公廟灣、祠門巷、水利府街、倉巷、華嚴寺巷、犁花尖子、獻牛巷、上帝廟巷、王銀大街、鐘鼓樓巷、納家巷、堡子市、雷祖廟街、圓通寺街、經堂巷、鞏昌府街、大渠巷、道府西巷、火器庫巷、道府東巷、宏農府街、真武廟街、梅家街口、七府街口。以上在振武門東。

七府巷、姑子巷、牛王寺巷、水巷、馬營樓、姑子菴巷、永祥寺街、觀音堂巷、西門頭道巷。以上在鎮遠門北。

平羅縣

坊表

"抗逆孤忠"爲前明寧夏總兵蕭如薰立，在大街。

"精忠固圉"坊爲平羅參將孫應舉立，在米糧市。

旌表節孝坊：民人江孔漢妻王氏坊在城内，民人王施恩妻閆氏坊在城内，民人李攀桂妻錢氏坊在城内，民人馬之駱妻葉氏坊在高榮堡，民人程思茂妻侯氏坊在城南，民人侯璧妻賀氏坊在李剛堡。

市集

本城市集一處，每逢初三、二十、二十二日交易，有税。

寶豐縣市集一處，每逢二、五、八日交易，有税。

黄渠橋市集一處，每逢三、六、九日交易，無税。

頭閘市集一處，每逢一、四、七日交易，無税。

石嘴子市集一處，每逢初一、初十、二十日交易，有税。

靈州

坊表

"翠挹蘭峰""河東挺秀"坊，在西門外，乾隆十三年，知州劉輝祉建。①

---

① ［校］知州：原作"知縣"，據本志卷九《職官·皇清文職官姓氏》改。

城隍廟坊，在城北街，康熙丙申年建。①

興梁坊，在南門外，康熙四十年，中路同知祖良禎建。

欽賜烈婦李氏坊，在城西南街，乾隆三十六年建。

欽賜烈婦張蕭氏坊，在磁窰寨堡外，乾隆元年建。

旌表節婦坊：生員王式閭之妻李氏坊在城南，監生朱士梃之妻姚氏坊在城東，民人文運祥之妻魏氏坊在城內，民人許眼之妻周氏坊在城西，民人馬健明之妻蔡氏坊在韓家橋。

市集

州城米糧市一處。

吳忠、中營二堡市集各一處，每逢三、六、九日交易。

金積、胡家二堡市集各一處，每逢二、五、八日交易。

秦壩、漢伯二堡市集各一處，每逢一、四、七日交易。

惠安堡市集一處。

大水坑市集一處，每逢三、六、九日交易。

中衛縣

坊表

"銀川門户""玉塞津梁"二坊，在城西三里許。

市集

縣城集二處。

宣和堡市集一處。

舊寧安堡市集一處。

恩和堡市集一處，每逢三、六、九日交易。

鳴沙州市集一處，每逢一、四、七日交易。

白馬灘市集一處，每逢二、五、八日交易。

張恩堡市集一處，每逢三、六、九日交易。

石空寺堡市集一處。

棗園堡市集一處。

廣武堡市集一處。

---

① 康熙丙申：康熙五十五年（1716）。

寧夏府志卷七

田 賦

《禹貢》：咸則三壤，成賦中邦。① 雍州田上上而賦中下。說者謂地廣民稀，故賦下於田五等，亦由其壤積高，土厚水深，溝洫之制難盡施，川澤之利不克廣也。若寧夏河渠之美著於古今，然非良有司盡心厥職，則名存實亡，或轉因以爲病。嗚呼！民生莫要於農田，而農田必資於水利。雖有鄭〔渠〕、白〔渠〕之沃，不若召〔信臣〕、杜〔诗〕其人。守土者將寓撫字於催科，其必識所先務矣。志《田賦》。

丁 税

寧夏縣

户六萬一千二百二十八，口三十萬三百五十一。

寧朔縣

户三萬四千二百，口三十二萬二千二百四十四。

平羅縣

户一萬六千四百九十，口一十五萬八千三百六十。

靈州

户四萬五千八百八十五，口二十八萬四千七百七十六。

中衛縣

户四萬一千九百八十，口二十八萬六千七百九十四。

夏稅：小麥、豌豆。

秋稅：青豆、粟米。間徵穀。

---

① 參見《尚書·禹貢》。

穀草，七觔一束。秋青，七觔一束。按六十畝爲一分，每分二十六七束不等。

賦　額

寧夏縣

原額實地四千三百二頃二十畝四釐一毫四絲六忽八微九纖九塵六渺五漠。

自雍正十年起至乾隆四十二年，續次招户開墾，入額地四百九十三頃二畝四分七釐。

自雍正十年後，歷年勘報捐除水冲、沙壓地二百一十二頃六畝九分六釐三毫六絲。

乾隆四年，建築滿城、郡城及改挖管渠道，佔用地五十畝四分。

乾隆十年，在於欽奉上諭事案内，豁除通和堡地一十三頃。

乾隆三十一年，在於"河水湧漲、冲陷糧田"案内，豁除葉昇、任春等堡地八十三頃七十一畝八分。

今實額地四千四百八十五頃九十三畝三分四釐七毫八絲六忽八微九纖九塵六渺五漠。内：

上則全田三千七十二頃七十六畝零，每畝徵糧一斗二升、草四分六釐二毫九絲、地畝銀一釐。

上則樣田一十頃八十六畝零，每畝徵糧一斗二升、草四分六釐四毫。

上則公用養廉、學表等田一十四頃九十六畝零，每畝徵糧一斗五升。

上則蘆湖全田八十九頃七十一畝零，每畝徵糧一斗二升、地畝銀一釐。

中則蘆湖減田二百七十二頃六十六畝零，每畝徵糧六升。

中則易田五十六頃一十三畝零，每畝徵糧六升、地畝銀一釐。

中則穀田三頃五畝，每畝徵糧七升。

中則公用田一十六頃四十七畝零，每畝徵地畝銀二錢八分六釐八毫二絲四忽二微五纖四塵一渺九漠。

中則灘田八十畝，每畝徵地畝銀二錢四分八釐六毫四絲三忽七微五纖。

中則湖田一頃，每畝徵地畝銀一錢四分。

下則沙減田一十二頃二十六畝零，每畝徵糧三升。

下則硝鹻全田四百三十頃六十畝零，每畝徵地畝銀一釐、折糧草銀一分二釐五毫二絲九忽二塵七渺二漠。

下則硝鹻、蘆湖全田七頃八畝零，每畝折糧草銀一分二釐。

下則硝鹻易田一百五十五頃四十五畝零，每畝徵折糧草銀六釐。

下則硝鹻田三百四十二頃二十畝零，每畝徵地畝銀六釐。

應徵夏、秋糧共四萬三百三十五石二斗五升四合七勺七抄三撮九圭九粟七粒五顆八糠。內：

小麥六千三百一十六石八斗五升六合七勺一撮二圭八粟九粒七顆八糠，豌豆一萬四千三百二十九石八斗九升一合五勺九抄三撮四圭二粟一粒八糠，青豆一萬三千三百一十三石四斗九升三合二勺七抄九撮九圭九粟九粒八顆八糠，粟米六千三百一十六石八斗五升六合七勺一撮二圭八粟九粒七顆八糠，穀子五十八石一斗五升六合四勺。

應徵穀草一十四萬二千七百四十二束九釐二毫一絲九忽二纖五塵一渺九漠五埃。

應徵年例秋青一萬五千四百二十束。

應徵地畝併折糧草銀一千七百一十七兩八錢七分三釐三毫二絲一忽六纖三塵五渺二漠四埃。

原額身差人丁共三千九百五十四丁。雍正五年，在於"請做以糧載丁之例"案內，奉旨：通省以糧載丁，按照實徵地畝銀糧，均載丁銀。每糧一石，均載丁銀一分六毫一絲五忽。共徵銀四百五十七兩八錢八毫五絲一微一纖九塵九渺六漠。

原額人丁牛車一百一十四輛。每輛歲納銀四錢四釐三毫。共徵銀四十六兩九分二毫。

葫蔴市每年徵稅銀二兩四錢二分五釐七毫。

魚湖、柴湖二處，歲徵銀七十九兩五錢。

黑渠、塔下湖二處，歲徵銀五兩三錢一分。

園圃、官房，歲徵銀七兩二錢三分七釐四毫。

以上地畝、人丁，以及官房、園圃、湖灘雜地，歲共徵銀二千三百一十六兩二錢九分六釐。內：一歲支祭各壇廟祭祀銀九十七兩三錢七分。又支道憲俸薪銀二十兩八錢二釐。各役歲支工食銀二百三十四兩。又支空缺鄉歛銀二兩五錢。又支文武舉人每逢會試每名應領盤費銀五兩五錢二分四釐。

起運銀一千九百六十一兩六錢二分四釐。

寧朔縣

原額實地二千六百四十五頃五十七畝九分七釐四毫四絲五忽。

雍正三年，在於"分疆定界等事"案內，收左衛地一千四百八十四頃三十八畝四分四釐五毫九絲三忽三纖三塵二渺八漠。

雍正六七年，在於"欽奉上諭事"案內，收新墾入額地一百三十九頃一十八畝五分八釐一毫。

乾隆四年，在於"奏明事"案內，收新墾入額地三頃九畝四分五釐。

乾隆十三年，在於"移建滿城"案內，收招民開墾旗地八頃四十九畝三分。

乾隆十八年，收沙壓復出民地七頃一十二畝六分七釐。

乾隆十九年，收蔣鼎堡民人新開地一頃八十五畝。

乾隆二十三年起至四十三年，收續次開墾入額地二百一十四頃四畝五分。內除奉旨豁除新渠、滿城地一百六十一頃八十四畝三分八釐二毫九絲三忽。

雍正二年，在於"慶藩之遺糧累民日久等事"案內，奉旨：豁免荒田四頃五十一畝二分。

乾隆四年，在於"恭請聖鑑事"案內，奉旨：豁除佔用表糧地三畝。

乾隆十八年，在於"彙報各屬偏隅被災等事"案內，豁除河水冲崩地十頃四十三畝一分。

乾隆二十三年起至四十四年，續次勘報捐除河崩沙壓地一百三頃四畝七分。

今實額地四千二百三十二頃七十三畝六分四釐六毫。內：

全田三千七十一頃六十八畝零，每畝徵糧一斗二升、草四分五釐九毫五絲八忽三微、地畝銀一釐。

蘆湖全田六頃五十二畝零，每畝徵糧一斗二升、地畝銀一釐。

蘆湖減田二百七十六頃九十畝零，每畝徵糧六升。

沙磧田一十六頃零，每畝徵糧七升。

沙減田二十七頃零，每畝徵糧三升。

硝鹻全田一百五十九頃零，每畝徵折糧草銀一分二釐五毫四絲、地畝銀一釐。

硝鹻減田五百四十八頃零，每畝徵折糧草銀六釐。

湖田六十二頃一十九畝零，每畝徵湖銀五分九毫八絲八忽一微九塵五渺二漠。

养廉学租田六十六畝零，每畝徵糧一斗八升。

公用田四頃一十九畝零，每畝徵銀三錢四分三釐七毫四絲八忽四微一纖八塵七渺。

上則全田八十畝零，共徵糧九石六斗七升零、草三十七束三分零、地畝銀八分零。

中則蘆湖減田四十一畝零，共徵糧二石五斗零。

下則硝鹻全田二頃二十七畝，共徵地畝折糧草銀三兩七分零。

中則易田七十一畝零，共徵糧四石二斗七升零。

中則沙減田八十四畝，共徵糧二石五斗二升零。

下則硝鹻田二頃八畝，共徵銀一兩二錢四分零。

中則易全田六十一畝，共徵糧三石六斗六升、地畝銀六分零。

中則沙減田六十四畝，共徵糧一石九斗二升。

下則硝鹻全田二十畝，共徵地畝折糧草銀二錢七分零。

下則硝鹻減田四十畝，共徵銀二錢四分。

原額更名地二百一十三頃六十二畝八分四釐八毫三絲。内：

府地全田九十四頃六十六畝零，每畝科糧一斗五升、草九分二釐五毫七絲一忽四微二纖八塵五渺、地畝銀一釐。

鹻田二十六畝零，每畝科糧一斗二升、地畝銀一釐。

花檔田四十二畝零，每畝科銀三錢七釐二毫二絲八忽六微六塵六渺六漠。

靛田八十一畝零，每畝科銀一錢九分六釐一毫二絲。

銀田一百一十七頃四十七畝零。内有十頃六十三畝零，每畝科銀一錢六分九釐五毫六絲八忽。又有二頃七十五畝零，每畝科銀五分六釐四毫四絲。又有一百四頃九畝零，每畝科銀五分三釐八毫五忽七微五纖二塵三渺。

按：更名地係前明廢藩租地，至本朝定鼎，編入正額。每畝徵糧一斗八升，徵銀三錢七釐零。歷年河水冲崩，田去糧存，民間苦之。乾隆二年，郡人栗爾璋任廣東道監察御史，奏請寧夏更名田照民屯田上、中、下減則完納，豁免水冲沙壓，以甦民困。部議交本省督撫詳查。經知縣辛禹籍查出，寧朔縣偏重地一百一十二頃零，應減糧五百六十九石零、銀一百八十八兩零。水冲沙壓地九千四百三十七畝零，應免糧一千七百八石零。

具題部議，令其酌減，不得全行豁除。至乾隆十六年議准：更名田上則每畝減三升，下俱實納一斗。花檔減銀一錢七分。靛田減銀一錢五分。銀田上則減銀一錢五分，中則減銀九分六釐九毫，下則減銀六分九釐。而更名田始定。

以上原額更名共實地四千四百四十六頃三十七畝四分九釐四毫三絲。

共應徵夏、秋糧三萬七千九百四十五石二斗四升三合九勺，內有各堡無著懸糧六十八石四升六合。內：

小麥五千九百八十二石二斗二升八合二勺，豌豆一萬三千二百一十八石五斗六升四合九勺，青豆一萬二千五百八十四石九斗六升二合六勺，穀子一百五十四石一斗八升一合三勺，粟石六千五石三斗六合九勺。

共應徵穀草一十五萬一千三百二束二分二釐，內有各堡無著懸草二百一十五束一分九釐二毫九絲。

共應徵年例秋青一萬二百八十束。

共應徵地畝並折糧草銀一千六百兩六錢三分一釐五毫六絲四忽九微七塵八渺八漠二埃。內有各堡無著懸銀三兩七分二毫六絲。

原額身差人丁一千四百七十丁。雍正五年，在於"請做以糧載丁之例"案內，奉旨：通省以糧載丁，按照實徵地畝糧銀均載。每糧一石，均載丁銀一分六毫一絲五忽。共徵銀四百二十二兩三錢八分三釐七毫七絲四忽六微九塵一渺八漠。

更名田均載丁銀三十二兩八錢八釐七毫五絲六忽二微。

應徵公用銀一百四十四兩八分二釐。

柴湖四處，共徵銀三十兩二錢四分五釐九毫九絲。

柴湖灘一十四處，共徵銀一百六十六兩二錢六分一釐五毫三絲八忽。

官店房地基三處，共徵銀二百八十八兩一錢九分一毫。

園圃二處，共徵銀六兩一錢五分六釐一毫。

膠泥採柴湖灘一座，共徵銀八錢五分。

以上地畝、人丁，並湖灘雜地、園圃、官房，共實徵銀二千六百九十二兩五錢九分八釐。內除續次勘報河冲沙壓地，停徵銀三十一兩九錢七分一釐外，實徵銀二千六百六十兩六錢二分七釐。內：

一歲支祭各壇廟祭祀銀九兩三錢二分，又支空缺鄉飲銀二兩五錢。文武舉人每逢會試，每名應領盤費銀五兩五錢二分四釐。

起運銀二千六百四十八兩八錢七釐。

平羅縣

原額實地四千七十三頃四十一畝五分六釐。

歷年以來收入新墾地四千六十九頃二十二畝，又額地五十畝。內：

乾隆三十年，奉旨：豁除上寶閘、下寶閘沙壓地一百一頃六十二畝。

乾隆三十二年，奉旨：豁除新、舊户、東永惠等二十七堡沙壓地一百二十八頃九十一畝一分。

乾隆三十九年，奉旨：豁除新户、渠口等堡河崩地一百二十五頃七十畝。

今實額地七千七百八十六頃九十畝五分六釐。內：

舊户科則全田六百一十頃五畝零，每畝徵糧一斗二升、草四分六釐二毫九絲、地畝銀一釐。

蘆湖全田三頃四十七畝四分五釐，每畝徵糧一斗二升、地畝銀一釐。

易田六十六頃五十六畝八分五釐，每畝徵糧六升、地畝銀一釐。

減田一千五百二十一頃四畝零，每畝徵糧六升。

高亢田一十九頃三十一畝一分四釐，每畝徵糧七升。

新户科則全田四百三十頃二十畝零，每畝徵糧一斗二升、地畝銀一釐。

減田一千二百二十三頃二畝零，每畝徵糧六升。

硝鹻全田二千五百九十七頃六十二畝，每畝徵鹻銀一分二釐五毫四絲、地畝銀一釐。

硝鹻減田一千三百一十五頃六十畝零，每畝徵鹻銀一釐。

共應徵夏、秋糧三萬三百三石五斗五升八合九勺。內：

小麥七千六百九十九石三斗五升六合七勺，豌豆一萬五百八石四升七合六勺，青豆四千二百七十九石六斗六升四合九勺，粟米七千六百九十九石三斗五升六合七勺，穀子一百一十七石一斗三升三合。

共應徵穀草四萬四千二百二十束四分七釐。

共應徵地畝銀四千三百八十八兩六錢二分八釐。

原額身差人丁三十四丁。雍正五年，在於"請倣以糧載丁之例"案內，奉旨：通省以糧載丁，按照實徵地畝銀糧，均載丁銀。每糧一石，均載丁銀一分六毫一絲五忽，共徵丁銀一百四十三兩五錢一分九釐。

以上地畝、人丁共實徵銀四千五百三十二兩一錢四分七釐。內。①

靈州

原額地三千四百一十六頃九十四畝三分八釐。

額外牛息糜糧四百五石一斗九升。

在於"特參貪酷不職等事"案內，收茆年開墾入額地，六十七頃六十四畝三分二釐。

又養廉牛犋湖田等地六十九頃四十七畝八分四釐。

除歷年勘報河冲沙壓地四百三十頃七十五畝八分一釐。

雍正九年，在於"酌請分疆定域"案內，請設花馬池州同，分管熟地八百二十二頃八十五畝二分六釐。除牛息糜糧四百五石一斗九升。

今實額地二千三百頃四十五畝四分六釐二毫。內：

上則全田一百三十一頃八十四畝零，每畝徵糧一斗二升、草四分六釐三毫、銀八釐八絲五忽。

中則全田五百七十四頃四十六畝零，每畝徵糧一斗二升、草四分六釐三毫、銀三釐一毫八絲。

中全田八頃，每畝徵糧一斗二升、草四分六釐三毫、銀一釐八毫一絲。

上民田三百六十八頃七十四畝零，每畝徵糧八升、草三分二釐、銀八釐八絲五忽。

中民田二百九十五頃二十七畝零，每畝徵糧八升、草三分、銀三釐一毫八絲。

土兵田五頃九十九畝零，每畝徵糧八升、草三分三釐、銀三釐一毫八絲。

一則沙田五十五畝零，每畝徵糧三升、銀七釐八絲五忽。

二則沙田四十三頃四十八畝零，每畝徵糧三升、銀二釐一毫八絲。

一則山田一十三頃六十一畝零，每畝徵糧三升三合九勺七抄一撮七圭八粟、銀二分六釐九毫七絲二忽八微一纖四塵二渺。

二則山田一十八頃七畝，每畝徵糧三升三合、銀一分八釐一絲一忽六纖八塵七渺。

───────

① ［校］內：據本志編修體例，"內"字後一般都有田賦的分項說明，據此，本"內"字後疑有脫文，或"內"字為衍文。

三則山田二百八十三頃二十四畝零，每畝徵糧七合、銀七毫六絲八忽七微六纖七塵七渺一漠。

沙薄田一百四十七頃四十五畝零，每畝徵糧三升、銀一分三釐四毫四絲八微五塵九渺八漠。①

硝全田一百四十二頃九十二畝零，每畝徵銀一分五釐七毫二絲。

硝齅全田五十二頃三十三畝零，每畝徵折糧草銀一分二釐五毫四絲、地畝銀一釐。內有三十畝，每畝徵"九釐銀"七釐八絲五忽。折糧草銀、地畝銀並同。

硝齅減田四十一頃二十六畝零，每畝徵銀一分三釐三毫五絲七忽。內有二十一頃八十二畝零，每畝徵硝銀一分二釐五毫四絲、地畝銀八毫一絲七忽。

硝齅田五頃五十六畝零，每畝徵折糧草銀一分二釐五毫四絲。

硝田三頃二十畝零，每畝徵銀一分二毫四絲。

硝齅民田二十三頃一十四畝零，每畝徵地畝銀一釐、折糧草銀一分二釐五毫四絲。內有二頃七十畝零，每畝徵地畝銀七釐八絲五忽，折糧草銀並同。

硝民田二十五頃八十三畝零，每畝徵銀一分二釐五毫四絲。

民銀田四十一頃八十畝零，每畝徵折糧草銀三分，地畝銀二釐一毫八絲。

原額更名地四百八十九頃六十二畝。內：

全田一百四頃四十五畝零，每畝徵糧斗二升、草三分、銀三釐一毫八絲。

糜穀上田三十三頃六十三畝零，每畝徵糧一斗一升、銀二釐一毫八絲。

糜穀中田一百三十四頃五十七畝零，每畝徵糧七升五合、銀二釐一毫一絲。

糜穀下田一十三頃八十四畝零，每畝徵糧五升五合、銀二釐一毫八絲。

一則齅田九十一頃四十二畝零，每畝徵糧八升、銀二釐一毫八絲。

二則齅田二十九頃四十七畝零，每畝徵糧六升四勺四抄三撮七圭、銀

---

① ［校］銀：原作"草"，據本志書例及《靈州志蹟》卷二《丁稅賦額志第九》改。

二釐一毫八絲。

口糧田九頃八十四畝零，每畝徵糧七升五合、銀三釐一毫八絲。

銀田十頃，每畝徵糧三分三釐一毫。

硝田四十二頃三十五畝零，每畝徵銀一分三釐五毫四絲。

硝全田一十三頃九十畝零，每畝徵銀一分五釐七毫七絲七忽二纖四塵一渺四漠六埃。

半硝田六頃六畝零，每畝徵糧六釐二毫七絲五忽四微三纖八渺八漠。

以上共實地二千七百九十頃七畝四分零。

共應徵夏、秋糧一萬八千二百二十一石七斗七升九合五勺，內除冲壓地畝奉文停徵糧六百二十三石三斗九升四合七勺，實徵糧一萬七千五百九十八石三斗八升四合八勺，內：

小麥二千五百二十八石二斗四升五合二勺，豌豆五千六百一十三石一斗五升一合一勺，青豆五千三百四十五石二斗七升九合三勺，粟米四千一百一十一石七斗九合二勺。

共應徵穀草六萬一千二百七十二束五分六釐。

共應徵地畝並折糧草銀六百一十三兩一錢三分二釐。"九釐銀"八百七十兩五分八釐。銀田布價銀二百一十四兩四錢四分二釐。牛犋銀四十四兩一錢八分二釐。

原額身差人丁，雍正五年在於"請做以糧載丁"案內，奉旨：通省以糧載丁，按照實徵地畝銀兩均載丁銀，每糧一石均載丁銀一分六毫一絲五忽。共徵丁銀二百一十六兩七錢五分七釐。

以上共徵銀一千九百五十八兩五錢七分一釐。內除冲壓地畝停徵銀一百四十二兩五錢六分九釐，實徵銀一千八百一十六兩二釐。州庫存留自支銀二百五十五兩二錢四分。一歲支祀各壇廟祭祀銀三十二兩七錢二分，又支惠安堡鹽捕通判俸銀二十兩。① 各役歲支工食銀一百七十四兩。餘銀四十六兩五錢二分，係裁汰鹽課大使各役原額俸工銀四十三兩五錢二分，空缺鄉飲銀三兩。文武舉人每逢會試，每名應領盤費銀五兩五錢二分四釐。

起運銀一千五百六十兩七錢六分二釐。

花馬池州同分管靈州

原額地八百九十五頃五畝三分八釐。內：

---

① ［校］二十：原脫"十"字，據本志卷九《職官·皇清文職官制》補。

民地八百八十九頃一十五畝三分八釐，每畝徵黃米七合；屯田五頃九十畝，每畝徵青豆三升。

應徵糧六百四十石一斗七合七勺。內：

黃米六百二十二石四斗七合七勺，青豆一十七石七斗。應徵丁銀一十兩一錢八分二釐。

中衛縣

原額地二千一百二十五頃四分八釐零。

乾隆二十三年，在於"詳請豁除民累事"案內，查出開墾陞科地九十頃七十九畝二分五毫。

乾隆四十四年，在於"詳請陞科事"案內，查出香山磴子井開墾入額地八頃六十二畝。

乾隆二十三年，在於"會報各屬偏隅被災等事"案內，奉旨：豁除河崩地一百二十頃八十三畝二分一釐七毫。

乾隆二十六年起至四十三年，續次勘報捐除河崩沙壓地一百七十八頃三十畝一毫。

今實額地二千九百二十五頃二十八畝四分六釐七毫。內：

上則全田一千八百八十四頃一十畝四分三釐，每畝科糧一斗二升、草三分、銀一釐。內有地二十五頃七十一畝一分六釐，其地稍薄，例不徵銀。

中則全蘆湖田二百四十頃五十一畝四分，每畝徵糧六升、草三分、銀一分七毫。

下則半蘆湖田一百頃一十四畝六分八釐，每畝徵糧三升、草三分。

公用田五頃，每畝徵糧三錢。

下則全鹼田六百三頃一十一畝八分四釐，每畝徵銀一分三釐、草三分。內有全鹼田九十頃五十七畝八分四釐，例不徵草。

下則半鹼田八十八頃六十七畝九分七釐八毫，每畝徵銀六分四釐、草三分。

下則半硝鹼田七十一頃一十畝一分三釐，每畝徵銀六釐五毫、草三分。

山田八頃六十二畝，每畝徵銀六釐。

應徵夏、秋糧共三萬五千一百六十四石五斗一升七合。內：

小麥八千九百四十一石一斗，豌豆九千四十一石四斗，青豆一萬一千四百二十一石五斗三升八合一勺，粟米五千七百六十石七斗七升二合。

應徵穀草八萬七千五百七十一束五分。

應徵地畝銀一千八十四兩二錢八分四釐三毫九絲五忽。

原額身差人丁，雍正五年在於"請做以糧載丁"案內，奉旨：通省以糧載丁，按照實徵地畝銀兩均載丁銀，每糧一石均載丁銀一分六毫一絲五忽。共徵丁銀二百六十一兩四錢一分五釐六毫五忽。

以上共徵銀一千三百四十五兩七分。內：

每歲支祭各壇廟祭祀銀四十二兩八錢四分。又支渠寧巡檢司養廉銀六十兩，本縣典史養廉銀六十兩，文武舉人每逢會試每名應領盤費銀五兩五錢二分四釐。又支浮額孤貧銀七兩四錢七分六釐五毫。

起運銀一千一百七十四兩七錢一分四釐。

明初原額田一萬八千八百三十二頃餘。萬曆七年後，河沙囓沒。壬辰兵變，人田兩無，稅糧銀草虛懸無著者一千九百八十餘頃。入額田一萬六千八百四十餘頃。七衛二所，歲額徵夏、秋糧一十二萬七千五百一十石餘，草十八萬六百二十六束零，地畝銀一千二百一十一兩零，折糧草銀一千六百一十三兩零。春三月發羨卒修濬各渠，秋八月各採秋青草數十萬束不等。

有表田供總府進表用。公用田貯藥局供官軍藥餌、各衙紙筆燭炬。樣田折銀貯寧夏庫，供祭文廟用。今其制皆廢，名尚存。

侍郎羅汝敬初定賦則，每畝夏稅麥四升、豌豆六升，秋稅粟米二升。夏忠靖公〔原吉〕謂邊地恐難經久，汝敬復奏曰："黃河自崑崙入中國數萬里，爲害於汴梁，獨利於寧夏。一斗二升起科，猶爲輕則。"迨後歷年既久，地利漸微，又加以宿水停滯，土脈積寒，民力困於徵輸，逋轉內地，屯田半荒。嘉靖十一年，巡撫都御史王華、① 楊志學奏准麥二升、豌豆二升，皆以青茶豆抵之，民困稍舒。萬曆時巡撫都御史朱笈奏請捐除河崩、沙壓、高原、宿水、抛荒、無影等田一千餘頃。疏載《藝文》。②

按：甘省緣邊，地多枯瘠不毛。寧夏擅黃河之利，號稱沃野。然方輿數千里，入額之田僅二萬三千二百餘頃，其中高者沙礫，下者斥鹵，膏腴之壤實不及半。而且近山多風沙覆壓，瀕河則濁浪冲崩。懸賦浮租，往往

---

① ［校］王華：此二字原脫，據《朔方新志》卷一《食貨·賦役》。
② 參見本志卷十八《藝文·疏奏》載朱笈撰《豁免屯糧賠累疏》。

而有。或抵撥新墾，或勘報捐除，是以賦額亦時有損益。大率田分數等起科，夏、秋二稅外，草束、丁銀亦因田輕重。其間名目繁多，每因前代屯田舊則，今或有不可考者矣。

前明寧夏屯田以五十畝為一分，一軍承之。餘丁則田無定數，彼此許其過割。初每百戶軍三屯七，蓋以二人之耕供一軍之用。田有鱗次，皆約束於總旗。故田之肥瘠廣狹、丁之多寡老幼，無不周知，事易集而差易辦。其後屯役浩繁，人皆貪緣應軍而棄田。總旗又以陞陟為謀，棄屯入操。至嘉靖時，原額屯軍十止三四，頂補餘丁十乃六七。丁壯力富者，又為旗甲所隱，以致差拔不均，逋亡相望。戶口凋耗，視昔過半。至於天〔啟〕、崇〔禎〕之世，邊黎困敝，殆不可言矣。

鹽法

寧夏鹽捕廳靈州花馬小池產鹽，地方周圍三十六里零。池設有壕牆，按年疏築，限隔內外。

舊鹽井二百眼，額壩夫二百名。徵紙價銀五百二十二兩三錢四分、工食銀二千四百五十七兩六錢。撈鹽六萬一千四百四十石，引六萬一千四百四十張，徵課銀一萬三千二百四十兩三錢二分。又於雍正六年，在"鹽井增添"案內，查出新井二百二眼，共四百二眼，額壩夫四百二名。雍正十三年，在"署員成效已著"案內，增引六千張，新舊共引六萬七千四百四十張。原額每引徵銀一錢一分五釐五毫。自康熙十五年至二十五年，在於"量增鹽課"各案內，遞有加增。除康熙二十年恩詔"豁免遇閏增課"，二十五年部議"停徵五分加增"二案外，現額每引徵銀二錢一分五釐五毫。共徵課銀一萬四千五百三十三兩三錢二分，按年解布政司奏銷。額產鹽六萬七千四百四十石，在於平〔涼〕、慶〔陽〕兩府，各廳、州、縣，並寧夏河東各營、堡行銷。

一，平涼府屬行銷州、縣、衛、所一十三處，① 並鹽茶廳屬紅古等四營堡

平涼縣原額引五千一百二十張，額徵課銀一千一百三兩三錢六分。

崇信縣原額引五百六十張，② 額徵課銀一百二十一兩七錢五分七釐五毫。

---

① ［校］一十三：此同《乾隆甘志》卷十八《鹽法》，然下文列舉州、縣共"一十一處"。
② ［校］六十：《乾隆甘志》卷十八《鹽法》作"六十五"。

華亭縣原額引一千四百三十張，額徵課銀三百八兩一錢六分五釐。

鎮原縣原額引五千二百五十二張，額徵課銀一千一百三十一兩八錢六釐。

固原州原額引一萬六百一十四張，額徵課銀二千二百八十七兩三錢一分七釐。

涇州原額引九千五百八十六張，額徵課銀一千一百六十三兩七錢。①

靈臺縣額引五千四百張，額徵課銀一千一百六十三兩七錢。

靜寧州原額引五千五百張，額徵課銀一千一百八十五兩二錢五分。

莊浪縣原額引八百張，額徵課銀一百七十二兩四錢。

隆德縣原額引四千五百五十張，額徵課銀九百八十兩五錢二分五匣。

鹽茶廳所屬紅古城等四堡原額引三百四十一張，額徵課銀七十三兩四錢八分五釐五毫。

一，慶陽府屬六州、縣、衛②

安化縣原額引一千五百一十四張，額徵課銀三百二十六兩二錢六分七釐。

合水縣原額引八百一十五張，額徵課銀一百七十五兩六錢三分二釐五毫。

環縣原額引五百九十五張，額徵課銀一百二十八兩二錢二分二釐五毫。

正寧縣額引五百四十三張，額徵課銀一百一十七兩一分六釐五毫。③

寧州原額引五千四十張，額徵課銀一千八十六兩一錢二分。

靈州所屬吳忠等堡一十九堡原額引二千三百八十六張，額徵課銀五百一十四兩一錢八分三釐。

中衛所屬鳴沙州等堡十堡原額引一千三百八十九張，額徵課銀二百九十九兩三錢二分九釐五毫。

雍正十三年增引六千張，並於兩府各屬分派行銷。

---

① ［校］一千一百六十三兩七錢：《乾隆甘志》卷十八《鹽法》作"二千六十五兩七錢八分三釐"。

② ［校］六州縣衛：此同《乾隆甘志》卷十八《鹽法》。按："六"疑當作"五"。慶陽府屬有一州"寧州"，四縣"安化、合水、環、正寧"，共有五州、縣，未有衛的建置。

③ ［校］正寧縣額引五百四十三張額徵課銀一百一十七兩一分六釐五毫：此二十七字原脫，據《乾隆甘志》卷十八《鹽法》補。

附歷代鹽法

《周禮》有鹽人之職，① 漢置鹽鐵官，鹽政之設舊矣，而寧夏鹽池至唐始見於史。

《唐·食貨志》載：②"鹽州五原有烏池、白池、瓦池、細項池。靈州有溫泉池、兩井池、長尾池、五泉池、紅桃池、回樂池、弘靜池。會州有河池。三州皆輸米以代鹽。"③

周廣順二年，④敕令慶州榷鹽務：今後每有青鹽一石抽稅錢八百八十五陌、⑤鹽一斗。白鹽一石抽稅錢五百八十五陌、⑥鹽五升。⑦此外不得別有邀求。

宋至道末，凡禁榷之地，官立標識、候望以曉民。其課鹽通商之地：⑧陝西則京兆、⑨鳳翔府，同、⑩華、耀、乾、商、涇、原、邠、寧、儀、渭、鄜、坊、丹、延、⑪環、慶、秦、隴、鳳、階、成州，保安、鎮戎軍。按：宋初鹽莢，只聽州縣給賣，初未嘗有官鈔也。雍熙二年，令商人所在納銀，赴京請領交引，蓋邊郡入納算請始見於此。端拱二年，置折中倉，令商人輸粟京師，蓋在京輸粟算請始見於此。天聖七年，令商人榷貨務入納錢銀，蓋在京入納錢銀算始見於此。慶曆八年，⑫以兵部員外郎范

---

① 參見《周禮·鹽人》。

② 參見《新唐書》卷五四《食貨志》。

③ ［校］輸米：原作"輸粟"，據《新唐書》卷五四《食貨志》改。

④ ［校］二年：此同《五代會要》卷二六《鹽》、《文獻通考》卷十五《征榷考二·鹽鐵》，《舊五代史》卷一四六《食貨志》、《册府元龜》卷五〇四《關市》均作"三年"。

⑤ ［校］八百八十五陌：此同《五代會要》卷二六《鹽》、《文獻通考》卷十五《征榷考二·鹽鐵》，《舊五代史》卷一四六《食貨志》、《册府元龜》卷五〇四《關市》均作"八百文以八十五爲陌"。

⑥ ［校］五百八十五陌：此同《五代會要》卷二六《鹽》、《文獻通考》卷十五《征榷考二·鹽鐵》，《舊五代史》卷一四六《食貨志》、《册府元龜》卷五〇四《關市》均作"五百"。

⑦ ［校］五升：原作"一升"，據《舊五代史》卷一四六《食貨志》、《五代會要》卷二六《鹽》、《册府元龜》卷五〇四《關市》、《文獻通考》卷十五《征榷考二·鹽鐵》改。

⑧ ［校］課：原作"顆"，據文意及《靈州志蹟》卷二《丁稅賦額第九·鹽法》改。

⑨ ［校］陝西：原作"京西"，據《宋史》卷一八一《食貨志》改。

⑩ ［校］同：原作"固"，據《宋史》卷一八一《食貨志》改。

⑪ ［校］延：此字原脫，據《宋史》卷一八一《食貨志》補。

⑫ ［校］慶曆：原作"天聖"，據《宋史》卷一八一《食貨志》、《長編》卷一六五改。

祥鈔法，① 令商人就邊郡入錢四貫八百售一鈔，至解池請鹽二百斤，任其私賣，得錢以實塞下，省數十郡搬運之勞。行之既久，鹽價時有低昂。又於京師置都鹽院，陝西轉運司自遣官主之。京師食鹽，斤不足三十五錢則斂而不發，以長鹽價，② 過四十則大發庫鹽，以壓商利。使鹽價有常而鈔法有定。行之數十年，③ 人以爲利。

元昊時，請售青、白鹽。宋以其味佳、值賤，入中國則擾邊，且阻解池、絀國用，遂不許。

至元元年，④ 各州縣戶口額辦鹽課，運官召商發賣，惟陝西運司官每年預期差人分道齎引，遍散州縣。陝西食鹽之戶，該辦課二十萬三千一百六十四錠有餘。⑤ 內鞏昌、延安等處認定課鈔一萬六千二百七十一錠，慶陽、環州、鳳翔、興元等處歲辦課一萬七千九百八十五錠。其餘課鈔因關陝旱饑，民多流亡，至順三年鹽課，十分爲率，減免四分。行之三載，尚多虧負。時至元二年，監察御史帖木兒不花及廉訪使胡通奉疏："陝西百姓許食解鹽，地遠腳力艱澀。今後若因大河以東之民分定課程，買食解鹽，大河以西之民，計口攤課，⑥ 任食韋紅之鹽，則官不被擾，民無蕩產之禍矣。且解鹽結之於風，韋紅鹽產之於地，東鹽味苦，西鹽味甘，又豈肯舍其美而就其惡乎。使陝西百姓一概均攤解鹽之課，令食韋紅之鹽，則鹽吏免巡禁之勞，⑦ 而民亦受惠矣。"因命陝西行省官及李御史、運司同知郝中順會鞏昌、延安、興元、奉元、鳳翔、邠州等官，與總帥汪通議，俱稱當從帖木兒不花、胡通奉所言，限以黃河爲界，陝西之民從便食用韋紅二鹽，⑧ 解鹽依舊西行，⑨ 紅鹽不許東渡。獨郝同知言：⑩ "運司每歲辦

---

① ［校］兵部：此同《夢溪筆談》卷十一《官政》，《長編》卷一六五、《治蹟統類》卷二八《用度損益》作"屯田"。
② ［校］鹽價：原作"下價"，據《夢溪筆談》卷十一《官政》改。
③ ［校］數十年："十"字原脫，據《夢溪筆談》卷十一《官政》補。
④ ［校］至元元年：原作"元"，據《元史》卷九七《食貨志》改。
⑤ ［校］有餘：此二字原脫，據《元史》卷九七《食貨志》補。
⑥ ［校］口：原作"日"，據《元史》卷九七《食貨志》改。
⑦ ［校］鹽：原作"監"，據《元史》卷九七《食貨志》改。
⑧ ［校］二鹽：疑當作"之鹽"，即韋州紅鹽池之鹽。參見《元史》卷九七《校勘記》［四］。
⑨ ［校］鹽：原作"引"，據《元史》卷九七《食貨志》改。
⑩ ［校］言：原作"鹽"，據《元史》卷九七《食貨志》、《乾隆甘志》卷十八《鹽法》改。

课四十五萬錠，陝西該辦二十萬錠，今止認七萬錠，餘十三萬錠從何處恢辦？"議不合而散。户部遂參照至順二年例，以涇州白家河永爲定界，聽民食用。仍督所在軍民官嚴行禁約，勿致韋紅二鹽犯境侵課。① 中書省如所議行之。

　　洪武間，靈州鹽課司歲辦靈州二百八十六萬七千四百七斤。萬曆六年，歲解寧夏鎮年例銀一萬三千三百四十二兩。成化二十三年，② 移萌城批驗所於紅德城堡。令黑城、乾溝二路鹽車俱抵慶陽府城市卸載。商人同店主執引駇過，赴行鹽地方貨賣畢，引目付店主銷繳。③ 弘治二年，令靈州鹽課司行鹽地方仍舊於平凉、靜寧、隆德、慶陽、環縣等處。嘉靖八年，議准大池增三萬三千六百二十六引，小鹽池增二萬二千四百一十七引。每引二錢五分，卧引銀一錢，共一萬九千六百一十五兩，送平凉府收貯，專備禄糧。十四年，題准靈州小鹽池額鹽三千一百零五引，專供花馬池一帶修邊支用。其加增鹽三萬引，召商開中，三邊輪流買馬，或接濟軍餉支用。三十四年，奏准陝西行鹽地方，每鹽二百斤爲一引，每引收銀四錢五分。西鹽二分搭配漳鹽八分。俱聽分守隴右道監理收銀，年終解送花馬池營管糧衙門防秋兵馬支用。隆慶五年，題准花馬池大、小二池鹽，每引照鹽四倍。河東令各商報納，每引增銀一錢二分，共五錢二分，其卧引銀一錢二分。西路斗底銀一錢五分，共增課銀七千有奇。成化九年，差御史一員巡視河東運司，併陝西靈州大、小二池鹽，課其陝西、河南所屬分巡各道官帶管鹽法者，④ 悉聽節制。慶陽府每歲委佐貳官一員，⑤ 監支靈州鹽課司商人納馬官鹽及民間食鹽。⑥

　　舊志：⑦ 原額鹽三千二百餘引，弘治九年，延〔綏〕、寧〔夏〕二鎮輪招馬匹，尋乃奏革。正德初，總制楊一清奏擬河東運司例，每引收銀一

---

① 〔校〕韋紅：原倒作"紅韋"，據《元史》卷九七《食貨志》乙正。
② 〔校〕二十三年：原作"二十二年"，據《明會典》卷三六《鹽法》、《乾隆甘志》卷十八《鹽法》改。
③ 〔校〕引目：原作"引日"，據《明會典》卷三六《鹽法》、《乾隆甘志》卷十八《鹽法》改。
④ 〔校〕帶管："管"字原脱，據《乾隆甘志》卷十八《鹽法》補。
⑤ 據《明會典》卷三六《鹽法》，事在成化二十三年（1487）。
⑥ 〔校〕監：原作"兼"，據《明會典》卷三六《鹽法》、《乾隆甘志》卷十八《鹽法》改。
⑦ 參見《朔方新志》卷一《食貨·鹽法》。

錢五分，增課五萬二千引。時户部又奏改易芻糧。其引與淮、浙同在南京户部關支。劉瑾專恣，又令北京户部亦造引板，於是真贋不分，新故俱滯。瑾既敗，兩奉詔裁革，奸深弊固，猶不能禁。總制劉天和、巡撫楊守禮檄僉事孟霦議照："寧夏小鹽池乃天生自然之利，窮邊軍餉之需，何先年人人願中，以爲奇貨可居，今日報納無人，視之以爲陷阱？皆緣舊引未清，新鹽阻滯。邊方雖有鹽池之設，軍需略無分文之裨。嚴法清查，其弊始革。巡撫張潤尋又奏復萌城批驗，鹽法稍通，然課猶未甚。今則增至淮引八萬五千、浙引十萬九千五百。夏之邊需故取足於屯糧，歲有定數，不足則請給帑銀。嘉靖年間請發內帑不敷，乃派淮、浙鹽引以充急用。或淮多浙少，或淮、浙相均，一視歲計盈縮量派。嘉〔靖〕、隆〔慶〕之際，始定淮四浙六。官價淮引五錢，浙引三錢五分。照派定糧草輸足，各赴淮、浙運司守支。淮引微有奇贏，浙引虧折太甚。加以開召不時，斗頭高估，① 諸商遂稱困矣。萬曆初，巡撫羅鳳翱寬減芻糧斗頭，商困少解。迨後内瑾寓於江南騐引，專掣内商賄買夾帶，一引十鹽。此竇既開，邊商鹽引難售，資斧虧折，困苦如水益深。"又云："二十年兵變，開城糧餉缺乏。巡撫周光鎬題增淮鹽八萬引，官價每引五錢。長蘆鹽二萬引，官價每引二錢五分。共算銀四萬五千兩，隨同額鹽招商輸納糧草，以備軍興，庶幾定爲經制。不意三十七年，復將前項鹽引銀兩停發，改濟別邊。後巡撫黃嘉善題討，② 暫准三萬兩接濟。又巡撫崔景榮題討，僅歲復一萬，而終無濟於那借。巡撫楊應聘再題討復疏，下部未復。"

按：鹽池之在三山兒者曰"大鹽池"，在故鹽城之西北者曰"小鹽池"。其他名"孛羅"等池最多，皆分隸大鹽池。其鹽大都不勞人力，因風自生，殆天產以資邊需者也。又《地理志》"懷遠縣有鹽池三"，③ 去城北各三十里俱有池一，其產不多，官亦不禁，不知於古何名。河東邊外有花馬、紅柳、鍋底三池，以邊外棄。

茶法

寧夏茶引原額四百道，每引額茶一百一十四斤，繳課銀三兩九錢。順治九年，招商承辦，寧夏商額引二百五十道，靈州商額引一百道，中衛商

---

① ［校］斗頭：原作"高頭"，據本志下文及《朔方新志》卷一《食貨‧鹽法》改。
② 黃嘉善及下文提及崔景榮、楊應聘等人之疏參見《朔方新志》卷二《內治‧錢糧》。
③ 參見《舊唐書》卷三八《地理志》。

領引五十道。嗣因食茶人少，消售維艱。康熙時，寧夏商告繳引八十道，靈州商告繳引三十道，中衛商告繳引二十道。現額引二百七十道。舊例皆湖廣黑茶，後因禁止市口以茶交易，康熙五十年，各商呈請改色，赴浙採辦，便內地消售。議定每十引，浙茶九，湖茶一。各商採買由潼關廳查照，截角驗放。雍正四年，靈州商採辦無力，道、府議詳，將額引並歸寧夏各商照例行銷。雍正十三年，中衛商亦呈請在府一體行銷。每歲共納課銀一千零五十三兩，俱本府收解。

按：前明茶法，陝甘獨河州、洮州、西寧有茶馬司。本朝初年增莊浪、甘州二茶馬司，皆因其地通番以茶易馬，其他內郡別無官商。寧夏之有官茶，舊志不載，想自國朝始矣。寧夏之茶，只就寧夏行銷。雖經康熙時各商告繳引若干，尚餘二百七十引，計茶二萬七千餘斤。一府之地，若中衛、靈州現皆不能通行，所恃者獨夏、朔二邑耳。以二邑之地歲銷二萬七千餘斤之茶，不可謂不多矣，況復私販射利，實繁有徒。稽查稍疎，則四路雲集，官茶壅滯，銷售倍難。將來課稅稽延，勢且不免。然則寧夏惠商之政，此最所宜加意矣。

雜稅

寧夏府衙門經管：茶課銀一千零五十三兩。南關稅局每月額定正項銀三十三兩五錢六分一釐。騾、馬、牛、羊四市，每市額定正項銀一十九兩六釐。棉花店二座，每歲額定房租銀一十兩。當舖每座歲收課銀五兩。寧夏縣現在當舖四十四座，歲收課銀二百二十兩。寧朔縣現在當舖四十八座，歲收課銀二百四十兩。平羅縣現在當舖二十二座，歲收課銀一百一十兩。靈州現在當舖五十座，歲收課銀二百五十兩。中衛縣現在當舖四十一座，歲收課銀二百五兩。

寧夏縣布店九座，每座收稅銀一兩六錢。山貨店五座，每座收稅銀一兩二錢。騾腳店一座，收稅銀一兩二錢。斗行三名，每名納稅一兩二錢。

寧朔縣布店三座，每座收稅銀一兩六錢。山貨店八座，每座收稅銀一兩二錢。騾腳店一座，收稅銀一兩。騾馬、牛、豬、羊四市牙行四名，每名納稅銀六錢。斗行一名，納稅銀一兩二錢。

平羅縣斗行二名，每名納稅銀六錢。騾馬市牙行二名，每歲納稅銀六錢。

以上各行共額設牙帖三十九張，每歲共收銀四十七兩。

寧夏、寧朔縣經管田房稅契，歲無定額。每價銀一兩，照例收銀三分。

　　平羅縣經管石嘴山口稅一處，於乾隆十八年奉文入平羅經收。每月逢初一、初十、二十日徵收。歲約收銀七百餘兩。本城及寶豐畜稅二處，每月逢初三、十二、二十二日徵收。歲約收銀九十餘兩。本城及寶豐設立牙行三名，每歲收課銀一兩八錢。黃渠橋斗行一名，歲繳銀六錢。田房稅契，歲無定額，每價銀一兩，照例收租銀三分。

　　靈州經管本城稅局，歲額正項銀二百二十六兩。橫城口稅一處，歲額正項銀二兩七分六釐。花馬池口稅一處，歲額正項銀一十二兩一錢二分八釐。吳忠、惠安、同心城、興武營各堡，歲收課銀二百五十兩。牙帖歲納銀三十兩四錢。田房契稅，歲無定額，每價銀一兩，照例收稅銀三分。

　　中衛縣經管本城及寧安各堡，歷設畜稅銀無定額，盡收盡解。城堡市貨坐稅銀無定額，皆西路廳經收起解。後缺裁，仍歸縣。雍正七年，奉文在縣西設閘門過稅，歲無定額，盡收盡解。雍正八年，奉文設花布、山貨、菸、油、斗牙行，共牙帖十五張，每年納稅銀十一兩八錢。田房契稅，歲無定額。每價銀一兩，照例收稅銀三分。

寧夏府志卷八

水　利

源流

《史記·河渠書》：①"自武帝築宣房後，朔方、西河、河西皆引河以溉田。"又《匈奴傳》云：②"驃騎封狼居胥山。漢渡河自朔方以西至令居，往往通渠置田，官吏卒五六萬人。"③此寧夏河渠所由昉也。《西羌傳》又云，④虞詡奏復朔方、西河、⑤上郡，使謁者郭璜激河濬渠爲屯田，則開漢渠者虞詡、郭璜矣。唐渠不見開鑿由始。

《唐書》：⑥"李聽爲靈州大都督長史，於境內復故光禄廢渠以溉田。"寧夏在唐時爲懷遠縣，隸靈州。凡《唐書》所言靈州，皆兼寧夏。五原有光禄塞，漢光禄勳徐自爲所築，渠名光禄，意亦自爲所開。然則今之唐渠，或亦漢舊渠而復濬於唐耳。《吐蕃傳》載：⑦"虜酋馬重英寇靈州，奪御史、尚書、填漢三渠。"⑧皆謂漢渠。惟靈州有特進渠，⑨《地理志》云"長慶四年詔開"，⑩而亦不著其人。

---

① 參見《史記》卷二九《河渠書》。
② 參見《史記》卷一一〇《匈奴傳》。
③ ［校］五六萬人：此四字原脱，據《史記》卷一一〇《匈奴傳》補。
④ 參見《後漢書》卷八七《西羌傳》。
⑤ ［校］西河：原作"河西"，據《後漢書》卷八七《西羌傳》改。
⑥ 參見《舊唐書》卷一三三、《新唐書》卷一五四《李聽傳》。
⑦ ［校］吐蕃傳：原作"吐魯番傳"，據《新唐書》卷二一六下《吐蕃傳》改。
⑧ ［校］奪御史尚書填漢三渠：原作"塞漢御史尚書光禄三渠"，據《資治通鑑》卷二二五改。
⑨ ［校］特進渠：《四庫》本《唐會要》卷八九《疏鑿利人》作"時逐渠"。
⑩ 參見《新唐書》卷三七《地理志》。

又後魏刁雍請自富平西南三十里有艾山，① 鑿以通河。② 富平，即寧夏地西三十里，今有廢渠，疑即艾渠。

宋劉昌祚圍夏城，城人決黃河七級渠以灌營。《元和志》言：③ "千金陂在靈武縣北四十二里，漢渠在縣南五十里，從漢渠北流四十餘里始爲千金陂。其左右又有胡渠、御史、百家等八渠。" 宋楊瓊，史稱其開渠溉田，今皆不知其處。

元郭守敬、董文用，修復唐來、漢延各渠，更立插堰，今漢、唐二壩是也。舊制以薪木，明僉事汪文輝易以石，工益固。

國朝康熙四十七年，水利同知王全臣開大清渠。雍正四年，又欽命侍郎通智、單疇書等開惠農渠，與漢、唐並列，河渠之利益廣。

靈州、中衛各有渠。舊志：元張文謙疏："興州古唐來、漢延二渠，及夏、④ 靈、應理、鳴沙四州正渠十，支渠大小共六十八。" 然大抵唐、漢故蹟，文謙爲增治疏濬者居多，不自元始也。

渠道

唐渠，口開寧朔縣大壩堡青銅峽，經府城西而北至平羅縣上寶閘堡，歸入西河，長三百二十里七分一十三丈。大小陡口共四百四十六，澆灌寧夏、寧朔、平羅三縣田五千七百六十三分：自正閘起至站馬橋，陡口一百四十五道，灌寧夏、寧朔二縣田三千二百三十五分；自站馬橋起至稍，陡口三百零一道，灌平羅縣田二千五百二十八分。順治十五年，巡撫黃圖安奏請重修。雍正九年，發帑重修，督修官侍朗通智、御史史在甲、寧夏道鄂昌、寧夏府知府顧爾昌、水利同知石禮圖。乾隆四年，發帑重修，承修官寧夏道鈕廷彩。乾隆四十二年，寧夏道王廷贊奏請借帑大修。

漢渠，口開寧朔縣陳俊堡二道河，經府城東而北至寧夏縣王澄堡，歸入西河，長一百九十五里八分。大小陡口共四百七十一，澆灌寧夏、寧朔二縣田五千六百九十分：自葉昇堡張天渠起至王澄堡殷家口，陡口二百八十七道，灌寧夏縣田四千八百八十七分；自渠口起至唐鐸堡後渠，陡口一

---

① ［校］西南：原作"西"，據《魏書》卷三八《刁雍傳》改。

② 據《魏書》卷三八《刁雍傳》載，刁雍上表，非提議鑿艾山以通河，而是如本志卷四《古蹟》所載，刁雍"上表，請自艾山南鑿渠通河，溉公私田四萬頃"。刁雍上表提議，在艾山以南的平地上鑿渠通水。

③ 參見《元和郡縣圖志》卷四《關內道·靈州》。

④ ［校］興州古唐來漢延二渠及：此十字原脫，據《朔方新志》卷二《內治·宦蹟》補。

百九十四道，灌寧朔田八百三分。順治十五年，巡撫黃圖安奏請重修。康熙四十年，河西道鞠宸咨修。康熙五十一年，同知王全臣重修各暗洞，並甃以石。雍正九年，發帑重修，承修官寧夏道鈕廷彩、水利同知石禮圖。乾隆四年，發帑重修，承修官鈕廷彩。乾隆四十二年，寧夏道王廷贊奏請借帑大修。

　　清渠，國朝水利同知王全臣開，口在寧朔縣大壩堡馬關嵯，至宋澄堡歸入唐渠。渠介漢、唐二渠間，以濟二渠高田不能均溉者，長七十二里。[①] 大小陡口一百二十九道，灌溉寧朔縣田一千零九十六分六畝七分。康熙四十七年九月初一日興工，十三日告竣。雍正十二年重修，乾隆四年發帑重修，承修官寧夏道鈕廷彩。乾隆四十二年，寧夏道王廷贊奏請借帑大修。

　　惠農渠並昌潤渠，皆侍郎通智、寧夏道單疇書等奉旨肇開。惠農渠，口初在寧夏縣葉昇堡俞家嘴，並漢渠而北，至平羅縣西河堡，歸入西河，長二百里。乾隆五年經震災，奏請復修，自俞家嘴至通潤橋，增長一十里有奇。乾隆九年，寧夏府知府楊灝詳請，通潤橋以下接渠尾至市口堡，又增長三十里。乾隆十年，又改口於寧朔縣林皋堡朱家河。乾隆三十九年，因河流東注，又改口於漢壩堡剛家嘴，至平羅縣尾閘堡入黃河，共長二百六十二里。大小陡口一百三十六道，澆灌寧夏、平羅二縣田四千五百二十九分半：自口東岸起至通吉堡寶塔渠，陡口一十三道，灌寧夏縣田二百餘頃；自通義橋以下至稍，陡口一百二十三道，灌平羅縣田四千三百餘頃。雍正四年七月興工，七年五月告竣，費帑銀十六萬。乾隆五年，並昌潤渠重修，承修官寧夏道鈕廷彩。乾隆四十二年，寧夏道王廷贊並奏請借帑重修。

　　昌潤渠與惠農渠同時開。原接引惠農之水，後因兩渠一口，不敷分灌，乾隆三十年，寧夏府知府張爲旃詳准，[②] 受水戶民自備夫料，另由寧夏縣通吉堡溜山子開口，至永屏堡歸入黃河，長一百三十六里。大小陡口一百一十三道，澆灌平羅縣埂外田一千六百九十七分半。

　　舊貼渠，由大壩唐渠正閘旁另開一閘，自南迤北至漢壩堡，稍入漢渠，長二十四里，陡口三十一道，溉大壩、陳俊二堡田一百二十二分。

---

① [校] 七十二里：《乾隆甘志》卷十五《水利》作"七十五里"。
② [校] 張爲旃：本志卷九《職官・歷代職官姓氏》作"張爲栴"。

新貼渠，由舊貼渠分水，自南迤北至清渠沿稍，長五十六里，陡口二十八道，溉大壩、陳俊、蔣鼎、瞿靖、玉泉等堡田三百九十七分半。

城東南小渠一，飛槽引紅花渠水跨壕入城。

城西北、南小渠二，飛槽引唐來渠水跨濠入城。明永樂甲申，[①] 總兵何福以城中地鹻水鹹，開竇引渠入城灌園，周流汲飲。

唐渠大支渠

大新渠，在城南，遶東而北，長七十六里。

紅花渠，在城東南，北流，長二十八里。

良田渠，在城西，北流，長九十九里。

滿達剌渠，在城西北，轉東北流，長六十里。

白塔渠，在桂文堡，長二十九里三分。

新濟渠，在鎮朔堡，長六十五里。

大羅渠，在洪廣堡，長二十五里。

小羅渠，在常信堡，長二十里。

果子渠，在高榮堡，長二十三里五分。

和集渠，在周澄堡，長十七里。

柳新渠，在平羅城，長九里。

黑沿渠，在平羅城，長十五里。

亦的小新渠，在張亮堡，長二十里。

柳郎渠，在平羅城，長二十里半。

曹李渠，在平羅城，長十里。

揚招渠，在平羅城，長二里半。

他他渠，在靖益堡，長十五里。

掠米渠，在豐登堡，長十八里。

羅哥渠，在常信堡，長六十里。

高榮渠，在高榮堡，長二十里。

漢渠大支渠

水磨渠，在葉昇堡，長二十里。

大北渠，在葉昇堡，長十五里。

果子渠，在任春堡，長四十九里三分。

---

① 永樂甲申：永樂二年（1404）。

瀉渾渠，在王洪堡，長二十三里。
南皋渠，在王洪堡，長十九里三分。
北皋渠，在王洪堡，長二十五里。
大營後渠，在鎮河堡，長二十五里。
畢家渠，在金貴堡，長三十里。
各陡渠，在金貴堡，長三十里。
小營後渠，在金貴堡，長十六里。
大高渠，在潘昶堡，長十九里。
南毛渠，在潘昶堡，長十九里。
北毛渠，在潘昶堡，長二十九里。
惠農大支渠
六墩渠，在六中堡，長十里。
泮池渠，在通福堡，長十四里。
交濟渠，在交濟堡，長二十五里。
仁義渠，在六羊堡，長十五里。
隆業渠，在沿河堡，長十里。
任吉渠，在沿河堡，長十五里。
惠威渠，在惠威堡，長二十五里。
寶閘渠，在通平堡，長二十里。
小三渠，在長渠堡，長十九里。
滾珠渠，在北長渠堡，長十八里六分。
官四渠，在渠中堡，長五十里。
普潤渠，在西河堡，長十七里。
元元渠，在西河堡，長十六里。
萬濟渠，在萬寶屯堡，長十五里。
閘壩

各渠既引河水入口，其旁則有滾水壩，用碎石樁柴鑲砌，水漲，任從上溢出，以消其勢。過此有退水閘，或三或二，水小則閉之，使盡入渠水，大則酌量啟之，使洩入河。又過此爲正閘，則渠之咽喉也。唐、漢二渠閘壩，皆元郭守敬、董文用舊制。向皆用木，歲久易朽，勞費不貲。明隆慶六年，僉事汪文輝始易以石，工巧備至，甫成漢閘，即擢尚寶卿去。萬曆元年，巡撫羅鳳翱檄僉事解學禮、周有光竟其事，六年始竣。國朝同知王全臣開清渠，侍郎通智開惠農渠，皆倣其制。

　　唐渠正閘一座，六空。上建橋房十三間、碑亭一座、旁房三間。旁閘四：曰關邊，四空；曰安瀾，五空；曰匯暢，四空；曰寧安，四空。朔方舊志：①"曰平頭，曰石頭，曰寧安，曰關邊。"尾閘一道。滾水壩一道，長三十丈。

　　漢渠正閘一座，四空。上建橋房九間、碑亭一座、旁房三間。旁閘三：曰安定，四空；曰平泰，四空；曰永寧，四空。滾水壩一道。朔方舊志："曰平頭，曰廟後，曰安定。②"

　　清渠正閘一座，二空。上建橋房五間、碑亭一座、旁房三間。旁閘三：曰盈寧，二空；曰永清，二空；曰底定，二空。滾水閘一道。

　　惠農渠正閘一座，五空。上建橋房九間、碑亭一座、旁房三間。旁閘四：曰滌閘，四空；曰建瓴，四空；曰平濤，四空；曰慶讕，四空。尾閘一道。塘房二十七處，今廢。

　　昌潤渠正閘一座，五空。碑亭一座。旁閘四：曰裕昌，五空；曰福昌，五空；曰靜潤，五空；曰平波，五空。分水閘一座，二空。

　　西河

　　自寧夏縣河西寨起，至平羅縣北，東入於河，長三百五十里。蓋四渠各陡口剩水多洩於湖，群湖之水則匯而洩於西河。上有橋十六道。

　　暗洞

　　西河在漢渠東，渠西各湖之水，阻漢渠不能達，故穿漢渠下，甃石爲洞，橫通湖水。

　　漢渠暗洞五：林皋暗洞在林皋堡。唐鐸暗洞在唐鐸堡。魏信暗洞在魏信堡。張政暗洞在張政堡，今廢。王澄暗洞在王澄堡。

　　惠農渠暗洞七，洩河西寨以上湖水之不入西河者。永暢暗洞、美利暗洞，並在葉昇堡。永涵暗洞在任春堡。永連暗洞，今廢。永泓暗洞在王洪堡。通和暗洞在楊和堡，今廢。通寧暗洞在河西寨。舊尚有永固、彙歸二洞，今廢。

　　飛槽

　　四渠分布，東西阻隔，往往有此渠之地而因勢乘便，接引彼渠之水以

---

① 參見《朔方新志》卷一《水利·寧夏》。
② ［校］安定：原作"永寧"，據《朔方新志》卷一《水利·寧夏》改。

接濟者，則用木槽跨渠上通之，曰飛槽。

舊貼渠飛槽一，在陳俊堡。

惠農渠飛槽六：葉昇堡水磨渠一，任春堡三水渠一、果子渠一，王泰堡南皋渠一、北皋渠一、瀉畢渠一。

舊志：① 飛槽八，漢渠四，唐渠四。

堤埂

惠農渠迫近河岸，恐河水泛漲，渠被冲决，沿河築堤以護之。

舊堤埂，原開惠農渠築。起寧夏縣王泰堡，至平羅縣石嘴口，長三百五十里。

新堤埂，乾隆五年修復惠農渠築。起寧夏縣王泰堡，至平羅縣北賀蘭山阪，長三百二十里。

堋

渠口閘壩恐被水冲刷，相險要處築堤以障之，俗名曰"堋"。查字書無此字，今多從俗寫。

唐渠：迎水堋，長三里零二丈。賈家河溝堋，窄津堋，大灣堋，馬神廟堋。舊志：② 王現堋、今名"王祥堋"。張貴堋、陳敬堋。③ 今名"城牆堋"。

漢渠：石子雙堋，晏公堋，晏公外河堋，青銅堋，野虎堋，城牆堋。舊志有蔣淮堋，④ 今廢。

清渠：楊家河堋，施家堋。

惠農渠：將軍堋。

底石

侍郎通智修渠，製石埋各段工次，上鎸"准底"字。⑤ 每歲春濬，以挑見此石為准。

唐渠三處：正閘下一，大渡口一，西門橋一。

漢渠五處：正閘下一，龍泉閘一，李俊閘一，王全閘一，板橋下一。

清渠一處，在正閘下。

惠農渠二處：正閘下一，通寧橋下一。

---

① 參見《朔方新志》卷一《食貨·水利·寧夏》。
② 參見《朔方新志》卷一《食貨·水利·寧夏》。
③ ［校］陳敬堋：《朔方新志》卷一《食貨·水利·寧夏》作"陳敬壅水湃"。
④ 參見《朔方新志》卷一《食貨·水利·寧夏》。
⑤ ［校］准底字：本志本卷下文《上撫軍言渠務書》作"準底二字"。

夫

舊例每田一分，出夫一名，清明日上工，立夏日工竣，共挑濬一月。田半分者，挑十五日。又有零夫，挑一二日者，皆計田畝分挑。冬月捲埽，例撥半分田人夫，抵其次年春工之夫。春工後又挑挖西河，派夫曰"熱夫"，歲有定額。西河雖在寧夏、平羅地，而朔縣田畝宿水皆由之出，故派三縣夫協挑。其各渠正夫，皆出自本渠受水各堡。到工遲延，或有逃亡者，計日倍罰。

唐渠額夫六千六百六十五名零五日一分。

漢渠額夫四千八百七十二名零十二日四分。

清渠額夫九百一十二名零九日。

惠農渠額夫三千九百七十二名零十二日。

昌潤渠額夫二千二百五十九名。

共額夫一萬八千六百八十名有零。

西河額夫：寧夏縣二百二十名，寧朔縣四十名，平羅縣六百一名，共額夫八百六十一名。

水手

司各閘啟閉，呈報渠口水勢消長。

清渠二十名，唐、漢渠各四十名，每名給額田一分，不徵銀兩草束。惠農渠水手四十四名，每名撥給靈州營灘敞地一分，不徵銀兩草束。昌潤渠二名，每名給額田五十畝，不徵銀兩草束。

委官

每春濬時，用紳士鍊達渠務者分段督修，量給公費，曰"委官"。間亦用營員，無定數。

顏料

舊例每田一分，出柴四十八束，每束重十六斤。沙椿十五根，長三尺。水利同知於先年十一月徵貯各壩，以備來春之用。或須紅柳、白茨、芀菩，則令民完納，抵其應交之草。總名曰"顏料"。須用右灰，亦於草內折銀燒造。每草一束，折銀一分。閘壩間有冲損，需用石塊，亦於先年仲冬估計採辦，運至工所，並在折色內開銷。

康熙四十八年，寧夏道鞠宸咨以柴料過多，議請對半減勉，每田一分，收草二十四束。雍正八年，署同知靳樹鍭詳請以六本四折徵收。堡分近渠口者交本色，稍遠者交折色。每草一分折錢三百五十文，椿一分折錢六十文，以供採買紅柳等項之用。惟清渠顏料無多，全徵本色。

乾隆二十六年，巡撫明〔德〕以每年積弊，包折夫料無濟實用，令議減徵。經前署寧夏道薩估勘以各渠工料不敷，全徵本色，其需用採買錢文，於漢、惠農二渠人夫折價充用。二十七年後，經寧夏道富〔尼漢〕、寧夏道蘇〔凌阿〕仍儀定七本三折徵收。折夫之例，永行停止。

唐渠額徵渠草一十二萬七千二百七十三束，樁十萬一千四百一十四根一分二釐。

漢渠額徵渠草一十二萬一千八百九十二束三分，樁九萬二千四百五十七根二分三釐。

清渠額徵渠草二萬五千一百一十一束，樁一萬七千六百九根零。

惠農渠額徵渠草八萬七千五百四十九束八分，樁五萬九千五百八十六根，芀菩七千七百八十四束零。

昌潤渠額徵渠草四萬九千六百九十八束，樁三萬三千八百八十五根，芀菩四千五百一十八束。共徵草四十一萬一千五百二十四束一分，樁三十萬四千九百五十一根三分五釐，芀菩一萬二千二百九十七束四分六釐。

封俵

每歲立夏開水，例委官封水。將上游各支渠陡口閘閉，逼水至稍，取稍民得水結狀以爲驗，名曰"封水"。封水之時，於大支渠酌留水二三分不等，名曰"俵水"。到稍後，自下而上，以次開放。頭水、二水以至冬水，皆如是。然因時酌濟，往來稽查，惟在司其事者。若徒循成例，僅委衙役，則偷水、賣水之弊，悉由此生焉。

捲埽

每歲冬水既畢，河水凍結，於十一月時用柴土堵塞河口，名曰"捲埽"。使春融時河水不能溢入，渠身乾涸，乃可修濬。至立夏工竣，則決去所捲之埽，開水入渠。

各正閘立木一竿，爲候水則。五寸爲一分。河水小則閉退水閘，逼水盡入正閘，河水大則開退水閘，洩入河。唐渠之西門橋，漢渠之張政橋，皆有候水木尺。蓋二橋居二渠中，測水分數可知到稍早晚。峽口水如長至八尺外，例由寧夏府飛遞詳報至南河防護各工。

用水節候

漢、唐、惠農各長數百里，欲使渠流三時給足，令民間自酌物候，隨宜澆灌，勢必不能。故有頭輪水、二輪、三輪水之說，皆官爲封俵，上下始給。初開水爲頭輪水，澆大小麥、豌豆、扁豆，名曰夏田。其次，胡麻、青豆、高粱、蠶豆及瓜菜。各渠下段，又多種旱糜、穀，亦須灌。立夏後十日內外得水者及時，半月後得水即減分數，二十日或一月不得水，雖有穫，僅二三分矣。

小滿後種穀子，芒種前後種稻，夏至種糜子、菉豆，曰秋田。年前不澆冬水，俟新水灌溉，乃可下種。過期便少穫。故二輪水最要，秋、夏田皆須灌。三輪水，亦添灌夏、秋田。小暑、大暑時，稻地尤不可一日絕水。立秋後漚麻，末伏種冬菜。

唯白露前後，夏田已收，秋田皆熟，此時水可稍退。然亦須酌留四五分，澆蕎麥、遲糜子及冬菜。冬水，霜降後封俵，至立冬後須遍。此爲來歲夏田根本，須灌足，及春方可下種。然此後水無所用，往往有浸灌道塗者，亦須禁。

大抵各色麥、豆，得水四次大穫，三次者亦豐收。二次減半，一次或過遲，皆無濟矣。種稻須水最多。然夏、朔二縣，地多低下，易生鹻，種麥、豆三四年，必輪約種稻一次，借水浸以消鹻氣，亦出於不得已。

靈州〔渠道〕

秦渠，自州屬青銅峽開口，至州城北門外洩入澇河，延長一百二十里。正閘二空，曰秦閘。尾閘曰黑渠閘。大支渠一十二道，灌民田一十一萬七百畝零。康熙時，參將李山重修，俱以石甃底，長百餘丈，歲省夫料無算。

漢渠，自青銅峽秦渠上流開口，至胡家堡洩入澇河，延長一百里。正閘二空，曰漢閘。其後河勢偏西，常苦無水。康熙四十五年，中路同知祖良貞改深閘底，又增長迎水堋，水乃足用。康熙五十二年，同知祝兆鼎重修東岸，以洩山水冲決之害。大支渠九道，灌田一十二萬五千八百畝零。每歲春濬，俱係民間自備夫料。

中衛縣〔渠道〕

美利渠，自元以來名"蜘蛛渠"。舊由石龍口，尾達勝金關。嗣因岸徙渠淤，口窒不能受水。嘉靖壬戌，[①] 撫軍毛中丞〔鵬〕始命道參文武督本衛丁夫，改濬於舊口之西六里，甫月餘而渠成，易今名。至國朝康熙

---

① 嘉靖壬戌：嘉靖四十一年（1562）。

中，渠岸漸高，不能引水。三十年，乃於舊口上流議開石渠。勞費工料，數載弗成。至四十年，副總兵袁公鈴開石壩疊埧，水復通流。第渠口稍狹，山岸石根雄勁，南岸口埂低缺，渠口受水不多。四十五年，西路廳高士鐸鳩工開鑿。比舊加深三尺，廣闊一丈，南岸亦砌石爲埧，從斯水利溥焉。前此荒廢地，墾復五百餘頃，皆成稻田。且不辭心勞，清核包隱夫役，省察勤惰。向之計期五旬，且撥門夫助役者。今按田分出夫，率一月工竣矣。自沙坡下開口，延遶東北，至馬槽湖八塘灣，共澆地四萬六千五百畝。渠口下至迎水橋十五里許，設閉水閘一道，計六空。旁鑿減水閘一道，凡五空。其下有趙通閘、頭閘、營兒閘、王家閘、汪家閘、李家閘、官閘爲堵水，分入支渠，歲通力合作焉。渠尾出油梁溝勝金關西入河。渠身闊三丈五尺，深一丈，沿長二百里。

貼渠，自縣西南邊牆抵河處開口，引水東北流，溉城南暨柔遠堡地二萬三千一百餘畝。至黎家莊、范家莊下，沿長六十里，亦歸油梁溝入河。渠口下有閘七道、退水三處、大橋三處、暗洞一道、飛槽九處。

鎮靖堡北渠，自縣南河沿開口，引水東北流，過磚塔寺，遶堡東南，沿長三十里入河。計溉田一萬一千八百四十畝。渠身闊二丈五尺，深五尺。自口至身，有三百戶閘、北渠閘、高渠閘，杜家樹退水，雍家莊、潘家灣二退水暗洞。有堡門南大橙槽、富家橙槽等處。

鎮羅堡新北渠，自縣南河沿開口，引水東北流，至李家莊遶堡東南，抵石家渠入河。沿長四十里，闊二丈五尺，深四尺，計溉田一萬九百五十畝。出水一道，暗洞一道。

永興堡新渠，自鎮羅南李家嘴開口，引水向東北，分爲南、北二渠。南渠分溉長灘一帶，北渠分溉雷家莊一帶。二渠共閘一十一道、橙槽二道、暗洞一道，溉田共六千二十餘畝。渠身闊一丈五尺，深四尺。延長二十五里，稍入河。

石空寺堡勝水渠，自縣城東南得勝墩開口，引水向東流，至本堡東北，環過東南倪家營。延長七十里，溉田二萬餘畝。渠身闊二丈五尺，深三尺。渠稍入河。

張義堡順水渠，自石空寺堡西南河沿開口，引水向東北流，至棗園西北山腳。延長十五里，溉田三千三百七十七畝。渠身闊一丈五尺，深三尺。渠稍入河。

棗園堡新順水渠，舊與石空、張義、棗園三堡共一渠，至明天啟五年，堡人郭珠倡衆自石空寺東南倪家營另開新口，引水向東北流，至炭窯墩。延長七十里，闊一丈八尺，深四尺。貼渠自石空寺趙家灘開口，引水至朱家臺，延長二十里，闊一丈，深三尺。兩渠共溉田一萬九百餘畝。兩稍俱入河。閘一十一道，暗洞三道。乾隆十五年，本堡生員陸嵩管渠，續開減水閘共五道，併原閘一十六道。

鉼桶堡長永渠，舊自俞家營河沿入口，工力浩費。至乾隆二十三年秋，渠湃岸盡爲河流冲汕，崩壞約四里有餘。岸高水下，民力不能修。知縣黃恩錫適代行水利，親身相度，另於舊引水塌垬微上小支河北岸、棗園于家莊下，跟尋舊渠水道。於李姓田中近河買地四畝，因勢作口引水，自白馬湖下荒灘行五里許。渠身闊一丈六尺，深四尺。時棗園近渠民糾衆控阻，縣爲手自舉插，導以渠路，始得興工。越二旬餘，督夫併力而作，渠遂通，得達舊渠，接流而下。至二十五年，水勢頗溢於前。乃於堡東越石灰渠架木槽，渡水於新淤灘，墾復舊荒焉。渠稍至炭窯墩下入河，延長二十五里許，溉田四十五頃。其渠自口至堡西南，有陰溝二，爲棗園渠稍洩水用。木棚、暗洞，覆土築槽，渠行於上，爲最要云。

渠口廣武堡石灰渠，自鉼桶碾盤灘起，至廣武五塘溝止，延長六十里，溉田一萬二千三百餘畝。康熙中，渠壩壅崩。歲修夫少力不及，提督俞益謨爲捐金建閘疏滯，堡人有"千金渠"之譽。渠舊有上水閘四道，曰攔河閘、李祥閘、趙行閘、上沙渠閘，退水閘四道，曰永安閘、雙閘、小閘、拖尾閘。近年沙勢日逼渠岸，或山水大風，隨爲沙累淤塞，歲數挑濬，功力殫矣。

常樂堡羚羊角渠，自堡西南邊牆石敞溝開口，引水東流，至陸家園灣。延長二十八里，溉田二千四百畝。渠身闊一丈五尺，深三尺，稍入河。該渠口受水頗高，工重夫少，修濬不易。

永康堡羚羊殿渠，自堡西燕子窩灘開口，引水自楊家灘東流，至宣和堡東嶽廟，延長四十里。多石難濬，稍入宣和堡渠。渠身闊二丈，深四尺。渠口緊逼燕子窩溝。去口二里許，爲山水口子兩處，山水一發，渠流中斷。康熙四十七年，西路同知高士鐸委本堡貢生閆風寧於山水口子搭暗洞一道，長百十餘丈，至今賴之。暗洞東北爲左張垬，洪流激蕩十餘年，漸廢。雍正十二年，同知吳廷元倡捐穀米四十石，築壩以禦，約八百餘丈。閱三年乃成，易名甘來垬。去垬五里許，爲藉家嘴，南逼山，北近河。渠埂一線，約長二百餘丈，爲通行往來官路。其下有艾家山溝、林家石排溝、大山溝、雙山溝、左家山溝、曹家山溝，皆爲渠害。每歲秋、夏，挑濬不時，民力殫矣。通渠有楊家灘退水一道、閘一道，閆家閘一道，劉家灣退水一道、閘一道，晏公廟減水一道，曹家山溝閘一道。共溉田一萬四百餘畝。

宣和堡羚羊峽渠，本堡舊與羚羊殿渠一渠使水。至康熙十五年，自永康堡東北三里許買田開口引水，向東流至泉眼山，延長四十餘里。共退水八道、閘七道、暗洞四道，溉田一萬八千一百六十畝。渠身闊二丈，深五尺。渠稍入河。

舊寧安堡柳青渠，自堡西泉眼山下開口，引水向東流至堡南，遶入恩和堡葫麻灘。延長四十里，溉田二萬九千八百餘畝。渠身寬一丈五尺，深四尺。渠稍入河。

七星渠，自泉眼山開口，① 引河水東南流。歷有明，經撫軍焦馨委韓洪珍改修，澆屯田，由新寧安、恩和至鳴沙，詳譚性教《記》。② 斯渠灌田既多，工費視他渠數倍。康熙間，復經西路同知高士鐸倡捐募匠，督修石口，創流恩閘，修鹽池閘，挑濬蕭家、馮城兩陰洞，渠乃通暢，無山水之患。至雍正十二年，寧夏道鈕廷彩於紅柳溝創議詳請動帑建環洞五空，上爲石槽，引水下行。墾白馬灘至張恩堡地三萬八百五十六畝零，費帑銀一萬四百四十兩一分零，至今資其利，詳《鈕公生祠記》。③

越乾隆十六年，紅柳環洞下，山水冲崩八十九丈，經知縣金兆琦詳請修補，費帑銀一千八十九兩零。至二十一年夏，山水復冲崩環洞上三十七丈，而馮城陰溝石洞，盡爲山水冲去無存。經西路同知伊星阿詳請，奉檄飭知縣黃恩錫估計修補。其馮城陰洞，舊例皆民力修建，錫奉府勘估，於時陰洞石料胥隨沙水冲沒，渠身中斷，乃議改於舊洞之上新建環洞，上爲石槽。民力方出夫濬修口閘，而紅柳溝辦運石料實屬艱鉅，乃捐俸採石，令堡民出辦夫料。自丁丑三月興工，④ 迄於四月，與補修環洞先後告竣，費帑銀一千五百八十五兩零。

至乾隆四十一年，陝甘總督勒〔爾謹〕題請大修唐、漢等渠，補修

---

① ［校］開口：原作"寬口"，據《中衛縣志》卷一《地理考·水利》改。
② 參見本志卷十九《藝文·記》載譚性教撰《改修七星渠碑記》。
③ 參見本志卷二〇《藝文·記》載塗觀顏撰《寧夏道鈕公生祠碑記》。
④ 丁丑：乾隆二十二年（1757）。

環洞。後因環洞當紅柳溝山水之冲，集年損壞，屢修屢廢，本地士民公議，經府道勘明，詳請於塘馬窰地方，因其地勢高阜，改建新暗洞於溝身，導水下流。上改渠道，灌溉民田。沿山根另開新渠，計長二千二十餘丈，引水入七星渠之下段。費帑銀七千兩。

按渠自泉眼山至白馬、張恩段，延長一百四十里。去口五里，有正閘一道、洩水閘二道、石橋一道。舊有橋房，今圮。渠流二十里，下至寧安、茶房，建有宜民、蕭家閘。再流二十里，至恩和堡，有鹽池閘。閘下有蕭家溝陰洞、馮城環洞、紅柳環洞。洞下十里許，舊有乾河溝木槽以避山水，後爲瀑水冲廢。每歲山水過，築土埂以障水，接渠而下行。渠稍至張恩堡入河。共澆田七萬九千一百六十畝。

張恩堡通濟渠，延長四十里，溉田二千五百五十二畝。渠稍入河。

上撫軍言渠務書① 〔王全臣〕

唐、漢兩渠，寧夏民命攸關。康熙四十八年正月，内蒙飭水利都司王應龍盡力春工，而令職全贊理其事，幸覩成效。茲蒙以各渠情形及修濬利弊下詢，謹詳陳之。

寧夏，古朔方也。黃河遶於東，賀蘭峙於西，相距四五十里，遠者亦不過百餘里。南至唐壩堡之分守嶺，北至威鎮堡之邊牆，僅二百七十五里。延袤不甚寬廣，而所屬寧夏衛並左、右二衛及平羅所，共轄五十二堡，約計田地九千八百二十九頃有餘。其正供除麥饌等項納銀二千六百五十兩有零外，田土之賦，計納糧九萬八千三百八十餘石，納七斤穀草並年例秋青草共三十八萬三百餘束零，納壩草六十一萬零，納地畝銀八百六十餘兩，其湖灘又納潮鹻銀一千五百九十兩。賦亦綦重矣。況地大半盡屬沙鹻，必得河水乃潤，必得濁泥乃沃。古人於黃河西岸開濬唐、漢兩渠，誠萬世利也。四十七年春，職全蒞任之時，值春工方興，隨本道鞠宸咨親詣各渠細勘。竊查黃河自南而北，其入寧夏之處，兩岸俱係石山，名曰峽口。河初向東北流入峽，微折注於西北，不一二里即仍向東北出峽。峽之盡處有一觀音堂，古人於此傍石山之麓，開唐渠一道。渠口寬十八丈，深七尺。至明代，寧夏道汪文輝於右衛之唐壩堡，距渠口二十里，建石正閘一座。閘之外，建石退水閘四座。正閘下，入渠之水以五寸爲一分，止以十分爲率。水小則閉塞退水各閘，使水入渠。水大則開退水以洩其勢。其

---

① 〔校〕撫軍：《乾隆甘志》卷四八《藝文·上巡撫言渠務書》作"巡撫"。

正閘係六空，西四空爲唐渠，東兩空爲貼渠，每空各寬一丈。

唐渠自閘以下，西北至玉泉橋，名曰上上段，寬八丈，深三五尺，長五十里。自玉泉橋向東北流，復微轉西至良田渠口，名曰上段，寬七丈，深五六尺，長七十里。自良田渠口西北至西門橋，名曰上中段，寬六丈，深七尺，長四十里。自西門橋西北至站馬橋，名曰下中段，寬六丈，深七尺，長六十里。自站馬橋北至威鎮堡稍止，名曰下段，寬三丈，深三四尺，長一百三里。合計共長三百二十三里。其貼渠一道，寬三丈五尺，深六尺。至郭家寺地方分爲兩稍：一至漢壩堡稍止，長四十里，名曰舊貼渠；一至蔣鼎堡稍止，長五十里，名曰新貼渠。此因唐渠正閘之東岸，地土甚高，故引此渠。雖閘分兩派，而實與唐渠同口，蓋唐渠之附庸也。渠兩岸之堤及堵水之壩，俱名曰埧。沿埧居民，挖小渠以引水入田，名曰支渠。大者或百餘里，小者或數十里，及七八里不一。各於埧上建小木閘，以便蓄洩，名曰陡口。唐渠東、西兩岸，共陡口四百三十六道。

舊例百姓有田一分者，歲出夫一名，計力役三十日，又納草一分，計四十八束，每束重十六斤，又納柳椿十五根，每根長三尺。此輸將定額也。其或需用紅柳、白茨、芛苴，① 則於草內折收。每草一分，折紅柳四十八束，又或折白茨或折芛苴各四十八束，每束重七斤。總名曰顏料。或石灰亦於草內折銀燒造，每草一束折銀一分。其草曰壩草，以備於險要處和土築埧，及啟閉各閘堵疊渠口也。椿曰沙椿，或釘閘底，或釘埧岸，使土堅固也。渠內水冲之處，必用土草築一墩以逼水。而外用紅柳、白茨護之，更釘以沙椿，名曰馬頭。芛苴則繩纜之具也。或修理閘底，亦必用紅柳、白茨舖墊，而以沙椿釘之，乃蓋以石條，使無冲動之患也。每歲河凍之時，將渠口用草閉塞，名曰捲埽。至清明日，派撥夫役赴工挑濬，② 各官分段督催。以一月爲期，名曰春工。至立夏日，掣去所卷之埽，放水入渠，名曰開水。開水之後，田地澆灌其法，先委官閉塞上流各陡口，以逼水至稍，其名曰封。封之際，各陡口仍酌量留水一二分，其名曰俵。俗作"溁"。迨水已至稍，乃開上流各陡口任其澆灌。既足，又逼令至稍。封與俵，周而復始，上流下稍，皆澆灌及時也。唐渠、貼渠原灌寧、左、右三衛，及平羅所，共三十四堡，田地六千二頃有餘。衛所各官，分段封

---

① [校] 芛苴：《乾隆甘志》卷四八《藝文·上巡撫言渠務書》作"席其"，下同。
② [校] 赴工：《乾隆甘志》卷四八《藝文·上巡撫言渠務書》作"赴渠"。

俵。一歲須輪灌數次，乃穫豐收。

至於漢渠，在唐渠之下，左衛陳俊堡四道河口地方，距唐渠口三十里，地形低窪，直迎河流，水勢易入。其渠口寬三十一丈，深七尺五寸。明汪文輝於漢壩堡距渠口十二里，建石正閘一座，計四空，每空寬一丈。閘外建石退水閘三座。自正閘北至唐鐸橋，名曰上段，寬五丈，深六七尺，長六十五里。自唐鐸橋西北至張政橋，名曰中段，寬四丈五尺，深六七尺，長七十五里。自張政橋北至殷家夾道稍止，名曰下段，寬三丈，深五六尺，稍末寬一丈，長九十八里。共長二百三十八里。渠之東、西兩岸，共陡口三百六十九道。原灌溉寧、左、右三衛所屬十八堡田地，共三千八百二十七頃有餘。後因開導西河，水勢變遷，何忠堡竟隔在河中，各自開引小渠，灌田三十餘頃。今漢渠止灌溉十七堡田地，共三千七百九十七頃有餘。其挑挖封俵，與唐渠一例。此渠得水甚易而又稍短田少，所以通利如故。

比年以來，唯唐渠淤塞過甚，濱於廢棄，居民雖紛紛借助於漢渠，不過稍分餘瀝，地之高者竟屢年荒蕪，而漢渠亦因以受困。職全細按唐渠之大病有三：一苦於渠口之不能受水也。相傳先年唐渠口下，河中有一石子沙灘，障水之勢以入渠。厥後灘漸消沒，河流偏注於東，而渠口竟與河相背，其入渠者，不過旁溢之水耳。水之入渠也無力，遂往往有澄淤之患。一苦於地渠之不能通水也。唐壩以下，自杜家嘴至玉泉營，盡係淤沙，每大風起，輒行堆積。唐渠經由於此，實為咽喉。向者以風沙不時，旋去旋積，遂相與名曰"地渠"，蓋因兩岸無堋，與平地等，故名之也。此處自來不在挑濬之列，因循既久，竟至渠底與兩岸田地齊平，甚有渠底高於兩岸田地者，較唐壩閘底，約高三四尺。河水泛漲時，入渠之水非不有餘，乃自入閘以來，至此阻梗，由是旁灌月牙，倒沙兩湖。迨兩湖既滿，然後溢於渠內。徐徐前行，不知費幾許水力，經幾許時日，乃得過玉泉橋也。況有此阻梗，水勢紆回，水未前行，而挾入之濁泥已淤積閘底數尺矣。一苦於渠身之過遠也。水之入口也，①原自無多，而又苦於咽喉之不利，以有限之水，流三百餘里，供數百陡口之分洩，其勢自難以遍給。若遇河水減落，則束手無策矣。唐渠有此三大病，而又加以年年挑濬之法，積弊多端。如渠夫、渠草，除紳衿優免外，豪衿地棍，及奸胥猾吏，肆意侵蝕，

---

① ［校］入口也：《乾隆甘志》卷四八《藝文·上巡撫言渠務書》作"入口者"。

每將百姓應納草束、沙樁，折收銀錢代爲買辦輸納，① 名曰"包納"。草則多係朽爛，樁則盡屬短小。又巧立名色，隱射規避。若橋梁，若陡口，倘有損壞，俱屬官修。乃借稱須人看守，每處免夫草一二分，名曰"看丁"，又曰"坐免"。甚至徒杠亦有坐免，有力盡爲看丁。即曰陡口須人啟閉，未聞天下橋梁俱須人看守者也。是渠夫、渠草，祇爲奸胥之利窟，而渠工已受病實多矣。每年興工之時，並不查明某處淤塞，某處阻梗，量度工程之輕重，酌用夫役之多寡。唐渠自口至稍止，分三工五段。漢渠自口至稍止，分兩工三段。如某工舊例用夫五百名，年年撥給五百。某工舊例用夫三百名，② 年年撥給三百。工輕之處，夫多怠玩，工重之處，夫實短少。且催納顏料之役，必故爲遲延，及時至工迫，各段督工者，即令挑渠之夫役採取顏料，兩岸園林莊柳，任其砍伐。微論止半供渠工，半充私囊。額徵顏料，盡被乾沒，而所撥三百五百之夫，亦止虛有其數而已。

渠道灣曲之處，東岸高者西必低，西岸厚者東必薄，以高厚者力逼水勢，刷洗對岸也。每年挑濬之法，如夫一百名，止有三四十名在渠內取土，餘五六十名俱排列高厚岸上，遞相轉運，一鍬之土，經七八人之手。而對面低薄之岸，必不肯加幫尺寸，謂低薄岸底必有刷洗深溝，恐因加幫撒土填塞。以致高厚者愈增，低薄者愈減，是以每年有冲崩之虞。或水由塀底鑽俗作"逑"。潰，或水由塀上漫俗作"坌"。倒，皆不肯加幫低薄所致也。至渠夫，則止由衛所經承派撥，名曰"安渠"。賄囑者，派之路近而工輕；貧窮者，派之路遠而工重。且將一段之夫雜派數十堡之人，聽其自赴工所，管工者莫知誰何。中有逃者，報官查册拘題，③ 往返動至半月。而一堡之夫，又分派數處，必遠至百里，或二百里以外，使之奔走不遑。更將撥夫單內故意填寫錯亂，使之赴各工段自行查問。總欲令民不得不致遲誤，以便定取罰工。又各工段設立委管、渠長等役，各五六人，或七八人，每人免渠一二分。彼俱係用賄鑽營充當者。一到工所，每人包折夫役一二十名不等。更有豪衿地棍，指稱旁支小渠請討人夫，多至五六十名，少亦二三十名，官必如數撥給。實無一名赴彼所請之處，伊等竟折錢分肥。是以額夫雖一萬一千有零，而在渠挑濬者，僅可得半，又率以老弱充

---

① ［校］買辦：《乾隆甘志》卷四八《藝文·上巡撫言渠務書》作"買備"。
② ［校］某工：《乾隆甘志》卷四八《藝文·上巡撫言渠務書》作"某段"。
③ ［校］拘題：《乾隆甘志》卷四八《藝文·上巡撫言渠務書》作"拘提"，疑是。

數。官司查渠，只走大路。沿途問夫在何處，就彼查點。委管、渠長人等探知，即雇附近莊農應名，點後即散。甚且預知官司到來，令人夫於渠內挖土，堆積如塔形。以堆土之高，詐爲挑挖之深，使高低莫辨。官司一見，便誇稱工好，並不問及上段如何，下段如何。官司去後，夫役仍將所堆之土攤平渠內。其運上高岸者，不過數十鍬。八段之內，官司必由之處，或挑挖數里，其僻遠不到之處，亦夫役足蹟之所不到也。總因兩渠分爲八段，每段必遠至數十里，無一定之責成，無一定之程式，而奸棍折去夫役，因循延至一月，遂相率而散。其未經挑挖者，雖有十之六七，祇謂工多夫少，付之無可如何。渠道之淤塞，實由於此。

職全於涖任之初，巡視渠工，見漢渠口之上有一小渠，名曰賀蘭渠，寬數尺，長十餘里，乃前任寧夏道管竭忠據居民所請開濬者。別引黃河之水灌田數頃，職全上下相度，見河水直冲渠口，而第苦於口低身小，導引不得其方，莫能遠達。乃謀諸司水王應龍，請於本道，欲藉此渠形勢另開一渠，以助漢、唐水力之所不逮。本道謂：「此渠曾奉前撫憲據士民呈請，飭委惠安堡鹽捕通判王惠民勘驗形勢，甚有裨益。後以工程浩大，約計用夫萬餘，一月尚不能竣，又慮修理閘壩，需費不貲，遂爾中止。吾有志久矣，汝第力行之。」職全謂：「用夫不得其法，雖數里亦覺艱鉅。若量土以計工，量工以計夫，此數十里之渠，計日可成。渠若告成，閘壩自易易也。」本道乃令職全與都司役用額夫，距舊賀蘭渠口之上三里許，直迎水勢，另開一口，至馬家莊地方引入舊渠，而擴之使寬。行三四里，至陳俊、漢壩兩堡之交，即棄舊渠而西，引水由高處行，以達於唐渠。雖遠至數十里，而莊園、墳墓皆遶以避之，毫無所傷。其所損田畝盡爲除厥差徭，居民莫不歡欣樂役，於四十七年九月初七日興工，至十三日渠成。十五日，本道親詣渠口開水，不崇朝而遍注田間。自來高亢之地，一旦水盈阡陌，婦女孩童，咸出聚觀，驚喜之狀，若有意外之獲。其渠口上距唐渠口二十五里，下距漢渠口五里，乃右衛唐壩堡所屬剛家嘴地方。口寬八丈，深五尺，渠身長七十五里二分。上三十里，寬四丈，深六七尺。下三十里，寬三丈五尺，深五六尺。稍末十五里二分，寬一丈六尺，深五尺。東、西共陡口一百六十七道，灌溉陳俊、蔣鼎、漢壩、林皋、瞿靖、邵剛、玉泉、李俊、宋澄九堡田地，共一千二百二十三頃有餘。至宋澄堡地方，仍匯入唐渠。本道以此渠閱十數年聚議，止爲道旁之築者，今告成於七日，且相度形勢，較王惠民向所勘驗，引水更易，不覺喜形於色，謂移此用夫之法以修唐、漢兩渠，不難坐令各渠疏通也。於是於四十八年，竟以此渠聞之憲臺。當蒙倡捐俸資，於陳俊堡地方建石正閘一座，計兩空，每空寬一丈，閘外建石退水閘三座。工既成，蒙命其閘曰大清閘，渠曰大清渠。職全復於閘上建橋房五間，左側建遊亭一所，其規模竟與漢、唐兩壩鼎峙矣。此建閘之處，乃舊貼渠經由之地。貼渠較清渠高六尺有餘，竟爲清渠截斷。職全乃造木筧置諸閘後兩旁石牆之上，中更用大木架之，傍橋房之欄，以渡貼渠之水自西而東。筧寬四尺，長三丈，名曰"過水"。此不特貼渠無傷，而閘上、閘下，水流交錯，波聲互應，風景殊有可觀也。彼陳俊等九堡田地，乃素用唐渠之水者。清渠既成，則不須唐渠灌溉，其入唐渠之水，可使之直趨而下。而所省灌溉九堡之水，實足以補唐渠水利之不足，不患渠身之過遠矣。

況清渠餘水之匯入唐渠者，又能大助其勢也。唐渠之病去其一。至於唐渠口，則於黃河內築迎水埽一道。用柳囤數千，內貯石子，排列兩行，中間用石塊、柴草填塞，上復用石草加疊，過於水面，更用大石塊襯其根基，其埽寬一二丈，高一丈六七尺不等。自觀音堂起至石灰窯止，共長四百五十餘丈，逆流而上，直入峽內，中劈黃河五分之一，以爲渠口。口寬至二十餘丈，較舊渠口約高數尺，挽河流東注之勢，逼令西折入渠。是迎水埽之力，已能逆水使之高，束水使之急，吞噬洪流，勢若建瓴，不患澄淤矣。而口又加寬，受水實多，渠內之水，賴以倍增。唐渠之病又去其一。歷年不挑之地渠，則多用夫役挑濬，使之低於閘底，以通水路。兩旁復立高厚埽岸，使渠流至此得以疾趨，不致遶道於湖。水行既疾則沙隨水走，莫能淤積。唐渠之病又去其一。由是口內洋溢，咽喉無阻。向之唐渠以有限之水灌溉三十四堡田地，常慮不足者，今以有餘之水，又省九堡之分洩，止灌溉二十五堡，自無不充裕矣。不須借助於漢渠，而漢渠亦並受其益矣。

至若奉委協助都司挑濬各渠，則革盡從前積弊，唯以新渠用夫之法爲例，於清明興工前一月，將漢、唐各渠自口至稍，逐細查丈，更用水平量其高低。如：某處渠道淤塞，應挖深若干，寬若干；某處埽岸低薄，應築高若干，厚若干；某處工重，應用夫若干；某處工輕，應用夫若干。預造一工程冊，乃以額夫合算，除修理閘壩、迎水，及各大支渠用夫若干外，計挑挖唐、漢、大清各渠實止夫若干，於是量土派夫。每夫一日，以挖方一丈、深三尺爲率，夫數既定，乃自下而上，挨堡順序。如威鎮堡在唐渠之稍，該堡額夫若干名，以土合算，應挖若干里，即定以里數，分立界限，開明寬、深丈尺，令從稍末挖起。至分界處，接連即用平羅堡之夫，又接連，即用周澄堡之夫。餘俱逐堡順派，以近就近，各照分定界限挑挖。其夫即用本堡堡長督率，每工開一丈尺細單，務挑挖如式。① 挑挖之土，俱令加疊低薄堋岸。高厚之處，不許妄排多人，致妨正工。其支渠之大者，但度量工程，撥給夫役。但徃歲於各堡中混派，今則止令受水之民自行挑挖。夫數或稍減於舊額，而用工則不啻數倍。至十餘里，及三五里之小支渠，即算入正渠工程之内一併挑挖，不另撥大役，以杜隱射、包折之弊。職全復每日於渠身内徃返巡查，如某堡分工幾里，其挑挖不合單開丈尺，致渠底不平，或低薄之岸疊築不堅，即責究堡長。工程無包折之弊，夫役無遠涉之勞，而逐段皆自責成，皆有程式，自相率盡力，不敢怠玩。況興工之後，復蒙憲臺遣標下守戎王捷督查其工，又蒙廉察壩草六十一萬，不無侵漁，特對半減免三十萬有餘。民間有田一分，舊例納草四十八束者，今止納二十四束。以是寧民踴躍趨事，爭先恐後。各渠疏通無阻，堋岸又極堅固。所以立夏開水之日，黃河水不加增，而每年開水月餘水不能到稍者，今不過四五日，稍末即澆灌遍足矣。鎮城以北徃年不沾涓滴者，今且遍種稻、稗矣。

寧鎮各渠之情形及修濬之利弊如此，此皆差員王捷所目擊者。獨是職全革弊太盡，立法太嚴，委管、渠長盡遭革除，豪衿地棍勢難包折，隱射之弊俱爲清出，支渠之夫不能分肥，而奸胥猾吏歲歲恃渠工以填谿壑者，今且無所施其巧。是數萬生靈雖云受利，而積年奸宄未免側目矣。竊思古人之渠務，額設有夫，力役有期，物料有備，分五工八段，使各盡其力。立法何嘗不善，迄於今非徒無益，而又害之，總皆趨利之輩作弊於所忽，壞法於不覺，竟使利民者反以累民，古人立法之美意泯滅殆盡。職全亦何人斯，安保其所立之法不即壞於旋踵耶。伏乞嚴飭司水利者，每年以去歲春工爲例，而再爲神明變通於其間，不使已效之法復致更張，已通之渠復致淤塞，憲恩直與河流並永矣。

濬渠條款　巡撫楊應琚

維甘省之寧夏一郡，古之朔方。其地乃不毛之區，緣有黃河環遶於東南，可資其利。昔人相其形勢，開渠引流，以灌田畝，遂能變斥鹵爲沃

---

① ［校］務：《乾隆甘志》卷四八《藝文·上巡撫言渠務書》作"務令"。

壤，而俗以饒裕，此其所以有"塞北江南"之稱也。考其渠道，如漢延、唐來二渠，由來舊矣，顧水之利已興，而其澤猶未周，唐、漢兩渠而外，尚有灌溉不及之地。我朝制度維新，百廢俱舉，於是復有大清渠肇修於前，而惠農、昌潤二渠繼之。由是寧夏、寧朔、平羅等縣，無不灌溉之田畝，而水澤周遍矣。然每歲之中，尤以春濬爲首務。舊例按田出備夫料，於清明日開工，立夏日放水，竭此一月之勤勞，以收終歲之利濟。成規俱在，班班可考。倘其草率從事，必致貽誤渠工。或埧岸不能修築堅厚，或渠身不能挑挖深通，非引灌不及，即冲決爲患，縱於夏秋之間復行竭力修治，已後而失其時，無能爲也。已今皇上御極之乾隆十六年，余奉命巡撫甘肅。次年壬申二月，① 正值春濬之期，因念渠工之關係民生者重，不遑寧處，減從輕騎，親歷其地。將各渠道自口至尾詳勘形勢，並與工員講求春濬事宜。不惟在工各員均能悉心經理，即寧民之在工應役者，亦因余之來，莫不踴躍爭先，共勤其事。越一月而春工畢，開閘放水，處處流通，灌溉既遍，冲決無虞。又展挖西河尾閘五十餘里，直達黄河，增建昌潤渠退水閘。是年麥秋，遂獲大有。西成亦屬有慶，益信一年之計在春，誠未可忽也。使嗣後春濬歲歲依此而行，屢豐之兆，當如操左券然。時楊副使灝往來各渠，指示工員，督率興修，整剔諸弊，可謂殫厥心力矣。爰與之共相參酌，思垂永久。於工濬後，定春濬規條十二則，堪輿法守。因勒之石，以告後之官斯土者。

一，分塘須五丈爲定，以便查點也。查每歲春工分塘一丈，派夫二十五名，地窄人稠，難以查點，因而移星換斗，以少報多，百弊叢生。嗣後每塘以五丈爲定式，五丈之内定夫二十五名，用鍬用籠，判若列眉。官到點工，一目了然，無須停止候點，以致延緩。其背土人夫，重籠來者由左，空籠來者由右，不許擁擠礙路，違則監工官是問。

一，民夫不許影折代充，以免虚曠也。查每歲上工，多有字識、鍬頭、堡長、火頭等名色，暗行折夫肥己。更有本工夫役原少，賄囑附近閑人代爲充點之弊。嗣後塘夫二十五名之内，止許派火頭一名與衆夫作飯。每官一員及委管共派夫火頭一名，伺候茶飯。其餘名色，盡行革除。敢有仍行包折及代替充點之弊，查出一並枷示工所。

一，鍬鍬背籠，不許破壞、碎小也。查每歲有一等巧詐之夫，故用破

————————
① 壬申：乾隆十七年（1752）。

壞鍬鏾、碎小背籠，以圖省力偷懶。所背之土隨路滲漏，是一鍬無一鍬之用，一籠無一籠之益。監工官宜細加查點，如有小籠壞鍬，立諭更換，不得狥默。更須酌量遠近，以均勞逸。坢岸有高低之不同，運土有遠近之各別，須計其工程，令鍬籠相配。總之一鍬可供五籠，若以鍬待籠則加籠夫，以籠待鍬則加鍬夫。庶遠近勞逸，均得其平矣。

一，堆土宜相度坢岸形勢也。凡挑挖之土，必須先行相度坢岸形勢。如左坢高厚，即將所挖之土堆於右坢，如右坢高厚，即將所挖之土堆於左坢。務須兩岸高厚相均，不得聽其偷懶，近左則堆於左，近右則堆於右，以圖省事。更須留岸六尺，務令在六尺之外堆成平頂，以免鬆土塌入渠内。違者監修委管是問。

一，各工料宜留心稽查也。凡用料之處皆係險工，全賴物料寬裕，鑲墊高厚堅實，方足以資抵禦。而水手人等，先存偷料之心，有"掛甲""戴帽"名色，用少報多，任其開銷。及至水漲被冲，無可查考，即使查出，而貽害已多。嗣後凡長坢、馬頭各工，務須細加確查。工完之日，水利廳仍抽斷刨驗，真假立見。監工官目擊鑲墊，責任綦重，尤不可不預為察查，自干賠罰也。

一，挖高墊低、遇凍重修之弊宜除也。查渠内有轉嘴沙墩高阜之處，必須深挖一律，然後水行無阻。乃有巧詐之夫，故將挖去高處之土就勢墊於凹處，以致渠身不能寬平，水溜旁趨，每致疎虞，貽害實深。嗣後春工，務加嚴察，不許將凸處之土墊填凹處。如遇轉嘴沙墩，必挖取與凹處相等，庶渠身自然通暢。再間有凍處，一時不能挑挖，先改做他處，俟開凍後再為重修，原係歷年相沿辦理。及至工程將滿，凍處仍未開挖，固放水在邇，無暇重修，不得不任其草率。遂有本未遇凍，挖不及尺寸，藉名凍尚未開，即去此而就彼，此皆係巧詐渠長夥同書役影射之弊。嗣後凡遇此等工程，監工官務須親驗，報明尺寸，插出牌記，必俟凍開重修如式。立夏前五日驗明，方許放水，如此則影射巧詐之弊可除也。

一，上下工必須相照應也。查分工之後，監工者各管各段，彼此不相照顧，每致上段淺而下段深，或有上段深而下段淺，不能上下一律，以致放水之後，間斷阻隔，停留淤澄，皆由於此。嗣後春工，務須上下接連，一律深通。如第一段深二尺者，二段必須挖至二尺二寸，使渠身漸次而下，自無停淤阻隔之虞矣。

一，支渠陡口，宜嚴督修理堅固也。查支渠陡口，官多不為經理，民間自爲修作。巧詐之徒，每以減省工料爲得計。遇有損壞之處，並不用料經理，或以草塞，或以土填，苟且了事。及至放水之後，晝夜淘刷，不能抵禦，甚至連陡口冲去，徃徃淹損田廬，貽患匪淺。嗣後務須嚴加督責，其各陡口必用板片、樁木，修整堅固。此係各渠長、看丁之專責，宜留心察查。

一，挑濬宜復舊制也。查通侍郎〔智〕復修唐、漢、大清各渠，每工較准上下地形，各安藏底石一塊，石上有"準底"二字。每歲自應挑見底石，依勢深挖。乃日久弊生，希圖省事，略加疏濬，便爲合式，以致年復一年，竟置底石於不問。無怪每歲夏秋争水告水，官民俱累。不知渠本未深，水本未足，春工潦草，未見底石之故也。嗣後務須將上下渠挑挖與底石一律深平，方爲完竣。如有抗違不遵者，一體究治，則舊制可復，渠水充足，自無争告之紛擾矣。

一，渠口下石子急宜挖除淨盡，以清水口也。查壩口卷埽，自冬至春，水勢蕩漾，河水石子隨水而滾至埽下停滯。春工放水，但知折埽，初不知埽下石子暗積猶如門檻。若不乘時挖除淨盡，河水稍減，渠流即緩。水緩沙停，淤澄甚速。此乃通渠之咽喉，不可不慎。嗣後春土凡遇埽下石子，務須挖除淨盡，以清水路，不可稍有苟簡。水利同知當親詣督查，切勿輕信水手荒報爲要。

一，各工人夫，宜詳查變通也。查工程有平險難易之分，渠道有越日變遷之異。清明前渠內凍結未化，其工程之難易不能確定，況渠身迂回綿長，其轉嘴沙墩每年原無定所，若執定上年之難工仍估難工，多派人夫，上年之平工仍估平工，少派人夫，不特勞逸不均，亦且於險失宜。全賴監工者按冊、按段，再加詳查。如本工本係平易，已估難工而夫多者，即商酌水利同知抽撥他處。如本工實係險要之段，已估平工，人夫不敷應用，亦即商酌水利同知，於平易工段抽撥協幫。務須權宜變通，以收實效，以均勞逸，慎勿因循故習，觀望緘默也。

一，各處橋閘、飛槽、暗洞，宜嚴督修整堅固也。查各渠多以橋作閘，而飛槽即架於橋上。橋閘木料細小，自春至秋，水勢激蕩，每見樁歪橋卸者，或以繩繫，或以草填，希冀僥倖於一時。及至緊要須水之際，而橋塌、槽折，引用無及。須逐一查明，凡有損壞之處，嚴加料理，修整堅固。至暗洞乃是各湖出水之咽喉，安藏於大渠之下，稍至壅滯破漏，不特漫淹田畝，更恐有害大渠。如林皋暗洞，是其明驗也。春工宜急刨挖驗看，不妥即修補完整，以洩湖水，以保大渠，萬勿疎忽，致貽事後之悔。

　　按：河渠為寧夏生民命脈，其事最要。然人知寧夏有渠之美，而不知寧夏辦渠之難。何者？他處水利，或鑿渠，或築堰，大抵勞費在一時，而民享其利遠者百年，近者亦數十年，然後議補苴修葺耳。今寧夏之渠，歲需修濬，民間所輸物料率數萬，工夫率數萬。然河水一石，其泥六斗，一歲所濬，且不能敵一歲所淤。徃徃渠高流淺，灌溉難周，枯旱立見。稍民赴訴喧填，官吏奔走不暇，上下交病，未如之何。嘗考歷世河渠制度，可謂盡善矣，古人論治渠利弊，亦可謂詳矣。金城承乏斯郡以來，於今三歷歲修，與僚吏各殫心力。幸值借帑大修，後又連年河流頗盛，雨澤及時，五渠田畝，灌溉粗給。然求大要，大概疏濬、封俵二者兼資。疏濬得法，則渠道深通，受水既多，封佬固易為力。封俵得法，則渠流宣洩，沙隨水刷，來歲疏濬亦易為功。疏濬之要，首在足夫料。夫足而後淤滯可去，料足而後埧岸可堅。若夫料不足，雖有智力，不能為無米之炊。聊草塗飾，放水稍多，即虞衝決。一經衝決，退水修渠，動輒經旬，澆灌失時，喧爭愈急。農畝之歉收，官司之勞攘，殆無以善其後矣。誠能於春濬時，一切澱淤盡為挑挖，閘壩埧岸各令堅固，則渠口之水可盡數開放。當盛夏初秋，惟慮灌溉不周，斷不至受水無地耳。此疏濬得失，關一歲利害，誠不可不亟講也！至於封俵之說，由來已久。況今土田日高，墾闢日廣，唐、漢二渠之水，若非官為封俵，大抵終歲不能及中段，何況下稍？但前人立法，自下而上，原恐上游據水，淤灌湖灘閑地，或致下稍有偏枯之害。若定拘成法，有封無俵，及至稍田灌足，官吏並撤，上流一齊開放，則中段立涸。逮上流足後，則下稍又須封二輪水矣。中段之民，若盡遵法靜聽，一歲中將無澆灌之期。此所以冒法偷水，賄役買水，百弊叢生。雖有"嚴封逼稍，自下而上"之說，而其實上、中段未嘗不偷買澆灌，到稍之期亦未見迅速。官法愈峻，則水價越昂。灌溉不勻，蠹役乘機，貧民滋困。此封水之積弊，不可不察也。大抵開水之初，田苗需水尚不甚急，上游陡口，大者酌與分數，小者竟令開放。如水不足，於渠口盡數加添。數日後，以次封閉，入中、下段。初修之埧岸既可免疎虞，而下流得水時，上、中段澆灌者已多，再為補給亦不費事。如此封俵兼行，上下兼濟，稍變通乎前法，究無礙於到稍取結之期也。至二輪、三輪水，不必俟下稍告水時然後嚴封實閘。當頭輪水足後即與中、上段，酌限時日令其澆灌，過某日則封某段，至某段。其渠長田多者，再就中酌俵數日。三輪水亦然。

如此則各段得水有限，偷買之患自可少，即欲封稍，其勢亦易矣。夫以黃河萬里之流，灌寧夏不盈千里之地，其勢宜無不給，而田高稍遠，小民往往抱向隅之嘆。蓋各渠周道數百里，當封俵時，司事者勢不能遍履身親。工夫、物料動數十萬，疏濬徵收時，亦不能不假手吏役。舞弊者多，則官民並累。然則欲使夫料皆足，蓄洩有備，封俵得法，調濟有方，亦惟躬親巡視，嚴爲防範，但除積弊，自利生民矣。寧夏雖稱沃壤，而田止一熟，實少蓋藏。國家於水利既設專官，又董以本路監司，每渠澆灌既足，例必呈報，或遇日久澱淤，更加官修。誠以一方利賴，萬姓生資，實藉於此。金城究覽前規，採酌輿論，就所見聞利弊附志於後，庶爲後來從事者聊效一得云。

寧夏府志卷九

職 官

寧夏郡方千里耳，而設官分職且三百餘員，非其地重而事劇與？歷世宦斯土者多矣，舊時公署則有題名，今皆廢闕，姓氏或不可備稽焉。若其樹立表表，尸祝在人者，別爲《宦蹟傳》。噫，官有守，職有司，輿有頌，口有碑，得失之林也，後之君子，可不慎與。志《職官》。

歷代官制

漢朔方、靈武統於北地郡。魏、晉、南北朝皆有郡縣。隋又置大總管，唐武德七年改曰都督，其後朔方猶稱大總管。開元中置節度使。宋有知州事及巡檢、安撫、都部署等名。元寧夏府統於甘肅行中書省。

前明藩封慶王，建國於寧夏。其官制：

三邊有總制。弘治十年，遣王越總督三邊軍務，嘉靖四年始定制。開府固原，防秋駐花馬池。

寧夏有巡撫一員，宣德間設。

户部督儲郎中一員，嘉靖十七年設，隆慶初奏屬延綏。

河西兵糧道一員，弘治十七年以前屬關西道分巡管糧，十七年始銓注僉事一員，給"寧夏督儲道"關防。嘉靖中又兼管鹽法，兵備靈州地。

河東兵備道一員，隆慶初，總督王崇古奏設，後改太僕司少卿兼制河東道，駐靈州。尋又改專設河東道，移駐花馬池。萬曆壬辰，[①] 仍改駐靈州。

總兵官一員，永樂初設。

---

① 萬曆壬辰：萬曆二十年（1592）。

副總兵二員，永樂初設。

遊擊將軍一員，正統間設，成化二十年革，弘治十六年仍奏設。

參將三員，遊擊四員，俱永樂初設。

同知五員：鎮城理刑屯田水利同知、鎮城監收同知、中路監收同知、東路監收同知，俱慶陽府帶銜；西路監收同知，平涼府帶銜。

通判一員，萬曆四十一年設，平涼府帶銜。

都司五員：領班都司，永樂初設；地方都司，天順間設；撫標中軍都司，①隆慶三年設；屯田都司，嘉靖十三年設；坐營都司，嘉靖十二年設。②

守備七員：撫夷守備，隆慶間設；東路安定堡、東路清水營、東路橫城堡、西路石空寺堡、西路古水堡、南路大壩堡，各一員，萬曆間設。

寧夏衛：指揮使、同知、僉事二十員，經歷一員，知事一員，衛鎮撫一員，千戶正、副二十八員，百戶實授、試署七十一員，所鎮撫五員，驛遞所百戶九員，寧夏等衛儒學教授一員，訓導二員，寧夏倉大使一員，稅課局大使一員，漢僧綱司正、副各一員，番僧綱司正、副各一員，道紀司都紀一員。

左屯衛：指揮使、同知、僉事一十八員，經歷司一員，衛鎮撫一員，千戶正、副一十九員，百戶實授、試署六十四員，所鎮撫七員，左倉副使一員。

右屯衛：指揮使、同知、僉事一十八員，經歷司一員，衛鎮撫一員，千戶正、副十員，百戶實授、試署五十一員，所鎮撫五員，右倉大使一員。

前衛：指揮使、同知、僉事一十八員，經歷司一員，鎮撫司一員，千戶正、副一十五員，百戶實授、試署四十員，所鎮撫二員，前倉副使一員。

中屯衛：指揮使、同知、僉事一十六員，經歷司一員，衛鎮撫一員，千戶正、副一十三員，百戶實授、試署二十六員，所鎮撫一員，新倉副使一員。

後衛：指揮使、同知、僉事十員，衛鎮撫一員，千戶正、副六員，百

---

① ［校］撫標：《朔方新志》卷二《官制》作"巡撫標下"。
② ［校］十二：原作"十三"，據《嘉靖寧志》卷一、《朔方新志》卷二《官制》改。

户實授、試署八員,經歷司一員,儒學教授一員,常濟倉大使一員。

興武營:指揮一員,千戶二員,所鎮撫一員,試署百戶三員,興武倉大使一員。

中衛:指揮使、同知、僉事一十八員,經歷司一員,所鎮撫一員,千戶正、副一十七員,百戶實授、試署二十一員,衛鎮撫一員,儒學教授一員,訓導一員,應理州倉大使一員,廣武倉副使一員。

靈州:守禦千戶、指揮六員,千戶正、副十員,百戶實授、試署十八員,儒學學正一員,所鎮撫一員,吏目一員,靈州倉大使一員,靈州鹽課司大使、副使各一員,靈州巡檢司一員。

韋州:寧夏郡牧所千戶一員,百戶五員,倉大使一員,韋州驛丞一員。

平羅:指揮僉事一員,前衛後千戶所正、副千戶六員,吏目一員,實授、試署百戶一十九員,倉大使一員,玉泉倉副使一員。

歷代職官姓氏

秦

蒙恬,內史。

漢

衛青,以車騎將軍擊匈奴。

杜延年,北地太守。

谷永,北地太守。

夏育,北地太守。

皇甫嵩,北地太守。

郭昌,拔胡將軍,屯朔方。

鄧遵,以度遼將軍擊零昌於靈州。

魏

劉豐,靈州鎮大都督。

宇文顯和,夏州刺史。

源子邕,① 夏州刺史。

---

① [校]源子邕:原作"原子邕",據《魏書》卷四一《源子雍傳》、《北史》卷二八《源子邕傳》改。"子邕",《北史》卷二八作"子雍"。

宇文泰，夏州刺史。

北魏

赫連達，夏州總管。

蔡紹，夏州鎮將。

蔡祐，夏州都督。

北齊

庫狄回洛，夏州刺史。

張保洛，夏州刺史。

魏蘭根，夏州平北長史。

金柞，靈州刺史。

隋

李充，朔方總管。

段文振，靈州總管。

李恒，鹽州刺史。

陰嵩周，夏州刺史。

源雄，[①] 朔方郡公。

虞祥周，靈武太守。

元胄，[②] 靈州總管。

楊素，靈州行軍總管。

賀若誼，靈州總管。

吐萬緒，夏州總管。

唐

李道宗，靈州都督。

李勣，朔方道行軍總管。

王方翼，夏州都督。

魏元忠，靈武道行軍大總管。

郭元振，朔方軍大總管。

張仁愿，朔方軍總管。

[①] ［校］源雄：原作"源雍"，據《北史》卷二八《源雄傳》、《隋書》卷三九《源雄傳》改。

[②] ［校］元胄：原作"元曹"，據《隋書》卷四〇《元胄傳》改。

路嗣恭，朔方節度使留後。
張說，朔方節度大使。
王晙，朔方節度大使。
牛仙客，朔方行軍大總管。
李光弼，朔方節度使。
安思順，朔方節度使。
郭子儀，朔方河中節度使、副元帥。
李文悅，鹽州刺史。
李聽，靈鹽節度使。
裴識，靈武節度使。
杜叔良，朔方節度使。
楊則，靈州長史。
劉旻，夏州長史。
劉蘭，夏州都督長史。
唐持，朔方昭義節度使。
回秀，朔方大總管。
蕭嵩，朔方節度使。
唐璿，字休璟，以字行，靈州都督。
崔日知，朔方判官。
姚崇，靈武道大總管。
史敬奉，靈武牙將。
杜希全，朔方節度使。
李福，夏綏節度使。
崔知溫，靈州司馬。
張齊丘，朔方節度使。
解琬，朔方大總管。
李國臣，鹽州刺史。
郭晞，領朔方軍。
魏少游，朔方水陸轉運副使。
高固，朔方節度使。
韓全義，夏綏銀宥節度使。
韋光乘，朔方節度使。

崔寧，靈州大都督。
韓潭，夏綏銀節度使。
信安王禕，朔方節度使。
王忠嗣，朔方河東節度使。
傅良弼，夏綏銀節度使。
劉濛，宣慰靈夏使。
劉潼，朔方靈武節度使。
王泌，朔方靈鹽節度使。
時常春，夏州刺史。
戴休顏，鹽州刺史。
柳鎮，佐郭子儀朔方府。
范希朝，朔方靈鹽節度使。
李懷光，朔方節度使。
李景略，朔方節度使巡官。
王晏平，朔方靈鹽節度使。
唐弘夫，① 靈武節度使。
諸葛爽，夏綏銀節度使。
薛訥，朔方道行軍大總管。
韋博，靈武節度使副使。
鄭克鈞，靈夏二州運糧使。
杜黃裳，② 辟佐朔方府。
竇靜，夏州都督。

五代

張希崇，唐靈武節度使。
康福，河西節度使。
馮暉，晉靈武節度使。

---

① ［校］唐弘夫：原作"唐宏天"，據《新唐書》卷一八五《鄭畋傳》改。
② ［校］杜黃裳："杜"字原脫，據《舊唐書》一四七、《新唐書》卷一六九《杜黃裳傳》補。

藥元福,① 威州刺史。②

宋

董遵誨，通遠軍使。

段思恭，知靈州事。

安守忠，知靈州事。

尹憲，知夏州。

侯贇，知靈州。

郭密，靈州兵馬都部署。

曹璨，知靈州徙河西鈐轄。

李繼隆，靈環十州都部署。

王昭遠，靈州路都部署。

楊瓊，靈慶路副都部署。

田紹斌，環慶靈州清遠軍部署。

張凝，邠寧環慶靈州安撫使。

潘羅支，朔方節度使。

王佺，靈州副將。

裴濟，知靈州。

石保，夏綏麟府州鈐轄。

馮繼業，朔方軍節度使。

王杲，靈州副部署徙知夏州。

孔守正，夏州部署。

尹繼倫，靈慶兵馬副都部署。

王明，靈武觀察巡官。

孫金照，護屯兵於夏州兼知州事。

侯延廣，知靈州兼兵馬都部署。

盧斌，銀夏兵馬鈐轄。

廝鐸督，朔方節度使。

---

① [校] 藥元福：原作"葉元富"，據《舊五代史》卷八四《少帝紀》、《宋史》卷二五四《藥元福傳》改。

② [校] 刺史：原作"刺使"，據《舊五代史》卷八四《少帝紀》、《宋史》卷二五四《藥元福傳》改。

元

斡扎簀，① 中興路管民官。

朵爾赤，中興路新民總管。

袁裕，西路中興等路新民安撫使。

張文謙，中書左丞，行省西夏中興等路。

董文用，中興路行省郎中。

郭守敬，從行省西夏提舉河渠。

焦德裕，西夏中興道按察副使。

明藩封附

慶王朱㮵，② 太祖第十六子。③ 洪武二十四年封慶陽，二十六年徙韋州，④ 建文三年徙寧夏。㮵英敏好學，長詩文，工草書，著有《寧夏志》及《凝真稿》等集。⑤ 薨，諡曰靖。子秩煃嗣，好學，有父風，著《慎德軒集》。薨，諡曰康。子邃壑嗣。薨，諡曰懷。無子。弟邃墁以岐陽王紹封。薨，諡曰莊。子寘鐅嗣。薨，諡曰恭。子台浤嗣，有罪，降爲庶人。薨，復王爵，諡曰定。子肅櫍未封薨，無子。弟肅枋以桐鄉王紹封，德性謙恭，樂善循理。薨，諡曰惠。子倪燌嗣，耽書好士，捐資助修唐、漢閘。事王父、母妃以孝聞。薨，諡曰端。子伸域嗣。薨，諡曰憲。子帥鋅嗣。

靖王四子：⑥ 秩煃襲封慶王。秩㷂封真寧王。⑦ 秩炵封安化王。秩炅

① ［校］斡扎簀：原作"韓札簀"，據《元史》卷一三四《朵兒赤傳》改。

② ［校］㮵：原作"栴"，據《慶王壙志》、《明史》卷一〇〇及卷一〇二《諸王世表》、卷一一七《慶王㮵傳》改。下同。

③ ［校］十六：《慶王壙志》作"十五"。關於朱㮵排行問題，學界看法不一，有主張爲第十五子者，有主張爲第十六子者。參見胡玉冰《寧夏地方志研究》第二章第一节《（正統）〈寧夏志〉》，鍾侃《明代文物和長城》之《寧夏文物述略》，牛達生《寧夏同心縣出土明慶王壙志》、《〈慶王壙志〉與朱棣"靖難之變"》，任昉《明太祖皇子朱㮵的名次問題》，許成、吳峰雲《明代王陵區出土三盒墓誌疏證》。

④ ［校］二十六：原作"二十五"，據《慶王壙志》、《明史》卷一〇二《諸王世表》改。

⑤ ［校］稿：此字原脫，據《弘治寧志》卷二《人物》補。

⑥ 《慶王壙志》、《明史》卷一〇二《諸王世表》載，朱㮵有六子，除下述四子外，尚有靖寧王秩㷡、岐山王秩煉。

⑦ ［校］秩㷂：原同《明太宗實錄》卷二三六、《明史》卷一〇二《諸王世表》作"秩㷊"，據《慶王壙志》、《明太宗實錄》卷一四〇、《弘治寧志》卷一、《嘉靖寧志》卷一《寧夏總鎮·藩封》、《嘉靖陝志》卷五《土地三·封建》改。下同。

封安塞王。秩炅篤學不倦，伏案日久，胸生瘀肉。通經史，延接賓客，傾懷忘勢。後宮之色不爲有無，竟乏嗣。① 薨，年四十七。著有《滄洲愚隱錄》六卷、《樗齋隨筆錄》二十卷。

康王四子：邃墊襲封慶王。邃塀亦紹封慶王。邃墺封弘農王。② 嗣王𪬇榟好學尚義，③ 捐資買學田，士林頌之。邃垹封豐林王。嗣王台瀚有《平齋集》，進《大孝明倫》《大禮明祀》二頌。𪬇樴亦捐祿易學田。

莊王二子：寘鍫襲慶王。寪鋤封鞏昌王。

恭王二子：台泫襲封慶王。台濠封壽陽王。嗣王倪㶇捐祿，字熒，遭哱〔拜〕、劉〔東暘〕變，終始不屈，卒完大節，以上壽終。

定王六子：𪬇檟封慶世子。薨，諡端和。次子𪬇枋襲封慶王。𪬇檟封延川王。𪬇櫂、𪬇札、𪬇楥未封。

惠王二子：倪爌襲封慶王，倪焯封華陰王。嗣王伸堣，④ 恂恂樂善，重新土塔梵宇。

端王二子：伸域襲封慶王，伸埴封鎮原王。⑤ 伸埴遭哱〔拜〕、劉〔東暘〕之變，首被幽繫，庇孤植善，勵節矢忠。

憲王二子：帥鋅襲封慶王，帥鉀封蒙陰王。

各長子世襲，餘封鎮國將軍，其下有輔國將軍、奉國將軍、鎮國中尉、輔國中尉，各以世次降封。其下名糧八分。

王府官屬

初有中護衛官并旗軍，正德六年改作中屯衛。儀衛司正、副各一員。典仗十員。承奉司正、副各一員。內典寶、典膳、典服、門官，正、副各一員。左、右長史各一員。典簿一員。教授一員。伴讀一員。典寶一員。

---

① 寧夏舊志中，自《弘治寧志》卷一《寧夏總鎮·藩封》、卷二《人物·國朝宗室文學》始，其後《嘉靖寧志》及本志均載秩炅未有子嗣。《明英宗實錄》卷一六八"正統十三年（1448）七月乙巳"條載，"賜安塞王秩炅嫡子名邃㭱，庶子名邃墊。"故寧夏舊志疑誤。

② ［校］弘農王：原避清高宗弘曆諱作"宏農王"，今回改。下同。

③ ［校］𪬇榟：原作"𪬇楹"，據《明史》卷一〇二《諸王世表》、《嘉靖寧志》卷一《寧夏總鎮·藩封》、《朔方新志》卷二《內治·藩封》改。

④ ［校］伸堣：原作"伸隅"，據《明史》卷一〇二《諸王世表》改。

⑤ ［校］伸埴：原同《明神宗實錄》卷一〇二作"伸䧳"，據《明史》卷一〇二《諸王世表》、卷一一七《慶王樆傳》改。下同。

紀善一員。良醫正、副各一員。審理正、① 副各一員。工正正、副各一員。典膳一員。典儀一員，引禮舍人一員。奉祀一員。典樂一員。書辦官不過五員。廣濟庫大使一員。廣濟倉大使一員。真寧等王亦有教授、典膳等官。校尉侍從人，並分撥於慶府護衛、儀衛及中屯衛內。

明

總制

項忠，浙江嘉興人，正統間任。

馬文升，河南鈞州人，景泰間任。

王越，直隸濬縣人，弘治間任。

秦紘，② 山東單縣人，弘治間任。

楊一清，雲南安寧人，弘治間任。

才寬，直隸遷安人，正德間任。

張泰，直隸肅寧人。

鄧璋，③ 順天涿州人。

彭澤，蘭州人。俱正德間任。

李鉞，④ 河南祥符人，嘉靖間任。

王憲，山東東平人。

王瓊，山西太原人。

唐龍，浙江蘭谿人。

姚鏌，浙江餘姚人。

劉天和，湖廣麻城人。

楊守禮，山西蒲州人。

張珩，山西石州人。

曾銑，南直江都人。

---

① [校] 審理：原作"寄理"，據《朔方新志》卷二《內治·藩封》、《明史》卷七五《職官志》改。

② [校] 秦紘：原作"秦絃"，據《明史》卷一七八《秦紘傳》、嘉靖陝志》卷十九《文獻七·全陝名宦》等改。下同。

③ [校] 鄧璋：《嘉靖寧志》卷二《寧夏總鎮·朝使》、《朔方新志》卷二《總督》均誤作"鄧章"。

④ [校] 李鉞：原作"李越"，據《明史》卷一九九《李鉞傳》、嘉靖寧志》卷二《寧夏總鎮·朝使》、《萬曆陝志》卷十二《公署》改。

王以旂，南直江寧人。
賈應春，北直真定人。
王夢弼，山西代州人。
魏謙吉，北直栢鄉人。
郭乾，北直任邱人。
程輅，山東臨清人。
喻時，河南光州人。
陳其學，山東登州人。
霍冀，山西孝義人。俱嘉靖間任。
王崇古，山西蒲州人，隆慶間任。
王之誥，湖廣石首人。
戴才，北直滄州人。俱隆慶間任。
石茂華，山東益都人，萬曆間任。
董世彥，河南禹州人。
郜光先，山西長治人。
高文薦，四川成都人。
石茂華，再任。
郜光先，再任。
梅友松，四川內江人。
魏學曾，陝西涇陽人。
葉夢熊，廣東歸善人。
李汶，北直任邱人。
徐三畏，北直任邱人。
黃嘉善，山東即墨人。
顧其志，南直長洲人。
劉敏寬，山西安邑人。
楊應聘，南直懷遠人。俱萬曆間任。
李起元，北直南和人，天啟間任。
李從心，北直南樂人。
王之采，山西蒲州人。
史永安，山東武定人。俱天啟間任。
武之望，陝西臨潼人，崇禎間任。

楊鶴，湖廣武陵人。

陳奇瑜，山西保德人。

洪承疇，福建南安人。

丁啟睿，河南永城人。

傅宗龍，① 雲南人。

汪喬年，浙江遂安人。

孫傳廷，山西代州人。俱崇禎間任。

行邊

金幼孜，禮部尚書兼武英殿大學士，永樂間持節使慶府，遍歷幽勝，多所題詠。

李嗣，戶部右侍郎，成化二十年以救荒來寧夏。

徐舟，曹州人，成化十四年任。決囚寧夏，千戶王玘者為讎家誣，妻戴氏死於申訴。至舟，始白其冤，人以為神。

顧佐，鳳陽府人，弘治十八年以總督軍餉至寧夏。

王一言，內江縣人，正德四年以規畫屯田至寧夏。

周東，河間人，正德五年以規畫屯田至寧夏。值寘鐇反，被害。

翟鑾，濮州人，嘉靖十八年行邊。

龐尚鵬，南海縣人，隆慶三年行邊。

蕭廩，南昌人，隆慶四年巡邊。

王遴，霸州人，萬曆元年閱邊。

吳道直，定州人，萬曆四年閱邊。

戴光啟，山西人，萬曆七年閱邊。

蕭彥，寧國人，萬曆十年閱邊。

董子行，紹興人，萬曆十三年巡茶閱邊。

鍾化民，仁和縣人，萬曆十六年巡茶閱邊。

周弘禴，② 麻城縣人，萬曆十九年閱邊。

李楠，河南永昌人，萬曆二十二年巡茶閱邊。

徐僑，光山籍金溪縣人，萬曆二十五年巡茶閱邊。

畢三才，江西貴溪縣人，萬曆二十八年巡茶閱邊。

---

① 《明史》卷二六二《傅宗龍傳》載，傅宗龍為雲南昆明人。

② ［校］周弘禴："弘"字原避清高宗弘曆諱改為"宏"，今回改。下同。

黃陞，河南睢州人，萬曆三十一年巡茶閱邊。

王基洪，襄垣縣人，萬曆三十四年巡茶閱邊。

穆天顏，黃岡縣人，萬曆三十七年巡茶閱邊。

姚鏞，山西太原右衛人，萬曆四十年巡茶閱邊。

黃彥士，湖廣人，萬曆四十三年巡茶閱邊。

巡撫寧夏都御史

羅汝敬，江西吉水人，宣德間任。①

郭智，南直蕪湖人，正統間任。②

金濂，南直山陽人。

盧睿，浙江東陽人。

羅綺，③河南磁州人，景泰間任。④

韓福，山東膠州人。

陳翌，⑤南直虹縣人，天順間任。⑥

陳价，四川銅梁人，成化間任。⑦

張鏊，南直華亭人。

徐廷璋，河南羅山人。

張鵬，北直淶水人。

賈俊，北直束鹿人。

---

① 《明宣宗實錄》卷七六載，羅汝敬於宣德六年（1431）二月丁酉任職。
② 《明英宗實錄》卷十四載，郭智於正統元年（1436）二月庚子任職。
③ ［校］羅綺：原作"羅琦"，據《明史》卷一六〇《羅綺傳》、《弘治寧志》卷二、《嘉靖寧志》卷二《寧夏總鎮·宦蹟·巡撫》，《嘉靖陝志》卷十九《文獻七·全陝名宦》改。
④ 《明英宗實錄》卷一一三載，命監察御史羅綺於正統九年（1444）二月丙戌參贊寧夏軍務，非景泰年間始任職。
⑤ ［校］陳翌：原作"陳昱"，據《弘治寧志》卷二、《嘉靖寧志》卷二《寧夏總鎮·宦蹟·巡撫》，《嘉靖陝志》卷十九《文獻七·全陝名宦》、《朔方新志》卷二《内治·宦蹟·巡撫》改。
⑥ 《明英宗實錄》卷二九一載，天順二年（1458）五月癸丑，鑄給巡撫甘肅、寧夏、大同三處關防，從右副都御史芮釗、陳翌、僉都御史李秉奏請也。
⑦ 《明英宗實錄》卷三五五載，陳价於天順七年（1463）閏七月己未被命巡撫寧夏，非成化間始任職。

崔讓，山西石州人。俱成化間任。①

張瑋，北直景州人，弘治間任。②

韓文，北直新城人。

孫仁，江西新淦人。

張禎叔，③ 四川巴縣人。

王珣，山東曹縣人。

劉憲，湖廣長沙人。俱弘治間任。④

冒政，南直揚州人，正德間任。⑤

曲銳，山東萊陽人。

馬炳然，⑥ 四川内江人。

安惟學，山西臨汾人。

張勛，北直完縣人。

馮清，浙江餘姚人。

邊憲，北直任邱人。

鄭暘，北直安肅人。

王時中，山東黃縣人。俱正德間任。⑦

---

① 張鑾於成化三年（1467）七月己丑任職，徐廷璋於成化八年（1472）任職，張鵬於成化十年（1474）六月壬申任職，賈俊於成化十三年（1477）任職，崔讓於成化十九年（1483）八月甲申任職。

② 《明孝宗實錄》卷十七載，張瑋於弘治元年（1488）八月丁巳任職。

③ ［校］張禎叔：原作"張正淑"。"淑"，據《弘治寧志》卷二《寧夏總鎮·宦蹟》、《嘉靖陝志》卷十九《文獻七·全陝名宦》、《嘉靖寧志》卷二《寧夏總鎮·宦蹟》等改作"叔"。"正"，據《弘治寧志》卷二《寧夏總鎮·宦蹟》、《嘉靖陝志》卷十九《文獻七·全陝名宦》改作"禎"，《嘉靖寧志》卷二《寧夏總鎮·宦蹟》作"禎"。

④ 韓文於弘治三年（1490）五月乙卯任職，孫仁於弘治七年（1494）任職，張禎叔於弘治九年（1496）任職，王珣於弘治十一年（1498）任職，劉憲於弘治十五年（1502）任職。

⑤ 《朔方新志》卷二《内治·宦蹟·巡撫》載，冒政於正德二年（1507）任職。

⑥ ［校］馬炳然：《萬曆陝志》卷十二《公署》作"馮炳然"。又，《朔方新志》卷二《内治·宦蹟·巡撫》載，馬炳然於正德四年（1509）任職。

⑦ 冒政於正德二年（1507）任職，曲銳於正德三年（1508）任職，馬炳然於正德四年（1509）任職，安惟學於正德四年（1509）十二月乙巳任職，馮清於正德七年（1512）任職，邊憲於正德九年（1514）任職，鄭暘於正德十二年（1517）任職，王時中於正德十二年（1517）四月戊午任職。

張潤,① 山西臨汾人，正德十六年任。②
張璿,③ 北直晉州人。
林琦，順天大興人。
孟洋，河南信陽人。
毛伯温，江西吉水人。
翟鵬，北直撫寧人。
胡東皋，浙江餘姚人。
楊志學，湖廣長沙人。
張文魁，河南蘭陽人。
吳鎧，山東陽穀人。
楊守禮，山西蒲州人。
范鏓,④ 瀋陽衛人。
張珩，山西石州人。
李士翱,⑤ 山東長山人。
王邦瑞，河南宜陽人。
張鎬，北直定州人。⑥
王夢弼，山西代州人。
王鎬，北直灤州人。
霍冀，山西孝義人。
謝淮，北直任邱人。
毛鵬，北直棗強人。

---

① ［校］張潤：本志同《嘉靖寧志》卷二《寧夏總鎮‧宦蹟》，《朔方新志》卷二《内治‧宦蹟‧巡撫》作"張閏"。
② ［校］正德十六年任：原作"嘉靖間任"。《明世宗實錄》卷二載，張潤於正德十六年（1521）五月戊寅任職。《萬曆陝志》卷十二《公署》載其於正德十六年至。據改。
③ ［校］張璿：原作"張濬"，據《嘉靖陝志》卷十九《文獻七‧全陝名宦》、《嘉靖寧志》卷二《寧夏總鎮‧宦蹟‧巡撫》、《朔方新志》卷二《内治‧宦蹟‧巡撫》改。
④ ［校］范鏓：原作"范總"，據《明世宗實錄》卷二四六、《明史》卷一九九《范鏓傳》、《嘉靖陝志》卷十九《文獻七‧全陝名宦》改。
⑤ ［校］李士翱：《萬曆陝志》卷十二《公署》作"李仕翱"。
⑥ ［校］定州人：《萬曆陝志》卷十二《公署》作"定興人"。

王崇古，山西蒲州人。俱嘉靖間任。①

朱笈，南直桃源人，隆慶間任。②

沈應時，河南洛陽人。

張蕙，山東平原人。俱隆慶間任。③

羅鳳翱，山西蒲州人，萬曆間任。④

蕭大亨，山東泰安人。

晉應槐，山西洪洞人。

張九一，河南新蔡人。

梁問孟，河南新鄉人。

姚繼可，河南襄城人。

党馨，山東益都人。

朱正色，北直南和人。

周光鎬，廣東潮陽人。

楊時寧，河南祥符人。

黃嘉善，山東即墨人。

崔景榮，北直長垣人。

楊應聘，直隸懷遠人。

臧爾勸，山東諸城人。

---

① 張璘於嘉靖二年（1523）任職，林琦於嘉靖四年（1525）任職，孟洋於嘉靖六年（1527）九月辛卯任職，毛伯溫於嘉靖六年（1527）任職，翟鵬於嘉靖七年（1528）正月壬辰任職，胡東皋於嘉靖九年（1530）任職，楊志學於嘉靖十一年（1532）任職，張文魁於嘉靖十二年（1533）十二月乙未任職，吳鎧於嘉靖十六年（1537）四月乙丑任職，楊守禮於嘉靖十八年（1539）任職，范鏓於嘉靖二十年（1541）二月癸亥任職，張珩於嘉靖二十一年（1542）十二月丁酉任職，李士翱於嘉靖二十二年（1543）十二月乙未任職，王邦瑞於嘉靖二十六年（1547）任職，張鎬於嘉靖二十八年（1549）任職，王夢弼於嘉靖三十一年（1552）十二月癸酉任職，王鎬於嘉靖三十六年（1557）任職，霍冀於嘉靖三十七年（1558）任職，謝淮於嘉靖三十九年（1560）九月丙子任職，毛鵬於嘉靖四十一年（1562）任職，王崇古於嘉靖四十三年（1564）任職。
② 朱笈於隆慶元年（1567）任職，六年（1572）復任。
③ 沈應時於隆慶二年（1568）十二月己丑任職，張蕙於隆慶五年（1571）任職。
④ 羅鳳翱於萬曆元年（1573）任職。

周戀相，江西安福人。俱萬曆間任。①

王之采，② 山西蒲州人，天啟間任。③

李從心，北直南樂人。

魏雲中，山西武鄉人。

郭之琮，山西蒲州人。

史永安，山東武定人。

焦馨，山東章邱人。俱天啟間任。④

楊嗣修，江西河內人，崇禎間任。

耿好仁，⑤ 北直定興人。

王振奇，江西安福人。

王楫，山東泰安人。

鄭崇儉，⑥ 山西鄉寧人。⑦

樊一亨，⑧ 四川人。

李虞夔，山西平陸人。

---

① 蕭大亨於萬曆八年（1580）任職，晉應槐於萬曆九年（1581）任職，張九一於萬曆十一年（1583）任職，梁問孟於萬曆十四年（1586）任職，姚繼可於萬曆十六年（1588）任職，党馨於萬曆十七年（1589）十二月乙亥任職，朱正色於萬曆二十年（1592）任職，周光鎬於萬曆二十一年（1593）任職，楊時寧於萬曆二十三年（1595）任職，黃嘉善於萬曆二十九年（1601）六月戊子任職，崔景榮於萬曆三十九年（1611）任職，楊應聘於萬曆四十二年（1614），臧爾勸於萬曆四十六年（1618）任職，周戀相於萬曆四十八年（1620）任職。

② ［校］王之采：《明熹宗實錄》卷十一作"王之寀"。

③ 王之采於天啟元年（1621）任職。

④ 李從心於天啟二年（1622）任職，魏雲中於天啟四年（1624）任職，郭之琮於天啟五年（1625）任職，史永安於天啟五年（1625）十一月癸亥任職，焦馨於天啟七年（1627）任職。

⑤ ［校］耿好仁：原作"耿存仁"，據《朔方新志》卷二《內治·宦蹟·巡撫》、《康熙陝志》卷十七《職官》改。

⑥ ［校］鄭崇儉：原作"鄭從儉"，據本志卷十二《宦蹟》"鄭崇儉"條、《明史》卷二六〇《鄭崇儉傳》、《朔方新志》卷二《內治·宦蹟·巡撫》改。

⑦ 楊嗣修於崇禎元年（1628）任職，耿好仁於崇禎二年（1629）任職，王振奇於崇禎六年（1633）任職，王楫於崇禎七年（1634）任職，鄭崇儉於崇禎九年（1636）任職。

⑧ ［校］樊一亨：此同《乾隆甘志》卷二七《職官》，《康熙陝志》卷十七《職官》作"樊一衡"，《清朝歷科進士題名碑錄》之《初集》作"樊一蘅"。

寧夏河西道

張添錫，① 宣德間任。

劉瓚。

金濂，江南山陽人。

馬謙。

郭紀，山西大同人。

何楚英，湖廣攸縣人。

李皋，山東德州人。

孫逢吉。②

王瀛。

王瑱，河南許州人。

劉謙，山西陽曲人。

曹奇，四川重慶人。

姚明，江西貴溪人。

王瓚，河南陝州人。

羅明。

余金。③

李經。

王弁。

張貫。④

李隆。

陳經。⑤

---

① ［校］張添錫：原作"張天錫"，據《弘治寧志》卷二、《嘉靖寧志》卷二《寧夏總鎮·宦蹟·巡撫》、《朔方新志》卷二《內治·宦蹟·巡撫》改。

② ［校］孫逢吉：原作"張逢吉"，據《弘治寧志》卷二、《嘉靖寧志》卷二《寧夏總鎮·宦蹟·巡撫》、《朔方新志》卷二《內治·宦蹟·巡撫》改。

③ ［校］余金：原作"佘金"，據《弘治寧志》卷二、《嘉靖寧志》卷二《寧夏總鎮·宦蹟·巡撫》、《朔方新志》卷二《內治·宦蹟·巡撫》改。

④ ［校］張貫：原作"王貫"，據《弘治寧志》卷二、《嘉靖寧志》卷二《寧夏總鎮·宦蹟·巡撫》改。

⑤ ［校］寧夏河西道"陳經"至"劉堯卿"共三十六人，本志原同《乾隆甘志》卷二七《職官·寧夏河西道》，錯位於下文寧夏河東道"焦子春"至"劉復禮"間，據《弘治寧志》卷二、《嘉靖寧志》卷二《寧夏總鎮·宦蹟·督儲》及《朔方新志》卷二《內治·宦蹟》改。

陳珍。①

李端澄，河南人，弘治間任。②

孟逵，順天人。

尚繻，③ 河南睢陽人。

李政，葉縣人。④

賈時，河南歸德人。

白金，南直常州人。

張檄，山西代州人。

黎堯卿，四川忠州人。

舒表，銅梁人。

王璽，山西猗氏人，嘉靖間任。⑤

劉淮，河南睢州人。

張崇德，山東沂州人。

齊之鸞，南直桐城人。⑥

劉恩，北直保定人。

譚間，四川蓬溪人。

孟霦，山西澤州人。

白金，山西人。

王朝相，永年人。⑦

殷學，山東東阿人。⑧

栗應麟，山西人。

---

① ［校］陳珍：原作"陳价"，據《弘治寧志》卷二、《嘉靖寧志》卷二《寧夏總鎮·宦蹟》改。

② 《朔方新志》卷二《內治·宦蹟》載，李端澄於弘治十年（1497）任職。

③ ［校］尚繻：原作"尚儒"，據《弘治寧志》卷二、《嘉靖寧志》卷二《寧夏總鎮·宦蹟》改。

④ ［校］葉縣：原作"業縣"，據《弘治寧志》卷二、《嘉靖寧志》卷二《寧夏總鎮·宦蹟》改。

⑤ 《朔方新志》卷二《內治·宦蹟》載，王璽於嘉靖元年（1522）任職。

⑥ ［校］桐城：原作"銅城"，據《嘉靖寧志》卷二《宦蹟》、《朔方新志》卷二《內治·宦蹟》改。

⑦ ［校］永年：原作"永平"，據《嘉靖寧志》卷二《宦蹟》、《朔方新志》卷二《內治·宦蹟》改。

⑧ ［校］東阿：《朔方新志》卷二《內治·宦蹟》作"東河"。

許用中，山東東阿人。

潘璵，① 四川成都人。

許天倫，山西人。

胡賓，光州人。

王二捷，② 山西人。

謝莆，山西代州人。

張橋，雲南人。

方岳，山東萊州人，隆慶間任。③

馬文建，鉅野人。

汪文輝，直隸蠡縣人。

劉之蒙，順天霸州人。

解學禮，山西安邑人，萬曆間任。④

周有光，山西榮河人。

劉堯卿，北直保定人。

任極，山西平定人。

趙惟卿，北直柏鄉人。

戴光啟，山西祁縣人。

李春光，山西解州人。

石繼芳，山東益都人。

蔡可賢，成安人。

馬鳴鷟，內江人。

尹應元，湖廣漢川人。

王道增，南直人。

高世芳，河內人。

張我繩，北直邯鄲人。

龔文選，四川人。

趙可教，溫江人。

---

① ［校］潘璵：《朔方新志》卷二《內治·宦蹟》作"潘瑛"。

② ［校］王二捷：《朔方新志》卷二《內治·宦蹟》作"王三接"，《乾隆甘志》卷二七《職官》作"王三捷"。

③ 《朔方新志》卷二《內治·宦蹟》載，方岳於隆慶元年（1567）任職。

④ 《朔方新志》卷二《內治·宦蹟》載，解學禮於萬曆二年（1574）任職。

周戀相，安福人。
馮從龍，四川人，天啟間任。
吳文企，湖廣景陵人。
張崇禮，山西代州人。
沈應時。
譚性教，山東萊蕪人。
吳暐，萊蕪人，崇禎間任。
劉錫元，南直長洲人。
丁啟睿，河南永城人。
王裕心，山西孝義人。
李虞夔，山西平陸人。
張鳳翼，堂邑人。

寧夏河東道
張守中，① 山西聞喜人。
侯東萊，山東萊州人。
王惟善，河南薪蔡人。
陳燁，② 山東諸城人。
姚繼可，襄城人。
馬時泰，河南陳留人，萬曆間任。③
郭汝，山東濟寧人。
焦子春，河南登封人。
劉復禮，山海衛人。
姚繼先，四川成都人。
陳學曾，遵化人。
隨府，魚臺人。
馬鳴鸞，內江人。
荊州俊，山西猗氏人。
王道增，南直穎州人。

---

① ［校］張守中：原作"張守忠"，據《朔方新志》卷二《內治·宦蹟》改。
② ［校］陳燁：原作"陳華"，據《朔方新志》卷二《內治·宦蹟》改。
③ 《朔方新志》卷二《內治·宦蹟》載，馬時泰於萬曆八年（1580）任職。

王登才，北直開州人。
李起元，南和人。
秦尚明，河南太康人。
楊文忠，陵縣人。
任應徵，四川閬中人。
張崇禮，山西代州人。
張九德，浙江慈谿人，泰昌間任。①
張維樞，福建晉江人，天啟間任。②
周汝璣，商城人。
葛汝麟，德平人，崇禎間任。③
曹夢吉，崇禎間任。

督理寧夏糧儲戶部郎中

高翀，湖廣安陸人。
侯珮，山東人。
周建邦，四川巴縣人。
王太平，山東人。
張子順，山東德州人。
洪遇，山東歷城人。
黃澄，四川富順人。
田汝麟，順天涿州人。
陳治，山東德州人。
唐世龍，北直獻縣人。
蘇存，北直任邱人。
楊宗振，四川墊江人。
蔡國熙，北直永平人。
黃鶴，河南杞縣人。
蕭大亨，太安人。
趙大倫，山西沁水人。

---

① 《朔方新志》卷二《內治·宦蹟》載，張九德於泰昌元年（1620）任職。
② 《朔方新志》卷二《內治·宦蹟》載，張維樞於天啟五年（1625）任職。
③ 《朔方新志》卷二《內治·宦蹟》載，葛汝麟於崇禎元年（1628）任職。

張體乾，北直真定人。
李木，山西解州人。
張國華，四川巫山人。
譚起，四川夔州人。
田時秀，北直保定人。
李大嘉，山西平陽人。
李丁，山東兗州人。
張仲鴻，山東兗州人。
張悌，河南南陽人。
喻思恪，四川重慶人。
鄭璧，① 四川成都人。
高拱辰，山西平陽人。
陳良知，山東青州人。
秦尚明，河南開封人。
孫敦化，河南開封人。
楊文忠，山東陵縣人。
張我繩，直隸邯鄲人。
金煉，山東德州人。
顧言，江陰人。
楊相，江南人。
張踵芳，陝西人。
宋聯奎，山東人。
范學顔，山西人。
南延錫，陝西人。
孫光前，廣西人。
寧夏鎮總兵
馬鑑。②

---

① ［校］鄭璧：《朔方新志》卷二《内治·宦蹟》作"鄭壁"。
② ［校］馬鑑：此二字原在下文"胡原"二字後。《嘉靖陝志》載，馬鑑於洪武初鎮守寧夏，胡原於永樂初鎮守寧夏，馬鑑任職時間早於胡原，據本志書例及《朔方新志》卷二《内治·宦蹟》乙正。

胡原。

何福。

王俶。

柳升。①

張麟。

費瓛，② 陝西人。

梁銘，③ 保安人。

吳傑，陝西人。

陳懋。

史昭。

黃真。

張泰，本鎮人。

張義，④ 景泰間任。

翁信，天順間任。

李杲，成化間任。

吳琮。

沈煜。

范瑾。

神英。

岳嵩。⑤

周玉。

焦俊。

---

① ［校］柳升：原作"柳守"，據《弘治寧志》卷二、《嘉靖寧志》卷二《寧夏總鎮·宦蹟》，《嘉靖陝志》卷十九《文獻七·全陝名宦》、《朔方新志》卷二《內治·宦蹟》改。

② ［校］費瓛：原作"費瑾"，據《明宣宗實錄》卷三六、《明史》卷一五五《費瓛傳》改。參見吳忠禮《寧夏志箋證》，第 163 至 164 頁《箋證》［四二］、［四三］。

③ 梁銘事蹟，《弘治寧志》卷二《寧夏總鎮·宦蹟》載於下文吳傑之後、陳懋之前。其事蹟，參見《明宣宗實錄》卷三一 "宣德二年（1427）九月乙未" 條。

④ ［校］張義：原同《乾隆甘志》卷二七《職官》作"張儀"，據《弘治寧志》卷二、《嘉靖寧志》卷二《寧夏總鎮·宦蹟》，《嘉靖陝志》卷十九《文獻七·全陝名宦》、《朔方新志》卷二《內治·宦蹟》等改。

⑤ ［校］岳嵩：原同《乾隆甘志》卷二七《職官》作"任嵩"，據《弘治寧志》卷二、《嘉靖寧志》卷二《寧夏總鎮·宦蹟》，《嘉靖陝志》卷十九《文獻七·全陝名宦》等改。

陳桓，弘治間任。

周璽。

李俊。①

郭鋐。

李祥，正德間任。

張安。

温恭。

姜漢，榆林人。

史鏞，② 本衛人。

楊英。

仇鉞。

保勳，本鎮人。

魏鎮，③ 慶陽人。

潘浩。

郤永，宣府人。

安國，綏德人。

路瑛，靖遠人。

張輗，陝西人，嘉靖間任。

种勳，鞏昌人。

杭雄，延安人。④

趙瑛，延綏人。

周尚文，陝西人。

王劼，延綏人。

任傑，⑤ 陝西人。

---

① ［校］李俊：此同廣方言館本、抱經樓本《明孝宗實錄》，中國國家圖書館藏紅格本的曬藍本《明孝宗實錄》作"李進"。

② 《弘治寧志》卷二、《嘉靖寧志》卷二《寧夏總鎮·宦蹟》均不載史鏞。

③ ［校］魏鎮：此同《嘉靖寧志》卷二《寧夏總鎮·宦蹟》，《朔方新志》卷二《内治·宦蹟》作"魏真"。

④ ［校］延安：《嘉靖陝志》卷十九《全陝名宦》作"延綏"。

⑤ 任傑之前尚有一任寧夏總兵，《明世宗實錄》卷二〇四載，仇鸞於嘉靖十六年（1537）九月辛卯任職。

李義，涼州人。

王緕，山西人。

黃振，固原人。

吉象，莊浪人。

姜應熊。

趙應，本鎮人。

李琦，榆林人。

吳鼎，本鎮人。

雷龍，鞏昌人。

牛秉忠，① 榆林人，隆慶間任。

謝朝恩，② 榆林人。

張傑，甘州人。

劉濟，永昌人，萬曆間任。

張臣，榆林人。

李昫，固原人。

秦尚明，太原人。

劉承嗣，振武衛人。

張維忠，③ 延安人。

孫敦化，開封人。

董一魁，宣府人。

蕭如薰，延安衛人。

金前煉，德州人。

解一清，宣府前衛人。

李如柏，鐵嶺衛人。

杜桐，④ 榆林衛人。

韋子宣，宣府人。

---

① ［校］牛秉忠：抱經樓本《明穆宗實錄》卷四一作"牛秉中"。又，牛秉忠之前尚有一任寧夏總兵官。《明穆宗實錄》卷十九載，隆慶二年（1568）四月己亥，楊真充鎮守寧夏總兵官。

② ［校］謝朝恩：嘉業堂本《明穆宗實錄》卷五八作"謝朝思"。

③ ［校］張維忠：《明神宗實錄》卷二四六同此，卷一六三則作"張惟忠"。

④ ［校］杜桐：《明神宗實錄》卷二〇九作"杜侗"。

姚國忠，① 宣府人。

杜文焕。

蕭如蕙。

王如金，② 甘州衛人。

魏世德，大同前衛人，天啟間任。

吳守德，密雲中衛人。

談世德，西寧衛人。

杜弘域。③

尤世禄，榆林衛人。

賀虎臣，④ 保定後衛人。

馬世龍，本鎮人。

祖大弼，遼東人。

馬科，天成衛人。

官撫民，榆林人。

顧言，江陰人。

皇清文職官制

舊設巡撫寧夏都御史一員，駐寧夏鎮，今裁。⑤ 分巡寧夏道一員，駐劄寧夏府。部郎一員。康熙四十八年，奏准設審事部郎一員，將寧夏城守營都司裁汰。即撥城守營兵丁二百名，准審事官酌量揀用書吏、快手等役。至康熙六十一年，又奏准設部郎二員，一駐寧夏，一駐神木，於原撥守兵二百名內，各帶一百名以供役使。雍正十三年，又奉准仍設寧夏城守都司。兩處部郎各留兵五十名，其餘一百名仍歸城守都司管轄。康熙四十

---

① ［校］姚國忠：《乾隆甘志》卷二七《職官》作"姚國志"。

② ［校］王如金：原同《乾隆甘志》卷二七《職官》作"王汝金"，據《朔方新志》卷二《內治·宦蹟》改。

③ ［校］杜弘域：原避清高宗弘曆諱改作"杜宏域"，據《明史》卷二三九《杜弘域傳》、《朔方新志》卷二《內治·宦蹟》回改。下同。又，《朔方新志》卷二《內治·宦蹟》載，杜弘域之前尚有榆林衛人杜文焕於天啟七年（1627）復任寧夏總兵。

④ ［校］賀虎臣：原同《乾隆甘志》卷二七《職官》作"賀戎臣"，據《明實録·崇禎長編》卷三四、三五，《康熙陝志》卷十七《職官》改。

⑤ 《清聖祖實録》卷十五載，康熙四年（1665）五月丁未，鳳陽巡撫、寧夏巡撫、南贛巡撫俱裁去。同書卷二〇載，康熙五年（1666）十一月癸未，以原任寧夏巡撫劉秉政爲福建巡撫。

八年，奉部議准，設立典吏六名，五年役滿，保送考職。典吏及雜項人役，並無工食。每歲秋季，出巡沿邊地方，遇蒙古有命盜重案，並會同蒙古札薩克、[1] 甘、涼、寧、榆、綏各道，於事犯適中之地市審勘。

寧夏府：知府一員，雍正三年設。水利同知一員，理事同知一員，俱雍正三年設。西路同知一員，駐中衛縣，裁。水利通判一員，駐新渠縣，裁。鹽捕通判一員，駐惠安堡。經歷一員，儒學教授一員，訓導一員，僧、道官各一員，陰陽官、醫官各一員。

寧夏縣：知縣一員，典史一員，儒學教諭一員，僧、道官各一員，陰陽官、醫官各一員。

寧朔縣：知縣一員，典史一員，儒學教諭一員，僧、道官各一員，陰陽官、醫官各一員。

平羅縣：知縣一員，典史一員，儒學訓導一員。

寶豐縣：縣丞一員，僧、道官各一員，陰陽官、醫官各一員。

靈州：知州一員。州同一員，駐花馬池。吏目一員。鹽大使二員，一在惠安堡，一在定邊營，今裁。沙泉、同心二驛驛丞各一員，裁。儒學學正一員。

中衛縣：知縣一員，典史一員，渠寧巡檢司一員。渠口、沙泉、[2] 寧安三驛驛丞各一員，裁。大濼、盧溝二驛驛丞各一員，裁。儒學教諭一員，訓導一員，僧道官各一員，陰陽官、醫官各一員。

新渠縣：知縣一員，典史一員，儒學訓導一員。

寶豐縣：知縣一員，典史一員，儒學訓導一員。以上六員今俱裁。

國初寧夏設有理刑、監收、中路東路各同知、水利都司、衛守備、所千戶等官，雍正三年併裁。

各官俸薪、養廉併夫役工食

寧夏道，每歲俸銀一百五兩、養廉銀三千兩。門子四名，歲支工食銀二十四兩，遇閏加銀二兩。皂隸十二名，歲支工食銀七十二兩，遇閏加銀六兩。步快十二名，歲支工食銀七十二兩，遇閏加銀六兩。聽事門吏二名，歲支工食銀十二兩，遇閏加銀一兩。舖兵二名，歲支工食銀十二兩，遇閏加銀一兩。傘扇轎夫七名，歲支工食銀四十二兩，遇閏加銀三兩

---

[1] ［校］札薩克：本志卷二《地里·疆域·邊界》作"扎薩克"。

[2] ［校］沙泉：《乾隆甘志》卷二八《職官》無此二字。

五錢。

寧夏府知府，每歲俸銀一百五兩、養廉銀二千兩。門子二名，歲支工食銀十二兩，遇閏加銀一兩。馬快十名，歲支工食銀□百六十八兩，遇閏加銀十四兩。步快十六名，歲支工食銀九十六兩，遇閏加銀八兩。皂隸十六名，歲支工食銀九十六兩，遇閏加銀八兩。庫子四名，歲支工食銀二十四兩，遇閏加銀二兩。傘扇轎夫七名，歲支工食銀四十二兩，遇閏加銀三兩五錢。

水利同知，每歲俸銀八十兩、養廉銀八百兩。門皂快役二十二名，歲支工食銀一百三十二兩，遇閏加銀十一兩。傘扇轎夫七名，歲支工食銀二十二兩，遇閏加銀三兩五錢。

理事同知，每歲俸銀八十兩、養廉銀八百兩。門皂、步快二十二名，歲支工食銀一百三十二兩，遇閏加銀十一兩。民壯十名，歲支工食銀六十兩，遇閏不加。傘扇轎夫七名，歲支銀四十二兩，遇閏加銀三兩五錢。

鹽捕通判，每歲俸銀二十兩三錢二分一釐、俸工銀二兩、養廉銀六百兩。所需俸銀在於夏、朔二縣存留銀內動支。門皂、快役二十二名，歲支工食銀一百三十二兩，遇閏加銀十一兩。傘扇轎夫七名，歲支工食銀四十二兩，遇閏加銀三兩五錢。

府經歷，每歲俸銀四十兩、養廉銀六十兩。門子一名，歲支工食銀六兩，遇閏加銀五錢。皂隸四名，歲支工食銀二十四兩，遇閏加銀二兩。馬夫一名，歲支工食銀六兩，遇閏不加。

府學教授，每歲俸銀四十五兩。訓導俸銀四十兩。齋夫三名，歲支工食銀三十六兩，遇閏加銀三兩。膳夫二名，歲支工食銀十三兩三錢三分三釐，遇閏加銀一兩一錢一分一釐。門斗三名，歲支工食銀一十八兩，遇閏加銀一兩五錢。廩生四十名，歲支餼糧銀一百二十三兩八錢三分三釐。貢生一名，額設花紅、旗匾銀二兩三錢二分八釐。

寧夏縣知縣，每歲俸銀四十五兩、養廉銀六百兩，公費銀三百六十兩。門子二名，歲支工食銀十二兩，遇閏加銀一兩。皂隸十六名，歲支工食銀九十六兩，遇閏加銀八兩。馬快八名，歲支銀一百三十四兩四錢，遇閏加銀一十一兩二錢。庫子四名，歲支工食銀二十四兩，遇閏加銀二兩。斗級四名，歲支工食銀二十四兩，遇閏加銀二兩。民壯三十八名，歲支工食銀二百二十八兩，遇閏不加。禁卒八名，歲支工食銀四十八兩，遇閏不加。傘扇轎夫七名，歲支工食銀四十二兩，遇閏加銀三兩零五錢。

寧夏縣典史，每歲俸銀三十一兩五錢二分、養廉銀六十兩。門子一名，歲支工食銀六兩，遇閏加銀五錢。皂隸四名，歲支工食銀二十四兩，遇閏加銀二兩。馬夫一名，歲支工食銀六兩，遇閏不加。

寧夏縣教諭，每歲俸銀四十兩。齋夫三名，歲支工食銀三十六兩，遇閏加銀一兩。膳夫二名，歲支工食銀一十三兩三錢三分三釐，遇閏加銀一兩一錢一分一釐。門斗二名，歲支工食銀一十八兩，遇閏加銀一兩五錢。廩生二十名，歲支廩糧銀六十一兩九錢二分六釐，歲支糧三十四石二斗五升。每名應免學柴一分。貢生一名，額設花紅旗匾銀二兩三錢二分八釐。貧士三十名，歲支糧三十四石二斗五升。

寧朔縣知縣，每歲俸銀四十五兩、養廉銀六百兩、公費銀三百六十兩。門子二名，歲支工食銀一十二兩，遇閏加銀一兩。皂隸一十六名，歲支工食銀九十六兩，遇閏加銀八兩。馬快八名歲支銀一百三十四兩四錢，遇閏加銀一十一兩二錢。庫子四名，歲支工食銀二十四兩，遇閏加銀二兩。斗級四名，歲支工食銀二十四兩，遇閏加銀二兩。民壯三十八名，歲支工食銀二百二十八兩，遇閏不加。禁卒八名，歲支工食銀四十八兩，遇閏不加。傘扇轎夫七名，歲支工食銀四十二兩，遇閏加銀三兩五錢。

寧朔縣典史，每歲奉銀三十一兩五錢二分、養廉銀六十兩。門子一名，歲支工食銀六兩，遇閏加銀五錢。皂隸四名，歲支工食銀二十四兩，遇閏加銀二兩。馬夫一名，歲支工食銀六兩，遇閏不加。

寧朔縣教諭，每歲俸銀四十兩。齋夫三名，歲支工食銀三十六兩，遇閏加銀二兩。膳夫二名，歲支工食銀一十三兩三錢三分三釐，遇閏加銀一兩一錢一分一釐。門斗二名，歲支工食銀一十八兩，遇閏加銀一兩五錢。廩生二十名，歲支廩糧銀六十一兩九錢一分六釐，歲支糧三十四石二斗五升。每名應免學柴一分。貢生一名，額設花紅旗匾銀二兩三錢二分八釐。貧士三十名，歲支糧三十四石二斗五升。

平羅縣知縣，每歲俸銀三十五兩、養廉銀六百兩、公費銀三百六十兩。門子二名，歲支工食銀一十二兩，遇閏加銀一兩。皂隸一十六名，歲支工食銀九十六兩，遇閏加銀八兩。馬快八名，歲支銀一百三十四兩四錢，遇閏加銀一十一兩二錢。庫子四名，歲支工食銀二十四兩，遇閏加銀二兩。斗級四名，歲支工食銀二十四兩，遇閏加銀二兩。民壯三十八名，歲支工食銀二百二十八兩，遇閏不加。禁卒八名，歲支工食銀四十八兩，遇閏不加。傘扇轎夫七名，歲支工食銀四十二兩，遇閏加銀三兩五錢。

平羅縣丞，每歲俸銀四十兩、養廉銀二百兩。門子一名，歲支工食銀六兩，遇閏加銀五錢。皂隸四名，歲支工食銀二十四兩，遇閏加銀二兩。馬夫一名，歲支工食銀六兩，遇閏加銀五錢。

平羅縣典史，每歲俸銀三十一兩五錢二分、養廉銀六十兩。門子一名，歲支工食銀六兩，遇閏加銀五錢。皂隸四名，歲支工食銀二十四兩，遇閏加銀二兩。馬夫一名，歲支工食銀六兩，遇閏不加。

平羅縣訓導，每歲俸銀四十兩。齋夫三名，歲支工食銀三十六兩，遇閏加銀三兩。膳夫二名，歲支工食銀一十三兩三錢三分三釐，遇閏加銀一兩一錢一分一釐。門斗三名，歲支工食銀一十八兩，遇閏加銀一兩五錢。廩生二十名，歲支餼糧銀六十一兩九錢二分。貢生一名，額設花紅旗匾銀二兩三錢二分八釐。

靈州知州，每歲俸銀八十兩、養廉銀六百兩、公費銀三百六十兩。門子二名，歲支工食銀一十二兩，遇閏加銀一兩。皂隸一十六名，歲支工食銀九十六兩，遇閏加銀八兩。馬快八名，歲支銀一百三十四兩四錢，遇閏加銀一十一兩二錢。庫子四名，歲支工食銀二十四兩，遇閏加銀二兩。斗級四名，歲支工食銀二十四兩，遇閏加銀二兩。民壯三十八名，歲支工食銀二百二十八兩，遇閏不加。禁卒八名，歲支工食銀四十八兩，遇閏不加。傘扇轎夫七名，歲支工食銀四十二兩，遇閏加銀三兩五錢。

州同，每歲俸銀六十兩、養廉一百二十兩。門、皂、馬夫九名，歲支工食銀五十四兩，遇閏加銀四兩五錢。民壯四名，歲支工食銀二十四兩，遇閏不加。

吏目，每歲俸銀三十一兩五錢二分、養廉銀六十兩。門子一名，歲支工食銀六兩，遇閏加銀五錢。皂隸四名，歲支工食銀二十四兩，遇閏加銀二兩。馬夫一名，歲支工食銀六兩，遇閏不加。

靈州學正，每歲俸銀四十兩。齋夫三名，歲支工食銀三十六兩，遇閏加銀五兩。膳夫二名，歲支工食銀一十三兩三錢三分三釐，遇閏加銀一兩一錢一分一釐。門斗三名，歲支工食銀一十八兩，遇閏加銀一兩五錢。廩生三十名，歲支餼糧銀九十二兩八錢七分五釐。歲貢一名，額設花紅旗匾銀二兩三錢二分八釐。

中衛縣知縣，每歲俸銀四十五兩、養廉銀六百兩、公費銀三百六十兩。門子二名，歲支工食銀一十二兩，遇閏加銀一兩。皂隸一十六名，歲支工食銀九十六兩，遇閏加銀八兩。馬快八名，歲支銀一百三十四兩四錢，遇閏加銀一十一兩二錢。庫子四名，歲支銀二十四兩，遇閏加銀二兩。斗級四各，歲支銀二十四兩，遇閏加銀二兩。民壯三十八名，歲支工食銀二百二十八兩，遇閏不加。禁卒八名，歲支工食銀四十八兩，遇閏不加。傘扇轎夫七名，歲支工食銀四十二兩，遇閏加銀三兩五錢。

中衛縣典史，每歲俸銀三十一兩五錢二分、養廉銀六十兩。門子一名，歲支工食銀六兩，遇閏加銀五錢。皂隸四名，歲支工食銀二十四兩，遇閏加銀二兩。馬夫一名，歲支工食銀六兩，遇閏不加。

中衛縣教諭，每歲俸銀四十兩。訓導俸銀四十兩。齋夫二名，歲支工食銀三十六兩，遇閏加銀三兩。膳夫二名，歲支工食銀一十三兩三錢三分三釐，遇閏加銀一兩一錢一分一釐。門斗三名，歲支工食銀一十八兩，遇閏加銀一兩五錢。廩生二十名，歲支餼糧銀六十一兩九錢六釐。歲貢一名，額設花紅旗匾銀二兩五錢五分八絲。

渠寧巡檢，每歲俸銀三十一兩五錢二分、養廉銀六十兩。驛皂二名，歲支工食銀一十二兩。弓兵一十六名，本折兼支，每名本色月支糧一石，折色月支銀一兩。

皇清文職官姓氏

巡撫寧夏都御史

黃爾性，奉天蓋縣人，順治二年任。

焦安民，滿洲人，順治二年任。

黃圖安，山東堂邑人，順治三年任。①

胡全才，山西文水人，順治三年任。

李鑑，四川人，順治五年任。

孫茂蘭，滿洲人，順治九年任。

劉秉政，奉天廣寧人，順治十六年任。後奉裁。②

---

① 《乾隆甘志》卷二八《皇清文職官制》載，順治二年，黃圖安任職巡撫甘肅都御史，三年，任巡撫寧夏都御史。本志同《乾隆甘志》。而《清世祖實錄》卷二五載，順治三年（1646）四月己亥，陞張尚爲都察院右僉都御史，巡撫寧夏。與本志及《乾隆甘志》異。又，《清世祖實錄》卷八一載，順治十一年（1654）二月壬午，起原任都察院右僉都御史、寧夏巡撫黃圖安爲原官。

② 《銀川小志·宦蹟》載，裁於康熙元年（1662）。

分巡寧夏道

舊爲河西道。

楊聲華，山西翼城人，順治二年任。

袁噩，直隸保定人，順治四年任。①

宗灝，江南揚州人，順治六年任。②

曹叶卜，河南蘭陽人，順治九年任。

郭之培，直隸任邱人，順治十五年任。

陳子達，福建閩縣人，順治十七年任。③

李嵩陽，河南封邱人，順治十八年任。④

楊春芳，直隸清苑人，康熙三年任。

趙如郊，四川安居人，⑤ 康熙六年任。

劉顯績，順天大興人，康熙七年任。

吳毓珍，奉天遼陽人，康熙九年任。

黃宣泰，江南山陽人，康熙十三年任。

黎士弘，⑥ 福建長汀人，康熙十五年任。

柏成棟，奉天寧遠人，康熙十七年任。

孫景梅，奉天海州人，康熙二十一年任。

丹達禮，正白旗人，康熙二十七年任。

李焕斗，江西新淦人，康熙三十年任。

蘇良嗣，正紅旗人，康熙三十一年任。

吳秉謙，正紅旗人，康熙三十四年任。

魯大升，福建侯官人，康熙三十六年任。

管竭忠，鑲黃旗人，康熙三十八年任。

---

① 《清世祖實錄》卷二八載，順治三年（1646）十月癸巳，袁噩任職參議寧夏道。

② 《清世祖實錄》卷三八載，順治五年（1648）五月己丑，陞宗灝爲本省按察使司副使、寧夏兵備道。

③ 《清世祖實錄》卷一二七載，順治十六年（1659）七月辛巳，陞陳子達爲陝西按察使司副使，分巡寧夏道。

④ 《清世祖實錄》卷一三九載，順治十七年（1660）八月戊戌，陞李嵩陽爲陝西按察使司副使，寧夏道。

⑤ 《康熙陝志》卷十七《職官》載，趙如郊爲四川安居籍，江南涇縣人。

⑥ ［校］黎士弘：原避清高宗弘曆諱改作"黎士宏"，據《江西通志》卷六三《名宦》，《清史列傳》卷七〇、七四《黎士弘傳》等回改。下同。

鞠宸咨，山東大嵩衛人，康熙四十一年任。

雷有成，順天人，康熙五十二年任。

單疇書，山東高密人，雍正元年任。

董新策，四川合江人，雍正二年任。

李元英，正藍旗漢軍，雍正三年任。

陳履中，河南商邱人，雍正四年任。

高鏜，鑲黃旗漢軍，雍正五年任。

鄂昌，滿洲鑲藍旗人，雍正七年任。

鈕廷彩，鑲白旗漢軍，雍正十年任。

蔣嘉年，鑲黃旗漢軍，乾隆三年任。

阿炳安，正紅旗人，乾隆四年任。

馬靈阿，正黃旗人，乾隆九年任。

楊灝，定州人，乾隆十一年任。

孔繼洞，山東人，乾隆十八年任。

吳雲從，浙江人，乾隆二十二年任。

勒爾謹，鑲白旗人，乾隆二十七年任。

富尼漢，鑲黃旗人，乾隆二十七年任。

蘇凌阿，正白旗人，乾隆二十八年任。

干從廉，[1] 江西人，乾隆三十年任。

秦雄飛，金匱人，乾隆三十三年任。

魏椿年，直隸人，乾隆三十九年任。

王廷贊，關東人，乾隆四十一年任。

福明安，鑲白旗人，乾隆四十二年任。

永齡，正黃旗人，乾隆四十四年任。

理藩院部郎

按：設立部郎自康熙四十八年始，而乾隆三年地震，冊籍焚毀，無由稽查，故自乾隆三年始。

六智，滿洲人，乾隆三年任。

巴蘭泰，蒙古人，乾隆九年任。

占泰，滿洲人，乾隆十二年任。

---

[1]　[校] 干從廉：《宣統甘志》卷五二《職官志·職官表》作"于從廉"。

海常，蒙古人，乾隆十五年任。
儲爾汗，蒙古人，乾隆十八年任。
積蘭泰，蒙古人，乾隆二十年任。
兆堅，滿洲人，乾隆二十三年任。
對泰，滿洲人，乾隆二十六年任。
三常，滿洲人，乾隆二十八年任。
成德，蒙古人，乾隆三十年任。
保亮，滿洲人，乾隆三十三年任。
福寧，滿洲人，乾隆三十五年任。
巴陽阿，滿洲人，乾隆三十七年任。
玉柱，蒙古人，乾隆四十年任。
扎爾炳阿，滿洲人，乾隆四十一年任。
珠隆阿，蒙古人，乾隆四十五年任。

寧夏府知府

雍正三年設。

張拔世，順天寶坻人，雍正三年任。
卜瑗，山東東平人，雍正四年任。
鈕廷彩，鑲白旗漢軍，雍正五年任。
顧爾昌，江南長洲人，① 雍正十年任。
臧珊，山東人，乾隆三年任。
牟瀜，正白旗人，乾隆六年任。
楊灝，北直人，乾隆八年任。
朱佐湯，山西人，乾隆十二年任。
趙本植，浙江人，乾隆十八年任。
童其瀾，廣西人，乾隆二十年任。
王應瑜，江南人，乾隆二十二年任。
王允浩，江西人，乾隆二十五年任。
伊興阿，鑲黃旗人，乾隆二十六年任。
張爲楳，② 直隸人，乾隆二十九年任。

---

① ［校］長洲：原作"長州"，據《乾隆甘志》卷二八《職官》改。
② ［校］張爲楳：本志卷八《水利·渠道》作"張爲斿"。

顧光旭，江蘇人，乾隆三十三年任。
吳玉衡，河南人，乾隆三十四年任。
江世琳，廣西人，乾隆三十六年任。
王廷贊，關東人，乾隆四十一年任。
張金城，直隸人，乾隆四十一年任。

理事同知

按：設理事、水利二同知俱自雍正三年始，而乾隆三年地震，册籍焚毀，無由稽查，故俱自乾隆元年始。

蘇彰阿，鑲黃旗滿洲人，乾隆元年任。
成貴，鑲白旗人，乾隆三年任。
文德，正黃旗人，乾隆四年任。
碩岱，鑲紅旗人，乾隆四年任。
福德，鑲黃旗人，乾隆十六年任。
書麟，滿洲人，乾隆二十四年任。
薩郎阿，鑲黃旗滿洲，乾隆三十一年任。
岱祿，鑲白旗滿洲，乾隆三十八年任。
文光，正白旗滿洲，乾隆四十五年任。

水利同知

費楷，浙江人，乾隆元年任。
傅樹崇，河南人，乾隆五年任。
羅緒，四川人，乾隆八年任。
張綸炳，陝西人，乾隆十三年任。
范全仁，江南人，乾隆十六年任。
達爾吉善，鑲紅旗人，乾隆二十一年任。
李奇齡，山西人，乾隆二十九年任。
廷毓，鑲白旗滿洲，乾隆三十六年任。
五諾璽，鑲藍旗滿洲，乾隆三十七年任。
德慧，正黃旗滿洲，乾隆四十三年任。

西路同知

張羽翀，大興縣人，順治二年任。
董巽祥，江南人，順治十四年任。
李加允，江南人，順治十七年任。

王維旌，山東人，康熙二年任。
方從吉，浙江人，康熙六年任。
詹龍翔，黃陂人，康熙七年任。
湯裔振，河間人，康熙十一年任。
張輔，閬中人，康熙十二年任。
王維楫，揚州人，康熙十四年任。
宋士顯，康熙二十五年任。
高士鐸，正白旗人，康熙四十四年任。
佟士祈，正藍旗人，康熙五十六年任。
常璽，康熙六十一年任。
臧琮，諸城人，雍正三年任。
吳廷元，正白旗人，雍正十一年任。
傅樹崇，登封人，乾隆五年任。
戴國珍，江夏人，乾隆九年任。
王機，福山人，乾隆十三年任。
王伸，諸城人，乾隆十五年任。
伊星阿，鑲黃旗人。後裁。

鹽捕通判

朱亨衍，廣西桂林人，乾隆元年任。
蔡永寧，正白旗漢軍，乾隆七年任。
李闦陵，山西安邑人，乾隆十三年任。
徐廷璐，順天大興人，乾隆二十四年任。
鄭景，安徽涇縣人，乾隆三十年任。
承裕，鑲黃旗滿洲，乾隆三十四年任。
尚玉琅，鑲藍旗漢軍，乾隆三十六年任。
崔泳，浙江嘉興人，乾隆四十四年任。

寧夏縣知縣

郝士鋐，直隸壩州人，雍正三年任。
趙世揚，雲南太和人，雍正四年任。
偏武，正黃旗滿洲，雍正六年任。
武梓，山西靈邱人，雍正七年任。
沈項年，江南鹽城人，乾隆四年任。

靳夢麟，直隸天津人，乾隆五年任。
張嗣炳，江蘇金山人，乾隆十二年任。
舒鴻儒，湖北光化人，乾隆十七年任。
錢元炆，浙江麗水人，乾隆十八年任。
歸夢煃，江蘇常熟人，乾隆二十一年任。
賈建奇，河南祥符人，乾隆二十二年任。
魯克寬，直隸豐潤人，乾隆二十七年任。
李承弼，山泉海陽人，乾隆二十八年任。
徐朗元，順天宛平人，乾隆三十七年任。
宋學淳，鑲紅旗漢軍，乾隆四十三年任。

寧朔縣知縣

李鋐，福建侯官人，雍正三年任。
辛禹籍，直隸新安人，乾隆元年任。
錢孟揚，江南太倉人，乾隆五年任。
張永淑，直隸人，乾隆五年任。
董淑英，直隸文安人，乾隆九年任。
魯克寬，直隸豐潤人，乾隆十四年任。
王錫書，山西榆次人，乾隆二十一年任。
周克開，湖南長沙人，乾隆二十三年任。
諸爲霖，桂林人，乾隆三十年任。
費承勳，仁和人，乾隆三十三年任。
趙杭林，保定人，乾隆三十七年任。
陸瑋，仁和人，乾隆四十二年任。

平羅縣知縣

按：分設平羅縣自雍正三年始，而乾隆三年地震，册籍焚毀，無由稽查，故自乾隆四年何世寵始。

何世寵，富平人，乾隆四年任。
宋惟孜，正黃旗漢軍，乾隆十五年任。
郭昌泰，榆次人，乾隆二十二年任。
方張登，桐城人，乾隆二十四年任。
蔣全迪，歙縣人，乾隆二十八年任。
李鳴壎，睢州人，乾隆三十三年任。

楊士模，吳縣人，乾隆四十一年任。
杜耕書，靜海人，乾隆四十二年任。

平羅縣縣丞

前撫院黃於新户埂外招民認墾，於乾隆十一年始將隴西縣丞冷嵩齡移駐寶豐，專司水利。

冷嵩齡，上高縣人，乾隆十一年任。
熊承統，石城人，乾隆十六年任。
陳紱，上元人，乾隆二十五年任。
溫有容，石城人，乾隆二十九年任。
錢汝隨，嘉興人，乾隆三十四年任。
張力勤，湘潭人，乾隆四十一年任。

靈州〔中路同知、知州〕

舊設"中路同知"。

祖良禎，盛京人，康熙四十一年任。
祝兆鼎，直隸天津人，康熙五十一年任。

雍正三年改設"知州"。

蔡書雲，江南人，雍正三年任。
朱佐湯，山西臨汾人，乾隆三年任。
劉輝祉，直隸安平人，乾隆十一年任。
謝玉琰，江南武進人，乾隆十八年任。
江鯤，直隸天津人，乾隆二十年任。
西岷峨，鑲白旗滿洲，乾隆二十二年任。
賈建奇，河南祥符人，乾隆二十七年任。
奇明，鑲白旗滿洲，乾隆三十七年任。
黎珠，鑲白旗滿洲，乾隆四十年任。

花馬池州同

梁德長，陝西長安人，雍正九年任。
錢孟揚，江蘇太倉人，乾隆四年任。
楊起元，江蘇宜興人，乾隆十一年任。
陳冠吉，江西吉水人，乾隆二十年任。
佟鋆，正藍旗漢軍，乾隆二十年任。
梁昌，山西介休人，乾隆二十五年任。

高士堂，順天大興人，乾隆二十五年任。

李立，山西陽曲人，乾隆二十八年任。

李鋐，山西臨汾人，乾隆二十九年任。

章攀桂，安徽桐城人，乾隆二十九年任。

李文曾，山東膠州人，乾隆二十年任。

戴泰暉，湖北江夏人，乾隆三十一年任。

楊瀛仙，雲南石屏人，乾隆三十四年任。

伍葆光，廣東興寧人，乾隆三十六年任。

胡誠，順天大興人，乾隆三十六年任。

窩什渾，鑲藍旗漢軍，乾隆三十九年任。

朱蘭，山東歷城人，乾隆四十一年任。

中衛縣知縣

嚴禹沛，常熟縣人，雍正三年任。

傅樹崇，登封人，雍正七年任。

甄汝翼，平定州人，雍正十年任。

姚廷柱，潮州人，雍正十二年任。

錢應榮，湖州人，乾隆五年任。

姚恪，四川人，乾隆十年任。

金兆琦，宛平人，乾隆十四年任。

黃恩錫，雲南人，乾隆二十一年任。

許鉞，杭州人，乾隆二十七年任。

劉若珠，鑲紅旗漢軍，乾隆三十三年任。

王臣，奉天海城人，乾隆三十七年任。

寧夏府學教授

按：分設寧夏府、夏、朔、平羅四學教官俱自雍正三年始，而乾隆三年地震，冊籍焚毀，無由稽查，故俱自乾隆四年始。

張坫，甘泉人，乾隆四年任。

張元龍，郿縣人，乾隆十三年任。

張璽，高陵人，乾隆十八年任。

黃元春，沔縣人，乾隆三十一年任。

張科，鎮原人，乾隆四十三年任。

寧夏府學訓導

馬國鈞，綏德人，乾隆二年任。
徐澤長，潼關人，乾隆十七年任。
牛瑄，徽縣人，乾隆十八年任。
劉士龍，禮縣人，乾隆二十二年任。
劉爾順，府谷人，乾隆二十四年任。
雷震遠，狄道人，乾隆三十五年任。
劉漢嗣，商州人，乾隆四十年任。
路植松，泰安人，乾隆四十二年任。
楊生芝，宜君人，乾隆四十三年任。

寧夏縣學教諭

賈克昌，洛川人，乾隆元年任。
楊齊岱，蒲城人，乾隆十三年任。
胡鍷，泰安人，乾隆十八年任。
楊習震，臨潼人，乾隆三十年任。
王翼，臨潼人，乾隆三十五年任。
劉濤，禮縣人，乾隆三十六年任。
潘醇德，鎮番人，乾隆四十二年任。

寧朔縣學教諭

田奧，陝西富平人，乾隆四年任。
董達，陝西長安人，乾隆十二年任。
徐大元，正寧人，乾隆二十年任。
泰中淦，平涼人，乾隆二十三年任。
史謙，狄道人，乾隆二十五年任。
謝弼翰，永昌人，乾隆二十七年任。
屈又原，咸陽人，乾隆三十五年任。
丁誠衷，臨潼人，乾隆三十九年任。

平羅縣學訓導

焦象竑，會寧人，乾隆七年任。
馬天應，清水人，乾隆十四年任。
武成周，平利人，乾隆二十一年任。
馬重連，隴州人，乾隆二十八年任。

田維梅，綏德人，乾隆三十一年任。
連進本，鎮安人，乾隆三十七年任。

靈州〔訓導、學正〕

舊設"訓導"。

李龍雯，榆林人，康熙四十九年任。
孫四正，長安人，康熙五十九年任。

雍正三年改設"學正"。

吳郡，蘭州人，雍正四年任。
張大本，郃陽人，雍正十三年任。
李飛雲，華陰人，乾隆四年任。
郝鵬圻，宜川人，乾隆十一年任。
朱錦，沔縣人，乾隆二十四年任。
雷繩武，渭南人，乾隆三十四年任。
張璉，鄜縣人，乾隆三十五年任。

中衛縣學教諭

張琦，盩厔人，雍正六年任。
張以琮，洋縣人，乾隆元年任。
潘汕，涇陽人，乾隆七年任。
張若敏，富平人，乾隆二十年任。
竹林賢，涇陽人，乾隆三十一年任。
崔鍾璵，同官人，乾隆三十五年任。
王燭，郃陽人，乾隆三十八年任。
葛之蓉，興平人，乾隆四十年任。
張堯甸，三原人，乾隆四十二年任。
申桐，臨潼人，乾隆四十三年任。

中衛縣學訓導

吳國祚，後衛人，順治二年任。
姚祖頡，膚施人，康熙二十二年任。
袁國璉，延安人，康熙二十八年任。
楊斌，扶風人，康熙三十年任。
馬羲瑞，甘州人，康熙三十二年任。
張廷圭，咸陽人，康熙五十一年任。

李君任，商南人，康熙六十一年任。
董奮翔，隴西人，雍正六年任。
張文焕，鳳翔人，雍正十一年任。
白玉彩，宜川人，乾隆四年任。
趙宗先，静寧州人，乾隆十年任。
左拱樞，隴西人，乾隆十八年任。
史諴，狄道人，乾隆二十年任。
葛如雯，涇州人，乾隆二十五年任。
艾珵，米脂人，乾隆二十六年任。
陳彦海，渭南人，乾隆三十一年任。
蕭克明，咸陽人，乾隆三十二年任。
周麟，武威人，乾隆四十二年任。
牛亢，商州人，乾隆四十四年任。

寧夏府志卷十

皇清武職官制

鎮守寧夏等處將軍一員。

左翼：副都統一員，協領三員，佐領一十二員，防禦一十四員，① 驍騎校一十二員。②

右翼：副都統一員，今裁。協領三員，內裁一員。佐領一十二員，內裁五員。防禦一十四員，驍騎校一十二員。

鎮守寧夏等處總兵一員。

鎮標左營：③ 遊擊一員，中軍守備一員，千總二員，把總四員。

鎮標右營：遊擊一員，中軍守備一員，千總二員，把總四員。

鎮標前營：遊擊一員，中軍守備一員，千總二員，把總四員。

鎮標後營：遊擊一員，中軍守備一員，千總二員，把總四員。④

鎮標城守營：都司一員，把總二員。

協鎮中衛等處：副將一員，中軍都司一員，千總二員，⑤ 把總五員。⑥

平羅營：參將一員，中軍守備一員，千總一員，把總三員。

洪廣營：遊擊一員，中軍守備一員，把總四員。

---

① 《乾隆甘志》卷二九《皇清武職官制》載，左右兩翼共有防禦27員，本志載左右兩翼各14員，共28員，較《乾隆甘志》所記之數多1員。

② 《乾隆甘志》卷二九《皇清武職官制》載，左右兩翼共有驍騎校25員，本志載左右兩翼各12員，共24員，較《乾隆甘志》所記之數少1員。

③ ［校］鎮標左營："標"後原衍"中軍"二字，據《康熙陝志》卷十七《職官》、《乾隆甘志》卷二九《皇清武職官制》刪。

④ ［校］四員：《乾隆甘志》卷二九《皇清武職官制》作"三員"。

⑤ ［校］二員：《乾隆甘志》卷二九《皇清武職官制》作"一員"。

⑥ ［校］把總五員：《乾隆甘志》卷二九《皇清武職官制》載："把總二員，防守把總一員。"

玉泉營：遊擊一員，中軍守備一員，把總三員。
廣武營：遊擊一員，中軍守備一員，把總三員。
石空寺堡：守備一員。
古水井堡：守備一員。
靈州營：參將一員，中軍守備一員，把總四員。①
花馬池：參將一員。
興武營：都司一員。②
橫城堡：③都司一員。
同心城：守備一員。④
安定堡：守備一員。

歷任姓氏

鎮守寧夏將軍

席伯，⑤正藍蒙古人，雍正三年任。⑥
卓鼐，滿洲人，雍正八年任。⑦
常賚，滿洲，雍正九年任。
傅泰，滿洲人，雍正九年任。
阿魯，鑲藍旗人，雍正十三年任。⑧
都賚，正藍旗人，乾隆五年任。⑨
巴海，正紅旗人，乾隆十六年任。
和起，鑲藍旗人，乾隆二十一年任。⑩

---

① ［校］四員：《乾隆甘志》卷二九《皇清武職官制》作"三員"。
② 《乾隆甘志》卷二九《皇清武職官制》載，興武營另有"把總二員"。
③ ［校］橫城堡：原作"橫城營"，據《康熙陝志》卷十七《職官》、《乾隆甘志》卷二九《皇清武職官制》改。
④ 《乾隆甘志》卷二九《皇清武職官制》載，同心城另有"把總一員"。
⑤ 席伯之前，蘇丹任寧夏將軍。《清世宗實錄》卷二六載，雍正二年（1724）十一月丁未，以正黃旗蒙古都統署陝西西安將軍蘇丹爲陝西寧夏將軍。
⑥ 《清世宗實錄》卷二九載，席伯於雍正三年（1725）二月乙酉任職。
⑦ 《清世宗實錄》卷一〇九載，雍正九年（1731）八月甲辰，陞卓鼐爲陝西寧夏將軍。
⑧ 《清世宗實錄》卷一四一載，阿魯於雍正十二年（1734）三月辛丑任職。
⑨ 《清高宗實錄》卷一一〇載，都賚於乾隆五年（1740）二月辛巳任職。
⑩ 《清高宗實錄》卷四八一載，和起於乾隆二十年（1755）正月辛卯任職。

舍圖肯，① 正紅旗人，乾隆二十二年任。

達色，正黃旗人，乾隆二十四年任。②

永泰，鑲黃旗人，乾隆三十一年任。③

額僧額，④ 鑲藍旗人，乾隆三十二年任。

偉善，鑲藍旗蒙古人，乾隆三十三年任。

傅良，鑲黃旗人，乾隆三十八年任。

三全，正紅旗人，乾隆四十年任。

和隆武，正黃旗人，乾隆四十三年任。

扎什嘉木磋，正黃旗蒙古，乾隆四十四年任。

莽古賚，正藍旗宗室，乾隆四十四年任。

左翼副都統

蘇圖，滿洲人，雍正三年任。⑤

僧保，⑥ 滿洲人，雍正九年任。

喀拉，正白旗人，乾隆二年任。⑦

色爾圖，⑧ 鑲紅旗人，乾隆七年任。

保住，正白旗人，乾隆十八年任。⑨

常格，鑲白旗人，乾隆二十七年任。

趙琦，正藍旗人，乾隆三十九年任。

傅森布，鑲黃旗人，乾隆四十年任。

---

① ［校］舍圖肯：原作"社圖肯"，據《清高宗實録》卷五二八改。又，同書載，乾隆二十一年（1756）十二月癸酉，調青州將軍舍圖肯爲寧夏將軍。

② 《清高宗實録》卷五七九載，乾隆二十四年（1759）正月己亥，調青州將軍達色爲寧夏將軍。

③ 《清高宗實録》卷七四九載，永泰於乾隆三十年（1765）十一月癸巳任職。

④ 《清高宗實録》卷七八一載，乾隆三十二年（1767）三月丙戌，以京口副都統穆爾泰爲寧夏將軍。同書卷八一九載，三十三年（1768）九月己酉，調寧夏將軍穆爾泰爲杭州將軍，以涼州副都統偉善爲寧夏將軍。未載額僧額任寧夏將軍事。本志疑誤。

⑤ 《清世宗實録》卷二六載，蘇圖於雍正二年（1724）十一月丁未任職。

⑥ ［校］僧保：本志原同《乾隆甘志》卷二九《皇清武職官制》，係僧保之職爲寧夏右翼副都統，據《清世宗實録》卷一一〇改。同書載，僧保於雍正九年（1731）九月丙子任職。

⑦ 《清世宗實録》卷一二八載，喀拉於雍正十一年（1733）二月辛酉任職。

⑧ ［校］色爾圖：原作"賽爾圖"，據《清高宗實録》卷一六一改。又，同書載，色爾圖於乾隆七年（1742）三月甲子任職。

⑨ 《清高宗實録》卷四三八載，保住於乾隆十八年（1753）五月丁巳任職。

德爾賽，鑲紅旗人，乾隆四十三年任。

永多，鑲藍旗宗室，乾隆四十三年任。

右翼副都統

阿林，① 滿洲人，雍正三年任。

蘇穆爾濟，② 滿洲人，雍正四年任。

海福，滿洲人，雍正七年任。③

卓鼐，滿洲人，雍正八年任。④

劉敬思，⑤ 滿洲人，雍正十年任。

佟善，⑥ 滿洲人，雍正十年任。

恭格，⑦ 正白旗蒙古人，雍正十年任。

董達色，正黃旗人，乾隆七年任。⑧

和起，鑲藍旗人，乾隆十三年任。

巴爾聘，正黃旗人，乾隆二十一年任。

哈寧阿，鑲黃旗人，乾隆二十二年任。

同福住，正藍旗人，乾隆二十三年任。

---

① ［校］阿林：原同《乾隆甘志》卷二九《皇清武職官制》作"阿琳"，據《清世宗實錄》卷二六改。又，同書載，阿林於雍正二年（1724）十一月丁未任職，非於雍正三年（1725）任職。

② ［校］蘇穆爾濟：原同《乾隆甘志》卷二九《皇清武職官制》作"蘇木爾吉"，據《清世宗實錄》卷三八改。又，同書載，蘇穆爾濟於雍正三年（1725）十一月壬戌任職。

③ 《清世宗實錄》卷七九載，海福於雍正七年（1729）三月乙卯任職。

④ 《清世宗實錄》卷八九載，卓鼐於雍正七年（1729）十二月丁未任職。

⑤ ［校］劉敬思：原同《乾隆甘志》卷二九《皇清武職官制》作"劉進思"，據《清世宗實錄》卷一一二改。又，本志原同《乾隆甘志》卷二九《皇清武職官制》，係劉敬思之職爲寧夏左翼副都統，據同書改。同書載，劉敬思於雍正九年（1731）十一月辛未任職。

⑥ ［校］佟善：此同《清高宗實錄》卷三三、《乾隆甘志》卷二九《皇清武職官制》，《清世宗實錄》卷一二一作"佟山"。又，《清世宗實錄》卷一二一載，佟山於雍正十年（1732）七月癸巳任職。《清高宗實錄》卷三三載，乾隆元年（1736）十二月戊寅，以佟善實授寧夏右翼副都統。

⑦ ［校］恭格：原同《乾隆甘志》卷二九《皇清武職官制》作"貢格"，據《清世宗實錄》卷一二四改。又，本志原同《乾隆甘志》卷二九《皇清武職官制》，係恭格之職爲寧夏左翼副都統，據同書改。又，同書載，恭格於雍正十年（1732）十月庚申任職。

⑧ 《清高宗實錄》卷一七二載，董達色於乾隆七年（1742）八月癸巳任職。

德雲，鑲黃旗人，乾隆二十四年任。① 後缺裁。②

鎮守寧夏總兵官

南一魁，神木人，順治元年任。

劉芳名，延綏人，③ 順治二年任。

周國貞，④ 遼陽人，順治十七年任。

胡茂禎，⑤ 榆林人，康熙二年任。

桑格，滿洲人，康熙四年任。

陳福，延綏人，康熙十三年任。

趙良棟，延綏人，康熙十五年任。

趙弘燦，良棟子，康熙二十一年任。

高孟，甘州人，康熙二十二年任。

李嗣興，正黃旗人，康熙二十六年任。

馮德昌，榆林人，康熙三十年任。

殷化行，咸陽人，康熙三十二年任。⑥

葉曰芳，甘州人，康熙三十七年任。

劉官統，河南夏邑人，康熙四十二年任。

聶開元，延安人，康熙四十六年任。

范時捷，鑲黃旗人，康熙四十八年任。

楊啟元，⑦ 寧夏人，雍正元年任。

王嵩，直隸河間人，⑧ 雍正二年任。

張君烈，涼州人，雍正四年任。

郭成功，涼州人，雍正五年任。

---

① 《清高宗實錄》卷五九四載，德雲於乾隆二十四年（1759）八月己卯任職。

② 德雲之後尚有一任寧夏右翼副都統。《清高宗實錄》卷六五八載，乾隆二十七年（1762）四月丁卯，以寧夏協領常阿禮爲寧夏右翼副都統。

③ [校] 延綏：《康熙陝志》卷十七《職官》作"榆林"。

④ [校] 周國貞：原避清世宗胤禛諱改作"周國正"，據《康熙陝志》卷十七《職官》改。

⑤ [校] 胡茂禎：原避清世宗胤禛諱改作"胡茂正"，據《康熙陝志》卷十七《職官》改。

⑥ [校] 三十二：原作"三十三"，據《乾隆甘志》卷二九《皇清武職官制》、本志卷十二《職官·官蹟》改。

⑦ [校] 楊啟元：原作"楊君元"，據《乾隆甘志》卷二九《皇清武職官制》、本志卷十《職官》改。

⑧ [校] 河間：原作"河潤"，據《乾隆甘志》卷二九《皇清武職官制》改。

張善，寧夏人，雍正七年任。

李繩武，正黃旗人，雍正八年任。

蕭生岱，膚施人，雍正十年任。

邱名揚，四川松潘廳人，雍正十二年任。

楊大凱，山東兗州人，乾隆二年任。

周開捷，湖廣襄陽人，乾隆四年任。

呂瀚，山東掖縣人，乾隆六年任。

施廷專，鑲黃旗漢軍，乾隆九年任。

那爾泰，鑲黃旗滿洲，乾隆十四年任。

韓琦，直隸天津人，乾隆十七年任。

李中楷，陝西長安人，乾隆十九年任。

五福，正白旗滿洲，乾隆二十二年任。

福永，鑲黃旗蒙古，乾隆二十七年任。

張玉琦，正白旗漢軍，乾隆三十二年任。

斐慎，鑲藍旗滿洲，乾隆四十一年任。

武靈阿，正紅旗滿洲，乾隆四十四年任。

寧夏鎮標中營遊擊

程廷俊，寧遠人，順治三年任。

陳維新，大興人，順治九年任。

郁興周，靈州人，順治十二年任。

楊文成，直隸人，[1] 順治十六年任。

王進忠，直隸人，[2] 順治十七年任。

杜春敬，河南人，康熙四年任。

郁興周，康熙五年復任。

高忠，直隸人。

江光斗。

李目，直隸人。

---

[1] [校] 直隸人：此同《乾隆甘志》卷二九《皇清武職官制》，《康熙陝志》卷十七《職官》作"遼陽人"。

[2] [校] 直隸人：此同《乾隆甘志》卷二九《皇清武職官制》，《康熙陝志》卷十七《職官》作"東寧人"。

王明池，山西人。

趙彝鼎，陝西人。

胡攀桂，寧夏人。

師帝賓，清澗人。

陳聰賢，福建人。

陳維屏，福建人。

胡琨，寧夏人，康熙三十六年任。

馬英，寧夏人，康熙四十五年任。

楊啟元，寧夏人。

趙邦瑞，寧夏人，康熙四十八年任。

楊名立，嶧縣人，康熙五十年任。

馬顯伯，寧夏人。

孫王法，仁和人，康熙六十一年任。

周起鳳，長安人，雍正元年任。

呂瀚，掖縣人，雍正三年任。

彭端莭，丹棱人，雍正六年任。

劉順，文安人，雍正元年任。

雍正十三年移改"左營"。

劉順，文安人。

張晟，正白旗包衣漢軍，乾隆六年任。

張震，湖南巴陵人，乾隆十四年任。

戴佽，山東濟陽人，乾隆十五年任。

五靈阿，正藍旗滿洲，乾隆二十二年任。

明華，鑲黃旗滿洲，乾隆二十三年任。

策卜坦，鑲黃旗滿洲，乾隆三十五年任。

鄭敏，鑲藍旗漢軍，乾隆四十三年任。

寧夏鎮標左營遊擊

崔聯奎，直隸人，[①] 順治三年任。

陳夢龍，登州人，順治八年任。

---

① [校] 直隸人：此同《乾隆甘志》卷二九《皇清武職官制》，《康熙陝志》卷十七《職官》作"遼東人"。

謝來詔，北直人，順治十三年任。
趙登舉，宣府人，順治十七年任。①
劉思玉，山東人，② 康熙六年任。
彭宗，福建人。
高雲，江南人。
龔玉柱，寧夏人。
顧龍，寧夏人。
徐月吉，江西人。
程巨滕，山西人。
劉琦，平陽人，康熙四十二年任。
樊才，甘州人，康熙四十二年任。
李端正，禹城人，康熙五十年任。
李彪，歷城人，雍正九年任。
雍正十三年移改"右營"。
李彪，歷城人。
鄭士棟，江寧人，乾隆十一年任。
靳文武，河南藍陽人，乾隆十四年任。
明華，鑲黃旗滿洲，乾隆二十年任。
福德，鑲藍旗滿洲，乾隆二十四年任。
柴珽，長安人，乾隆二十五年任。
哲謹泰，正黃旗滿洲，乾隆二十九年任。
馬秉琚，山東兗州府滕縣人，乾隆二十七年任。

寧夏鎮標右營遊擊
田充國，順天人，順治二年任。
侯一位，榆林人，順治七年任。
陳其仁，燕山衛人，順治十年任。
姜友才，鎮靖人，順治十三年任。

---

① ［校］十七年：此同《乾隆甘志》卷二九《皇清武職官制》，《康熙陝志》卷十七《職官》作"十六年"。

② ［校］山東人：此同《乾隆甘志》卷二九《皇清武職官制》，《康熙陝志》卷十七《職官》作"湖廣人"。

周祺，廣寧衛人，順治十八年任。

馬玉，寧夏人。

何彩，福建人。

王洪仁，寧夏人。

李燦，福建人。

王得勝，浙江人。

郭珠，福建人。

江琦，寧夏人。

劉漢業，寧夏人。

顏良，福建人。

陳虎，寧夏人。

劉光興，長安人，康熙四十五年任。

彭雲隆，寧夏人，康熙五十三年任。

劉成，長安人，雍正六年任。

米彪，宛平人，雍正六年任。

鄭凱，襄陽人，雍正九年任。

雍正十三年移改"前營"。

滿倉，正白旗人，乾隆元年任。

柴國樑，長安人，乾隆五年任。

安祿，正黃旗人，乾隆十年任。

吳光楸，廣東人，乾隆十四年任。

姜廣居，大同人，乾隆二十四年任。

楊繼貴，直隸人，乾隆三十四年任。

鄭敏，鑲藍旗漢軍，乾隆四十二年任。

保泰，鑲紅旗滿洲，乾隆四十三年任。

德明，鑲紅旗滿洲，乾隆四十四年任。

寧夏鎮標前營遊擊

馬烜，蔚州人，順治三年任。

陳民實，西安人。

呂渭公，河南人。

李尚翠，中衛人。

段登仕，河南人。

李從望，山西人。
陳良弼，福建人。
馬際伯，寧夏人，康熙三十六年任。
張宏印，寧夏人，康熙三十八年任。
楊應鸞，鑲黃旗人，康熙四十年任。
王遐齡，寧夏人，康熙四十一年任。
馬維品，正白旗人，康熙四十一年任。
趙仁基，龍門人，康熙四十九年任。
董維屏，榆林人，康熙六十年任。
楊珑，固原人，雍正三年任。
馬紀官，寧夏人，雍正十年任。
雍正十三年移改"後營"。
馬紀官，寧夏人。
西凌阿，鑲紅旗滿洲，乾隆九年任。
路建瀚，河南歸德人，乾隆十二年任。
徐克猷，四川松潘人，乾隆十五年任。
張震，湖廣襄陽人，乾隆十六年任。
倪昂，直隸真定人，乾隆十九年任。
烏爾欽，正藍旗人，乾隆二十八年任。
陳堯德，直隸興安州人，乾隆三十五年任。
許世臣，四川成都人，乾隆四十年任。

城守營都司

舊制中營遊擊兼管，雍正十三年部議，將大壩堡都司移駐城守營。
馬麟紱，山東人，雍正十三年任。
周秉元，蘇州人，乾隆元年任。
任舉，大同人，乾隆三年任。
馬雲翱，山西人，乾隆八年任。
吳光楸，廣東潮陽人，乾隆十一年任。
黎功，廣東肇慶人，乾隆十五年任。
劉鑑，正黃旗人，乾隆二十一年任。
富明，鑲藍旗人，乾隆二十七年任。
尚政寅，鑲藍旗人，乾隆三十四年任。

中衛協副將

潘雲騰,漢中人,順治元年任。
猛先功,寧夏衛指揮,順治二年任。
謝正榮,奉天人,順治三年任。①
董熙昌,奉天人,順治五年任。
吳自得,②奉天人,順治九年任。
馮源淮,涿州人,順治十三年任。
陳維新,大興人,順治十五年任。
宣有才,遼陽人,順治十七年任。
吳三畏,順天人,康熙八年任。
賈從哲,潞安人,康熙十二年任。
賴塔,正白旗人,康熙十五年任。
趙彝鼎,延安人,康熙十九年任。
謝明德,平涼人,康熙二十一年任。
許靖國,奉天人,康熙二十七年任。
許完,漳浦人,康熙二十八年任。
袁鈴,③徐州人,康熙四十二年任。
馮君洗,涼州人,康熙四十四年任。
海福,正黃旗人,乾隆十二年任。
王登朝,順天人,康熙四十九年任。
李山,上元人,康熙五十三年任。
馬紀勳,寧夏人,雍正三年任。
曹勳,交河人,雍正四年任。
韓良卿,合州人,雍正五年任。
巨有德,張掖人,雍正八年任。
盧度瑾,靈州人,乾隆元年任。
米彪,宛平人,乾隆三年任。

---

① [校]三年:原作"五年",據《乾隆甘志》卷二九《皇清武職官制》改。
② [校]吳自得:此同《乾隆甘志》卷二九《皇清武職官制》,《康熙陝志》卷十七《職官》作"吳自德"。
③ [校]袁鈴:《乾隆甘志》卷二九《皇清武職官制》作"袁鈴"。

滿福，鑲紅旗人，乾隆十年任。

福昌，鑲白旗人，乾隆二十二年任。

五十九，正藍旗滿洲，乾隆三十三年任。

寵保，正藍旗滿洲，乾隆三十七年任。

僧額多爾濟，正黃旗蒙古，乾隆四十一年任。

花馬池副將

趙之璧，順天人，順治二年任。

吳登科，奉天人，順治九年任。

萬承選，奉天人，順治十二年任。

姚承德，直隸人，順治十五年任。

李正芳，順天人，順治十六年任。

王有才，山東人，康熙五年任。

石福，榆林人，康熙十五年任。

黃可樂，汾州人，康熙二十二年任。

黃昱，臺灣人，康熙二十五年任。

徐達，潞安人，康熙二十九年任。

高永謙，秦州人，康熙三十三年任。

趙永吉，金鄉人，康熙三十七年任。

金國正，本鎮人，康熙四十六年任。

改日新，宛平人，康熙五十四年任。

惠延祖，濟寧人，康熙六十一年任。

任春雷，西寧人，雍正九年任。

韓應魁，西安人，乾隆元年任。

王良佐，保定人，乾隆六年任。

晏嗣漢，貴州人，乾隆十年任。

張晟，奉天人，乾隆十六年任。

容保，奉天人，乾隆十七年任。

達啟，奉天人，乾隆二十年任。

福興，奉天人，乾隆二十年任。

定柱，奉天人，乾隆二十年任。

色倫泰，奉天人，乾隆二十八年任。

乾隆二十八年改設"參將"。

塞爾領，奉天人，乾隆二十九年任。

劉鑑，奉天人，乾隆三十年任。

張邦仁，襄陽人，乾隆三十六年任。

薛大楷，山西人，乾隆四十一年任。

靈州營參將

盧養元，靈州人，順治元年任。

蔣國泰，淮安人，順治二年任。

杜茂松，榆林人，順治四年任。

程天壽，奉天人，順治七年任。

張國俊，河間人，順治十二年任。

劉君榮，寧遠人，順治十七年任。

周元，江西人，康熙元年任。

楊三虎，金華人，康熙十年任。

張靖，通州人，康熙十七年任。

呂自魁，湖廣岳州人。

吳志，福建人，康熙二十二年任。

王顒若，[1] 郃陽人，康熙二十四年任。

王祚昌，錢塘人，康熙二十六年任。

路全功，直隸人，康熙三十年任。

陳化龍，通許人，[2] 康熙三十五年任。

齊得升，濟寧人，康熙三十六年任。

祁朝相，永昌人，康熙三十六年任。

馬際伯，寧夏人，康熙三十八年任。

羅大虎，寧夏人，康熙三十九年任。

段枚臣，鑲藍旗人，康熙四十年任。

李耀，寧夏人，康熙四十四年任。

李山，上元人，康熙四十六年任。

劉大忠，寧夏人，康熙五十三年任。

---

① [校] 王顒若：此同《四庫》本《乾隆甘志》卷二九《皇清武職官制》，國圖藏《乾隆甘志》刻本作"王融若"。

② [校] 通許：《靈州志蹟》卷二《職官姓氏志第十一·武職》作"通州"。

馬龍，西寧人，康熙五十七年任。
常傑，長安人，康熙六十年任。
高錦，涼州人，雍正元年任。
張國棟，肅州人，雍正二年任。
王廷瑞，寧夏人，雍正六年任。
陳弼，肅州人，雍正七年任。
米彪，直隸人，乾隆元年任。
晏嗣漢，貴州人，乾隆五年任。
馬奇，肅州人，乾隆十年任。
楊大業，江南人，乾隆十五年任。
武福，甘州人，乾隆十八年任。
馮天錫，長安人，乾隆十九年任。
吳士勝，乾隆二十九年任。
承保，鑲白旗滿洲，乾隆三十年任。
夏國泰，滋陽人，乾隆三十六年任。
福明，鑲黃旗滿洲，乾隆三十六年任。
福長，鑲黃旗滿洲，乾隆四十二年任。

平羅營參將

孫應舉，奉天人，順治二年任。①
馮源淮，涿州人，順治九年任。
蔡應科，江都人，順治十五年任。
龔澍，紹興人，康熙九年任。
大必兔，鑲藍旗人，康熙十三年任。
熊虎，湖廣人，康熙十四年任。
趙彝鼎，山西人，康熙十五年任。
金鄉，② 鄧州人，康熙十五年任。
王弼，陝西人，康熙二十一年任。
崔耀，甘州人，康熙二十三年任。

---

① 《清世祖實錄》卷十七載，順治二年（1645）六月壬子，將材孫應舉爲遊擊，管寧夏平羅副將事。
② ［校］金鄉：《乾隆甘志》卷二九《皇清武職官制》作"全卿"。

趙文實，歷城人，康熙二十八年任。

陳焰，侯官人，康熙三十四年任。

楊應鷥，鑲黃旗人，康熙四十一年任。

王登朝，大城人，康熙四十五年任。

周廣，陝西人，康熙四十九年任。

劉業溥，大興人，康熙五十年任。

董玉祥，鑲黃旗人，康熙五十三年任。

金民安，正白旗人，康熙六十一年任。

張嘉翰，新安人，雍正四年任。

高雄，成都人，雍正六年任。

劉順，天津人，乾隆三年任。

李佐善，代州人，乾隆九年任。

馬乾，長安人，乾隆十三年任。

福昌，滿洲人，乾隆二十二年任。

左秀，山東高唐人，乾隆二十四年任。

福連，滿洲人，乾隆二十五年任。

阿林達，滿洲人，乾隆三十二年任。

姚元奮，太原人，乾隆三十五年任。

四十九，滿洲人，乾隆三十八年任。

珠隆阿，滿洲人，乾隆四十一年任。

洪廣營遊擊

佟養松，寧遠人，順治二年任。

沈世芳，寧夏人，順治四年任。

馬烜，蔚州人，順治六年任。

石仲玉，[①] 襄陽人，順治十年任。

王民豫，錦州人，順治十四年任。

羅景芳，奉天人，順治十八年任。

潘成，光州人，康熙七年任。

盧奇昌，晉江人，康熙十二年任。

---

① [校]石仲玉：此同《乾隆甘志》卷二九《皇清武職官制》，《康熙陝志》卷十七《職官》作"石中玉"。

彭乾，光州人，康熙十六年任。
鈕維政，奉天人，康熙十九年任。
吳爾躬，紹興人，康熙二十二年任。
莊超，泉州人，康熙三十年任。
鄧茂公，詔安人，康熙三十五年任。
鄭明，寧夏人，康熙四十二年任。
蕭國英，正白旗人，康熙四十五年任。
馬維品，正白旗人，康熙四十九年任。
馬良才，西寧人，康熙五十三年任。
丁廣，榆林人，康熙五十六年任。
江文湛，寧夏人，雍正六年任。
張明聰，肅州人，雍正十年任。
吳泰岳，湖廣人，雍正十年任。
賀景，大通人，乾隆九年任。
石鳳友，西寧人，乾隆十五年任。
阿三泰，鑲紅旗滿洲，乾隆十九年任。
觀榮，鑲黃旗滿洲，乾隆二十八年任。
張雯，大興人，乾隆三十四年任。
王士照，正紅旗漢軍，乾隆四十一年任。
七十四，鑲藍旗滿洲，乾隆四十二年任。

玉泉營遊擊

馬世榮，宣府人，順治二年任。
李一明，奉天人，順治六年任。
王夢麟，昌平人，順治九年任。
李友功，奉天人，順治十二年任。
張連奎，鎮原人，順治十六年任。
楊衍，山東人，康熙元年任。
柳生甲，榆林人，康熙十四年任。
王友資，宣府人，康熙二十年任。
王國興，寧夏人，康熙二十四年任。
張君能，荊州人，康熙二十八年任。
吳宏敏，紹興人，康熙四十年任。

溫如珪，西安人，康熙五十一年任。
杜森，寧夏人，康熙五十四年任。
蒲運際，鑲黃旗人，雍正二年任。
李繼善，西寧人，乾隆元年任。
戴侅，山東人，乾隆九年任。
徐克猷，直隸人，乾隆十年任。
魏資錡，直隸人，乾隆二十年任。
塞爾領，蒙古人，乾隆二十一年任。
福昌阿，滿洲人，乾隆二十七年任。
徐起祥，河南人，乾隆三十八年任。
史貴，平涼人，乾隆四十一年任。

廣武營遊擊

李子玉，四川人，順治二年任。
高棟，延安人，順治八年任。
王禎，[1] 奉天人，順治十年任。
楊本清，山東人，順治十二年任。
張文遠，雲中人，順治十六年任。
顧爾禎，[2] 大興人，順治十七年任。
李文成，京衛人，康熙八年任。
孟述經，奉天人，康熙十三年任。
徐養義，奉天人，康熙十九年任。
王錫，福建人，康熙二十二年任。
董纘緒，直隸人，康熙三十年任。
張法，寧夏人，康熙三十五年任。
藍鳳，福建人，康熙四十年任。
劉業溥，京衛人，康熙四十四年任。
胡毓秀，定邊人，康熙四十八年任。
陳守泰，甘州人，康熙五十一年任。
李士勤，宛平人，康熙五十三年任。

---

[1] ［校］王禎：原避清世宗胤禛諱改作"王正"，據《康熙陝志》卷十七《職官》改。
[2] ［校］顧爾禎：原避清世宗胤禛諱改作"顧爾正"，據《康熙陝志》卷十七《職官》改。

姬登第，永平人，雍正元年任。

闫之鼎，凉州人，雍正二年補，未到任。

王翰京，府谷人，雍正三年任。

宋宗璋，凉州人，雍正八年任。

謝佐，湖廣人，雍正十二年任。

黄圖固，湖廣人，乾隆三年任。

福明阿，鑲紅旗滿洲，乾隆十九年任。

林建鼎，福建人，乾隆三十年任。

德貢，正白旗滿洲，乾隆四十三年任。

明廣，鑲白旗滿洲，乾隆四十三年任。

興武營遊擊

張紀，北直人。①

吳光先，鐵嶺衛人，順治四年任。

樊朝臣，直隸人。

姜友才，寧夏人，② 順治七年任。

田充國，北直人，順治十三年任。

謝鴻儒，鞏昌人，③ 順治十八年任。

李登相，順天人，康熙八年任。

吳志，漳浦人，康熙十六年任。

賈士威，鄠縣人，康熙二十三年任。

陳良弼，福建人，康熙三十六年任。

劉天元，凉州人，康熙四十二年任。

趙俸，靈州人，康熙五十一年任。

李元，凉州人，康熙五十三年任。

潘華，靖遠人，康熙五十七年任。

吳曰端，南昌人，康熙五十九年任。

---

① ［校］北直人：此同《乾隆甘志》卷二九《皇清武職官制》，《康熙陝志》卷十七《職官》作"紹興人"。

② ［校］寧夏人：此同《乾隆甘志》卷二九《皇清武職官制》，《康熙陝志》卷十七《職官》作"鎮靖人"。

③ ［校］鞏昌人：此同《乾隆甘志》卷二九《皇清武職官制》，《康熙陝志》卷十七《職官》作"平凉人"。

竇棟，諸誠人，雍正三年任。
卓靈阿，正黃旗人，雍正四年任。
晏嗣漢，貴州人，乾隆四年任。
柴大成，肅州人，乾隆五年任。
凱音布，盛京人，乾隆九年任。
劉志高，榆林人，乾隆十一年任，後改設都司。
寧夏各官裁缺中協副將
李逢茂，滿洲人，順治四年任。
王三元，滿洲人，順治九年任。
〔寧夏各官裁缺〕鎮標後營遊擊
丘如京，① 順天人，順治二年任。②
毛盛生，山西人，康熙十四年任。
胡攀桂，寧夏人，康熙十六年任。
師帝賓，清澗人，康熙十七年任。
陳陞，寧夏人，康熙二十年任。
戴國柱，江南人，康熙二十七年任。
張高，福建人，康熙三十一年任。
李耀，福建人，康熙四十年任。
宋國亮，寧夏人，康熙四十四年任。
王斌，河南人，康熙五十二年任。
〔寧夏各官裁缺〕撫標左營遊擊③
上官清，天津人，順治二年任。
馬顯忠，奉天人，順治五年任。
曲文星，順天人，順治十一年任。
丁佐王，④ 太平人，順治十六年任。

---

① 〔校〕丘如京：原避孔子名諱改作"邱如京"，據《康熙陝志》卷十七《職官》回改。下同。

② 〔校〕二年：《乾隆甘志》卷二九《皇清武職官制》作"三年"。

③ 〔校〕左營：原作"右營"，據《乾隆甘志》卷二九《皇清武職官制》改。

④ 〔校〕丁佐王：原作"丁佐玉"，據《康熙陝志》卷十七《職官》、《乾隆甘志》卷二九《皇清武職官制》改。

〔寧夏各官裁缺〕撫標右營遊擊

陳進廉，北直人，順治三年任。

陳尚禮，奉天人，順治五年任。

陳英，奉天人，順治十年任。

房光先，奉天人，順治十三年任。

陳忠，順天人，順治十七年任。

寧夏府志卷十一

兵　防

寧夏滿營

原額兵三千四百七十二名。① 坐甲隨丁三十一名，前鋒校一十六名，領催一百二十八名，前鋒一百八十四名，步甲頭目二十四名，馬甲一千八百七十二名，步甲五百七十六名，弓匠頭目二名，養育兵六百名，箭匠、鐵匠頭目四名，匠役六十六名，將軍坐甲八名，副都統各坐甲三名，又副都統各食隨丁甲二十名。

經歷年裁汰坐甲、空糧等項，今額實兵三千四百七十二名。前鋒校一十六名，領催一百二十八名，前鋒一百八十四名，馬甲一千八百七十二名，步甲五百八十四名，炮手一十六名，弓箭、鐵匠頭目六名，養育兵六百名，匠役六十六名。

原額馬五千零一十七匹、駝八百隻。經歷年裁汰，今額實馬四千五百九十六匹。

俸餉

將軍：俸銀一百八十兩，養廉一千五百兩，心紅紙張銀八十兩，門炮火藥銀一百二十兩，衙役工食銀六百八十八兩。

副都統：俸銀一百五十五兩，養廉七百兩，衙役工食銀一百九十二兩。

協領：每員俸銀一百三十兩，米七十五石。

佐領：每員俸銀一百五兩，米六十石。

防禦：每員俸銀八十兩，米四十二石。

步營防禦：每員俸銀八十兩，米四十二石。

---

① ［校］本志原額兵員人數按其後分項合計，當爲3557名。

驍騎校：每員俸銀六十兩，米三十六石。

筆帖式：每員俸銀二十一兩一錢一分四釐，米三十石。

襲職雲騎尉：俸銀八十五兩，米四十二石。

恩騎校：俸銀四十五兩，米三十六石。

馬甲一分，月支銀三兩，米二石五斗。

步甲頭目：月支銀一兩，米二石五斗。

步甲一分，月支銀一兩，米五斗。

養育兵：月支銀一兩，米五斗。

匠役頭目：月支銀一兩，米一石二斗五升。

匠役：月支銀一兩，米五升。

馬一匹，春冬月支料一石二斗、草六十束，秋夏月支豆九斗、草三十束。

每歲共支官員俸銀六千七百三十八兩三錢五分一釐，兵餉銀七萬二千一百九十二兩，官兵本色糧一萬九千八百五十石五斗七升四合，折色糧銀五萬八千一百五十五兩四錢二分六釐，馬料豆二萬六千三百四石，草二十二萬二千零四十五束，又草料折色銀四萬六千八百七十七兩九錢五分。

以上除本色糧草外，每歲共支銀一十八萬七千二百四十三兩七錢二分七釐。

將軍、副都統原分地二千八百九十畝。內兵丁墳地九百六十畝，東門外教場地九十七畝五分，實餘地一千八百三十二畝五分。乾隆三十三年，經寧夏將軍穆〔爾泰〕奏明，租與民人耕種，每年收租銀八百六十九兩六錢六分，作爲兵丁紅白事件賞恤之用。

馬廠地在寧夏、平羅二縣沿河一帶地方。乾隆四十三年，因止留馬二千匹，所餘廠地經寧夏將軍三全會陝甘總督奏明：寧夏縣所屬李祥等六堡共丈出地七百七頃七十六畝八分。內。

熟地三百一十五頃四畝，每畝定租銀三分、五分不等，共收租銀一千四百四十八兩四錢六分。

荒地三百九十二頃七十二畝八分。俟招民墾種，照例起租。

平羅縣所屬通義等一十三堡共丈出地一千一十三頃八十畝八分。內熟地一百六十一頃六十四畝，每畝定租銀五分，共收租銀八百五兩七錢。荒地三百一頃八十四畝，俟招民墾種，照例起租。酌留馬廠地五百五十頃八十三畝八分。

寧夏鎮營〔及中衛等營〕

原額馬、步、守兵九千五百四十六名。雍正十三年，城守營增守兵一百名，共九千六百四十六名。乾隆五年，後酌併營制，又屢次抽補新疆。

現額馬、步、守兵八千八百六十二名。馬三千二百三十一，步二千一百三十二，守三千四百九十九。

除各官養廉八百四分，馬三百五、步三百六、守一百九十三。公費、公糧一千一十九分，馬三百六十六、步三百七十五、守三百七十八。入伍兵實六千九百三十九名。馬二千五百六十、步一千四百五十一、守二千九百二十八。

鎮城五營

左營兵四百九十八名：馬二百六十九，步一百六十九，守六十。右營兵四百九十七名：馬二百六十七，步一百七十，守六十。

前營兵四百九十九名：馬二百六十九，步一百七十，守六十。

後營兵四百九十八名：馬二百六十九，步一百七十，守五十九。

城守營三百四十五名：馬一百十一，步一百六十四，守七十。

中衛營併分防石空、古泉二堡兵九百二十八名：馬二百三十一，步一百九十，守五百七。

花馬池營併分防安定、惠安、韋州三堡兵四百七十六名：馬一百九十三，步三十九，守二百四十四。

靈州營併分防同心城、臨河堡二處兵五百六十一名：馬一百七十二，步一百一，守二百八十八。

平羅營併分防李剛、威鎮二堡兵五百一十九名：馬一百七十四，步八十二，守二百六十三。

洪廣營併分防鎮朔、鎮北二堡兵五百三十名：馬一百五十，步四十六，守三百三十四。

玉泉營併分防大壩、平羌二堡兵六百六名：馬一百六十一，步四十九，守三百九十六。

廣武營併分防棗園堡兵四百二十一名：馬一百四十八，步五十，守二百二十三。

興武營併分防毛卜喇堡兵三百二十六名：馬一百三十二，步五十一，守一百四十三。

橫城營併分防清水、紅山二堡兵二百三十五名：馬一十四，守二百二十一。

各營馬共二千五百六十匹。額價八兩，五年外斃，准全領，不及五年者按年賠追樁銀。

俸餉

總兵一員，月支俸薪紙燭銀四十二兩六錢三分一釐三毫三絲三忽。養廉糧六十分，馬三十六，步二十四。坐馬一十六匹。

副將一員，月支俸薪紙燭銀三十一兩四錢五分四釐八毫三絲三忽。養廉糧三十分，馬十五，步十五。坐馬十二匹。

參將三員，每員月支俸薪紙燭銀二十兩二錢七分八釐三毫三絲三忽。養廉糧二十分，馬十，步十。坐馬八匹。

遊擊七員，每員月支俸薪紙燭銀一十九兩二錢七分八釐三毫三絲三忽。養廉糧十五分，馬九，步六。坐馬八匹。

都司四員，每員月支俸薪紙燭銀一十一兩七錢八分二釐八毫三絲忽，養廉守糧一十八分，坐馬四匹。

守備十四員，每員月支俸薪紙燭銀七兩五錢五分八釐八毫三絲忽。養廉糧十分，馬四，步六。坐馬四匹。

千總十三員，每員月支俸薪銀四兩。養廉糧五分，馬二，步三。坐馬二匹。

把總四十七員，每員月支俸薪銀三兩。養廉糧四分，馬二，步二。坐馬二匹。

外委六十八員，除本身馬糧外，每員養廉步糧一分。

兵餉每歲四季，季月支本色，餘八月支折色。折色：馬兵月支銀二兩，步兵一兩五錢，守兵一兩。本色：馬兵月支糧二石，步兵一石五斗，守兵一石。

馬秋夏每月每匹支銀五錢，春冬每月每匹支料九斗、草六十束。

每歲官兵俸餉、馬乾、紙燭，共需銀一十二萬二千六百一十二兩八錢九分三釐八毫八絲。官兵馬匹，歲支本色糧料七萬一千六百二十七石八斗、草一百二十六萬六千一百二十束。俸餉，本營委員按季赴本布政司支領給散。本色糧草，春冬二季在各州縣附近倉場支給。

營 汛

賀蘭山口邊汛

平羅營汛九處：石嘴子口、有暗門互市。鎮遠關口、紅口子、王玘口、打磴口、棗兒口、鎮北關、韭菜口、歸德口。

洪廣營汛十九處：大風口、小風口、安定口、汝箕口、小水口、大水口、逃軍口、西番口、白塔口、新開口、賀蘭口、宿嵬口、拜寺口、鎮北口、水吉口、黃峽口、大塔峽口、小塔峽口、大滾鐘口。

玉泉營汛十七處：獨樹口、乾溝口、山嘴口、金塔口、杏樹口、赤木口、柳泉口、磨石口、北岔口、永安口、雙山口、青羊溝口、紅井溝口、紅山夾道口、靈武高口、大盧溝口、大沙溝口。

廣武營汛十處：紅井口、井溝口、鎮賊口、北城兒口、水頭井口、水泉兒口、大佛寺口、石砌界口、三岔溝口、黃沙外口。

中衛石空寺營汛三處：崇慶口、小關兒口、大寺口。

以上各口隘，每處防兵三五名不等。

長城邊汛

橫城營墩十四處：通關閘門、有互市。石嘴邊墩、出水壑，以上屬橫城。安邊墩、大鷩墩、閘門。鎮羅邊墩、窰兒邊墩，以上分屬紅山堡。廟兒邊墩、塔兒邊墩、定遠邊墩、金湯墩、閘門。靖邊墩、古寺邊墩、柔遠墩，以上分屬清水營。

興武營墩十六處：苦水邊墩、平安墩、閘門墩、閘門。沙溝邊墩、雙溝邊墩、鼷口邊墩、西沙邊墩、沙嶺邊墩、興武營、閘門。高梁邊墩、硝池邊墩、乾溝邊墩、中沙邊墩、半箇城墩、清字邊墩、鎮邊墩。

花馬池營墩二十一處：芨芨溝邊墩、十一舖邊墩、七舖邊墩、閘門墩、[1] 四舖邊墩，以上分屬安定堡。二十三舖邊墩、二十一舖邊墩、十九舖邊墩、十六舖邊墩、十三舖邊墩、八舖邊墩、三舖邊墩、二舖邊墩、長城關、閘門。二舖邊墩、五舖邊墩、七舖邊墩、九舖邊墩、十三舖邊墩、十七舖邊墩、二十一舖邊墩。與延綏定邊營接界。

以上各墩防兵三名。

內地塘汛

平羅營一十五處：虎尾渠墩、雙渠墩、定遠墩、王奉閘墩、白沙崗墩，以上屬平羅營。田州墩、界牌墩、卞家崗墩、振武墩、烏谷墩、四十里店墩、小新渠墩、瓦子崗墩、保安墩、德勝墩，以上屬李剛堡。

洪廣營一十九處：黑埂墩、寧遠墩、羅歌墩、尖塔墩、雷家崗墩、中

---

[1] ［校］閘門墩：原作"閘門"，據本志書例改。

埂墩、新興墩，以上屬洪廣營。周胡疃莊墩、王千戶橋墩、靖羅墩、舊常沙窩墩、新常沙窩墩，以上屬鎮朔堡。高家閘墩、甜水井墩、北沙城墩、平湖堡墩、夏古墩、馬鞍橋墩、鹽池灣墩，以上分屬鎮北堡。

玉泉營一十七處：三尖墩、新沙嘴墩、舊沙嘴墩、羅家凹墩、三岔墩、沙嘴墩，以上屬玉泉營。分守嶺墩、雙峰山墩、駱家莊墩、張通莊墩，以上分屬大壩堡。五塔墩、馬圈墩、三其營墩、張義湖墩、過寨兒墩、小鹽湖墩、新渠墩，以上分屬平羌堡。

廣武營八處：五塘墩、六塘墩、沙梁墩、渠口墩，以上屬廣武營。炭窑兒墩、柳條渠墩、紅寨兒墩、沙棗兒墩，以上分屬棗園堡。

中衛營二十九處：咸井兒墩、鎮永墩、永安墩、芮家營墩、紅廟兒墩、朱家營墩、石崗墩、德勝墩、凱歌墩、拒險墩、甘塘子汛、長流水汛、長山頭汛、大紅溝汛，以上屬中衛營。城門墩、雍家墩、舊疃莊墩、餘丁渠墩、上山河橋汛、野豬口汛、李家溝汛、雙井子汛、麻黃溝汛，以上分屬石空寺堡。營盤水汛、石梯子楔汛、紅腰線汛、寺口子汛、下山河橋汛、煙洞溝汛，以上分屬古水井堡。

靈州營二十五處：磁窑寨墩、新墩子墩、茨煙墩、上十里墩、麥崗子墩、白土墩、舊石溝墩、紅窑墩、深沙溝墩、晏湖墩、馬站湖墩、夏家堡墩、魚湖墩、野馬墩，以上屬靈州。大紅溝汛、白崖口汛、紅石崗汛、胭脂川汛，以上屬同心城。紅寺兒汛、水頭兒汛、滾泉汛、大壑子水汛，以上屬紅寺堡。河東關汛、木塌墩、平湖墩，以上屬臨河堡。

花馬營一十三處：① 二道溝汛、傅家地坑汛、武家淌汛，以上屬花馬池。十里墩、紅墩子墩、湯房墩，以上屬惠安堡。威遠墩、雄峰墩、大口子汛、石阪泉汛、石頭阪汛，以上韋州。西路塘房墩、東路塘房墩，以上屬安定堡。

興武營四處：哨汲塘房墩、西倒墩塘房墩，以上屬興武營。鎮安塘房墩、石山塘房墩，以上分屬毛卜喇。

橫城營五處：大墩塘房墩、石嘴塘房墩，以上屬橫城營。出水塘房墩、鎮羅塘房墩，以上分屬紅山堡。廟兒塘房墩，分屬清水營。

按：前明嘉靖築河東新牆後，盡減其馬，以省草料之費，息餵養之勞。惟置軍夫沿溝壘守之，謂之"擺邊"。給事中管律著論非之，其略

---

① ［校］一十三：原作"一十一"，據下文所列營汛實際數目改。

曰："亘三百六十餘里，皆虜入寇之路。步計一軍該十二萬，① 猶虞稀闊，矧見軍未及十之三乎？《法》曰：② '以逸待勞者勝。'擺邊，晝夜戒嚴，恐非逸道也。倘虜衆分道而來，則十萬之衆豈能一呼成陣，首尾勢不相援。爲今之計，宜息肩養銳，聯絡於諸寨，待其來也，相機禦之。如不果禦，隨向徃而追逐之。況兵貴奇正，患無應援；將貴主一，患在勢分。擺邊之舉有五弊焉：③ 無奇正，無應援，主將不一，士卒分散。以五弊之謀，禦方張之虜，不資敵之利乎？"

塘撥一百一十處

塘兵由各路額兵內撥派。糧餉草料由司庫支領給散。

自寧夏至蘭州二十五處：寧夏底塘，兵三名、馬三匹。楊和塘、葉昇塘、小壩塘、大壩塘、廣武塘、渠口塘，以上各兵二名、馬二匹。鳴沙州塘、寧安堡塘、山河橋塘、寺口塘、党家水塘、胭脂川塘、新堡子塘、黃家凹塘、打喇池塘、毛葫蘆塘、靖遠塘、寺兒灣塘、車路溝塘、萱茂塔塘、鹿角線塘、蔡家河塘、崔渠塘，以上各兵三名、馬三匹。蘭州底塘，兵五名、馬五匹。

自寧夏至肅州四十七處：寧夏底塘，兵三名、馬三匹。楊知塘、葉昇塘、小壩塘、大壩塘、廣武塘、渠口塘，以上兵二名、馬二匹。棗園塘、石空寺塘、勝金關塘、鎮羅堡塘、中衛塘、減井兒塘、長流水塘、一碗泉塘，以上各處兵三名、馬三匹。甘塘子塘、營盤水塘、白墩子塘，以上各處兵四名、馬四匹。紅水塘、俄卜嶺塘、裴家營塘、大靖營塘、夾山嶺塘、土門堡塘、達家寨塘、大河驛塘、涼州塘、沙河塘、正景塘、水磨關塘、水泉子塘、硤口塘、新河塘、山丹塘、東樂塘、古城塘，以上兵三名、馬三匹。甘州塘、沙河塘、撫彝塘、高臺營塘、深溝塘、黑家塘、鹽地塘、雙井塘、臨水塘、朵蘭塘、肅州塘，以上兵一名、馬一匹。

自寧夏至西安省城三十八處：寧夏塘、臨河堡塘、靈州塘、大沙井塘、土崗塘、石溝驛塘、湯房塘、惠安塘、韋州塘、下馬關塘、塘馬窰塘、玉旺城塘、官亭塘、雙井塘、七營塘、三營塘、沈家河塘、固原塘、

---

① ［校］該：《朔方新志》卷二《外威·邊防》作"皆"。
② 參見《孫子·軍爭篇》。
③ 五弊：下文僅列出四弊。《嘉靖寧志》卷三《寧夏後衛·邊防》載："今擺邊之謀，一舉而五弊存焉：無奇正，無應援，主將不一而運用參差，士卒分散而氣力單弱，悉難於節制矣。"

開城塘、瓦亭塘、安固鎮塘、平涼塘、甲積峪塘、白水塘、王村塘、涇州塘、瓦雲驛塘、長武塘、亭口塘、邠州塘、太峪塘、永壽塘、監軍鎮塘、乾州塘、醴泉塘、店張塘、河南街塘，以上兵二名、馬二匹。西安底塘，兵五名、馬五匹。

舊志載前明兵制，寧夏七衛、四所，並王府儀、長二司，兵有七等：有正額，有召募，有抽補，有報效，有土軍，有甲軍，有帶管，共六萬一千九百有奇。① 又陝西備禦額軍一萬一千二百有奇。② 逮後賦役繁重，軍民通轉相避，故絕者不復清勾，司隊者經自收補，尺籍無稽，軍伍日耗。至嘉靖間，實軍一萬四百有奇、儀長二司軍八百有奇、甲軍一千五百有奇、壯士二百七十有奇，備禦實軍九千三百有奇，家丁七千八百有奇。③ 備禦軍由西安左衛等派撥，每班四百餘，分戍河東、河西兩路。先是，每年春二月，一班在邊，一班回衛。冬十月，兩班俱在邊。嘉靖八年，總制王瓊奏准齊年交替，每歲三月一日，一班在邊，一班回衛。萬曆時，巡撫黃嘉善又奏請兩河班軍照榆林例，准納班價，以四月初到鎮，十月初回衛，省六月之勞。家丁起於嘉靖末年，以受降爲一卒，又募土著精銳者爲健丁，數只二千餘。後番官、漢將貪利其廩，率以老弱充補，濫冒增益，遂至七千餘。萬曆二十二年，巡撫周光鎬始具奏，總兵、副、參、遊、守，丁有定數，餉有定衡。鎮城分正兵、奇兵、游兵三營，兵八千有奇。前、後司在城驛兵六百有奇。外分東、西、南、北、中五路。中路靈州各營堡兵六千二百有奇，東路花馬池各營堡兵三千有奇，西路中衛、廣武各營堡兵五千有奇，南路玉泉各營堡兵二千有奇，北路平羅、洪廣各營堡兵三千一百有奇。額馬四萬二百有奇，④ 實馬一萬四千六百有奇。⑤ 京運馬價銀一萬五千餘兩。⑥ 始以鹽易馬，上者引百二十，中者引百，下者引八十。銀易亦然。弘治間奏改，每百引布政司收銀十五兩，更送延〔綏〕、寧〔夏〕

---

① ［校］有奇：《朔方新志》卷二《內治·兵馬》作"有一"。
② ［校］有奇：《朔方新志》卷二《內治·兵馬》作"七十八"。
③ 《朔方新志》卷二《內治·兵馬》統計數據分別是：實軍二萬四百二十九，儀、長二司軍八百六十，甲軍一千五百三十九，壯士二百七十九，備禦實軍九千三百八十，家丁七千八百有三。
④ ［校］有奇：《朔方新志》卷二《內治·兵馬》作"七十一"。
⑤ ［校］有奇：《朔方新志》卷二《內治·兵馬》作"一十九"。
⑥ ［校］餘兩：《朔方新志》卷二《內治·兵馬》作"四十七兩六錢"。

二鎮。其後馬價漸減，馬亦無良。

　　餉有京運銀，有鹽引銀，有客兵銀，有民運銀，西安、鳳翔、平凉、慶陽四府運。又有布花、站價、料價、毛袄各項銀，西安、鳳翔、延安、平〔凉〕、慶〔陽〕各府運。又有軍需樣田糧，寧夏左、右、前三衛出。官兵歲支本色糧共二十二萬二千三百石有奇、折色銀共一十二萬四千三百有奇、馬駝芻一百九十五萬八千有奇，又折芻價一萬一千一百兩有奇、豆六萬八千八百石有奇。

　　按：寧夏右山左河，地勢險固。明初兵額六萬有奇，其季年猶三萬有奇。内外烽燧之數六百餘所。然虜騎蹂躪，晷刻靡寧，至於耕者挾弧矢，居者疲瞭望。荷戈之士，衣甲不解。遣戍之衆，歲時相屬。雖以一方爲關陝屏蔽，而擾攘亦已甚矣。方今兵制，統滿、漢不及其半，各路營汛僅三之一。而百有餘年以來，無虺蜉蟻子之警，民空其堡寨，散處於野以就農作，行者不操尺寸兵，往來邊鄙間，曾無纖介患。何哉？蓋古人設險守國，有内險以立疆界，必有外險以資捍蔽，扼衝要相應援，進可以制敵之命，而後退可以固我圉。若徒憑尺寸，苟且便安，其勢單外，一彼一此，險與敵共，守者有恃險而怠之心，敵人有乘間竊發之慮，未可云有備無患也。寧夏如花馬池之舊城、橫城之舊邊、平羅之黑山營，昔人論者皆謂其不可棄，蓋以此也。若我朝聖德懷柔，四夷賓服，河套與厄魯特諸部，面内輸誠，自同編户。是彼游牧之衆，皆我捍禦也，彼川原之利，皆我保障也。向之恃山河之險以相抗拒者，今且盡爲我河山藩籬矣。邊城高枕無事，固其宜也。其爲外險，不亦多乎。古人云：[①]"在德不在險。"此固未可以尋常地利言也。然中外之界，申畫慎固，出入有稽，互市有期，訟獄有理，且内而武備之修明，甲卒之訓練，無日以怠。廟堂深謀遠慮，維萬世之安者，制度井然，此則文武吏士，寄任嚴疆，所共宜兢兢者矣。

驛遞

寧夏縣

　　在城驛在南薰門内，東至靈州橫城驛三十里，南至王洪驛六十里，額設馬一十九匹，夫十五名半。

　　王洪驛，南至寧朔縣大壩驛六十里，額設馬一十八匹、夫十九名半。

---

①　參見《史記》卷六五《孫子吳起列傳》。

共馬三十七匹，每匹日支草料銀七分二釐，歲共銀九百七十二兩三錢六分。原額並新增站價銀一百二十八兩三錢四分八釐。共夫三十五名，每名歲支銀六兩、糧六石，共銀二百一十兩、糧二百一十石。

在城塘，東至張政塘十五里，南至寧朔縣魏信塘三十里。

魏信塘，南至王洪塘三十里，馬六匹，夫三名。

王洪塘，南至葉昇塘三十里，馬一十二匹，夫六名。

葉昇塘，南至寧朔縣大壩塘三十里，馬一十二匹，夫六名。

張政塘，東至橫城塘十五里，馬一十二匹，夫六名。

共馬四十二匹，每日支草料銀八分五釐，歲共銀一千二百八十五兩二錢。站價銀一百四十四兩八錢九分六釐。共夫二十一名，歲支工食銀二百五十二兩。

寧朔縣

在城驛，東至靈州橫城驛三十里，南至寧夏縣王洪驛六十里，[①] 額設馬十九匹，夫十五名半。

大壩驛，南至中衛渠口驛六十里，額設馬十八匹，夫十九名半。

共馬三十七匹，每匹日支草料銀七分三釐，歲共銀九百七十二兩三錢六分。站價銀一百二十八兩三錢四分八釐。共夫三十五名，每名歲支銀六兩、糧六石，共銀二百一十兩、糧二百一十石。

在城塘，東至寧夏縣張政塘十五里，南至本縣魏信塘三十里。馬六匹，夫三名。

魏信塘，南至寧夏縣王洪塘三十里，東至在城塘三十里。馬一十二匹，夫六名。

適中塘，南至大壩塘二十里，東至寧夏縣葉昇塘二十里。馬十二匹，夫六名。

大壩塘，南至廣武塘四十里，東至適中塘二十里。馬十二匹，夫六名。

廣武塘，南至中衛縣渠口塘三十里。馬十二匹，夫六名。

共馬五十四匹。每匹日支草料銀八分五釐，歲共銀一千六百五十二兩四錢。站價銀一百八十六兩二錢八分八釐九絲六忽。共夫二十七名，歲支工食銀三百二十四兩。

---

① ［校］寧夏："寧"字原脫，據本志書例補。

平羅縣

在城驛，至郡城一百二十里。額設馬四匹，夫二名。馬歲支草料銀一百五兩、備雜項銀十三兩八錢。夫歲支工食銀一十二兩、糧一十二石。

靈州

在城驛，東至紅山驛六十里，西至寧夏縣王洪驛三十里。額設馬四匹，夫三名。

同心城驛，南至固原州李旺驛九十里，北至中衛縣沙泉驛九十里。額設馬八匹，夫七名。

橫城驛，東至紅山驛三十里，西至寧夏縣在城驛三十里。額設馬十八匹，夫九名。

紅山驛，東至清水驛四十里。額設馬十八匹，原額夫三名，新添夫七名。

清水驛，東至興武驛六十里。額設馬十八匹，原額夫三名，新添夫七名。

興武驛，東至安定驛六十里。額設馬十八匹，原額夫三名，新添夫七名。

安定驛，東至花馬驛六十里。額設馬十八匹，原額夫三名，新添夫七名。

花馬驛，東至延安府定邊驛六十里。額設馬十八匹，原額夫三名，新添夫七名。

共馬一百二十匹，每匹日支草料銀七分三釐，歲共銀二千八百八十一兩三錢四分。外備銀三百五十九兩三錢六分六釐。額載支直廒口銀一百四十三兩八錢九分二釐九毫。靈州、同心二驛馬歲料一百二十九石六斗。共夫六十九名，歲支工食銀六百二十四兩，糧二百四石。

橫城塘，至紅山塘三十里。馬一十二匹，夫六名。

紅山塘，至清水塘四十里。馬一十二匹，夫六名。

清水塘，至毛卜塘四十里。馬一十二匹，夫六名。

毛卜塘，至興武塘三十里。馬一十二匹，夫六名。

興武塘，至永興塘三十里。馬一十二匹，夫六名。

永興塘，至安定塘三十里。馬一十二匹，夫六名。

安定塘，至高平塘三十里。馬一十二匹，夫六名。

高平塘，至花馬塘三十里。馬一十二匹，夫六名。

花馬塘，馬一十二匹，夫六名。

共馬一百八匹，每匹日支草料銀八分五釐，歲共銀三千三百四兩八錢。共夫五十四名，歲支工食銀六百四十八兩。

中衛縣

渠口驛，東至寧朔縣大壩驛七十里，西至勝金驛一百一十里，南至寧安驛七十里。額設馬一十八匹，原額夫八名。

寧安驛，南至沙泉驛七十里。額設馬八匹，原額夫三名半。

沙泉驛，南至靈州同心驛九十里。額設馬八匹，原額夫七名半。

勝金驛，西至中衛驛六十里。額設馬一十八匹，原額夫九名。

中衛驛，西至長流驛七十里。額設馬一十八匹，原額夫九名。

三塘驛，西至營盤驛七十里。額設馬一十八匹，原額夫九名。

營盤驛，西至皋蘭縣白墩驛六十里，南至皋蘭縣三眼井驛九十里。額設馬一十八匹，原額夫九名。

共馬一百二十四匹，每匹日支草料銀七分三釐，共銀二千八百九十五兩八錢四分。共夫六十四名，每名歲支銀六兩、糧六石，歲共銀四百三十八兩，糧三百三十石。

渠口塘，東至寧朔縣廣武塘三十里，西至縣屬棗園堡塘四十里。夫六名，馬十二匹。

棗園塘，西至石空塘四十里。夫六名，馬十二匹。

石空塘，西至勝金塘三十里。夫六名，馬十二匹。

勝金塘，西至鎮羅塘三十里。夫六名，馬十二匹。

鎮羅塘，西至中衛塘三十里。夫六名，馬十二匹。

中衛塘，西至沙坡塘四十里。夫六名，馬十二匹。

沙坡塘，西至長流塘三十里。夫六名，馬十二匹。

長流塘，西至一碗泉塘四十里。① 夫六名，馬十二匹。

一碗泉塘，西至三塘水塘三十里。夫六名，馬十二匹。

三塘水塘，西至石梯塘四十里。夫六名，馬十二匹。

石梯塘，西至營盤塘三十里。夫六名，馬十二匹。

營盤塘，西至天澇壩塘三十里。夫六名，馬十二匹。

天澇壩塘，西至皋蘭縣白墩塘三十里。夫六名，馬十二匹。

---

① ［校］一碗泉塘："泉"字原脫，據下文補。

共馬一百五十六匹，每匹日支草料銀八分五釐，歲共銀四千七百七十三兩六錢。共夫七十八名，歲支工食銀九百三十六兩。

按舊志載：① 寧夏有在城驛，在南關內。高橋兒、大沙井、石溝兒、鹽池、萌城、韋州，六驛俱在本城堡。河西寨、高橋兒、大沙井、石溝兒、鹽池、隰寧、萌城，七遞俱在本城堡，② 今皆廢。

---

① 參見《朔方新志》卷二《內治·驛遞》。
② ［校］七：原作"六"，據《朔方新志》卷二《內治·驛遞》改。

寧夏府志卷十二

宦　蹟

周

南仲，周之卿士。城朔方，伐西戎。語在《小雅》。①

秦

蒙恬，秦始皇使蒙恬將三十萬衆，②北逐戎狄，悉收河南地。因河爲塞，築四十四縣城臨河，徙謫戍以充之。③通直道，自九原至雲陽，因邊山險塹谿谷，起臨洮至遼東萬餘里。又渡河，據陽山北假中。頭曼不勝秦，北徙。諸侯畔秦，匈奴得寬，復稍度河南與中國界於故塞。

漢

衛青，字仲卿，河東平陽人。元朔二年，青出雲中至隴西，捕首虜數千，畜百餘萬，走白羊、樓煩王，遂取河南地，爲朔方郡。封爲長平侯，青校尉蘇建封平陵侯。上曰："匈奴逆天理，亂人倫，暴長虐老，以盜竊爲務，行詐諸蠻夷，造謀籍兵，數爲邊害，故興師遣將以征厥罪。《詩》不云乎？'薄伐玁狁，至于太原'，④'出車彭彭，城彼朔方'。⑤今車騎將軍青，度西河至高闕，獲首二千三百級，車輜畜産畢收爲鹵。已封爲列侯，遂西定河南地。案榆谿舊塞，絕梓領，梁北河，討蒲泥，破符離，執

---

① 《詩經·小雅·出車》："天子命我，城彼朔方。赫赫南仲，玁狁于襄。"

② ［校］三十萬：此同《史記》卷八八《蒙恬傳》，《史記》卷一一〇《匈奴傳》作"十萬"。

③ ［校］謫：原作"適"，據《史記》卷六《秦始皇本紀》改。

④ 參見《詩經·小雅·六月》。

⑤ 參見《詩經·小雅·出車》。

訊獲醜，全甲兵而還，其益封青三千八百戶。①"其後累出朔方，以功拜爲大將軍。

蘇建，衛青校尉，封平陵侯，築朔方城。主父偃言朔方地肥饒，外阻河，蒙恬城以逐匈奴。內省轉輸，廣中國滅虜之本也。上覽其說，遂置朔方。② 公孫弘以爲罷弊中國，奉無用之地。上使朱買臣等難弘，發十策，弘不得一，謝曰："願罷西南夷，專事朔方。"上許之。

郭昌，驃騎封狼居胥山，是後匈奴遠遁，而幕南無王庭。漢度河，自朔方以西至令居，徃徃通渠置田官吏卒五六萬。天子巡邊，親至朔方，勒兵十八萬騎以見武節。匈奴數使奇兵侵犯漢邊，漢乃拜郭昌爲拔胡將軍，及浞野侯屯朔方以東，備胡。③ 甘露三年，遣長樂衛尉董忠，將騎發邊郡士馬，送單于出朔方雞鹿塞。

鄧遵，元初三年爲度遼將軍，④ 率南單于及左鹿蠡王須沈萬騎，擊零昌於靈州，斬首八百餘級，⑤ 封須沈爲破虜侯，金印紫綬，賜金帛財物各有差。

魏

源子雍，⑥ 字靈和，少好文雅，篤志於學。推誠待士，士多歸之。遷夏州刺史，適朔方胡反圍城，城中食盡。子雍詣東夏州運糧，爲胡帥所擒。子雍以義感衆，不爲屈，胡帥遂降。糧道既通，二夏以全，封樂平縣公。

宇文泰，夏州刺史。賀拔岳遣泰詣洛陽密陳高歡反狀，魏主喜，以岳爲都督十二州軍事。⑦ 岳遂引兵屯平涼。夏州刺史彌俄突附岳，靈州刺史

---

① ［校］三千八百：此同《漢書》卷五五《衛青傳》，《史記》卷一一一《衛將軍驃騎列傳》作"三千"。

② ［校］"置朔方"事當在下文載"上使朱買臣等難弘"後，參見《史記》卷一一二、《漢書》卷六四上《主父偃傳》。

③ ［校］以東備胡：原倒作"以備東胡"，據《史記》卷一一〇、《漢書》卷九四上《匈奴傳》、《資治通鑑》卷二一乙正。

④ 《後漢書》卷八九《南匈奴傳》載，元初元年（114），以烏桓校尉鄧遵爲度遼將軍。元初三年（116）是以度遼將軍的官職領兵。

⑤ ［校］百：原作"萬"，據《後漢書》卷八七《西羌傳》、《東觀漢記》卷九《鄧遵傳》、《資治通鑑》卷五〇改。

⑥ ［校］源子雍：原作"原子雍"，據《魏書》卷四一《源子雍傳》、《北史》卷二八《源子邕傳》改。"子雍"，《北史》卷二八《源子邕傳》作"子邕"。

⑦ ［校］軍事：原作"軍士"，據《資治通鑒綱目》卷三二改。

曹泥附歡。岳以夏州被邊要重，表用泰爲刺史。泰遣李虎擊曹泥。虎等招諭費也頭之衆，與之共攻靈州，凡四旬，曹泥請降。高歡自將萬騎襲夏州，不火食，四日而至。縛矟爲梯，① 夜入其城，擒刺史解拔彌俄突，因而用之。留張瓊將兵鎮守，遷其部以歸魏。靈州刺史復叛降東魏。魏人圍之，水灌其城，不沒者四尺。歡發阿至羅騎，徑度靈州，邀出魏師，師退。歡迎泥，拔其遺户五千以歸。

〔北〕周

源雄，字世略。少寬厚，美姿容。周以伐齊功，封朔方公，② 歷冀、平二州刺史。平陳，復進位上柱國，③ 復鎮朔州。④

隋

王仁恭，字元實，天水上邽人。工騎射，秦孝王引爲記室，遷車騎將軍。從楊素擊突厥於靈武，以功拜上開府。

豆盧勣，字定東，昌黎徒河人。⑤ 開皇二年，突厥犯塞，以勣爲北道行軍元帥以備邊。歲餘，拜夏州總管。上以其家世貴盛，勳效克彰，甚重之。

元冑，洛陽人。素有威名，拜靈州總管，⑥ 北夷甚憚焉。

吐萬緒，字長緒，鮮卑人。爲夏州總管，甚爲北夷所憚。

唐

張仁愿，華州下邽人，本名仁亶，有文武材。神龍二年，⑦ 朔方軍總管沙吒忠義爲突厥所敗，詔仁愿攝御史大夫代之。既至，賊已去，引兵躡擊。夜掩其營，破之。始，朔方軍與突厥以河爲界，時默啜悉兵西擊突騎

---

① 〔校〕矟：原作"稍"，據《北齊書》卷二《神武宗紀》、《北史》卷六《齊本紀》改。

② 〔校〕朔方公：此同《北史》卷二八《源雄傳》，《隋書》卷三九《源雄傳》作"朔方郡公"。

③ 〔校〕上柱國：原作"上國柱"，據《北史》卷二八、《隋書》卷三九《源雄傳》改。

④ 〔校〕朔州：原同《隋書》卷三九《源雄傳》作"朔方"，據《北史》卷三八《校勘記》〔三四〕改。

⑤ 〔校〕徒河：原作"結河"，據《隋書》卷三九《豆盧勣傳》、《北史》卷六八《豆盧寧傳》改。

⑥ 〔校〕總管：原作"大總管"，據《隋書》卷四〇《元冑傳》改。

⑦ 〔校〕二年：此同《資治通鑒》卷二〇八，《舊唐書》卷九三、《新唐書》卷一一一《張仁愿傳》均作"三年"。

施娑葛，①仁願請乘虛取漠南地，於河北築三受降城，絕虜南寇路。表留歲滿兵以助功。役者盡力，六旬而三城就。以拂雲爲中城，南直朔方，西城南直靈武，東城南直榆林，三壘相距各四百餘里。又於牛頭、朝那山北，②置烽堠千八百所。③自是突厥不敢踰山牧馬。歲省費億計，④減鎮兵數萬。景龍二年，拜左衛大將軍、⑤同中書門下三品，封韓國公。仁願爲將，號令嚴，將吏信伏。按邊撫師，⑥賞罰必直功罪。後人思之，爲立祠受降城，出師輒享焉。在朔方，奏用御史張敬忠、何鸞、長安尉寇泚、鄠尉王易從、始平主簿劉體微分總軍事，太子文學柳彥昭爲管記，義烏尉晁良貞爲隨機，皆稱著，後至大官。世名仁願知人。

張說，字道濟，洛陽人。開元中，王晙討康待賓，詔說相聞經略。時党項羌亦連兵攻銀城，說將步騎萬人出合河關掩擊，破之。十年，詔爲朔方節度大使，親行五城。八月，康待賓餘黨康願子反，掠牧馬，西涉河出塞。說追討至木盤山，擒之。乃議徙河曲六州殘寇於唐、⑦鄧、仙、豫間，⑧空河南朔方地。奏罷緣邊戍兵三十萬還農。⑨

牛仙客，涇州鶉觚人。開元末，爲朔方行軍大總管，⑩嗇事省用，倉庫積實，器械鋒銳。遷工部尚書、同中書門下三品。

渾瑊，本鐵勒九姓之渾部也。父釋之，有才武，從朔方軍，積戰功累

---

① ［校］娑葛：此二字原脫，據《舊唐書》卷九三《張仁愿傳》補。
② ［校］朝那山：《元和郡縣圖志》卷四《關內道·西受降城》作"牟那山"，本卷校勘記［一二五］云："《考證》：《唐書》《通典》並誤作'朝那山'，後人或即指爲安定之朝那，失之遠矣。"
③ ［校］八：原作"三"，據《舊唐書》卷九三、《新唐書》卷一一一《張仁愿傳》，《資治通鑒》卷二〇九、《太平寰宇記》卷三九《關西道·豐州·西受降城》改。
④ ［校］省費：此同《乾隆甘志》卷三〇《名宦》，《新唐書》卷一一一《張仁愿傳》作"損費"。
⑤ ［校］左衛：原作"右衛"，據《舊唐書》卷九三、《新唐書》卷一一一《張仁愿傳》改。
⑥ ［校］師：原作"帥"，據《新唐書》卷一一一《張仁愿傳》改。
⑦ ［校］六州：原作"二州"，據《舊唐書》卷九七、《新唐書》卷一二五《張說傳》改。
⑧ 《舊唐書》卷九七《張說傳》載："於是移河曲六州殘胡五萬餘口配許、汝、唐、鄧、仙、豫等州。"
⑨ ［校］三十萬：《舊唐書》卷九七《張說傳》作"二十餘萬"，《新唐書》卷一二五《張說傳》作"二十萬"。
⑩ ［校］行軍大總管："行軍大"三字原脫，據《舊唐書》卷一〇三、《新唐書》卷一三三《牛仙客傳》補。

遷寧朔郡王。廣德中，與吐蕃戰沒。瑊年十一，善騎射，隨釋之防秋。朔方節度使張齊丘戲曰："與乳媼俱來耶？"是歲即立功。後從李光弼、郭子儀擊吐蕃，與李晟收復京城，累功封咸寧郡王。

郭震，字元振，魏州貴鄉人。始爲涼州都督，治涼五歲，善撫御，夷夏畏慕，令行禁止，道不舉遺。河西諸郡置生祠，揭碑頌德。神龍中，遷左驍衛將軍、安西大都護。① 先天元年，爲朔方軍大總管，築豐安、定遠城。②

王方翼，夏州都督。時牛疫，民廢田作，方翼爲耦耕法，張機鍵，力省而見功多，百姓賴焉。

王忠嗣，以武功至左金吾衛將軍。③ 本負勇敢，④ 及爲將，乃能持重。俄爲河西、隴右、朔方、河東節度，佩四將印，控制萬里。每互市，高估馬價，諸胡争以馬求市，胡馬遂少。

郭子儀，字子儀，華州鄭人。天寶十四載，安禄山反，詔子儀爲衛尉卿、靈武郡太守，充朔方節度使，率本軍東討。後明皇幸蜀，肅宗即位靈武，詔班師，子儀與光弼率步騎五萬赴行在。時朝廷草昧，衆單寡，軍容闋然，及是國威大振。拜子儀爲兵部尚書、同中書門下平章事，仍總節度。時帝倚朔方軍爲根本焉。大曆三年，吐蕃寇靈武，詔率師五萬屯奉天，子儀遣將白元光破虜於靈武。九年，入朝上書曰："朔方，國北門，西禦犬戎，北虞獫狁，五城相去三千里。⑤ 開元、天寶中，戰士十萬，馬三萬，僅支一隅。自先帝受命靈武，戰士從陛下征討無寧歲。頃以懷恩亂，痍傷凋耗，亡三分之二，比天寶中止十之一。臣惟陛下制勝，力非不足，但簡練不至，進退未一，時淹師老，地廣勢分。願於諸道料精卒滿五萬者，⑥ 列屯北邊，則制勝可必。"後以功封汾陽王，諡忠武。

---

① ［校］安西大都護：此同《新唐書》卷一二二《郭元振傳》，《舊唐書》卷九七《郭元振傳》作"檢校安西大都護"。
② ［校］豐安定遠城："遠"後原衍"諸"字，據《新唐書》卷一二二《郭元振傳》刪。"豐安"，《舊唐書》卷九七《郭元振傳》無此二字。
③ ［校］左：此字原脫，據《舊唐書》卷一〇三、《新唐書》卷一三三《王忠嗣傳》補。
④ ［校］負：此字原脫，據《新唐書》卷一三三《王忠嗣傳》補。
⑤ ［校］三千里：此同《新唐書》卷一三七《郭子儀傳》，《舊唐書》卷一二〇《郭子儀傳》作"三千餘里"。
⑥ ［校］五萬："五"字原脫，據《新唐書》卷一三七《郭子儀傳》補。《舊唐書》卷一二〇《郭子儀傳》載："於諸道各抽精卒，成四五萬。"

李光弼，營州柳城人。嚴毅沉果，有大略。襲父封，以功進雲麾將軍、朔方節度副使。① 安禄山反，郭子儀薦其能，詔持節爲河東副大使。光弼以朔方兵五千救常山，執賊將安思義。會郭子儀收雲中，出井陘，合擊思明於嘉山，大破之。肅宗即位，詔以兵赴靈武，更授户部尚書、同中書門下平章事。又代子儀爲朔方節度使，營壘、士卒、麾幟無所更，而光弼一號令，氣色頓鮮。故唐室中興名將，世稱"李郭"云。薨，年五十七，贈太保，謚武穆。

　　杜黄裳，字遵素，② 京兆萬年人，③ 擢進士第。郭子儀辟佐朔方府，子儀入朝，使主留事。李懷光與監軍陰謀矯詔誅大將軍等，以動衆心，欲代子儀。黄裳得詔，判其非，以質懷光，懷光流汗服罪。於是諸將狠驕難制者，黄裳皆以子儀令易置，衆不敢亂。

　　竇静，字元休，太宗時爲夏州都督。突厥携貳，諸將出征者過静，静爲陳虜中虚實，諸將由是大克獲。又間其部落，郁射所部欝孤尼等九俟斤皆内附。帝嘉之，賜馬百匹，後拜爲寧朔大使。

　　李晟，字良器，洮州臨潭人。大曆初，李抱玉署晟右將軍。吐蕃寇靈州，抱玉授以兵五千擊之，辭曰："以衆則不足，以謀則多。"乃請千人，踰大震關趨臨洮，屠定秦堡，執其帥慕容谷鍾，虜乃解靈州去。遷開府儀同三司，累功封西平郡王。晟既薨後，城鹽州，復故池。帝以新鹽賜宰相，思晟功，爲致鹽靈座。

　　李愿，晟之子，少謙謹。元和初，領夏、綏、銀、宥節度使，政簡而嚴。部有失馬者，愿署牒於道，以金購之。三日，失馬併良馬一繫署下，且曰："逸而至，不告，罪當死，謹以良馬贖。"愿歸失馬而縱其良，境内肅然。

　　裴識，字通理，度之子，河東聞喜人。襲晉國公半封，爲涇原節度使。宣宗擇籌邊名臣，以識帥涇原，④ 整戎開屯，得將士心。加檢校刑部尚書，徙靈武等軍節度使。靈武地斥鹵無井，識誓神而鑿之，果得泉。歷

――――――――
① [校] 副使："副"字原脱，據《新唐書》卷一三六《李光弼傳》補。
② [校] 遵素：原作"遵來"，據《舊唐書》卷一四七、《新唐書》卷一六九《杜黄裳傳》改。
③ [校] 萬年：此同《新唐書》卷一六九《杜黄裳傳》，《舊唐書》卷一四七《杜黄裳傳》作"杜陵"。按：杜陵當爲漢時舊名。
④ [校] 帥涇原：此三字原脱，據《新唐書》卷一七三《裴識傳》補。

六節度，皆有聲。卒贈司空，謚曰昭。

史敬奉。吐蕃十五萬衆圍鹽州，刺史李文悅竭力拒之，凡二十七日，吐蕃不能克。靈武牙將史敬奉言於朔方節度使杜叔良，請兵解圍。叔良以二千五百人與之。① 敬奉行旬餘無聲問，朔方人以爲俱沒矣。無何，敬奉自他道出吐蕃背，吐蕃大驚潰去。敬奉奮擊，大破之。

路嗣恭，字懿範，京兆人。始名劍客，後明皇以爲可嗣漢魯恭，因賜名。爲郭子儀朔方節度留後。大將孫守亮擁重兵，驕蹇不受制，嗣恭因稱疾，守亮至，即殺之，一軍皆震。時靈武初復，戎落未安，嗣恭披荊棘，立軍府，威令大行。

杜希全，朔方節度。軍令嚴整，人畏其威。奉天之狩，引兵赴難。賊平，遷靈、鹽、豐、夏節度使。②

韓潭。貞元三年，吐蕃之戍西夏者餽運不繼，人多病疫思歸。尚結贊遣三千騎逆之，③ 悉焚其廬舍，毀其城，驅其民而去。於是割振武綏、銀二州，以潭爲節度使，帥神策之士五千、朔方河東之士三千，鎮夏州。

李福。大中五年春，上頗知党項之反，由邊帥利其羊馬，數欺奪誅殺之。乃以李福爲夏、綏節度使。自是繼選儒臣以代邊帥之貪暴者，党項遂安。

崔知溫，字禮仁，許州鄢陵人。爲靈州司馬，境有渾、斛薩萬帳，數擾齊民，農皆釋耒，④ 習騎射以扞賊。知溫表徙河北，自是人得就耕，田野始安。後特詔同門下三品，遷中書令。

李聽，字正思，初爲羽林將軍。⑤ 以功兼御史大夫、夏綏銀宥節度使。又徙靈、鹽。部有光祿渠，久廢，聽始復屯田以省轉餉，即引渠漑塞下地千頃，後賴其饒。進檢校工部尚書。

五代

康福，蔚州人。明宗時，靈武韓洙死，其弟澄立，而偏將李從賓作

---

① ［校］二千五百：此同《舊唐書》卷一五二《史敬奉傳》，《新唐書》卷一七〇《史敬奉傳》作"二千"。

② ［校］遷靈鹽豐夏節度使：《新唐書》卷一五六《杜希全傳》作"遷檢校尚書左僕射"。

③ ［校］三千：原作"三十"，據《資治通鑑》卷二三二、《通鑑紀事本末》卷三二《吐蕃叛盟》改。

④ ［校］耒：原作"未"，據《新唐書》卷一〇六《崔知溫傳》改。

⑤ ［校］羽林：原作"榆林"，據《舊唐書》卷一三三、《新唐書》卷一五四《李聽傳》改。

亂。朝廷以福爲涼州刺史、河西軍節度使。① 破吐蕃於青岡峽，② 威聲大振。居靈武三歲，歲常豐稔，有馬千駟，蕃彝畏服。

張希崇，字德峰，幽州薊人。遷靈武節度使。靈州地接戎狄，戍兵餉道常苦抄掠。希崇乃開屯田，教耕種，軍以足食，而省轉餽。又能招輯夷落，自回鶻、瓜、沙皆遣使入貢。居四歲，上書求還內地。晉高祖入立，復拜靈武節度使。

馮暉，魏州人，降晉高祖，拜義成節度使，徙鎮靈武。靈武自唐明宗以後，市馬糴粟給賜軍士，自關以西轉輸供給，民不堪役。青岡、土橋之間，氐、③羌剽掠，商旅多阻。暉至，推以恩信，部族懷惠，止息侵奪。然後廣屯田以省轉餉，治倉庫亭館千餘區，多出俸錢，民不加賦，管內大治。党項，拓跋彥超爲最大。暉至，超來謁，遂留之，爲起第於城中，遇之甚厚，務足其意，因服諸族。

藥元福，④ 并州晉陽人。晉開運中，爲威州刺史。蕃部酋長拓跋彥超等攻靈州，詔以河陽節度使馮暉鎮朔方，召關右兵進討，以元福將行營騎兵。元福與暉出威州土橋西，遇彥超兵七千餘。元福轉戰五十里，殺千級，擒三十餘人。朔方距威州七百里，無水草，號旱海，師須齎糧以行，至耀德食盡。彥超等衆數萬，布爲三陣，扼要路，據水泉，以待暉軍，軍中大懼。暉以玉帛求和解，彥超許之。至日中，列陣如故。元福曰："彼知我軍飢渴，邀我於險，欲困我耳。遷延至暮，則吾黨成擒矣。彼雖衆而精兵絕少，依西山爲陣者是也。"乃以麾下先擊西山兵，敵果潰。元福舉旗招暉軍繼進，彥超大敗，橫尸蔽野。是夕，入清遠軍。明日，至靈州。元福入宋爲檢校太尉，鎮陝州。

宋

尹憲，晉陽人。雍熙初，知夏州，攻破李繼遷之衆於地斤澤。繼遷遁走，俘獲四百餘帳。

---

① [校] 河西軍：原作"河西郡"，據《舊五代史》卷九一、《新五代史》卷四六《康福傳》改。

② [校] 青岡峽：此同《新五代史》卷四六《康福傳》，《舊五代史》卷九一《康福傳》作"青崗峽"。

③ [校] 氐：原作"氏"，據《新五代史》卷四九《馮暉傳》改。

④ [校] 藥元福：原作"葉元福"，據《舊五代史》卷八四《少帝紀》，《宋史》卷二五四《藥元福傳》改。

王侁，秦州副將，帝遣之靈州。田仁朗等討李繼遷，繼遷陷三族。仁朗次綏州，請益兵。帝聞三族已陷，寘仁朗商州。侁出銀州北，破悉利諸族。① 麟州諸蕃皆請納馬贖罪，討繼遷。侁與所部兵入濁輪川，斬賊首五千級，繼遷遁去。郭守文復與尹憲擊鹽城諸蕃，焚千餘帳。由是銀、麟、夏三州蕃百二十五族內附，戶萬八千餘。

　　田敏，字子俊，以應募壯士，隨曹彬破賊，② 補指揮使。端拱初，佐大將軍李繼隆出狼山，襲契丹，至滿城，獲首級甚衆。既而敵陷易州，敏失其家所在。帝擢敏本軍都虞候，③ 賜白金三百兩，使間行求其父母，得之以歸。李繼隆討夏州，奏隸麾下。敏率兵至靈州橐駝口雙堌西，遇敵，斬首三千級，獲牛、馬、橐駝、鎧仗數萬計。繼隆上其功，遷御前忠佐馬步軍副都軍頭。

　　劉綜，字居正，虞鄉人。咸平中，夏人擾西邊，詔以綜爲轉運副使。時靈州孤危，獻言者或請棄之。綜力上言：「靈州民淳土沃，爲邊陲巨屏，④ 所宜固守，以爲扞蔽。」詔從其請。

　　董遵誨，涿州范陽人。領靈州路巡檢，豁達多方略。在通遠軍凡十四年，⑤ 安撫一面，夏人悅服。嘗有剽掠靈武進奉使兵器者，帳下欲討之。夏人懼，盡歸所略，拜伏請罪。自是各謹封界，秋毫無犯。

　　段思恭，澤州晉城人。初知泗州，代馮繼業知靈州。太祖壯其往，賜窄衣、金帶、錢二百萬，仍以塗涉諸部，令別齎金帛以遺之。思恭下車，矯繼業之失，綏撫夷落，訪求民病，悉奏免之。

　　侯贇，并州太原人。知靈州，按視蕃落，宴犒以時，得邊士心，部內大治，遷左衛。在朔方凡十餘年，上念久次，求可代者而難其人。卒，贈本衛上將軍。

　　安守忠，字信臣，并州晉陽人。初知靈州，繼徙夏州。在官凡七

---

① ［校］諸族：原作"諸笘"，據《宋史》卷二五七《李繼隆傳》、《宋史》卷四九一《党項傳》改。
② ［校］曹彬：原作"曾彬"，據《宋史》卷三二六《田敏傳》改。
③ ［校］都虞候：原作"都虞侯"，據《宋史》卷三二六《田敏傳》改。
④ ［校］邊陲：《宋史》卷二七七《劉綜傳》作"西陲"。
⑤ ［校］通遠軍：原作"懷遠軍"，據《宋史》卷二七三《董遵誨傳》改。

年。① 每西戎犯邊，戰無不捷，録功就拜濮州團練使。

王昭遠，繼昇子，② 冀州人。色黑，又名"鐵山"。至道中，李繼遷擾西鄙，絶靈武糧道。命昭遠爲靈州路都部署，護二十五州芻粟竟達，繼遷不敢犯。

田紹斌，③ 汾州人，靈州馬步軍部署。④ 入蕃討賊，斬首二千級，獲馬、羊、⑤ 駝二萬計，以給諸軍。

郭密，貝州經城人，充靈州兵馬都部署。訓練士卒，號令嚴明，夏人畏服，邊境賴以寧謐。

曹璨，字韜光，彬之子，真定人。擢鎮州，徙銀、夏、麟、府等州鈐轄。契丹入寇，屢戰有功。知靈州，出蕃兵邀擊繼遷，俘馘甚衆。

楊瓊，汾州西河人。至道初，改防禦使，靈慶路副都部署、⑥ 河外都巡檢使。賊累寇疆，瓊守禦有功。敗賊於合河鎮北，擒獲人畜居多。導黄河，溉民田千頃。增户口，益課利，時號富強。

潘羅支，六谷酋長。⑦ 李繼和言其願戮力討夏，乃授朔方節度。保吉陷西涼，於是羅支僞降，保吉受之不疑。羅支遽集六谷蕃部合擊之，保吉大敗，中流矢，死靈州境上。

元

斡札簀，⑧ 寧州人。元太祖命副撒都忽，爲中興路管民官。國兵西征，運餉不絶，無毫髮私，時號曰"滿朝清"。世祖時，以疾卒。遺奏請謹名爵、節財用，帝嘉納焉。

袁裕，洛陽人。至元間，⑨ 爲中興等路勸農副使。⑩ 時徙鄂民萬餘於

---

① 七年：蓋指安守忠知靈州七年。《宋史》卷二七五《安守忠傳》："移知靈州，在官凡七年。"

② [校] 繼昇：原作"繼升"，據《宋史》卷二七六《王繼昇傳》、《王昭遠傳》改。

③ [校] 田紹斌：原作"田紹武"，據《宋史》卷二八〇《田紹斌傳》改。

④ [校] 軍部署：原作"都部署"，據《宋史》卷二八〇《田紹斌傳》改。

⑤ [校] 羊：原作"牛"，據《宋史》卷二八〇《田紹斌傳》改。

⑥ [校] 副都部署："都"後原衍"督"，據《宋史》卷二八〇《楊瓊傳》刪。

⑦ [校] 六谷：原作"六合"，據《宋史》卷六《真宗本紀》、《宋史》卷四九二《吐蕃傳》改。下同。

⑧ [校] 斡札簀：原作"斡札簀"，據本志卷十二《宦蹟》、《元史》卷一三四《朵兒赤傳》改。下同。

⑨ [校] 至元：原作"中統"，據《元史》卷一七〇《袁裕傳》改。

⑩ [校] 副使："副"字原脱，據《元史》卷一七〇《袁裕傳》補。

西夏,① 多流離顛沛。與安撫使獨吉請給地,② 立屯官,民以安。

朵兒赤,字道明,西夏寧州人。父斡札簣爲中興路管民官,有清名。朵兒赤年十五通《論語》《孟子》《尚書》。帝以西夏子弟多俊逸,欲用之。召見於香閣,問治道,朵兒赤以"親君子,遠小人"對。問欲何仕,對曰:"西夏營田,實占正軍,倘有調用,又妨耕作。土瘠野曠,十未墾一。南軍屯聚以來,子弟蕃息稍衆,若以其成丁者別編入籍,以實屯力,則地利多而兵有餘矣。請爲其總管,以盡指畫。"帝可之,授中興路新民總管。至官,録其子弟之壯者墾田,塞黄河九口,開其三流。凡三載,③賦額培增,帝大悅。後歷官山南、雲南廉訪使。④

董文用,字彥材,⑤ 俊之第三子也。至元改元,召爲西夏中興等路行省郎中。自渾都海之亂,民間相恐動,竄匿山谷。文用至,鎮之以靜,爲書置通衢諭之,民乃安。始開唐來、漢延、秦家等渠,墾水田若干。於是民之歸者户四五萬,悉受田種,頒農具。更造舟置黄河中,受諸部落及潰叛之來降者。

張文謙,字仲謙,邢州沙河人。至元元年,詔以中書左丞行省西夏中興等路。羌俗素鄙野,事無統紀。文謙得蜀士陷於俘虜者五六人,理而出之,使習吏事。旬月間,簿書有品式,子弟亦知讀書,俗爲一變。濬唐來、漢延二渠,漑田十數萬頃,⑥ 人蒙其利。後拜樞密副使,與董文用、郭守敬同理邊事。

郭守敬,字若思,順德邢臺人。至元元年,從張文謙行省西夏。先是,古渠在中興者,一名唐來,長四百里,一名漢延,長二百五十里,它州正渠十,皆長二百里,支渠大小六十八,漑田九萬餘頃。⑦ 兵亂以來,廢壞淤淺。守敬更立牐堰,皆復其舊。二年,授都水少監。夏人永賴,立生祠以祀之。

---

① [校]西夏:原作"寧夏",據《元史》卷一七〇《袁裕傳》改。
② [校]獨吉:原作"讀告",據《元史》卷一七〇《袁裕傳》改。
③ [校]三載:原作"二載",據《元史》卷一三四《朵兒赤傳》改。
④ 朵兒赤初爲山南廉訪副使,後調雲南廉訪使。
⑤ [校]彥材:《常山貞石志》卷二《董文用神道碑》、《吳文正集》卷三四《董文用墓表》均作"彥才"。參見《元史》卷一四八《校勘記》[四]。
⑥ [校]十數萬頃:此同《元史》卷一五七《張文謙傳》、《嘉靖陝志》卷二四《文獻十二·名宦》,"頃"疑當作"畝",參見吳忠禮《寧夏志箋證》,第153頁《箋證》[六]。
⑦ [校]九萬餘:"餘"字原脱,據《元史》卷一六四《郭守敬傳》補。

明

湯和，字鼎臣，濠人。洪武三年，以右副將軍從大將軍徐達敗擴廓於定西，① 遂定寧夏。逐北至察罕腦兒，擒猛將虎陳，獲馬、牛、羊十餘萬。徇東勝、大同，皆有功。卒，年七十，追封東甌王。

耿忠，濠人，長興侯炳文之弟。洪武九年，開立寧夏，披荊棘，修法制，招携懷遠，恩威兼著。守以鎮靜，境土以安。

馬鑑，洪武間，以都督僉事提兵寧夏。② 率兵出賀蘭山，至五井，與元平章論卜戰，大破之。

沐英，字文英，定遠人。洪武十年，以征西副將軍從鄧愈出塞，渡黃河，耀兵崑崙，轉戰數千里，俘獲萬計，論功封西平侯。十三年，脫火赤犯順。英由靈武口渡黃河，歷賀蘭山，涉流沙，分爲四翼，自以驍勇衝其中堅。銜枚夜薄其營，生擒脫火赤及知院愛足全部以歸。封黔寧王。卒，諡昭靖，配享廟庭。

何福，鳳陽人。永樂時，③ 佩征虜將軍印，充總兵官，鎮寧夏，節制山、陝、河南諸軍。福至鎮，宣布德意，招徠遠人。塞外諸部降者相踵，邊陲無事。因請置驛屯田積穀，定賞罰，爲經久計。

楊榮，字勉仁，建安人。永樂七年，④ 甘肅總兵何福言脫脫不花等請降，需命於亦集乃。命榮徃甘肅偕福受降，持節即軍中封福寧遠侯。因至寧夏，與寧陽侯陳懋規畫邊務。還，陳便宜十事。

陳懋，涇國公亨少子。永樂元年，以功封寧陽伯。六年，佩征西將軍印，鎮寧夏，善撫降卒。明年秋，故元丞相咎卜及平章、⑤ 司徒、國公、知院十餘人，皆率衆相繼來降。已而平章都連等叛去，懋追擒之黑山，盡收所部人口畜牧。宣德元年，從討樂安。還，仍鎮寧夏。三年，奏徙靈州城。得黑白二兔以獻，宣宗喜，親畫馬以賜之。

———————

① ［校］副將軍："副"字原脫，據《明太祖實錄》卷四八補。參見《明史》卷一二六《校勘記》［六］。

② ［校］都督僉事：《弘治寧志》卷二、《嘉靖寧志》卷二《寧夏總鎮·宦蹟》均作"前軍都督"。

③ 《明太宗實錄》卷十一載，何福於洪武三十五年（明惠帝建文四年，1402）八月己未任職。

④ ［校］七年：原作"六年"，據《皇明名臣琬琰錄》後集卷一《文敏楊公墓志銘》、《皇明獻實》卷九、《明史》卷一四八《楊榮傳》改。

⑤ ［校］咎卜：原作"咎卜"，據《明史》卷一四五《陳懋傳》改。

史昭，① 直隸藁城人，以父敬功授寧夏世襲指揮，遂家焉。累以軍功歷總兵。宣德元年，掛征西將軍印，鎮寧夏。所統官軍，悉聽節制。虜也先脫干為患，昭出奇計擒之。昭用兵有紀律，料敵制勝，所向成功。家傳稱，昭嘗出征經大漠，人馬渴甚。昭潛心禱祝，忽前有茅菴，訪之見二尼僧，隨所指引，得甘泉如注，師用濟。旋蹤蹟之，茅菴二尼皆不復見，但遺一包裹，內鐵燕一支、兵書一匣，自是謀略益神。每行軍，則置鐵燕於帳前，以候風色，占驗動靜，毫髮無爽，人以諸葛武侯方之。在寧夏，於花馬池建築四步戰臺，制今尚存。壽八十三，卒於官。舊有敕賜"七鎮元戎""三邊統帥"坊。入《鄉賢》。

史昭，② 合肥人。宣德七年，以征西將軍鎮寧夏。③ 孛的達里麻犯邊，遣兵擊之，至闊台察罕，俘獲甚衆，進都督同知。正統初，昭以寧夏孤懸河外，東抵綏德二千里，曠遠難守，請於花馬池築哨馬營，增設烽堠，直接哈剌兀速之境，邊備大固。尋進右都督。八年，以老詔還。明年卒。昭居寧夏十二年，老成持重，兵修政舉，邊境無事。

史義，昭之侄。世襲指揮同知，陞水利屯田都司，諳練水利。④ 修築堋岸洞口，易木以石。濬淤塞，使水勢暢流。民皆受其賜。有"惠澤流芳"坊立於署。

姜漢，榆林人，弘治中，嗣世職，為本衛指揮使。御史胡希顏薦其才勇，充延綏營遊擊將軍。十八年春，寇犯寧夏興武營。漢率所部馳援，遇於中沙墩，⑤ 擊敗之，賜敕獎勞。正德四年，擢署都督僉事，充總兵官，鎮寧夏。漢馭軍嚴整，得將士心。甫數月而安化王寘鐇謀逆，置酒召漢及

---

① ［校］史昭：原作"史釗"，據《明宣宗實錄》卷八八、《明史》卷一七四《史昭傳》改。下文"史義"條"釗之侄"，"史鏞"條"釗侄孫"之"釗"，同改為"昭"。按：文獻未載明朝寧夏總兵中有名"史釗"者。《明宣宗實錄》卷八八、《明史》卷一七四《史昭傳》均載，宣德七年（1432）任寧夏總兵者名"史昭"。自《弘治寧志》卷二《寧夏總鎮·宦蹟·國朝主將》始，"史昭"誤作"史釗"，且載其能以鐵燕子料勝負事，其後，本志及《嘉靖陝志》卷十九《全陝名宦·寧夏總兵》、《嘉靖寧志》卷二《寧夏總鎮·宦蹟·國朝主將》、《朔方新志》卷二《內治·宦蹟·寧夏總兵》等均襲《弘治寧志》之誤和所載能以鐵燕子料勝負事。

② ［校］"史昭"條事蹟原在下文"陳鎰"條事蹟後，現改置於此，以相參看。

③ ［校］將軍："軍"字原脫，據《明宣宗實錄》卷一八八、《明史》卷一七四《史昭傳》補。

④ ［校］諳練：原作"暗練"，據文意改。

⑤ ［校］中沙墩：原作"中河墩"，據《明史》卷一七四《姜漢傳》改。

巡撫安惟學等宴。① 酒半，其黨何錦等率衆入，即座上執漢。漢奮起怒罵，遂殺之。子奭逃免。賊平，訟於朝，詔賜祭葬。有司爲立廟，春秋祠之。

姜應熊，漢之孫。嘉靖二十七年，以宣府西路參將充總兵官，鎮守寧夏。三十三年，② 套寇數萬騎屯賀蘭山，遣精騎掠紅井。應熊戒將士固守以綴敵，面委千户孟鸞潛師攻敵營，斬首百四十級，進都督同知。越二年，套寇踏冰西渡，由寧夏山後直抵莊、凉。應熊等掩擊，獲首功百餘，進右都督。三十六年，賊又犯鱗邊、黑鹽池、曹湖灘等地。應熊率兵奮擊，斬首無算。百餘年來，罕見此捷。姜氏爲大將，著邊功，凡五世。

羅汝敬，名簡，以字行，江西吉水人，時勉之子。正統初，巡撫陝西，督甘肅、寧夏屯田。分等第，定賦則，多所建置。後塞上有警，汝敬往督餉，遇敵紅城子，中流矢，墜馬得免，以疾告歸，卒。

陳鎰，字有戒，吳縣人。正統二年五月，③ 命巡延綏、寧夏邊。所至條奏軍民便宜，多所廢置。所部六府饑，請發倉賑。帝從輔臣請，修荒政，鎰請遍行於各邊，由是塞上咸有儲蓄。又條奏撫恤軍民二十四事，④ 多議行。鎰凡三鎮陝，先後十餘年，陝人戴之若父母。每還朝，必遮道擁車泣。再至，則歡迎數百里不絕。於寧夏、甘肅邊境，增墩堡千餘所，尤倚重焉。

張鎣，字廷器，松江華亭人。成化三年，⑤ 以右副都御史巡撫寧夏。寧夏城，土築，鎣始甃以磚。導河流，溉靈州屯田七百餘頃。

賈俊，字廷杰，束鹿人。成化十三年，自山東副使超拜右僉都御史，巡撫寧夏。在鎮七年，軍民樂業，召爲工部右侍郎。

羅綺，⑥ 磁州人，正統九年以御史參贊寧夏軍務，有能名。踰年當代，軍民詣鎮守都御史陳鎰乞留。以聞，命復任。尋擢大理右寺丞，參贊如故。常以事劾指揮任信、陳斌。二人皆王振黨。

---

① ［校］安惟學：原作"安惟孝"，據《明史》卷一七四《姜漢傳》改。

② ［校］三十三：此同《明史》卷二〇二《賈應春傳》，《明史》卷一七四《姜應熊傳》作"三十二"。

③ ［校］二年五月：原作"五年"，據《明史》卷一五九《陳鎰傳》改。

④ 據《明史》一五九《陳鎰傳》，事在正統九年（1444）。

⑤ ［校］三年：此同《明史》卷一八五《張鎣傳》，《弘治寧志》卷二、《嘉靖寧志》卷二《寧夏總鎮·宦蹟》均作"六年"。

⑥ ［校］羅綺：原作"羅琦"，據《明史》卷一六〇《羅綺傳》、《弘治寧志》卷二、《嘉靖寧志》卷二《寧夏總鎮·宦蹟》改。

盧茂，成化間以都指揮守備靈州，驍勇兼人。到任之二日，敵以百騎來犯，茂單騎馳突之。俄敵漸衆，而茂兵亦至，奮呼一擊，斬其犯陣一將。餘遁去，數歲不敢近靈州邊。

金濂，字宗瀚，山陽人。正統三年，擢僉都御史，參贊寧夏軍務。濂有心計，善籌畫，西陲晏然。寧夏舊有五渠，而鳴沙洲七星、漢伯、石灰三渠淤，濂清濬之，溉蕪田一千三百餘頃。八年，拜刑部尚書。

王驥，字尚德，束鹿人。正統九年，① 命與都御史陳鎰巡延綏、寧夏、甘肅諸邊。初，寧夏備邊軍，半歲一更，後邊事亟，三年乃更。軍士日久疲罷，又益選軍餘防冬，家有五六人在邊者，軍用重困。驥請歲一更，當代者以十月至，而代者留至來年正月乃遣歸，② 邊備足而軍不勞。帝善其議，行之諸邊。卒年八十三，贈靖遠侯，諡忠毅。

張泰，延綏都督。天順間，胡酋孛來將萬賊入寇，至大壩，欲決水灌境內。時精騎調援，泰募義勇三千餘人，以疲弱挽兵車，付其子翊總攝以行。至壩所，與賊遇，背河而營，堅壁不戰。賊銳頗阻。比晚，翊諭衆曰："吾面受家君命，謂今夜賊必襲突。陣中有崩然而來者，即駞也，切勿疑怖，宜奮拒。"衆遵約從事。至夜半，賊果來，遂破之。厥明，又詭設牛、馬於河之南滸，以善水者往來河中戲罵，水皆不及腰。賊誤爲淺，乃大驅遶吾壁而下。翊令車徒截其半，前驅者盡溺水中，斬獲數百，追殘賊出賀蘭山外而還。

王越，③ 字世昌，濬人。初，爲宣府巡撫。成化五年，寇入河套，詔越率師赴之。越遣將三路破之，賊乃退。七年，加總督軍務，專辦西事。敕陝西、寧夏、延綏三鎮兵皆受節制。十年春，廷議總制府於固原，控制延綏、寧夏、甘肅三邊，總兵、巡撫而下，並聽節制，以越任之，三邊總制自此始。論功，加太子少保。弘治十年，寇犯甘肅，詔起原官，加太子太保，④ 兼巡撫。越言甘鎮兵弱，非籍延〔綏〕、寧〔夏〕兩鎮兵難以克

---

① [校]九年：此同《明史》卷一七一《王驥傳》，《弘治寧志》卷二、《嘉靖寧志》卷二《寧夏總鎮·宦蹟》均作"八年"。

② [校]正月：原作"十月"，據《明史》卷一七一《王驥傳》改。

③ [校]王越：原作"王鉞"，據《明史》卷一七一《王越傳》，《弘治寧志》卷二、《嘉靖寧志》卷二《寧夏總鎮·宦蹟》改。下同。

④ [校]太保：原作"大保"，據《明孝宗實錄》卷一三〇、《明史》卷一七一《王越傳》改。

敵，請兼制兩鎮，解巡撫事。詔從之。明年，以寇巢賀蘭山後，數擾邊，乃分兵三路進剿，斬四十三級，獲馬、駞百匹。加少保，兼太子太傅。卒，贈太傅，諡襄敏。

徐廷璋，字公器，羅山人，成化八年巡撫寧夏，① 大築邊牆，塹山堙谷，增立寨堡，繕亭障。時與陝西馬文升、延綏余子俊相埒，稱關中三巡撫。

秦紘，字世纓，單人。弘治十四年秋，② 寇大入花馬池，敗官軍孔壩溝。詔起紘户部尚書，總制三邊軍務。紘馳至，祭亡掩骼，奏録死事指揮朱鼎五人，恤軍士戰沒者家。劾治敗將楊琳等四人罪，更易守將，練壯士，興屯田，申明號令，軍聲大振。又請於花馬池迤西至小鹽池二百里，築十堡以固邊防，行之。曾意作戰車，名"全勝"，詔頒其式於諸邊。在事三年，四鎮晏然。卒，贈少保，諡襄毅。

羅明，字時昭，福建延平人。弘治初，巡撫甘肅，奏罷貢獻，奪勢家所擅草湖以還軍士。均水利，清兵馬，增貢額，選秀民。丁祭講求古樂、舞器而演習之，河西文風於是大振。

史鏞，③ 昭侄孫。年十八世襲指揮同知，以功陞靈州參將。正德五年，④ 寘鐇反，鏞飛報陝西諸路兵，令集近地聲援。先率衆把守黃河要口，奪其船隻，使賊不得渡。於是諸軍繼進，賊遂平。賊之平，實自鏞奪船始。正德七年，虜大舉寇固〔原〕、靖〔遠〕，鏞與戰於長流水，斬首數十級。後陞都督僉事，提督甘肅，掛平羌將軍印，征哈密回夷，威名甚著。舊有敕賜"武帥"坊。入《鄉賢》。

叢蘭，字廷秀，文登人。正德間，以户部侍郎督理三邊軍餉，後兼管固〔原〕、靖〔遠〕等處軍務。蘭上言："靈州鹽課，請照例開中，招商糴糧。軍士折色，主者多尅減。乞選委鄰近有司散給。"並從之。

吳福，鄞縣人。歷官禮部員外郎，陞參政。先是，寧夏鹽池禁嚴，民

---

① 〔校〕八年：原作"七年"，據《弘治寧志》卷二、《嘉靖寧志》卷二《寧夏總鎮·宦蹟》，《嘉靖陝志》卷十九《文獻七·巡撫延綏都御史》改。

② 〔校〕弘治：原作"成化"，據《明史》卷一七八《秦紘傳》改。

③ 〔校〕史鏞：此同《明史》卷一七五《曹雄傳》，《明史》卷一一七《慶王栴傳》作"史墉"。

④ 〔校〕五年：原作"二年"，據《明史》卷十六《武宗本紀》、《嘉靖寧志》卷二《寧夏總鎮·宦蹟》改。

有一斗粟易鹽三兩者，福奏民納鹽課，官爲量給，民甚便焉。

齊之鸞，字瑞卿，桐城人。授刑科給事中，正德時多所諫議。後劾許泰、王憲，被謫崇德丞，屢遷寧夏僉事。飢民採蓬子爲食，之鸞爲取二封，一進於帝，一以貽閣臣。且言時勢可憂者三，① 可惜者四，語極切。帝付之所司。時方大修邊牆，之鸞董役。巡撫胡東皋稱其能，舉以自代，召爲順天府府丞。未行，盜發，留鎮撫。

翟鵬，② 字志南，撫寧衛人，歷官以清操聞。嘉靖七年，擢右僉都御史，巡撫寧夏。時邊政久弛，壯卒率占工匠私役入官家，守邊者並羸老不任兵。又番休無期，甚者夫守墩，妻坐舖。鵬至，盡清占役，使得迭更。野雞臺二十餘墩孤懸塞外，久棄不守，鵬盡復之。

路瑛，靖遠人，③ 鎮守寧夏總兵，屢建大功。正德十六年，④ 聞本衛年荒，運糧賑濟，全活甚衆。

韓鼎，字廷器，合水人，禮科給事中。孝宗嗣位，首陳"公銓選""經財用""嚴兵衛""崇天道"四事。尋差寧夏，給散軍賞，盡革侵漁之弊。遷右給事中。

仇鉞，字廷威，鎮原人，⑤ 理之養子。正德二年，⑥ 擢寧夏遊擊將軍。何錦、丁廣糾寘鐇，謀爲不軌，鉞用計平之。功冠一時，夏人立生祠祀之。封咸寧伯。

楊一清，字應寧，丹徒人。弘治十五年，擢左副都御史，督理陝西馬政。會寇大入花馬池，詔命一清巡撫陝西。甫受事，寇已退。乃選精卒教演之，創平虜、紅古二城以援固原，築垣瀕河以捍靖虜。又以甘肅、延綏、寧夏有警不相援，患無所統攝，命一清總制三邊。因建議築延〔綏〕、寧〔夏〕二鎮，爲復守東勝之計。工方興，爲劉瑾所阻。五年，

---

① ［校］三：原作"二"，據《明史》卷二〇八《齊之鸞傳》改。

② ［校］翟鵬：原作"楊鵬"，據《明史》卷二〇四《翟鵬傳》、《嘉靖寧志》卷二《寧夏總鎮·宦蹟》、《嘉靖陝志》卷十九《文獻七·全陝名宦》改。

③ ［校］靖遠：此同《乾隆甘志》卷三四《人物》，《嘉靖寧志》卷二《寧夏總鎮·宦蹟》、《嘉靖陝志》卷十九《文獻七·全陝名宦》均作"靖虜衛"。

④ ［校］十六：原作"十二"，據《乾隆甘志》卷三四《人物》改。

⑤ ［校］鎮原人：此同《明史》卷一七五《仇鉞傳》，《弇山堂別集》卷三八《永樂以後功臣公侯伯年表》作"直隸江都人"。

⑥ ［校］二年：原作"三年"，據《明史》卷一七五《仇鉞傳》、《嘉靖寧志》卷二《寧夏總鎮·宦蹟》改。

安化王寅鐇反，起一清總制軍務。未至，一清故部將仇鉞已捕執之。一清馳至鎮，宣布德意，安撫士民，不貪其功，夏人德之。

　　王瓊，字德華，太原人。嘉靖七年，爲兵部尚書兼右都御史，① 代王憲督陝西三邊軍務。時北寇常爲邊患，明年，以數萬騎寇寧夏，已，又犯靈州，瓊督遊擊梁震等，邀斬七十餘人。其秋，集諸道精卒三萬，按行塞下。寇聞，徙帳遠遁。諸將分道出，② 縱野燒，耀兵而還。

　　唐龍，字虞佐，蘭谿人。嘉靖十年，③ 陝西大饑，吉囊擁衆臨邊。詔進龍總制三邊軍務，兼理賑濟，④ 齎帑金三十萬以行。龍奏救荒十四事。⑤ 時吉囊居套中，西抵賀蘭山，限以黃河不得渡，用牛皮爲渾脫，渡入山後。俺答亦自豐州入套爲患。龍用總兵官王效、梁震，數敗敵，屢被獎賚。召爲刑部尚書。⑥

　　劉天和，字養和，麻城人。嘉靖十五年，總制三邊軍務。倣前督秦紘，製隻輪車，練諸邊將士。吉囊陷花馬池塞，⑦ 斬失守指揮二人。⑧ 敵侵固原，東出乾溝，令任傑等諸將襲其後，捕斬二百級，論功加太子太保、兵部尚書。又城鐵柱泉，扼北虜入寇之路，邊人賴之。

　　楊守禮，字秉節，蒲州人。嘉靖十八年，以右副都御史巡撫寧夏。⑨ 時寇犯固原，爲總督劉天和所敗，欲自寧夏去，守禮與總兵任傑等邀敗之。遂增修赤木口，以絕百年虜通之路。是年〔嘉靖十九年〕十二月，⑩

---

①　王瓊爲兵部尚書在正德十年（1515），此時是以兵部尚書職總制三邊。

②　［校］將：《明史》卷一九八《王瓊傳》作"軍"。

③　［校］十年：原作"十一年"，據《嘉靖寧志》卷二《寧夏總鎮·宦蹟》、《明世宗實錄》卷一三〇改。

④　［校］賑：《明史》卷二〇二《唐龍傳》作"振"。

⑤　［校］奏：《明史》卷二〇二《唐龍傳》作"奏行"。

⑥　［校］召：原作"名"，據《明史》卷二〇二《唐龍傳》改。

⑦　《明史》卷二〇〇《劉天和傳》載，吉囊於花馬池遭劉天和伏擊，潰敗而逃，未曾攻陷過花馬池城。

⑧　《明史》卷二〇〇《劉天和傳》載，斬指揮事發生在吉囊寇固原之時。

⑨　［校］右副都御史："右"字原脫，據《嘉靖寧志》卷二《寧夏總鎮·宦蹟》、《明史》卷二〇〇《楊守禮傳》補。

⑩　［校］十二月：此同《嘉靖寧志》卷二《寧夏總鎮·宦蹟》，《明世宗實錄》卷二四三作"十一月"。

陝總督。有《籌邊錄》。①

曾銑，字子重，江都人。嘉靖二十五年，以副都御史總督三邊軍務。時寇居河套，久爲中國患。出則寇宣大以震畿輔，入則寇延〔綏〕寧〔夏〕以擾關中。銑請復河套，條八議以進，欲西自定邊，東至皇甫川一千五百里，築邊牆禦寇，請帑金數十萬。又條上方略十八事，並下廷議。爲嚴嵩、仇鸞所誣，竟坐棄市。隆慶中，追贈兵部尚書，謚襄愍，蔭子一。萬曆中，敕陝西建祠。

王以旂，字士招，江寧人，以兵部尚書代曾銑總督陝西。先是，套寇自西海還掠諸邊，以旂命諸將禦之，三戰皆捷。已而寇數萬復屯寧夏塞外，將大入。官軍擊之，斬首六十餘級，②寇宵遁。又延綏、寧夏開馬市，二鎮市馬五千匹。其長狼台吉畏以旂威，約束所部，終市無嘩。比卒，官民罷市。贈少保，謚襄敏。

張文魁，字元甫，河南蘭陽人。巡撫寧夏，添置平虜迤北黃河戰船，用扼敵人潛渡劫掠之患。既去，人懷思之。

范鏓，字平甫，遼東人。嘉靖二十年，擢右副都御史，③巡撫寧夏。鏓爲人持重，有方略，蒞重鎮，不尚首功，一意練步騎，廣儲蓄，繕治關隘亭障。寇爲遠徙，俘歸者五百人。又剛斷明察，清侵沒糧料、冒陞官旗，一朝振刷，邊境肅然。

霍冀，④字堯封，孝義人。嘉靖三十七年，⑤巡撫寧夏。修內外諸關、鎮城雉堞，及遠邇堡塞、各路斥堠。治河渠隄堰，新學宮，建書院，撫綏有方，事功表著，有《去思碑》。⑥

———————

① 據《嘉靖寧志》卷八《文苑志》所載劉思唐《籌邊錄序》，《籌邊錄》編成於嘉靖十九年（1540）。主要記述了楊守禮擔任寧夏巡撫期間，爲防邊患而採取一系列措施，以至政成人和、百度維新的業績。《明史藝文志·補編·附編》著錄有童軒《籌邊錄》、趙伸《籌邊錄》一冊，未著錄楊守禮之《籌邊錄》，該書已亡佚。
② ［校］六十餘："餘"字原脫，據《明史》卷一九九《王以旂傳》補。
③ ［校］右：此字原脫，據《明史》卷一九九《范鏓傳》、《嘉靖寧志》卷二《寧夏總鎮·宦蹟》補。
④ ［校］霍冀：原作"霍驥"，據《明世宗實錄》卷四六四、《國朝獻徵錄》卷三九《資政大夫兵部尚書思齋霍公冀墓表》、《康熙陝志》卷十七《職官》、《乾隆甘志》卷三〇《名宦》改。
⑤ ［校］三十七：原作"三十三"，據《明世宗實錄》卷四六四改。
⑥ 參見《朔方新志》卷四《詞翰》載潘九齡撰《巡撫霍公冀去思碑記》。

張臣，榆林衛人，起行伍。萬曆五年春，① 以總兵官守夏。順義王俺答報怨瓦剌，欲取道賀蘭，臣不可。俺答恚，語不遜。② 臣夜決漢、唐二渠，水道不通，復陳兵赤木口，俺答乃從山後去。三歲互市，毋敢嘩者。

　　董一奎，宣府前衛人。都督僉事，歷鎮寧夏，以勇敢著。

　　董一元，奎之弟，勇如兄而智略過之。萬曆十五年，③ 以副總兵協守寧夏。哱拜之亂，套中諸部長悉助之。一元乘其西掠，輕騎搗土昧巢，獲首級百三十，驅其畜產而還，寇內顧引去。擢延綏總兵，進署都督同知。

　　王崇古，字學甫，蒲州人。嘉靖四十三年，改右僉都御史，巡撫寧夏。崇古喜談兵，具知諸邊阨塞。修戰守，納降附，數出兵搗巢，故寇累殘他鎮，而寧夏獨完。隆慶初，代陳其學，進總督陝西延〔綏〕、寧〔夏〕、甘肅軍務。崇古指畫地圖，分授諸大將趙岢、雷龍等，數有功。著力兔行牧河東，龍潛出興武，襲破其營，斬獲甚多。吉能犯邊，爲防秋兵所遏，移營白城子。龍等出花馬、長城關與戰，大敗之。崇古在陝七年，前後獲首功無算。卒，贈太保，諡襄毅。

　　雷龍，字雲從，爲寧夏總兵中軍。敵至沙湃，龍以精兵二千，張兩翼衝擊之，斬首四千餘級。陞莊浪參將，再進涼州副總兵。明年，掛征西將軍印，鎮寧夏，首功最多。復佩平羌將軍印，出鎮甘肅，邊用戢寧。

　　李震，字卯泉，鎮番人，庠生，襲祖職，協守寧夏。總督王崇古駐花馬池，知套虜有異謀，以輕騎三千屬震。爲虜所覺，部分精銳逆戰。震劈其堅陣，突入帳中，所遇強壯盡殲之。白城子之捷，以震功爲最。陞甘肅總兵，掛平羌將軍印。修葺五郡磚城。

　　汪文輝，字德充，婺源人。授御史，以言官上疏忤高拱，出爲寧夏僉事。修屯政，蠲浮糧，建水牐，流亡漸歸，其遺愛有所，著《民隱錄》。夏人《去思碑記》見《詞翰》。④

　　朱笈，桃源人。⑤ 隆慶元年，任寧夏巡撫。六年，復任。時寧夏屯政

――――――――

① ［校］萬曆：原作"嘉靖"，據《明史》卷二三九《張臣傳》改。
② ［校］語不遜："遜"原作"遁"，據《明史》卷二三九《張臣傳》改。
③ ［校］萬曆：原作"嘉靖"，據《明史》卷二三九《董一元傳》改。
④ 參見本志卷二〇《藝文·記》、《朔方新志》卷四《詞翰》載王繼祖撰《僉憲汪文輝去思碑記》。
⑤ ［校］桃源：原作"桃園"，據《康熙陝志》卷十七《職官》、《乾隆甘志》卷二七《職官》等改。

久弛，人户流亡，摘丁頂補。田或爲河崩沙壓，則攤派浮糧，積累日深，民不堪命。笈洞悉其情，抗疏極言，竟得豁免，夏人德之。

李汶，字次谿，任邱人。萬曆二十三年，繼鄭洛爲總督。十載總師，制虜萬全。

黃嘉善，山東即墨人。萬曆三十八年，任寧夏巡撫。器識恢宏，多所建白。題築沙湃、墩臺，磚包鐵柱、惠安等堡，又新廟舍，建尊經閣，闢雲路，置學田。夏人立祠，曰"十年遺愛"。

王效，延綏人。讀書能文辭，嫺韜略。騎射絕人，中武會試。嘉靖十一年冬，① 充總兵官，代周尚文鎮寧夏。吉囊犯鎮遠關，效與梁震、鄭時、史經敗之柳門。追北蜂窩山，躘溺之河，斬首百四十有奇，璽書獎賚。吉囊十萬騎復窺花馬池，效同震拒之，不得入。轉犯乾溝。震分兵擊，遂趨固原。總兵官劉文力戰，寇趨青山峴，大掠安定、會寧。② 效方敗別部於鼠湖，追至沙湖，指揮成賢死之。疾移師還援，破之安定，再破之靈州，先後斬首百五十餘級。十五年，賊據芳菩灘、打磑口等地。效率副總兵馮大倫、③ 任傑奮擊之，斬首無數，賊乃遠遁。

周尚文，字彥章，西安後衛人。幼讀書，粗曉大義，多謀略，精騎射。年十六，襲指揮同知，屢出塞有功。嘉靖元年，改寧夏參將。九年，④ 擢署都督僉事，充寧夏總兵。王瓊築邊牆，尚文督其役。⑤ 且濬渠開屯，軍民利之。寇掠西海，過寧夏，巡撫楊志學議發兵邀擊，尚文不從。

崔景榮，字自強，長垣人。萬曆間，擢右僉都御史，巡撫寧夏。銀定素驕，歲入掠。景榮親督戰，破之。因議革導賊諸部賞，諸部懼，請與銀定絕。銀定既失導，亦叩關求市。寧夏歲市費不貲，景榮議省之。在任三年，僅一市而已。其後延鎮吉能等挾款求補市，卒勿許，歲省金錢十餘萬。

---

① [校] 十一：此同《明史》卷二一一《王效傳》，《嘉靖寧志》卷二《寧夏總鎮·宦蹟》作"十二"。

② [校] 會寧：原作"惠寧"，據《明史》卷二一一《王效傳》改。

③ [校] 馮大倫：原作"馮大險"，據《嘉靖寧志》卷二《寧夏總鎮·俘捷》改。

④ [校] 九年：此同《明史》卷二一一《周尚文傳》，《嘉靖寧志》卷二《寧夏總鎮·宦蹟》作"十年"。

⑤ [校] 役：原作"後"，據《明史》卷二一一《周尚文傳》改。

羅鳳翺，蒲州人。萬曆元年，爲寧夏巡撫。修城池，通關梁，恤民隱，蘇商困。又以國初舊制，邊兵入衛，原備非常。近際昇平，往反更換，勞費多端，奏請停止。夏人立生祠頌德焉。

蕭如薰，字季馨，延安人。歷官寧夏參將，守平虜城。萬曆二十年，哱拜、劉東暘據寧夏鎮城反，遣其黨土文秀狗平虜，如薰堅守不下。妻楊氏，故尚書兆女也，贊夫死守，日具牛酒犒士。拜養子〔哱雲〕最驍勇，① 引河套著力兔急攻。如薰伏兵南關，佯敗誘賊入，射雲死。又襲著力兔營，獲人畜甚多，城獲全。帝聞如薰孤城抗賊，大喜。擢至都督僉事、寧夏總兵官，統諸援軍。其秋與李如松等共平賊，再進署都督同知，② 廕錦衣世指揮僉事。妻楊氏亦被旌。

魏學曾，字惟貫，涇陽人。萬曆十九年，起兵部尚書，總督陝西延〔綏〕、寧〔夏〕，甘肅軍務。時河套部長土昧、明安入市畢，要求增賞。③ 學曾令總兵官杜桐等出不意擊斬明安，俘馘四百八十餘級，④ 奪馬畜器械無算。⑤ 學曾以功加太子少保。明年，值哱〔拜〕、劉〔東暘〕之亂。董師平夏，在事三時，賊滅城全，皆其功烈，爲董裴所中，天下腕惜焉。

李如松，字子茂。萬曆二十年，哱拜反，寧夏御史梅國楨薦如松大將才，乃命如松爲提督陝西討逆軍務總兵官，而以國楨監之。武臣有提督自如松始。先是，董奎、麻貴等數攻城不下，如松至，攻益力，不克，乃決策水攻。拜窘，遣養子克力蓋往勾套寇。如松令部將李寧追斬之。已，套寇以萬餘騎至張亮堡，如松力戰，手斬士卒畏縮者，寇竟敗去。水侵北關，城崩。如松及蕭如薰等佯擊北關誘賊，潛以銳師襲南關，攀雲梯而上。拜及子承恩自斬叛黨劉東暘、許朝，乞貸死，賊遂平。捷奏，擢如松都督。

李如柏，字子貞，松之弟。萬曆二十三年，鎮寧夏。著力兔犯平虜、橫城，如柏邀之大獲，斬首二百七十有奇。進右都督。

麻貴，大同右衛人。哱拜之亂，以貴協鎮寧夏。時分五隊攻城，貴以

---

① 《明史》卷二三九《蕭如薰傳》載，哱拜養子名"雲"。
② 〔校〕署：此字原脫，據《明史》卷二三九《蕭如薰傳》、《明神宗實錄》卷三一二補。
③ 〔校〕求：《明史》卷二二八《魏學曾傳》作"請"。
④ 〔校〕餘：此字原脫，據《明史》卷二二八《魏學增傳》補。
⑤ 〔校〕無算：《明史》卷二二八《魏學曾傳》作"稱是"。

游兵主策應。哱拜自北門出戰，欲逃勾套部。貴逐之入城，別遣將馬孔英、麻承詔擊套寇援兵，俘斬一百二十人。諸道並進城中，攻益急。賊奉金告急於卜失兔等套部，果合兵。而宰僧自花馬池由沙挀入，貴迎擊於石溝，又與總兵李如松夾擊於張亮堡，追至賀蘭山，斬首級示哱賊。賊始奪氣，城破賊平，論功進秩，予廕。

杜桐，字來儀，崑山人。萬曆二十五年，鎮寧夏。著力兔、宰僧入犯，逆戰水塘溝，俘斬百二十。寇益糾諸部，連犯平虜、興武。桐督諸將馬孔英、鄧鳳、蕭如蕙等連破之，斬首二百餘級。諸部俱乞款，乃復貢市。桐自偏裨至大帥，積首功一千八百，時服其勇。後以功進左都督、太保、崇明伯，諡武康。

杜松，字來清，桐之弟，有膽識，累功爲寧夏守備。萬曆二十二年，卜失兔大入下馬關。松偕遊擊史見、李經以二千騎邀擊馬蓮井，小勝。誤入伏，中重傷。麻貴援兵至，松復裹創力戰，寇始敗走。論功遷延綏參將。貴大舉搗巢，松以右軍出清平塞，多所斬獲。進副總兵，尋以本官改寧夏東路，歷鎮延綏、薊〔州〕、遼〔東〕。萬曆四十五年，移山海總兵，奉詔援遼，歿於陣。天啟初，贈少保，諡忠壯。

杜文煥，字弢武，桐之子。歷官延綏、寧夏總兵，① 屢破套虜，多首功。尋以疾歸。天啟七年，復起鎮寧夏。寧、錦告警，詔文煥馳援。俄令分鎮寧遠，進右都督，調守關門。後卒於官。

袁旦，大名府人。隆慶五年，任西路通判。涖政清勤，建議築邊垣，濬渠壩。

蔡國熙，永平人。嘉靖時任督儲郎中。覃精理學，有藻鑑，善作人。創朔方書院，聚生徒，日談名理，蓋燕趙之豪也。督儲時，振刷積弊，兵食頓足。

王三錫，翼城人。萬曆三十五年，任寧夏理刑同知，案無留牘。尤加意水利，請於巡撫崔景榮，石砦張政堡暗洞。

韓洪珍，四川人。天啟七年，任西路同知。威寧舊有七星渠，歲久荒淤。洪珍與守備王光先條列疏築之法，上諸巡撫焦馨。以百戶李國柱、劉宰分督之，而專任洪珍綜其事。

---

① 《明史》卷二九三《杜文煥傳》載，杜文煥於萬曆四十三年（1615）任寧夏總兵，四十四年（1616）任延綏總兵。

黃正，慶陽衛人，襲陞靈州備禦都司。值實鎰作亂，潛謀刻日渡河。正先機收斂奪船，屯兵據守。賊聞之大驚，不敢輕動。先定預防之策，正實與有功焉。陞都督僉事。

張傑，甘州人。任寧夏總兵，善撫士卒，更多謀略。哱拜之亂，巡撫朱正色以傑嘗與拜善，縋入城招安。傑切責之，被繫不屈。兵臨城下，賊乃縋出之。

杜弘域，文煥之子。天啟初，歷延綏副總兵。七年夏，文煥援遼，即擢總兵官，代鎮寧夏。官至右都督。

史勳，世襲指揮同知，歷水利屯田都司，多惠績。遭哱〔拜〕、劉〔東暘〕變，被賊囚禁載餘，堅貞自矢，濱死不渝。

張九德，字威仲，慈谿人，爲河東兵備。時悍丁金白、張威等因調遣殺領官，九德聞變，即大書撫榜，前導安衆。密擒渠魁置之法，寧鎮以安。有偽充熊經略使者，勒取馬價。德命簡故牒，印文小異，遂伏罪。復創設商學，以便商賈子弟肄業。天啟二年，靈州河大決，德建石堤禦河，歲省功役無算。秦家渠常苦涸，漢家渠常苦漲。德築長垾以護秦，開蘆口以洩漢，計復蕪田數百頃，號"張公堤"。歷任六年，以卓異擢巡撫去。先是，靈州有祠，祀楊一清、王瓊。及九德去任，鎮人奉而三之，更其額曰"三賢"。

杜希伏，字德五，歷官平羅參將。到任後，即平套虜吉能等部。時賀蘭山後酋長刀兒計、王脫兔等屢犯邊，希伏統兵進剿，擒斬王脫兔。於是刀兒計畏服納款，地方以寧。士民德之，爲建生祠。崇禎十二年，遷右協副總兵，敗黃台吉色令等，追至韋州。虜衆踏冰渡河，希伏率兵奮擊，斬名酋恰強等六十四人，獲戰馬、器械無算。十四年，復破套虜，斬哈兒台吉等首級七十一顆，於是寧夏寇擾頓滅。累以功授右都督，陞湖廣安陸總兵。卒於軍，追贈柱國光祿大夫，賜祭葬。

史開先，勳之子，靈州參將，長於將略。崇禎六年，① 套虜數萬犯邊。開先馳報寧夏巡撫、總兵，遂收集城外居民生畜入城，深溝高壘以待固〔原〕、靖〔遠〕、甘〔州〕、涼〔州〕之兵。賀虎臣自寧赴靈，欲引兵拒戰。開先切諫不聽，歸謂其長子曰："我家世受國恩，豈敢畏死。此役也，我必不復生還矣。"遂引兵先驅，賀亦出。遇賊於大沙井灘，賊圍

---

① 〔校〕六年：原作"七年"，據《明史》卷二七〇《史開先傳》、《崇禎實錄》卷六改。

賀，四面不能援。勳僕史進才以急告，開先策馬冲入重圍，與賊力戰，殺數百人。外無援，圍益逼，遂遇害。進才殉焉，賀亦死。時官軍死者七千餘人，枕尸遍野，不可別識。公少爲馬撞落二齒，以銀鑲之，家人以此爲識，僅得首以歸葬。追贈右都督，諡忠烈。

鄭崇儉，山西鄉寧人。崇禎九年，以右僉都御史任寧夏巡撫。① 練達治體，恩威並用。清出虛懸糧草數萬，奏請豁免。秋防三次，擒斬六王，前後獲虜首三百級，進秩廕子。十二年，陞總督、兵部右侍郎。夏人建祠以記其德政焉。

靳桂香，靈州參將。明季無爲教稱居士作亂，夜入城，殺河東道曹孟吉。時桂香已謝事，乃率衆守城門，使賊不得出，盡攻殺之。

劉謹身，河南人。明末任西路同知，督修渠工，剔除奸弊，招選義勇，保障城池。

張國祐，浙江會稽人，任中屯衛守備。崇禎三年，套酋約犯兩河。國祐督陣河西，會河東守備牛冲漢設謀陷敵。賈勇衝鋒，力贊軍門洪陳疇，扼要出奇，斬首四千七百有奇，隨擢參將。

皇清

劉芳名，字孝五，寧夏人。見《人物》。②

陳福，字東海，寧夏人。見《人物》。

趙良棟，字擎宇，寧夏人。見《人物》。

馬玉，字振英，負圖子，歷官寧夏右營遊擊。進剿吴逆，由四川至雲南，屢立戰功。能以仁惠濟其智勇，干戈之際，全活甚衆。後授左都督，歿於官。

殷化行，號熙如，③ 咸陽人。康熙三十二年，任寧夏總兵。三十五年五月，内征剿厄魯特，化行率所部一千人從振武將軍孫思克，循賀蘭山出塞，傍黄河，度戈壁，④ 過兩郎山，與大將軍費揚古會兵於昭磨多。其地北多高峰，望之如屏，下有平川，曲流南迤邐平衍，右有小山，西陡三崖

---

① ［校］右：此字原脱，據《明史》卷二六〇《鄭崇儉傳》補。
② 參見本志卷十三《人物·鄉獻》"劉芳"條。下文陳福、趙良棟參見本志卷十三《人物·鄉獻》"陳福"條、"趙良棟"條。
③ ［校］號：此同《乾隆甘志》卷三〇《名宦》，《清史稿》卷二八一《殷化行傳》作"字"。
④ ［校］戈壁：原作"弋必"，據文意改。

如階，戰地也。時先鋒遇賊，轉鬬而前，將據小山。化行謂大將軍曰："我軍宜急據此。"衆以日暮當休，化行恐失形勢，遂以鞭指揮軍一鼓而上，制賊半山不得進。化行以左軍令舉鳥鎗先擊賊，前後各軍皆力戰。會半酣，勝負未決，化行令部下發御頒子母礮迭擊之。噶爾丹及其嫂阿努娘子皆親冒礮矢，寧夏兵控弦而下，呼聲動天，賊遂披靡下坡走。大將軍令收軍，寧夏兵乘月光，猶追奔三十里，大破之，一時推爲首功焉。三十二年，復出口剿噶爾丹，加授都督同知。

黎士弘，字媿曾，① 長汀人。時吳逆煽亂，西秦震動，擢洮岷道副使，署甘山道事。王輔臣叛，諸鎮會剿。及復蘭州，攝枲篆，分別失守官吏罪，號爲平允。會寧夏營弁謀逆，殺提帥，改授寧夏道，佐提督張勇贊畫軍機，申嚴守禦，綏靖反側。又密請免衛所逋糧七萬五千石。寇平，敘功陞右參政。

丹達禮，滿洲人。康熙二十七年，任寧夏道。時大兵駐防在城，民心惶惑。達禮多方慰諭，更詳督撫，割城中一隅安置大兵，勿與民間雜處，嚴立教條，以免滋累。其後大兵駐寧者六，悉如舊制。兵民相安，皆達禮之力也。當兵馬雲集時，需草甚多，達禮親督人夫採於灘湖，不事科斂，調度有方，亦省公費，軍馬亦給。又督濬渠工，修理廟學，皆著善政。去二十年後，士民猶思之。

通智，滿洲人，兵部侍郎。雍正年奉旨開惠農、昌潤二渠，有善政。又奏修唐、漢二渠，親身督率，備極勞瘁。前此濬渠者，取土率以鍬。一鍬之土，非數人轉之不能達於岸。今之背斗，以一人背負而上，工省而取土多，蓋公之遺製也。

王全臣，字仲山，湖北鍾祥人，任寧夏監收同知。時渠工久廢，官吏習爲侵漁，民田半爲汙萊。全臣力除積弊，躬親督濬，任怨任勞。築唐渠迎水湃八百餘丈，挽東逝之水，以西注於渠。又循賀蘭渠舊址，開大清渠，澆陳俊等九堡民田，以助唐渠之不給。各暗洞之年久木植朽壞者，盡易以石。水流之蓄洩有方，寧民至今賴之。今府署東有王公祠，蓋震後重建祀公者。

單疇書，山東高密人。任寧夏道，有善政。時寧夏無義學，疇書乃捐

---

① ［校］媿曾：原作"愧曾"，據《江西通志》卷六三《名宦》，《清史列傳》卷七〇、卷七四《黎士弘傳》等改。

貲，於明倫堂東西齋房設館延師，以訓生童。歷陞户部侍郎。奉旨偕通智來寧，修理渠道。以疾殁於寧夏。

范時捷，滿洲人。康熙間，任寧夏總兵官。有膽識，多所建白，戎政稱最。時黄河内平羅治有插漢托護灘地，鄂爾多斯藉牧馬，絶居人樵採，毳幙漸移腹裏。時捷陞見，面陳利害，請以大河爲界。群議有齟齬者，時捷隨進剳子力争，卒從其議，復地二百餘里。後部臣通智即其地開惠農、昌潤二渠，溉田數萬頃，軍民至今頌之。

費楷，浙江人，援例任寧夏水利同知。清勤自矢，疏瀹有方，薪料無漏。每開水，輒令盡數開放。水手或以堤岸冲決爲言，公曰："有我在，毋爾責。"開水後，大小陡口一齊分俵，酌流水半渠向稍。及稍田灌足，上游之田所灌亦已過半。且泥沙多由各渠刷瀉，淤澄自減。或偶有冲決，公跨駿騾先行，以大車載錢隨其後。至決所，工夫、物料悉給現值，寧浮毋縮。百姓聞命奔赴，輸委立集。大者三數日，小只一二日，決口即塞。常語人曰："畏堤決而減放水，是因咽而欲廢食也。一方衝決，動令堡長派夫採料，徃反遷延。比及興工，已踰數日，決口益大，塞益費，是掘井以濟渴也。"論者以爲治水要言。在任數年，渠流上下給足，民間幾不聞有封水事。各役高倚，無所取資，至欲相率散去，同官爲開諭勉留之，至今傳爲美談。後告終養去，郡民争請爲建碑頌德。公辭曰："吾上報君恩，下遵親訓，爲官盡職，固其常也，何以碑爲？"禁勿許。母夫人賢而嚴，至今人頌公美績者，謂多由其内訓云。

張永叔，直隸清苑人，由華亭調任寧朔知縣。地震之後，工作繁興。永叔一以寬和濟之，撫循勉慰，民無怨言。又捐俸修義學，延儒教讀。置米糧市官舖六間，詳撥舊滿城隙地一百畝，以佐膏火。其善政不可枚舉。後調皋蘭，陞河州，卒。

高士鐸，正白旗人。康熙四十四年，任西路同知。興修水利，設立義學，持身清勵，邑人爲建祠祀焉。

孫應舉，平羅參將，知勇兼備。順治初年，套賊圍攻平邑，應舉調度有方，殺退賊衆，民賴以安堵。事聞，欽賜"精忠固圍"扁以表其功。又康熙十七年，大水淹城，不及垜者數尺，人多移城外高阜以避患。孫率衆起夫，於東南冲處多築高堤，至今永無水害。

郝失名，① 平羅千總。開渠於城之東鄉，接引唐來灌溉荒蕪，由是東南一帶咸開墾焉。

黃圖安，字四維，奉天人。順治初，任寧夏巡撫。時邊土荒殘，兵民困弊，圖安撫綏鎮定，與民休息，釐剔前明弊政。奏請"清卒伍，核糧餉，實倉儲，整驛遞，減茶課，修河渠，更屯卒，一徵稅"，敷陳剴切，多見施行。又奏請捐除靈州石溝兒等堡加派九釐銀兩，人懷其惠。公餘文翰自娛，邊城名勝多經題詠。

劉秉政，奉天人。順治年任寧夏巡撫。留心民瘼，尤加意渠務。常徒步河壖，躬督疏濬，風沙寒暑，未嘗少輟。時因寧夏軍餉仰給他郡，議折色輸銀。秉政洞悉利弊，力陳其害，遂得寢。撫寧八年，公清寬惠，吏肅民安。後因巡撫裁併去任，士民為建祠勒碑，兵部侍郎韓城高辛胤紀其事。②

鈕廷彩，鑲白旗漢軍，任寧夏道。雍正十二年，開惠農渠，重修漢渠、大清渠，皆其所經理。中衛白馬寺灘田數千頃，舊稱沃壤，明末山水沖決，渠不能溉，民皆流徙。廷彩相度地形，議建石環洞以通山水，上架飛槽，橫渡渠流。人多謂其事艱鉅難成，廷彩獨斷不疑，詳請動帑興工。歷三載，鬢鬢為白，渠竟成，失業者皆復鄉里。民懷其德，立碑紀績，並建生祠，塑像以祀之。

蔣嘉年，鑲黃旗漢軍，任寧夏道。廉公有威，綜覈吏治，問俗觀風，孳孳不倦，尤虔於祀典。文廟丁祭，凡俎豆禮器，先期必親加巡省，令陳設如制。時音樂失傳，所奏多不合律，特為延訪名工，指授節奏。留心渠務，每春濬，躬臨董勸。諸弊清肅，工役倍奮，民享其利。後陞本省按察使。

魯克寬，字敬敷，直隸豐潤人，由進士為寧朔令。存心仁厚，政號清平。時銀川書院草創未就，克寬贊襄前後太守，卒成其事。公餘親為課試，訓迪勤懇，文風用振。乾隆二十四年，西域不靖，軍興旁午，差役較繁，又餧養戰馬萬數。草豆支撥，多需購辦。克寬措置精詳，嚴束役吏，事集而民不擾。丁艱去職，後數年復補寧夏令。政如其始，故兩邑士民至今並歌詠之。

---

① 失名：意指"郝"姓平羅千總名字不詳。
② 參見《朔方新志》卷四《詞翰》載高辛胤撰《巡撫都御史三韓劉公秉政去思碑記》。

高拱宸，浙江廩生。修書議叙，授寧夏府經歷。工書翰，尚氣節，不以位卑稍有阿曲。上下並高其品望，任事亦有能名。

　　張綸炳，字宸書，咸陽人。初爲粵東縣令，有循聲，陞寧夏水利同知。蒞任後，虛己延訪，悉一切利病。任職勤敏，不辭勞憊。渠水盈縮，憂喜動形於色。在任八年，三縣之田灌溉給足，無偏枯之嘆，郡人至今稱之。

　　趙本植，浙江杭州人。任寧夏知府，風厲有能名。官吏積弊，下至市肆情僞瑣細，廉察無遺，人畏其明。均水利，治盜賊，又加意作養士類。國初以來，寧夏未有書院，本植捐買民房一所，創立銀川書院。因平羅新户濱河餘地，農人試墾有成者，請於上憲，量收其租，以供諸生肄業膏火，暨掌教脩脯之資，至今相延不廢。人文日起，皆其所留遺云。

　　顧光旭，字晴沙，江南金匱人。乾隆壬申進士，[①]由給事中授寧夏知府。蒞政寬簡，紀綱自肅，加意文教。舉歷任所積書院學租羨銀二千餘金，重修聖廟。拓書院舊址加倍，悉撤而新之。增建書樓、學舍百餘楹，籌畫周詳，尅期功竣。留心河渠諸務，捐除行户供支。興利剔弊，知無不爲。尋調平凉知府。去任之日，士民工商多勒碑以紀遺愛。

---

① 乾隆壬申：乾隆十七年（1752）。

寧夏府志卷十三

人　物

人物不必盡出於貢舉，而歸貢舉才恒多，何者？山川之鍾毓與政教之培養相需而成，理固然也。自漢以後，靈、夏偉人間出，史不絕書，可謂盛矣。若其矢蒩閨閫、肥遁邱園，才技藝能之士，產此土、寓此邦者，各以其所長著稱，亦史乘之前則也。志《人物》。

鄉　獻

漢

傅燮，字南容，靈州人。黃巾賊亂，燮上疏陳致亂之原，請速行讒佞之誅，言甚剴切，語在本傳中。① 常侍趙忠惡之，會燮功當封，忠譖之。帝猶識燮言，不加罪，尋任爲議郎。每公卿有缺，衆議必歸之。帝使忠論討黃巾功，忠使弟延致殷勤於燮曰："公當少答我常侍，萬户侯可得也。"燮正色曰："遇，不遇，命也。有功不論，時也。傅燮豈求私賞哉！"忠愈恨，然憚其名，不敢害。出爲漢陽太守。韓遂擁兵十餘萬圍漢陽，城中兵少食盡。燮子幹年十三，言於燮曰："國家昏亂，遂令大人不容於朝。今兵不足以自守，宜還鄉里，徐俟有道而輔之。"燮慨然嘆曰："汝知吾必死耶！'聖達節，次守節'。② 殷紂暴虐，伯夷不食周粟而死。吾遭世亂，不能養浩然之志，③ 食人之禄，又欲免其難乎？吾行何之，必死於

_____

① 參見《後漢書》卷五八《傅燮傳》。
② 參見《左傳·成公十五年》。
③ ［校］志：原作"氣"，據《後漢書》卷五八《傅燮傳》、《資治通鑒》卷五八、《通鑒紀事本末》卷八《韓馬之叛》改。

此。汝有此才智，勉之勉之。"遂揮左右進兵，① 臨陣戰歿。諡曰壯節侯。

魏

傅嘏，字蘭石。弱冠知名，有精識遠鑑，達治理，司空陳群辟爲掾。劉劭作考課法，② 嘏建議駁之，時皆韙其論。後爲河南尹，治以德教爲本，持法有恒，簡而不可犯。遷尚書，衆方議伐吳，獻策各不同。嘏謂惟進軍大佃，坐食積穀，乘釁討襲，無遠勞費。振長策以禦敵之餘燼，斯爲全勝計。時不從，魏軍竟爲諸葛恪所敗。司馬景王平毌丘儉、③ 文欽，嘏有謀焉。景王薨，嘏與司馬文王徑還洛陽，遂以輔政。後以功進封陽鄉侯。④ 卒時年四十七，諡曰元侯。

晉

傅祗，字子莊，嘏之子。性至孝，早知名，以才識明練稱。起家太子舍人，累遷散騎黃門郎，⑤ 賜爵關內侯。楊駿輔政，⑥ 欲悅衆心，議普進封爵，⑦ 祗作書止之，駿不從。駿誅，祗爲侍中，多所維正。⑧ 趙王倫輔政，以爲中書監，祗辭以疾，倫遣御史輿祗就職。王戎、陳準等相謂曰："傅公在事，吾屬無憂矣。"其爲人物所倚信如此。懷帝即位，加右僕射、中書監。及洛陽陷沒，衆共建行臺，⑨ 推祗爲盟主。⑩ 赴告方伯，徵義兵，祗自屯盟津。以暴疾薨。自以義誠不終，力疾手筆，⑪ 敕屬其二子宣、⑫ 暢，辭旨深切，⑬ 覽者莫不感激慷慨。宣、暢亦併有令名。

梁祚，⑭ 北地泥陽人。篤志好學，歷治諸經，尤善《公羊春秋》《鄭

---

① ［校］揮：《後漢書》卷五八《傅燮傳》作"麾"。
② ［校］劉劭：原作"劉邵"，據《三國志》卷二一《傅嘏傳》改。
③ ［校］毌丘儉：原"母丘儉"，據《三國志》卷二一《傅嘏傳》改。
④ ［校］陽鄉侯：原作"楊鄉侯"，據《三國志》卷二一《傅嘏傳》改。
⑤ ［校］黃門郎："黃門"後原衍"侍"字，據《晉書》卷四七《傅祗傳》刪。
⑥ ［校］楊駿：原作"陽駿"，據《晉書》卷四七《傅祗傳》改。
⑦ ［校］普進：原作"晉"，據《晉書》卷四七《傅祗傳》改。
⑧ ［校］維正：原作"推正"，據《晉書》卷四七《傅祗傳》改。
⑨ ［校］行臺：原作"行營"，據《晉書》卷四七《傅祗傳》改。
⑩ ［校］盟主：原作"監主"，據《晉書》卷四七《傅祗傳》改。
⑪ ［校］筆：原作"書"，據《晉書》卷四七《傅祗傳》改。
⑫ ［校］厲：原作"勵"，據《晉書》卷四七《傅祗傳》改。
⑬ ［校］辭：原作"詞"，據《晉書》卷四七《傅祗傳》改。
⑭ 梁祚當爲南北朝人，此誤係爲晉人。本志卷十四《科貢》係其爲北魏人，不誤。《魏書》卷八四、《北史》卷八一有《梁祚傳》。

氏易》，常以教授，有儒者風。與幽州別駕平恒有舊，恒時相請屈，與論經史。辟秘書中散，稍遷秘書令。爲李訢所排擯，出爲統萬鎮司馬，徵爲散令。撰併陳壽《三國志》，名曰《國統》。又作《代都賦》，頗行於世。清貧守素，不交勢貴。年八十七卒。

傅玄，字休奕，燮之孫，性剛勁亮直。州舉秀才，除郎中。武帝即位，初置諫官，以玄爲之。尋遷侍中，轉司隸校尉。每奏劾，無所容，貴游震慄，① 臺閣生風。封清泉侯。卒，諡曰剛。

傅咸，字長虞，玄之子，剛簡有大節。襲父爵，拜太子洗馬，② 累遷御史中丞兼司隸校尉。顧榮稱其"勁直忠果，劾案驚人"。

傅瑗，咸之孫，以學業知名。仕晉，官至安成太守。③

南北朝

傅亮，字季友，善文辭，宋國初中書令。④ 武帝有受禪意，亮悟旨，請暫還都，許之。亮出，夜見長星竟天，拊髀曰："我常不信天文，今始驗矣。"至都，帝即徵入輔。少帝即位，領護軍將軍。少帝廢，亮奉迎文帝即位，加開府儀同三司。元嘉三年被害。

傅迪，亮之兄也。仕宋，官至尚書。亮方貴，迪每深誡焉而不從。見世路屯險，著論名曰《演慎》。⑤ 及少帝失德，內懷憂懼。直宿禁中，覩夜蛾赴燭，作《感物賦》以寄意。

傅昭，字茂遠，咸七世孫也。袁顗嘗來昭所，⑥ 昭讀書自若，神色不改。顗嘆曰："此兒神情不凡，⑦ 必成佳器。"安成郡自宋來兵亂相接，府舍稱凶，每昏旦間，人鬼相觸。及昭爲內史，有人夜見甲兵出曰："傅公善人，不可侵犯。"乃騰而去。有頃，風雨總至，飄郡聽事入隍中，⑧ 自

---

① ［校］震慄：《晉書》卷四七《傅玄傳》作"慄伏"。
② ［校］據《晉書》卷四七校勘記［二］，傅咸拜太子洗馬在襲父爵之前，此列襲爵後，不確。
③ ［校］安成：原作"安定"，據《宋書》卷四三、《南史》卷十五《傅亮傳》、《乾隆甘志》卷三五《人物·傅瑗》改。
④ ［校］中書令：原作"尚書令"，據《宋書》卷四三、《南史》卷十五《傅亮傳》改。
⑤ 《演慎》及下文《感物賦》原文均見載於《宋書》卷四三《傅亮傳》。
⑥ ［校］袁顗嘗來："顗"原作"覬"，據《梁書》卷二六、《南史》卷六〇《傅昭傳》改。同下。"嘗"，原作"常"，據《梁書》卷二六、《南史》卷六〇《傅昭傳》改。
⑦ ［校］神情：原作"神清"，據《梁書》卷二六、《南史》卷六〇《傅昭傳》改。
⑧ ［校］聽事：原作"廳事"，據《南史》卷六〇《傅昭傳》改。

是郡遂無患，咸以昭貞正所致。① 昭蒞官常以清静爲政，不尚嚴肅。居朝無所請謁，不蓄私門生，不交私利。終日端居，以書記爲樂，雖老不衰，世稱爲"學府"。

傅映，字徽遠，昭之弟。三歲而孤。謹身嚴行，非禮不行。褚彦回欲令仕，映以昭未解褐辭，須昭仕乃官。累遷中散大夫、光禄卿，太中大夫。②

傅琰，字季珪，美姿儀。仕宋，爲武康令，遷山陰令，並著能名，二縣皆謂之"傅聖"。

傅翽，琰之子，爲官亦有能名。後爲吴令，别建康令孫廉，因問曰："聞丈人發奸擿伏，③ 惠化如神，何以至此？"答曰："無他，清則憲綱自行，勤則事無不理。憲綱自行則吏不能欺，事自理則物無凝滯，欲不理，得乎？"又代劉玄明爲山陰令，問玄明曰："願以舊令尹告新令尹。"答曰："我有奇術，卿家譜所不載，臨别當相示。"既曰："作縣令，惟日食一升飯而莫飲酒，此第一策也。"

傅岐，字景平，翽之子。美容止，博涉，能占對。豫州刺史貞陽侯蕭淵明率衆伐彭城，兵敗陷。遣使還，述魏人欲更通和好，敕有司及近臣定議。朱异曰："和爲便。"議者並然之，岐獨曰："此必是設間，故令貞陽遣使，令侯景自疑，不可許。"高祖從异議。侯景果疑，舉兵反。復通表，乞割江右四州，④ 當解圍。敕許之。景求遣宣城王出送，岐固執宣城嫡嗣之重，不宜許，遣石城公大款送之。⑤ 及與景盟訖，城中文武喜躍，望得解圍，岐獨曰："此和終爲賊所詐。"衆並怨怪之。及景背盟，莫不嘆服。尋有詔，以岐勤勞，封南豐縣侯，不受。宫城失守，岐帶疾出圍，卒。

傅縡，字宜事。幼聰敏，七歲誦古詩賦至十餘萬言。⑥ 爲文典麗，性

---

① ［校］貞正：原避清世宗胤禛諱改作"真正"，據《南史》卷六〇《傅昭傳》回改。
② ［校］太中大夫：原作"大中大夫"，據《梁書》卷二六《傅映傳》改。
③ ［校］擿：原作"摘"，據《南史》卷七〇《傅翽傳》改。
④ ［校］四州：原作"四川"，據《梁書》卷四二、《南史》卷七〇《傅岐傳》改。
⑤ ［校］大款：原作"太款"，據《梁書》卷四二、《南史》卷七〇《傅岐傳》改。
⑥ ［校］古詩賦：原作"古詩"，據《陳書》卷三〇、《南史》卷六九《傅縡傳》，《弘治寧志》卷三《靈州守禦千户所·人物》補。

又敏速，雖軍國大事，下筆輒成，未嘗起草，甚爲後主所重。然性木強，①頗負才使氣，陵侮人物，朝士多銜之。會施文慶、沈客卿以佞見幸，專制衡軸，而緟益疏。文慶等因共譖之，後主收緟下獄。緟素剛，因憤恚，於獄中上書。後主怒，頃之稍解，使謂曰："我欲赦卿，卿能改過不？"緟對曰："臣心如面，面可改，則臣心可改。"後主益怒，令宦者窮其事，賜死獄中。

傅弘之，②字仲度，泥陽人。傅氏舊屬靈州，漢末，郡境爲虜所侵，失土，寄寓馮翊，置泥陽、富平二縣，靈州廢不立，故傅氏悉屬泥陽。晉武帝太康三年，復立靈州縣，傅氏還屬靈州。弘之少倜儻有大志。歷官建威將軍、順陽太守，從高祖入關。③弘之素善騎乘，高祖至長安，弘之於姚泓馳道內緩服戲馬，或馳或聚，徃返二十里中，甚有姿制。羌胡聚觀者數千人，並驚惋嘆息。進爲桂陽公義真雍州治中從事史，除西戎司馬、寧朔將軍。④平徐師高，屢破赫連環。後義真東歸，佛佛傾國追躡，弘之軍敗不屈死，時年四十二。

傅隆，字伯祚。高祖咸，晉司隸校尉。曾祖晞，司徒屬。⑤隆少孤貧，有學行，不好交遊，年四十始爲建威參軍。⑥元嘉初，遷御史中丞，當官而行，甚得司直之體。出爲義興太守，有能名。尋轉太常。致仕，手不釋卷，博學多通，特精"三禮"。謹於奉公，常手抄書籍。

宿石，朔方人，赫連屈丐弟文陳之曾孫也。⑦父沓干從世祖討蠕蠕，戰歿，石年十三，襲爵。從於苑中游獵，石走馬引前，道峻馬倒，殞絕，

---

① ［校］木強："木"字原脫，據《陳書》卷三〇、《南史》卷六九《傅緟傳》補。

② ［校］弘之：原避清高宗弘曆諱改作"宏之"，據《宋書》卷四八、《南史》卷十六《傅弘之傳》等回改。下同。

③ ［校］高祖：此同《宋書》卷四八《傅弘之傳》，《南史》卷十六《傅弘之傳》作"宋武帝"。

④ ［校］寧朔將軍：此四字下原有"略陽太守"四字。《冊府元龜》卷三五一《將帥部》載："傅弘之晉末爲桂陽公劉義真西戎司馬、寧朔將軍。時略陽太守徐師高反叛，弘之討平之。"可知任略陽太守者爲徐師高而非傅弘之。據刪。

⑤ ［校］屬：此字原脫，據《宋書》卷五五、《南史》卷十五《傅隆傳》補。

⑥ ［校］參軍：原同《宋書》卷五五《傅隆傳》作"將軍"，《宋書》卷五五《校勘記》［十六］據《南史》卷十五《傅隆傳》改，今從。

⑦ ［校］屈丐：此同《北史》卷二五《宿石傳》，《魏書》卷三〇《宿石傳》作"屈子"。

久之乃蘇，由是御馬得制。高宗嘉之，賜以綿帛、駿馬。又嘗從獵，① 高宗親欲射猛獸，② 石叩馬諫，引帝至高原上，後猛獸騰躍殺人。帝褒美其忠，賜馬一匹，尚上谷公主，拜駙馬尉，位吏部尚書，進爵太山公。卒，子倪襲爵。

隋

李徹，字廣達，巖緑人。性剛毅，有器幹，偉容儀，多武藝。武帝時從皇太子西討吐谷渾，以功賜爵同昌縣男。後從拔晉州，及帝班師，徹與齊王憲屯雞栖原。齊主高緯遣其驍將躡憲於晉州，憲師敗。徹等力戰，憲軍賴以獲全。③ 復從帝破齊師於汾北，乘勝下高壁，拔晉陽，擒高湝於冀州，俱有力焉。宣帝即位，從韋孝寬，略定淮南，每爲先鋒。淮南平，授淮州刺史。安集初附，甚得歡心。隋高祖受禪，進爵齊安郡公。時蜀王秀亦鎮益州，上謂侍臣曰："安得文同王子相、武如李廣達者乎？"其見重如此。沙缽略率兵犯塞，上令衛王爽爲元帥，率衆擊之，以徹爲長史。遇虜於白道，徹率精騎五千掩擊，大破之，沙缽略潛遁。以功加上大將軍。沙缽略因此稱藩。未幾，沙缽略爲阿拔所侵，上疏請援。以徹爲行軍總管，率精騎一萬赴之，阿拔聞而逃去。左僕射高熲之得罪也，以徹素與熲相善，因被疏忌，不復任使。

史祥，字世休，朔方人。少有文武才幹。高祖踐祚，拜儀同，④ 領交州事，頗有惠政，轉驃騎將軍。從王世積伐陳，破之，進拔江州。後以行軍總管從晉王廣擊突厥於靈武，破之。遷右衛將軍，率兵弘化以備胡。煬帝初，漢王諒反，⑤ 遣其將綦良自滏口徇黎陽，⑥ 塞白馬津，余公理自太行下河内。⑦ 帝以祥爲行軍總管，軍於河陰，祥謂軍吏曰："余公理才用

---

① [校] 嘗：原同《北史》卷二五《宿石傳》作"常"，據《魏書》卷三〇《宿石傳》改。

② [校] 猛獸：此同《北史》卷二五《宿石傳》，《魏書》卷三〇、《通志》卷一四七《宿石傳》均作"虎"。《北史》避唐朝名諱改。參見《北史》卷二五《校勘記》[十]。

③ [校] 憲軍：原作"憲章"，據《隋書》卷五四《李徹傳》改。

④ [校] 儀同：原作"祥同"，據《隋書》卷六三、《北史》卷六一《史祥傳》改。

⑤ [校] 諒：此字後原衍"祚"字，據《隋書》卷六三、《北史》卷六一《史祥傳》刪。

⑥ [校] 黎陽："黎"字原脱，據《隋書》卷六三、《北史》卷六一《史祥傳》補。

⑦ [校] 太行：原作"大行"，據《隋書》卷六三、《北史》卷六一《史祥傳》改。

素不足稱。"乃令軍中修攻具。① 乃簡精銳，② 於下流潛渡。討綦良等，良棄軍走，祥縱兵乘之，殺萬餘人。進位上將軍，賜縑綵七千段、女妓十人、良馬二十匹。轉太僕卿。帝嘗賜祥詩，祥上表辭謝，帝降手詔嘉獎，尋遷鴻臚卿。從征吐谷渾，祥衆出間道擊，③ 破之，俘男女千餘口，賜奴婢六十人、馬三百匹。④ 進位左光禄大夫，拜左驍衛將軍。

史雲，字世高，祥之兄，⑤ 官至萊州刺史，武平縣公。

史威，字世儀，⑥ 祥之弟。官至武賁郎將，武當縣公。

宇文忻，字仲樂，朔方人。從周武帝平齊，進位大將軍。佐高熲破尉迥，⑦ 加上柱國，封英國公。忻妙解兵法，⑧ 馭戎齊整。當時六軍有一善事，⑨ 雖非忻所建，在下輒相謂曰："此必英公法也。"

唐

韓游瓌，⑩ 靈武人。始為郭子儀裨將，安禄山反，赴難，功第一。李懷光反，誘游瓌為變，游瓌自發其書。帝曰："卿可謂忠義矣。"功與渾瑊齊。

楊懷賓，朔方人，為韓游瓌將。李懷光反，懷賓殺賊黨張昕及同謀者，告行在。德宗勞問，授御史中丞。

楊朝晟，字叔明，夏州朔方人。興行間，歷官邠寧節度使。朝晟請城方渠、合道、木波以遏吐蕃路。詔問："須兵幾何？"報曰："部兵可辦。"帝問："前日城五原，興師七萬，今何易耶？"對曰："鹽州之役，虜先知

---

① [校] 乃：原作"又"，據《隋書》卷六三、《北史》卷六一《史祥傳》改。
② [校] 乃：原作"仍"，據《隋書》卷六三、《北史》卷六一《史祥傳》改。
③ [校] 間道：此同《隋書》卷六三《史祥傳》、《乾隆甘志》卷三六《人物》及《册府元龜》卷三八四《將帥部·褒異第十》，《北史》卷六一、《通志》卷一六一《史祥傳》均作"玉門道"。
④ [校] 三百：原作"二百"，據《隋書》卷六三《史祥傳》改。
⑤ [校] 祥之兄：《周書》卷二八《史寧傳》，《北史》卷六一、《通志》卷一六一《史祥傳》均作"祥弟"。
⑥ [校] 世儀：原作"世威"，《隋書》卷六三《史祥傳》作"世武"，《北史》卷六一、《通志》卷一六一《史祥傳》作"世儀"，據《北史》《通志》改。參見《隋書》卷六三《校勘記》[三]。
⑦ [校] 尉迥：此同《隋書》卷四〇《宇文忻傳》，《北史》卷六〇《宇文忻傳》作"尉遲迥"。
⑧ [校] 妙解兵法："妙"原作"少"，據《隋書》卷四〇《宇文忻傳》改。
⑨ [校] 六軍：原作"大軍"，據《北史》卷六〇、《隋書》卷四〇《宇文忻傳》改。
⑩ [校] 游瓌：原作"游環"，據《舊唐書》卷一四四、《新唐書》卷一五六《韓游瓌傳》改。下同。

之。今薄戎而城，虜料王師不十萬，勢難輕入。若發部兵，十日至塞下，未三旬城畢，集芻聚糧，留卒守之，寇至不可拔，萊野藟夷，虜且走，此萬全計也。若發大兵，①閱月乃至，虜亦來，來必戰，戰則不暇城矣。"帝納其策。師次方渠，水乏。有青蛇降險下走，視其蹟，水從而流。朝晟使築防環之，遂爲渟淵，士飲仰足，圖其事以聞。有詔置祠，命泉曰"應聖"。已城，虜衆至，度不能害，乃引去。

戴休顏，夏州人。家世尚武，志膽不常，郭子儀引爲大將。討平党項羌，以功封咸寧郡王，兼朔方節度副使。②朱泚反，率兵馳奔行在，德宗嘉之，賜實封二百。後留守奉天。李懷光屯咸陽，使人誘之，休顏斬其使，勒兵自守。遷奉天行營節度使。合渾瑊兵破泚，斬首三千級，追至中渭橋。京師平，又與瑊率兵趨岐陽，邀泚殘黨。加檢校尚書右僕射。從乘輿至京師，拜左龍武軍統軍，卒，贈揚州大都督。弟休璿，歷開府儀同三司，封東陽郡王。休晏，歷輔國大將軍，封彭城郡公，俱以將略稱。

史敬奉，靈州人。走逐奔馬，矛矢在手，前無彊敵。破吐蕃，解鹽州圍，益封五十户。③語在《宦蹟》。④

何進滔，靈州人。少客魏，事田弘正。⑤弘正攻王承宗，承宗引精騎千餘馳魏壁。進滔率猛士逐之，幾獲。從討李師道，以功兼侍御史。史憲誠死，軍中傳譟曰："得何公事之，軍安矣。"進滔下令曰："公等既迫我，當聽吾令。"衆唯唯。"孰殺前使及監軍者，疏出之。"⑥斬九十餘人，釋脅從者。素服臨哭，將吏皆入吊。詔拜留後，俄進授節度使。居魏十餘年，吏民安之。

康日知，靈州人。少事李惟岳，擢趙州刺史。惟岳叛，日知與別駕李濯及部將百人共盟，⑦固州自歸。惟岳怒，遣先鋒兵馬使王武俊攻之。日

---

① [校] 若發大兵：原作"若大發兵"，據《新唐書》卷一五六《楊朝晟傳》改。
② [校] 節度副使："度"後原衍"使"字，據《新唐書》卷一五六《戴休顏傳》刪。
③ [校] 五十：原作"五千"，據《舊唐書》卷一五二、《新唐書》卷一七〇《史敬奉傳》改。
④ 參見本志卷十二《宦蹟》。
⑤ [校] 弘正：原避清高宗弘曆諱作"宏正"，據《舊唐書》卷一四一《田弘正傳》、卷一八一《何進滔傳》等回改。下同。
⑥ [校] 孰殺前使及監軍者疏出之："孰"原作"執"，"疏出之"三字原脫，據《新唐書》卷二一〇《何進滔傳》改、補。
⑦ [校] 部將：原作"步將"，據《新唐書》卷一四八《康日知傳》改。

知使客說武俊引兵還，斬惟岳以獻。德宗美其謀，擢爲深趙觀察使。會武俊拒命，遣將攻趙州。日知破之，上俘京師。徙奉誠軍節度使，又徙晉絳，加檢校尚書左僕射，封會稽郡王。卒，贈太子太師。子志睦，以功封會稽郡公。① 承訓亦以功封會稽縣男。②

李抱玉，本安興貴曾孫，世居河西。沉毅有謀，尤忠謹。代宗朝兼澤潞節度使。弟抱真，③ 沉慮而斷，初授汾州別駕，後擢澤州刺史，④ 兼澤潞節度副使。時賦重人困，軍伍彫刓。抱真乃籍戶丁，蠲其徭租，閑月習射，歲終大較，親第其能否而賞責之，三年皆爲精兵。

宋

周美，字之純，靈州回樂人，以才武稱。真宗幸澶淵，⑤ 常令宿衛，累遷秩副都總管。在邊十餘載，所向輒克，諸將服之。

周永清，字肅之，世家靈州。州陷於夏，祖美歸京師，永清以蔭從仕。宰相龐籍薦其忠勇，加閤門祗候。押時服賜夏國，至宥州，夏人受賜不跪，詰之，恐而跪。歷渭州鈐轄。渭兵勁而陣伍不講，永清訓以李靖法。帥蔡挺上其圖以令諸軍。知德順軍，夏衆入寇，擒其酋呂效忠。募勇士夜襲夏帳，斬三百級，俘數千人，獲駝、馬、甲器萬計。並砦禁地三百里，盜耕不可禁，永清拓籍數千頃，置射士二千，聲聞敵廷。降者引入帳下，待之不疑，多得其死力。威名甚著，擢涇原路鈐轄，知涇州。

斡道冲，字宗聖，⑥ 靈武人。其先從偽夏主遷興州，世掌夏國史。道冲通五經，爲蕃漢教授，⑦ 譯《論語註》，別作《解義》二十卷。⑧ 又作

---

① ［校］會稽郡："郡"字原脱，據《新唐書》卷一四八《康志睦傳》補。
② ［校］縣男：原作"郡男"，據《新唐書》卷一四八《康承訓傳》改。
③ ［校］弟抱真："弟"，"抱真"原作"抱貞"，《舊唐書》卷一三二、《新唐書》卷一三八《李抱玉傳》均作"從父弟"。據《舊唐書》卷一三二、《新唐書》卷一三八《李抱真傳》改。下同。
④ ［校］澤州："澤"字原脱，據《舊唐書》卷一三二、《新唐書》卷一三八《李抱玉傳》補。
⑤ ［校］澶淵：此同《明一統志》卷三七《寧夏衛》，《宋史》卷三二三《周美傳》作"澶州"。
⑥ ［校］斡道冲字宗聖："斡"原作"幹"，"宗聖"原倒作"聖宗"，均據《道園學古録》卷四《西夏斡公畫像贊有序》改。
⑦ ［校］蕃：原作"番"，據《道園學古録》卷四《西夏斡公畫像贊有序》改。
⑧ ［校］二十：原作"三十"，據《道園學古録》卷四《西夏斡公畫像贊有序》改。

《周易卜筮斷》，以其國字書之，行於國中。後官至其國之中書宰相。

元

李楨，字榦臣，① 夏國族子。金末，以經童中選。既長，入爲質子。以文學得近侍，元太宗嘉之。後從伐金，及下淮甸。累官襄陽軍馬萬戶。②

高智耀，河西人，世仕夏，祖良惠爲夏右丞相。智耀登本國進士。夏亡，隱賀蘭山。元太宗召見，③ 將用之，遽辭歸。後入見憲宗言："儒者宜蠲徭役。"世祖時又言："儒術有補治道。"拜翰林學士，遷西夏中興等路提刑按察使。④ 卒，贈寧國公，⑤ 諡文忠。子睿，年十六，授符寶郎，出入禁闥，詳雅恭謹。歷嘉興路總管，浙西、淮東廉訪使，所至有政績，兩爲南臺御史中丞。務持大體，有儒者風。子納麟，亦官至太尉。

李恒，西夏國兀納剌城族子，⑥ 生有異質。世祖時累功爲益都淄萊新軍萬戶，⑦ 從取宋襄陽、江夏及平崖山，⑧ 累官中書左丞。後討交趾，中毒矢卒，追封滕國公。

星吉，字吉甫，河西人。事仁宗於潛邸，以精敏稱。累官江南行臺御史大夫，⑨ 克持風裁。歷湖廣、江西行省平章。詔守江西時，賊據州縣，屢破之，中流矢死。爲人公廉明決，能以忠義感激人心，故能以少擊衆。

來阿八赤，寧夏人。至元七年，南征襄樊，赤督軍器械、糧儲運，二日而畢，世祖悅。後發兵開運河，督視寒暑不輟。調遼左招討使，⑩ 招來

---

① [校] 李楨字榦臣："楨"原作"徵"，"榦"原作"幹"，均據《元史》卷一二四《李楨傳》改。

② [校] 襄陽：原作"廣陽"，據《元史》卷一二四《李楨傳》改。

③ [校] 太宗：原作"太祖"，據《元史》卷一二五《高智耀傳》改。

④ [校] 提刑：原作"提學"，據《元史》卷一二五《高智耀傳》改。

⑤ [校] 寧國公：原作"夏國公"，據《元史》卷一二五《高智耀傳》改。

⑥ [校] 兀納剌城："剌"字原脫，據《元史》卷一二九《李恒傳》補。

⑦ [校] 新軍：此二字原脫，據《元史》卷一二九《李恒傳》補。

⑧ [校] 江夏：《嘉靖陝志》卷三一《文獻十九·鄉賢·寧夏衛》作"江西"。

⑨ [校] 江南：原作"江西"，據《元史》卷一四四《星吉傳》改。

⑩ [校] 調遼左招討使：《元史》卷一二九《來阿八赤傳》載，至元二十一年（1284），來阿八赤調同僉宣徽院事。遼左不寧，復降虎符，授征東招討使。知來阿八赤非調遼左招討使，而是以征東招討使身份出征遼左。本志輯錄資料有誤。

降附。上征交趾，① 二十四年正月，② 改湖廣等處行尚書省右丞，詔四省所發士馬，俾來阿八赤閱視。九月，領中衛親軍千人，翊導皇子至思明州。賊阻險拒守，於是選精銳與賊戰於女兒關，斬馘萬計，餘兵棄國走。於是大兵進至交州，陳日烜空其城而遁。

楊朶兒只，寧夏人。事仁宗於潘邸，甚見重命。只與丞相定議，迎武宗於北藩。仁宗還京師，只密致警備，仁宗嘉之，親解所服帶以賜。既佐定內難，論功以爲太中大夫、③ 家令丞，日夕侍側，④ 雖休沐，不至家，衆敬憚之。帝他日以李孟論元人才，孟以只第一。拜禮部尚書。爲權臣鐵木迭兒所害而死。⑤ 死時權臣欲奪其妻劉氏與人，劉氏剪髮毀容獲免。

楊不花，⑥ 幼有才氣，能以禮自持，好讀書。仁宗欲以爲翰林直學士，力辭。後以蔭補武備司提點，轉僉河東廉訪司事。嘗出按部民，有殺子以誣怨者，獄成，不花讞之得其情，平反出之。河東民饑，先捐己貲以給。請命未下，即發公廩賑之，民賴以不死。除通政院判，將行，值陝西諸軍拒詔，不花率衆出禦，見殺。二僕亦見執，曰："吾主既爲國死，吾縱得生，何以見主於地下。"皆被殺。

拜延，河西人。以父火奪都貴，⑦ 襲授千戶。宋師侵成都，四川僉省嚴忠範遣延迎擊，大敗之。又從攻嘉定、瀘、敘、重慶，數有戰功。汪田哥用兵忠州，命延將兵徃涪州策應。宋人以舟師邀於青江，拜延領兵馳赴，擒其部將十七人。瀘州復叛，拜延領兵趨瀘州，敗其將，遂克瀘州。行院副使不花進兵圍重慶，遣拜延將兵降之。制授宣武將軍、蒙古漢軍總管。

喜同，周姓，河西人。調達魯花赤，居二歲，妖賊陷鄧州，南陽無城及兵，賊入若虛邑。同以計獲數賊，斬之。賊乘銳取南陽，同策勵義兵與戰，賊退去。明日復至，與戰甚力，殺賊凡數百。賊知無後援，戰愈急，

---

① 《元史》卷一二九《來阿八赤傳》載，至元二十二年（1285），授征東宣慰使、都元帥。皇子鎮南王征交趾，授湖廣等處行中書省右丞。

② ［校］"二十四年正月"句至下文"九月領中衛親軍千人"句：原作"俾領中衛親軍千人"，據《元史》卷一二九《來阿八赤傳》補改。

③ ［校］太中：原作"大中"，據《元史》卷一七九《楊朶兒只傳》改。

④ ［校］日夕：原作"日久"，據《元史》卷一七九《楊朶兒只傳》改。

⑤ ［校］鐵木迭兒："迭"字原脫，據《元史》卷一七九《楊朶兒只傳》補。

⑥ ［校］不花：原作"卜花"，據《元史》卷一七九《楊不花傳》改。下同。

⑦ ［校］火奪都："都"字原脫，據《元史》卷一三三《拜延傳》補。

南陽遂陷。同突圍見殺，妻邢氏聞同死，帥家僮數人出走，遇賊，奪刀斫之，且罵且前，亦見殺。

沙覽達里，① 河西人，姓路氏。仕元至丞相、南臺御史大夫。

論卜，仕元至司徒平章，元末守寧夏。

也速迭兒，河西人，仕元至廉訪使。

福壽，河西人，仕元至南臺御史大夫。

納速耳丁，先世回紇，居寧夏，仕元至廉訪使。

常八斤，夏人，以治弓見知，乃說於耶律楚材曰："本朝尚武，而明公欲以文進，不已左乎？"楚材曰："且治弓尚須弓匠，豈治天下不用治天下匠耶？"

邁里古思，字善卿，至正十四年進士，授紹興路録事司達魯花赤。苗軍在杭者縱抄掠，有至紹興強奪人馬者，邁里古思擒斬數人。苗軍不敢至其境，聲名大振。平處州山賊，擢江東廉訪司經歷，仍留紹興。時浙東、西郡縣多殘破，獨邁里古思保障紹興，境內晏然，民愛之如父母。會方國珍遣兵侵據紹興，② 邁里古思欲率兵問罪，而御史大夫拜住哥與國珍素通賄賂，情好甚厚，憤邁里古思擅舉兵，使人召之私第，命左右以鐵鎚搥死之，斷其頭，擲厠中。城中民聞之，男女老幼無不慟哭者。部將黃中乃率其衆復讎，盡殺拜住哥家人。拜住哥後爲御史真童所糾，削官職，安置潮州，③ 邁里古思冤始白。

亦憐真班，西夏人。性剛正，動有禮法。仁宗時爲翰林侍講學士。④ 至元六年，⑤ 拜御史大夫，盡選中外廉能之官置諸風憲，一時號爲得人。遷宣政院使，出爲甘肅行省平章政事。弭西羌之寇，民賴以安，立石頌之。歷官銀青榮禄大夫、⑥ 知樞密院事。卒，追封齊王，諡忠獻。

明

徐琦，字良玉，舉進士，歷官兵部尚書。兩使安南，餽遺一無所受，

---

① ［校］沙覽達里：《元史》卷一一三《宰相年表》作"沙藍答里"。
② 據《元史》卷一八八《邁里古思傳》載，方國珍所侵據者爲紹興屬縣，非紹興。
③ ［校］潮州：原作"湖州"，據《元史》卷一八八《邁里古思傳》改。
④ ［校］侍講：原作"侍讀"，據《元史》卷一四五《亦憐真班傳》改。
⑤ ［校］至元：原作"至正"。《元史》卷四〇《順帝本紀》載，至元六年（1340）七月己未，"以亦憐真班爲御史大夫"，據改。參見《元史》卷一四五《校勘記》[二]。
⑥ ［校］榮禄大夫：原作"光禄大夫"，據《元史》卷一四五《亦憐真班傳》改。

以不辱命著。正統初，災異累見，琦條陳弭災十事。後又請軍衛地悉照府縣立學校。居官務持大體，力學通經，人品醇正，爲前明鄉獻之首。今學宮東偏稱爲講院，即其講學處也。諡貞襄。①

朱孟德，翰林庶吉士，善詩文，人以"太白"稱之。

宋儒，江西僉事，有德行，以範俗從祠鄉賢。

程景雲，遊鄉校時即有重望。家貧，憲臣咸餽之，不受，清操凜然。及爲御史，有風裁，直聲大振。

張泰，正統間以都督同知鎮守寧夏。凡關堠之設、營陣之法、兵車火礮之制，皆出其謀畫。自束髮用兵，累建邊功，從無挫衂。卒後恤贈。②

常泰，受學薛瑄，明性理之學。任定州學正，以正學教誨士人。及卒，貧不能歸，諸生留葬於定州。

仇廉，景泰間以指揮使充副總兵，協守寧夏。時值也先以萬騎攻城，旬日不解。廉以忠義固結人心，竭力守禦，敵遂引去，城賴以全。後歿於戰。

任信，前衛指揮。製兵車，督教演，衆稱其長。

胡汝礪，成化二十三年進士，官至兵部尚書。從祀鄉賢祠。

夏景華，舉成化十年鄉試，任河南彰德府推官。正直尊嚴，人莫敢干以私。即上臺亦嚴憚之，相戒毋瀆夏推官也。

張嘉謨，字舜卿，弘治十五年進士，授兵部主事，釐剔宿弊。盜起山東，侍郎陸完督軍，嘉謨議謂："當出奇以遏其鋒，審勢以奪其氣。若徒尾其後，是驅賊以自戕也。"賊犯濰縣，陸以偏師屬之。賊易之不爲意，乘其怠，即夕掩擊，大破賊，斬首二千級。賊平，陞車駕司員外郎。詔起兵部尚書。彭澤征蜀寇，疏請與行，乃告澤曰："蜀地險阻，用兵爲難。公若分兵屬謨，由漢中取道以入夔峽，公以大兵取重慶，交蹙之則成禽矣。"澤深然其策。後卒奏功，陞山東兵備僉事。以禁礦忤藩邸，罷。平生好書學，隸、篆、行、草，各得其妙。詩文敏捷，自成一家，有《雲谷集》《西行稿》。③

---

① [校]貞襄：原作"忠襄"，據《明史》卷一五八《徐琦傳》、《弘治寧志》卷二《寧夏總鎮·科目》改。又，《明宣宗實錄》卷二二七載，徐琦卒於景泰四年（1453）三月己卯。

② 《明憲宗實錄》卷一二二載，張泰卒於成化九年（1473）十一月辛丑。

③ [校]雲谷集：《千頃堂書目》卷二一、《續書史會要》均作"雲巖集"。

馬昊，本姓鄒，字宗大，由進士歷官右都御史。昊長身驍捷，善騎射，知兵事。才氣能應變，揮霍自喜。累征寇盜，所向有功，具見《明史》本傳。①

楚書，字國寶，嘉靖二年進士，初任兵部主事。大同之變，書觀兵城下，城中俱登陴請曰："吾輩非殺主帥者，亦無他志，但畏死自保耳。"請書入城。書諭慰之，且言用兵非朝廷意，衆皆望闕呼"萬歲"。書仍遣馬昇等陳朝廷威德，②曉以禍福，令獻首惡。賊平，累陞右副都御史。

潘九齡，舉正德八年鄉試。任四川右布政使，③平麻陽寇。卻雲南沐國公餽金，定其世爵，時論歸焉。

史昭，④以功授寧夏指揮，遂家焉。事見《宦蹟》。⑤

史鏞，以右衛指揮同知。值實鐇變，倡義率衆據河奪船。賊平，以功充遊擊將軍，陞都督僉事，歷鎮甘肅。長於籌略，尤善攻守，有良將風。

黃綬，嘉靖八年進士。風望峻整，名重朝紳。督學北直隸，巡按山東，士仰民懷，鄉評清白。嘉靖甲辰，⑥大學士翟鑾二子俱登第，物議鑫起。綬彈其事，有"一鑾當道，雙鳳齊鳴"之句，其不避權勢如此。

汪潮，⑦中衛人，嘉靖間選貢，任沭陽縣丞。性淡泊，一衣一食動以民膏爲念。廉明特著，淮上號爲"青天"。及居鄉，淳樸敦厚，有古君子之風焉。

周鏞，字蒲溪，靈州人，歲貢。初任山西平定州訓導，陞靈州所教諭。篤學窮理，兩任司鐸，恒以道德與諸生相長。都給事中俞鑾出其門。⑧

王英，指揮同知。哱〔拜〕、劉〔東暘〕之變，爲賊所拘，因密偵賊中事報軍門，卒爲內應。既殲群凶，撫軍疏薦之云："身在賊旁，志從國

---

① 參見《明史》卷一八七《馬昊傳》。
② 〔校〕仍遣馬昇等：此五字原脫，據《朔方新志》卷三《文學·鄉獻》補。
③ 〔校〕右布政：此同《乾隆甘志》卷三六《人物》，《康熙陝志》卷二〇下《人物》作"左布政"。
④ 〔校〕史昭：原作"史釗"。參見本志第281頁腳注③。
⑤ 參見本志卷十二《宦蹟》"史昭"條。
⑥ 嘉靖甲辰：嘉靖二十三年（1544）。
⑦ 〔校〕汪潮：原作"江潮"，據本志卷十四《科貢·貢生》、《中衛縣志》卷六《獻徵表·人物》改。
⑧ 〔校〕俞鑾：本志卷十四《科貢》作"俞鸞"。

事。招降用間，實賴之周旋。宗社士民，多因之而保護。較之斬獲，軍功不啻倍之。"

李廷彥，萬曆二年進士，才品端方，器識弘遠。巡按雲南，平羅寇叛。爲大理，奏活無辜。巡撫周光鎬疏舉人才，稱爲偉器。

江應詔，字聘吾，萬曆十八年，襲指揮僉事。於廣武等處剿賊，獲首級八十餘顆，以功歷九鎮總兵。後陞山海關提督，掛鎮朔將軍印，賜尚方劍。卒，諡武忠，入鄉賢祠。

呂經，右屯衛都指揮僉事，歷陞陝西、甘肅總兵官。忠勤廉慎，綏靖邊圉，尤善撫士卒，多得其死力焉。

馬世龍，字蒼元，由世職舉武會試。兵部孫承宗奇其才，薦爲總兵，倚任之。既而承宗去，世龍亦謝病。崇禎初，刑部尚書喬允升復薦之。① 代滿桂爲總理，賜尚方劍。進左都督，以功加太子少保，復謝病歸。時插漢虎墩兔合套虜累犯寧夏，世龍習邊情，大修戰備，出師討襲。半歲中累奏大捷，威名震西塞。無何，卒於官，年四十餘，贈太子太傅。

史敬，元相天澤之裔。由山東籍歷官寧夏都司，遂家焉。洪武三十五年，大店之戰陣亡。〔史開先〕以軍功予世襲都指揮使職，② 歷任寧夏中路副總兵。崇禎六年，插虜犯邊，與總兵官賀虎臣皆戰死之。優恤贈都督，諡忠烈，入忠孝祠。

陸敏學，庠生，誥授榮祿大夫。

劉大敖，誥封光祿大夫。

張得才，誥贈榮祿大夫。

朱學顏，誥封中憲大夫。

趙淮，誥授光祿大夫。以上並從祀鄉賢，事蹟未詳。

皇清

劉芳名，字孝五，寧夏人。順治二年，任寧夏總兵，平固原叛將武大定。三年，秦州賊賀珍、王元、馬德作亂，芳名先後擒斬之。③ 四年，招降香山諸寇，散其餘黨，地方以安。十六年，加左都督，領兵征海寇。時

---

① ［校］喬允升："允"原作"元"，據《明史》卷二七〇《馬世龍傳》改。

② ［校］據本志卷十二《宦蹟》、卷十六《忠》載，"史開先"三字後之事蹟均非史敬事蹟。本志原編修者將史開先事蹟濫入史敬事蹟之中。

③ 《清世祖實錄》卷二五載，順治三年（1646）四月己卯，"寧夏總兵官劉芳名報：寧夏兵變，殺巡撫焦安民，隨經撫定，擒斬首惡楊成名、白友大等。"

贼犯崇明，芳名同提督梁化鳳擊之，奪船拔幟，擒獲僞將。以疾歿於軍，贈太子太保，諡忠肅。

劉芳猷，字臣卿，芳名兄。一爲山西潞安丞，被誣罷歸。工詩、古文，著有《澄菴集》《歸田詩草》。

陳福，字東海，本延綏人，遷居寧夏。順治初，以守備從征有功，累陞四川夔州副將。康熙十二年，①擢寧夏總兵官。會吳三桂叛，王輔臣據平涼遥應之，遣僞將西陷洮、蘭，東占花馬池、定邊。時寧夏兵先經調赴征川，留者什之一二，②人情惶迫，衆議紛紜。福按劍怒曰："敢有異議者，齒此劍。"遂整兵東復花馬池、定邊，斬僞朱龍、倪五等。寧夏已平，移師西向固原，前至平涼。歲暮冰雪，衆欲暫歸，福銳意前進。十四年十二月二十二日，駐惠安堡，定期次日進剿固原。是夜，福被亂軍殺死。先是，福家口留川，吳逆遣人持逆書僞劄結福，福得書不啟，即表奏聞。時東南路阻，遣弟壽由口外求蒙古王引路，七日至京。上召壽問勞，仍命壽歸，授福陝西提督。未至，而福已歿。後贈公爵世職，諡忠愍。

趙良棟，字擎宇。順治初，從英王入關，定陝西。授寧夏水利都司，遂自定邊徙家焉。以功陞遊擊。調征雲南，③平水西，授廣羅總兵。④吳三桂鎮雲南，蓄異志，收攬人材，請調貴州比喇。良棟識其意，力引疾歸。越四年，起補大同總兵。又四年，調天津。時三桂已叛，陷四川興漢，延及隴右，群醜多應之。康熙十四年冬，寧夏提督陳福爲亂卒戕殺，時皆傳寧夏已從賊，將致討。良棟以在百口保寧夏不叛，上即命良棟爲寧夏提督來安撫。⑤急馳至鎮，誅首惡數人，宣布恩德，寧夏遂無事。在鎮訓練三年，上疏言寧夏兵可用狀，請獨當一路取四川，上許之。遂以奇兵破密樹關，克徽州，復略陽，取陽平關，屢戰皆捷，授勇略將軍。十九年

---

① ［校］十二年：原作"十三年"，據《清聖祖實錄》卷四四、《清史列傳》卷六《陳福傳》改。

② ［校］什之一二：《乾隆甘志》卷三六《人物》作"什之二三"。

③ ［校］雲南：原作"四川"，據《乾隆甘志》卷三六《人物》改。

④ 《清聖祖實錄》卷七、卷十一及《清史稿》卷二五五《趙良棟傳》載，趙良棟擢廣羅總兵在康熙元年（1662），其後進剿諸苗，非以平水西功進廣羅總兵。本志蓋襲《乾隆甘志》卷三六《人物》之說。

⑤ 據《清聖祖實錄》卷五九，趙良棟任寧夏提督事在康熙十五年（1676）。

正月朔，兵次白水壩，策馬浮渡，爲士卒先，摧破賊衆，長驅逐北。凡九日，遂克成都，分兵下郡邑，全蜀皆定。詔特授兵部尚書兼都察院右副都御史，總督雲南、貴州，而以長子弘燦代爲寧夏總兵，即而進征雲南。時諸道兵十餘萬人圍雲南，九月不能下。良棟提萬人獨進取南壩，度賊必夜襲，我設伏以待。賊帥郭壯圖夜果率大衆入，壕塹伏發合擊，大敗之，乘勝進攻，薄其城。賊窮蹙，吳世璠、郭壯圖皆自殺，雲南平。自取南壩至破城，凡六日。良棟深識兵機，而性耿直不能稍詭隨。每與同列議軍事不合，輒守便宜率兵獨進。功名既盛，謗議蠭起，獨天子知其孤忠，弗信也。師還，授鑾儀衛使。明年告歸。後三年，復原官，以將軍總督家居。繼又追敘前功，加一等精奇尼哈番，世襲。三十五年，車駕將西征，召入咨以軍事，以疾不能從。明年，聖駕幸寧夏，未至，良棟歿。特命皇子吊奠，御製碑文以敘其功，賜諡襄忠。良棟馭軍嚴而有恩，人樂爲用，故所向有功。克滇之日，駐兵於郊，不以一卒入城。賊私積充牣，毫無所取。既分閫，猶力學讀書，嘗手批《通鑑綱目》。所著奏疏存稿八卷，自敘未嘗假手一字。生平獨當一面，功凡克府縣百數十城，得僞官小大千餘人，收僞印二百六十餘。平蜀及滇僅二歲一月。國初良將，論者以良棟爲最。

孟養龍，靈州人，崇禎元年恩貢。工詩文，尚氣節。闖賊僞帥率兵攻城，養龍糾衆捍禦，靈州卒得保全。寧夏道黎士弘撰墓志，詳載其事。著有《吹萬吟》。

朱廷翰，明諸生，名聞四方，從學者甚衆，中崇禎己卯科鄉試。① 長身美鬚眉，善騎射，具文武才。中式後，嘗集演武塲與群俊校射，翰九發九中，策馬赴的，舍矢如破。選授萊蕪知縣，調歷城。尋棄官，隱於西山太清觀。甲申夏，② 青、齊、濟、兗間盜蠭起，父老強起翰，翰與刺血歃盟，③ 申忠義之氣。強梁者悉聞風款附。分渠帥爲兩部，設十二營。紀律森嚴，戰勝攻取，保障一方。當是時，王師方西追逆闖，舉全力注之華河之右，翰掃除群醜，使朝廷不費一鏃，奄有山東。督臣上其事，擢雲南道御史，按宣、大，兼攝學政。整綱紀，逐貪污，靖伏莽，興理學，造髦

---

① 崇禎己卯：崇禎十二年（1639）。
② 甲申：順治元年（1644）。
③ ［校］歃盟：原作"插盟"，據《宣統甘志》卷六五《人物志·鄉賢下》改。

士，凡所建白，詳《宣雲奏議》。差竣，請反初服，歸與諸弟子理舊社，著格言，抄方書，出囊中裝，買藥物，濟病民，活人無算。祀鄉賢祠。

呂維熊，字子祥，之茆之子。志節超邁，年十四入泮，崇禎壬午登賢書。① 闖賊僞官陳之龍、牛成虎挾送陝西賊所，熊半途隱匿。神情晏如，不爲輕動。自皇清順治丙戌中副進士。② 由國子監助教，歷官刑部雲南司郎中、山西汾州府知府。居官清正，不事干謁。解組歸里，年甫四旬有七。壽至八十而卒，誥授中憲大夫。

馬寧，順治初，從總兵劉芳名擒王元、馬德有功，又以恢復河州、莊浪功，授督標中軍副將。征剿番回功最著，陞四川總兵。克取川、雲，駐防緬甸。平水西，殲餘氛於交趾，功又最著，陞湖廣提督。

趙弘燦，字天英，良棟長子。良棟下四川時，燦奉使至軍前，授寧夏總兵官，隨進討川、雲，取建昌，撫永寧，平定滇、黔。歷川北、真定、③ 贛州、黃巖總兵官。康熙三十八年，陞浙江提督。四十二年，④ 調廣東提督。四十五年，⑤ 以兵部侍郎、副都御史總督兩廣。陞兵部尚書。卒，諡敏恪。

李日榮，字君寵，中衛人，幼從軍。康熙十五年，王輔臣變，洮、蘭俱陷。日榮從奮威將軍王進寶夜渡黃河，恢復臨洮，加右都督。又從征四川，平定保寧，勞績最著。歷陞廣東順德總兵官，所至俱有聲。

師帝賓，寧夏人。趙良棟征川，帝賓以中營遊擊留守寧鎮。時派輓運軍需，帝賓以寧民半已出征，加以輓運，必致兵心不安，固請止之。及良棟凱旋，奏云："臣之得以成功者，以有師帝賓在鎮，無內顧憂也。"歷陞襄陽總兵，調涼州總兵。居官絕扣尅，杜苞苴，屏聲色，介然特立。涼州立祠祀之。

江琦，字思韓，世爲寧夏衛職。琦生而英武，會吳逆亂，從提督趙良

---

① 崇禎壬午：崇禎十五年（1642）。
② 順治丙戌：順治三年（1646）。
③ ［校］真定：原避清世宗胤禛諱改作"正定"，據《清聖祖實錄》卷一三四、《清史列傳》卷十二《趙弘燦傳》改。
④ ［校］四十二年：此同《清史列傳》卷十二《趙弘燦傳》，《清聖祖實錄》卷二一〇繫其事於康熙四十一年（1702）。
⑤ ［校］四十五年：原作"四十六年"，據《清聖祖實錄》卷二二七、《清史列傳》卷十二《趙弘燦傳》改。

棟征討，取四川，復雲南，後剿噶爾旦。論功累陞石匣副將，擢河北總兵官，尋移鎮延綏。聖祖上諭襃稱"天下總兵第一"，欽賜鎖子甲，並御書扁對。四十八年，遷甘肅提督。宣威布德，忠誠待下，士卒感服。

馬際伯，字逸聞，玉長子。從玉征四川、雲南有功，加參將銜。累官西寧、建昌總兵官。① 加左都督，陞四川提督。歿於官，誥封光禄大夫，賜諡襄毅。所歷皆有惠政，西寧人立祠祀之。本郡祀名宦。

馬見伯，字衡文，玉次子。由武進士自請出征西塞，勞績茂著。累官太原、天津總兵官。聖祖召見便殿，曾跪講《周易》。蒙賜御書詩文、扁對甚多，平陽鎮署建樓恭貯，今尚存。武場試"《四書》論"，武弁與祭文廟，皆由見伯奏請始。又請釐定各直省文廟樂器。凡所建白，識治體，類如此。後授固原提督，統兵平藏、回，卒於軍。祀名宦。

馬覯伯，字廣文，玉四子，由武進士選侍衛。歷官殺虎口副將，② 征澤旺有功，陞大同總兵官。復出征塞外，駐防木城。歿於軍。

馬會伯，字樂聞，世龍曾孫。由庚辰武狀元，③ 累官永北鎮總兵官，特授四川巡撫，調湖北巡撫，加授兵部尚書，總理西路軍需。歿於口外，祀名宦。

馬紀師，字錫三，際伯次子。性英達，喜詩、書。初為裨將，隨大將軍岳鍾琪出征青海，屢著奇功，累官永昌協副將。後駐兵西藏六年，署涼州鎮總兵官。致仕歸里，卒。

馬紀勳，字錫九，際伯三子，由武生特授侍衛。歷參將，隨征西海有功，加左都督同知。累官川北鎮總兵、潮州鎮總兵。復自請出征，歿於肅州軍營，年三十八，賜祭葬。

羅大虎，慷慨多武略，隨趙襄忠公定雲、貴，以功累陞參將。大兵進剿噶爾旦，糧道險艱，大虎前後三運，皆遄達。及凱還，以轉運課最，授川北鎮總兵。時有白蓮教煽惑一方，大虎一面具奏，一面擒捕，空其巢，地方以安。後致仕，卒於家。

任重遠，康熙十八年，隨勇略將軍趙良棟討吴逆入川，破密樹關，取

---

① 《清聖祖實錄》卷二二九、《清史列傳》卷十一《馬際伯傳》載，馬際伯於康熙四十一年（1702）任建昌總兵，四十六年（1707）任西寧總兵。

② ［校］殺虎口："口"原作"協"，據《清聖祖實錄》卷二九八、《清史列傳》卷十一《馬覯伯傳》改。

③ 庚辰：康熙三十九年（1700）。

徽州，復略陽，重遠功居多。十九年元旦，浮馬渡江，遂克成都。入雲南，領前鋒血戰奪險，攻關山、象嶺、大渡河，凡三十餘城，抵滇省，拔幟先登，戰兩晝夜，克復省城。累官陞授廣東瓊州總兵，在任六載，卒。

張國樑，本名谷貞，避世祖廟諱改焉。爲人好勇略，喜任事。初從將軍趙良棟入川平滇，以功授遊擊銜，甚爲良棟所倚重。歷任湖廣襄陽、鎮筸總兵。三征紅苗，草薙禽獮，不遺後患。後陞雲南提督，十餘年，兵畏民懷。洱海水溢，捐金督兵修濬，民慶安瀾。征西藏，帥師策應，甚著方略。祀雲南名宦祠。卒，諡勤果。

趙弘燮，字亮工，良棟次子，世襲一等子。初任直隸完縣，有循聲。歷巡道、按察，陞山東布政。康熙四十二年，山東饑，弘燮奏請賑濟，躬自巡察，全活甚衆。陞河南巡撫，去政之病民者數十條。而採備河柳積弊累民，改請捐俸官辦，豫人尤感頌弗衰。調保定巡撫，創立西沽浮橋，奏廣解額，置義學田新左衛。五十四年，特授總督。入奏請賑濟畿東及濱海飢民，至今直省多遺愛焉。六十一年，卒於官。蒙恩遣皇孫弔奠，並賜輓詩一章，諡肅敏。

許士奇，字興武，由行伍歷任西寧中軍遊擊。時西番倡逆，西寧被圍，人情洶洶。士奇以忠義鼓勵士卒，晝則血戰堵截，夜則刁斗親巡，又揚言援兵即至，以安人心，西寧竟得無事。特授江南寧國參將，陞浙江象山副將，又御書"貞忠可嘉"扁以賜。

馮德昌，由征雲南吳逆軍功，歷任瓜州、懷慶、榆林、寧夏四鎮總兵官，功加九等左都督，世襲拖沙喇哈番。

陸進忠，由行伍隨勇略將軍趙良棟征剿四川、雲南、貴州，以功授都督僉事，陞雲南曲尋總兵官，宣威布化，聲政甚著。

俞益謨，字嘉言，中衛人。狀魁岸，多勇力，挽強善射。年二十，中武鄉試第一，遂成進士。隨提督陳福討王輔臣，授守備，累以軍功歷官大同總兵、湖廣提督。時湖廣紅苗梗化，益謨奉命辦理，恩威並施，苗悉就撫。在任多所建白，皆合戎政機宜。其談兵料敵勝負，言無不應，一時趙勇略、王奮威諸宿將並稱其智能。少英敏，既爲官，益務折節讀書，雅近文士。能詩文，軍中每手草露布，詞理可觀。慷慨好施予，嘗購書貯學宮，資後進講讀。捐千金築廣武石堰，鄉人德之，名其渠曰"千金渠"。

吳坤，應募從征，以恢復雲南功授守備，歷貴州鎮遠副將。攻紅苗，拔天心寨，陞永圯鎮總兵。未幾，領鑲白旗副都統，統師征西川苗凱旋，加議政大臣，又統兵征澤旺。年八十致仕，卒於家。

吳開圻，字玉圖，坤侄。康熙戊辰武探花，① 歷官雲南元江副總兵。擒大嵐山張廿一、白龍敞、譚八，以謀略著。好學工詩，在侍衛常獻詩應制，多蒙褒賚。

吳開增，字式圖，坤子。由武舉歷官溫州總兵官，駐防北口外。卒，賜祭葬。開增爲侍衛時，父坤方被議待罪，久不能白。增隨駕，每叩頭，泣請以身待父罪。嗚咽悲哀，觀者咋舌，稱其膽，服其孝。後坤竟得赦還。

張文煥，字燦如，康熙辛未武狀元，② 授二等侍衛，任山西大同總兵。進剿瓮井，三戰皆捷，以功陞提督，署雲貴總督。以目疾致仕，卒於家。

杜呈泗，由行伍歷任江南提督。有宦蹟，崇祀鄉賢。

卜應奎，由行伍歷任雲南永順鎮總兵。從大將軍進剿昭磨多有功。年七十一致仕，卒。

孟之珪，靈州人，甲戌進士。③ 天姿穎異，品行端方，文章、字學，兼有名於時。立條教闡明理學，至今靈武文壇皆宗仰之。

謝王寵，字賓于。幼孤貧好學，冬月藉草讀書。康熙壬午中鄉試，④ 丙戌成進士，⑤ 選翰林院庶吉士，尋告假回籍。雍正元年，特旨召見，問所讀何書，寵以《性理》封，即命講《太極圖說》，上大喜。隨補山西雁平道，訪求利病，善政累累。戊申春，⑥ 補光祿寺少卿。四月，陞翰林院侍讀學士。五月，署國子監祭酒事。時太學藏書散失，寵疏請武英殿發書四十五部，復自捐俸購經，分給諸生誦讀。已，進順天府府尹、都察院左副都御史，一歲中凡五遷。庚戌六月，⑦ 調宗人府府丞，尋以腿疾告休致

---

① 康熙戊辰：康熙二十七年（1688）。

② 康熙辛未：康熙三十年（1691）。

③ 甲戌：康熙三十三年（1694）。

④ 壬午：康熙四十一年（1702）。

⑤ 丙戌：康熙四十五年（1706）。

⑥ 戊申：雍正六年（1728）。

⑦ ［校］庚戌六月：原作"辛亥七月"，據《清世宗實錄》卷九五改。"庚戌"，雍正八年（1730）。

仕。壽六十三卒。① 所著有《反經錄》。②

趙坤，少孤貧，棄書從戎，以戰功歷任副總兵，累被聖祖仁皇帝召見，賜賚稠疊。後官鶴麗鎮總兵，隨定西將軍恢復西藏，加左都督，留駐藏。時遺孽窺伺，以虛聲相恐，坤守以鎮定，若爲不知，撫士以恩，接彝以信，卒無警。晉貴州提督，擢鑾儀衛使。致仕，卒於家。

栗爾璋，少穎悟，讀書識要務，爲經世之學。由進士授檢討，補臨安府。見滇學荒落，捐金設書院，延名儒，親督課，文風大盛。築修犁花尖堤、天緣橋，滇人德之，號"栗公堤"。清查屯地，不使弁兵侵占。尋陞工部郎中，轉御史。奏禁衙蠹，奉旨通行直省。又以陝甘民田率多水衝沙壓，及更名糧額偏重，奏請減免，桑梓並受其惠。

沈鴻俊，康熙丁酉武舉，③ 任山西豐川衛守備。催科不擾，撫字有方。豐川至府五百餘里，舊例錢糧本色悉赴府交納，民艱輓運，每至破產。鴻俊詳改折色，衛民感之，有慈母之頌。

沈鴻儒，鴻俊弟。由康熙丁酉拔貢，④ 任雲南石谷井鹽大使。悉罷井戶供支，並捐俸立龍泉書院，親爲督課，井學文風漸起，有登科者，士庶後爲立石志不忘焉。

袁士魁，字文華，任山東大名鎮右營守備，善撫士卒。有徐秀者，向爲响馬賊，後積有餘貲，遂遁入伍中，隸左營。左營守備楊某峻刻多怨，御秀尤少恩。秀遂倡衆亂，縛其帥韓某，擁衆至守備署，斬守者，楊逃匿僅免。士魁聞變，急整軍馳至，喻以禍福，衆稍散。徐秀等知不免，與士魁巷戰。士魁奮勇直前，賊遂潰，猶挾副帥上城據守。士魁授計於把總苗某，就城上擒之，亂始定。繫其黨三百餘人待罪，士魁不欲要功肆殺，請於當事者，但誅其首惡而已。大名進士成恭爲長歌以紀其事。時康熙壬寅十月十八日夜。⑤

---

① [校] 六十三：原作"七十三"。《清通義大夫謝觀齋墓志銘》載，謝王寵生於康熙十年（1671），卒於雍正十一年（1733），據改。參見銀川美術館編《寧夏歷代碑刻集》，第154頁。

② [校] 反經錄：《清朝文獻通考》卷二二六、《清朝通志》卷一〇一、《四庫全書總目》卷九八《子部·儒家類·存目四》均作"愚齋反經錄"。

③ 康熙丁酉：康熙五十六年（1717）。

④ [校] 丁酉：原作"己酉"，據本志卷十四《科貢·貢生》改。

⑤ 康熙壬寅：康熙六十一年（1722）。

張宏印，字斗如，偉軀幹，善騎射，康熙時爲本營千總。己未，① 聖祖西巡，駐蹕寧夏，於軍伍中奇其狀貌，即著隨豹尾鎗行走，補守備。隨征噶逆，以軍功累陞洮岷副將。時西固生番不靖，宏印剿撫功多，遂授貴州總兵，賜孔雀翎并盔甲。領固原、寧夏兵進剿烏魯木齊，所在克捷。雍正甲辰卒於軍，② 年六十三。特進光禄大夫，賜祭葬。

　　周儀，辛丑科武進士，③ 選授藍翎侍衛，由廣羅協提兵征剿黔省逆苗刁國興、鄧横等賊，累奏大捷。以功加都督僉事，陞河州總兵官。

　　周廣，由侍衛授肇慶都司。出征八達，屢著軍功，仕至總兵。

　　田玉，武生，由行伍累功至雲南開化總兵官。猿臂善射，嫻韜鈐。任封疆十八年，在曲尋建倉儲，設義學，修養濟院以存活退甲老廢，請餘丁糧以贍陣亡孤寡。捐貲賑饑，隆禮賓士。宦蹟俱載《曲尋志》。繼調開化，剿交趾狡匪莫天豹，擒彝目黄文棋，嚴疆內外，賴以永安。年七十，予告回里，齒德俱尊，鄉飲嘗舉大賓。

　　岳咨，弱冠讀書，有神童之目。後棄文就武，中康熙丙子武解元，④ 成進士，選侍衛。肆力於學，以能詩名。聖祖嘗問侍衛內能詩者，大總裁李紱以咨對，即命進呈。著有《襪線詩稿》。仕至梧州都司。

　　張奎，諸生。篤志好學，事孀母以孝著。教授生徒百餘人，多騰達。能隨力資貧乏，或以横逆加，恬不校前。理刑張公慕其品，欲一見不可得。每過其門，咨嗟久之。卒後，公舉鄉賢入祠。

　　張觀顔，康熙壬子拔貢。⑤ 德性溫良，書法古勁。以縣丞效力，從陳忠愍公〔福〕恢復花馬池等處。議敍功加同知，任平凉教諭。

　　張珥，諸生。忠信淳謹，讀書每有心得，不徒爲章句學。教授生徒，遇有質美家寒者，並資其膏火，成就人材甚衆。事雙親誠愨，兄弟友愛，宛若童稚，鄉里無間言。

　　張燦，康熙乙酉武舉。⑥ 性敏捷，好讀書，工詩善射，嫻韜略。補本

---

① 己未：康熙十八年（1679）。按，本志卷一《恩綸紀》載，清聖祖西巡駐蹕寧夏事在康熙三十六年（1697），未載十八年西巡駐蹕寧夏事。本志疑誤。
② 雍正甲辰：雍正二年（1724）。
③ 辛丑：康熙六十年（1721）。
④ 康熙丙子：康熙三十五年（1696）。
⑤ 康熙壬子：康熙十一年（1672）。
⑥ 康熙乙酉：康熙四十四年（1705）。

鎮千總，擢守備，以保薦特授侍衛，除浙江處州遊擊，又調勇健營遊擊，領兵出征巴里坤有功。

羅倫，字帝言，性廉介，不苟取。中康熙癸未武進士，① 授二等侍衛。歷河北總兵官，尋以疾辭歸，居潘昶堡。四壁蕭然，率子弟事耕讀，布衣草履，與漁子農父游處，若未嘗總兵權者。

李震緒，寧朔縣歲貢。品端學優，師表後進，多所成就，生平著作甚富，遭震劫火毀。其孝友睦婣，鄉黨至今咸推重。壽八十六卒。

師懿德，帝賓之子。由行伍累官天津總兵，江南、甘肅提督。援哈密，征北套，累奏克捷。所在恩威兼著，有良將風。後陞内大臣、鑾儀衛使。雍正二年告休。居村落，跨健驢，後隨二奚奴負琴挈榼，日與耆舊文士相徃還，優游林下者十餘年，以壽終。

劉豫泰，任武功縣訓導，制行剛方。事繼母以孝聞，教弱弟皆口授經書。課徒則先品行，後文藝，常以"誠敬"二字銘座右。雍正二年，觀察單公以文廟祭器殘缺，欲修舉而難其人，豫泰爲博採遺書，圖式尺度，一尊古制。在武功捐修廟舍，訓諸生循循不倦。所著詩文，並清矯有前輩風格。

劉宏毅，② 字重遠，拔貢。生資敏捷，好學問，制藝日可十餘篇。尤深於詩、古文，所著有《詩論十則》。

李愃，號誠菴，靈州人，雍正丁未進士，③ 累官監察御史。糾彈無隱，後以事罷歸，寓居寧朔縣馬寨堡。④ 教授生徒，以脩脯自給，從遊者甚衆。常以平生所身體力行者，書"存誠、行恕、敦孝弟、戒淫行、謹言語、慎威儀、嚴交遊、立志節"八則於學堂，學者欽仰之。

羅俊，由侍衛，以剛直受知世宗憲皇帝，授沙河都司。有僧人驕淫不

---

① 康熙癸未：康熙四十二年（1703）。

② ［校］劉宏毅：疑當作"劉弘毅"。劉弘毅字重遠，蓋名與字取自《論語》。《論語·述而》載："曾子曰：'士不可以不弘毅，任重而道遠。'"因避清高宗弘曆諱，"弘毅"改作"宏毅"。

③ ［校］雍正丁未進士：本志卷十四《科貢·進士》及《乾隆甘志》卷三三《選舉》均載，李愃爲康熙乙未科進士。"康熙乙未"，康熙五十四年（1715）。"雍正丁未"，雍正五年（1727）。

④ ［校］馬寨堡："寨"原作"塞"，據《嘉靖寧志》卷一《寧夏總鎮·前衛》、《朔方新志》卷一《地里·堡砦·前衛》改。

法，俊得其實，立斃之。總督以擅殺聞，① 上置不問。調居庸關都司，值裁延慶衛入州已數月，士民爭訴不便狀。適欽差拉錫回京，俊遮求代奏，詔調俊及直督李維鈞、道員岳濬面質。俊爭之甚力，衛卒仍舊。仕至太原鎮總兵。

路一鶚，字子薦，由武生入伍，累官至浙江台州副總兵、署理溫州鎮總兵。持體鎮定，嚴而有恩，所在兵民悅服。任台州九年，致仕，攀轅泣送者累累，達於境外，爲立去思碑。

王之曾，由貢生任華亭教諭。居鄉樂善好施，敦本睦族，鄉人仰德。在華亭時，捐俸倡修文廟，華亭士人至今頌之。

李耀，由行伍歷官延綏鎮總兵，御士卒威惠並行。嘗出征巴里坤及烏魯木齊，擒黃台吉羅卜藏丹金。屢立奇功，賜孔雀翎，並廕一子。

李現光，耀長子。由武狀元選頭等侍衛，歷官神木副總兵。御兵嚴而不苛，尤喜賓禮儒士，雅歌投壺，有儒將風。

李現秀，耀次子。由監生隨征巴里坤，以軍功授江西瑞州同知，歷陞廣西蒼梧道，政務安靜。民有爭訟，剖斷公平，必先以勸諭，不輕用刑，所至人頌其寬惠。

王綏，字履齋，由武進士選侍衛。歷官江南督標中軍副將、南贛壽春鎮總兵官，陞江南提督。撫循軍民，所在著績。任督標時，倡議捐俸貯庫，以資武員身故回里費。當事者美其義，并咨江西省畫一遵行。自是兩省故員旅櫬、妻孥，無不得歸者。南贛俗多溺女，綏聞之惻然，乃爲立法，自營兵始，存活者有賞，淹溺者並坐罰隊長。自捐養廉，備賞資，爲所屬倡。從事六七年，全活無算。民間感慕，其風漸移。辛巳，② 黃河漫溢，奉旨星夜赴壽春，條上十餘事，水患悉平。聖旨褒嘉賞賚特優。任提督，一切漏規，悉奏罷之，軍伍肅清。奉母至孝，事兄尤恭謹。俸祿有餘，悉以歸兄。事無巨細，罔不稟命焉。自奉極儉，而濟人之急傾囊不惜。好讀書，公餘手不釋卷，或彈琴賦詩。著有《一嘯軒集》《琴譜小編》。仕宦三十餘年，餽遺無所受。常訓諸子曰："昔人云：'蕭條棺外無餘物，冷落靈前有菜羹。'吾沒世於此，庶幾無愧。爾曹亦宜努力，無憂貧也。"卒之日，江南軍民無不流涕者。

---

① ［校］擅殺：原作"善殺"，據《朔方道志》卷十六《人物志·鄉宦·清》改。
② 辛巳：康熙四十年（1701）。

赵秉铎，坤子。幼业儒，以恩廕累官至广西浔州副将。在任有威惠，兵民爱戴。性恬雅，公余吟咏自娱，著有《耐翁编年诗集》。

袁积荫，由行伍历官汉中副将，擢陞凉州总兵。英姿卓卓，勇敢争先。雍正年从征西藏及椑子山，论功积荫为最。凯旋后，以疾卒于官，年五十余。

周道焕，字含章，雍正癸卯拔贡。① 督学孝徵王公甚器之，惜年未四十卒。

王恺，字允和，由贵阳把总，于雍正四年进剿广顺州属长寨狆苗，以功陞四川提标中军参将。乾隆十三年，又进剿大金川，统领官兵攻打木岗、昔岭、中峰、右梁等处，先后克获碉卡，擒杀贼番甚众。屡立军功，陞至陕西西凤协副总兵。后致仕，卒于家。

李如栢，康熙癸巳武状元，② 特授乾清门头等侍卫。③ 体貌英俊，挽强善射，富韬略，好学问。然秉性刚直，多不能与人款曲。官南北，历十三镇总兵，所在多威惠，人歌咏之。经事三朝，皆蒙宠眷。年七十余致仕，卒于家。

吴进义，字子恒，开圻子。由行伍历官江南、浙江、福建提督，后补古北口提督。训练抚绥，多著方略，兵民咸感颂焉。在古北口任，年八十晋秩太子少保。〔康熙〕二十六年，值皇太后万寿，钦赐列九老。恩数稠叠，一时荣宠，武臣莫与比。敦宗睦族。购书籍贮学宫，又制蓝衣纬帽，供丁祭礼仪。年八十四，卒于官。赐谥壮悫，赐祭葬，入祀乡贤。

赵之璧，④ 字东辰，弘燦子，世袭一等子，性恬静，生世胄，淡然声利。由户部郎历任府道，陞两淮盐运使，又为长芦盐运使，皆美官。廉正自持，一尘不染，时论高之。告病回籍，卒于家。

柴可楫，岁贡生。任宁州学正，课士严明，士有贫者，辄以俸钱资助之。当时咸推重焉。

贺尔康，贡生，隆遇之子。任镇安县训导，修《镇安志》未成，没于官署。令聂公夜梦与语，若有所请者，公惊觉，并录其异于志。

---

① 雍正癸卯：雍正元年（1723）。

② 康熙癸巳：康熙五十二年（1713）。

③ 〔校〕乾清门：原作"前清门"，据《宣统甘志》卷六八《人物志·群材》改。

④ 〔校〕赵之璧：原作"赵之壁"，据《清史列传》卷十二《赵之璧传》改。

胡秉正，字建中，歲貢，任慶陽府環縣訓導。少穎異，有才藻，工詩文。天性和易，教誘生徒，循循有規矩。司鐸數載，環縣之人至今思之。

　　王家瑞，字吉人，歲貢生。博涉多聞，居家孝友，練達時事，有肆應才。學校有公事，每推爲領袖云。

　　許體元，字御萬，靈州人。賦質純樸，沉潛理學，尤精於《易》。乾隆十一年，① 學使官獻瑶舉優貢生，後任安定縣司訓。安定荒，體元奉憲檄出賑，寧濫勿遺，貧民被澤甚夥。尋告休。著有《春秋傳敍》《易經彙解》。年七十七卒。

　　王家彥，字迪人，寧夏縣諸生。性坦易慈祥，與物不爲畛畦。少孤，事伯叔父母如所生，視堂兄弟如同胞，本府監收廳仲山王公題其堂曰"式好"。能文章，耽典籍，搆求古書不計資費。郡中藏書之家，推王氏爲首。周急濟困，見義必爲。并荒祠廢廟，有關風教者，率爲創首修建。如岳武穆王廟、王仲山公生祠，皆其所經理云。

　　史師朱，朔縣廩生。性直諒，動必以禮，不苟言笑。誘掖後進，一以敦本力行爲先。教爲文辭，不喜浮靡，達意而止。鄉黨欽其方嚴，目之曰"古人"。

　　王寅，字賓陽，靈州拔貢。性質和易端方，所學有源本，事親能以志養。工詩、古文，教授於家。遊其門者，多以文學著稱。子可久，中乾隆壬申鄉試。② 孫晟亦中丁酉鄉試、③ 庚子進士，④ 翰林院庶吉士。

　　葉永寶，字子穎，拔貢生。性醇雅，居鄉有德望。少聰穎，能文章。工書翰，大者一字累尺盈丈，率整練端凝。地震後，凡公廨祠宇，多其所題署。

　　賀爾德，字念修，由衛學廩生告請從軍。征噶爾旦有功，授副將，任赤金遊擊。壽八十三卒。

　　張起鵬，國樑子。由白衣，國樑奏請入宿衛，賜孔雀翎。後補南營參將，以勁幹稱，超授真定總兵官，旋以事罷歸。年未六十，優游林下，與

---

① [校]乾隆十一年：本志卷十四《人物·科貢·貢生》作"乾隆甲子"，即乾隆九年（1744）。

② [校]壬申：本志卷十四《人物·科貢·貢生》、《宣統甘志》卷三九《學校志·歷代選舉表》均作"丁卯"。丁卯，乾隆十二年（1747）。壬申，乾隆十七年（1752）。

③ 丁酉：乾隆四十二年（1777）。

④ 庚子：乾隆四十五年（1780）。

郡中諸名宿琴樽往還。築室賀蘭滾鐘口內，勒石曰"張公山居"，遊息其間，屏蹟城市。

阮爾英，由行伍累官，出征西寧及歸德營，搴旗擒賊，勇戰有功，歷陞涼州遊擊。後告休回里，卒。

朱武英，平羅人。由把總隨大將軍岳鍾琪征棹子山，以功賜孔雀翎，任西鳳協副將。

杜茂虎，字鎮南。順治初，以計平蒙古刀兒計。又討海寇，隨征朱龍、倪五，並有功。累官花馬池副將。

寧夏府志卷十四

科　貢

薦辟

漢

傅燮，舉孝廉，漢陽太守。

晉

傅玄，舉秀才，除郎中，官侍中。

北魏

梁祚，辟秘書中散，遷秘書令。

進士

明

永樂乙未①

徐琦，寧夏衛人，兵部尚書。

曹衡，寧夏衛人，知府。

戊戌②

朱孟德，寧夏衛人，翰林院庶吉士。

正統壬戌③

宋儒，寧夏衛人，江西按察僉事。

景泰甲戌④

程景雲，寧夏衛人，南京監察御史。

---

① 永樂乙未：明成祖朱棣永樂十三年（1415）。
② 戊戌：永樂十六年（1418）。
③ 正統壬戌：明英宗朱祁鎮正統七年（1442）。
④ 景泰甲戌：明代宗朱祁鈺景泰五年（1454）。

成化丁未①
胡汝礪，寧夏衛人，兵部尚書。
弘治己未②
馬昊，左衛人，右都御史。
劉慶，前衛人，監察御史。
壬戌③
張嘉謨，寧夏衛人，按察司僉事。
乙丑④
胡汝楫，寧夏衛人，汝礪弟，知襄陵縣事。
正德戊辰⑤
駱用卿，前衛人，兵部員外。
丁丑⑥
王官，左衛人，山西監察御史。
辛巳⑦
管律，寧夏衛人，刑科給事中。
嘉靖癸未⑧
楚書，左衛人，右都御史。
王學古，寧夏衛人，知雞澤縣事。
丙戌⑨
楊經，寧夏儀衛人，大名府推官。
嘉靖己丑⑩
黃綬，寧夏中屯衛人，提學北直隸，大理寺丞。

---

① 成化丁未：明憲宗朱見深成化二十三年（1487）。
② 弘治己未：明孝宗朱祐樘弘治十二年（1499）。
③ 壬戌：弘治十五年（1502）。
④ ［校］乙丑：原作"己丑"，據《弘治寧志》卷二《寧夏總鎮·科目》、《嘉靖寧志》卷二《寧夏總鎮·選舉》改。"乙丑"爲弘治十八年（1505）。
⑤ 正德戊辰：明武宗朱厚照正德三年（1508）。
⑥ 丁丑：正德十二年（1517）。
⑦ 辛巳：正德十六年（1521）。
⑧ 癸未：明世宗朱厚熜嘉靖二年（1523）。
⑨ 丙戌：嘉靖五年（1526）。
⑩ 嘉靖己丑：嘉靖八年（1529）。

壬辰①

劉思唐，右衛人，翰林院庶吉士，山西、浙江提學，湖廣按察使司。

辛丑②

俞鷟，③ 靈州人，兵科給事中。④

隆慶戊辰⑤

王繼祖，寧夏衛人，兵部郎中，山西副使。

萬曆甲戌⑥

李廷彥，寧夏衛人，大理寺少卿。

丁丑⑦

王元，寧夏衛人，知大名縣事。

庚辰⑧

穆來輔，中衛人，戶科給事中，陞右通政。

丙戌⑨

侯廷佩，⑩ 中衛人，刑科給事中。

戊戌⑪

蒯諫，寧夏衛人，禮部主事。

癸丑⑫

楊壽，前衛人，戶部主事。

---

① 壬辰：嘉靖十一年（1532）。
② 辛丑：嘉靖二十年（1541）。
③ ［校］俞鷟：本志卷十三《人物·鄉獻》作"俞鑾"。
④ ［校］給事中："中"字原脫，據《乾隆甘志》卷三三《選舉·進士》補。
⑤ ［校］隆慶戊辰："隆慶"二字原脫，據《朔方新志》卷三《科貢》補。"戊辰"，明穆宗朱載垕隆慶二年（1568）。
⑥ ［校］萬曆甲戌："萬曆"二字原脫，據《朔方新志》卷三《科貢》補。"甲戌"，明神宗朱翊鈞萬曆二年（1574）。
⑦ 丁丑：萬曆五年（1577）。
⑧ 庚辰：萬曆八年（1580）。
⑨ 丙戌：萬曆十四年（1586）。
⑩ ［校］侯廷佩：《明清歷科進士題名碑錄》、《乾隆甘志》卷三三《選舉·舉人》均作"侯廷珮"。
⑪ 戊戌：萬曆二十六年（1598）。
⑫ 癸丑：萬曆四十一年（1613）。

崇禎壬午①

鄭撫民，後衛人。

皇清

順治辛丑②

丁斗柄，③ 寧夏衛人，知廣東澄邁縣事。

康熙甲戌④

孟之珪，靈州人

丙戌⑤

謝王寵，靈州人，翰林院庶吉士，歷官順天府府尹、宗人府府丞。

乙未⑥

栗爾璋，寧夏衛人，翰林院檢討，廣東道監察御史。

李愻，靈州人，主事，山東道監察御史。

戊戌⑦

解震泰，寧夏衛人，翰林院庶吉士。

辛丑⑧

楊魁甲，平羅人，翰林院庶吉士，知吉州事。

雍正庚戌⑨

謝升，靈州人，知雲南府事。

乾隆丙辰⑩

梁棟，靈州人，知湖南興化縣事。

李珌，靈州人，知黃州府事。

---

① 崇禎壬午：崇禎十五年（1642）。
② 順治辛丑：順治十八年（1661）。
③ ［校］丁斗柄：此同《乾隆甘志》卷三三《選舉·舉人》，《明清歷科進士題名碑録》作"丁斗炳"。
④ 康熙甲戌：康熙三十三年（1694）。
⑤ 丙戌：康熙四十五年（1706）。
⑥ 乙未：康熙五十四年（1715）。
⑦ 戊戌：康熙五十七年（1718）。
⑧ 辛丑：康熙六十年（1721）。
⑨ 雍正庚戌：雍正八年（1730）。
⑩ 乾隆丙辰：乾隆元年（1736）。

己未①

王肇基，中衛人，知南陽縣事。

劉霖，中衛人，知興化、寶山縣事。

戊辰②

高遴，靈州人，知黃岡縣事。

辛未③

路談，夏縣人，翰林院編修。

壬申④

羅全詩，中衛人，湖南知縣。

丁丑⑤

李蔭椿，夏縣人，知直隸遵化州事。

陸允鎮，靈州人，浙江督糧道。

癸未⑥

楊掄，中衛人，知四川金堂縣事。

丙戌⑦

張圮，⑧ 商籍，知貴州印江縣事。

己丑⑨

張埰，夏縣籍，知山西長治縣事。

辛卯⑩

楊浣雨，夏縣人。

---

① 己未：乾隆四年（1739）。

② ［校］戊辰：原作"壬戌"，據《明清歷科進士題名碑錄》、《宣統甘志》卷三九《學校志·選舉上》改。"壬戌"，乾隆七年（1742）。"戊辰"，乾隆十三年（1748）。

③ 辛未：乾隆十六年（1751）。

④ 壬申：乾隆十七年（1752）。又，"壬申"年內容原位於後文"丁丑"年之後，據本志書例移至此。

⑤ 丁丑：乾隆二十二年（1757）。

⑥ 癸未：乾隆二十八年（1763）。

⑦ 丙戌：乾隆三十一年（1766）。

⑧ ［校］張圮：原作"張圮"，據《明清歷科進士題名碑錄》、《宣統甘志》卷三九《學校志·選舉上》改。下同。

⑨ 己丑：乾隆三十四年（1769）。

⑩ 辛卯：乾隆三十六年（1771）。

壬辰①

馮燦，夏縣人，刑部主事。

乙未②

吳桂，朔縣人。

戊戌③

陳作樞，朔縣人。

庚子④

王晟，靈州人，翰林院庶吉士。

李實，寧夏人。

舉人

明

永樂戊子⑤

徐琦，寧夏衛人，見《進士》。⑥

辛卯⑦

朱孟德，寧夏衛人，見《進士》。

曹衡，寧夏衛人，見《進士》。

丁酉⑧

陳純。

庚子⑨

王玉。⑩

---

① 壬辰：乾隆三十七年（1772）。
② 乙未：乾隆四十年（1775）。
③ 戊戌：乾隆四十三年（1778）。
④ 庚子：乾隆四十五年（1780）。
⑤ 永樂戊子：永樂六年（1408）。
⑥ 參見本志本卷《科貢·進士》"徐琦"條。下文載明朝朱孟德、曹衡、宋儒、程景雲、胡汝礪、胡汝楫、劉慶、張嘉謨、王官、楊經、楚書、王學古、黃綬、劉思唐、俞鷺、王元、王經祖、李廷彥、穆來輔、侯廷佩、蒯諫、楊壽等舉人，亦參見本志本卷《科貢·進士》各進士專條。
⑦ 辛卯：永樂九年（1411）。
⑧ 丁酉：永樂十五年（1417）。
⑨ 庚子：永樂十八年（1420）。
⑩ 《正統寧志》卷上《貢舉》載，王玉於永樂十九年（辛丑科，1421）中鄉試。

癸卯①

吳能。②

韓忠，王府教授。

宣德壬子③

宋儒，寧夏衛人，見《進士》。

正統辛酉④

趙縉，監察御史，山東僉事。

趙玉，知大明府事。

甲子⑤

姚成，知大興縣事。

丁卯⑥

程景雲，寧夏衛人，見《進士》。

景泰庚午⑦

蔣瑢。

鄒牧，監察御史，調判杭州府。

王憲。

陳德。

包文學，饒州府同知。

賈正，知縉雲縣事。

但戀，南京户部郎中。

沈禎，王府教授。

癸酉⑧

王用賓，河南府同知。

常泰，定州博。

---

① 癸卯：永樂二十一年（1423）。
② ［校］吳能：《正統寧志》卷上《貢舉》作"胡能"。
③ 宣德壬子：明宣宗朱瞻基宣德七年（1432）。
④ 正統辛酉：正統六年（1441）。
⑤ 甲子：正統九年（1444）。
⑥ 丁卯：正統十二年（1447）。
⑦ 景泰庚午：景泰元年（1450）。
⑧ 癸酉：景泰四年（1453）。

計全，知綿州事。①

陳林，判武昌府。

吳震，南京右府經歷。②

徐智，判建昌府。

丙子③

朱廷儀，順慶府同知。

天順己卯④

朱俊，知扶溝縣事。

成化乙酉⑤

袁英，保定府同知。

殷敩，⑥ 知江都縣事。

何英，平陽郡博。

張翼，⑦ 嘉謨父，知岳陽縣事。

戊子⑧

夏景芳。

甲午⑨

夏景華，景芳弟，彰德府推官。

丁酉⑩

李暹，知觀城縣事。

---

① ［校］綿州：原作"錦州"，據《弘治寧志》卷二《寧夏總鎮·科目》、《嘉靖寧志》卷二《寧夏總鎮·舉人》改。

② ［校］右府：原作"右衛"，據《弘治寧志》卷二《寧夏總鎮·科目》、《嘉靖寧志》卷二《寧夏總鎮·舉人》改。

③ 丙子：景泰七年（1456）。

④ 天順己卯：明英宗朱祁鎮天順三年（1459）。

⑤ 成化乙酉：成化元年（1465）。

⑥ ［校］殷敩：原作"殷學"，據《弘治寧志》卷二《人物·國朝科目》、《嘉靖寧志》卷二《選舉》，《嘉靖陝志》卷三一《文獻十九·寧夏衛》改。

⑦ ［校］張翼：原作"張翌"，據《弘治寧志》卷二《人物·國朝科目》、《嘉靖寧志》卷二《選舉》、《嘉靖陝志》卷三一《文獻十九·寧夏衛》改。

⑧ 戊子：成化四年（1468）。

⑨ 甲午：成化十年（1474）。

⑩ 丁酉：成化十三年（1477）。

丘山，① 扶溝縣博。

馬聰，知三河縣事。

庚子②

山岳，王府紀善。

癸卯③

李泰，靈州人，知濱州事。

孔玠，王府紀善。

蕭漢。

丙午④

李用賓，臨晉縣博。

胡汝礪，寧夏衛人，見《進士》。

邢通。

弘治己酉⑤

張凌漢。

濮頤，知曹州事。

田賦，武陟縣博。⑥

壬子⑦

梅信，知長葛縣事。

徐曇，知仁壽縣事。

乙卯⑧

胡汝楫，寧夏衛人，見《進士》。

馬昊，見《進士》。

---

① ［校］丘山：原作"岳山"，據《弘治寧志》卷二《人物·國朝科目》、《嘉靖寧志》卷二《寧夏總鎮·選舉》、《嘉靖陝志》卷三一《文獻十九·鄉賢·寧夏衛》改。

② 庚子：成化十六年（1480）。

③ 癸卯：成化十九年（1483）。

④ 丙午：成化二十二年（1486）。

⑤ 弘治己酉：弘治二年（1489）。

⑥ ［校］武陟：原作"武涉"，據《弘治寧志》卷二《寧夏總鎮·科目》、《嘉靖寧志》卷二《寧夏總鎮·舉人》改。

⑦ 壬子：弘治五年（1492）。

⑧ 乙卯：弘治八年（1495）。

戊午①

劉慶，前衛人，見《進士》。

辛酉②

駱用卿，前衛人，見《進士》。

張嘉謨，③寧夏衛人，見《進士》。

趙璽，靈州人。

甲子④

呂渭，知肥鄉縣事。

吳冕。⑤

正德庚午⑥

張鳳岐。⑦

癸酉⑧

羅琛。

梅羹，信之子，知嘉定州事。⑨

王官，左衛人，見《進士》。

丙子⑩

楊經，寧夏儀衛人，見《進士》。

管律，寧夏衛人，見《進士》。

潘九齡，戶部給事中，四川右布政。

---

① 戊午：弘治十一年（1498）。
② 辛酉：弘治十四年（1501）。
③ ［校］張嘉謨：原作"張嘉謀"，據《弘治寧志》卷二《寧夏總鎮·科目》、《嘉靖寧志》卷二《寧夏總鎮·舉人》改。
④ 甲子：弘治十七年（1504）。
⑤ 《嘉靖陝志》卷三一《文獻十九·寧夏衛》、《嘉靖寧志》卷二《選舉》載，吳冕任四川納溪知縣。
⑥ 正德庚午：正德五年（1510）。
⑦ ［校］張鳳岐：原作"張起鳳"，據《弘治寧志》卷二《寧夏總鎮·科目》、《嘉靖寧志》卷二《寧夏總鎮·舉人》、《嘉靖陝志》卷三一《文獻十九·寧夏衛》、《朔方新志》卷一《坊市》改。
⑧ 癸酉：正德八年（1513）。
⑨ ［校］嘉定州：原作"嘉定縣"，據《嘉靖寧志》卷二《寧夏總鎮·選舉·舉人》、《朔方新志》卷三《文學·科貢》改。
⑩ 丙子：正德十一年（1516）。

秦聘，知鈞州事。

己卯①

王師古，王府長史。

楚書，左衛人，見《進士》。

汪文淵，知井研縣事。②

梁仁，知南部縣事。

劉伸。

嘉靖壬午③

李瑾。

王學古，寧夏衛人，見《進士》。

薛廣倫，永平府推官。

宋文鑑。

黃綬，中衛人，見《進士》。

沙廷珪。

乙酉④

王良臣。

戊子⑤

李絅。

呂用賓，⑥知中牟縣事。

辛卯⑦

張炘。⑧

劉思唐，右衛人，見《進士》。

---

① 己卯：正德十四年（1519）。
② ［校］井研：原作"井陘"，據《嘉靖寧志》卷二《寧夏總鎮·舉人》、《嘉靖陝志》卷三一《文獻十九·寧夏衛》改。
③ 嘉靖壬午：嘉靖元年（1522）。
④ 乙酉：嘉靖四年（1525）。
⑤ 戊子：嘉靖七年（1528）。
⑥ ［校］呂用賓：原作"呂雲賓"，據《嘉靖寧志》卷二《寧夏總鎮·舉人》、《朔方新志》卷三《文學·科貢》改。
⑦ 辛卯：嘉靖十年（1531）。
⑧ ［校］張炘：原作"張玢"，據《嘉靖寧志》卷二《寧夏總鎮·選舉·舉人》、《朔方新志》卷三《文學·科貢》。

楊希元，判大名府。
劉鳳。
傅汝礪。
丁酉①
張九思，判保定府。
李微，保定府同知。
俞鷥，②靈州人，見《進士》。
癸卯③
王業，知霑化縣事。
己酉④
趙崇儒。
黃鷗，知淇縣事。
徐佃。
乙卯⑤
屈大伸，光祿司署丞。
戊午⑥
王元，寧夏衛人，見《進士》。
賈萬鎰，知青城縣事。
杜文錦，知黎城縣事。
隆慶丁卯⑦
王經祖，寧夏衛人，見《進士》。
丁文亨，知榆社縣事。
李廷彥，寧夏衛人，見《進士》。

----

① 丁酉：嘉靖十六年（1537）。
② ［校］俞鷥中舉時間，本志載同《朔方新志》卷三《文學·科貢》。《嘉靖寧志》卷二《選舉》載在嘉靖"丁卯"年，而嘉靖干支紀年無"丁卯"年，《嘉靖寧志》顯誤。《嘉靖陝志》卷三一《文獻十九·寧夏衛》載在嘉靖"辛卯"年，即嘉靖十年（1531），疑是。
③ 癸卯：嘉靖二十二年（1543）。
④ 己酉：嘉靖二十八年（1549）。
⑤ 乙卯：嘉靖三十四年（1555）。
⑥ 戊午：嘉靖三十七年（1558）。
⑦ 隆慶丁卯：隆慶元年（1567）。

庚午①

吳過，袁州府同知。

萬曆丙子②

穆來輔，中衛人，見《進士》。

侯廷佩，中衛人，見《進士》。

己卯③

陳洪訓。

辛卯④

蒯諫，寧夏衛人，見《進士》。

田賦，知井陘縣事。

甲午⑤

史左。

單謨。

丁酉⑥

車尚殷，知清源縣事。

庚子⑦

許光祖。

丙午⑧

楊壽，見《進士》。

己酉⑨

李國禎，⑩ 知平陽府事。

---

① 庚午：隆慶四年（1570）。
② 萬曆丙子：萬曆四年（1576）。
③ 己卯：萬曆七年（1579）。
④ 辛卯：萬曆十九年（1591）。
⑤ 甲午：萬曆二十二年（1594）。
⑥ 丁酉：萬曆二十五年（1597）。
⑦ 庚子：萬曆二十八年（1600）。
⑧ 丙午：萬曆三十四年（1606）。
⑨ 己酉：萬曆三十七年（1609）。
⑩ ［校］李國禎：原作"李國正"，據《朔方新志》卷三《文學·科貢》改。《乾隆甘志》卷三三《選舉》誤作"李國珍"。

戊午①

吕華，同知。

天啟辛酉②

張先春，知縣。

沙圻。

丁卯③

李崎，知廣昌縣事。

鄭感民，靈州人。

陳有增，靈州人。

崇禎丙子④

李文煒，知巴東縣事。

朱伸澄。

己卯⑤

朱廷瀚，⑥ 監察御史，巡按山西。

壬午⑦

吳健。

呂維熊，知汾州府事。

皇清

順治戊子⑧

郭振郢，知縣。

甲午⑨

曾畹。

丁酉⑩

---

① 戊午：萬曆四十六年（1618）。
② 天啟辛酉：明熹宗朱由校天啟元年（1621）。
③ 丁卯：天啟七年（1627）。
④ 崇禎丙子：崇禎九年（1636）。
⑤ 己卯：崇禎十二年（1639）。
⑥ ［校］朱廷瀚：《乾隆甘志》卷三三《選舉》作"朱廷翰"。
⑦ 壬午：崇禎十五年（1642）。
⑧ 順治戊子：順治五年（1648）。
⑨ 甲午：順治十一年（1654）。
⑩ 丁酉：順治十四年（1657）。

丁斗柄，見《進士》。①

許震元，知上饒縣事。

張震猷，史館纂修。

庚子②

楊先甲，國子監博士。

康熙癸卯③

谷遷喬，國子監助教。

丙午④

黎時雍，延安教授。

壬子⑤

王伍雲，⑥ 永昌教授。

戊午⑦

顧麟，肅州教授。

辛酉⑧

馮蔭敞。

丁卯⑨

孟楊生。

庚午⑩

朱奇，翰林院典簿。

癸酉⑪

張瑄，國子監助孝。

---

① 參見本志本卷《科貢·進士》"丁斗柄"條。下文清朝孟之珪、李悰、粟爾璋、謝升、梁棟、李珌、陸允鎮、路談、李蔭椿、楊掄、張圯、吳桂、陳作樞、楊浣雨、馮燦、李實、王晟等舉人，亦參見本志本卷《科貢·進士》各進士專條。

② 庚子：順治十七年（1660）。

③ 康熙癸卯：康熙二年（1663）。

④ 丙午：康熙五年（1666）。

⑤ 壬子：康熙十一年（1672）。

⑥ [校] 王伍雲：《乾隆甘志》卷三三《選舉》作"伍雲龍"。

⑦ 戊午：康熙十七年（1678）。

⑧ 辛酉：康熙二十年（1681）。

⑨ 丁卯：康熙二十六年（1687）。

⑩ 庚午：康熙二十九年（1690）。

⑪ 癸酉：康熙三十二年（1693）。

孟之珪，靈州人，見《進士》。

丙子①

李早甲。

己卯②

李淯仁，吏部郎中，瑾之孫。

壬午③

高嶷，朝邑教諭。

謝王寵。④

戊子⑤

張瑢，內閣中書，瑄之弟。

李悰，靈州人，見《進士》。

辛卯⑥

李珣。

高騰蛟，知普安州事。

王倚重，同州教授。

癸巳⑦

馬河生，戶部員外郎，平越知府。

馬孟生，河生兄。

江之瀚，知武縣事。

解震泰，見《進士》。

甲午⑧

栗爾璋，見《進士》。

---

① 丙子：康熙三十五年（1696）。
② 己卯：康熙三十八年（1699）。
③ 壬午：康熙四十一年（1702）。
④ ［校］本志原脫康熙壬午年舉人謝王寵，據本志卷十三《人物·鄉獻·皇清》補，事蹟亦參見。
⑤ 戊子：康熙四十七年（1708）。
⑥ 辛卯：康熙五十年（1711）。
⑦ 癸巳：康熙五十二年（1713）。
⑧ 甲午：康熙五十三年（1714）。

趙弘熺，① 知四川新纂縣。

高宣，靈州人。

丁酉②

李宗儒，靈州人。

庚子③

陳訥，靈州人，知樂平縣事。

楊魁甲，平羅人。④

雍正癸卯⑤

田九畹，知井陘縣事。

胡重器，朔縣人。

甲辰⑥

馮飛雲，中衛人，知新鄭縣事。

劉得炯，朝邑教諭。

丙午⑦

李應龍，夏縣人，甘州教授。

馮景增，夏縣人，知無錫縣事。

周昌祚，靈州人，知沔縣事。

己酉⑧

王加民，靈州人，渭南縣教諭。

謝升，靈州人，見《進士》。

壬子⑨

谷宗肇。

楊士美，中衛人。

---

① [校] 趙弘熺：原避清高宗弘曆諱改作"趙宏熺"，據《四庫》本《乾隆甘志》卷三三《選舉》改。

② 丁酉：康熙五十六年（1717）。

③ 庚子：康熙五十九年（1720）。

④ [校] 楊魁甲平羅人：此六字原無，據《朔方道志》卷十八《人物志·舉人·清》補。

⑤ 雍正癸卯：雍正元年（1723）。

⑥ 甲辰：雍正二年（1724）。

⑦ 丙午：雍正四年（1726）。

⑧ 己酉：雍正七年（1729）。

⑨ 壬子：雍正十年（1732）。

張士琮，中衛人。

乙卯①

梁棟，靈州人，見《進士》。

李珌，靈州人，見《進士》。

王肇基，中衛人。②〔見《進士》〕

乾隆丙辰③

徐祐，朔縣人。

劉霖，中衛人。

戊午④

李紹，靈州人。

劉占鼇，中衛人。

辛酉⑤

白貽遠，靈州人，知慶雲縣事。

高遴，靈州人。⑥〔見《進士》〕

甲子⑦

萬錦雯，中衛人。

羅全詩，中衛人。⑧〔見《進士》〕

丁卯⑨

陸允鎮，靈州人，見《進士》。

王可久，靈州人。

朱濬，靈州人，知嘉定府事。

庚午⑩

路談，夏縣人，見《進士》。

---

① 乙卯：雍正十三年（1735）。
② ［校］王肇基中衛人：此六字原無，據《朔方道志》卷十八《人物志·舉人·清》補。
③ 乾隆丙辰：乾隆元年（1736）。
④ 戊午：乾隆三年（1738）。
⑤ 辛酉：乾隆六年（1741）。
⑥ ［校］高遴靈州人：此五字原無，據《朔方道志》卷十八《人物志·舉人·清》補。
⑦ 甲子：乾隆九年（1744）。
⑧ ［校］羅全詩中衛人：此六字原無，據《朔方道志》卷十八《人物志·舉人·清》補。
⑨ 丁卯：乾隆十二年（1747）。
⑩ 庚午：乾隆十五年（1750）。

李建岐，夏縣人，知山東定陶縣事。

朱湘，靈州人，知巴東縣事。

陸允銑，靈州人，知衡水縣事。

壬申①

李蔭椿，朔縣人，見《進士》。

李中翰，靈州人，知來鳳縣事。

癸酉②

姚信璧，靈州人，山東水利通判。

陸允鋓，靈州人，知山東沂水縣事。

丙子③

馮濬，夏縣人，石泉縣教諭。

趙瓚，靈州人，知靖邊縣事。

辛融，西安府教授。

王賜魁，靈州人，藍田縣訓導。

張淳，中衛人。

己卯④

常養蒙，靈州人，知上元縣事。

王建元，靈州人，知潛縣事。

庚辰⑤

戴炳，朔縣人，知新平縣事。

張經世，中衛人。

壬午⑥

張埰，見《進士》。

楊掄，中衛人，見《進士》。

乙酉⑦

---

① 壬申：乾隆十七年（1752）。
② 癸酉：乾隆十八年（1753）。
③ 丙子：乾隆二十一年（1756）。
④ 己卯：乾隆二十四年（1759）。
⑤ 庚辰：乾隆二十五年（1760）。
⑥ 壬午：乾隆二十七年（1762）。
⑦ 乙酉：乾隆三十年（1765）。

張圮，商籍，見《進士》。

吳桂，朔縣人，見《進士》。

林慎修，靈州人。

戊子①

王宋雲，夏縣人。

周拭，朔縣人。

陳作樞，朔縣人，見《進士》。

楊夢龍，朔縣人，知寧津縣事。

庚寅②

楊浣雨，夏縣人，見《進士》。

朱适然，朔縣人。

辛卯③

馮燦，夏縣人，見《進士》。

李樹德，夏縣人。

甲午④

李實，夏縣人，見《進士》。

楊毓秀，夏縣人。

周維藩，中衛人。

王賜葤，靈州人。

丁酉⑤

王晟，靈州人，見《進士》。

俞登瀛，平羅人。

己亥⑥

趙標，靈州人。

科分無考

宋久元，靈州人。

---

① 戊子：乾隆三十三年（1768）。
② 庚寅：乾隆三十五年（1770）。
③ 辛卯：乾隆三十六年（1771）。
④ 甲午：乾隆三十九年（1774）。
⑤ 丁酉：乾隆四十二年（1777）。
⑥ 己亥：乾隆四十四年（1779）。

季秋橘，靈州人，富平教諭。

張樹柏，靈州人。

貢生

明

成化乙酉①

王臣，監運大使。

丁亥②

陳新，王府教授。③

梁鑄，石州吏目。

己丑④

李昶，王府教授。

黃宁，中衛人。

辛卯⑤

張諫。

葉慶，中衛人。

癸巳⑥

王璽，唐山縣丞。

高春，中衛人。

乙未⑦

朱瑀，環縣博。

許鑑，中衛人，太平府檢校。

丁酉⑧

沈洪，王府紀善。

---

① 成化乙酉：成化元年（1465）。
② 丁亥：成化三年（1467）。
③ ［校］教授：原作"紀善"，據《弘治寧志》卷二《寧夏總鎮·監生》、《嘉靖寧志》卷二《寧夏總鎮·歲貢》、《朔方新志》卷三《文學·科貢》改。
④ 己丑：成化五年（1469）。
⑤ 辛卯：成化七年（1471）。
⑥ 癸巳：成化九年（1473）。
⑦ 乙未：成化十一年（1475）。
⑧ 丁酉：成化十三年（1477）。

宋鑑,① 中衛人,河南經歷。

己亥②

王卿,德州博。

焦瓛,③ 中衛人,袁州照磨。

辛丑④

王懿德,蒲州博。

艾昊,中衛人。

癸卯⑤

朱禎,王府教授。⑥

盧英,中衛人。

乙巳⑦

沈經,郯城縣博。⑧

張通,中衛人。

丁未⑨

楊濟。

趙旻,中衛人。

弘治己酉⑩

耿奎,天津衛經歷。⑪

―――――――

① [校]中衛貢生"許鑑"至"趙旻":本志排序與《嘉靖寧志》卷三《中衛·選舉》、《朔方新志》卷三《文學·科貢》同,《弘治寧志》卷三《寧夏中衛·國朝監生》排序作宋鑑、焦完、趙旻、艾昊、許諫、張通、盧英。

② 己亥:成化十五年(1479)。

③ [校]焦瓛:此同《嘉靖寧志》卷三《中衛·選舉》,《弘治寧志》卷三《寧夏中衛·國朝監生》作"焦完"。

④ 辛丑:成化十七年(1481)。

⑤ 癸卯:成化十九年(1483)。

⑥ [校]教授:原作"紀善",據《弘治寧志》卷二《寧夏總鎮·監生》、《嘉靖寧志》卷二《寧夏總鎮·歲貢》、《朔方新志》卷三《文學·科貢》改。

⑦ 乙巳:成化二十一年(1485)。

⑧ [校]郯城:原作"剡城",據《弘治寧志》卷二《寧夏總鎮·監生》、《嘉靖寧志》卷二《寧夏總鎮·歲貢》、《朔方新志》卷三《文學·科貢》改。

⑨ 丁未:成化二十三年(1487)。

⑩ 弘治己酉:弘治二年(1489)。

⑪ [校]耿奎天津衛經歷:原同《朔方新志》卷三《文學·科貢》無此七字,據《弘治寧志》卷二《人物·國朝監生》、《嘉靖寧志》卷二《選舉》補。

包翼，① 中衛人，湖廣吏目。

辛亥②

孫善，井陘縣博。

路通，中衛人，臨安衛知事。

癸丑③

趙儒。

熊泰，④〔中衛人。〕

乙卯⑤

徐敞，應詔經歷。

朱玉，⑥〔中衛人。〕

丁巳⑦

王紳，永平府博。

江宥，⑧ 中衛人。

戊午⑨

吳泰。

張昂，中衛人。

己未⑩

耿壽，四川九姓長官司博。

潘洪，中衛人，四川檢校。

---

① ［校］包翼：此同《嘉靖寧志》卷三《中衛·選舉》、《朔方新志》卷三《文學·科貢》，《弘治寧志》卷三《寧夏中衛·國朝監生》作"包義"。

② 辛亥：弘治四年（1491）。

③ 癸丑：弘治六年（1493）。

④ ［校］熊泰：此二字原無，據《弘治寧志》卷三《寧夏中衛·國朝監生》、《嘉靖寧志》卷三《中衛·選舉》補。

⑤ 乙卯：弘治八年（1495）。

⑥ ［校］朱玉：此二字原無，據《弘治寧志》卷三《寧夏中衛·國朝監生》、《嘉靖寧志》卷三《中衛·選舉》補。

⑦ 丁巳：弘治十年（1497）。

⑧ ［校］江宥：此同《嘉靖寧志》卷三《中衛·選舉》，《弘治寧志》卷三《寧夏中衛·國朝監生》作"汪宥"。

⑨ 戊午：弘治十一年（1498）。

⑩ 己未：弘治十二年（1499）。

庚申①
馬璘，② 鎮番衛博。
曾序，③ 中衛人。
壬戌④
何琳。
趙經，⑤ 中衛人，山東縣丞。
甲子⑥
朱宗元。
史銳，⑦ 中衛人，鄭府奉祀。
正德丙寅⑧
陳達，經歷。
黃玲，⑨ 縣丞。
戊辰⑩
戚勳，定遠博。⑪
嚴雄，中衛人。

---

① 庚申：弘治十三年（1500）。
② ［校］馬璘：原同《朔方新志》卷三《文學·科貢》作"馬燐"，據《弘治寧志》卷二《寧夏總鎮·監生》、《嘉靖寧志》卷二《寧夏總鎮·歲貢》改。
③ ［校］曾序：原作"曹序"，據《嘉靖寧志》卷三《中衛·選舉》、《朔方新志》卷三《文學·科貢》改。又，曾序貢生時間，本志同《朔方新志》卷三《文學·科貢》，《嘉靖寧志》卷三《中衛·選舉》載其在弘治辛酉年（十四年，1501）。
④ 壬戌：弘治十五年（1502）。
⑤ ［校］趙經：《嘉靖寧志》卷三《中衛·選舉》載其在弘治癸亥年（十六年，1503）。又，《弘治寧志》卷三《寧夏中衛·國朝監生》於"趙經"之後載"沈銓"，本志、《嘉靖寧志》、《朔方新志》卷三《文學·科貢》均不載。
⑥ 甲子：弘治十七年（1504）。
⑦ ［校］史銳：《嘉靖寧志》卷三《中衛·選舉》載其在弘治乙丑年（十八年，1505）。
⑧ 正德丙寅：正德元年（1506）。
⑨ ［校］"黃玲"至"賀章"：《嘉靖寧志》卷三《中衛·選舉》繫年排序與本志異，作：正德二年（丁卯，1507）黃玲，四年（己巳，1509）嚴雄，六年（辛未，1511）鄒顥，八年（癸酉，1513）馬浩，十年（乙亥，1515）金璽，十二年（丁丑，1517）平寶，十四年（己卯，1519）賀章。
⑩ 戊辰：正德三年（1508）。
⑪ ［校］定遠博：《嘉靖寧志》卷二《選舉》、《朔方新志》卷三《文學·科貢》均作"定遠"縣博，《弘治寧志》卷二《人物·國朝監生》作"開縣學訓導"。

庚午①

周鼎，開縣博。②

鄒顥，中衛人，順德府經歷。

壬申③

金鏞，邻縣博。

馬浩，中衛人，襄縣丞。

癸酉④

黃讚，⑤ 中衛人。

甲戌⑥

張翀，梁山縣博。

金璽，中衛人。

丙子⑦

許大賓，經歷。

平寶，永寧縣丞。

戊寅⑧

王琪，洪縣博。

賀章，中衛人。

己卯⑨

王文進。

庚辰⑩

夏景灝，經歷。

詹寶，靈州人，昭化訓導。

---

① 庚午：正德五年（1510）。
② ［校］開縣博：此同《嘉靖寧志》卷二《選舉》、《朔方新志》卷三《文學·科貢》，《弘治寧志》卷二《人物·國朝監生》作"定遠縣學訓導"。
③ 壬申：正德七年（1512）。
④ 癸酉：正德八年（1513）。
⑤ 《嘉靖寧志》卷三《中衛·選舉》不載"黃讚"。
⑥ 甲戌：正德九年（1514）。
⑦ 丙子：正德十一年（1516）。
⑧ 戊寅：正德十三年（1518）。
⑨ 己卯：正德十四年（1519）。
⑩ 庚辰：正德十五年（1520）。

黄鈇，① 中衛人，鄢都縣主簿。

辛巳②

趙泰，靈州人。

王漢，鹿邑主簿。

陳洪。③

嘉靖壬午④

劉泰，陽城縣博。

蔣泰，靈州人。

癸未⑤

黄瑁。

李本，中衛人，知淳縣事。

甲申⑥

陶英，中衛人，東明縣主簿。

趙文良，靈州人，泗水博。

乙酉⑦

顧源。

顔玉，中衛人，遼東花馬寺監正。

丙戌⑧

金章，靈州人，華陽縣博。

黄載，中衛人，新卿縣主簿。

丁亥⑨

---

① ［校］黄鈇：此同《嘉靖寧志》卷三《中衛·選舉》，《朔方新志》卷三《文學·科貢》作"黄鐵"。

② 辛巳：正德十六年（1521）。

③ ［校］陳洪：原同《朔方新志》卷三《文學·科貢》無此二字，據《嘉靖寧志》卷二《寧夏總鎮·歲貢》補。

④ 嘉靖壬午：嘉靖元年（1522）。

⑤ 癸未：嘉靖二年（1523）。

⑥ 甲申：嘉靖三年（1524）。

⑦ 乙酉：嘉靖四年（1525）。

⑧ 丙戌：嘉靖五年（1526）。

⑨ 丁亥：嘉靖六年（1527）。

包羽,① 中衛人。

張雲鳳，寶德州博。

戊子②

李僕，中衛人。

己丑③

全德明，四川學訓導。④

張機。⑤

庚寅⑥

元經，靈州人。

辛卯⑦

陳言。

韓福。⑧

壬辰⑨

何英，靈州人。

沈綸，中衛人，知剡城縣事。

癸巳⑩

熊秀，興縣博。

聞薰，靈州人。

汪潮，中衛人，林陽縣丞。

甲午⑪

---

① ［校］包羽：《嘉靖寧志》卷三《中衛·選舉》作"鮑羽"。
② 戊子：嘉靖七年（1528）。
③ 己丑：嘉靖八年（1529）。
④ ［校］全德明四川學訓導：此八字原同《朔方新志》卷三《文學·科貢》作"陳洪"，據《嘉靖寧志》卷二《選舉》改。
⑤ ［校］張機：此二字原無，據《嘉靖寧志》卷三《中衛·選舉》補。
⑥ 庚寅：嘉靖九年（1530）。
⑦ 辛卯：嘉靖十年（1531）。
⑧ ［校］韓福：此二字原無，據《嘉靖寧志》卷三《中衛·選舉》補。
⑨ 壬辰：嘉靖十一年（1532）。
⑩ 癸巳：嘉靖十二年（1533）。
⑪ 甲午：嘉靖十三年（1534）。

彭廷玉,① 靈州人,洪雅縣主簿。

乙未②

方舉。③

賈宣,中衛人。

丙申④

趙佐,靈州人。

丁酉⑤

王用賢,永昌衛博。

楊鳳,中衛人,犍為縣主簿。

戊戌⑥

山景皋,靈州人,主簿。

己亥⑦

王紀。

張臻,靈州人,經歷。

章表,中衛人,蘭州縣丞。

庚子⑧

孫希哲,中衛人,猗氏縣主簿。

王鎡,靈州人,學博。

辛丑⑨

賈孟麟,甘州衛博。

壬寅⑩

---

① 嘉靖甲午年（十三年,1534）之"彭廷玉"及下文丙申年（十五年,1536）之"趙佐",《嘉靖寧志》卷三《靈州守禦千户所·選舉》均不載。

② 乙未：嘉靖十四年（1535）。

③ [校] 方舉：原同《朔方新志》卷三《文學·科貢》作"文舉",據《嘉靖寧志》卷二《選舉》改。

④ 丙申：嘉靖十五年（1536）。

⑤ 丁酉：嘉靖十六年（1537）。

⑥ 戊戌：嘉靖十七年（1538）。

⑦ 己亥：嘉靖十八年（1539）。

⑧ 庚子：嘉靖十九年（1540）。

⑨ 辛酉：嘉靖二十年（1541）。

⑩ 壬寅：嘉靖二十一年（1542）。

王堂，靈州人。

陳仲賢，中衛人，泗州檢校。

癸卯①

趙鉞，靈石縣博。

甲辰②

康崇義，中衛人，經歷。

陳榮，靈州人。

乙巳③

曹章。

梁材，中衛人。

丙午④

程善。題增一年一貢始此。

李瑞，靈州人。

丁未⑤

曹廉。

王璠，中衛人。

戊申⑥

韓定。

周鏞，靈州人。

己酉⑦

劉拱辰。

莫自棄，中衛人，東昌照磨。

庚戌⑧

蔡廷臣。

---

① 癸卯：嘉靖二十二年（1543）。
② 甲辰：嘉靖二十三年（1544）。
③ 乙巳：嘉靖二十四年（1545）。
④ 丙午：嘉靖二十五年（1546）。
⑤ 丁未：嘉靖二十六年（1547）。
⑥ 戊申：嘉靖二十七年（1548）。
⑦ 己酉：嘉靖二十八年（1549）。
⑧ 庚戌：嘉靖二十九年（1550）。

元繡，靈州人，霍州博。
辛亥①
雷浩。
史冕，中衛人，平定博。
壬子②
潘橋，順慶府經歷。
韓鎮，靈州人。
史載道，中衛人。
癸丑③
周書。
甲寅④
虞際美，王府紀善。
陳秉忠，靈州人。
馬成麟，中衛人，絳州博。
張榮，靈州人，屯留縣博。
乙卯⑤
李昌。
丙辰⑥
俞騰霄。
江東，靈州人。
汪待龍，靈州人。
何泰，中衛人。
丁巳⑦
鄒泰。
胡玫，中衛人。

---

① 辛亥：嘉靖三十年（1551）。
② 壬子：嘉靖三十一年（1552）。
③ 癸丑：嘉靖三十二年（1553）。
④ 甲寅：嘉靖三十三年（1554）。
⑤ 乙卯：嘉靖三十四年（1555）。
⑥ 丙辰：嘉靖三十五年（1556）。
⑦ 丁巳：嘉靖三十六年（1557）。

戊午①

邵相，鴻臚寺序班。

王邦，靈州人，文縣主簿。

王震，靈州人。

己未②

李在。

郭恩，中衛人。

庚申③

茆侍，蒲州博。

安思明，靈州人。

顧良臣，靈州人。

劉極，中衛人，新安縣博。

辛酉④

黃榜，知太平縣事。

壬戌⑤

陳阜民。

趙世輔，靈州人，孝義縣博。

蘇臣，靈州人。

芮景陽，中衛人。

癸亥⑥

段志善。

甲子⑦

皇甫鷟。

孫棟，靈州人，臨汾縣博。

李儒，靈州人，蒲州博。

---

① 戊午：嘉靖三十七年（1558）。
② 己未：嘉靖三十八年（1559）。
③ 庚申：嘉靖三十九年（1560）。
④ 辛酉：嘉靖四十年（1561）。
⑤ 壬戌：嘉靖四十一年（1562）。
⑥ 癸亥：嘉靖四十二年（1563）。
⑦ 甲子：嘉靖四十三年（1564）。

張守矩，中衛人。

乙丑①

保召。

柳棟，中衛人。

丙寅②

楊貢。

費希仲，靈州人。

郭勛，靈州人，宣城縣丞。

隆慶丁卯③

賈仁。

趙敏功，中衛人，鰲屋博。

戊辰④

羅承爵。

李蕡，恩貢。

嚴詔，中衛人，恩貢，慶府紀善。

呂韶，靈州人，鎮遠博。

王維垣，靈州人。

己巳⑤

袁景春。

馬椿，靈州人，恩貢，同知霍州。

姚佐，靈州人，絳縣博。

王勳，中衛人。

庚午⑥

張文選，咸陽縣博。

王朝覬，靈州人。

張梅，靈州人，錫州博。

---

① 乙丑：嘉靖四十四年（1565）。
② 丙寅：嘉靖四十五年（1566）。
③ 隆慶丁卯：隆慶元年（1567）。
④ 戊辰：隆慶二年（1568）。
⑤ 己巳：隆慶三年（1569）。
⑥ 庚午：隆慶四年（1570）。

辛未①

齊雲，韓城縣博。

劉天壽，中衛人，慶陽府博。

壬申②

沈一經，靈州人。

魏汝舟，靈州人。

郭燧。

萬曆癸酉③

李繼元，知和順縣事。

顧典，恩貢，永昌縣博。

趙璵，靈州人。

徐宰，靈州人，恩貢。

李坤，中衛人。

甲戌④

何樞，孟津縣博。

趙世屏，靈州人。

王第，靈州人。

馮繪，安定縣博。

乙亥⑤

姚自明，高臺衛博。

陳汝霖，中衛人。

丙子⑥

楊光。

何鎮，靈州人。

宣大治，靈州人。

---

① 辛未：隆慶五年（1571）。
② 壬申：隆慶六年（1572）。
③ 萬曆癸酉：萬曆元年（1573）。
④ 甲戌：萬曆二年（1574）。
⑤ 乙亥：萬曆三年（1575）。
⑥ 丙子：萬曆四年（1576）。

丁丑①

蔡敏學。

吳國棟，中衛人。

戊寅②

李廷賓。

陳玳，靈州人。

周士觀，靈州人。

己卯③

王化，萬泉縣博。

周子仁，中衛人，青州通判。

庚辰④

盛伊始，大同縣博。

孟召，靈州人，選貢，知涿州。

陳邦政，靈州人，知遼東縣事。

辛巳⑤

蘇禾，知徐溝縣事。

黃元會，中衛人，知武鄉縣事。

壬午⑥

明相。

季學程，靈州人，泰州博。

李朝鷺，靈州人。

癸未⑦

吳來獻，平涼縣博。

黃椀，中衛人，王府紀善。

---

① 丁丑：萬曆五年（1577）。
② 戊寅：萬曆六年（1578）。
③ 己卯：萬曆七年（1579）。
④ 庚辰：萬曆八年（1580）。
⑤ 辛巳：萬曆九年（1581）。
⑥ 壬午：萬曆十年（1582）。
⑦ 癸未：萬曆十一年（1583）。

甲申①

劉伯鑑，萊州府經歷。

孫桂，靈州人，沁水縣教諭。

任惟和，靈州人。

乙酉②

張天佑，陝州判。

方汝能，中衛人，教諭。

丙戌③

徐效才。

賈貞，靈州人。

袁賓，靈州人。

丁亥④

唐治。

陳大典，中衛人，知縣。

戊子⑤

蔣東周，西寧教授。

郭澳，靈州人，知梁山縣事。

己丑⑥

陳洪謨。

汪一科，中衛人，教諭。

庚寅⑦

楊可久。

武統，靈州人，莊浪訓導。

辛卯⑧

---

① 甲申：萬曆十二年（1584）。
② 乙酉：萬曆十三年（1585）。
③ 丙戌：萬曆十四年（1586）。
④ 丁亥：萬曆十五年（1587）。
⑤ 戊子：萬曆十六年（1588）。
⑥ 己丑：萬曆十七年（1589）。
⑦ 庚寅：萬曆十八年（1590）。
⑧ 辛卯：萬曆十九年（1591）。

龔科。

張蒙正，中衛人，教諭。

壬辰①

孟希孔，狄道教諭。

張守約，功貢，知嵩縣事。

李喬，功貢。

尤鳳，功貢，紹興府通判。

王戀德，功貢，中衛通判。

陳升，靈州人，忻州判。

癸巳②

馬曉，河潤府經歷。

徐大海，中衛人，縣丞。

甲午③

潘謨，綏德訓導。

呂敏，靈州人，選貢，同知蘄州事。

乙未④

馬文舉。

黎守仁，中衛人，翼城縣博。

丙申⑤

徐棟，宜君縣訓導。

戴任，靈州人，知永州縣事。

丁酉⑥

高天福，同知陝州事。

柳本正，靈州人，教諭。

戊戌⑦

---

① 壬辰：萬曆二十年（1592）。
② 癸巳：萬曆二十一年（1593）。
③ 甲午：萬曆二十二年（1594）。
④ 乙未：萬曆二十三年（1595）。
⑤ 丙申：萬曆二十四年（1596）。
⑥ 丁酉：萬曆二十五年（1597）。
⑦ 戊戌：萬曆二十六年（1598）。

何守義，縣丞。
張守謙，靈州人。
己亥①
張修齡。
陳萬言，中衛人。
庚子②
金學曾，昭化縣教諭。
邵保，靈州人，潞安教授。
辛丑③
陳希堯。
吕大用，中衛人，訓導。
壬寅④
張桂齡，韓城縣教諭。
楊麟，中衛人。
癸卯⑤
陳輔。
劉應爵，靈州人，恩貢。
李盈郊，中衛人，通判。
甲辰⑥
齊椿齡，洮州衛教授。
文從謙，靈州人，上蔡訓導。
張啟蒙，中衛人，訓導。
乙巳⑦
戴良。

---

① 己亥：萬曆二十七年（1599）。
② 庚子：萬曆二十八年（1600）。
③ 辛丑：萬曆二十九年（1601）。
④ 壬寅：萬曆三十年（1602）。
⑤ 癸卯：萬曆三十一年（1603）。
⑥ 甲辰：萬曆三十二年（1604）
⑦ 乙巳：萬曆三十三年（1605）。

丙午①

陳繢，膚施縣訓導。

周志誠，靈州人。

焦濂，中衛人，澠池訓導。

丁未②

馬應極。

沙嵩，恩貢。

戊申③

李存仁，階州訓導。

羅森，靈州人。

焦浴，中衛人。

己酉④

朱文漢，淇縣訓導。

庚戌⑤

奚光祖。

孫禎，靈州人。

李彥，中衛人。

辛亥⑥

王慎德。

黃籍，中衛人。

壬子⑦

孫光祖。

李繼志。

癸丑⑧

---

① 丙午：萬曆三十四年（1606）。
② 丁未：萬曆三十五年（1607）。
③ 戊申：萬曆三十六年（1608）。
④ 己酉：萬曆三十七年（1609）。
⑤ 庚戌：萬曆三十八年（1610）。
⑥ 辛亥：萬曆三十九年（1611）。
⑦ 壬子：萬曆四十年（1612）。
⑧ 癸丑：萬曆四十一年（1613）。

王問政，中衛人。

甲寅①

宋家耀。

趙玠，靈州人。

乙卯②

黃渭。

丙辰③

李健。

丁巳④

金學思，洪縣訓導。

戊午⑤

明時儒。

天啟壬戌⑥

呂之蔭，獲鹿縣知縣。殉城，崇祀六君子祠。

崇禎己巳⑦

李杼。

皇清

順治乙酉⑧

宣鳳麟，綏德學正。

張俊傑，中衛人。

丙戌⑨

汪耀，中衛人。

戊子⑩

---

① 甲寅：萬曆四十二年（1614）。
② 乙卯：萬曆四十三年（1615）。
③ 丙辰：萬曆四十四年（1616）。
④ 丁巳：萬曆四十五年（1617）。
⑤ 戊午：萬曆四十六年（1618）。
⑥ 天啟壬戌：天啟二年（1622）。
⑦ 崇禎己巳：崇禎二年（1629）。
⑧ 順治乙酉：順治二年（1645）。
⑨ 丙戌：順治三年（1646）。
⑩ 戊子：順治五年（1648）。

靳可教，中衛人，恩貢，內黃縣丞。

庚寅①

楊天植，中衛人。香山寇亂，以功授同知。

賀良桐，中衛人，拔貢，定海知縣。

辛卯②

安仲夏，中衛人，醴泉縣訓導。

壬辰③

仲魁芳，中衛人，吳堡訓導。

己亥④

焦增禧，中衛人。

魏君寶，中衛人。

康熙甲辰⑤

馬上選，中衛人。

戊申⑥

盛虞龍。

己酉⑦

馮爾暉，副榜。

張覲顏，拔貢，平涼教諭。

壬子⑧

楊文佩。

雍班，中衛人，恩貢，淳化縣教諭。

甲寅⑨

劉運光。

劉正美，中衛人，知蒲縣事。

---

① 庚寅：順治七年（1650）。
② 辛卯：順治八年（1651）。
③ 壬辰：順治九年（1652）。
④ 己亥：順治十六年（1659）。
⑤ 康熙甲辰：康熙三年（1664）。
⑥ 戊申：康熙七年（1668）。
⑦ 己酉：康熙八年（1669）。
⑧ 壬子：康熙十一年（1672）。
⑨ 甲寅：康熙十三年（1674）。

丙辰①

傅鼎望。

蔣道登，中衛人。

丁巳②

明拱辰。

戊午③

蔣道興，中衛人。

庚申④

劉得仕，中衛人。

辛酉⑤

方振猷，中衛人，副榜，通渭訓導。

壬戌⑥

郝占魁。

甲子⑦

劉運昌。

俞祉，中衛人。

乙丑⑧

李舒藻，靈台訓導。

丙寅⑨

史世表，靈台訓導。

劉開祚，中衛人，恩貢。

白聯芳，中衛人。

丁卯⑩

---

① 丙辰：康熙十五年（1676）。
② 丁巳：康熙十六年（1677）。
③ 戊午：康熙十七年（1678）。
④ 庚申：康熙十九年（1680）。
⑤ 辛酉：康熙二十年（1681）。
⑥ 壬戌：康熙二十一年（1682）。
⑦ 甲子：康熙二十三年（1684）。
⑧ 乙丑：康熙二十四年（1685）。
⑨ 丙寅：康熙二十五年（1686）。
⑩ 丁卯：康熙二十六年（1687）。

李九標,府谷訓導。

戊辰①

史世儀。

于秉乾,中衛人。

己巳②

盛瑾。

庚午③

李顯藻。

牛星燦,中衛人。

辛未④

劉啟運。

壬申⑤

張自諫。

張名鼎,中衛人。

癸酉⑥

馬之驥,秦州訓導。

甲戌⑦

劉宏緒。

張彩,中衛人。

丙子⑧

賀遇龍,紫陽訓導。

朱自立,中衛人。

丁丑⑨

萬民喆,中衛人。

---

① 戊辰:康熙二十七年(1688)。
② 己巳:康熙二十八年(1689)。
③ 庚午:康熙二十九年(1690)。
④ 辛未:康熙三十年(1691)。
⑤ 壬申:康熙三十一年(1692)。
⑥ 癸酉:康熙三十二年(1693)。
⑦ 甲戌:康熙三十三年(1694)。
⑧ 丙子:康熙三十五年(1696)。
⑨ 丁丑:康熙三十六年(1697)。

戊寅①

王鑑，寧州訓導。

方茂猷，中衛人。

己卯②

張錦。

庚辰③

柴可楫，洛州訓導。

張修，中衛人。

辛巳④

周道興。

壬午⑤

丁自望。

萬民悅，中衛人。

癸未⑥

鄭泌。

甲申⑦

李蕡。

曹璉，中衛人。

乙酉⑧

鄭良貴，副榜，張掖訓導。

祝文燦，中衛人。

丙戌⑨

李見藻。

李若樾，中衛人。

---

① 戊寅：康熙三十七年（1698）。
② 己卯：康熙三十八年（1699）。
③ 庚辰：康熙三十九年（1700）。
④ 辛巳：康熙四十年（1701）。
⑤ 壬午：康熙四十一年（1702）。
⑥ 癸未：康熙四十二年（1703）。
⑦ 甲申：康熙四十三年（1704）。
⑧ 乙酉：康熙四十四年（1705）。
⑨ 丙戌：康熙四十五年（1706）。

丁亥①

許吉。

楊國威，興平訓導。

戊子②

解緯，米脂訓導。

劉蘭，恩貢，咸陽教諭。

于秉和，恩貢，中衛人。

王文耀，中衛人。

己丑③

顧琨。

庚寅④

羅質。

張我抱，中衛人。

辛卯⑤

蔣承爵，南鄭訓導。

壬辰⑥

顧鴻。

劉良，中衛人。

癸巳⑦

黃闇如。

甲午⑧

陸毓秀。

房拱辰，中衛人。

乙未⑨

---

① 丁亥：康熙四十六年（1707）。
② 戊子：康熙四十七年（1708）。
③ 己丑：康熙四十八年（1709）。
④ 庚寅：康熙四十九年（1710）。
⑤ 辛卯：康熙五十年（1711）。
⑥ 壬辰：康熙五十一年（1712）。
⑦ 癸巳：康熙五十二年（1713）。
⑧ 甲午：康熙五十三年（1714）。
⑨ 乙未：康熙五十四年（1715）。

張鵬。

丙申①

倪發祥。

閆風寧,中衛人,會寧訓導。

周吉康,中衛人。

丁酉②

何文蕭。

劉宏毅,拔貢。

沈鴻儒,拔貢,雲南鹽大使。

王鉞,拔貢。

戊戌③

李蔭楠,澄城訓導。

沈懷錦,中衛人。

己亥④

柴璟。

庚子⑤

王如曾。

崔爾勳,中衛人,平利訓導。

辛丑⑥

楊廷翰。

壬寅⑦

丁奭,華州訓導。

左儒,蘭州訓導。

雍正癸卯⑧

---

① 丙申:康熙五十五年(1716)。
② 丁酉:康熙五十六年(1717)。
③ 戊戌:康熙五十七年(1718)。
④ 己亥:康熙五十八年(1719)。
⑤ 庚子:康熙五十九年(1720)。
⑥ 辛丑:康熙六十年(1721)。
⑦ 壬寅:康熙六十一年(1722)。
⑧ 雍正癸卯:雍正元年(1723)。

李震緒。

朱純，恩貢。

王元吉，恩貢。

張祖顒，中衛人。

甲辰①

劉新傳。

蔣錫桓，中衛人。

乙巳②

李品犄。

丙午③

劉豫泰，武功訓導。

黃嘉賓，中衛人。

丁未④

王者前。

戊申⑤

孫進德，中衛人。

己酉⑥

王廷臣。

陳玫，拔貢，三原縣教諭。

葉永實，拔貢。

羅如倫，中衛人，拔貢，知宛平縣事。

庚戌⑦

巫安世。

壬子⑧

---

① 甲辰：雍正二年（1724）。
② 乙巳：雍正三年（1725）。
③ 丙午：雍正四年（1726）。
④ 丁未：雍正五年（1727）。
⑤ 戊申：雍正六年（1728）。
⑥ 己酉：雍正七年（1729）。
⑦ 庚戌：雍正八年（1730）。
⑧ 壬子：雍正十年（1732）。

李際可。

祝文煥，中衛人，巴州吏目。

周昌基，中衛人。

甲寅①

孫蘭茂。

黃焻，中衛人，扶風訓導。

乙卯②

朱玉堂。

乾隆丙辰③

白奉奇。

吳裔白，恩貢。

吳若思，中衛人。

楊澍，中衛人。

黃文中，中衛人。

丁巳④

賀爾康，中衛人，鎮安訓導。

蔡天標。

戊午⑤

任茂猷。

陳安策。

楊茂材，中衛人。

郭天錦，中衛人，城固訓導。

王文熠，中衛人。

己未⑥

董行敏，府學歲貢始此。

撒成鈞，靈州人。

---

① 甲寅：雍正十二年（1734）。
② 乙卯：雍正十三年（1735）。
③ 乾隆丙辰：乾隆元年（1736）。
④ 丁巳：乾隆二年（1737）。
⑤ 戊午：乾隆三年（1738）。
⑥ 己未：乾隆四年（1739）。

張楷，平羅人，洋縣教諭。
庚申①
葉彩。
吳淨私。
陳敬可。
王寅，② 靈州拔貢。
楊文魁，中衛人，階州訓導。
辛酉③
胡秉正，環縣訓導。
李昱，拔貢。
俞嘉策，拔貢。
楊士能，同州訓導。
孫文售，靈州人。
杜衡，中衛人，拔貢。
李維新，平羅人，邠州訓導。
壬戌④
劉鎧，岷州訓導。
張鳴皋。
李鰩，靈州人。
張建功，中衛人。
高元琨，中衛人。
癸亥⑤
柴璉。
陳復可。
甲子⑥
梁維忠。

---

① 庚申：乾隆五年（1740）。
② 本志卷十三《人物·鄉獻》載，王寅於乾隆壬申年即乾隆十七年（1752）中鄉試。
③ 辛酉：乾隆六年（1741）。
④ 壬戌：乾隆七年（1742）。
⑤ 癸亥：乾隆八年（1743）。
⑥ 甲子：乾隆九年（1744）。

狄榮先，涇州訓導。

江孔淵。

許體元，① 靈州人，優貢。

毛文郁，靈州人。

寧純一，中衛人。

孫元章，中衛人。

劉生壁，中衛人。

乙丑②

許訥，平涼訓導。

陳廷獻，靈州人。

劉三畏，平羅人，寧遠訓導。

丙寅③

史鏡，兩當訓導。

陳琦，宜君訓導。

馮益勵，靈州人。

程翼連，中衛人，澄城訓導。

丁卯④

杜世熊，副榜，淮安同知。

路談，優貢。

黃恒，靈州人。

祁兆文，靈州人。

史繼經，洵陽訓導。

戊辰⑤

閆文秀。

楊達。

鄭秉凱。

常著，靈州人。

---

① 本志卷十三《人物・鄉獻》載，許體元於乾隆十一年（1746）舉優貢生。
② 乙丑：乾隆十年（1745）。
③ 丙寅：乾隆十一年（1746）。
④ 丁卯：乾隆十二年（1747）。
⑤ 戊辰：乾隆十三年（1748）。

王建，靈州人。

張伸，中衛人。

萬景嵩，中衛人。

己巳①

夏獻。

張浩，中衛人。

朱汲滄，平羅人，河州訓導。

庚午②

張映梓，副榜。

高宸。

沈必達，恩貢，靈州人。

季振基。

黃錦中，中衛人。

王言，恩貢，中衛人。

曹瑞。

顧琰，恩貢，平羅人。

辛未③

梁炳。

邵鏞，靈州人。

王廷對，恩貢。

聶維正，中衛人。

王永欽，中衛人。

汪文煥，平羅人，華陰訓導。

壬申④

孟養心。

張文輝。

顧大夏，靈州人。

---

① 己巳：乾隆十四年（1749）。
② 庚午：乾隆十五年（1750）。
③ 辛未：乾隆十六年（1751）。
④ 壬申：乾隆十七年（1752）。

尤體賓，中衛人。

宋人玉，恩貢，中衛人。

魏殿元，恩貢，中衛人。

康永寧，恩貢，中衛人。

癸酉①

王晫。

楊育。

姚世勳，拔貢，知湖北通山縣事。

樊大功，拔貢。

侯銘，靈州人。

郁承業，靈州人。

姜繡，平羅人。

甲戌②

路詠，麟遊訓導。

王殿魁，商州訓導。

徐士超。

李愷，恩貢，靈州人。

李煥，靈州人。

乙亥③

魏元敏。

張創業，平羅人。

丙子④

徐廷銓。

張登科。

祝天祐，靈州人。

徐振綸，靈州人。

焦碧涫。

---

① 癸酉：乾隆十八年（1753）。
② 甲戌：乾隆十九年（1754）。
③ 乙亥：乾隆二十年（1755）。
④ 丙子：乾隆二十一年（1756）。

丁丑①

黄金聲。

夏繼唐。

費作梅，靈州人。

魏修德，中衛人。

王元功，平羅人，延川縣訓導。

戊寅②

王家瑞。

金作楫。

萬物榮，中衛人。

楊廷蘭，中衛人，邠州訓導。

己卯③

李如柏。

吳克恭。

陳閹，靈州人。

楊廷桂，中衛人。

許涵略，平羅人。

庚辰④

劉道遠。

閆希孟，廩貢。

閆必勇，靈州人。

趙偉，中衛人。

辛巳⑤

李文隆。

季炘，靈州人，恩貢。

壬午⑥

---

① 丁丑：乾隆二十二年（1757）。
② 戊寅：乾隆二十三年（1758）。
③ 己卯：乾隆二十四年（1759）。
④ 庚辰：乾隆二十五年（1760）。
⑤ 辛巳：乾隆二十六年（1761）。
⑥ 壬午：乾隆二十七年（1762）。

柳薦。

劉啟秀。

楊夢龍，副榜，知寧津縣事。

楊諧，平羅人，恩貢。

侯占魁，平羅人，副榜，鎮原縣訓導。

趙體選，靈州人，恩貢。

陸士雯。

癸未①

劉三台，恩貢。

哈廷煥。

段可久，廩貢。

吕大南，靈州人。

朱占光，平羅人。

甲申②

張紹齡。

乙酉③

楊元吉。

柳荄，副榜。

宋隆。

胡贊麟，拔貢，知山西洪洞縣事。

馬乾怡，拔貢，湖北同知。

蔡坤，靈州人。

劉建業，靈州人。

張志濂，中衛人，副榜。

魏諫唐，中衛人，拔貢。

趙良臣，平羅人。

丙戌④

---

① 癸未：乾隆二十八年（1763）。
② 甲申：乾隆二十九年（1764）。
③ 乙酉：乾隆三十年（1765）。
④ 丙戌：乾隆三十一年（1766）。

蔣蕚。

王兆麟。

馬鴻圖，靈州人。

丁亥①

解憼琬。

朱衣，平羅人。

戊子②

黃煥章。

周朝元。

丁崇文，靈州人。

梁渤，靈州人。

張建業，中衛人，副榜。

周煥，中衛人，副榜。

己丑③

董書紳。

任重任。

聶折桂，靈州人。

王道行，平羅人。

庚寅④

李天佑。

王三傑，副榜，直隸管河主簿。

劉維本，靈州人。

宋希玉，平羅人。

陳王前，平羅人。

辛卯⑤

李德恒。

王又槐。

---

① 丁亥：乾隆三十二年（1767）。
② 戊子：乾隆三十三年（1768）。
③ 己丑：乾隆三十四年（1769）。
④ 庚寅：乾隆三十五年（1770）。
⑤ 辛卯：乾隆三十六年（1771）。

李獻捷，靈州人。

吳廷瑞，平羅人。

呂雲鵬，平羅人，副榜。

壬辰①

巫兆元。

王永祚，廩貢。

孫靖鼇。

施璧，靈州人。

秦顒，平羅人，恩貢。

癸巳②

崔之燦。

楊謨，平羅人。

甲午③

馬乾維。

鄧聯甲。

李兆基，靈州人。

王德榮，優貢，正紅旗教習。

乙未④

李護，靈州人。

朱占鼇，平羅人。

王瀚，平羅人，廩貢。

丙申⑤

趙之坦。

姚棟。

丁酉⑥

梁正孺，副榜。

---

① 壬辰：乾隆三十七年（1772）。
② 癸巳：乾隆三十八年（1773）。
③ 甲午：乾隆三十九年（1774）。
④ 乙未：乾隆四十年（1775）。
⑤ 丙申：乾隆四十一年（1776）。
⑥ 丁酉：乾隆四十二年（1777）。

任紹遠，拔貢，江蘇知縣。
馬崑，拔貢。
王晟，拔貢，靈州人。
王鳳飛，靈州人，拔貢。
祁絢，靈州人。
聞述，平羅人。
戊戌①
董生芸。
李占光。
施維翰。
己亥②
馬乾履，副榜。
吳槐，副榜。
年分無考
趙弘燮，總督。
馬遂伯，郎中。
陳壽，通政使。
趙之垣，通政使。
趙之埰，通政使。
李際隆，靈州人，副榜。
孟之珪，靈州人，副榜。
季秋槐，靈州人，副榜。
陳常，靈州人，副榜。
戴廷講，靈州人，拔貢。
胡璞玉，靈州人，拔貢。
季春光，靈州人，拔貢。
季滋梁，靈州人，拔貢。
孟養貞，靈州人，恩貢。
李子發，恩貢，靈州人。

---

① 戊戌：乾隆四十三年（1778）。
② 己亥：乾隆四十四年（1779）。

喻文，靈州人。
何秀，靈州人。
趙公盡，靈州人。
龍現光，靈州人。
趙誠，靈州人。
段九成，靈州人。
張芬，靈州人。
陸士謨，靈州人。
辛永禄，靈州人。
莊士儒，靈州人。
張玉衡，中衛人，恩貢。
李進重，中衛人。
潘騰蛟，中衛人。
萬繼元，中衛人。
馬建元，中衛人。
張若愚，中衛人。
黎錞，中衛人。
邱隅，中衛人。
鍾儒，中衛人。
高志聖，中衛人。
黎澤濟，中衛人，恩貢。
閆拱宸，中衛人，恩貢。
楊維楫，中衛人。
王創業，中衛人。
張法聖，中衛人。
張璽榮，中衛人，廩貢，耀州訓導。

寧夏府志卷十五

〔武　科〕

武進士

明

正德戊辰①

史經，前衛人，靈州參將。

丁丑②

張言，寧夏衛人。

庚辰③

保周，寧夏衛人，靈州參將。

嘉靖乙未④

黃綺。

王澤，中衛人，永昌都司。

戊戌⑤

郭震，靈州人，南、北京提督，陝西總兵，中、左二府僉事。

庚戌⑥

黃時淵，中屯衛人，守備。

癸丑⑦

---

① 正德戊辰：正德三年（1508）。
② 丁丑：正德十二年（1517）。
③ 庚辰：正德十五年（1520）。
④ 嘉靖乙未：嘉靖十四年（1535）。
⑤ 戊戌：嘉靖十七年（1538）。
⑥ 庚戌：嘉靖二十九年（1550）。
⑦ 癸丑：嘉靖三十二年（1553）。

黄極，左衛人，靈州參將。

乙丑①

陳琦，左衛人，平羅參將。

萬曆甲戌②

茆金，寧夏衛人，波羅守備。

丁丑③

陳棟，左衛人，遊擊。

癸未④

趙世勳，寧夏衛人，守備。

劉宏業，寧夏衛人，文縣守備。

趙寵，左衛人，延綏參將。

白薑，寧夏衛人。

己丑⑤

吕應兆，寧夏衛人，威遠遊擊。

壬辰⑥

盧養麟，寧夏衛人。

癸丑⑦

吕學詩，應兆子。

天啟乙丑⑧

解文英。

崇禎辛未⑨

杜希茂，左衛人，莊浪副將，改授雲南臨安道按察副使。

---

① 乙丑：嘉靖四十四年（1565）。
② 萬曆甲戌：萬曆二年（1574）。
③ 丁丑：萬曆五年（1577）。
④ 癸未：萬曆十一年（1583）。
⑤ 己丑：萬曆十七年（1589）。
⑥ 壬辰：萬曆二十年（1592）。
⑦ 癸丑：萬曆四十一年（1613）。
⑧ 天啟乙丑：天啟五年（1625）。
⑨ 崇禎辛未：崇禎四年（1631）。

皇清

順治丙戌①

江奇才，膠州遊擊。

壬辰②

李臻，汾州守備。

辛丑③

岳洪峻。④

康熙丁未⑤

陳陞，副總兵。

庚戌⑥

杜呈澤，寧夏掌印守備。

癸丑⑦

俞益謨，寧夏衛人，湖廣提督。

己未⑧

顧從倫，江南提標遊擊。

戊辰⑨

吳開圻，探花，元江副總兵。

辛未⑩

張文煥，狀元，雲貴總督。

馬際伯，固原提督。

甲戌⑪

丁爽，斗柄子，榜眼，南陽總兵。

---

① 順治丙戌：順治三年（1646）。
② 壬辰：順治九年（1652）。
③ 辛丑：順治十八年（1661）。
④ ［校］岳洪峻：本志本卷《武科·武舉》作"岳洪崚"。
⑤ 康熙丁未：康熙六年（1667）。
⑥ 庚戌：康熙九年（1670）。
⑦ 癸丑：康熙十二年（1673）。
⑧ 己未：康熙十八年（1679）。
⑨ 戊辰：康熙二十七年（1688）。
⑩ 辛未：康熙三十年（1691）。
⑪ 甲戌：康熙三十三年（1694）。

朱正色，二甲第一，靖遠副將。
朱應奎。
丁丑①
董文清。
夏琳，平羅人，武昌參將。
庚辰②
馬會伯，狀元，四川巡撫，調任湖北巡撫，授兵部尚書。
嚴廷訓，二甲第一，江南督標遊擊。
李愈龍，湖廣行都司。
癸未③
馬覿伯，大同總兵。
羅倫，河北遊擊。
丙戌④
王維一，⑤ 探花，長沙副總兵。
王秉璋，福建遊擊。
己丑⑥
許大學，侍衛，徐州副總兵。
壬辰⑦
李現光，狀元，神木副總兵。
馮雲，⑧ 會元，張家口遊擊。
李如馥。
癸巳⑨
李如栢，狀元，選乾清門侍衛，歷任十三鎮總兵。

---

① 丁丑：康熙三十六年（1697）。
② 庚辰：康熙三十九年（1700）。
③ 癸未：康熙四十二年（1703）。
④ 丙戌：康熙四十五年（1706）。
⑤ ［校］王維一：本志本卷《武科·武舉》作"王惟一"。
⑥ 己丑：康熙四十八年（1709）。
⑦ 壬辰：康熙五十一年（1712）。
⑧ 本志本卷《武科·武舉》載，馮雲於康熙五十一年（1712）中武舉，同年既中武舉，又中武進士，疑誤。
⑨ 癸巳：康熙五十二年（1713）。

趙璉，① 探花，固原參將。

盧杜瑾，靈州人，侍衛，西寧總兵。

張思詠，中衛人，侍衛，秦州遊擊。

吳裔陳，靖遠都司。

何鼎臣，中衛人，大同遊擊。

乙未②

岳咨，侍衛，梧州都司。

李文彬，震澤都司。

張元印，侍衛。

李發奎，南營參將。

陳文，貴州參將。

戊戌③

張興，二甲第一，河州總兵。

張佩，侍衛，武定遊擊。

張自讓，侍衛，浙江撫標參將。

張廷芝，侍衛，西寧遊擊。

李早甲，陳州都司。

庚子④

郝定國，中衛人，嘉峪關守備。

辛丑⑤

羅俊，侍衛，大同總兵，署太原巡撫。

周儀，侍衛，河州總兵。

馮廷雄，侍衛，永州總兵。

劉振功，廣東遊擊。

孟勇，金華都司。

王謨，大同守備。

趙君憲。

---

① ［校］趙璉：本志本卷《武科·武舉》作"趙連"。
② 乙未：康熙五十四年（1715）。
③ 戊戌：康熙五十七年（1718）。
④ 庚子：康熙五十九年（1720）。
⑤ 辛丑：康熙六十年（1721）。

劉薦，德安守備。

段學禮，江西都司。

雍正甲辰①

周廣，侍衛，貴州副總兵。

袁鉞，福建臺灣守備。

白良璧，侍衛，洛陽參將。

丁未②

馬健學，南陽總兵。

焦騰高，中衛人，侍衛，貴州參將。

庚戌③

李發解，探花，賓州參將。

胡重璧，侍衛，福建遊擊。

馮匯，侍衛，建寧總兵。

王綏，靈州人，侍衛，江南提督。

彭振基，侍衛，貴州遊擊。

癸丑④

李國璽，侍衛。

焦騰漢，侍衛，建昌總兵。

張映棠，湖廣遊擊。

袁夢麟，雲南遊擊。

乾隆丙辰⑤

許忠朝，平羅人，侍衛。

袁大異，登州都司。

沈琯，福建參將。

張承烈，衡州遊擊。

馮廷樾，直隸遊擊。

---

① 雍正甲辰：雍正二年（1724）。
② 丁未：雍正五年（1727）。
③ 庚戌：雍正八年（1730）。
④ 癸丑：雍正十一年（1733）。
⑤ 乾隆丙辰：乾隆元年（1736）。

丁巳①

謝天澍，山東衛守備，福建都司。

李鳴鳳，侍衛，榆林都司。

張鉅，靈州人，侍衛，貴州遊擊。

李瀚清，中衛人，侍衛，蘇州參將。

壬戌②

劉繩武。

乙丑③

張鎰，侍衛，南雄副總兵。

辛未④

梁聯科，靈州人，侍衛，參將。

羅德張。

壬申⑤

尹虎臣，靈州人。

甲戌⑥

杜發緯，潮州遊擊。

許誠學。

丁丑⑦

彭廷棟，侍衛，安籠總兵。

李奇標，中衛人。

陳尚禮，中衛人，成都守備。

田禮，中衛人，守備。

庚辰⑧

温雲會。

---

① 丁巳：乾隆二年（1737）。
② 壬戌：乾隆七年（1742）。
③ 乙丑：乾隆十年（1745）。
④ 辛未：乾隆十六年（1751）。
⑤ 壬申：乾隆十七年（1752）。
⑥ 甲戌：乾隆十九年（1754）。
⑦ 丁丑：乾隆二十二年（1757）。
⑧ 庚辰：乾隆二十五年（1760）。

己丑①

郭英，西安守備。

吳登魁，靈州人。

辛卯②

俞聯科。

壬辰③

李飛雲，靈州人，侍衛。

吳本瀚，古北口守備。

乙未④

馬爲錦，侍衛。

戊戌⑤

吳壯圖，侍衛。

科分無考

朱世植，靈州人，探花，二等侍衛。

辛永偉，二等侍衛，四川都司。

馬召南，靈州人，探花，副寧鎮總兵。

季炘，靈州人，新平守備。

朱濂，靈州人，都司。

武舉

明

正德丁卯⑥

史經，前衛人，見《進士》。⑦

癸酉⑧

張言，寧夏衛人，見《進士》。

---

① 己丑：乾隆三十四年（1769）。
② 辛卯：乾隆三十六年（1771）。
③ 壬辰：乾隆三十七年（1772）。
④ 乙未：乾隆四十年（1775）。
⑤ 戊戌：乾隆四十三年（1778）。
⑥ 正德丁卯：正德二年（1507）。
⑦ 參見本志本卷《武科·武進士》"史經"條。下文載明朝各武舉人凡中武進士者，亦同見本志本卷《武科·武進士》各進士專條。
⑧ 癸酉：正德八年（1513）。

丙子①

保周，寧夏衛人，見《進士》。

嘉靖辛卯②

黃綺，寧夏衛人，見《進士》。

甲午③

王澤，中衛人，見《進士》。

馮中立，中衛人。

郭震，靈州人，見《進士》。

丙午④

黃時淵，中屯衛人，見《進士》。

己酉⑤

黃極，左衛人，見《進士》。

甲子⑥

陳琦，左衛人，見《進士》。

隆慶庚午⑦

茆金，寧夏衛人，見《進士》。

〔萬曆〕丙子⑧

陳棟，左衛人，見《進士》。

己卯⑨

趙世勳，寧夏衛人，見《進士》。

劉宏業，寧夏衛人，見《進士》。

壬午⑩

---

① 丙子：正德十一年（1516）。
② 嘉靖辛卯：嘉靖十年（1531）。
③ 甲午：嘉靖十三年（1534）。
④ 丙午：嘉靖二十五年（1546）。
⑤ 己酉：嘉靖二十八年（1549）。
⑥ 甲子：嘉靖四十三年（1564）。
⑦ ［校］隆慶：原作"萬曆"，據《宣統甘志》卷四〇《學校志·選舉下》改。"隆慶庚午"，即隆慶四年（1570）。
⑧ 丙子：萬曆四年（1576）。
⑨ 己卯：萬曆七年（1579）。
⑩ 壬午：萬曆十年（1582）。

趙寵，左衛人，見《進士》。

白葷，寧夏衛人，見《進士》。

戊子①

吕應兆，寧夏衛人，見《進士》。

盧養麟，寧夏衛人，見《進士》。

己酉②

吕學詩，應兆子，見《進士》。

朱樓，中衛人。

天啟甲子③

解文英，見《進士》。

馬世龍。

丁卯④

周志忠，嘉峪關守備。

杜希茂，左衛人。

皇清

順治乙酉⑤

江奇才，見《進士》。⑥

庚子⑦

岳洪峻，⑧見《進士》。

康熙癸卯⑨

---

① [校]戊子：原作"戊午"，即萬曆四十六年（1618）。按：吕應兆爲萬曆十七年（1589）進士，盧養麟萬曆二十年（1592）進士，二人均不可能推後至萬曆四十六年（1618）才中武舉。另，原"戊午"條後接敘的是萬曆"己酉"即萬曆三十七年（1609）事，據本志書例，"戊午"年（1618）事當置於"己酉"年（1609）事之後。故疑"戊午"當作"戊子"，即萬曆十六年（1588）。據改。

② 己酉：萬曆三十七年（1609）。

③ 天啟甲子：天啟四年（1624）。

④ 丁卯：天啟七年（1627）。

⑤ 順治乙酉：順治二年（1645）。

⑥ 參見本志本卷《武科·武進士》"江奇才"條。下文載清朝各武舉人凡中武進士者，亦同見本志本卷《武科·武進士》各進士專條。

⑦ 庚子：順治十七年（1660）。

⑧ [校]岳洪峻：本志本卷《武科·武進士》作"岳洪峻"。

⑨ 康熙癸卯：康熙二年（1663）。

陳陞，見《進士》。

孫之璽，中衛人。

李震聲。

丙午①

樊忠。

杜呈澤，見《進士》。

馬國重，中衛人。

壬子②

王遐齡，楚雄總兵。

邱洪峙。

馮鼎建，中衛人。

狄世傑，中衛人。

何廷桂，靈州守備。

沈爾發，安籠守備。

董又昌，石空守備。

劉希孟。

楊振武。

乙卯③

賀爾熾。

戊午④

董再昌。

顧從倫，見《進士》。

辛酉⑤

王育德，興漢都司。

楊振威。

黎宗堯，中衛人。

李起鳳，中衛人，杭州守備。

---

① 丙午：康熙五年（1666）。
② 壬子：康熙十一年（1672）。
③ 乙卯：康熙十四年（1675）。
④ 戊午：康熙十七年（1678）。
⑤ 辛酉：康熙二十年（1681）。

甲子①

史紹畢，中衛人。

許養元。

朱衣點。

吳開圻，見《進士》。

王道遠。

張遇春。

丁卯②

張文焕，見《進士》。

董文清，見《進士》。

栗爾熾，衡州都司。

朱正色，見《進士》。

夏琳。

庚午③

馬際伯，見《進士》。

馬會伯。

燕大業。

癸酉④

丁爽，見《進士》。

王贇，解元。

沈學洙。

朱映奎。

程復本，漕運守備。

張鵬程，甘州守備。

劉丁漢。

施澤深，靖遠守禦所。

張琨，守備。

---

① 甲子：康熙二十三年（1684）。
② 丁卯：康熙二十六年（1687）。
③ 庚午：康熙二十九年（1690）。
④ 癸酉：康熙三十二年（1693）。

丙子①

岳咨，見《進士》。

張霑，漕運千總。

樊問圃。

黃宅中，中衛人。

嚴廷訓，見《進士》。

張朝柱，長沙遊擊。

李宏基，四川守備。

王秉璋，見《進士》。

賈謙，延綏守備。

董南生。

王惟一，② 見《進士》。

張鵬翎，千總。

夏琳，平羅人，見《進士》。

己卯③

皇甫奎，解元。

俞汝欽。

米如金，漕運千總。

李和。

馬覯伯，見《進士》。

栗爾瑛，山西都司。

張大業，安西遊擊。

李占光，江淮衛守備。

張復元，秦州遊擊。

李愈龍，見《進士》。

壬午④

馬紀官，寧夏遊擊。

---

① 丙子：康熙三十五年（1696）。
② ［校］王惟一：本志本卷《武科·武進士》作"王維一"。
③ 己卯：康熙三十八年（1699）。
④ 壬午：康熙四十一年（1702）。

羅倫，見《進士》。

任壽，安定守備。

乙酉①

張燦，德安參將。

胡光琿，廣武守備。

陸治畿，中衛人，千總。

馬覲伯，千總。

馮復駿，中衛人。

李連榜，平羅人。

戊子②

魏元勳。

劉儼，平羅人。

解志琬。

張元印。

許大學，見《進士》。

張佩，見《進士》。

李仙芝，平羅人。

王謨，見《進士》。

狄經邦，中衛人，涼州遊擊。

辛卯③

魏元功。

李汝馥，見《進士》。

王茂德。

張文藻，漕運守備。

關河固，中衛人，江南衛守備。

趙連，④見《進士》。

劉薦，見《進士》。

---

① 乙酉：康熙四十四年（1705）。
② 戊子：康熙四十七年（1708）。
③ 辛卯：康熙五十年（1711）。
④ [校] 趙連：本志本卷《武科·武進士》作"趙璉"。

馬秉倫，烏蒙遊擊。
吳開璽，雲南千總。
吳開增，溫州總兵。
李現光，見《進士》。
靳兆珠，靈州人。
史文彬，中衛人。
張星昭，中衛人。
壬辰①
馮雲，見《進士》。
癸巳②
周之藩。
張漢傑。
李大伸。
張振元，中衛人，蘇州衛千總。
王希伏，平羅人。
李如栢，見《進士》。
李介。
顧復興。
張琨，守備。
吳裔陳，見《進士》。
張自譔，見《進士》。
陳文，見《進士》。
張發奎。
周京。
甲午③
趙君憲。
李文彬，見《進士》。
張廷芝，見《進士》。

---

① 壬辰：康熙五十一年（1712）。
② 癸巳：康熙五十二年（1713）。
③ 甲午：康熙五十三年（1714）。

楊任甲。

李早甲,見《進士》。

杜肇猷。

劉輝曾。

馬起鳳。

李國材,江南守備。

周儀,見《進士》。

丁酉①

楊洗。

朱振武。

楊威。

王化淳。

汪愉,建陽衛守備。

沈鴻俊,山西衛守備。

汪恒。

劉振功,見《進士》。

向志純。

劉從文,寧波衛守備。

段學禮,見《進士》。

許學敏,德勝路守備。

趙世勳,中衛人。

于三壽,中衛人,永順千總。

庚子②

李延年。

孟勇,見《進士》。

郭永禄,川北千總。

包良佐。

李吉士。③

---

① 丁酉:康熙五十六年(1717)。
② 庚子:康熙五十九年(1720)。
③ 本志卷十七《人物·列女》載,李吉士中康熙五十年(1711)辛卯科武舉。

張騰龍，中衛人。

蔣前烈，中衛人，天台衛千總。

雍正癸卯①

郭振。

彭振基。

許道學。

巴攀桂。

馬健學，見《進士》。

周廣，見《進士》。

葉應聘。

袁鉞，見《進士》。

傅唯聰。

關季麟，漕運千總。

黃中理。

焦騰鶍，中衛人，鎮江守備。

郭方泰，中衛人。

郭永泰，中衛人。

甲辰②

張廷葵。

宣魁甲，汝州千總。

梁從直，靈州人。

萬史標，中衛人。

張樹棠，靈州人，浙江遊擊。

雷育，靈州人，直隸都司。

宣澍。

張大學。

沈瑄。

王業程，中衛人。

買成璋，靈州人。

---

① 雍正癸卯：雍正元年（1723）。
② 甲辰：雍正二年（1724）。

丁琦，靈州人。

嚴紹武。

馮廷櫆，見《進士》。

沈之漸。

丙午①

沈珩，南漕千總。

吳兆元，河南千總。

彭興基，四川千總。

羅一倫，中衛人。

楊樹檜，靈州人。

買成璟，靈州人。

楊佇。

李永清。

葉從桂。

馬紀統，中衛人。

馮匯，見《進士》。

李登元，靈州人。

孟鏑，靈州人。

楊濟民，中衛人，徐州衛千總。

孟緯。

董樹緯。

何大發，山西千總。

李善士。

王裕，湖廣千總。

雷充，靈州人。

賈崇爵，平羅人，漢中千總。

己酉②

李桐，解元。

李發解，見《進士》。

---

① 丙午：雍正四年（1726）。
② 己酉：雍正七年（1729）。

劉體裕。

張登科，涇州千總。

向志純，四川千總。

王綬，靈州人，見《進士》。

朱洙，靈州人。

朱泗，靈州人。

杜世烈，蘭州千總。

饒之華。

段佩。

胡重璧，見《進士》。

雷子鍘，靈州人。

張懋德，靈州人。

栗岱。

戴琇。

周延齡。

郭漢傑。

江繩宗，平羅人，永州遊擊。

壬子①

李國璽，見《進士》。

杜世熙。

彭大立。

葉潤生，平羅人。

劉應時，中衛人，磁州都司。

陳五教，靈州人。

馬雲，靈州人。

楊則程，靈州人。

張鉅，靈州人，見《進士》。

焦騰漢，見《進士》。

王璋，四川千總。

梁棟，四川千總。

---

① 壬子：雍正十年（1732）。

張承烈，見《進士》。
袁大異，見《進士》。
袁夢麟，見《進士》。
沈琯，見《進士》。
趙鉞，四川千總。
張映棠，見《進士》。
張映栻，金山千總。
劉寅。
鄭量，平羅人。
關爵。
董樹綸。
王世雄。
王字，靈州人。
施瑰，靈州人。
乙卯①
陳更新。
孟璵。
陳颺寧。
俞大發。
王佐弼，四川守備。
謝天澍，見《進士》。
李倬，四川千總。
姚瑜，榆林千總。
陸攀龍。
閆威鳳，中衛人。
王恕，中衛人。
周國柱，中衛人。
雷起春，河州千總。
劉漢傑。

---

① 乙卯：雍正十三年（1735）。

乾隆丙辰①

常興。

孫先甲。

馬紀元。

田坦。

王臣典。

李殿甲。

吳瑛，越巂千總。

李鳴鳳，見《進士》。

俞應龍。

朱光霞。

徐天香，平羅人。

楊夢龍，平羅人。

王可立，靈州人。

唐際盛，靈州人。

馬洗瑞，靈州人。

桂瑄，靈州人。

張鎰，見《進士》。

戊午②

李法晟，解元。

馬乾正。

楊金城，榆林千總。

許兆熊。

楊先甲，茂州千總。

賈璉。

周宏燮。

曹鷗。

朱耀德。

劉繩武，見《進士》。

---

① 乾隆丙辰：乾隆元年（1736）。
② 戊午：乾隆三年（1738）。

孫鳳儀。

羅士魁，四川守備。

蔣魁龍，平羅人。

汪玉瑞，靈州人。

趙維屏，中衛人。

張建邦，中衛人。

辛酉①

景會新，漕運千總。

劉典。

劉彥。

強瑜龍。

李登雲。

劉泰臨。

許繩武，平羅人。

陸炳。

譚秉哲，靈州人。

胡大勇，中衛人。

王祚洪，中衛人。

甲子②

張承哲。

任發魁。

鞠大成。

吳進勳，江南衛守備。

周延泰。

杜發緯，見《進士》。

馬兆麟。

劉緯武。

詹儀鳳。

劉中。

---

① 辛酉：乾隆六年（1741）。
② 甲子：乾隆九年（1744）。

夏國傑，中衛人。

郁振基，靈州人。

朱積崐，靈州人，衛守備。

丁洪仁，靈州人。

尹大本，靈州人。

尹虎臣，靈州人，見《進士》。

朱良輔，中衛人。

張寧國，中衛人。

丁卯①

羅德張，見《進士》。

楊光祖。

劉覲。

王見龍。

周書。

袁岱。

潘生芝。

楊鳴鳳。

田登科。

呂兆元，平羅人。

陳錡，靈州人，山西都司。

李廷售，靈州人。

庚午②

馬世鵬。

趙鳴鳳。

吳鉞，遵義副總兵。

楊順。

郭統。

王舉。

楊奠邦。

---

① 丁卯：乾隆十二年（1747）。
② 庚午：乾隆十五年（1750）。

王定國。

趙鑑。

李豫。

許誠學。

李懷宗，平羅人。

燕聖寵，平羅人。

馬負圖，靈州人。

季騰蛟，靈州人。

梁聯科，靈州人。

馬攀龍，靈州人。

馬建适，靈州人。

馬伯麒，靈州人。

趙雋，靈州人。

王顯，中衛人。

壬申①

劉腆。

張文美。

吳錦。

祝萬年。

楊桐，中衛人。

李光斗，中衛人。

俞先資。

癸酉②

彭廷棟，見《進士》。

楊奠邦。

吳琨。

李瀚。

買偉，靈州人。

俞玠，靈州人。

---

① 壬申：乾隆十七年（1752）。
② 癸酉：乾隆十八年（1753）。

史大略，中衛人。
丙子①
董嗣昌。
吳進功，湖北遊擊。
莊爾端。
張爾程。
戴如玉，靈州人。
尹俊，靈州人。
蘇珩，靈州人。
謝光國，靈州人。
吳書傳，中衛人。
周守璽，中衛人。
己卯②
許德學。
柴廷樑。
袁岳。
虎倚峰。
俞良資。
許麟學。
李建邦。
王大成。
江從元，平羅人。
胡重器，平羅人。
張可成，靈州人。
馬廷傑，靈州人。
張濬英，靈州人。
李維華，靈州人。
狄壯志，中衛人。
張鵬程，中衛人。

---

① 丙子：乾隆二十一年（1756）。
② 己卯：乾隆二十四年（1759）。

羅全威，中衛人。

庚辰[1]

溫雲會，見《進士》。

李紹武。

裴運亨。

羅光第。

楊殿甲。

王訓，靈州人。

許喜謨，靈州人。

趙翔鳳，中衛人。

房廷秀，中衛人。

郭瑩，中衛人。

壬午[2]

楊清。

陳王前，平羅人。

朱宸，靈州人。

馬大昇，靈州人。

楊士雄，靈州人。

李榮武，靈州人。

蘇繩武，靈州人。

乙酉[3]

姚大成。

俞聯科，見《進士》。

姚德輝。

辛養性，靈州人。

吳均。

朱理，靈州人。

王廷琳，靈州人。

---

[1] 庚辰：乾隆二十五年（1760）。
[2] 壬午：乾隆二十七年（1762）。
[3] 乙酉：乾隆三十年（1765）。

范起鳳，中衛人。

陳萬年，中衛人。

戊子①

吳本瀚，見《進士》。

郭英，見《進士》。

王文魁，靈州人。

王賜勳，靈州人。

李文明，② 見《進士》。

吳登魁，〔見《進士》〕。

庚寅③

馬安國，解元。

趙聯元。

李鳴鳳。

劉天德。

常生麒，中衛人。

劉楫。

陸允鎬，靈州人。

馬國璽，靈州人。

辛卯④

曹斌。

劉儀鳳。

馬爲錦，見《進士》。

徐延齡。

李玉堂，靈州人。

李飛雲，見《進士》。

房廷瑛，中衛人。

甲午⑤

――――――

① 戊子：乾隆三十三年（1768）。
② ［校］李文明：本志本卷《武科·武進士》無"李文明"。
③ 庚寅：乾隆三十五年（1770）。
④ 辛卯：乾隆三十六年（1771）。
⑤ 甲午：乾隆三十九年（1774）。

吳壯圖，解元，見《進士》。

張鳴鳳。

馮攀桂。

周瑛。

馬先甲。

李步堂，靈州人。

羅全亮，中衛人。

王世昌，中衛人。

丁酉①

楊開甲，解元。

楊先甲。

李英多。

周瑞。

劉佐輔。

徐大年，靈州人。

吳毓龍，靈州人。

狄繩武，中衛人。

己亥②

趙義潮。

鄭佩蓮。

王珅。

徐占魁。

李英奇。

周寶。

王騰鳳，中衛人。

吳廷傑，靈州人。

田種璧，中衛人。

吳倬，靈州人。

張烈，平羅人。

---

① 丁酉：乾隆四十二年（1777）。
② 己亥：乾隆四十四年（1779）。

科分無考

白良璧，平羅人，見《進士》。

許忠朝，平羅人，見《進士》。

盧茂英，靈州人。

郁起蛟，靈州人。

郁起雋，靈州人。

周陝右，靈州人。

馬蛟，靈州人。

韓濟，靈州人。

盧仲麟，靈州人。

文生偉，靈州人。

岳鍾靈，靈州人。

龐鏡，靈州人。

朱士樸，靈州人，廣東遊擊。

萬孔府，靈州人，湖廣守備。

陸士雲，靈州人。

趙體仁，靈州人。

楊體程，靈州人。

雷寵，靈州人。

朱士植，靈州人。

辛永偉，靈州人。

馬召南，靈州人。

季玒，靈州人。

朱濂，靈州人。

俞益謨，夏縣人。

〔**文武階**〕

皇清文階

劉芳猷，芳名弟，山西潞安縣丞。

劉體雄，芳名侄，河南恩縣縣丞。

高天福，河南陝州州同。

高薦，天福子，山東汶上知縣。

吳繼先，廣東潮州府通判。
宣翰，庠廩，隨趙襄忠公爲參謀，以平吳功題授峨眉縣知縣。
杜鉞，廣西永康州知州。
杜毓秀，以隨征功授魯山知縣，陞武昌府知府。
杜夢蓮，國子監助教。
杜連登，山西洪洞縣知縣。
高鼎升，薦之子，以招撫西蜀功授保定府、巴州知州。
馬遂伯，郎中。
俞君宰，雲南永昌軍民府同知。
陳壽，通政使。
董永艾，江蘇布政司。
李景隆，山西濰縣知縣。
馮長發，德昌子，任廣西道監察御史。
馮長祚，長發弟，山西汾陽縣知縣。
俞汝欽，益謨子，由武舉授例候銓副使道。
俞汝翼，河南祥符縣知縣。
趙弘煜，揚州府知府。
趙之曾，廣東通判。
趙之芳，衛輝府知府。
趙之堯，貴州石阡知府。
趙之均，廕生，湖廣荆南道。
趙之壇，貴州鎮遠府知府。
趙之坊，河南衛輝府知府。
趙之垣，直隸總督，改補鴻臚寺少卿。
趙之埰，山東濟南府知府。
趙秉鯤，之璧子，雲南靖寧州知州。
田茂椿，廣東理猺軍民同知。
馬德生，直隸天津同知。
張廷蕙，江南臨江府知府。
杜樞，直隸廣平府知府。
吳本澄，進義子，江西瑞州通判。

明武階

張泰，寧夏左屯衛指揮使，① 鎮守寧夏。見《宦蹟》。②

仇廉，寧夏前衛指揮使，③ 見《宦蹟》。

黃瑀，寧夏右屯衛指揮僉事。

何文，寧夏左衛指揮使。④

何琳，寧夏都指揮僉事。

仇理，廉之子，以薦陞都指揮僉事。

劉忠，寧夏都指揮僉事。

任信，寧夏都指揮僉事。製兵車及教演法，當時盛稱其長。

劉端，寧夏衛指揮使，累立戰功。正德五年，平叛擒賊，陞右軍都督府都督僉事。⑤

張翊，泰之子，以指揮使陞寧夏遊擊將軍。

王通，以父泰死王事，由指揮使陞都指揮。⑥

顧玘，寧夏衛人，從征大同累立軍功，陞錦衣衛指揮僉事。

仇鉞，寧夏前衛人，鎮守寧夏，進咸寧侯。寘鐇變後，平河南流賊，各立生祠。詳見《宦蹟》。

史鏞，都督僉事，⑦ 鎮守甘肅，善籌畫，長攻守，有良將風。

鄭卿，都督同知，鎮守陝西，恤將士，精騎射，遇敵勇敢，陝鎮思之。

陳珣，都指揮僉事，鎮守四川、貴州、延綏三鎮。

---

① ［校］左屯衛指揮使："屯""使"二字原脫，據《弘治寧志》卷二、《嘉靖寧志》卷二《寧夏總鎮·武階》補。

② 參見本志卷十二《宦蹟》"張泰"條。下文載仇鉞見本志卷十二《宦蹟》專條。下文載仇廉、石玉不見於卷十二《宦蹟》，恐有誤。

③ ［校］指揮使："使"字原脫，據《弘治寧志》卷二、《嘉靖寧志》卷二《寧夏總鎮·武階》補。

④ ［校］何文寧夏左衛指揮使：此九字原無，據《弘治寧志》卷二《寧夏總鎮·武階》補。又，"左衛"，《嘉靖陝志》卷十九《文獻七·全陝名宦》、《嘉靖寧志》卷二《寧夏總鎮·武階》均作"左屯衛"，《朔方新志》卷三《武階》作"右衛"。

⑤ ［校］都督："督"字原脫，據《弘治寧志》卷二、《嘉靖寧志》卷二《寧夏總鎮·武階》、《朔方新志》卷三《武階》補。

⑥ ［校］指揮使："使"字原脫，據《弘治寧志》卷二、《嘉靖寧志》卷二《寧夏總鎮·武階》、《朔方新志》卷三《武階》補。

⑦ ［校］僉事：原作"同知"，據《嘉靖寧志》卷二《寧夏總鎮·武階》改。

鄭廉，寧夏左屯衛指揮使，協守甘州、延綏二鎮，以謀勇著聞。

沈瑄，都指揮。

高顯，都指揮，授參將。

保勛，都督僉事，鎮守寧夏。

孫瓚，都指揮僉事。

趙應，鎮守寧夏。嘉靖間，虜賊犯芎菩灘、省嵬等口，應提兵迎戰，斬首甚多。

吳鼎，右衛指揮。鎮守榆林、寧夏。① 嘉靖間，賊犯白樹泉、興武等地，鼎率兵掩擊，屢建奇功。

楊賢，都督僉事，鎮守山西。

江山，都指揮同知。

吳雲，都指揮。

張年，寧夏衛指揮使，文武才，歷陞參將。

孫茂，都指揮。

羅賢，都指揮。

楊淮，都指揮僉事。

王銳，都指揮僉事。

劉恩，都指揮。

劉威，寧夏左屯衛指揮同知。

曹江，寧夏中屯衛指揮同知。

黃恩，都指揮。

鄭時，廉之子，身長力強，騎射過人，薦陞寧夏遊擊將軍。

李翰，都指揮僉事。

孫吉，瓚之子，都指揮。

趙廉，都指揮僉事。

陳爵，都指揮。

呂仲良，偏頭關參將。久經戰陣，善測敵情。②

---

① 《朔方新志》卷三《武階》載，吳鼎鎮守榆林、宣大、寧夏三鎮。
② ［校］呂仲良偏頭關參將久經戰陣善測敵情：此十六字原在下文"郭淇震之子鎮靖參將"句下，據《嘉靖寧志》卷二、《朔方新志》卷三《武階》移至此。

楊時，都指揮。①

成梁，寧夏衛指揮，有膂力，敢戰鬬。

何濟，都指揮僉事。

趙憲，都指揮僉事。

王濬，都指揮僉事。

賈德，都指揮僉事。

施寬，都指揮僉事，歷任遊擊。

高震，顯之弟，都指揮僉事。

茆隆，寧夏衛指揮，歷陞參將。

彭原，寧夏衛人，景泰間以材力舉任錦衣衛大漢百戶。

盧義，寧夏衛人，成化初以材力舉任錦衣衛大漢百戶。

鄭印，寧夏左衛指揮，歷陞甘肅總兵。

王寶，寧夏衛指揮，歷陞涼州副總兵。

保周，寧夏衛指揮，歷陞參將。

王棟，寧夏右屯衛指揮，歷陞參將。

鄭獻，寧夏前衛指揮，歷陞寧夏副總兵。

李嵩，寧夏衛指揮，歷陞參將。

錢炳，寧夏左屯衛指揮，歷陞參將。

孟鸞，寧夏衛指揮，陞陝西參將。廉慎不苟，深明戰守之機。嘉靖年間戰賊於紅井，屢建奇功。

石玉，靖虜參將。見《宦蹟》。

何其昌，榆林副總兵。

吳嵩，定邊副總兵。

李印，定邊副總兵。

李孝，保寧參將。

葛臣，甘州副總兵。

曹伸，寧夏中屯衛指揮，歷陞遊擊。

徐綱，寧夏衛指揮，歷陞遊擊。

馬經，寧夏左衛指揮，陞領班地左都司。

劉爵，延綏參將。

---

① ［校］楊時都指揮：此五字後原有"呂仲良偏頭關參將"八字係重出，據刪。

徐通，寧夏右屯衛指揮，陞興武營協同。

徐通，鸞之子，洪水堡守備。

徐應楨，襲指揮僉事職，萬曆四年修邊事竣，陞指揮使。

何極，靈州參將。

屈漸伸，寧夏右衛千戶，歷陞遊擊。

羅鎧，寧夏前衛指揮，陞鎮靖守備。

魏璋，寧夏衛百戶，陞固原遊擊。

鄭暘，寧夏衛指揮使，陞巡邊營守備。

王价，興武營遊擊。

劉濟，平羅參將。

沈吉，右衛指揮，陞興武營協同。

王恩，鎮羅守備。

王植，寧夏衛指揮，陞領班都司。

楊恩，高臺遊擊。

張威，寧夏右衛千戶，陞中軍都司。

張勛，寧夏衛人，陞屯田都司。

趙賢，應之子，前衛千戶，陞領班都司。

馬雲，經之子，鎮羌守備。

來臣，寧夏衛千戶，陞萬全守備。

羅恩，平羅守備。

吳汝山，鼎之子，榆林坐營都司遊擊。

劉賢，平羅守備。

姜河，甘州副總兵。

朱三省，中衛指揮，陞玉泉營守備。

錢載，左衛千戶，陞玉泉營遊擊。

汪度，前衛指揮，陞甘州都司。

陳金，中衛千戶，陞固原遊擊。

石松，玉之子，陝西階州參將。

楊珣，陝西都司。

孟學孔，寧夏衛千戶，陞坐營都司。

李植，玉泉營遊擊。

周基，右衛指揮，陞甘州都司。

徐應禎，中屯衛指揮，陞領班都司。
張昕，寧夏衛指揮，陞中衛將軍。
周世忠，中屯衛指揮，陞嘉峪關守備。
石棟，松之弟，鎮靖參將。
李登，中屯衛指揮，陞京營遊擊。
沙楊，寧夏衛千戶，陞撫夷守備。
苟應龍，玉泉營遊擊。
施才，左衛所鎮撫，陞都司。
戚龍，巡撫標下中軍都司。
汪廷輔，玉泉營遊擊。
沈光祖，甘肅遊擊。
王盡道，右衛指揮，陞屯田都司。
李化龍，孝之子，石空寺守備。
吳繼呂，嵩之子，寧夏衛千戶，陞撫夷守備。
葉世勛，守備。
陳雷，前衛指揮，陞橫城守備。
施大顯，左衛指揮，陞大壩守備。
李繼先，左衛指揮，陞黃甫川守備。
趙捷，橫城守備。
李鯤，靈州參將。
張署，昕之弟，興武參將。
戴邦治，左衛指揮，橫城守備。
曹以忠，大壩守備。
黃培忠，大壩守備。
王嘉評，莊浪參將。
馬允登，平羅參將。
解國重，文縣守備。
王問臣，大壩守備。
金汝卿，清水營守備。
沈勳，吉之子，蘭州都司。
賈助，清水營守備。
汪濟民，度之子，大壩守備。

孟應熊，古水守備。
馬載道，承光之子，寧夏屯田都司。
江龍，指揮僉事。
郭淇，震之子，鎮靖參將。①
韓欽，延綏總兵。
蘇勇，西路參將。
俞京，西寧參將。
韓英，後衛參將。
李福，興武守備。
楊朝，玉泉營遊擊。
丁繼祖，興武營遊擊。
韓世業，寧夏屯田都司。
楊禎，橫城守備。
郭維校，淇之子，四川僉書都司。
王承恩，安定堡守備。
孟崇祖，清水營守備。
韓體仁，石空寺守備。
盧養材，石空寺守備。
鄭時，都指揮領班備禦。
杜良，寧夏坐營都司。
楊釗，都指揮，領班備禦。
鄭誥，時之子，靖邊守備。
劉栢，莊浪遊擊。
馬天恩，玉泉營守備。
劉繼爵，平羅參將。
趙維翰，甘肅副總兵。
雍彬，陝西遊擊。
常世臣，寧夏都司。
詹鑑，都指揮僉事，統兵寧夏。

---

① ［校］鎮靖參將：此四字下原有"呂仲良偏頭關參將久經戰陣善測敵情"十六字，據《嘉靖寧志》卷二、《朔方新志》卷三《武階》刪移。參見本志第412頁腳注［二］。

王爵，都指揮僉事，統兵寧夏。

王紀，都指揮僉事。

常綱，守備。

耿欽，參將。

劉儀，遊擊。

常存禮，都司。

馮中立，涼莊遊擊。

黃恩，興武營協同。

詹思，寧夏遊擊。

李隆，玉泉營守備。

劉繼勳，玉泉營守備。

張世德，平羅守備。

皇清武階

劉芳譽，恩賜侍衛。

劉芳標，恩賜頭等侍衛，歷官湖廣彝陵總兵。

劉體義，芳名子，因平花馬池、定邊功，歷官興漢、西寧總兵。

許震武，順治二年隨勇略將軍趙擒獲逆賊王元等，恩授一等功，加副將。

狄應魁，西寧副總兵。

馬紀官，寧夏後營遊擊。

馬顯伯，玉三子，永昌副將。

金國正，固原提督。

江文斗，西寧鎮總兵。

劉漢業，肅州鎮總兵。

張善，肅州鎮總兵。

夏騰龍，慶陽副將。

韓弼，河州副將。

高飛熊，四川參將。

熊登高，河州副將。

馬英，永昌副將。

許仕盛，固原提督。

許仕隆，仕盛弟，永固副將。

許仕榮，仕隆弟，山東濟寧副將。
鄭明，固原提標參將。
王遐齡，甘肅提標參將。
馮攀，平涼副將。
杜鐘，鑲白旗佐領，京口本旗副都統。
杜彬，隨叔父呈泗任聖祖南巡接駕，特授乾清門侍衛傳旨。
杜鎔，鑲白旗世襲佐領，駐防杭州參領。
馮天惠，攀之長子，廣東瓊州鎮總兵。
張光祖，寧夏左協副將。
張堯卿，寧夏花馬池副將。
張紹藝，金塔寺參將。
馬英，固原城守營參將。
馮琇，下馬關參將。
張大受，大靖營參將。
馬超，江南遊擊。
王通，四川遊擊。
楊明，固原右營遊擊。
張林，寧夏前營遊擊。
歐昇，甘肅左營遊擊。
楊先功，寧夏前營遊擊。
楊隆，寧夏前營遊擊。
魚從虎，安西遊擊。
許士奇，西寧中營遊擊。
魏國璽，西寧中營遊擊。
劉繼漢，西寧中營遊擊。
劉繼業，西寧前營遊擊。
馬明，長武營都司。
楊宗隆，西寧城守營都司。
楊宗豹，宗隆弟，松江提標左營遊擊。
楊志仁，廣東都司。
倪進朝，臨洮遊擊。
姜友才，鞏昌遊擊。

攀科，鞏昌遊擊。
白玉柱，阿壩營遊擊。
韓三琦，鎮夷營遊擊。
趙秉鐸，廣西潯州副將。
王愷，西鳳協副將。
趙義，肅州右營遊擊。
陳天祥，肅州右營遊擊。
周文正，肅州右營遊擊。
孫朝捷，嘉峪關遊擊。
孫洪謨。
韓世勳，浙江衢州遊擊。
馬龍圖，明之子，侍衛，福建臺灣都司。
韓興原，世勳孫，浙江太平營參將。
王伏世，黑城營遊擊。
張虎，大馬營遊擊。
李登科，江西袁州副將。
李如松，永州總兵，調授杭州右翼副都統。
任澍，福建漳州鎮總兵。
許振聲，潼關副將。
許聯科，江南贛州參將。
許超群，雲南普洱鎮參將。
許必榮，直隸遊擊。
朱一隆，湖南遊擊。
李得功，襄陽遊擊。
江之湛，湖南寶慶副將。
江之濯，洪德城遊擊。
朱三錫，副將。
朱奇輝，三錫之子，廣東遊擊。
楊啟元，固原提督。
杜森，西大同總兵。
毛成虎，紫陽遊擊。
王廷瑞，洮岷副將。

彭云隆，固原參將。

馬進德，白塔營參將。

任連城，廣東瓊州總兵。

王法文，甘肅中營遊擊。

姜大經，固原提標前營遊擊。

郭萬銀，涼州右營遊擊。

王大勳，紅德城遊擊。

江進祿，紅德城遊擊。

馬進仁，鞏昌遊擊。

張思詠，秦州遊擊。

哈仁鳳，洪水營遊擊。

張大業，安西中營遊擊。

方圯英，靖邊營遊擊。

張建元，西安火器營遊擊。

吳開垢，畢赤營遊擊。

孫洪謀，廣東羅定協副將。

杜茂松，靈州營參將。

杜繼甫，固原提標參將。

李現祥，恩賜侍衛，貴州、臺灣遊擊。

李現瑞，陝西撫標中營參將。

李現彩，恩賜侍衛，湖北漢陽遊擊。

李現弼，直隸龍門營都司。

王運洪，貴州古州鎮總兵。

劉勳，雲南大理寺遊擊。

張聖教，西安撫標遊擊。

張起鶴，國樑四子，侍衛，江南壽春鎮總兵。

戴坤，浙江溫州鎮總兵。

陳大用，雲南總兵。

王谷宰，雲南參將。

羅鳳彩，商州遊擊。

徐璉，安西遊擊。

吳本澂，進義子，保定遊擊。

江大宗，西寧遊擊。

馬乾宜，廣東潮州鎮總兵。

馬乾純，湖南辰州協副將。

馬乾和，淮安遊擊。

梁朝桂，肅州鎮總兵。

王三杰，固原遊擊。

寧夏府志卷十六

忠

宋

裴濟，知靈州，興屯田之利，謀輯八鎮。趙保吉圍靈州，餉絕，援兵不至，城陷，濟死焉。

元

朵兒只班，爲中興路元帥。順帝十五年，倪文俊擊破其軍，只班不屈，死之。

明

徐勝，洪武時監督，勇敢善戰。五年，從徐國公征沙漠，收捕梅花等鎮強寇有功。二十一年，征雲南蠻，歿於陣。廕一子。

王俶，陝西都指揮，① 鎮守寧夏。永樂辛卯，② 與賊戰於河西，③ 被創死。同時有指揮諸鼎、千户沈傑亦戰歿。

劉英，都指揮。成化初，在定邊營與虜戰死。

王理，指揮。成化初，在鴨兒巷與虜戰死。

王泰，都指揮。弘治間，河東領兵，與賊戰死。

許顒，都指揮，④ 守備靈州。天順間，追寇至河套鹿泉，顒乃據險，

---

① 都指揮：《弘治寧志》卷二、《嘉靖寧志》卷二《寧夏總鎮·忠節》載，王俶、劉英、王理、王泰、王震、趙璽、李睿等爲都指揮僉事或指揮僉事，編者皆省去"僉事"二字，蓋襲《乾隆甘志》之說。

② 永樂辛卯：永樂九年（1411）。

③ [校] 河西：《明太宗實錄》卷一一二"永樂九年正月庚辰"條載敕甘肅總兵官侯宗琥曰，得報韃賊失捏干剽掠黃河東岸，寧夏都指揮王俶無謀輕敵，爲賊所陷。故疑此戰當發生於河東。

④ [校] 都指揮：此同《乾隆甘志》卷三七《忠節》，《嘉靖寧志》卷二《寧夏總鎮·忠節》作"署都指揮僉事"。

挈全軍回力戰，射死酋長數人，又斃酋子三人，力盡自刎。敵憤甚，剮其肉，煮其骨，以灌駝。

王震，指揮。成化四年，石城滿四作亂，與鎮人蘇諒同領軍，戰歿。

趙璽，指揮。弘治六年，與賊戰靈武口廟山墩下，遇害。

李睿，都指揮。寘鐇之變，憤罵不屈，爲亂軍所害。事聞，賜祭廕。

楊忠，中衛指揮，陞都指揮僉事。逆〔寘〕鐇變，擁衆入行臺，殺巡撫安惟學。忠執杖擊賊，爲賊所執，罵愈烈，賊怒碎其尸於都堂。事聞，賜祭、襲廕。

張欽，右衛百户。寘鐇之變，欽不肯臣逆，自縊於演武場。事聞，廕子表門。

成賢，指揮。① 膽勇出衆。嘉靖十三年，套騎四萬餘入寇，賢從總兵王効爲前鋒，率八百騎迎於秦壩，力戰移日。賢獨當一面，虜被傷者甚衆。因併力攻之，遂死。事聞，廕子梁爲都指揮。同時指揮吕仲良、劉勳、王潘，與賢俱歿於陣。

楊璘，指揮。爲神木參將，與賊血戰而死。

李時，指揮。嘉靖三十二年，領兵入衛，行至浮圖峪遇賊，血戰一日，殺敵頗多，碎屍而亡。虜自是不敢入犯。以捍禦功，建祠祀之。時鎮人同死者，指揮張第、江岊，百户楊汝松、周時。

戚文，指揮。驍勇素著，虜畏之，不敢近邊。猾者以計誘之，出伏兵邀截，文遂力戰死。

潘綱，左屯衛千户。嘉靖三十六年，防河裴家渡，遇賊戰亡。

陳垕，指揮。嘉靖三十八年，領兵入衛，至蔚州瓮城驛，戰亡。同時指揮張策、陳勳，皆歿於陣。

吕綸，百户。嘉靖三十八年，紅山堡遇賊，戰亡。

李恩，千户。嘉靖三十八年，廣武營高廟兒遇賊，戰亡。

魏信、朱鼎，俱都指揮。陳忠、李恭、曹宗堯，俱指揮。李賢、徐紀、劉鎮、王清、徐相、邵真、張坦、鄭國、楊臣、沈傑，俱千户。周臣、史書、王邦、魏昂、湯雲、楊舉、王通、劉樞、朱賢、白清、秦仲賢，俱百户。以上俱陣亡。

韓選，都指揮。嘉靖三十二年，敵由橫城入，選以千總從總兵姜應熊

---

① ［校］指揮：《嘉靖寧志》卷二《寧夏總鎮·忠節》作"指揮同知"。

出禦，奮勇堵截，自卯至酉，力竭而死，爲賊碎尸。靈州卒賴以不失。事聞，贈恤，建祠致祭。

李承恩，守備。萬曆二十年，謀擒哱〔拜〕、劉〔東暘〕，機洩被執，不屈，爲賊所殺。其子佩，見父死即渡河請兵，欲報父仇。被縛，挺立罵不絕聲，爲賊磔死。

安宗學，寧夏總旗，賊索總兵符印旗牌，宗學不屈，被殺。

陳棟，原任遊擊，以驍勇聞。萬曆二十年，哱〔拜〕、劉〔東暘〕之叛，與原任守備朱綬謀擒賊，事覺被殺，縛綬於北樓殺之。

王徹，把總，曾揭哱拜父子青海侵冒不法事。賊叛，謀殺賊，事覺，哱殺之。

周哲，中衛學生。萬曆二十年，哱拜反，遣僞將王虎攻中衛，參將熊國臣棄城走。哲招集士庶分城據守，叛弁韓范爲內應，城遂陷。賊怒哲等拒守，欲殺之。或勸哲徃見求解，哲怒觸柱曰："寧死耳，肯屈賊求生耶？"賊猶欲收人心，未即殺。越數日，出攻他城，留左右十餘人。哲偵知，即令其子約同志僞賀，各藏兵器，擇家僮之健者，將羊酒隨入。虎聞紳士來，喜出迎，甫拜揖，遽擊之。虎被擒，殺餘賊十餘輩，其黨乃逸。時總督魏學曾駐下馬關，聞中衛從賊，遣兵來討。比至，以賊首獻，乃按兵而入。中衛得全，皆哲之力也。哲事親孝，黃元會作《忠孝紀略》載其事。

李金，謀刺許朝，事覺，父子俱死。

張沛，指揮。以謀殲賊，事覺，死。

呂擢，百戶。赴鎮河灘驅哱賊牛馬，仍運窖草以供徵兵。賊縛至鎮，殺之。

李沛，應襲。謀殲賊，被執，罵賊，死。

王極，指揮。① 領兵追哱拜，至古塌兒被殺。賜恤。

錢柏，中衛人。哱拜亂，於中衛奮勇堵戰，被殺。賜恤。

張世傑，百戶。屢報賊情於王師，且輸供芻草，賊執去鞭撻無完膚，死。

---

① 《乾隆甘志》卷三七《忠節》載其爲"中衛指揮"。

施戚，① 百户。守李剛堡，偵賊動定，報平虜將官，② 仍約弟男内外同謀除賊，賊執而殺之。

蔣三重，謀殺僞把總雷鳴，機泄，被執不屈，駡賊裂眦而死。

姜應奎，同宗子謀獻東城於官軍，且約刺賊。賊拘諸宗子，遍受箠楚，獨支解應奎。時陳文通、孟舉、張大勳亦會議獻城，賊俱殺之。

納賦，生員。因其侄指揮納舟從廣武渡官軍，許朝執賦並其子楫，族人納坤、納税、納福、納書等，殺於市，罄其家。

高蓋，健丁。追賊入北門，蓋無後繼，遂爲賊所攣。

陳緒，常信堡官。殺賊黨三人，賊執至鎮，支解之。妻梅氏自縊死。

張伏三，常信堡民。堡官陳緒恨賊黨張保等逼取民間牛車、③ 芻米、豬羊、鵝鴨爲害，殺保。賊誘緒出城，縛去。伏三與堡民張大經、胡希禹、李現、潘奉、謝邦林等追救緒。賊伏突起，執伏三等六人，同緒支解。

孫九齡，賊邀入黨，不從，斷其手膊，仍梟之。

王繼哲，恃勇設誓擒賊，賊執禁古廟殺之。

趙承先，指揮。與鎮人指揮戚卿、張佩等同謀獻西城納官軍，策就，密報西營將領，以城中火起爲號。至期，城外杳然，乃遣武生張遐齡縋城下徃促兵。賊覺，分布緝捕，同謀死者趙承先、戚卿、張佩而外，武生陳松，童生李友桂、郭自謙，軍丁賈謨等皆死。

陳九敍，同趙承先謀獻西城，預帖以報，仍立誓詞。事未就被執，九敍即將誓詞吞嚥，甘心賊手，同謀善類多免於害。

任天慶，慶陽人。流寓寧夏，與妻議製鐵杵擊賊。與應襲、張應魁謀。鄰婦包氏與張有隙，密報許朝，執二人至，詰之。應魁不服。天慶厲聲曰："賊奴不必問，與他不相干，是我恨爾賊奴背反朝廷，欲早殺爾。"朝怒，縛天慶遊市，斬首竿之城頭，碎其屍。

張龍，掣船東岸以絶賊渡，又擒賊黨，解靈州梟示。賊恨，捕龍至鎮斬之。

―――――――

① ［校］施戚：《朔方新志》卷三《忠》、《乾隆甘志》卷三七《忠節》均作"施威"。又，《朔方新志》卷三《忠》"施威"事蹟位於下文"陳緒"條之後。

② ［校］平虜：原作"平羅"，清避"虜"字諱改，據明寧夏行政區劃名回改。下同。

③ ［校］張保：《乾隆甘志》卷三七《忠節》作"張堡"。下同。

王琦，奉軍門令，易糗糧，賊緝獲，凌遲死。

陳漢，百户，撫軍門下供應官，賊忌殺之。

杜祥，爲吏職，① 因賊掠諸堡，具禀平虜將官防備。賊覺，加剮刵刑，饜其肉以飼犬。

瞿桂，其族百户瞿坊管魏信堡，擒殺許朝族丁。朝因拘桂與瞿相、瞿樞、瞿棟、瞿材、瞿東、瞿尚禮、瞿尚義八人，俱殺之。

夏之時，與鎮人何廷璋、生員王懋等三十人，閉南關之北門，計飲偽千總馮佐等以酒，醉而殺之，遣衷朝縋城驅官軍，遂入南關。

蘇彙，中衛生員。哱拜之亂，倡義守城，遏賊河上，保全靈州。時同事者掌印指揮李繼先、學正馬文明、武進士盧養龍、生員金佩等十五人。事平，奉旨勒石紀功。

白葵、王天直，始謀獻城，賊執殺之。

張直、王承德、王懋德、王嗣德，同約獻西城。西營失應，被執。内承德罵不絶口，至死，猶以不早殺賊切齒忿恨，死。

王朝、王宰、楊仁，偵賊動定，報平虜將官。賊執北樓殺之。

張大綱、張其，始謀獻城被囚，逸出。賊復撲殺之。

王訓、錢益、姚錦、姚選、郭南、吳朝棟、王應登、姚希安、王櫃、周寧，始謀獻城，被許朝執殺之。

賈謨、畢廷臣、任甲、王元、高敏、劉一元、鍾達、張友智、談守用、劉應奎、蔣忠、梁朝簡、龍氣、張倉、李孜、楊羔宿、劉侯、顧朝相、王大用、岳達子、陳谷、王德、劉伏、周尚禮、岳火力赤、王虎剌亥，皆軍丁，謀獻西城，事洩，悉被慘殺。

周阿都赤、周虎㽘，暗寫匿帖，箭射出城，賊覺，箠楚八十，監殺之。

王洪、趙什一、董計、石阿孫、王阿多、謝友貴，俱與戚親合謀獻城，一時被殺。

以上官軍士民俱奉敕旌表，建祠曰"顯忠"。

張祥、石地哇、徐秀、鄭天玉、王詔、繆莊哇、胡受哇、徐敢哇、徐梅、徐九九、徐漢、張文選、張黄哇、張雨哇、石春哇、石蠻哇、干香、徐冒、徐九元、田六六、石良、石地哇、鄭當哇、劉蹉哇、杜成和、陳五

---

① ［校］職：原作"識"，據《朔方道志》卷十九《人物志·忠義·明》改。

斤、張恩、張六指、劉邦正、韓驢兒、① 徐暑哇、許田哇、胡剛、李喜哇、張李哇、許德、石孫哇、張喜哇、李五哇、張保哇、李果、張倉哇、徐邦奇、徐邦彥、三兒、徐彥學、吳應祺、② 陳文選、方端、陳召哇、蔡愷、③ 徐牛哇、劉惟淮、劉雪哇、李元、雷廷甫、李景洛、④ 徐虫哇、徐常哇、車喜喜、何進進、劉八哇、劉敢哇、劉八八、胡舍哇、常韋、孝孝、張馬住、陳孝兒、胡羊哇、王早兒、邵卷哇、邵七哇、石打城、徐棟、陳華、陳付、楊七哇、張召哇、劉地哇、陳玉、江其、石張公保、劉外家保，逆賊遣兵屠堡，祥等被殺者八十四名，奉敕旌表建祠，春秋致祭。

李世松，靈州人，性忠直，善左右射。耕於晏湖墩側。插漢入，世松率眾拒賊，眾寡不敵，人悉奔。松獨守墩上，以矢射賊，中者輒斃。賊恨甚，攻圍益力，凡兩日夜。松左右大指皆裂見骨，被創死。

史開先，都督鏞五世孫，歷官寧夏中路副將。明季插漢入，率兵禦敵，斬馘甚多，陣亡，賜諡忠烈。

耿光榮，指揮，任玉泉營遊擊。插漢入犯，奮勇出禦。與指揮趙有牧、千總周崇雅，把總唐國俊、許城、王朝，俱歿於陣，皆賜恤典。

江孔學，靈州人，居胡家堡。插酋之變，賊圍堡，孔學登城罵賊。城陷，孔學自刎，一家俱罹於難。

解文英，以副將守延安府。李自成據關中，遣兵至延安，文英率眾死守。及城破，賊授以官，文英罵不絕口。囚於獄，又於獄中約榆林總兵尤世威等舉義，圖恢復，賊怒，支解之。

呂之蔭，貢生，授真定通判，委攝獲鹿縣篆。未旬日，寇臨城下，蔭率士民堅守七晝夜，城破被執，罵不絕口，死。妻劉氏、妾張氏，偕幼子二人及其僕俱殉死。蔭受刃亂軍中，不辨其骸。事定，與城中被殺者作二大塚，別男女而封之，敕建祠致祭。

王風水。賊將牛成虎入寧夏，⑤ 風水與指揮彭凌雲等十三人，糾合山

---

① ［校］韓驢兒：《朔方新志》卷三《忠》作"韓驢哇"。
② ［校］吳應祺：《朔方新志》卷三《忠》作"吳應麒"，《銀川小志·鄉賢·國朝·忠》作"吳應麟"。
③ ［校］蔡愷：《朔方新志》卷三《忠》作"蔡凱"。
④ ［校］李景洛：《朔方新志》卷三《忠》作"李景落"。
⑤ ［校］牛成虎：《乾隆甘志》卷三七《忠節》作"牛成龍"。

後蒙古舉義。事洩，賊磔風水於市。凌雲等皆被殺。生員保國璧死尤慘酷。

蔡應昌，興武所千户，任花馬營千總。明末羅凸土賊搶掠，應昌統兵剿賊，自卯至酉，力盡，血戰而死。

李學牧，指揮。賊將牛成龍知其技勇，授以官，不應。與王風水謀舉義，單騎徃召河東人，圖恢復。賊防之嚴，不得出，或勸之亡去，學牧曰："賊索我亟，必殘殺無辜，我一身當之，以解衆難。"遂復入城，賊露刃擁之，學牧具冠帶，北向再拜，端坐受刃。

鄧德，百户。逆闖檄至寧夏，諸宗屬及紳士集慶府議降。德排闥入，灑淚申大義曰："諸公皆欲賣城自全，獨不爲王計乎？"後與王風水等舉義，欲誅僞官陳之龍、賊將牛成虎。謀洩，被執。挺身仰面受刃，厲聲曰："吾死當爲神，盡殺賣國臣。"遂遇害。

馬獻圖，字興之，總兵馬世龍子，以廕補指揮同知。李自成據關中，勒降，不屈，械繫軍中，至山西候馬驛殺之。弟負圖、呈圖俱繫指揮。① 自成遣僞將牛成虎陷寧夏，負圖兄弟約表兄彭姓者圖恢復，事洩，同被害。兄弟殉節，人稱"馬氏三忠"。獻圖死時年三十三，負圖年十九，呈圖年十六。

丁孔應，以世指揮授北川守備，陞遊擊。闖逆犯順，孔應守義不屈，賊擁戈逼之，孔應厲聲曰："吾頭可斷，身不可屈。"遂遇害。

雍締，中衛人，以歲貢任四川仁懷知縣。張獻忠入蜀，締率百姓死守。城破，闔家自焚死。先是，宣和堡歲饑，人日逃散，締傾貲全活之。

鄭感民，舉人，任遼東寧遠州推官，總制洪承疇稱其臨機決策，措置有方，擢爲遼東監軍道。後城破，合家死難。

韓嘉爵，平虜中軍指揮，有勇略。臨陣直前，手刃數十人，爲賊支解。

黃儒煐，中衛永康堡生員。明末，香山賊攻陷永康堡，人皆順從。儒煐獨挺立不屈，危言抗賊，賊加桎梏，絕其飲食，殞。

孫祚昌，中衛鳴沙堡生員。明末，寇入堡，欲降之，祚昌怒罵，拔刀自刎。賊碎其尸去。

---

① ［校］繫：《朔方道志》卷十九《人物志‧忠義‧明》作"襲"。

李維新，① 中衛威武堡人，業商，慷慨多大略。明末，賊朱國端等嘯聚螺山，出沒峽口、楊柳泉，刧殺行旅。廣武遊擊奉檄征剿，至威武，聞維新名，委令領民兵入山合剿。既遇賊，維新奮勇獨戰，殺賊無數，以衆寡不敵，歿於陣。遺子淋幼，妻張氏少，後守節撫孤成立，烈節萃於夫婦。

　　包永成，庠生。弟永明，亦庠生。明末，賊破惠安堡，聞永成兄弟有技勇，欲挾之去，不屈，遂被害。

　　吳繼綏，承襲都指揮。明季，僞總兵牛成虎據寧夏，肆殺戮。繼綏憤之，倡義殺賊，圖恢復，事洩，爲賊所害。

　　韓建極，延綏守戎。闖賊之變，殉難三台山。

　　杜弘埰，以庠生盡節，敕賜翰林院五經博士，旌表，蔭子入監。

　　杜文煒，由蔭生任山西汾州同知同，盡節，贈按察司參議。

　　杜弘基，由選貢任黔陽知縣。欽取河南道御史，於湖南靖州殉難。

　　杜福，歷官山東平山營參將，戰歿，贈驃騎將軍，蔭一子。

　　唐之英，慶府儀賓，雷福堡農家子。性聰慧，美容止，讀書過目不忘。慶王獵於北野，遇之塗，奇其狀貌，問其年，甫十一，問其姓氏，應答如流。載歸藩府，年十六納爲儀賓。崇禎十七年，聞莊烈帝崩，遂號哭，絕粟三日，仍自經於府。

　　張伏弩，千户總旗。常山窩堵賊陣亡，蔭子拱宸。

　　皇清

　　吳綉，以功授洪廣營千總。康熙十四年，平涼王輔臣叛，綉攜其子繼統，隨陳忠愍公〔福〕攻五原，時賊鋒方銳，綉奮勇先登，死於五原城下。② 子繼統襲職，每臨陣欲報父仇，奮不顧身，亦戰歿。

　　劉進孝，總兵體義次子，任千總。康熙三十五年，隨總兵殷化行征葛爾旦，同中營遊擊陳維屏守甕金，陣亡。三十六年，聖祖幸寧夏，遣使致祭，賜銀一百兩，諭令進孝妻馮氏撫孤安葬。雍正七年，入祀昭忠祠。

　　司九經，字聖典，從征川、雲，又從征出塞，俱有功績。歷任宣化總兵，罷職歸。康熙五十七年，隨征效力，遇敵陣亡。

　　杜呈源，由千總隨將軍趙良棟征蜀，奮勇爭先，歿於陣，奉旨入京城

────────
① 〔校〕李維新：原作"李維興"，據《乾隆甘志》卷三七《忠節》及下文改。
② 〔校〕五原：《乾隆甘志》卷三七《忠節》作"固原"，疑是。

忠烈祠。雍正元年，入寧夏忠義祠。

李榮，功加寧備，從征西藏，歿於陣。

李棟，福建撫標，隨征守備，值耿逆變，盡節。

馮綉，① 任固原參將。隨征進剿至木魯烏素地方，遇準葛爾賊寇，與戰，爭先殺賊，歿於陣。

許世隆，任永固城參將，進剿至巴爾庫爾，歿於陣。

羅萬倉，由行伍任臺灣參將。遭朱一貴之亂，② 萬倉提兵禦戰，身先士卒，殺賊無算。賊放火箭，遂中創斃。妻蔣氏先令家人抱子逃匿，自率兵守城。城陷，縊而死。後寇滅論功，賜"夫忠婦節"字，世襲三代雲騎尉，今上加恩授恩騎尉。

馬秉倫，字統文，際伯四子，仁厚和雅，由武舉累官雲南烏蒙鎮遊擊。雍正七年，苗變，城壘未完，秉倫爭先出禦。賊數萬犯城，衆寡不敵，遂遇害。事平，賜祭葬，蔭一子，崇祀昭忠祠。

袁夢麟，雍正癸丑進士，③ 陞雲南楚姚鎮右營遊擊。乾隆三十三年，進剿雲南蠻巴二龍山，陣亡。

葉應春，花馬池營把總，進剿烏什有功。後遇敵陣亡。賜葬，蔭一子。

高鳴謙，貴州提標守備。雍正八年，征烏蒙陣亡，蔭一子。

高揚謙，由行伍進藏，有功，議敘加副將，歷任雲南營守備。雍正十年，征烏蒙陣亡，蔭一子。

趙鉞，雍正壬子武舉，④ 任四川成都守備，乾隆十三年，金川陣亡，蔭一子。

楊清，千總。乾隆十三年金川陣亡，蔭一子。

丁吉士，經制外委。乾隆十三年，金川陣亡。

趙廷璧，鉞之子，蔭生。乾隆二十二年，西路陣亡。

金富國，外委。乾隆二十三年，西路陣亡。

紀安國，外委。乾隆二十三年，西路陣亡。

---

① ［校］馮綉：《乾隆甘志》卷三七《忠節》作"馮琇"。

② ［校］朱一貴：原作"朱一桂"，據《乾隆甘志》卷三七《忠節》、《平臺紀略》等改。下同。

③ 雍正癸丑：雍正十一年（1733）。

④ 雍正壬子：雍正十年（1732）。

周延恒，把總。乾隆二十三年，西路陣亡。

杜斌，外委。乾隆三十年，西路陣亡。

馬國樑，守備。乾隆三十八年，進剿金川，勇敢善戰，所向有功，特賜功加副將孔雀翎。後歿於陣，蔭一子。

李殿雄，千總。乾隆三十八年，金川陣亡，蔭一子。

朱紫，千總；王肇基、杜士英，把總；王大成，外委。以上俱乾隆三十八年金川陣亡。

陳世寶，千總；鄒孟華，把總；李聯元；汪路教，外委。以上俱乾隆三十九年金川陣亡。

趙興基、姚進功、馬廷傑、柳若椿、夏仁、陸純乾，俱把總。李鍾秀、金祚虎、孫俊英、張積功、岳正、王錫章、王萬禄、王經、李玉，俱外委。以上俱乾隆四十年金川陣亡。

孝

唐

侯知道、程俱羅，俱靈武人，孝行詳李華《贊序》，見《藝文》。①

元

趙那海，見《元史》，② 事蹟未詳。

明

王絧，字子紋，③ 寧夏衛指揮綸之弟。母喪，廬墓，足不履城郭者三年。

徐勇，靈州人，事母孝謹。母年九十有四，勇自少至老，凡飲食起居未嘗稍離，鄉黨稱之。遭劉東暘之變，率衆守城，兩獻俘馘。

趙誠，靈州人，奉繼母至孝。母歿，朝夕哭奠，齋戒三年如一日。所著有《易經述古》《百一稿》。

李雲，寧夏人，父兄罹哱〔拜〕、劉〔東暘〕之害最慘。雲以遺腹子

---

① 參見本志卷十八《藝文·贊》載李華撰《靈武二孝贊》。

② 《元史》卷三六《文宗本紀》載，文宗天曆三年（1330）二月"己未，旌寧夏路趙那海孝行"。

③ 〔校〕子紋：本志原同《弘治寧志》卷二、《嘉靖寧志》卷二、《朔方新志》卷三均作"子文"，據《正統寧志》卷上《孝行》、《嘉靖陝志》卷三一《文獻十九·鄉賢·寧夏衛》、《乾隆甘志》卷三八《孝義·寧夏府》改。

賴母氏苦節鞠成。陞左參將，奉母盡孝，居官盡職，尤熟練屯政，致仕後，當事委重挑濬渠工。

陸國相，棗園人。明昭信校尉，養二親能先意承志。父萬乾病甚，衣不解帶。虔禱於藥王，後服劑隨愈，因力修藥師殿。後在寧聞母喪，徒步馳歸，哀毀骨立，水漿不入口。時明季旱蝗，惟國相所種糜數十畝無損，人以爲孝感所致。國相悉以其穫分貸里中貧者。

萬汝義，威武堡孺童。隨父往田間，忽地震，父驚倒不能起，汝義扶父坐，念母在莊内，奔至家。時大震不已，妻、子俱伏地，見汝義號呼求救，義不顧，負母走。甫出門，牆傾，俱被壓。義妻及一子獲全，殆天不欲絕孝子之嗣歟。

于翼龍，棗園堡人，衛學生。崇禎十三年，侍母郝氏往張恩堡爲弟納聘，途次乾河墩，突遇寇掠劫財物，傷同行者。生奮不顧身，棄所携幣帛以餌賊，負母疾馳，得免。官爲給"致身救母"額表其門。

皇清

鄭興基，後衛花馬池人，爲弟子員。值年荒，其父爲虜掠去，興基詢知父在板城，隻身徒步趨父所。板城在北口外，道經山西。時晉省大旱，人相食，興基奮不顧身，決意長往。尋至殺虎口，得達板城，父子相見，抱持大哭，見者俱感動。有喇嘛僧憐其孝，贈馬二匹、銀十兩、衣二襲，令其歸，興基遂奉父旋里。

馮爾暉，寧夏人，順治丁酉副榜。[1] 孝事節母王氏。母終，爾暉廬墓三年。

馬中驊，寧夏等衛學生。至性過人，嗜先儒語錄，每日正襟莊誦。親喪，廬墓三年。

張琮，寧朔縣生員。次門乏嗣，琮出繼，事所繼母如生母。母病，扶持月餘，衣不解帶。疾篤，至嘗糞以驗甘苦。

康晉侯，字相宸，商學廩生。天資明敏，年十三背誦《十三經》，文詞典麗，遂入學。事親克孝，曲盡歡愛。康熙四十二年十一月初六夜，鄰街火。軍民救火者行暗中，若聞有語曰："康氏孝友人，弗可延及。"迨火滅，左右數十家併毀，獨康氏宅無恙，咸以爲孝行所感。前監收廳王全臣書"孝格天心"額以表其門。

---

[1] 順治丁酉：順治十四年（1657）。

康元品，字士一，縣學生，晉侯之子。年二十二歲，父亡母寡，繼祖母尚在堂，年八十。家素貧，品晝則負薪供炊，夜則燃香照字。後祖母患痰症，不能起，母氏亦老病目花，兩世並偃仰床席間累數年。品晝夜扶持，爲洗曝穢漬，俱出誠懇，無懈始終。前夏令武高其行義，憐而餽之，辭不受，曰："幸舌耕足以自給。憐我貧，不知我者也；惠我財，不愛我者也。"鄉里稱之曰："孝思不匱，貧賤不移，康士一有焉。"

王懋德，字聿脩。少貧孤，有至性。十歲失母，事繼母以孝聞。年二十九，隨大將軍岳鍾琪征剿烏魯木齊，甚器之，令佐幕府。時陝甘兵丁有應追賠鹽菜銀十餘萬兩，自爲奏稿，力請於大將軍，卒得豁免。官民知其事者，咸推重焉。凱旋，議敘例補守備。懋德以母病不忍離告，改本省塘務終養。生平喜讀史，知大義，不苟言，不苟取，壽八十三。人欽其齒德，贈額曰"鄉閭矜式"。

高棲鳳，字桐崗。性安和，寡言笑，補弟子員。一堂四世，朝夕承顏。後遭地震，家盡毀。一弟在襁褓中，棲鳳煢煢一身，經營喪葬，不以顛沛故稍乖於禮。爲文章冲和恬雅，卓然成一家言，教授生徒多騰達。年四十無子，遂無復功名意，以詩酒自娛，尋病卒。

朱含章，夏縣諸生。其父以勞致疾，含章百計圖醫無效，因割股和藥飲之，稍愈。後仍以此疾終，含章憂毀而卒。

劉漢華，衛庠生，石空人。事嫡母三十餘年，母以節著，子以孝聞。

路廷詔，字雲來，府學生。賦質淳厚，力學敦本，事親孝，友於諸弟。因母孟氏患反胃疾，廷詔遂棄舉子業，潛究醫方，一意調治母疾，竟愈。多不爲外人胗視，親知有求理者，亦不辭貧者，並資以藥，不取值。與人交，恭敬和靄。年僅五十卒，鄉里遠近聞者多爲垂涕。

楊郁，字彬雅，任同官縣訓導。事親能怡顏愉色，奉養維勤。及父年邁，偶得淋症，醫藥罔效。郁痛父沈痾，至以口吮，疾遂愈。生平未嘗爲外人道。馬之驥，郁之妹丈也。年踰七旬，亦得此疾。謂人曰："郁之孝行，惟我獨見，而未嘗與人言，豈隱人之善而自致此與？"自是邑人始知其事，益欽其孝。乾隆八年，旌表入祠。

袁大聰，農家子，不知書。年十八，父得胃疾，卧床不起者數月，大聰晝夜鬱懣，憂形於色。有農父見而問之曰："子何事而憂鬱若此？"答曰："父遘胃疾，百治不效，奈何？"農夫戲之曰："尋人肉食之，則愈矣。"大聰即潛入藥王廟，祈禱割股以進，疾遂愈。後因股創，常被衣行，人問之，絕口不言其事。

劉自昌，性醇樸，事父母克盡孝，內外無間言。

義
明

安廷瑞，寧夏監生。自始祖安禮保，至千户廷璧，與廷瑞，六世百口同爨，家門雍肅。

茅貴，寧夏人。正統五年，寧夏大饑，都御史金廉請於朝，設預備倉，勸鎮人之尚義者，各輸粟三百石以賑饑。貴輸粟如數。同時輸粟者有杜海、朱禋、焦原、趙友德、虞海、韓寅、黃銘、葉榮、孫俊、繆顯、葛謙、陳詳、張敬、唐顯、管矩、吳仲名，併貴十七人，① 俱奉敕旌表門。

齊至道，夏庠增廣生，自祖生員齊敬，父生員齊高，至道，凡三世同爨，家庭雍睦。詔表其門曰"三世同居"。

萬人重，寧夏人。拾遺鏹三十兩，後知係旗甲張加義完租錢，人重悉以與之。

明三畏，寧夏人。明末輸粟三百石以助軍餉。

吳過，寧夏人，嘉靖庚子舉人，② 歷任袁州府同知。嘗出廩粟賑饑，③ 多所全活。袁州聞變，為母棄官。官著廉明，鄉稱孝友。

陳謨，萬曆間中衛庠生。與西安商孫尚義友善。孫病故，遺子尚幼，謨撫之如己子。孫子長，將回籍，謨舉其父所遺銀百兩、米百餘石悉付之，錙銖不染。

李繼元，字壽軒，萬曆癸未拔貢。④ 任山西和順縣知縣。年老告休未回籍，和順大荒，公曰："此顛連者皆吾赤子也。今雖去位，不得請，何忍坐視不救。"遂傾囊中積約二千金糴粟捐賑。邑人感其德，立生祠祀之。

賀天保，字石泉，寧夏衛人。萬曆壬辰兵變，⑤ 遷居廣武。癸巳，⑥

---

① 《弘治寧志》卷二《寧夏總鎮·人物·義民》載，此十七人每人納粟五百石。
② 嘉靖庚子：嘉靖十九年（1540）。
③ ［校］嘗：原作"常"，據《乾隆甘志》卷三八《孝義》改。
④ 萬曆癸未：萬曆十一年（1583）。
⑤ 萬曆壬辰：萬曆二十年（1592）。
⑥ 癸巳：萬曆二十一年（1593）。

廣武大水，兵民三日乏食。天保出家所積粟數百石，按口計散，水落方止，全活甚多。〔天啓〕七年，欽賜"尚義慷慨"額。本堡鎮水寺亦繪像焉。

皇清

周調元，後衛庠生。年十四，爲流賊所掠，置營中。賊復掠得子女數十人，閉之空室，令調元守之。調元放之，而身亦乘間脫歸。事親誠孝。寓館中，有賊竊其衣物者，知而弗言。康熙三十年，西安饑，有馮晝者出外，其妻爲父所鬻。一日相遇，夫妻對泣不忍捨，調元出銀贖歸之。

岳應孝，咸陽人，寄居中衛。性愿謹，素貿布，積貲數百，人貸輒與。或不償，亦不佳索。夫婦織毛資生，少有所積，即濟貧困。鎮靖堡被賊陷，有王氏老嫗無依，應孝迎養於家。貧者生子不育，棄於野，犬嚙之，血淋漓未死，孝見而抱歸。乳之長成，臀足嚙痕猶在也。有賣兒於他鄉者，母子號泣不忍離，孝與原值贖歸之。道拾金，持白於市，三日不得其人，歸，納之罐中。越數日，有叩門哀求者，質其數符，悉還之。其行如此。

史振玉，存心忠厚，家貧好義。同宗有負官租者，鬻子以償，振玉捐囊贖還。其子貧乏，質子與人，亦貸銀贖歸養於家。素精岐黃，不輕予人用藥，嘗戒其子曰："醫不可不學，切不可輕行。誤傷人命，必有陰報。"卒年八十。

郭鴻儒，字子元，中衛縣學生。精於渠務。疏濬唐、漢，屢著勤勞。雍正初年間，開惠農、大清兩渠，鴻儒捐貲數百金，又自備資斧，效力三年餘。欽差侍郎通智愛其才，欲擢用之，鴻儒以母老辭。

劉哲，字幾先，太學生，寧夏縣人。事繼母純孝，樂善好施。親族有窮乏告貸者，無不應，亦不立券。嘗於紅花渠灣買閒田數塊，立義塚以葬無歸者，又施棺木三載。前太守顧爾昌書"慕義強仁"匾以表之。壽七十一卒。

周夢熊，字渭陽，寧夏縣生員。父母俱亡，與兄同居，家道貧寒，爲人酒傭，年二十七尚未知書。偶爲無賴子所辱，深恥之，跪請於兄，欲從學，兄謂其年長，再三請，乃許之。受業於廩生張珥。珥異而喜之，曰："此子志堅氣奮必成，其吾鄉之老泉乎？"閉戶八載。雍正三年，文宗王案試，竟入學。後事兄如父，敬嫂如母。妻歿，遺二子俱幼，兄嫂勸之娶，熊曰："吾有二子，足矣，糟糠之義不忍棄也。"遂鰥居四十餘年，壽七十七。

俞汝亮，益謨子，武學生。乾隆三年震災，汝亮捐衣貲六千有奇贍鄉里，奉旨議敘，補寧夏前營守備。

王家幹，字介人，太學生，豁達有器識，衹父恭兄，一本性成，工書翰，以癇症廢學，而志不衰。每訓子弟以遠大，慷慨樂施予，凡戚黨有匱乏，必量力周之。嘗曰："存心利物，一介何嫌？必待有餘，終無濟日。"有親族自中州、長安來者，皆爲安置得所。老友戴興祖鰥獨無依，養之十數年，並送其終。

李宗儒，靈州花馬池監生。雍正二年，荒旱，山堡人皆逃竄。儒曰："我家尚有粟三窑，願與鄉里共之，食盡同竄未晚也。"由是救一方之民。是年除夕，夢一人，偉衣冠，囑曰："明科汝徃應試，必中，切勿誤。"醒而疑之。及期勉強入闈，果中二十四名舉人。

李天篤，字玉厚，太學生。本世族，中葉式微，以勤儉復富，多行陰騭。嘗因小壩堡被焚，貲衣物銀兩約三百餘金，送本堡貢生王克鑑賑貸，語之曰："此某善會所積公物，和議以奉君者也。"其不慕美名類如此。

孫朝功，鎮靖堡人。豪俠尚義，施與且遍鄰里。挑改山河，輸粟三十石，臺司嘉之，扁其門曰"尚義"。寇陷其堡，盡毀居人室廬，獨朝功之屋不毀。

王智，平羅人，家丁義堡。康熙六十四年，值軍需，歲兼歉收，堡民多飢困思亡。智輒出粟數百石以濟，衆乃安鄉井。後智年八十終。常以積德訓後嗣。長子貢生振英遵遺教，檢其鄉里積欠銀穀券約千餘金，悉焚之。今智元配宋氏，年九十猶強健。子振英、孫瀚、曾孫德榮、元孫佩蘭，凡五世一堂，人以爲厚積之徵。

張起鳳，國樑次子，恩蔭生，家居不仕。乾隆三年地震，平羌、鎮北兩堡居民乏食，慨然捐資賑濟。感者作文以記其事，書額懸堡內玉皇閣上。

姚進福，靈州惠安堡人，居鄉，樂善好施予。康熙五十二年，歲大荒，山堡一帶皆赴州領賑。惠安僅產鹽，非地丁不在賑例。百姓聞聲，携持老幼，越兩日程至州，既不得糧，又乏歸路費，群情窘甚。時進福商販到州，哀其情，代請於監收廳王公，願以己房千金作質，借官糧三百石，散給無賑飢民。公允其請，語該官還其券，並給"義氣可風"扁以旌之。又惠安居民千家，食水惟城北二井，屢爲黃沙覆壓。進福捐資修濬，利及桑梓。

张琔，宁朔县汉坝堡人，曾为山西定襄县典史，有幹才，性孝友。琔初有一子，其弟琢有子四，皆抚之如一。自定襄旋里后建四宅，使弟子各执一业，俾知艰难，以相劝勉。自以旧房与子居。凡地产生畜之类皆均之为五。琔晚年又生一子，诸侄愿更均产，竟勿许。康熙二十七八年，各堡荒旱，饥者比户，琔倾囊赈恤。犹不给，借粮数十石，周亲族里党，保全无算。

怡美，卫学生，家素封，喜施予。年五十无子，其妻张氏亦年四十有七，计不能复产，乃鬻贫家子为螟蛉。抚之已二年，既而美闻其父母亦仅此子，迫于饥寒鬻于美者，因慨然曰："吾不忍绝人之嗣以为嗣。"遂还之，并焚其券。次年，其妻张氏忽有孕，连生二子。长廪生体天，有子四。次把总法天，有子六，怡氏之宗且自此大。

李天申，字玉福，太学生。幼孤，事继母克孝，始终无间。及长，事兄如父，无钜细必禀命焉，至老未尝废礼。处戚里，尤敦任恤。婚丧难举者，必竭力以襄之。每岁暮，谅贫乏，各分财周继焉。

万氏，袁一坤之母。一坤拾金於市，归献其母，氏曰："囊中约数十金，性命所关也，奈何吾家亨其利，而置人於死乎？"使一坤持於市，果然哀叫求索者，遂携其囊与之。

赵氏，叶秉贞妻，事翁姑克孝，贤且明。其子尝拾遗金，寻者至，赵询实，即还之，无所顾吝。

义仆附

明

马太一，濮阴王仲子朱倬沚仆也。崇祯十六年，闯贼僞帅朱成虎攻宁夏，城既破，王及其世子死之。倬沚逃出被获，刑厅邱希孔纵之。指挥王惠明匿之村庄，庄人将执而献焉，家人马太一泣曰："事急矣，请代死。主急逃，无遗害於人。"遂服王子冠服，缢而死。报官验实，事遂寝，主竟得免。

叶得新，总督魏学曾仆。哱拜之乱，围城累月无功，乃遣得新入城，说哱拜斩刘东旸，立功赎罪。时哱〔拜〕、刘〔东旸〕方约共生死，不可间，暴其谋，执得新折胫下狱。总兵张杰故与拜书，言入城招安。贼党许朝言得新事，舁至，使吐实。得新大骂曰："死狗贼，计不得行，命也。天旦夕磔汝，何喋喋为？"朝怒，攒刃杀之。

皇清

桑安，寧夏縣人，桑特生僕。康熙四十八年，特生徃蜀化林投親，遂歿於彼，安乞丐負骸而歸。路經瓦亭遇虎，銜之行數武，復棄而去。土人救之，稍蘇，半膊不能動矣。平涼太守義之，賞銀給騎送交寧夏監收廳，贈以額曰"義氣干霄"。

周文弼，施某之僕也。主人歿，無子。文弼功小藝以供主母，衣食無缺。及主母病，親奉湯藥不忍離。歿則喪葬盡禮，衰絰爲之終制。

周福官，名尚文，姑蘇人，自少以善歌徵入故軍門師公家。既而軍門下世，諸公子皆幼，家業中衰。值震劫後，益式微，茅屋析居，諸伶皆散去。尚文舊養於三公子，獨不去，爲總內外家事。公子素好客，雖落魄座常滿。尚文以俳優所出，資其酒肴未嘗缺。當道知其事，交稱之，每演劇，賞予恒異於他伶。尚文悉以奉其主公子，以故公子夫婦雖老不困憊。及其歿，殯葬亦多出其力。

林秉義，無錫人，亦軍門師公伶也。諸伶既散，秉義事師氏永潮、永濤二公子，務種蒔，善貨殖。當師氏家破敗，而褐衣粗食，內外給足，不使匱乏，秉義之力也。已而二公子年漸長，宜就傅，脩脯且無所出。秉義賣其妾獲二百金，運籌其間，爲二公子力學費十餘年。二公子皆入泮，而永潮尤有文望。後秉義年五十餘卒。

隱　逸

張應賦，寧夏衛庠生，雲貴總督張文煥之父，有高行，甘淡泊。文煥已授大同總兵，而應賦仍教授生徒，褐衣粗食不厭。康熙二十六年，聖祖西巡寧夏，應賦藍衣跪接。上眷顧之曰："真儒士也。"書"雲林幽"三字以賜。

楊毓芳，字子實，寧夏縣廩生。居鎮河堡，性至孝，務實修，屏蹟田園，志希濂洛，澹然聲華之揚。三十五歲，父母相繼亡，廬墓五載餘。學臣周按試本郡士人，以孝行、博學共舉優生。將貢成均，毓芳謝曰："身爲人子，不能揚名顯親，不可謂孝。身當盛世，猶且食貧居賤，不可謂才。不孝不才，何優之有？"力辭不就。終身隱居教授，窮而益樂，老而益健，壽八十一終，所著詩、古文甚富，待刻。

史世儀，國初貢生，昭之後。隱居課誦，力耕自給，或以其世承勳伐，宜求仕進，不樂也。郡人高其學品，師事者甚衆。兄世表爲靈臺訓導，亦有文望。鄉里稱"二夫子"焉。

楊中時，字庸齋，幼孤貧，事母極誠敬，長爲縣學生。隱居治園圃，養花種樹以自適。雍正六年，議展漢渠溉查漢托護地，而沿渠居民廬舍坟墓多有侵占，當遷。中時率士民請由河灘空闊處別開渠引流，具呈懇訴，辯論至再至三。當事者不能奪，竟從其請，開今惠農渠，廬墓獲全者甚衆，鄉里至今感其德。

趙飛熊，字渭占，平羅諸生，世居李剛堡。性豪逸，詩酒倘佯，不求仕進。有田百畝，率子耕耘，供八口衣食。屋後闢一園可數畝，號"西園"，遍植花卉果木，朝夕玩賞吟詠其中，以所出給賓朋蔬酌之用。又駕牆起樓，顏曰"曠逸"，高出叢林，時挹西山爽氣。詩體初好晚唐，暮年進而益上，著有《西園草》。當時邑令高其品，多與唱和。

流寓

晉

周虓，字孟威，晉益州刺史，建城定公周楚之孫，爲梓童太守。寧康元年，苻秦將楊安攻梓童，虓固守培城。遣步騎數千送母妻自漢水趨江陵，秦秘監朱肜邀而獲之，虓遂降於安。秦王堅欲用爲尚書郎，虓曰："蒙晉厚恩，但老母見獲，失節於此。母子獲全，秦之惠也。雖公侯之貴，不以爲榮，況郎任乎？"太元三年，徙之於朔方，① 後竟卒於朔方。

隋

柳彧，字幼文，河東解人。仕治書御史，正色立朝，百僚皆敬憚之。後爲楊素所忌，坐罪除名，徙配朔方懷遠鎮。②

---

① ［校］太元三年徙之於朔方："太元三年"，原作"太平元年"，據《晉書》卷五八《周虓傳》、《建康實錄》卷九《烈宗孝武皇帝》改。"朔方"，此同《資治通鑑》卷一〇四，《晉書》卷五八《周虓傳》、《建康實錄》卷九《烈宗孝武皇帝》均作"太原"。按：朔方在今內蒙古境內，太原在今山西太原市附近，均不在寧夏，本志蓋襲《乾隆甘志》卷四〇之誤。

② 明朝胡侍《真珠船》"懷遠鎮"條考證認爲，柳彧徙配地"朔方懷遠鎮"在遼東，與寧夏無關。本志及《嘉靖寧志》《嘉靖陝志》《朔方新志》及本志等均誤，以爲柳彧流放在今寧夏故地，故載柳彧爲寧夏流寓者。《乾隆甘志》卷四〇亦襲此說。寧夏各舊志均誤記柳彧爲寧夏流寓者，蓋襲《嘉靖寧志》等志之誤。

明

阮彧，字景文，錢塘人，① 任兵科給事中。其同母弟誼謫戍寧夏，未及行而卒，遂以彧代戍。永樂元年，以薦者言釋於戍所，復其官。工吟詠，尤長於駢體。

陳矩，字善方，② 江西廬陵人。洪武初，第進士，以户部主事謫戍寧夏。後復官湖廣江陵知縣。

邊定，字文静，陳留人。洪武初爲杭州府署典史，謫戍寧夏。

潘元凱，③ 字俊民，嘉禾人。洪武時知縣，謫戍寧夏。

林季，字桂芳，嘉禾人，洪武初謫戍寧夏。

沈益，嘉禾人，洪武初謫戍寧夏。

毛翀，字文羽，錢塘縣學生。洪武初，代父來戍寧夏。

承廣，延陵人。洪武初爲南昌知事，謫戍寧夏。

王潛道，④ 天台人。洪武初爲秦州主簿，謫戍寧夏。

唐鑑，字景明，姑蘇人，洪武初謫戍寧夏。

葉公亮，天台人，洪武初謫戍寧夏。

郭原，字士常，淮安人。洪武初黔陽知縣，謫戍寧夏，號"梅所"。自邊定以下，舊志並稱其工詩文、好題詠。⑤ 而梅所當艱難之際，尤以詩酒自樂。

王友善，溧陽人。洪武初謫戍寧夏，以文學名。

孫振，宛陵人。初爲藩府客，繼入馬經略幕，值闖賊變，流落寧夏。以筆墨自適，畫有遠神，書亦古勁，相傳關聖廟"乾坤正氣"額是其遺筆。時有求畫者，興至則揮之，不問其人。其小幅已採入《胡曰存譜》中。

---

① [校] 錢塘：原作"錢唐"，據《嘉靖陝志》卷三一《文獻十九·流寓》、《朔方新志》卷三《文學·流寓》、《乾隆甘志》卷四〇《流寓》改。

② [校] 善方：原作"善言"，據《嘉靖陝志》卷三一《文獻十九·流寓》、《朔方新志》卷三《文學·流寓》、《乾隆甘志》卷四〇《流寓》改。

③ [校] 潘元凱：此同《弘治寧志》卷八《雜詠·梅所》、《嘉靖寧志》卷七《文苑·詩·梅所》、《弘治寧志》卷二《人物·國朝·流寓》、《嘉靖陝志》卷三一《文獻十九·流寓》、《朔方新志》卷三《文學·流寓》均作"潘原凱"。

④ [校] 王潛道：此同《弘治寧志》卷二《寧夏總鎮·流寓》、《朔方新志》卷三《文學·流寓》，《嘉靖陝志》卷三一《文獻十九·流寓》作"王潛通"。

⑤ 參見《朔方新志》卷三《文學·流寓》。

皇清

佟子見，北幽人，以貢士爲留守參軍。鼎革後居中衛，以詩文自娛。教授後學，多所成就。

郎廷槐，號梅溪，廣寧人。家世以從龍鼎盛，而廷槐恂恂好儒術。工吟詠，自謂學詩於阮亭，然以其詩較阮亭多不相類，論者謂格意在陶元亮、柳子厚之間。任寧夏監牧同知，年餘被議罷官。寓居下院寺十餘年，往往絕粒，夷然自得，吟詠不輟。後卒於永泰寺。

蒼巖道人，俗姓袁，號金丰，不知名，南京人，爲寧夏道雷有成幕友。流落寧夏，後年老遂爲黃冠。住南薰門外文昌閣，以"蒼巖子"自名。善弈、能詩、談修煉，與郡中紳士相往還。年八十餘卒，有《海天長嘯集》。

耆　壽

王璽，寧朔縣豐盈堡民，生於康熙十八年，現年一百歲，猶健飯強步。子伏臣年七十八，亦輕健，每扶掖其父入城，鄉里並欽異之。

朱奇略，寧朔縣武生，性誠篤。宗族子孫有無周濟，無所吝惜。現年九十四歲。

羅琯，寧朔縣民，賦性樸誠，行事方正。鄉里有善事極力贊襄，人咸倚重焉。壽八十三卒。

江孔洙，寧夏縣民。少通書史，篤於天性，奉養惟謹。家世甚貧，處之坦然。嘗閉戶坐誦，寒暑不輟。尤嫻於禮，鄉里多取正焉。生平言笑不苟，不妄交遊。年七十九卒。

傅琨，寧朔縣民。慷慨質直不阿，富不驕貧。里中或有爭辯，恒以一言定其曲直，無不服者。年八十四終。

朱震，寧朔縣民。老成醇樸，與人言，訥訥如不出。一生安分勵勤，但以務農爲事，足蹟不輕入城。壽九十三卒。其妻任氏，亦年躋九十。

范瑽，寧朔縣民。天性孝友，尤樂善好施，凡地方有功德事，無不以身先之。壽九十卒。

張名，寧夏人。敦本睦族，好善樂施，凡鄉里有公舉，率捐貲濟困，務襄厥成。壽九十，舉鄉欽賓。

仙　釋

北周①

無名僧。武帝天和二年，敕爲夏州三藏，尋欲官之。冢宰宇文護以書勉之，答以"收蹟巖中，攝心塵外，此本志也，安能憒憒久住閻浮地乎？"因著《寶人銘》曰："法界中有如寶人焉，鍼其身，銘其膺曰：多知多事，不如息意。多慮多失，不如守一。慮多志散，知多心亂。心亂生惱，志散妨道。英賢才藝，是謂愚蔽。"

魏

太武初年，赫轄昌得沙門惠始，姓張，家本清河。聞羅什出新經，遂詣長安，觀習經典，坐禪於白渠。晝則入城聽講，夕則還處靜坐。劉裕入長安，留子義真鎮守。真及僚佐皆敬禮焉。赫連之逐義真，人多就坑戮，惠始身被白刃而不傷。屈丐聞之，怒以所持寶劍擊之，不能害，謝之，遂禮之於國。及統萬平，始隨世祖至京師。年五十餘未嘗寢臥。雖足履汙泥，不染，愈見鮮白，世號"白腳大師"。大延中，終於八角寺，停屍十餘日，坐不改容，色如一，遂瘞寺内。真君六年，不許瘞城中，乃改葬南郊。已十年矣，開殯如生，不傾壞。高允爲之傳，頌其德行。

唐

詹道人，慶陽群牧所軍。採藥賀蘭山陰，遇神人授學，久之徹悟，出言成文，唱詠有佳趣。修復普照寺，人從牖窺見，護法泥神起立，聽道人計畫明日緣事，應答如響。工竣，辭官民告去。其後坐化，有人從數百里來，見道人南去。相與立言，莫知所終。

明

賀蘭二老。洪武二十七年，中衛人張秋童入賀蘭山伐木，見二老坐石上，問曰："秋童何爲？"對曰："伐木。"二老乃呼秋童，與錢盈掬，童歸。尋往視之，則二老莫知所之，其錢猶存。

永濟尚師，河西人，通三學，② 爲西夏釋氏之宗，稱爲祖師馬。③

---

① 按朝代先後，北周當置於魏之後。
② [校]三學：原作"五學"，據《正統寧志》卷上《名僧》改。按："三學"是佛教修行的總稱，包括戒學、定學和慧學。用戒止惡修善，用定息慮澄心，用慧破惑證道，三者有相互不離的關係。"五學"之説不知何據。
③ [校]祖師馬："馬"字原脱，據《正統寧志》卷上《名僧》補。

黑禪和尚，河西人，通禪觀之學。① 年六十餘，先知死期，至日坐滅。

海珠和尚，咸寧人，宣德四年移居寧夏。善詩畫，尤長於韻學。嘗廬其父母墓者六載。② 號"翠微子"，有《山居百韻詩集》，③ 未傳。

皇清

徹一上人。居承天寺，進士丁斗柄至方丈，見僧骨氣清雅，異之，問曰："和尚尊字？"僧曰："衲子徹一。"曰："果徹一否？"僧舉太極、兩儀理相酬答，往復至再，柄大服曰："徹一徹一真徹一，徹得一字真消息。吾今始知一字機，萬物生生本太極。"

斌雅尚師，係出梓州章氏後。解脫俗緣，能接靈濟正派。至寧夏，說法於福寧寺，望重一時，總督兩江王新命贈有"道範序"刻石。

靈芝禪師，名秀，寧夏人，夙慧穎悟。幼時出家，經典偈頌，俱如夙記。後於福寧寺，值斌雅尚師開堂，呈偈方丈，驀然有契，親承莂記。上人示寂，遂主教福寧寺。

廣東和尚，住海寶法席，後又移錫牛首山寺。道法宏高，精神朗徹，所著有《泡影集》。今海寶禪院塑像如生。

潤光老人，俗姓陳，寧夏人。住正覺臺，幼時父母捨之太平寺，後還俗。年已四十九，子夭，妻喪，乃決意出家，披薙於廣東和尚，頗得大乘真傳，工詩文，多酬答，所刻有《澡雪集》。

幻聞禪師，名真學，俗姓史，京兆大安人。數歲度爲僧，師授墳典，脫口便知靈源。由興平延居海寶法席講說妙諦，著有《要錄》一卷。

方　技

明

張琦，精《太素脈》。斷疾病生死，踰二十年必驗。

張景皋，精《太素脈》。可生則藥，不可生斷以時日，百無一失。窮

---

① ［校］禪觀：原作"禪關"，據《弘治寧志》卷二、《嘉靖寧志》卷二《寧夏總鎮·仙釋》，《朔方新志》卷三《仙釋》改。

② ［校］嘗：原作"常"，據《弘治寧志》卷二、《嘉靖寧志》卷二《寧夏總鎮·仙釋》、《朔方新志》卷三《仙釋》改。

③ ［校］山居：原倒作"居山"，據《弘治寧志》卷二、《嘉靖寧志》卷二《寧夏總鎮·仙釋》、《朔方新志》卷三《仙釋》乙正。

通夭壽，以脈推之，亦無不驗。所著有《難經直解》。①

吳通，精《脈經》《本草》《素問》三書，妙鍼法，治病輒效，時稱"儒醫"。

黃俊，治病以脈，不執方書，尤精藥性。自宋至明，世稱良醫，今絕其傳。

方焌，精醫道，尤善傷寒。所著有《瘡瘍論》。

徐恭，精小兒科，藥效如神。

胡傑，精外科，善識瘡善惡之形。尤能治療無名毒，其瘥立效。

方策，焌之子。擅專門之業，求遇者如市。贈指揮。

胡瑾，傑之子，業愈精於傑。

徐英，恭之子，中屯衛指揮僉事。歷官清慎，制行端潔。醫以家傳，術能起死回生。不擇貧薄，深夜風雨必往，人甚德之。

芮經，通脈理，修治丸散尤精，往往有奇效，一時重之。

宣士能，以瘍醫稱良於時。

濮恩，識方書，療疾不擇貧富，尤精傷寒。

蘇庶，精外科，常治人所不敢治者，② 累有奇效。

范廉，號雲峰。精山水人物，並臻逸品，與沈石田碧峰先生齊名，有"畫中二峰"之譽。慶藩王重之，館府中嘗以其畫貢內府。

皇清

劉恒久，名醫也。用藥有制，雖雜症不過三劑，胗脈能立斷人生死遲速。當時醫人胗人疾，必先問劉先生胗否，其見服如此。

徐宣化，英之後，審於用藥，投無不效。尤精小兒疹痘，一見輒定生死，鄉里共稱神效。

徐鯤化，宣化弟，年十三父歿。潛心醫學四十餘年，表裏洞澈，尤精於修治丸散。

楊有德，中衛庠生，精醫業，以術活多人，邑人至今頌之。

康繩周，任後衛教授，精風鑑。順治十八年，寧夏巡撫薦至京，視皇陵有功，賜銀幣，授欽天監博士。

---

① ［校］直解：此同《嘉靖寧志》卷二《寧夏總鎮·技能》、《嘉靖陝志》卷十七《文獻五》、《朔方新志》卷三《方技》，《嘉靖陝志》卷三一《文獻十九·寧夏衛·鄉賢》作"真解"。

② ［校］常：原作"嘗"，據《朔方新志》卷三《方技》改。

王覲光，字見青，原籍紹興人，爲寧夏道于從濂幕客。博涉多能，善談論。尤精於堪輿，有言葬地吉凶者，或就其穴撥正之，輒有驗。所著有《地學正誤》《寧夏河西堪輿論》。

　　胡鉞，字漢西，太學生，候銓鹽運同知。倜儻有才能，常爲川陝制軍幕客。工繪畫，山水人物皆極清秀，當時重之。

　　魏元勳，號愚山，康熙戊子武舉。① 能詩，有《移山草》。工書畫，書師米，畫以竹馳名。

　　鄒廷賢，字殿楚，工畫人物花卉，冠絕一時。用筆準繩極細，而自有生動之致。

　　傅唯寬，字敬敷，寧夏縣學生。善繪事，以葡萄著名。隨筆戲作，多得古人法外意。

　　鍾先鳴，寧朔縣武生。古道自持，不趨時好。書法遒勁，臨摹古帖，至老不疲。作字必正鋒，取法"二王"。大書尤奇古，寧夏先後善書者皆推遜焉。

　　戴紹祖，負氣倜儻，多藝能。尤精馬射，云得自滇南某將軍。隨手變化，左右無方，各標名目，且多至四十餘套云。

　　張映槐，字樹滋，朔邑增廣生。嗜學多能，尤精《周易》課，卜事輒驗。又善營造，前太守顧〔光旭〕聞其名，延之篤修銀川書院。南郊外文昌閣，亦其所經理重建者。

---

① 康熙戊子：康熙四十七年（1708）。

寧夏府志卷十七

列　女
〔孝婦〕
明

王氏，名善清，① 總旗李某妻。舅病風屢年，每遺矢溺，族人皆掩鼻，王獨侍前，日與晒曝、燎炙，不爲嫌。夫死，其弟欲脅而嫁之，王不動。又脅之析居，王不得已，携其二子還父家。其父母病熱，欲食冰。時八月上旬也，王夜以二器貯水祈祝，詰旦視之，果冰也。持奉二親，疾遂愈。王以壽終。

陳氏，衛學生胡璉妻。其舅老且病，矢溺不下床席，人不能近。璉時赴舉，陳率其幼子晝夜候寢門外，曲意扶持，一出誠懇。舅病革，乃執陳父子手曰："吾以苦病累汝女，願汝女有好子、好孫如汝女。"感泣而卒。後陳氏事姑，亦如其舅云。

皇清

蔡氏，寧朔縣民卜起榮妻，年二十夫亡守節。適翁應奎病，久藥無效，禱於神，割股以進，翁病尋愈。

吳氏，廩生張起鳳妻，奉姑宋氏極孝。姑疾病三載，醫藥罔效，氏潛割股入藥，病遂愈。後起鳳弟起鶴官江南督標副將，奏請貤封二品夫人。

以上孝婦。

〔貞女〕

鄭氏，父金，閩人，仕寧夏都司。氏十八，許字寧夏縣監生張鵬羽。未嫁，鵬羽病卒。氏聞訃，易服欲往弔。父母不許，氏飲泣不食，不得已

---

① ［校］善清：此同故宫藏《朔方新志》卷三《節》，《萃編》本《朔方新志》作"善卿"。

許之，囑曰："爾徃弔，權也，宜速歸。"女不應。張氏家聞鄭女來，皆驚異。鄭入門，披帷撫棺，哀慟欲絕。既而使侍女索衰絰。時鵬羽父先亡，柩在堂。鄭麻衣腰絰，出拜其公柩，次拜夫柩，入拜其姑，淚下潸潸不能止，見者無少長，皆爲之哭。鄭氏趣歸者使徃來不絕於道，終不應。先是，氏夢鵬羽至其家，捧一紗若付託者。至是，呼前氏所生子振元至，五歲矣，問其乳名，曰紗哥。① 氏益痛心，念曰："冥冥中其謂是乎？既已許身於人，又受其冥托，何可負也？"遂爲張氏婦，終不歸。撫振元如己出，教養兼至。振元舉武鄉試，鄭守志四十餘年，雖茆婦，實貞女云。

張氏，寧朔縣監生張麗表女。年十六，許字羅文翼，遭震亡，女痛之，誓不改字，恐父母不能諒，竟攜婢女詣羅。拜夫柩前，哭盡哀，欲以死殉，家人爭勸止之。翁姑憐其志，百端開譬，遣使歸，女卒不去，衰絰三年。服闋後，謝鉛華，茹淡素，起居出入依其姑，未嘗稍離。父母欲其歸寧，不可得。時叔翁鎮太原，聞其賢，欲迎之任，女曰："凡吾所以來爲翁姑也，翁姑以衰疾不行，吾豈容就叔安樂耶？"堅不去，卒奉翁姑終。人爭以奇茆稱之。

李氏，名彩鳳，洪廣營生員李蕙女。年十二，許字營兵陳朝。後朝逃伍，杳無音耗，親里勸其父另爲擇配，李聞知，仰天痛哭，以火毀面，誓不改適。及父故，撫育三弟文簡、文恬、文靜，皆成立，文靜補縣學生。與共甘苦，終始不悔。現年五十餘，前文宗嵇廉訪得實，給"貞操冰雪"扁。

以上貞女。

〔烈婦〕

元

邢氏，達魯花赤喜同妻。妖賊陷南陽，同突圍見殺。邢聞之，率家童數人出走，遇賊，奪刀砍之，且罵且前，亦見殺。

明

方氏，慶憲王妃。萬曆壬辰春，② 寧夏賊哱拜反，妃聞變懼辱，匿其子帥鋅地窖中，遂自經死，時二月十一日也。事聞，有司立祠以祭，並建坊曰"宗烈"。

---

① ［校］紗哥：原作"沙歌"，據《乾隆甘志》卷四三《列女》改。
② 萬曆壬辰：萬曆二十年（1592）。

殷氏，寧夏衛軍餘胡勖妻。年十六適勖，勖病革，語之曰："歿後幸無他適。"殷曰："諾。"勖歿之夕，殷遂縊於柩前。

時氏，都指揮王俶妻。俶死於敵，時聞知自縊。忠義盡於夫婦之間，時號爲"雙節"。

黃氏，名京箴，指揮黃欽妻。欽以事繫官，懼罪自縊。黃亦縊死，同棺斂焉。

常氏，寧州袁村里人，從父戍寧夏。適同戍鄉人劉金住。① 金住戰歿，常守義不辱。有無賴第姓者，強欲娶之，常峻拒不可。第求之愈厲，常飲恨赴水而死。

陳氏，中衛參將种興妾。天順元年，② 興歿於陣，陳自縊死。

李氏，故指揮趙炳妻。李氏，炳子指揮承先妻。姑媳俱名家女，有淑德。③ 萬曆二十年兵變，承先謀獻西城，顧母有難色。母曰："往哉，毋吾慮。"妻亦旁促之，謂："事不諧，吾當不玷君。"承先遂毅然往。及事泄被執，二氏聞之，媳叩姑辭，俱就縊。

朱氏，故千户楊如松妻。子楊湛爲官軍糴糧，決水。哱賊恨，執氏城頭，欲汙之，不從。囚之，投環死。

范氏，千户楊寀妻。因夫糴糧餉軍，賊執氏，欲汙之，不從，箠楚死。

梅氏，百户陳縉妻。縉擒殺逆丁張保，賊縛縉，殺之。氏痛夫亡，又懼賊汙，自縊死。

王氏，冠帶總旗白福妻。因子白葵殺賊事泄被害，④ 憤恨不食死。

林氏，冠帶官熊彥吉妻。⑤ 賊恨彥吉從官軍，欲執氏配賊，氏聞之死。

王氏，右衛餘丁王明理妻。明理謀獻西城，事泄，賊持刃擊之傷，伏地復醒。執氏至中途殺之。

---

① ［校］劉金住："住"原作"柱"，據《弘治寧志》卷二、《嘉靖寧志》卷二《寧夏總鎮·烈婦》、《嘉靖陝志》卷三一《文獻十九·寧夏衛·貞淑》改。下同。

② ［校］天順元年：原作"景泰間"。《明英宗實錄》卷二七七載，天順元年（1457）四月乙卯，寧夏左參將都指揮使种興中流矢卒。據改。

③ ［校］淑德：原作"叔德"，據《乾隆甘志》卷四三《列女》改。

④ ［校］殺賊事：《康熙陝志》卷二二《列女》作"獻城事"。

⑤ ［校］熊彥吉：《康熙陝志》卷二二《列女》作"張彥吉"。

謝氏，平羅家丁孫時順妻。同夫俱被賊掠,[1] 氏暗抽賊刃，自刎死。

馬氏，靈州營家丁羅伏受妻，聞夫陣亡，哭五日，不食死。

魏氏，後衛貢生宣大治妻。大治疾卒，氏即撞夫棺而死。

李氏、王氏，遭哱〔拜〕、劉〔東暘〕變，俱被執，不從，賊支解二婦至死，罵不絕聲。

韓氏、陸氏、王氏、鄭氏、王氏、吳氏、王氏、朱氏、沈氏、王氏、安氏、鮑氏、吳氏、朱氏、沈氏、楊氏、蔣氏、汪氏、姚氏、周氏、楊氏、尤氏、金氏、王氏、任氏、王氏、毛氏、吳氏、蘇氏、張氏、王氏、魏氏、鄭氏、朱氏、陸氏、徐氏、孫氏，以上被賊屠堡，一時盡殺，奉敕旌表建祠。

凌氏，萬曆間生員蘇民望妻，事姑克孝。姑病失明，氏旦夕扶掖不少倦。民望病革，語氏自爲計，氏以死許之。民望卒，氏引刃自裁，家人奪其刀，不得死，因遂不食。越日，乘間即自經。時年二十二，遺子四歲。事聞，旌表。

張氏，水利屯田陸繼業之妻。從宦湖廣襄陽，遭闖賊亂，盡節自縊。

皇清

蔣氏，臺灣參將羅萬倉妻。朱一貴之亂，萬倉被創死。蔣令家人抱子逃匿，自率兵守城。城陷，亦縊死。事平，欽賜"夫忠婦節"字以旌之，並予世職。

劉氏，呂之蔭妻。張氏，之蔭側室。方之蔭任獲鹿時，城被圍。二氏捐衣裝，募士犒軍，風烈凜凜。及城破夫亡，恐被辱，偕二稚子及僕婢赴火死。入獲鹿縣祠。

張氏，寧夏縣王洪堡貧家女也，年十七，歸張姓，事姑至孝。夫傭工於外，姑喪明。有駔夫窺氏色美，乘氏汲井，強逼之，氏大呼乃免。歸告其姑，姑慰解之。氏含憤自縊，鄰人力救不死。氏曰："女子以清白自矢，不幸被此汙名，何以生爲？"遂絕粟七日而死。前太守趙訪實，按治駔夫，爲氏詳請旌表入祠。

蕭氏，靈州民人張文彩妻。文彩素與本堡楊文厚，文見蕭氏少艾，欲汙之。氏堅執不從，以線白縫其衣，晝夜不解。文懟甚，轉以氏行不端譖文彩。彩信其言，紿氏歸寧，竟與文共殺氏於墩坡溝。雍正十二年，旌表

---

[1] 〔校〕同夫俱被賊掠：《康熙陝志》卷二二《列女》作"夫被賊掠去"。

入祠。

李氏，靈州民人吳連妻。連姊丈徐龍章，強暴人也，慕其色，以言調之，氏守正不從，後強犯之，氏叫罵，遂被殺。乾隆三十五年旌表入祠。

孫氏，延安府知府孫川之女，爲正紅旗漢軍教允文繼妻。允文由武進士侍衛，任中衛石空寺守備。于歸甫及一載，允文卒於官。氏矢志殉節，越月即自盡於柩旁。比殮，懷中有遺詩三首，邑之士民爲刻石立亭。今並錄詩於後：

獨羨文丞相，固懷《正氣歌》。成仁兼取義，萬古不消磨。

萬事傷心可奈何，敢云隨分逐時過。課兒尚有一經在，織綿全無半字歌。淚灑北堂雲不散，月行東海霧偏多。白頭未到君先逝，願逐英風話五羅。

兒曹勉力習遺經，家世簪纓舊有名。傳汝惟有清白吏，河東二鳳再齊鳴。

以上烈婦。

〔寧夏縣節婦〕

元

劉氏，禮部尚書楊朵兒只妻。權臣鐵木迭兒害朵兒只死，① 欲奪其妻，劉剪髮毀容獲免。

明

施氏，都指揮何琳妻。② 年二十二夫亡，誓節不辱，撫其遺孤欽至於成立。

王氏，寧夏衛千戶孫泰妻。年十八夫亡，遺腹未娩，欲自縊，親族以存宗祀勸之，乃不死。備歷艱苦，撫其子洪至於成立。

黃氏，右衛醫士汪銓妻。年二十二夫亡，③ 乏嗣，撫其孤女適配名家。煢子勤苦二十餘年，無可訾議。

雍氏，中屯衛指揮曹潤妻。夫故，雍年二十六，撫遺孤宗堯。暨宗堯承襲，死於戰，又與寡媳撫遺孫伸，伸後歷官遊擊將軍。時稱曹氏一門世

---

① ［校］鐵木迭兒："迭"字原脫，據《元史》卷一七九《楊朵兒只傳》補。

② ［校］何琳：原作"何淋"，據《弘治寧志》卷二、《嘉靖寧志》卷二《寧夏總鎮·節婦》、《朔方新志》卷三《武階·鎮城》"何琳"條改。

③ ［校］二十二：《弘治寧志》卷二、《嘉靖寧志》卷二《寧夏總鎮·節婦》均作"二十七"，《朔方新志》卷三《節》、《乾隆甘志》卷四三《列女》作"二十"。

節云。

劉氏，陣亡都指揮李時妻。夫亡無嗣，守貞三十餘年，時人以"夫忠婦節"稱之。

李氏，陣歿中護衛千户彭泰妻。年二十夫亡，撫遺孤旭成立。

郭氏，指揮汪鸞妻。① 夫死，郭年二十五，矢志不二。歷三十七年，壽六十二終。

陳氏，千户劉鎮妻。鎮戰歿，陳方二十六歲。父母欲奪其志，陳抱孤濟曰："背夫爲不義，棄兒爲不慈，吾何忍爲，誓不再醮。"卒撫濟成立。

郭氏，靈州陳鳳妻。鳳賈遊歿于外，郭年二十一。忍死奉姑，誓不渝志，年八十終。

張氏，寧夏前衛陶淶妻。淶死，張年二十餘，撫孤賓。夫姊陶氏利人之賄，逼之嫁，張自縊幾死，後無敢異議者。卒年六十八。② 賓亦累立軍功，官至正千户。

楊氏，錢鏜妻。年二十七夫亡，撫孤守節四十年。

張氏，萬元妻。年二十夫亡，舅姑垂白，子女稚幼，張事親以孝，撫孤象新成名，卒年八十。

王氏，萬曆間生員張守廉妻，生員奎母。年二十五夫亡，遺子奎數歲。閨門嚴肅，節操凛然，中織紝爲生，而熊丸畫荻，不愧女宗，故式穀有子，品重鄉里云。

耿氏，萬曆間指揮黃稚冲妻。③ 年十八夫亡。於葬夫時，令預修雙穴，人皆訝之，以其幼無所出也。後苦節至七十餘卒，歸同穴。巡撫表其門曰"節可維風"。

張氏，萬曆間侯儀妻，〔中衛〕永康人。夫故，茹苦飲冰四十餘年。

皇清

馮氏，原任寧夏總兵馮德昌女，左營千總劉進孝妻。年十八，適進孝，未幾，進孝出征甕金陣亡，遺子殿元甫三歲。矢志不移，撫子成立。

劉氏，監生陳世凱妻，年十九守節。

---

① ［校］汪鸞：原作"王鸞"，據《朔方新志》卷三《節》、《乾隆甘志》卷四三《列女》改。

② ［校］六十八：《康熙陝志》卷二二《列女》作"六十六"。

③ ［校］黃稚冲：《乾隆甘志》卷四三《列女》作"黃雅仲"。

王氏，寧夏縣民金某妻。劉氏，寧夏縣民姚某妻。楊氏，寧夏縣民王某妻。並守節多年。

王氏，寧夏縣民張某妻。夫亡，撫孤張萬年。勵志讀書，後入泮。

徐氏，劉起佩妻。年二十七夫亡，守節三十六年。

陳氏、駱氏。陳，處士王元妻，年二十七夫亡，守節。撫子進善，亦早夭。媳駱氏，時年二十四。姑媳孀居，紡紝自給，備極艱辛，卒撫幼孤成立。今子孫孝友，同居六世。孫宋雲獲登賢書，人皆謂節孝之報。

湛氏，劉道宏妻。年二十八夫亡，守節。

陳氏，姚國佐妻。年二十五夫亡，守節。

陳氏，武生王定邦妻。年二十九夫亡，守節。

朱氏，監生王定國妻。江氏，樊天裕妻。陸氏，哈銘妻。並夫亡守節。

周氏、吳氏、蘇氏、孫氏。周，王錦妻。吳，王詢妻。蘇，王咨妻。孫，王欽妻。一門四節，黽勉同心，冰操共矢，建坊曰"勁節嗣徽"。

王氏、呂氏。王，李棟妻。呂，棟子運洪妻。兩世俱以節孝著。後以運洪子貴，皆封贈恭人。

安氏，栗爾現妻。年十七夫亡，無子。事姑盡孝，撫侄如子。守節三十二年，家無間言。

郭氏，監生高登第妻。年二十七夫亡，奉親撫子，終始如一。

方氏，周治新妻。年十六夫亡，斷髮自矢，堅苦不移。

解氏，錢定國妻。年二十四守節，奉姑以孝，婦德無虧。

羅氏，高起蛟妻。年二十二夫亡，孝事翁姑，並能以義方教子。

張氏，高元妻。年二十六夫亡，教子成立，周恤親族，守節四十八年。

郭氏，陳倫妻。年十六夫亡，無子，克明大義，撫族子，事翁姑，艱難備嘗，卒全清操。

張氏，樊如增妻。年二十七夫亡，守節。

蒯氏，王邦安妻。年二十一夫亡，守節。

孟氏，李如松妻。年二十夫亡，事姑以孝，自饜糟糠，撫子成立。

羅氏，生員劉克先妻。年二十八夫亡，翁姑在堂，服勞不倦。幼子方在抱，教養成立。守節四十年。

陸氏，來自明妻。年二十四夫亡，守節三十六年。

王氏，馬化龍妻。年十七夫亡，守節。

顧氏，黃鈺妻。年十八夫亡，守節。

王氏，蔡朝明妻。年十八夫亡，守節。

姚氏、馮氏、李氏、賢母趙氏。趙，太學生任裕穀妻，亦早失所天。奉翁姑曲盡孝養，教子珩、玠有義方。既遭震毀，珩、玠相繼亡，珩妻姚氏、妾馮氏、玠妻李氏，並青年矢志。姑媳四人，共勵冰霜。姚生子岱宗，馮生子岳宗。李無子，以岳宗嗣。鞠育恩勤，毫無芥蒂，孝敬之則，並稱女宗。岱宗今爲歲貢，岳宗縣學廩生。趙以守節時年踰三旬，不獲旌，然論者謂"非賢母無以成三節婦之操"云。

薛氏，馮禄妻。年二十二夫亡，無子。撫裔孫，事翁姑，守節六十一年。

王氏，吳光鼎妻。年二十五夫亡。孀姑幼子，俯仰無依，矢志守節。後子亡，又撫其孫，始終不二。

宋氏，方榮妻。年二十夫亡，家道貧寒，甘心茹苦，孝慈交盡，貞節自全。

以上寧夏縣已旌節婦。

陳氏，王臣妻。守節五十二年，壽八十餘，前太守童贈額曰"瑤池古雪"。

張氏，陸國賓妻，守節三十餘年。

馬氏，劉覺妻。二十六守節，終身不移。

吳氏，羅彬妻，年二十八守節，現已踰三十年。

趙氏，寧夏縣廩生李之稱妻，永壽繼母。年二十三守節，姑老子幼，克盡孝慈。鄉里公贈額旌其門。

趙氏，寧夏縣武舉饒之華妻。二十八守節，現年七十八歲。前提學嵇贈額曰"節凜冰霜"。

蔡氏，許氏。蔡，屠文秀妻，年二十七守節，撫子福，亦早亡。媳許氏，年二十九，與姑蔡氏稱"一門雙節"云。

王氏，朱紳光之妻，夫亡守節。

錢氏，寧夏縣武生戴世變妻。年二十七守節，今壽六十七。

朱氏，張若留妻。年三十守節，教子廷鶴學成入泮。現年六十一。

徐氏，張若載妻。年二十六守節，撫一子一女，旋亦亡。親族多勸之改適，氏以死自誓，終身不二。

閆氏，張子涵妻。夫故守節，孝事翁姑，教子成立。

陳氏，貴州把總田圻妻。年二十五夫亡，節操凜然，不以無子變志。卒年八十一，前文宗楊給額曰"皎日春暉"。

侯氏，杜肇麟妻。年二十一守節，今五十餘年。

沈氏，王進忠妻，年三十一守節，現年六十二。

周氏，寧夏縣民孫鐸妻。年二十六夫亡，撫孤子。子亡，又率寡媳育弱孫。苦節三十三年，前文宗嵇贈"撫孤二代"匾。

宋氏，寧夏縣民孫瑞生妻。年二十九夫故，守節四十餘年，前文宗嵇給"清標彤史"匾。

徐氏，寧夏縣民張清耀妻。年二十四守節，至六十三卒。

茹氏，王秉哲妻。年二十三守節，現年五十八，前文宗楊給"循蘭畫荻"匾。

杜氏，張相妻，年二十三守節。

張氏，夏進言妻。年二十二守節，至今五十餘年，冰操純潔。

詹氏，張希曾妻。年二十三守節，現年六十。

王氏，高啟文妻。年二十八守節，今五十六。

孫氏，閆禮妻。年二十六守節，現年七十一。

侯氏，縣民張純宗妻。年二十六夫故，無子。其父令改適，氏以死自誓。乾隆三年，被震家毀。氏時年六旬，母家侄憫其無依，迎養之。嘗焚香靜坐一室，一日謂其侄曰："汝姑父來。"整衣坐，遂逝。守節六十一年，壽八十三。

史氏，孫嶬生妻。年二十八守節，現年六十三。

朱氏，江南遊擊嚴廷訓繼妻。年二十六，廷訓歿於任。前妻生三子皆幼，氏撫育如己出。後三子繼亡，遺孫八人。氏率諸孀媳共勵清操，均勻衣食。課讀不倦，諸孫遊庠者三。守節四十五年，壽七十一卒。

郭氏，黃金位妻。年二十六守節，現年五十餘。

汪氏，康熙辛卯科武舉李吉士妻，① 守節四十四年。

吳氏，夏縣生員李毅妻，守節三十五年。

董氏，吉士子李懸妻，守節三十一年。

---

① ［校］辛卯：本志卷十五《武科·武舉》作"庚子"。"辛卯"，康熙五十年（1711）。"庚子"，康熙五十九年（1720）。

殷氏，兵丁耿萬金妻，年二十五適萬金三月，萬金西征陣亡。氏居窮守志，自力衣食，現年七十二。

　　顧氏，劉新猷妻。年十九夫故，母家以氏年少無出，勸令改適。氏誓死守志，恃女工度日，備歷辛苦，毫無怨色。其父好誦《金剛經》，氏從誦，日夜弗倦，壽八十一卒。

　　傅氏，寧夏縣武舉陳世善妻。年二十六守節，無出，衣食皆仰給母家。苦志三十載，現年五十六。

　　趙氏，夏縣武生孟春育繼妻。年二十七守節，撫二孤。同室姑嬸早寡者三人，春育歿後，家道凋零，俱各改適。氏曰：「孟氏一門，撫遺孤，奉禋祀，是吾責也。」卒不變志，育二子成立，現年五十三。

　　王氏，董成功妻。年三十夫故，三子俱幼，家道清貧。氏茹苦飲冰撫育之，皆成立，次子生芸舉明經。守節三十七年，壽六十有八，前學使楊贈額曰「茹蘗和丸」。

　　王氏、張氏。王，徐紫嚴妻，年二十八守節，壽八十一。張，紫嚴子鐸妻，年二十四守節。撫一子，事孀姑，始終克一。壽七十一。前文宗稨給額曰「一門雙節」。

　　胡氏，閆懋德繼妻，年二十八守節。遺孤七歲，孀姑在堂。家素貧，值年凶，惟資紡織獲米穀以供親，自食蒿子，不使姑知。子稍長，勉使向學。後因母病，遂潛心醫理，多資調攝。壽六十一終。

　　蔡氏、魯氏。蔡，徐冲妻。年二十九夫故，撫孤兩世，壽六十終。魯，冲子占芳妻。年二十五夫故，撫三歲子。有薄田十數畝，氏晝親率作，夜任紡織，不以勤勞遺孀姑。教子有方，以耕讀垂訓，頗知大義。現年六十三。

　　王氏，溫習孔妻。年二十三守節，現年五十一。

　　蔣氏，霍大顯妻。年二十九守節，垂四十年。

　　夏氏，林定昌妻，守節三十九年，邑令表其門曰「苦節流芳」。

　　趙氏，李文燦妻，守節四十餘年，文宗楊給額曰「禮宗德範」。

　　伍氏，王洪堡民張蘊發妻。年二十八守節，壽八十七終。前邑令表其門曰「清標彤管」。

　　趙氏，馬宗援妻。年二十八守節，現年五十八，

　　劉氏，儒童李錫妻，太學生劉哲女。年十九夫亡，守節三十餘年，現年五十餘。

朱氏，監生郭成儀妻，年十八守節，卒年六十。

任氏，陣亡兵丁李連妻。年二十三守節，現年五十二。

張氏，王進時妻。年二十四守節，壽七十九卒。

黎氏，廩生劉體仁妻。年十九守節，壽七十餘卒。

徐氏，許大成妻。年二十四夫亡守節，艱辛備至。無子，撫侄為子，無異己出，學使者贈額曰"貞心日皦"。現年七十二。

王氏，李馥妻。年二十七夫亡守節。孝事翁姑，訓子成立，學使者贈額曰"介石青松"。現年七十七。

趙氏，王良仕妻。年十九于歸，時祖翁、祖姑猶在堂，年近九旬，翁姑亦年近七十。趙曲盡孝養，靡不周至，事祖翁、祖姑，尤能體其翁姑心。年二十五夫亡，遺孤六歲，苦心潔操，教之成立。守節三十三年，現年五十八。

許氏，武進士李汝馥妻。于歸二載，夫亡，氏年二十一。家徒四壁，堅貞矢志，守節五十五年，壽七十六終。

郭氏，武生李毓秀妻。年二十三夫亡，無子，撫侄為子。守節五十餘年，壽七十餘。

張氏，吳廷黽妻。年二十二夫亡，無子，撫侄為嗣。守節四十載，現年六十二。

張氏，吳廷講妻，年二十五夫亡。翁姑以年少無出，欲令改適。氏繼髮毀容，堅貞自矢。翁姑憫其志，擇族子立為嗣。守節三十六年，現年六十一。

徐氏，吳效乾妻。年二十七夫亡，遺孤甫四歲。家極貧，氏茹苦自甘，畢生未嘗見齒。守節四十餘年，現年七十五。

張氏，何淵妻。年二十五夫亡，無子，撫侄為嗣，視如己出。家甚貧，茹苦自甘，教子成立，守節四十五年，現年七十一。

毛氏，潘朝傑妻。年二十八夫亡，遺孤六歲，翁姑早歿。氏堅貞自守，訓子成立。守節四十年，現年六十八。

沈氏，夏縣廩生趙鐸妻。年二十四守節，現年六十一。學政嵇給額曰"節並松操"。

杜氏，貢生王立本妻。年二十八夫亡，青春矢志，白首無瑕。守節四十四年，壽至七十三卒。

胡氏，監生王琯妻。年二十六夫亡，守節三十二年，壽至五十八。

張氏，王瑚妻。年二十九守節，現年六十。

曹氏，楊和堡民蔡潤妻。年二十六夫亡，遺二子，長進仁甫六歲，次進義甫三歲。氏苦志守節，備試艱辛。壽七十三卒。

季氏、戚氏。季，沈自裕妻。年二十六夫亡，守節撫孤。爲子文錦取戚氏，甫三載，文錦亦亡。時戚年十九，無子，撫侄爲嗣，孝事孀姑，教子成立。

以上未旌。

〔寧朔縣節婦〕

李氏，武生朱耀滄妻。年二十二夫亡，無子，欲從死。念夫嗣未立，翁姑無依，朝夕進言於姑，爲翁置妾。舉一子，甫三歲，翁卒，氏與孀姑交相保抱携持，稍長，即爲延師督課。未幾，成立，登賢書，至今人稱李氏"賢婦"云。

吳氏，趙文煥妻，鑾儀衛使趙坤母。坤八歲，文煥卒。氏苦守清貧，教坤成立，以功名顯，誥封一品夫人。蒙聖祖仁皇帝御書"女節閨閫"扁以賜。

戴氏，雷英妻。年二十四守節，操作勤劬，成家裕後。

元氏，雷嘉妻，孝事翁姑，閨門嚴肅。

魯氏，李鴻祉妻。王氏，徐昌祚妻。夫亡，並撫孤兩世，矢志靡他。

毛氏，聞榜妻。李氏，胡珍妻。陳氏，高琇妻。黎氏，商學庠生朱克紹妻。原氏，王琮妻。蘇氏，韓榮妻。郭氏，韓禎妻。並青年勵節，奉姑育子，克盡孝慈。

汪氏，王永鐸妻。張氏，魯自興妻。韓氏，姚欽妻。皆勤婦功，鞠遺孤，貞潔無玷。

周氏，王玠妻。陳氏，武生馮長聘妻。俱早失所天，並無子息，然矢志不二，冰雪同清，苦節之貞，尤所罕及。

汪氏，王瑤妻。年二十六夫亡，事翁姑，撫弱息，備極辛勤。後翁姑沒，三喪併舉，豐儉從宜，識者咸稱爲有禮。

王氏，高迪吉妻。年二十八夫亡，忍飢鞠子，終成其節。

高氏，姚振功妻。年二十七夫亡，氏痛不欲生，翁慰之曰："須爲我計，且此三歲孤誰托耶？"自是含酸抑志，奉翁誨子，節操彌勤。

竇氏，張要妻。年二十四夫亡，苦節三十六年。

武氏，監生劉志鴻妻。年二十七夫亡，苦節三十四年。

陳氏，張蓁妻。年二十五夫亡，守節。

周氏，馮朝鼎妻。年二十四守節，併能盡孝養，篤義方。

岳氏，沈孝治妻。年二十八夫亡，守節。

姜氏，廩生朱纓妻。年二十三守節，勤劬教子，有賢母之風。

汪氏，王義妻。守節五十一年，壽七十一。

梅氏，徐璉妻。年二十七夫亡，僅遺一子，時夫兄先故，亦遺一子。氏教育二孤，誼皆如一，鄉黨稱焉。

李氏，胡恒妻。年二十二夫亡，有勸其改適者，氏焚香對天自誓。卒能撫幼子，以節自全。

吳氏，陳益妻。年二十一夫亡，言動以禮，撫孤成立。

劉氏，宋國庠妻。年二十七守節，律身尤嚴，雖對妯娌姻婭，言笑不苟。

陳氏，高吉秀妻。吳氏，監生劉治宏妻。吳氏，包懷妻。穆氏，納士榮妻。白氏，周朝彥妻。張氏，熊飛源妻。併守節多年。

江氏，田大有妻。開化鎮總兵玉之祖母。年二十四守節，菽水奉親，熊丸課子，年七十八卒。奉敕旌表入祠，建坊曰"教慈全節"。

沙氏，朔縣民李雲鵬妻，貢生德恒祖母。年二十七夫亡，家赤貧，晝親井臼，夜勤女工。事翁姑以孝，教子孫成名。守節三十餘年。

徐氏，舉人徐朝柱女，適監生趙秉鉞。夫亡無子，以堂弟子溥嗣。苦節數十載，教溥成名。

李氏，生員胡恒妻。年二十二夫亡，封髮自誓，甘心苦節。撫侄為子，一如己出，教養兼至，凡五十餘年。

唐氏，趙一桂妻，年三十守節，遺子開勳方數歲。張氏，開勳妻，年二十八守節，遺子維楊四歲。李氏，維楊妻，年二十九守節，遺子秦七歲。張事唐篤孝，疾病醫藥，未嘗廢離。李勵操奉姑，一如張。三世節孝，俱被旌表，時人榮之。

陳氏，忠愍公宗女，適庠生柴嶽毓。二十二夫亡，遺子瑾甫三歲，孀姑在堂。氏日事女工，供甘旨，嚴課讀。瑾後亦入泮，守節四十餘年。

蔣氏，廩生孫開勳妻。適孫三載，夫亡。禮法自持，閨門嚴肅。子靖鼇恪守母訓，卒舉明經，守節三十二年。

以上寧朔縣已旌節婦。

汪氏、高氏。汪，生員樊蘊秀妻，年二十一夫亡，撫子廷彥，備極辛苦，至於成立。高，廷彥妻，年十九廷彥征逆吳陣亡，遺子木一歲。父母欲奪其志，高曰："姑霜子幼，安忍去乎？"矢志守貞，姑媳相依爲命。鎮道聞其賢，贈額曰"一門雙節"。

　　陸氏，丁昶昌妻。年二十八夫亡，無子，守節四十年。

　　王氏，監生黎淳妻，守節四十年。

　　張氏，鄧英妻，守節四十六年。

　　姜氏，朱還初妻。還初弟兄四人，相繼亡。姜年二十八，一子二歲，家貧如洗。或勸改適，姜曰："朱氏一脈只有此子，子生與生，子亡與亡，吾不忍負心泉下人也。"卒撫孤子成立。

　　解氏，吳士雄妻，守節三十六年。

　　陳氏，解子媳，吳璘妻，守節三十四年。

　　楊氏，生員張星焕妻。守節五十八年，壽八十二。

　　張氏，施錦妻。年十九守節，壽八十餘。

　　徐氏，何炳妻。夫亡無子，撫侄如己子，守節五十二年，壽七十七。

　　陳氏，夏邦英妻，守節三十一年。

　　張氏，張宏勳妻。守節四十一年，壽六十八卒。

　　柳氏，千總王開國妻。撫孤守節五十餘年，壽八十卒。

　　王氏，湖廣守備曹應龍妻。夫故任所，氏年二十九，扶柩歸里，甘貧守節撫孤。卒年七十六。

　　李氏，王勤寶妻。夫亡無子，與孀姑劉氏撫侄承嗣。苦節五十二年，壽七十九。

　　李氏，生員趙麟繼妻。年二十二夫亡，遺一子，前妻亦遺一子。氏守節撫二孤，視之如一。

　　劉氏，瞿靖堡民徐養道妻，守節三十二年。

　　鄒氏，瞿靖堡民王建邦妻，守節三十一年。

　　寇氏，馬塞堡民劉萬寅妻，守節四十八年，壽七十五。

　　沈氏，蔣鼎堡民韓訓妻，年三十守節。

　　張氏，蔣鼎堡民韓哲妻，年二十四守節。

　　滕氏，瞿靖堡民陳永亨妻。年二十九守節。

　　岳氏，蔣鼎堡民劉夢虎妻。守節六十餘年，壽九十二。

　　吳氏，邵剛堡民朱朝選妻。二十夫亡，無子，家貧守節，奉翁姑無惰志。

何氏，林皋堡庠生劉灝妻。年二十八守節，奉翁克孝，教子有成。壽七十六。

　　王氏，林皋堡民張譜妻。年十九守節，壽八十。

　　徐氏，瞿靖堡民鄒鼎妻。守節三十六年，壽六十五卒。

　　陶氏，南部縣民湯繼堯妻，僑寓寧朔地方。夫亡，家貧甚，拮据養姑，清操不渝。

　　曹氏，栗自成妻。守節四十七年，壽七十二。

　　史氏，漢壩堡吏員張瑗妻，守節三十七年。

　　舒氏，邵剛堡民朱詳妻。守節六十一年，壽八十四。

　　靳氏，漢壩堡民張琚妻。年十九夫亡，守節四十五年。

　　王氏，林皋堡民李之相妻。年二十四守節，壽七十。

　　李氏，關自敬妻。守節三十五年，前監守同知王表其門曰"松筠芳潔"。

　　鄒氏，武生潘世顯妻。年二十九夫亡，守節三十餘年。

　　樊氏，武生柴琮妻，武舉廷樑母，武生廷棟嫡母。① 年二十八，遭震夫故，家破毀，廷樑兄弟皆幼稚。氏茹苦撫孤，恩勤如一，三子皆得成立。前太守王表其門曰"矢志賢貞"。

　　沈氏，丙辰科舉人徐祐妻，② 年二十五守節。無子，立族子應選爲嗣。後應選亦早卒，氏與媳陶氏共勵苦節，煢煢相依，數十年如一日，前文宗楊贈額曰"茶苦完貞"。卒年七十二。

　　雷氏，甘州右營守備史從朱妻。夫巴里坤陣亡，氏年二十八守節。一貧如洗，百折不回，教二子大興、大法，皆見成立，年七十五卒。前文宗楊贈額曰"和丸堪追"。

　　閆氏，史廷棟妻，年二十四與祖姑雷氏相依守節，課子極嚴。現年五十六，文宗楊贈額曰"節孝雙全"。

　　甯氏，張子湘妻。年二十八夫故，孝事孀姑，撫二幼叔及前妻子，無異己子，皆至成立。守節三十七年，前文宗楊贈額曰"摻手扶倫"。

　　李氏，中書張瑢繼妻。年二十一夫亡，遺一子映梅甫數月，羸弱多病，百計調養，心力俱瘁。又以慈惠而兼義方，故映梅終得讀書有成。前

---

① [校] 嫡：原作"敵"，據文意改。
② 丙辰：乾隆元年（1736）。

文宗楊贈額曰"百折不回"。

紀氏，吏員張俊妻，生員繼良母。年三十守節，繼良方九歲，義方是訓，撫子有成。現年七十八。

王氏，儒童景祚新妻。年二十六夫故，撫孤子文炳七歲，訓誨有方，後入武庠。守志三十九年，現年六十五。

楊氏、劉氏。楊，庠生孟愷妻。年三十夫亡，孤甫周歲。氏奉姑以孝，撫子成立。劉，愷弟懋妻。年二十夫亡，無子，立本支孫爲懋後，殷勤撫育。與嫂氏共勵清操，人稱爲"一門雙節"。

劉氏，兵丁朱啟文妻。年二十四，啟文進剿巴里坤陣亡，遺一子。家徒壁立，只薄田十餘畝，托姻戚代耕，氏亦自勤力作。後子亡，又撫弱孫，艱苦備歷。今壽已七十三。

李氏，俞天訓妻。年二十六守節，撫姪爲子，教養成名。現年五十六。

趙氏，新番縣知縣趙宏瑛女。年十九適李文燦，甫六載夫亡，無子，同叔嬸度日，悉出粧奩以爲生計。叔亦止一子，共撫之。守節三十餘年，門庭雍肅。前文宗楊給額曰"禮宗德範"。

賈氏，張龍顯妻。年二十二守節五十二年，今七十四。

周氏，生員王學禮妻。年二十六守節，無子，撫族子爲嗣。前文宗楊贈額曰"貞燕完巢"。

朱氏，兵丁胡掄元妻。年三十，夫歿於王事，遺孤七歲。苦守四十三年，現年七十三。前文宗楊贈額曰"誓鵠和丸"。

路氏，王恒妻。年十九夫故，氏上事翁姑生養死葬，撫幼子兆麟成立。守節四十餘年。前文宗楊給額曰"承啟槐堂"。

董氏，史秉亨妻。年十八夫亡，子甫周歲。家貧，惟事女工以育其子，艱苦備嘗。邑人共贈額曰"冰霜勵節"。

劉氏，宋國祥妻。年二十七夫亡，子幼。氏苦守四十餘年，撫子成立。年踰七旬卒，邑人共贈額曰"筠節雅操"。

王氏，舒際良妻。年二十四守節，奉翁姑克孝。姑老病久不愈，王仰天呼籲，割股以進，病竟愈。邑令李贈額曰"節孝可風"。

馮氏，寧朔縣庠生趙璣仁妻。年二十八守節數十年，邑人贈額曰"志堅金石"。

倪氏，龐通禮妻。年二十五夫亡守節，備歷艱辛，教子成立。邑人贈額曰"葹勁松篁"。

張氏，倪賡祖妻。年二十四夫亡，遺孤甫一歲。家至貧，張勤事女工以自給。每至日不再食，而恬澹自甘，毫無怨尤。苦志二十餘年，教子成立。

宋氏，寧朔縣庠生沈鴻英妻。夫亡，氏年二十六。無子，拮据以奉舅姑，苦節自矢三十餘年。

劉氏，寧朔縣庠生陳自舜妻。年二十八夫亡，無子，撫族子爲嗣。嗣子死，又育族孫，艱苦自守三十餘年。

解氏，寧朔縣庠生羅先貴妻。年二十五夫亡，子甫三歲。舅年八旬，便溺每遺床褥，解親易燥濕，少無隋容。邑人贈額曰"矢志柏舟"。

哈氏，原任劍州知州湯繼舜妻。年二十夫亡，遺孤甫六月，勤苦自矢。邑人共贈額表其門。

汪氏，湯謨妻。年二十一夫亡，子甫二歲。節操凜然三十餘年，教子成立。邑人贈額曰"霜天皎日"。

樊氏、尹氏。樊，寧朔縣民康建侯妻。尹，建侯侄孫康緯妻。樊年二十四夫亡，遺子合生甫二歲。孀姑在堂，貧不廢養，前監守廳王給匾旌表。尹年二十五夫故，遺子巽甫三歲，茶苦撫孤。並稱"雙節"。

閆氏，兵丁袁燦妻。年二十五夫亡，遺子甫二歲。氏守節撫孤數十年，其子至三十五歲亦亡，遺孫僅五歲，至今同媳苦節撫養。

范氏，鎮河堡民汪澤灝妻。年十九夫亡，時遺腹數月，後生子殿甲，入武學。守節撫孤五十五年，學臣楊贈額曰"循陔訓荻"。

以上未旌。

〔平羅縣節婦〕

許氏，夏禹妻。張氏，馬現成妻。章氏，張受妻。杜氏，郗賢繼妻。並守節多年，清操無玷。

王氏，江孔漢妻，守節三十三年。周氏，王施恩妻，守節三十九年。並撫孤成立，堅守清操。

侯氏，程思茂妻，守節四十二年。錢氏，李攀桂妻，守節三十八年。葉氏，馬之駱妻，守節三十七年。賀氏，侯壁妻，守節三十一年。並孝義兼全，雖處困窮，不移節操。

以上平羅縣已旌節婦。

趙氏，平羅歲貢柴璡妻。年二十七夫亡，矢節不移，教二子大鏞、廷鏞，心力俱瘁，訖覯成立。前文宗楊贈額曰"莭追陶孟"。

段氏，原任遊擊張明聰妻，平羅縣武生張洌之母。年十六于歸，十九歲夫亡，越六日即生遺腹子洌。氏歷盡艱難，百折不回，教子成立。現年五十六。

以上未旌。

〔靈州莭婦〕

李氏，生員王式閶妻。年二十七夫亡，時翁姑年邁，遺子甫周歲，家計蕭條。晝夜勤苦，訓子王澤深成立，入泮。守莭三十三年。

竇氏，姚欽妻。于歸七年，夫故，遺孤一歲，氏年二十四，守莭四十一年。

韓氏，許津妻。年二十六夫亡，遺子開元甫五月。家徒壁立，荼苦備嘗。事孀姑以孝聞，撫子成立。苦莭三十四年。

蔡氏，馬健明妻。年二十六夫亡，上奉翁姑，下撫幼孤，艱苦備嘗，終始如一。守莭五十一年。

梁氏，魏錦妻。年二十九夫亡，守莭三十六年。

姚氏，監生朱士挺妻。年二十五夫亡，守莭三十八年。遺腹子朱洙亦勵志讀書，早擢士林。

王氏，何騰遠妻。年二十三夫故，守莭三十三年。

郭氏，劉得先妻。年二十七夫故，遺腹未產。矢志不移，守莭六十五年。壽至八十餘。

王氏，周榮妻。年二十八夫故，姑老子幼，家計貧窘。氏孝慈兼盡，荼苦備嘗。守莭三十七年。

魏氏，文運祥妻。年二十七夫亡，守莭四十九年。撫孤子文振孟成立，爲國學生。

沈氏，張仁妻。年二十七夫故，守莭四十二年。

王氏，何光國妻。年二十五夫故，守莭四十九年。

李氏，何嗣俊妻。年二十二夫故，斷髮自矢，堅貞不移，苦莭四十五年。事孀姑以孝聞。

常氏，施祈經妻。于歸二年，夫亡，氏年一十八。勤修紡織，孝事翁姑。撫育孤子，教誨成人。苦莭三十三年，鄉里並稱其德。

張氏，生員高日棟妻。于歸三年，夫故，氏年二十歲。時雙親皆七旬有餘，孤子甫周歲，家貧甚。氏紡織度日，曲盡孝慈。苦莭四十一年，毫無怨色。

王氏，田盡忠妻。年二十一夫故，守節三十九年。

王氏，吳世熹妻。守節四十年，仰事俯育，各盡其道，清標玉立，鄉閭稱焉。

許氏，生員級景妻。年二十五夫亡。志潔冰霜，心同金石，苦節四十年。

常氏，生員馬景良妻。于歸一年，夫亡，氏年一十七歲。秉性堅貞，辛苦備嘗。守節三十二年，始終如一。

鍾氏，盧復嗣妻。年十九守節，家計拮据，茹苦終身。歷三十年，貞潔無玷。

周氏，許昭妻。年二十三守節，禮法自持，閨門嚴整。四十餘年，外人罕覯其面，鄉里稱之。

以上靈州節婦。

〔中衛節婦〕

張氏，中衛人平洛妻。守節多年，奉旨旌表。

周氏，永康堡民徐科妻。無子，勸夫納二妾。夫亡，妾張氏子四歲，何氏子甫一歲。周待二妾如姊妹，視二子如己出。一門三節，扶子成立。司馬張羽翀表其門。

谷氏，本衛人，適趙。夫亡，時氏未三十。甘貧訓子，持家嚴整。長子邦瑜由恩貢任祥符縣丞，頗著政聲，下人深感其德。

劉氏，寧安堡井田妻。年二十八守節。子體仁早亡，同媳張氏撫其孫。司馬張羽翀贈額曰"雙節燕貽"。

朱氏，寧安堡生員馬逢禹妻。夫亡，氏年二十，遺子一歲，張羽翀表其門。

蕭氏，新寧安堡人，甘貧守志，寧夏道劉表其門。

雍氏，應襲李先陞妻。年二十四食貧守節，子國棟入庠。

安氏，生員寧繼武妻。夫亡，時氏年二十三。志潔行苦，教子成名。

韓氏，生員焦增佑妻。年二十七夫亡，晝夜操作四十餘年，子體仁有聲庠校。

黃氏，生員靳子英妻。年二十六夫亡，清操自矢，以義方教撫子孫。

陳氏，蔣享妻。順治間，夫從軍傷亡，氏年二十六。守節五十一年，教子有成。同知王維楫表其門曰"節堪風世"。

劉氏，羅峰翰妻，守節三十七年。
宋氏，王之韜妻，守節四十三年。
張氏，陣亡兵丁宋朝正妻，守節二十七年。
何氏，王秉聰妻，苦節三十年。
黃氏，張奉奇妻，守節三十三年。
劉氏，劉朝重妻，守節五十四年。
尚氏，武生周三濂妻，苦節三十一年。
馬氏，劉復起妻，苦節四十六年。
李氏，武生張前易妻，苦節二十五年。
王氏，丁秉璧妻，守節三十二年。
張氏，黎欽妻，守節三十六年。
魏氏，劉朝賓妻，守節三十二年。
巫氏，史祥麟妻，守節三十二年。
羅氏，武舉馮復駿妻，守節三十一年。
劉氏，周廷儒妻，守節三十三年。
王氏，朱紳先妻，守節四十五年。
張氏，兵丁汪思孝妻，守節三十三年。

李氏，兵丁李彬妻。彬陣亡，氏年二十，子謀四歲。針指度日，上事祖翁，下育嬰兒，四十年清操自矢。子謀入伍登仕。

施氏，生員王寶之母，守節三十餘年。

苗氏，生員汪渝之母，壯歲守志及沒。貢生李若樾輓以詩曰："貞心誓不讓清霜，博得鄉評月旦長。十九年來辛苦事，一棺雖冷尚餘香。"

李氏，知縣王肇基祖母。守節五十四年，終以孫貴，贈孺人。

芮氏，王世業妻。年二十一夫亡，孝姑撫子。卒，鄉里輓之曰"節孝遺芳"。

任氏，吳秀母。年二十七夫亡，撫成二子，守節五十年。

方氏，守備陸治畿妻，生員嵩之母。事八十衰姑克孝，躬嘗湯藥，侍疾不倦，里黨稱之。

王氏，生員黎錕繼妻。青年守節，女工自給，撫育孤兒。今年已七十。

陳氏，儒童劉若湧妻。年二十四夫亡，遺二子。苦節五十餘年。

顧氏，張漢相妻。夫亡，遺子三歲，教育成立。苦節三十一年。

黃氏、張氏。黃，雍念孔妻，守節五十三年，壽八十餘。張，念孔子田膏妻，守節三十二年，年六十餘。姑媳雙節，垂白一堂，里人咸欽慕焉。

　　焦氏，武生劉擢妻。年二十夫亡，撫育幼子。守節三十餘年。

　　劉氏，孺童沈俊妻，焦氏夫弟也。年二十八俊亡，與嫂焦同誓志，守節三十九年。

　　萬氏，吏員利如湧之母。年二十七夫亡，備歷艱苦，勵志教家子孫，三世一堂，壽登九十餘。

　　周氏，胡忠妻。青年夫亡，食貧守志，撫子成立。鄉里咸重其節。

　　李氏，門鴻善妻。年二十六夫亡，薄田數畝，撫育遺子，備嘗艱辛。守節三十三年。

　　李氏，郭一英妻。一英早逝，舅姑久病，一切湯藥，氏皆親主營致，歷十餘年不倦。產育十男，內訓嚴明。長子璽以孝友稱於鄉，諸弟瑋及玶煥皆庠生，瑩舉武鄉試，皆能恪遵母訓，立名成業。時論稱之。

　　孫氏，王永泰妻。年二十八夫亡，遺二子，俱在襁褓。氏甘茹冰蘗，撫育成立。守節三十年。

　　吳氏，高慧妻。年二十二夫亡，現年五十餘歲。

　　安氏，提督俞益謨副室，年二十六夫亡。清操自矢，賦性仁惠，通達經書，撫幼子成立。守節三十四年，奉旨旌表。

　　以上中衛縣節婦。

寧夏府志卷十八

藝　文

志，志"實"也，"實"非"文"不著，故《書》存而五代之治至今見也，《詩》存而十五國之風至今聞也。後世學士大夫，指事屬詞，一篇一詠，必有托以傳者。寧夏志載久缺，更兵劫焚毁之餘，其爲藝文存者僅矣。搜羅所及，類次編録，以續前載，要取其有係於"實"者。志《藝文》。

疏　奏

請復三郡疏①　　漢　虞詡

臣聞子孫以奉祖爲孝，君上以安民爲明，此高宗、周宣所以上配湯、武也。《禹貢》雍州之域，厥田惟上，且沃野千里，穀稼殷積，又有龜兹鹽池以爲民利。水草豐美，土宜産牧，牛馬銜尾，群羊塞道。北阻山河，乘陀據險。因渠以溉，水春河漕，用功省少，而軍糧饒足。故孝武皇帝及光武築朔方，開西河，置上郡，皆爲此也。而遭元元無妄之災，衆羌内潰，郡縣兵荒二十餘年。夫棄沃壤之饒，損自然之財，不可謂利。離河山之阻，守無險之處，難以爲固。今三郡未復，園陵單外而公卿選懦，容頭過身，張解設難，但計所費，不圖其安。宜開聖德，考行所長。

河西修城表②　　魏　刁雍

臣聞安不忘亂，先聖之政也。況綏服之外，帶接邊城，防守不備，無

---

①　[校]請復三郡疏：《乾隆甘志》卷四五《藝文》題作《屯田疏》。
②　本志載刁雍三表，按上表時間順序，依次是：太平真君五年（444）《鑿艾山渠表》，七年（446）《運屯穀付沃野表》，九年（448）《河西修城表》。本志未按此順序排序。

以禦敵者也。臣鎮所縮河西，爰在邊表，常懼不虞。平地積穀，實難守護。兵人散居，無所依恃。脫有妖奸，必致狼狽。① 雖欲自固，無以得全。今求造城儲穀，置兵備守。鎮自建立，更不煩官。又於三時之隙，不令廢農。一歲二歲不訖，三歲必成。立城之所，必在水陸之次，大小高下，量力取辦。

運屯穀付沃野表　　刁雍

奉詔高平、安定、統萬及臣所守四鎮，出車五千乘，運屯穀五十萬斛，付沃野鎮以供軍糧。臣鎮去沃野八百里，道多深沙，輕車來往，猶以為難。設令載穀，不過二十石，每涉深沙，必致滯陷。又穀在河西，轉至沃野，越度大河，計車五十乘，運十萬斛，百餘日乃得一返，大廢生民耕墾之業。車牛艱阻，難可全至，一歲不過二運，五十萬斛乃經三年。臣前被詔，有可以便國利民者動靜以聞。臣聞鄭白之渠，遠引淮海之粟，泝流數千，② 周年乃得一至，猶稱國有儲糧，民用安樂。今求於牽屯山河水之次，造船二百艘，二船為一舫，一船勝穀二千斛，一舫十人，計須千人。臣鎮內之兵，率皆習水。一運二十萬斛，方舟順流，五日而至。自沃野牽上，十日還到，合六十日得一返。從三月至九月，三返，運送六十萬斛。計用人功，輕於車運十倍有餘，不費牛力，又不廢田。

鑿艾山渠表　　刁雍

臣蒙寵出鎮，奉辭西藩，總統諸軍，戶口殷廣。又總勒戎馬，以防不虞，督課諸屯，以為儲積。夙夜惟憂，不遑寧處。以今年四月末到鎮，時以夏中，不及東作。念彼農夫，雖復布野，官渠乏水，不得廣殖。乘前以來，功不充課，兵人口累，率皆飢儉。略加檢行，知此土稼穡艱難。夫欲育民豐國，事須大田。此土乏雨，正以引河為用。觀舊渠堰，乃是上古所制，非近代也。富平寧夏靈州有富平廢城。西南三十里有艾山，南北二十六里，東西四十五里，鑿以通河，似禹舊蹟。其兩岸作溉田大渠，廣十餘步，山南引水入此渠中。計昔為之，高於水不過一丈，河水激急，沙土漂流。今日此渠高於河水二丈三尺，又河水浸射，徃徃崩頹。③ 渠溉高懸，水不得上。雖復諸處，按舊引水，水亦難求。今艾山北，河中有洲渚，水

---

① [校] 致：原作"至"，據《魏書》卷三八《刁雍傳》改。
② [校] 泝：原作"沂"，據《魏書》卷三八《刁雍傳》改。
③ [校] 崩頹：原作"奔頹"，據《魏書》卷三八《刁雍傳》改。

分爲二。西河小狹，水廣百四十步。臣今求入，來年正月，於河西高渠之北八里、分河之下五里，平地鑿渠，廣十五步，深五尺，築其兩岸，令高一丈。北行四十里，還入古高渠，即循高渠而北，復八十里，合百二十里，大有良田。計用四千人，①四十日功，渠得成訖。所欲鑿新渠口，河下五尺，水不得入。今求從小河東南岸斜斷到西北岸，計長二百七十步，廣十步，高二丈，絕斷小河。二十日功，計得成畢，合計用功六十日。小河之水盡入新渠，水則充足，溉官私田四萬餘頃。一旬之間，則水一遍。水凡四溉，穀得成實。官課常充，民亦豐贍。

  論邊事疏 宋 宋琪

  臣頃任延州節度判官，經涉五年，雖未嘗躬造夷落，然常令蕃落將和斷公事，歲無虛月，藩部之事，熟於聞聽。大約党項、吐蕃風俗相類，其帳族有生户、熟户。接連漢界、入州城者謂之熟户，居深山僻遠、橫遏寇略者謂之生户。②其俗多有世讎，不相來往。遇有戰鬭，則同惡相濟，傳箭相率，其從如流。雖各有鞍甲，而無魁首統攝，並皆散漫山川，居常不以爲患。党項界東自河西銀、夏，西至靈、鹽，南距鄜、延，北連豐、會。厥土多荒隙，是前漢呼韓邪所處河南地，幅員千里。從銀、夏至青、③白兩池，地惟沙磧，俗謂平夏拓拔，蓋蕃姓也。自鄜、延以北，多土山栢林，謂之南山野利，蓋羌族之號也。

  從延州入平夏有三路：一，東北自豐林縣葦子驛至延川縣接綏州，④入夏州界；一，正北從金明縣入蕃界，至盧關四五百里，方入平夏州南界；⑤一，西北歷萬安鎮經永安城，出洪門至宥州四五百里，是夏州西境。我師如入夏州之境，宜先招致接界熟户，使爲鄉導。其強壯有馬者，令去官軍三五十里，踏白先行。緣此三路，土山栢林，溪谷相接，而復隘

---

① ［校］四千：原作"六千"，據《魏書》卷三八《刁雍傳》改。
② ［校］遏：原作"過"，據《長編》卷三五改。
③ ［校］青：原作"清"，據本志卷七《田賦·鹽法》改。
④ ［校］延川：原作"延州"，據《宋史》卷二六四《宋琪傳》、《長編》卷三五改。參見《長編》卷三五校勘記［六］。
⑤ ［校］方入平夏州南界：此同《乾隆甘志》卷四五《藝文·論邊事疏》、《宋史》卷二六四《宋琪傳》。《長編》卷三五作"方入平夏是夏州南界"，疑是。參見《宋史》卷二六四《校勘記》［八］。

陿，不得成列，躡此鄉導，可使步卒多持弓弩鎗錕隨之。① 以三二千人登山偵邏，俟見坦途寧静，可傳號勾馬遵路而行，我皆嚴備，保無虞也。長興四年，夏州李仁福死，有男彝超擅稱留後。當時詔延州安從進與李彝超換鎮，彝超據夏州，固不奉詔。朝廷命邠州藥彥稠總兵五萬，送從進赴任。時頓兵城下，議欲攻取，軍儲不繼，遽命班師。而振旅之時，不能嚴整，失戈棄甲，遂爲邊人之利。

臣又聞党項號爲小蕃，非是勍敵，若得出山布陣，② 止勞一戰，便可蕩除。深入則饋運艱難，窮追則窟穴幽隱。莫若緣邊州鎮，分屯重兵，俟其入界侵漁，方可隨時掩擊。非惟養勇，亦足安邊。凡烏合之徒，勢不能久，利於速鬪，以驕兵鋒。莫若持重守疆，以挫其銳。彼無城守，衆乏餱糧，威賞不行，部族分散。然後密令覘其保聚之處，預於麟、府、鄜、延、寧、慶、靈、武等州約期會兵，四面齊進，絕其奔走之路，合勢擊之，可以翦除，無噍類矣。仍先告諭諸軍，③ 擊賊所獲生口資畜，許爲己有。彼爲利誘，則人百其勇也。靈武路自通遠軍入青岡峽五百里，皆蕃部熟戶。④ 向來使人、商旅經由，並在部族安泊，所求賂遺無幾，謂之打當，亦如漢界逆旅之家宿食之直也。此時大軍或須入其境，則鄉導踏白，當如夏州之法。況彼靈州，便是吾土，芻粟儲蓄，率皆有備，緣路五七程，不煩供饋，止令逐部兵騎，⑤ 裹糧輕齎，便可足用。諺所謂"磨鎌殺馬"，劫一時之力也，旬浹之餘，固無闕乏矣。

上經制西邊疏⑥　　張齊賢

臣在先朝，常憂靈、夏兩鎮終爲繼遷并吞，言事者以臣所慮爲太過，畧舉既往之事以明本末。當時臣下皆以繼遷只是懷戀父祖舊地，⑦ 別無他心。先帝與以銀州廉察，庶滿其意。爾後攻劫不已，直至降麟、府州界八

---

① ［校］錕：原同《乾隆甘志》卷四五《藝文·論邊事疏》、《宋史》卷二六四《宋琪傳》作"鋸"，據《長編》卷三五改。參見《宋史》卷二六四《校勘記》[九]。

② ［校］布：原作"步"，據《宋史》卷二六四《宋琪傳》、《長編》卷三五改。

③ ［校］告諭：原作"告語"，據《宋史》卷二六四《宋琪傳》、《長編》卷三五改。

④ ［校］蕃部：原作"藩部"，據《宋史》卷二六四《宋琪傳》、《長編》卷三五改。

⑤ ［校］部：原同《乾隆甘志》卷四五《藝文·論邊事疏》、《宋史》卷二六四《宋琪傳》作"都"，據《長編》卷三五改。參見《宋史》卷二六四《校勘記》[十]。

⑥ 本志載張齊賢三疏，依上奏時間依次是：咸平四年（1001）十月《上備邊疏》，四年十二月《上靈州事宜疏》，景德二年（1005）《上經制西邊疏》。本志未按此順序排序。

⑦ ［校］只是："是"字原脱，據《宋史》卷二六五《張齊賢傳》、《長編》卷六八補。

部族蕃酋，又脅制賀蘭山下帳族，言事者猶謂封獎未厚。洎陛下賜以銀、夏土壤，寵以節旄，自此姦威愈滋，逆志尤暴。屢斷靈州糧路，復撓緣邊城池，數年之間，靈州終爲吞噬。當靈池、① 清遠軍垂欲陷沒，臣方受經略之命。臣思繼遷須是得一兩處強大蕃族與之爲敵，此乃以蠻夷攻蠻夷，古今之上策也。遂請以六谷名目封潘羅支，俾其展効。其時近臣所見，全與臣謀不同，多爲阻撓。及繼遷爲潘羅支射殺，邊患謂可少息。今其子德明依前攻劫，析逋遊龍鉢等盡在部下，② 其志又似不小。臣慮德明乘大駕東幸之際，去攻六谷，則瓜、沙、甘、肅、于闐諸處漸爲控制矣。向使潘羅支尚在，則德明未足爲虞。③ 今潘羅支已亡，廝鐸督恐非其敵，望委大臣經制其事。

上靈州事宜疏　　張齊賢

靈州斗絕一隅，當城鎮完全、磧路未梗之時，中外已言合棄。自繼遷爲患以來，危困彌甚。南去鎮戎約五百餘里，東去環州僅六七日程，如此畏途，不須攻奪，則城中之民何由而出，城中之兵何由而歸？欲全軍民，理須應接。爲今之計，莫若增益精兵，④ 以合西邊屯駐、對替之兵，從以原、渭、鎮戎之師。率山西熟户，從東界而入，嚴約師期，兩路交進。設若繼遷分兵以應敵，我則乘勢而易攻。且奔命道途，首尾難衛，千里趨利，不敗則禽。臣謂兵鋒未交，而靈州之圍自解。⑤ 然後取靈州軍民，而置砦於蕭關、武延川險要處，以僑寓之。如此則蕃漢土人之心有所依賴，裁候平寧，卻歸舊貫。然後縱蕃漢之兵，⑥ 乘時以爲進退，則成功不難矣。

上備邊疏　　張齊賢

清遠軍陷沒以來，青岡砦燒棄之後，靈武一郡，援隔勢孤，此繼遷之

---

① ［校］靈池：此同《宋史》卷二六五《張齊賢傳》，《長編》卷六八作"麟州"。

② ［校］析逋：此同《宋史》卷二六五《張齊賢傳》，《宋史》卷四九二《吐蕃傳》作"折逋"。

③ ［校］虞：原作"慮"，據《長編》卷六八、《宋史》卷二六五《張齊賢傳》改。

④ ［校］莫若：此同《乾隆甘志》卷四五《藝文·上靈州事宜疏》，《長編》卷五〇作"曷若"，《宋史》卷二六五《張齊賢傳》作"若能"。

⑤ ［校］圍：此同《宋史》卷二六五《張齊賢傳》，《長編》卷五〇作"危"。

⑥ ［校］縱：原作"從"，據《長編》卷五〇、《宋史》卷二六五《張齊賢傳》改。

所覬覦而必至者也。以事勢言之，加討則不足，防遏則有餘。① 其計無他，蕃部大族首領素與繼遷有隙者，若能啗以官爵、誘以貨利，結之以恩信而激之以利害，則山西之蕃部族帳，靡不傾心朝廷矣。臣所領十二州軍，見二萬餘人，若緣邊料揀本城等軍，更得五萬餘人，招致蕃部，其數又踰十數萬。但彼出則我歸，東備則西擊，使之奔走不暇，何能爲我患哉？今靈武軍民不翅六七萬，陷於危亡之地。若繼遷來春於我兵未舉之前，發兵救援靈武，盡驅其衆，并力攻圍，則靈州孤城必難固守。萬一失陷，賊勢益增，縱多聚甲兵，廣積財貨，亦難保必勝矣。臣所以乞封潘羅支爲六谷王而厚以金帛者，恐繼遷旦暮用兵斷彼賣馬之路也。苟朝廷信使得達潘羅支，則泥埋等族、西南遠蕃不難招集。西南既稟命，② 而緣邊之勢張，則鄜、延、環、慶之淺蕃，原、渭、鎮戎之熟戶，自然歸化。然後使之與對替甲兵及駐泊軍馬互爲聲援，則萬山聞之，必不敢於靈州、河西頓兵矣。萬山既退，則賀蘭蕃部亦稍稍叛繼遷矣。若曰名器不可以假人，爵賞不可濫及，此乃聖人爲治之常道，非隨時變易之義也。

  停止入衛陵寢兵馬疏③　　明　巡撫　羅鳳翱

  查得寧夏兵馬入衛，自嘉靖二十九年仇鸞建議始，初以健卒遠戍，護衛神京陵寢，謀非不善也。第數年以來，本鎮奇兵、舊遊兵、新遊兵，三枝更番，迭無虛歲，而民力告病矣。昔臣未至西夏，聞議者咸云："入衛無益，當止。"尚未深信。逮奉命來撫茲土，詳見軍士入衛之苦，④ 本鎮兵之力困，大有甚於昔聞，不止無益而已。臣詳述一二困苦之狀，爲我皇上陳之。

  當入衛之屆期也，各軍貧無它資，必預討數月月糧，方可辦衣裝，備途費。而在鎮家口，已奪數月之食矣。啼飢號寒，艱苦萬狀，有難盡以形容者。其啟行也，數日前號泣震地，耳不忍聞，行之日哀籲割痛，目不堪視，若赴湯火之難，無復見面之期者。何也？蓋往年遠征，傷生者衆，以故父母、兄弟、妻子率目此別爲永訣耳。爲情亦何苦也！其在道也，嚴程

---

  ①　［校］防遏："遏"原作"惡"，據《長編》卷四九、《宋史》卷二六五《張齊賢傳》、《乾隆甘志》卷四五《藝文‧上備邊疏》改。

  ②　［校］西南：此同《宋史》卷二六五《張齊賢傳》，《長編》卷四九作"西蕃"。

  ③　《朔方新志》卷二《内治‧兵馬》載，本疏作於萬曆二年（1574）十一月。

  ④　［校］入衛：《朔方新志》卷二《内治‧兵馬》作"赴衛"。

無休息之會，勞憊多寒濕之侵，負病僵仆，道路相望。逮抵薊鎮，盡爲鬼形，不過備數而已，誠何濟於用也？及分發地方也，腹無飽食，身無完衣。咸以客兵故，令築險扛石，相繼殞命。苟倖生者，苦捱終歲，似歷旬年。以此垂首喪氣之人，安望其奮勇當先，果爲國家用乎？逮回營也，輿尸駢載，見者慘悽。縱有生還，多屬瀕死。尺籍按稽，大減原額，不過付之長嘆而已。夫以可用之兵，而坐令消折如此，得非自伐邊陲之資乎？至若各軍之馬，或以長驅而力量不勝，或以風土而水草不服，日復一日，漸致羸瘦。死者枕籍，白骨盈野。且椿銀追併，軍士抽心，買補費值，日耗公貯。陰損暗虧，年年若是，誰復知之？夫入衛一次，則軍傷馬死，漸剝元氣。寧夏兵馬無幾，而益以剝削凋殘。重鎮要地，臣不知後將何支也？

然又有大可慮者在焉。本鎮地方延袤一千三百餘里，尺寸之地，皆與虜隣，則尺寸之邊，皆所當守。通計本鎮各營兵馬，止二萬六千有奇，即盡發守邊，猶爲難周，況每歲入衛之候，舊兵未旋，而新兵已發。舊兵歸營，率在來年二月，新年發伍，當在本年十月。計入衛者，每枝三千，則半年在外者六千矣。當黃河結凍，邊腹不分之候，而顧以六千之兵役於外焉，則防冬單弱，有識者寧不爲之寒慄！此臣之深憂切慮，而不容不乞憐於君父者也。再照初時入衛之議，本爲薊鎮兵寡，防護爲重，權宜補濟之耳。臣聞薊鎮邇年以來，土兵之練，號多貔貅，清勾之丁，漸充行伍，似不必仍用此衰殘之輩也。臣一介草茅，荷國厚恩，非守此土惟知此兵之當恤，而不念神京陵寢之爲重。但此兵有，不足爲薊鎮強，此兵無，不足爲薊鎮弱，而漸乏漸困，祇足爲寧鎮之累耳！寧鎮受累，坐視不言，倘致他虞，仰廑西顧，則臣之罪萬分難贖矣。伏望聖慈俯察，臣所言非妄，臣爲心無他。敕下兵部，再加詳議，寧夏入衛兵馬，如在可已，即賜罷革，在薊鎮者撤回，未啟行者停止，則三軍感再造之恩，而邊威有振揚之日矣。謹題。

請復兵餉原額疏　　巡撫　楊應聘

題爲"兵餉不敷，搜借久空，套虜渝盟，貼危可虞，懇乞聖明，亟復原額，補發借欠，以濟兵食，以資戰守"事。

臣猥以譾庸，誤蒙我皇上任使，受以兩河衡邊重寄，臣感恩思奮，誓欲捐麋此軀，以圖報稱。故視事之始，即清查本鎮錢糧兵馬數目，見得廣裕庫冊報軍餉等項，率開借支市本。詢及借過各項，大都解到即還，還後復借。而借出之數常多，還入之數常不足，年復一年，不足者竟成烏有。

因面問前任該道僉事龔文選、并見任監收同知王廷極，俱面稱軍餉缺乏之由，蓋自壬辰遭變，善後添兵，題增淮、蘆引價銀四萬五千兩。原是計口計食，經製已定之數，乃自萬曆三十七年，該部停革，以致軍餉坐匱。茆年那借市本，業已積至十三四萬虛懸在册。今軍餉既無終歲之計，而市本且有罄瓶之恥。興言至此，皆蹙額攢眉，憂形於色。彼時諸虜尚爾相安，外侮未形，臣仍照前撫臣崔景榮原議，量討再復二萬常額，亦不敢外討補發借欠者，祇仰體內帑匱詘，時際不偶，期以節省自任。欲將逃故，斟酌勿補，漸次縮兵就餉，良非得已。不虞自閏八月以來，突遭套虜吉能、火落赤發難，延鎮東西號召，以圖牽制兩河。諸酋咸思蠢動，分地謀犯，羽檄交馳，無處不備，亦無處不寡。鎮城聽調軍丁止於前、後二司，不過五百，正、遊二營，量留貼防。近城堡分又多，步卒一經調發，壁壘遂空，戍守幾於無人。岌岌危殆之勢，真同累卵。臣嘆居恒無事，每嫌兵多耗餉。及目擊此時，更不勝空拳搏虎之恐。

　　總計寧夏一鎮，全兵纔三萬三千餘名，除各墩堡哨守及驛遞儀校外，實在營陣應敵之兵不過萬餘。以兩河孤懸、三面受敵之地，而兵力僅僅若此，雖增之不易，而汰之實難。兵不容汰，餉豈容減，此不待智者而決也。計閱鎮額餉，總少月餘之支，尚有閏月不與。且本鎮未款之前，原有京運客兵銀二萬兩，專供防秋客兵支用。後因虜款停革一萬兩，止發一萬兩，充作市本。茆年防秋客兵俱支此銀，聊足相當。此俱就平時無事言之耳。今秋虜氛驟發，調固原等處兵馬防援日久，支用錢糧數倍。此時兼值歲歉，穀價騰湧。鹽糧銀易，嚴併交納，隨納隨支，猶不接濟，每粟一鍾，可費往年之二。更苦天旱，野無茭草，收買載運，即至近者，不下百餘里外，每芻一束，費又不啻往年之三。目下客兵雖退，而倉場已竭，主兵之需，固未已也。況諸虜不過因草枯暫爾跧伏，然業已敗盟，款事便難收拾，明歲光景尚不可知。兵端既肇，戰守宜備。所以備戰守、鼓士氣者，全在糧芻，食不預足，軍馬何所仰給？士不宿飽，戰守何以責成？即欲及時儲峙，而出入懸絕，輾轉實難。驕虜變動若彼，軍餉匱詘如此。所有原停引價，若不控籲議復，比至明歲夏秋馬壯，群醜控弦鳴鏑而來，芻餉不繼，騰飽無資，士卒既不能枵腹與狂虜角旦夕之命，而前有強敵，後有嚴法，一呼庚癸，[1] 真可寒心！臣縱不敢自愛髮膚，誓

---

[1] 庚癸：古代軍中隱語，謂告貸糧食。

竭駑鈍，然亦豈有奇謀密術，能點賀蘭之石爲金，煮黃流之水爲粥，以飼此不得不用命之卒，而保此至危至重之鎭哉！謹會同總督劉敏寬、巡按龍遇奇合詞上請，懇乞聖明軫念封疆安危，關繫匪細，亟敕該部覆議，合無每年量復二萬常額外，將茆年停過宿餉，雖不敢望如前請十萬之數，亦乞量補五萬，稍抵借過各項虛懸缺額，庶幾緩急應手，而士卒之心可安，戰守之氣可鼓，內憂外侮之盟可消，斗懸孤鎭可保無虞矣。謹題。

　　請復兵餉原額疏　總督　黃嘉善

題爲"額餉驟減，兵難輕銷，懇乞聖明俯賜議復"事。

萬曆三十六年十一月，內准戶部咨，稱將寧鎭前議淮、蘆鹽引折價銀四萬五千兩，或革虛冒，或汰老弱，在於本鎭自行設處，勿得以京運爲常，當以三十六年爲止。該臣備將本鎭營伍單弱、地方困苦、兵難裁減、餉難措處等情移咨本部，照舊議發，乃遵行。未幾，復於三十七年十二月，內准本部咨，爲京運匱極，設處計窮，再申前議。

臣查照本鎭越在河外，三面受敵。東起定邊，西接甘固，袤延千有餘里，無處不衝，視他鎭不啻稱孤懸矣。而兵馬錢穀曾不及他鎭之十一，此中外之所知。歷查原額官兵共七萬有奇，馬騾一萬有奇，及茆年消耗，半減於前。迨至壬辰之變，而營伍殘壞，益不可支。是以當事諸臣，目擊艱危，題增兵馬及新增功陞官員俸糧，加添軍丁月糧、馬匹料草，計每年共該增銀七萬一千四百六十五兩六錢八分，議入年例解發。隨經本部議覆：題奉欽依，自二十二年爲始，即於本鎭添開淮鹽八萬引，每引官價五錢，蘆鹽二萬引，每引官價二錢五分，計一十萬引，該銀四萬五千兩，隨同額鹽糧料，招商輸納，以充前餉。仍少銀二萬六千四百六十五兩六錢八分，先借大倉銀與同年例解發，候運司徵完添引餘沒銀解京，照數抵補。此引價議設之原也。嗣因前引招商掣支，不便改易，帶鹽折價，以致於今。雖茆經議停，而竟未支停者，則以本鎭凋敝之故耳。

矧當時建議原在事平，特爲善後而設，非謂今日可增而明日可減，目前可急用而將來可不必用也。若必如部議停革，勢必銷兵而後可。邊疆重地，誰能去兵，此不待智者而決也。又勢必常無事而後可，然本鎭豈無事之區乎？群醜之向化未醇，銀定之匪茹正肆，兼以瘡痍甫起，倉廩甚匱，一遇有警，猶不勝空拳搏虎之懼。而再於軍餉中議裁，匱詘中求省，臣竊以爲非計也。且前餉兵糧雖云取給引價，而解發不時，每呼庚癸。或暫借商金以濟燃眉，或折兌商糧而滋偶語。臣受事以來，東那西補，僅免脫巾。每慮邊長兵寡，議量加增，而祗以錢糧難處，竟從中止，未敢請分毫於經制之外也。今議以鹽法雍積，減停引價，以七十萬引帶十萬引之價，猶易辦也。而以四萬餘餉頓汰四千以外之兵，其將能乎？雖虛冒老弱難必盡無，而屢經查開，爲數能幾？額餉已歷多年，一旦復行更革，臣竊以爲非體也。至於設處一節，臣非不極力搜刷，第本鎮彈丸邊地，別無郡縣徵輸之積，向惟民屯鹽糧支吾接濟。在民糧，額在西慶等府，素疲州縣，加以歲事不天，常多逋負，每年檄催徒煩，僅完十之六七。是正項且縮，又堪分外加之乎？則民糧措處之難矣。在屯田，① 自大兵之後，繼以凶年，邊民父子，死徙相半。又河灘沙壓，虛懸糧草數多，小民望空包賠，已不勝苦，方欲勘明題豁，爲殘黎請旦夕之命，而可復箠楚橫徵以益重其困耶？則屯糧措處之難矣。在鹽糧，近因南中雍滯，各商困苦，見今召中不前，視爲陷阱。即其乞憐陳請，急迫可知。則鹽糧又難之難矣。即今內帑如洗，司農告匱，臣敢不仰遵成命，痛加菑縮。惟是無米而炊，巧婦所難；不食則飢，貧卒易動。展轉籌思，計無所出，臣之不職，何所逃罪。然臣猶有說焉。糧餉，重務也；省嗇，美名也。假使減之安妥，臣亦曷敢聒瀆。第恐一減之後，反增多事，彼時即以起釁罪臣，臣不敢辭。竊恐所費不貲，又不止十倍於此者，非臣之所忍言也。伏乞皇上軫念凋殘重地，利害攸關，敕下戶部，再加酌議，俯將本鎮前項原額淮、蘆鹽引價銀四萬五千兩照舊議發。如或以有妨鹽務，亦即於別項改撥，增入年例，每歲全發。仍將三十七八兩年原停未發銀九萬兩，如數補發，以濟兵馬支用。並將河南原兌三十四等年年例銀共八萬四千九百八兩零，嚴催解鎮，庶人心可安，不致有洶洶之虞矣。謹題。

  豁免屯糧賠累疏　　巡撫　朱　笈

  臣伏讀皇上登極詔書一：「陝西沿邊及兩廣等處軍民田地，先年被賊踐踏拋荒者，及各處荒閒官民田地，各該巡按御史勘實具奏，該徵夏秋稅糧，戶部悉與蠲免，又各處水坍沙壓等項民屯田地，稅糧負累，軍民賠納，曾經撫按官查勘明白具奏者，該部即與除豁。欽此。」臣有以仰窺皇

---

① ［校］屯田：前言"民糧"，後言"鹽糧"，又有"則屯糧措處之難矣"句，故疑"屯田"當作"屯糧"。

上損上益下，而軫念民艱，甚大惠也。是故海内臣民歡欣鼓舞，① 莫不翹首拭目，願太平之治。謹以夏民負累屯糧疾苦瀝情上懇。

照得寧夏孤懸河外，逼鄰虜巢，地土硝鹻，膏腴絕少。而當時定税，遽擬一斗二升，其後因缺馬缺料，加增地畝草束，賦日益重。又其後河勢遷徙，衝没良田，遂至河坍、沙壓、高亢、宿水、荒蕪、無影等項，而田不得耕矣。繼又加以雜差，則挑渠、修壩、採草、納料、捲掃、起塢等項，而勞者弗息矣。比先當事臣工不忍前項田糧苦累，荷經具題，未蒙豁免。由是歲無豐凶，例取登足，故糧有拖欠，撒派包賠。包賠不過，勒逼逃竄。逃竄不已，則又摘丁頂補，派及嬰孩。年復一年，以有限之丁，受無窮之累，遂至户口流亡，② 生齒凋耗。臣先任寧夏，頂田軍餘見在二萬八千餘人，每衛所開報逃亡輒為踧踖。自臣去大同丁憂，起復仍蒞斯土，距今僅四年，而逃移者又不啻五千餘矣。屢經前撫臣招徠復業，畢竟傷弓之鳥，驚棲不定，但聞清派，相繼逃移，遂使市井蕭條，村落荒廢，有不忍言者。夫國保於民，民保於食，③ 今罔念夏民賠累之殘傷，④ 而乃攖情於催科之殿最，⑤ 追逋負之税者，逐見在之民，撒抛荒之田者，毆安堵之衆。

臣不佞，切有條陳民瘼之計。先已行寧夏兵糧道僉事劉之蒙查報勘過，河坍、沙壓、高亢、宿水、抛荒、無影等田共一千六十頃三十五畝九分三釐，⑥ 計徵糧一萬二千一十一石一斗八合四勺、⑦ 穀草一萬七千五百

---

① ［校］臣民：此同《乾隆甘志》卷四五《藝文·豁免屯糧賠累疏》，《朔方新志》卷一《屯田》作"臣工"。
② ［校］遂：《朔方新志》卷一《屯田》、《乾隆甘志》卷四五《藝文·豁免屯糧賠累疏》均作"馴"。
③ ［校］民保於食：此同《乾隆甘志》卷四五《藝文》，《朔方新志》卷一《屯田》作"民保於國"。
④ ［校］賠：《朔方新志》卷一《屯田》、《乾隆甘志》卷四五《藝文·豁免屯糧賠累疏》均作"貽"。
⑤ ［校］攖：此同《乾隆甘志》卷四五《藝文·豁免屯糧賠累疏》，《朔方新志》卷一《屯田》作"嬰"。
⑥ ［校］九分三釐：此四字原脱，據《朔方新志》卷一《屯田》補。
⑦ ［校］一萬二千一十一石一斗八合四勺：原作"一萬二千一十石"，據《朔方新志》卷一《屯田》補改。

四十二束六分二釐七毫八絲、① 地畝銀一百一兩八錢四分四釐七毫一絲，②折糧草銀四十三兩二錢。③造册呈繳，到臣覆查。間或覩邸報，因該兵科給事中劉鉉題爲摘陳邊民困耗之狀，懇乞聖明破格蠲恤。荷蒙皇上敕下該部查勘。臣竊私憂夏鎮素有江南之名，惟恐溺於舊聞者，見此蠲免，必曰"夏有水利，稅不可免，軍餉歲用，額不可縮"，不蒙亟賜蠲恤，輒復不識忌諱，爲皇上陳之。

夫夏方何爲而敝也？以糧差繁重之累也。糧差何爲而累也？以"塞北江南"之稱也。諺曰"耳聞不如目見"。彼擬寧夏於江南者，果經歷其地而灼見乎？亦使夏人冒魚米之虛名，受徵斂之實禍乎？且江南財賦之地，泉貨所通，寧夏戎馬之區，較於陸海，本相霄壤，而顧有聲於寰宇之內，自有"小江南"之名。故夏鎮鹽引，曾議增淮減浙，而計部亦謂地饒糧賤，藉口滋駁，故淮引不添，浙引不減。請給內帑，亦不肯多發也。臣先任撫夏，思爲邊民告哀。今奉查勘，據該道勘實造册前來，并勘實各項賠糧田地文册一本，進呈御覽。伏望聖明敕該部，通將包賠糧草原額悉與開除。其高亢等項，量爲減徵。流民復業，官助開墾，待後地闢財豐，漸次開復舊額，④一以盡損上益下之愛，一以昭聚人導利之公，庶脫之湯火之中，而登之袵席之上。無事必謹惟正之供，有事必攄敵愾之志。臣所謂固護人心而保安地方者，此之謂也。

條議寧夏積弊疏　　國朝　巡撫　黃圖安

爲欽奉上諭事。順治十二年二月十九日，准吏部咨："本年正月十九日奉上諭：'諭吏部：朕撫育萬方，夙夜祗懼，講求愛民之道，不啻三令五申。乃年來水旱相尋，干戈未靖，民窮莫極，共食不充。上德弗宣，下情雍塞，所以致此，弊非一端。朕已廣開言路，博詢化理。復念天下至大，民情土俗，所在不同，地方各官，身親實歷，凡兵民疾苦、政事利弊，必有灼知於心，耳聞目見，最爲真切。今文官自督撫以下、知府以上，武官自提督、總兵以下，副將以上，管轄之內，職掌事宜，向來積

---

① ［校］一萬七千五百四十二束六分二釐七毫八絲：原作"一萬七千五百餘束"，據《朔方新志》卷一《屯田》改補。
② ［校］八錢四分四釐七毫一絲：此十字原脫，據《朔方新志》卷一《屯田》補。
③ ［校］二錢：此二字原脫，據《朔方新志》卷一《屯田》補。
④ ［校］開復：《朔方新志》卷一《屯田》、《乾隆甘志》卷四五《藝文·豁免屯糧賠累疏》均作"補復"。

弊，見今整頓如何而可，俱著詳切，直陳無隱，以咨採用。司、道、知府、副將，著各陳奏一次。知其病即備其藥，言其害即舉其利，毋得浮泛雷同，苟且塞責，負朕周咨勤民至意。爾部即傳諭行。特諭，欽此，欽遵。'"到部備咨前來，臣跪讀嚴綸，措躬無地，仰見皇上愛恤兵民，洞察積弊，令其整頓直陳，可謂周切無遺。臣蒞任十閱月，管轄職掌之事，皆得咨詢明悉。謹條議例款，① 爲我皇上陳之。

一，寧鎮兵馬，屢經徵調。勇練之人，膽壯之馬，與夫堅甲利器，俱經挑發湖廣、四川。且挑去者俱係戰兵在鎮者，多食守糧。以千里重鎮，邊口扼要處處須防，并應募缺額之數，僅此八千七百餘兵，尚屬單弱。又從來舊例，分撥各營兵丁，多少不等，付給私委操守各官在外堡塞分防。每營原額不過數百，散居各處，存營甚少，演練約束，俱難周悉。此係積弊，見今整頓。宜將各堡塞防兵撤回本營，其操守名色俱行裁去，便於演練，且查考點驗，甚易清楚。

一，寧鎮餉銀，每兵一歲除領本色糧石六個月外，僅領折色實銀六個月。糧賤銀少，爲兵已苦。從來赴省領餉各官多不安本分，肆意花費，借端名色，扣落侵肥。及到營中，未免將官指名再削，窮兵難堪。此係積弊，見今整頓。凡領餉各官，除應得日費外，不許分文乾沒。一到鎮時，即約同公所撫鎮道協並各營將官，跟同算清，按數分領。既領之後，近者仍騐封分發，遠者再密行訪問。期於兵有實餉，不致朘削。此法一行，餉自清肅。

一，寧鎮本色糧石，營兵命脈所關。向來收管，② 俱無部銓倉官。奸民蠱棍，用賄鑽營，一張委票到手，凡百打點，用度皆費倉糧。既重收以累民，又侵欺以累兵。此係積弊，見今整頓。凡鎮城、中衛收糧各官，俱用本城部銓掌印守備，并管屯千總。彼各有身家，又慎重功名，自然不敢妄索加耗，恣行侵吞。至於外路各倉，無守備、千總之處，擄地方公保殷實有德之官，嚴責出納，以絕弊端。

一，寧鎮驛遞，上無專管之官，下無足用之夫，棚廠俱無，器具寡少。又馬匹從前因夏秋放青，率多半支料草，兼以奔蹄之苦，所以易至瘦

---

① ［校］例：《朔方新志》卷五《遺事·黃圖安題奏之一》作"列"。
② ［校］收管：《朔方新志》卷五《遺事·黃圖安題奏之一》作"收受"。

瘠，每多倒損。① 此係積弊，見今整頓：每驛委一驛丞專管，增加馬夫，使迎送喂養足用。建立棚廠，置辦器具，夏秋等月，亦全支給料草。倘有倒弊，便於責成賠補，以警惰玩之惡。

一，寧鎮西、北兩面俱屬荒山沙漠，絕無人煙。東鄰慶陽，南接固原，其間荒涼無人者數百里。邊寒苦地，與腹裹人民大殊，僅知餬口度日，率皆不知茶味。自新添官茶四萬觔，額納茶課。雖東北邊隅有橫城市口，僅通山旦部落，每開市口，不過數十餘人易換雜皮羊毛等物，生意不多，無處發賣，商人輸課艱難，因而告苦。扳散民間而邊地窮民多不喫茶，強逼使買。且舊茶未盡，新茶又來，壅滯累商。此係積弊，見今整頓。將寧鎮官茶四萬觔，量減一半，庶商民兩安，地方無害。

一，寧鎮唐、漢兩渠，受黃河水利，灌溉闔鎮地畝，最為軍民命脈所係。張貴湃、石子工等處，逼近大河，恐懼衝潰，每歲派取柴料，自清明起工修濬築補，至立夏放水方歇。向來委官俱屬本地鑽營，私徇情面，盜賣夫工及一切柴料，有私折銀錢肥己者。所以河工草率了事，不得堅固，每歲有潰決之患。此係積弊，見今整頓。俱責成職官分理親查，不許折賣一束，不許賄放一人，期於物有實用，夫有實工。此河工濬渠利害相關，急宜舉行。

一，寧鎮屯田，本地屯兵一千名，每歲領餉銀六千兩，食倉糧六千石，又費官銀買給車輛、牛隻。算其初歲十年分，所獲不過收屯糧六千餘石。十一年分，所獲亦不過九千六百餘石。率皆糜穀粗糧，難以充餉。是所獲尚不足以抵所食。至所領六千金，並牛車所費官銀，俱付之不可問，非如腹裹地方，可以本利相權也。往往兵民不得相安，易生訟端。且皆散居山野務農，與各營將絕無干涉，無兵之用，有兵之費。且於本鎮調去鳳翔府地方開屯兵丁五百名，路遠一千五百里。各兵貪念父母、妻子、墳墓、親友，往往逃回。彼處拏逃，寧鎮送逃，終歲擾累。五百屯兵即如五百遣戍罪軍一般，② 大是苦害。此係積弊，見今整頓。似宜裁去管屯新添二官，但責成屯田司與五衛掌印守備，實實清勘荒熟，漸次舉行。其已開屯田，照衛地一例起科。前督臣孟初議化兵為農，今即變兵為民，可以省

---

① ［校］半支料草兼以奔蹄之苦所以易至瘦瘠每多：此十八字原脫，據《朔方新志》卷五《遺事·黃圖安題奏之一》補。

② ［校］罪軍：《朔方新志》卷五《遺事·黃圖安題奏之一》作"軍罪"。

每歲本折一萬二千之費。至調屯鳳翔五百兵丁，可俱放回寧家，責成鳳翔土著開屯，庶兵無逃竄，各獲樂土之願。

一，寧鎮地脈鹹鹵，收穫薄少，雖連歲有秋，荒歉所當蓄備。查實在河東捐賑穀糧一百一十七石，河西捐賑穀糧二百一十九石，存貯不多。除舊例春夏積銀，該道廳報布政司充餉外，其秋冬積穀一項，有名無實，稍有些須，不在正項查考之內，每供蠹役侵吞，無益於民。此係積弊，見今整頓。遇秋冬積穀之時，將問擬罪贖實，實收穀入倉，不許官吏私折銀錢。入倉之後，與正項同類查考。值豐收之年，仍令地方有好義官民，鼓勸樂輸，另貯倉廠，不得輕動，專備荒年賑濟。臣與兩道，更多方設處，務期每歲蓄積有餘，不患旱澇。

以上八款，經臣灼知真切，伏乞皇上採用，敕部議覆上請行，臣遵奉施行。

請免加派九釐銀兩疏　　黃圖安

題為"有司考成無例，國稅拖欠日多，懇乞聖明定制，以裕軍需"事。

臣看得慶陽衛驛所堡等加派玖釐壹案：本朝十年以前，考成在慶陽各官，十年以後，改催在寧夏各官。是九釐原屬慶陽者，當年加派之正自布政司定之，初未嘗加於寧夏。其改催寧夏者，後來更張之變，自慶陽衛推之，遂至諉卸於寧夏。以慶陽府轄慶陽衛，其錢糧派於慶陽衛者，宜也。明末乘亂，官吏多弊，以慶陽衛帶管河東地方，隔屬兼攝，事出理外。因將本衛錢糧混派於帶管之地者，弊也。且此慶陽一衛，既為分守河西道所轄，何得以河西道考成之錢糧，混派於寧夏河東道之地方。因前有混派之弊，致後有改催之變，此弊源昭著者也。況石溝等驛，自遭兵火之後，人亡堡空，故改驛河西，可謂明證，而加增一項委無著落。至於瓦渠、金積之民，查係前代招住近邊土達，令其耕種，故作籠絡，其地瘠磽，所以每畝止納糧肆升。自本朝起科，裁軍為民，照例當差，糧增八升。又兼銀草，比前數增苦倍。

夫寧鎮之地畝錢糧，詳考志書及本鎮題明經費錄，歷來考成疏章，及易知由單，皆彰明較著，無此一項錢糧。即近日據《藩政考》壹書，指為寧夏河東，終不能刪去"慶陽衛帶管"數字，欲混而難混也。今若且催納，恐石溝等堡，招徠一二殘喘，住沙磧不毛之土，難供從前未徵之賦。即瓦渠、金積增糧倍重之土達，勢必逃亡，殊非臣子仰體皇上恤民至意。此等荒殘情形，按臣巡視最真，① 臣亦詳查確實，不敢毫有欺飾。② 至從前未經開徵，職名難以查報。時督臣李因錢穀細事，委不兼攝，奉有俞旨。③ 臣謹會同巡按陝西兼管屯田監察御史、加一級扈合詞據實具題，伏乞皇上敕部議覆，從前混派未徵之加增，倘蒙皇上憐窮寬豁，俾河東之殘黎可以安居荒漠，而無偏苦代累之悲矣。

賦

朔方形勝賦④　　明　副使　曹　璉

繫夏州之大郡，實陝右之名邦。當三邊之屏翰，闢千里之封疆。廓岡阜而爲垣，濬川澤而爲湟，角黿鼉而爲道，臥蟃蜒而爲梁。帶河渠之重阻，⑤ 奠屯戍之基張。墾良田之萬頃，撐喬木之千章。鹽池滉瀁瀆其隈，菊井馥郁馨其傍。桑梓相接，棟宇相望。若率土而論其邊陲，則非列郡之所擬方也。今焉載瞻其四維也，漢隴蟠其西，晉洛梗其東，北跨沙漠之險，南吞巴蜀之雄。山奔突而若馳，水旋遶如環雝，廓遐郊其坦夷，聳孤城之崇隆。內則敞街衢兮輻輳，紛輿馬兮交通；外則經溝塍兮刻鏤，昀原隰兮腴豐。任土作貢而域雝兮，星分井鬼；罷侯置守而隸靈兮，民雜漢戎。出河朔山川之外，臨蕃落境界之中。青窺華嶽之隱隱，翠挹岷峨之重重。遙躋西嶺之屹屹，近俯東湖之溶溶。營興廣武，坊旌效忠，壩濱積石，關逦臨潼。橋橫通濟兮，接賓之鋪連棟；⑥ 園開麗景兮，望春之樓凌空。澹清潭兮，天光雲影；翠秀色兮，綠水芙蓉。赫連春曉兮，日烘桃李；靈武秋高兮，風墜梧桐。殘陽夕照荒坰兮，落花啼鳥；飛瀑晴懸峭壁兮，⑦ 玉澗垂虹。轆轤咿軋兮，影落蘆溝之夜月；漁歌欸乃兮，響窮古渡之秋風。於是高臺日上，長塔煙浮。晴虹之影乍弄，蒲牢之聲初收。大河之水未波，蠹山之雲不流。薿華實之蔽野，漫黍稷之盈疇。石關雪積兮，

---

① ［校］真：《朔方新志》卷五《遺事·黃圖安題奏之三》作"貞"。
② ［校］毫：《朔方新志》卷五《遺事·黃圖安題奏之三》作"毛"。
③ ［校］俞旨：此同《朔方新志》卷五《遺事·黃圖安題奏之三》，疑當作"諭旨"。
④ ［校］朔方形勝賦：《嘉靖寧志》卷八《文苑·文》題作《西夏形勝賦》。
⑤ ［校］阻：原作"沮"，據《嘉靖寧志》卷八《文苑·文·西夏形勝賦》、《朔方新志》卷四《詞翰·朔方形勝賦》改。
⑥ ［校］鋪：《嘉靖寧志》卷八《文苑·文·西夏形勝賦》作"舘"。
⑦ ［校］晴懸：原作"暗懸"，據《嘉靖寧志》卷八《文苑·文·西夏形勝賦》、《朔方新志》卷四《詞翰·朔方形勝賦》改。

銀鋪曲徑；漢渠春漲兮，練拖平丘。騏驥如雲兮，花馬之池；鱒鯽盈肆兮，應理之州。平虜城兮執訊獲醜，①鳴沙州兮落雁浮鷗。城傾黑水兮，頹雉殘堞；津問黃沙兮，短櫂輕舟。神槎湮兮，②猶存博望之蹟；石峽鑿兮，尚傳大禹之游。高塚巍峨兮，元昊之魂已冷；古刹煨燼兮，文殊之像常留。表賀獻俘而忠貫日月兮，唐將之精靈耿耿；書抗僞號而名重丘山兮，宋賢之遺韻悠悠。此名天下、播海陬，而爲西夏之勝概，可與江南之匹儔者。然猶未也。

若乃則考其四時也，春則杏塢、桃蹊，③霞鮮霧靄；秋則鶴汀、鳧渚，月朗風微；夏則蓮濯碧沼之金波，嬌如太液池邊之姬媵；冬則柏傲賀蘭之晴雪，④癯若首陽山下之夷齊。與夫觀鷹鸇之雄度，則凜凜乎周家之尚父也；覩芝蘭之葱蒨，則奕奕乎謝庭之子侄也。⑤對松竹之森立，則梃梃乎汲黯之剛直也；覷鷗鷺之瑩潔，則皎皎乎楊震之清白也。以至芳林鶯語，柳樹蟬聲，鏗鏗鏘鏘，⑥又有若回琴點瑟之立夫孔楹也。此皆玩耳目、娛心志，而爲西夏之美觀、不減江南之佳致者。是使騷人墨客、碩士英賢，尋幽覽勝，游樂流連。於以羅珍饌，列綺筵，飛羽觴，奏管弦，品題詞藻，繡句錦篇，觥籌交錯，屢舞僊僊。撫乾坤之圠圠，掃亭障之烽煙。⑦詢古今於故老，稽成敗於遺編。方其王命南仲，徃城於方，此何時乎？迨漢郭璜，繕城置驛，浚渠溉田，省費萬計，蓋一盛也。墼居焦漢，⑧侵鎬及方，此何時乎？迨唐李聽，興仆舉廢，⑨復田省餉，人賴其

---

① ［校］平虜城：原作"平羅城"，據《嘉靖寧志》卷八《文苑・文・西夏形勝賦》、《朔方新志》卷四《詞翰・朔方形勝賦》改。

② ［校］槎：《嘉靖寧志》卷八《文苑・文・西夏形勝賦》作"溠"。

③ ［校］桃蹊：原作"桃溪"，據《嘉靖寧志》卷八《文苑・文・西夏形勝賦》、《康熙陝志》卷三二《藝文・朔方形勝賦》改。

④ ［校］晴雪：原作"暗雪"，據《嘉靖寧志》卷八《文苑・文・西夏形勝賦》改。

⑤ ［校］奕奕：此同《乾隆甘志》卷四六《藝文・朔方形勝賦》，《嘉靖寧志》卷八《文苑・文・西夏形勝賦》、《朔方新志》卷四《詞翰・朔方形勝賦》均作"燁燁"；《康熙陝志》卷三二《藝文・朔方形勝賦》作"華華"。

⑥ ［校］鏗鏗鏘鏘：此四字原脫，據《嘉靖寧志》卷八《文苑・文・西夏形勝賦》補。

⑦ ［校］亭障之烽煙：此同《乾隆甘志》卷四六《藝文・朔方形勝賦》，《嘉靖寧志》卷八《文苑・文・西夏形勝賦》、《朔方新志》卷四《詞翰・朔方形勝賦》均作"犬彘之腥羶"。

⑧ ［校］焦漢：此同《乾隆甘志》卷四六《藝文・朔方形勝賦》，《嘉靖寧志》卷八《文苑・文・西夏形勝賦》、《朔方新志》卷四《詞翰・朔方形勝賦》均作"焦穫"。

⑨ ［校］仆：《嘉靖寧志》卷八《文苑・文・西夏形勝賦》作"什"。

利，又一盛也。嗟夫！時有盛衰，治有隆替，天道循環，斯亦何泥？方今聖主，啟運應符，丕建人極，重熙皇圖。混車書於六合，覃恩威於九區，登斯民於懷葛，躋斯世於唐虞。

矧茲夏州，超軼往古，詩禮彬彬，衣冠楚楚。建學立師，修文偃武。尚陶匏，貴簪組，祛異端，禦狎侮。抑工商之浮華，敦士農之寒苦。沙漠塵空，① 閭閻安堵。白叟黃童，謳歌鼓舞。熊羆奮勇於陣行，麋鹿潛行於巢所。② 弓矢藏於服韔，干戈載於庫府。③ 而況蔭土封者，惟德惟義，遠超樂善之東平；握將柄者，有嚴有翼，端繼爲憲之吉甫。予也一介之書生，敢擬"韓范"之參伍。聊泚筆而紀行，議者幸勿誚其狂魯。④

朔方風俗賦　婁奎

關中號土膏陸海，爲九州腴，蓋指汧、豳、酆、鄠間云，余過之未有得也。比入靈寧之境，地沃衍，人民衆，火耨水耕，有可觀者，視三輔大相逕庭。乃書傳所稱在彼不在此，余甚惑焉。嗟夫！世之實不中聲與潛德而名湮滅者，可勝道哉。是故采夫鎮乘，詢諸父老，瀝思爲辭，以彰厥隱。夫儈父賦三都，須成取覆瓿，業爲陸子所笑，無腆之筆，何能重夏。汲長孺有言："大將軍有揖客反不重耶？"敢借《解嘲》篇中居士等名，即亡是公意云，然事皆實錄者。

西夏有玄虛居士，⑤ 賢而隱。文子階華先生客夏，⑥ 耳其名，以刺謁之。款敘既已，文子乃稱曰："蓋聞過高唐者必聆清商，遊睢渙者必觀藻繢。蒙躡蹻海內有年，所至處無不習交其賢豪長者，因獲周知謠俗矣。語云：'百里不同風，千里不同俗。'君世家於夏，且翱翔文學之囿，棲遲

---

① ［校］沙漠塵空：此同《乾隆甘志》卷四六《藝文·朔方形勝賦》，《嘉靖寧志》卷八《文苑·文·西夏形勝賦》、《朔方新志》卷四《詞翰·朔方形勝賦》均作"烽燧息煙"。

② ［校］麋鹿：此同《乾隆甘志》卷四六《藝文·朔方形勝賦》，《嘉靖寧志》卷八《文苑·文·西夏形勝賦》、《朔方新志》卷四《詞翰·朔方形勝賦》均作"獵犹"。

③ ［校］戢：此同《乾隆甘志》卷四六《藝文·朔方形勝賦》，《嘉靖寧志》卷八《文苑·文·西夏形勝賦》、《朔方新志》卷四《詞翰·朔方形勝賦》均作"載"。

④ ［校］議者：此同《朔方新志》卷四《詞翰·朔方形勝賦》，《嘉靖寧志》卷八《文苑·文·西夏形勝賦》作"識者"。

⑤ ［校］玄虛：原避清聖祖玄燁諱改作"元虛"，據《朔方新志》卷四《詞翰·朔方形勝賦》回改。下同。

⑥ ［校］階：此同《朔方新志》卷四《詞翰·朔方形勝賦》，《康熙陝志》卷三二、《乾隆甘志》卷四六《藝文·朔方風俗賦》均作"偕"。

載籍之林，上燭往古，下鏡來今，其於朔方建置之顛末，① 洎山川風物，畢載於腹，敢以爲請，毋予靳哉！"居士謖爾興曰：② "僕也恂愁，未嘗蘇於典故，③ 間從長老後而竊聞其概焉。夫草昧方袪，睢盱無詔，軒唐闡繹，上哉夐乎，靡得而究。已自姬王命使徃城，④ 嬴氏因河爲塞，權輿於葩經之詠，昭著於太史之載。按職方爲雍州區，攷天官分井柳界，甫要服於中華，繼編户於炎代。啟於青而築於建，郡於漢而縣於唐。爲宋、隋之州鎮，爲僞夏之都邦。面陽明而翼赤縣之衛，背陰陸而抵户遂之防。右酒泉兮控引，左雲谷兮相望。徼櫓星繁，⑤ 雉堞雲長。勢形繡若，天險孔張。洵九圍之無匹，展四遐之獨臧。⑥

"其山則賀蘭擅其奇，金積標其勝，拓跋之所避暑，瞿曇之所演乘。綿亘則百舍不止，穹崇則萬尋未竟。傑壁霞構，攢峰鶴立，邃壑莽蒼，靈岑崩岃。根連金母之瑶房，椒載上清之玉色。干秋雲而叵度，⑦ 礙朝日而行遲。⑧ 猱不敢攀，鳥不能飛。逖而望之，訝煉石兮撐碧落；⑨ 就而仰之，猶鼇足兮奠四維。至若黃草葳焉欲衰，黑鷹翛乎將鶱。伏地飲河，狼眠虎踞，特秀觜起，敦丘瓜聚。⑩ 登榩子而流覽無窮，訪天都而難覓其處。

---

① ［校］顛末：《朔方新志》卷四《詞翰・朔方形勝賦》作"頭末"，《康熙陝志》卷三二、《乾隆甘志》卷四六《藝文・朔方風俗賦》均作"巔末"。

② ［校］爾：此同《朔方新志》卷四《詞翰・朔方形勝賦》、《乾隆甘志》卷四六《藝文・朔方風俗賦》，《康熙陝志》卷三二《藝文・朔方風俗賦》作"而"。

③ ［校］典故：此同《朔方新志》卷四《詞翰・朔方形勝賦》，《康熙陝志》卷三二、《乾隆甘志》卷四六《藝文・朔方風俗賦》均作"故"。

④ ［校］徃城：此同《朔方新志》卷四《詞翰・朔方風俗賦》，《康熙陝志》卷三二、《乾隆甘志》卷四六《藝文・朔方風俗賦》作"來城"。

⑤ ［校］徼：此同《朔方新志》卷四《詞翰・朔方風俗賦》，《乾隆甘志》卷四六《藝文・朔方風俗賦》、《康熙陝志》卷三二《藝文・朔方風俗賦》作"徹"。

⑥ ［校］四遐：此同《朔方新志》卷四《詞翰・朔方風俗賦》，《康熙陝志》卷三二、《乾隆甘志》卷四六《藝文・朔方風俗賦》均作"四野"。

⑦ ［校］叵度：原作"巨度"，據《朔方新志》卷四《詞翰・朔方風俗賦》、《康熙陝志》卷三二、《乾隆甘志》卷四六《藝文・朔方風俗賦》改。

⑧ ［校］礙：原作"擬"，據《朔方新志》卷四《詞翰・朔方風俗賦》、《康熙陝志》卷三二、《乾隆甘志》卷四六《藝文・朔方風俗賦》改。

⑨ ［校］訝：原作"詩"，據《朔方新志》卷四《詞翰・朔方風俗賦》、《康熙陝志》卷三二、《乾隆甘志》卷四六《藝文・朔方風俗賦》改。

⑩ ［校］丘：原作"兵"，據《康熙陝志》卷三二、《乾隆甘志》卷四六《藝文・朔方風俗賦》改。

484　（乾隆）寧夏府志

　　"其水則㳺㳺漾漾，汗汗洇洇，黑水沃日，靈河漲天。方其趨乎峽口、瀉乎石瀨，① 磅礴驚騰，② 轟豗澎湃，山摧嶽舞之勢，排江傾海之派。及其寓安流沒，追埼軋盤，涌裔咸夷，邐迤朔波凌湍，虹洞無紀，環郛帶郭，散漫縈紆。枝而爲渠，瀦而爲湖。其爲渠也，溢蟠蝀，駕螮虹，條分縷析，曲折周流。經城市而脉脉，道澮洫而澻澻。溉千林之果蔬，浸萬頃之塍疇。其爲湖也，葎葦之塲，蒹葭之藪，晶晶無垠，涵藏百有，芻牧者馳騖，茭藁者奔走。

　　"其產則溢池神液，因風自生，調鎛濟味，國計苞盈。馬牙地掬，③ 犛尾沙尋，纑旄連丹，三幣五金。觡裘膠革，勑角豫章，以全民用，作貢尚方。④ 土植有山礬江離、⑤ 沙蔥石竹、射干彫胡、流夷苜蓿，淺渚平原，菁菁郁郁。香有金錢，甘有青玉，棗實雞心，槐生兔目，龍珠稱百果之宗，⑥ 鳥稗蘊七絕之淑。漾池併蒂而荂，青門合莖而熟。露長苴蓮，蔓孳蘡薁。來禽種於漢苑，⑦ 馬乳抵於西域。薔薇鬱於東山，牡丹富於金谷。碧梧棲鸞鳳之柯，金桃啄鸚鵡之肉。薦雕俎於芳筵，蒔瓊砌於華屋。兼以秋黃之蘇、白露之薇、益人之蒜、禦饑之菖，青稞、葫麻、蕏秔、⑧ 美菽，可釀可炊，粒珠顆玉。又枸櫙成林，薍葍若稼，幹不冬彫，花不寒謝，曳跗咀之療人，偓佺煉之羽化。至於鱗蟲羽族，壙走穴居，若《圖經》之所逸，若《爾雅》之所無。指百詘而未盡，剡十襲而難書。爰耳

---

　　① ［校］趨乎峽口瀉乎石瀨：二"乎"字原脫，據《朔方新志》卷四《詞翰‧朔方風俗賦》、《康熙陝志》卷三二、《乾隆甘志》卷四六《藝文‧朔方風俗賦》補。
　　② ［校］磅礴：此同《朔方新志》卷四《詞翰‧朔方風俗賦》，《康熙陝志》卷三二、《乾隆甘志》卷四六《藝文‧朔方風俗賦》均作"旁薄"。
　　③ ［校］馬牙：此同《朔方新志》卷四《詞翰‧朔方風俗賦》，《康熙陝志》卷三二、《乾隆甘志》卷四六《藝文‧朔方風俗賦》均作"馬芽"。
　　④ ［校］尚方：原作"上方"，據《朔方新志》卷四《詞翰‧朔方風俗賦》、《康熙陝志》卷三二、《乾隆甘志》卷四六《藝文‧朔方風俗賦》改。
　　⑤ ［校］礬：此同《乾隆甘志》卷四六《藝文‧朔方風俗賦》，《朔方新志》卷四《詞翰》、《康熙陝志》卷三二《藝文‧朔方風俗賦》均作"樊"。
　　⑥ ［校］百果：原作"百草"，據《朔方新志》卷四《詞翰‧朔方風俗賦》、《康熙陝志》卷三二、《乾隆甘志》卷四六《藝文‧朔方風俗賦》改。
　　⑦ ［校］漢苑：原作"上苑"，據《朔方新志》卷四《詞翰‧朔方風俗賦》、《康熙陝志》卷三二、《乾隆甘志》卷四六《藝文‧朔方風俗賦》改。
　　⑧ ［校］蕏秔：原作"香秔"，據《朔方新志》卷四《詞翰‧朔方風俗賦》、《康熙陝志》卷三二、《乾隆甘志》卷四六《藝文‧朔方風俗賦》改。

目之所覩，記秖能憶其大都。鼠珍貂䶄，馬異駒駼。舣突瀕泞，趫捷龐盧，① 逸足則三窟之兔，風蹟則九尾之狐。麕餐柏而香遠，麖戴玉而班殊。趨則儦儦，行則於於，橐駞可服，大武善樓，既以引重，亦以長驅。集觀乘雁，蜚觀雙鳬，交精屬玉，旋目庸渠。鶼鶼之翼，鷺鷺之雛，觜觜之啄，趹趹之呼。黃陵之廟，青草之湖，頡之頏之，以遊以娱。丁首莘尾，② 鼓鬣清流，躍瀺濁兮爲樂，齧荇藻兮沈沈。問其名兮鰥鯉，取不竭兮鯰鰷。詹何引兮獨繭，漁子泛兮孤舟。煙消日出兮欸乃，聚緵罟兮渡頭。鱠飦紅縷細，味與丙穴尤，蒸嘗以品，賓客用羞。

"其宫室則飛觀基諸元昊，高臺創自狄公。③ 崔嵬千祀，故址猶崇。鬱鬱兮仙人之館，蠹蠹兮帝子之宫。蘭堂生霧，桂榭凌飀，金壇煌朗，珠刹玲瓏。④ 廊櫺纚纚，薨棟隆隆。疏窈窕而沙紫，瑣翕靤而泥彤。文櫨華桷，玉碣鏤題。籠以朱網，⑤ 覆以琉璃。照耀星漢，揮霍雲霓。甲第名園，參差城郭。户植羽葆，門懸鐘鐸。金波蕩漾，麗景聯絡。艤畫鷁於圍塘，⑥ 飾翠鷊於簾箔。市鄽孔道，萬落重闉。青帝飄雨，紅樓媚人。煙花不夜，歌管長春。陟麗譙而睇盼，第見乎廣廈之粼粼。

"其人則飛英於國史之著，厠名於金櫃之藏。傅燮以黄金而取譽，傅昭以學府而流芳。宇文赫赫於韜略，侯程奕奕於居喪。⑦ 三史偉於行師，三傅神於折訟。勛績擅於喬梓，功名炳於伯仲。稱變豹則韓游瓌，⑧ 論汙

---

① [校] 龐盧：原作"厖盧"，據《朔方新志》卷四《詞翰·朔方風俗賦》、《康熙陝志》卷三二《藝文·朔方風俗賦》改。

② [校] 莘尾：原作"辛尾"，據《朔方新志》卷四《詞翰·朔方風俗賦》及《康熙陝志》卷三二、《乾隆甘志》卷四六《藝文·朔方風俗賦》改。

③ [校] 高臺：此同《朔方新志》卷四《詞翰·朔方風俗賦》，《康熙陝志》卷三二、《乾隆甘志》卷四六《藝文·朔方風俗賦》均作"臺榭"。

④ [校] 玲瓏：此同《康熙陝志》卷三二、《乾隆甘志》卷四六《藝文·朔方風俗賦》，《朔方新志》卷四《詞翰·朔方風俗賦》作"珍瓏"。

⑤ [校] 朱網：原作"珠網"，據《朔方新志》卷四《詞翰·朔方風俗賦》、《康熙陝志》卷三二、《乾隆甘志》卷四六《藝文·朔方風俗賦》改。

⑥ [校] 圍塘：此同《康熙陝志》卷三二、《乾隆甘志》卷四六《藝文·朔方風俗賦》，《朔方新志》卷四《詞翰·朔方風俗賦》作"圍唐"。

⑦ [校] 奕奕：《朔方新志》卷四《詞翰·朔方風俗賦》作"燁燁"，《康熙陝志》卷三二《藝文·朔方風俗賦》作"瑋瑋"。

⑧ [校] 游瓌：原作"遊環"，據《舊唐書》卷一四四、《新唐書》卷一五六《韓游瓌傳》改。

馬則史敬奉。是皆人世之龍，塵寰之鳳，遐邇景風，今古雅重。迨我明時，譽髦尤衆，忠者、義者、孝者、節者，有芝英雲氣片藤拱璧者，有黼黻河漢隻語千金者，有嫻儒雅而師表士林者，有持風裁而正色立朝者，有倚劍崆峒抑天驕之橫者，有寧銜刀都市不易慮以生者，有蟬蛻墻埃而翔區外以舒翼者。丱角而茂者雲翔，華顛而彥者鱗萃。金韶右蟬，纓綏紳珮。① 嗟喈之冑，翩翩鈴閣之前；偶旅之儒，濟濟闕里之內。鴻漸肅雍雍之儀，虎螭振桓桓之概。冠蓋交於道塗，軒馬填於闤闠。譬猶鍾山之阜，泗水之匯，累圭璧不爲之盈，採浮馨不爲之匱。

"其俗則四民雜居，五技贅聚，玃石洒削，甄冶古鑄。② 日者星人，覡史駔儈，與夫俳伶優倈之儕，咸旁午而交臂。自高門鼎貴，下比齊民，靡不羹鮮飲鑿，茹毳含醇。曼揄被服，輕煖綿純。當夫春日載陽，布穀催種，民狎其野，杷鋤併用，室無懸器，田無塍壅。新景邕韶，華明錦軸，則有弱冠王孫，游間公子，飾冠劍，聯衸褥，引類呼朋，吹竽搏筑，走狗鬥雞，六博蹹鞠。馳逐於章臺之紅，嬉戲於郊圻之綠。及序屆朱明，③ 流金爍甚，建製緗輕，筍舒薤錦。支公於是乎手談，羲皇於是乎高枕。乃有武力鼎士，絡駞扎柳，諸伎畢逞，絕倫超醜。金注蠵浮，爭先競首。農者戴蒲苴，衣襪禣，抱桔槔，沃阡陌，禾黍百里，薦藉硈硈。行者出囿草之陂，憩灌木之樾，來封夷之常羊，忘祝融之爍烈。疑姍姍於畫圖，儼僛僛於閶闕。迄夫商吹鬻發於林皋，霄露厭浥於芧草。④ 翹然勁者離披，蔚然茂者枯槀。⑤ 萬樹千畦，生成垂實，剪摘芟穫，塲圃狼籍。離離穰穰，唪唪礚礚，于橐于囊，盈篝滿稨。稀膏棘軸，銜尾相屬，塞於莊馗，輷輷殷殷，縱橫絡繹。已而貢禹舉，玄英蒞，塲功竣，畚挶侍，狐貉成，蓋藏既，則見畜牧被野，風駿霧鬣，魚目龍文，蒲梢汗血，蘭筋權奇，群奔互齧，抉壑厤山，玄黃雜遝。於是赳赳矯矯之士，臂夏服手，烏號栗削，格

---

① [校] 珮：原作"佩"，據《朔方新志》卷四《詞翰·朔方風俗賦》、《康熙陝志》卷三二、《乾隆甘志》卷四六《藝文·朔方風俗賦》改。

② [校] 冶：原作"治"，據《朔方新志》卷四《詞翰·朔方風俗賦》改。

③ [校] 及：原作"乃"，據《朔方新志》卷四《詞翰·朔方風俗賦》、《康熙陝志》卷三二、《乾隆甘志》卷四六《藝文·朔方風俗賦》改。

④ [校] 芧草：原作"芉草"，據《朔方新志》卷四《詞翰·朔方風俗賦》、《康熙陝志》卷三二《藝文·朔方風俗賦》改。

⑤ [校] 枯槀：此同《康熙陝志》卷三二、《乾隆甘志》卷四六《藝文·朔方風俗賦》，《朔方新志》卷四《詞翰·朔方風俗賦》作"桔槁"。

载畋獠，星流景集，飚奋霆击，决眥弇心。覆草蔽地，冤伏陵窖，① 充牣车骑。无飞不有，靡走不备。伏腊岁时，迎釐赛社，人事纷挐，莫可觏缕。夫夏之黔黎，既龛硴窳逋荡，夏之土壤，又尽膏腴美利。所以丰乐甲於关中，声称浃乎寓内也。"

文子曰："美哉！边陲若此者罕矣。"② 居士曰："未也。青铜之峡，雷斧劈划，断山为两，衝流激石。招提百座，森耸乎其上；桧柏千章，掩映乎其侧。莎罗之峰，嵯峨万仞，三泉地湧，渟泓澄润。精爽招徕乎远近，膏泽遍敷乎灵蠢。西山屹秀，翠若薄苔，惟绝巚之积雪，历四时而不开。即潦暑兮伊鬱，常色泽兮皑皑。牛首飞霞，洞天弘敞。③ 天下之苾茢蜂合，四外之泥缊斗仰。其中有龙渊喷玉，石蟀珠溅，若倒囊与倾瓮，贯桐枝兮为线，放远池兮犹沸，当祁冬兮可湎。又气肃天高，④ 撼石动地，则曰灵武秋声。⑤ 青蠡入云，素华涵影，则曰玉关白雪。沙明水映，乾坤锦灿，则曰羚羊落照。⑥ 疏星的历，乍见乍没，则曰石空夜火。望之则有，即之则无，此官桥之奇木也。明河在天，星斗在地，此月湖之殊景也。表立则顺，影堕则逆，此浮图之幻蹟也。晴日钟鸣，风雨镛振，此沙关之异响也。以至灵豨变兮吉善臻，神驹刷兮夜光炽，玄兔进兮飞龙闲，金牛现兮白马寺。秋童僻躅於刘晨，安门媲德於公艺。朱大夫齐名於谪仙，程先生等茚於孔伋。靖王有东平、河间之风，仇侯有骠姚、车骑之绩。斯亦殊尤绝轨也，宁非世之所稀觏。"文子叹曰："伟哉！不谓西夏有此。"

---

① ［校］冤：原作"兔"，据《朔方新志》卷四《词翰·朔方风俗赋》、《康熙陕志》卷三二、《乾隆甘志》卷四六《艺文·朔方风俗赋》改。

② ［校］边陲：此同《康熙陕志》卷三二、《乾隆甘志》卷四六《艺文·朔方风俗赋》，《朔方新志》卷四《词翰·朔方风俗赋》作"边垂"。

③ ［校］弘敞：原避清高宗弘历讳改作"宏敞"，据《朔方新志》卷四《词翰·朔方风俗赋》回改。下同。

④ ［校］又：原作"及"，据《朔方新志》卷四《词翰·朔方风俗赋》、《康熙陕志》卷三二《艺文·朔方风俗赋》改。

⑤ ［校］声：原作"风"，据《朔方新志》卷四《词翰·朔方风俗赋》、《康熙陕志》卷三二、《乾隆甘志》卷四六《艺文·朔方风俗赋》改。

⑥ ［校］落：原作"夕"，据《朔方新志》卷四《词翰·朔方风俗赋》、《康熙陕志》卷三二，《乾隆甘志》卷四六《艺文·朔方风俗赋》改。

議

城古威州議　宋　鄭文寶

威州在清遠軍西北八十里，樂山之西。唐大中時，靈武朱叔明收長樂州，邠寧張君緒收六關，即其地也。故壘未圮，水甘土沃，有良木薪秸之利。① 約葫蘆、臨洮二河，壓明沙、蕭關兩戍。東控五原，北固峽口，足以襟帶西涼，咽喉靈武，城之便。然環州至伯魚，伯魚抵青岡，青岡距清遠，皆兩舍。而清遠當群山之口，扼塞門之要，芻車野宿，行旅頓絕。威州隔城東隅，堅石盤互，② 不可浚池。城中舊乏井脈，③ 又飛鳥泉去城尚千餘步。一旦緣邊警急，賊引平夏勝兵三千，據清遠之衝，乘高守險，數百人守環州甜水谷、獨家原，傳箭野貍十族，脅從山中熟戶，党項孰敢不從。又分千騎守磧北清遠軍之口，即自環至靈七百里之地，④ 非國家所有，豈威州可禦哉？請先建伯魚、青岡、清遠三城，爲頓師歸重之地。古人有言："金城湯池，非粟不能守。"俟二年間，秦民息肩。臣請建營田積粟實邊之策，修五原故城，專三池鹽利，以金帛啗党項酋豪子弟，使爲朝廷用，不惟安朔方、制豎子，至於經營安西、綏復河湟，此其漸也。

屯田議　明　張錬

自古英賢之君、奇智之士，當諸侯割據、華夏分爭之代，以師行而糧從。餉運不繼，相其臨戎廣野，使戍卒耕稼其間。耕而有獲，以十一二輸官，以十八九自贍。由來以爲良法美意者，屯田是也。趙充國以二羌反叛，廣田金城，期年之間，使先零坐斃。曹操以征伐四方，屯田許下，墾荒積穀，無遠運之勞。諸葛亮與魏將嚴拒，乃從容渭濱，分兵屯田，司馬懿畏而斂避。鄧艾與吳爲鄰，開河渠溉田，通於江淮，大爲伐吳之資。嗣是歷世因之，其法寖備，其利寖溥。於今強敵陸梁，非兵無以禦敵，非糧無以養兵。百計集兵，千方足食，而獨不及屯田者，何也？我太祖體國經

---

① [校]秸：原作"桔"，據《宋史》卷二七七《鄭文寶傳》改。
② [校]盤互：原作"盤亙"，據《宋史》卷二七七《鄭文寶傳》、《乾隆甘志》卷四六《藝文·城古威州議》改。
③ [校]城中：原作"地中"，據《宋史》卷二七七《鄭文寶傳》改。
④ [校]即：原作"既"，據《宋史》卷二七七《鄭文寶傳》、《乾隆甘志》卷四六《藝文·城古威州議》改。

野，屯田遍天下，而西北邊最多。① 九邊昔設屯田，而西北爲最。② 開屯之例，軍以十分爲率，以七分守城，三分屯種。墾田之令，邊方閑田許軍民開種，永不起科。限畝輸租者爲額內之田，不起科者爲額外之田。然法久弊生，弊久法盡。膡田荒蕪不治，腴田爲豪強兼并，爲官校侵奪，爲巧慧移邱易畝，汩沒於田，混亂於籍。徵輸徒有其名，芻粟不爲國用。至於招商開中，責令募兵墾田，保伍屯聚，視功力給牒，予鹽酬値。初時上下同利，今復爲敝商蠹壞，泥而不行。然經界在田中，開列在紙上，非高遠難行之事，無幽隱不可究之理，③ 但求憂國敏事之臣，專任責成，待以不次之位。其規畫措置一事，聽其自爲，直以期年爲限，使田額如舊，課程如舊，無占種、影射、包賠如舊。隨處有田，隨處行師，芻糧如峙，④ 内省帑運，外省民輸。有卒徒將領以足兵，有溝洫隴畛以助險，有樹藝園林以護耕。轉盼之間，變荒磧爲豐壤，易流莩而樂康阜，裕民足國，未有善於此者。

昔唐德宗問李泌復府兵之策，以兵多食少，欲減京西戍兵。泌請發左藏積繒，因党項易牛，鑄農器，糴麥種，分賜緣邊軍鎮夏秋耕荒田而種之，沃土久荒，收入必多。戍卒獲利，則願耕者衆。既因田致富，則不思歸。及戍期將滿，下令有願留者，即以所開田爲永業。家人願來者，本貫給食而遣之。是後收入既腆，耕者願留，家人願來，變關中之疲敝爲富強。泌之一言，即日行之，如彼其速，即年獲效，如彼其厚。矧在今日，大修屯政，簡付得人，今年舉之，則明年報功，決食其利矣。其他籌邊遠略，十百千萬，無如此事爲急要也。

鹽法議　張鍊

夫食鹽，山澤自然之利，天地所以養民也。上古無徵，近古薄徵，以佐國用。要在先不病民，而後利國爲可貴耳。關中食鹽，一出於河東，一

---

① ［校］最多：此同《乾隆甘志》卷四六《藝文·屯田議》，《康熙陝志》卷三二《藝文·屯田議》作"爲多"。

② ［校］九邊昔設屯田而西北爲最：此十一字原脫，據《康熙陝志》卷十一《藝文·屯田議》補。

③ ［校］理：此同《乾隆甘志》卷四六《藝文·屯田議》，《康熙陝志》卷三二《藝文·屯田議》作"情"。

④ ［校］峙：此同《乾隆甘志》卷四六《藝文·屯田議》，《康熙陝志》卷三二《藝文·屯田議》作"待"。

出於花馬池，一出於靈州，一出於西漳。① 靈州、西漳，去三輔絕遠，專供靈、夏、洮、岷西北兵民之用，無容議矣。花馬池鹽，北供延、慶、平三府，寧、榆二鎮，南與河東鹽並行於三輔間。河東鹽上下公行，謂之官鹽。花馬池鹽私自貿易，謂之私鹽。民間便於私鹽，而不便於官鹽者，百年於兹矣。

必欲行河東官鹽，其弊有四：蓋行鹽郡縣，各有分界，所司徒知紙上陳蹟："河東鹽行三省，不可越縮。"若究其實，在山西、河南未知何如，其在關中，自長安以西，河東美鹽絕蹟不至。間有至者，皆泥滓苦惡，中人不以入口，唯耕夫寡婦，黽勉食之，計其所售無幾也。名雖謂行，其實未嘗行之。一也。往年商人慮惡鹽不售，告發郡縣，使所在輦運外加樣鹽包，封印記之，② 及以給民，封者自佳，輦者自惡。唱户分鹽，畏如飲鴆，計帳徵價，峻於正税。今雖暫止，既爲故事，恐不能已。二也。商人賣鹽與販夫，隨以小票，鹽盡，票不收毀。官鹽不至，西路則無票，無票則通賣店肆。負販細人，請東路自買未毀之票繳官。公人亦幸免責，不問由來，互相欺抵。三也。買票日久，奸人依式私製盜賣。僥倖者冒利，敗露者破家，雖有防禦，迄今未已。四也。

必欲禁馬池私鹽，其弊有五：關中民貧，衣食驅遣，賦税催切，罄家所有，走北地販鹽，冀牟斗升之利。一爲公人所獲，身入陷阱，家計盡空。一也。貧人既爲囚繫，内無供餽，冬月多斃於獄。考驛遞囚帳，鹽徒居半，死者又居強半，民命可恤。二也。小販懼捕，結聚大夥，經山谿要隘，偶遇公人，勢強則抵敵，勢弱則冒險，奔迸投崖落澗，人畜死傷塗地。三也。公人與有力慣販者交關，終歲不捕，反爲導護。惟單弱貧瘠者捕之，或以升斗惡鹽強入路人筐袋，執以報功，③ 使無辜受害。四也。衆役工食悉有定例，惟巡捕工食私幫公費歲增十倍。官吏比銷，徒御勞悴，動經時月，候文曠職，旅食空囊，或罰或貸，俱爲無補。五也。

夫物力不齊，物之情也。好美惡惡，趨利就便，民之情也。所欲與聚，所惡勿施，哀多益寡，因俗成務，司國計者之情也。以物力言，河東

---

① ［校］西漳：此同《乾隆甘志》卷四六《藝文·鹽法議》，《康熙陝志》卷三二《藝文·鹽法議》作"西章"。下同。

② ［校］記：原作"及"，據《康熙陝志》卷三二、《乾隆甘志》卷四六《藝文·鹽法議》改。

③ ［校］報功：原作"報公"，據《康熙陝志》卷三二、《乾隆甘志》卷四六《藝文·鹽法議》改。

舊商带支坐困，新商超納無幾，① 澆晒徒勞，增課未減，公私俱稱歉矣。河東一池雖差大，供三省則不足。花馬二池雖差小，供三郡二鎮則有餘，自然之勢也。以人情言，河東鹽，百方督之使行，至以泥沙勒售，假票甘罪，而終不能行。花馬池鹽，百方禁之使不得行，至於比屋破產，接踵喪生，而終不能禁者，民之大欲大惡，不可強也。以國計言，河東歲課一十九萬有奇，花馬二池歲課不盈數千。河東鹽一引三錢有奇，二池鹽一石六分有奇。如是相懸者，意河東與天下六運，自祖宗朝俱有定額，由來久遠。二池迫近塞垣，棄取不時，故課亦微渺。後來因循，取足原辦而止耳。夫河東鹽既不能及遠，二池鹽卒不能禁，民間又不可一日無鹽，而盜買盜賣，終非常理。今當直開二池鹽禁，使西鳳、漢中沛然通行。計三府所當常食河東鹽一十二萬有奇，歲課即照河東，責三府代辦，以其事權統歸河東巡鹽御史，則達觀無異，督禁有程，兩地歲徵，四鎮年例，保無纖爽，而關中可少事矣。

夫居害者擇其寡，興利者取其多。倘今不弛二池鹽禁，則愚民被逮，供餽爲費，罪贖爲費，奸人騙詐爲費，兵民歲增工食爲費，官吏比銷爲費，一切顯隱猥雜，不可會計。財足抵河東、花馬二池正課，出於千瘡百痛，徒然費之，而下殘民命，上損國體，又餘殃也。倘今一弛二池之禁，則愚民被逮，供餽可省，罪贖可省，奸人騙詐可省，歲增工食可省，官吏比銷可省，一切顯隱猥雜，不可會計。財足抵河東、花馬二池正課，出於不識不知，漠然省之，而下活民命，上全國體，又餘福也。夫人情不甚相遠，比聞鹽法侍御，皆一時英碩，表表長者。使其聞見悉如關中人，習知利病，② 則亦何憚而不爲良處哉？但其受命而來也，惟以行官鹽、禁私鹽爲職，而反是則駭矣。地非素履，事未前聞，雖聖人有所不知者，何可遽望改易其常耶？雖然，安國家，利百姓，大夫出疆義也。究理從長，議政從便，人心不昧，因革有時，此又關斯民之幸不幸也。

定哨法議　　總兵　官撫民

奏爲"遵旨，不時再定哨法，以尙責成"事。

察照寧邊虜情哨法，自哱〔拜〕、劉〔東暘〕變後，因時停撤。河西

---

① 〔校〕超納：原作"起納"，據《康熙陝志》卷三二《藝文·鹽法議》改。

② 〔校〕習知利病：此同《乾隆甘志》卷四六《藝文·鹽法議》，《康熙陝志》卷三二《藝文·鹽法議》"知"後有"其"字。

五路全倚賀蘭、平虜、洪玉，南北相峙。廣武、中衛，迤邐西麓，關隘如貴德、大風、汝箕、宿嵬、黃峽、赤木等口，舊有石砌關壘三道，拒虜住牧山後，威鎮長城。西起賀蘭，東趣河塹，北面套衝，南循河涘。夏秋浮渡哨偵，冰合距河防守。河東橫城至花馬九城，橫截套口。虜逐水草，就視哨探，出邊必抵水頭，循環稽驗。今河西之關壘盡毀於壬辰，虜得憑山巢穴，我反戍守山前，自失險要。依山五百里，日間瞭望烽號，既資墩軍，夜間伏空哨辰，必賴夜役。崇禎三年，議立標營，撤回夜役，自失嚴明。今河東之邊牆，風沙壅積，濬溝扒沙，全仗班軍，今併停革。延袤三百里之墩軍，連年飢死殆盡。凶荒固屬天災，定哨實新功令。伏望皇上嚴敕京民，二運積欠，勒限解發，恩同賑恤。招撫流移，歸充墩哨，仍復班軍，以供扒濬。標營題入撫練，合照舊設夜役名糧，派發各營募補。臣等遵照先今題飭，挨節哨探，晝夜申飭，召集熟諳邊外地里水頭，撥夜通事人等。河西繇賀蘭等口出邊外，赴五岔河等處，偵探阿炸兒土壩等酋，有無結合莊肅海虜消息。河東繇長城關出邊，赴那咨井、可可腦兒，偵探山旦包六等酋，有無到延鎮邊外神木灘，與吉能會話。但有東兵勾調消息，飛報會擣，撲其內顧。如此重大聲息，當與延鎮、寧鎮、固鎮共一耳目，挨節哨報，及於本邊，各水頭偵探得實，俱照欽定格例，陞賞有差。如哨報不實，遲誤軍機，梟斬責罰有差。原頒書冊，昭布中外，不敢細列。臣謹會撫臣李虞夔謹將遵行原繇具奏，伏望聖明裁奪施行。

預籌邊防議　官撫民

奏為"遵旨，不時預籌以重邊防"事。

竊照寧疆邊務，最急在錢糧缺乏，饑荒莫救。河東邊牆三百餘里，橫截套口，黃沙鹺磧，千里蕭條，暵旱頻年，野無青草，死者填委山溝，生者扶創匍匐。河西僅藉渠流粒食，四方爭販，就食蜂攢，嗷嗷洶洶，同歸於盡。然猶未敢以賑濟乞恩恤者，誠念歲額二運，積欠百萬，軍民望眼流血，遑及溝壑之餘，貽我聖明西顧之憂哉。崇禎十二年八月，內先該餉臣宋聯奎題陳壓欠二運之數，與今歲接濟無術之狀。奉聖旨："該鎮二運錢糧積欠如許，殊堪痛惻，今歲年例銀即著該部措發數萬，速解接濟。賞恤銀也應酌給，以鼓士氣民運。疾呼不應，地方官尤屬頑玩。該撫按何未見指參，姑酌嚴行司府等官，將各項額欠，務期歲前捕解。再延并撫按重處。該部馳飭行。欽此，欽遵。"渙傳兩河，頓顙感泣。忍死須臾以待，距今又復經年。民運交困，日甚一日。況今屢蒙部檄，選練飭秣，以聽不時飛調。臣頂踵自誓捐縻，簡銳纂嚴，罔敢不預。其如錢糧缺乏，掣肘難行，疑難實病，攸繫安危。竊思二十年之積欠數幾百萬，而欲遽補於一朝，徒煩督責，踰致淹延。伏乞皇上，前鑑聖衷痛惻之嚴旨，今憫四千里窮迫之疾呼，立賜宸斷，將二運積欠三之分一，欽定各發若干萬兩。懇請馬上專官飛飭，坐守勒限急解，毋容貽誤封疆。併祈天語敕部，特將本年歲額軍餉、馬價，隨同練餉，按季給發，題差領解，急濟艱危。臣與撫臣同勵薪膽，共此擔承。雖經前疏控陳，猶懼微誠未格，是以復申前懇，亟得藉手力行，圖維克備，整飭聽調，而於得心應手，著數皆從錢糧湊集處，畢其智慮而握多算矣。

頌

靈武受命宮頌并序　　唐　楊　炎

臣聞享天降命惟德也，[①] 戡難奉時惟聖也。必有非常之運，是興撥亂之功。君以蒼生為憂，[②] 不以濡足為患，以寧濟為業，不以修身為道。[③] 此陶唐所以捨而不畏，舜禹所以受而不疑。靈武宮，皇帝躍龍之所。[④] 日者奸臣竊命，四海蕩波，我聖皇天帝，[⑤] 探命曆之數，啟龍圖，作受命之書，付於我皇帝。皇帝方遊崆峒，以求至道，於是群公卿士，負玉旒金璽，望氣芒碭之野，三進於閶闔之中曰："臣聞在昔，蚩尤連禍，大盜中國，神農氏兵莫能勝，[⑥] 天降玄女，敕軒轅氏大定其災。厥後堯有九州之害而命禹，禹以四海之功而受舜。陛下主鬯大位十有九年，精爽者皆美德

---

① ［校］降命：原作"隆命"，據《文苑英華》卷七七四、《唐文粹》卷十九上《靈武受命宮頌并序》改。《文苑英華》卷七七四注曰："降命"，一作"降福"。

② ［校］是興撥亂之功君以蒼生為憂：此同《唐文粹》卷十九上《靈武受命宮頌并序》、《乾隆甘志》卷四六《藝文‧靈武受命宮頌》，《文苑英華》卷七七四《靈武受命宮頌并序》無"功"字，"君"字後小注曰"一作功"。疑《唐文粹》、《乾隆甘志》同誤。

③ ［校］以寧濟為業不以修身為道：此十一字原脫，據《文苑英華》卷七七四、《唐文粹》卷十九上《靈武受命宮頌并序》補。

④ ［校］躍龍：原倒作"龍躍"，據《文苑英華》卷七七四、《唐文粹》卷十九上《靈武受命宮頌并序》乙正。

⑤ ［校］聖皇天帝：此同《唐文粹》卷十九上《靈武受命宮頌并序》，《文苑英華》卷七七四《靈武受命宮頌并序》無"天"字。

⑥ ［校］神農氏兵莫能勝：此同《唐文粹》卷十九上《靈武受命宮頌并序》、《寧夏府志》卷十八《藝文‧頌‧靈武受命宮頌并序》，《文苑英華》卷七七四《靈武受命宮頌并序》作"神農之兵莫能勝之"，上"之"字後小注曰"一作'氏'"，下"之"字後小注曰"一無'之'字"。

馨，乾坤也必聞幽贊。① 玄德上達，景福有歸。六聖覬命曆之期，兆人有臨難之請。陛下畏災運而不寧，② 棄黎元而不顧，以至仁爲薄，以大寶爲輕，臣等若不克所請，與億兆之衆，將被髮拊膺，③ 號於天而訴於帝矣。"皇帝唯然改容曰："豈人心與！"

丁卯，④ 廣平王〔李〕俶、太尉〔李〕光弼、司徒〔郭〕子儀、尚書左僕射〔裴〕冕、兵部尚書〔李〕輔國，與北軍將士、西土耆老萬五千人，排閶以訴帝曰："今豺狼穴居宮闕，陛下兆庶爲餌，宗廟爲墟，若臣等誠懇未通，是高祖不歆於太廟。且陛下涉渭則洪流涸，廻鑾則慶雲見，布澤而川池廣，⑤ 勤道而嘉禾生。靈祇髣髴，玄貺幽感。臣聞符命待聖而作，天運否終而會。葳蕤胦蠁，會也；睿武英明，聖也。臣等敢昧死上聞。"帝乃灑齋宮，啟金匱，嗚咽拜受。詔有司大赦天下，改元曰至德元年，尊聖父爲文武大皇帝。⑥ 是日，煙雲變作，士庶踴躍，黃龍見於東野，紫氣滿於天門。翌日也，數百里衣裳會。兼旬也，數千里朝貢會。踰月也，天下兵車會。浹時也，四方重譯會。⑦ 以一旅成百萬之師，⑧ 率六軍平社稷之難。⑨

---

① 〔校〕精爽者皆美德馨乾坤也必聞幽贊：此十四字原脫，據《文苑英華》卷七七四、《唐文粹》卷十九上《靈武受命宮頌并序》補。

② 〔校〕不寧：此同《朔方新志》卷四《詞翰·靈武受命宮頌》，《文苑英華》卷七七四、《唐文粹》卷十九上《靈武受命宮頌》均作"不處"。

③ 〔校〕拊：此同《唐文粹》卷十九上《靈武受命宮頌并序》，《文苑英華》卷七七四《靈武受命宮頌并序》作"撫"。

④ 丁卯：唐玄宗李隆基開元十五年（727）。

⑤ 〔校〕川池：此同《唐文粹》卷十九上《靈武受命宮頌并序》，《文苑英華》卷七七四《靈武受命宮頌并序》作"川地"。

⑥ 〔校〕文武大皇帝：此同《朔方新志》卷四《詞翰·靈武受命宮頌》、《乾隆甘志》卷四六《藝文·靈武受命宮頌》，《唐文粹》卷十九上《靈武受命宮頌并序》作"文武太皇帝"，《文苑英華》卷七七四《靈武受命宮頌并序》作"聖皇天帝"。

⑦ 〔校〕重譯：此同《乾隆甘志》卷四六《藝文·靈武受命宮頌》，《文苑英華》卷七七四《靈武受命宮頌并序》作"戎夷"，《唐文粹》卷十九上《靈武受命宮頌并序》作"戎狄"。疑爲清避諱改。

⑧ 〔校〕成：《文苑英華》卷七七四《靈武受命宮頌并序》作"兼"。

⑨ 〔校〕六軍：此同《乾隆甘志》卷四六《藝文·靈武受命宮頌》，《文苑英華》卷七七四、《唐文粹》卷十九上《靈武受命宮頌并序》、《朔方新志》卷四《詞翰·靈武受命宮頌》均作"胡夷"。疑避清諱改。

禮郊祀，戴聖皇，與人合誠心，以氣消天厲。① 動罔不吉，歆無不報，是以白鹿擾於王庭，靈芝產於延英。化動而功成，淵默而頌聲。言禪代者陋蒼梧易姓之名，語嗣守者羞唐堯積善之辱，② 述戡定者嘆四紀而復夏，美中興者嗤三六而滅新。於戲！神祇之所歸徃，品物之所法象，鼓飛龍於尺水，仗大義而東向，矢謨發號，實在茲都。願篆石宮庭，以垂萬古，俾過山澤，知風雨之奧，③ 窮造化，識天地之爐。④ 臣炎稽首，敢獻頌曰：

赫赫河圖，啟天之祐。⑤ 雲從億萬，皇在九五。⑥ 惟昔陶唐，克傳舜禹。濩也武也，⑦ 夫何足數。彼妖者勃，⑧ 惟暴惟貪。天實即命，⑨ 人將不堪。皇曰內禪，于再于三。盡武之善，去湯之慚。兵車百萬，⑩ 洶洶雷震。橫會九州，爲行爲陣。恃力者踣，從命者順。孝以奉天，神而撫運。至德唐堯，崇功大禹。皤皤北叟，⑪ 垂白而覩。沛邑空歌，周原已古。徘徊頌聲，永介茲土。

---

① ［校］天厲：此同《文苑英華》卷七七四《靈武受命宮頌并序》、《乾隆甘志》卷四六《藝文·靈武受命宮頌》，《正統寧志》卷下《靈武受命宮頌并序》作"天癘"，《朔方新志》卷四《詞翰·靈武受命宮頌》作"夭癘"。

② ［校］羞唐堯："羞"，此同《正統寧志》卷下《靈武受命宮頌并序》，《文苑英華》卷七七四《靈武受命宮頌并序》注曰："一作'著'"。"唐堯"，此同《唐文粹》卷十九上、《正統寧志》卷下《靈武受命宮頌并序》，《文苑英華》卷七七四《靈武受命宮頌并序》作"陶唐"。

③ ［校］知風雨：此同《唐文粹》卷十九上《靈武受命宮頌并序》，《文苑英華》卷七七四《靈武受命宮頌并序》作"美風雲"。

④ ［校］爐：《文苑英華》卷七七四《靈武受命宮頌并序》作"緼"。

⑤ ［校］祐：此同《唐文粹》卷十九上《靈武受命宮頌并序》，《文苑英華》卷七七四《靈武受命宮頌并序》作"戶"。

⑥ ［校］在：原作"居"，據《唐文粹》卷十九上、《文苑英華》卷七七四《靈武受命宮頌并序》改。

⑦ ［校］濩也：此同《唐文粹》卷十九上《靈武受命宮頌并序》，《文苑英華》卷七七四《靈武受命宮頌并序》作"護也"。

⑧ ［校］妖：此同《唐文粹》卷十九上《靈武受命宮頌并序》，《文苑英華》卷七七四《靈武受命宮頌并序》作"祆"。

⑨ ［校］即：《文苑英華》卷七七四《靈武受命宮頌并序》作"有"。

⑩ ［校］車：《文苑英華》卷七七四《靈武受命宮頌并序》作"革"。

⑪ ［校］北叟：原作"兆叟"，據《文苑英華》卷七七四、《唐文粹》卷十九上《靈武受命宮頌并序》改。

銘

三受降城碑銘　　唐　呂　温

夏后氏遏洪水，驅龍蛇，① 能禦大災，以活黔首；② 周文王城朔方，逐獫狁，能捍大患，以安中區。③ 若非高岸峻防，重門擊柝，雖有盛德，曷觀成功？然則持璿璣而弛張萬象，昊穹之妙用；扼勝勢以擒縱八極，王者之宏圖。道雖無外，權則有備。變化消息，存乎其人。

三受降城者，皇唐之勝勢也。④ 昔秦不量力，北築長城，右扼臨洮，左馳碣石，生人盡去，不足乘障。兩漢之後，頹爲荒坵，⑤ 退居河湟，歷代莫進。矯亡秦之弊則可矣，盡中國之利則未然。唐興因循，未暇經啟。有拂雲祠者在河之北，地形雄坦，控扼樞會。虜伏其下以窺域中，禱神觀兵，然後入寇。甲不及擐，突如其來。鯨一躍而吞舟，虎數步而擇肉。塞草落而邊甿懼，河冰堅而羽檄走。爰自受命至於中興，國無寧歲。景龍二年，默啜強暴，瀆鄰搆怨，掃境西伐，漠南空虛。⑥ 朔方大總管韓國公張仁愿躡機而謀，請築三城，⑦ 奪據其地，跨大河以北嚮，制胡馬之南牧。中宗詔許，橫議不撓。於是留及瓜之戍，斬姦命之卒，六旬雷動，三城岳立。以拂雲祠爲中城，東西相去各四百里。過朝那而北闢，斥堠迭望，幾二千所。損費億計，⑧ 減兵萬人，分形以據，同力而守。東極於海，西窮於天。納陰山於寸眸，拳大漠於一掌。驚塵飛而烽火燿，孤雁起而刁斗

---

① ［校］驅：此同《呂衡州集》卷六《碑銘·三受降城碑銘并序》、《唐文粹》卷五九《三受降城碑并序》，《四六法海》卷十一《三受降城碑銘》作"駈"。

② ［校］以：此字原脫，據《呂衡州集》卷六《碑銘·三受降城碑銘并序》補。

③ ［校］中區：此同《唐文粹》卷五九《三受降城碑并序》、《四六法海》卷十一《三受降城碑銘》，《呂衡州集》卷六《碑銘·三受降城碑銘并序》作"中國"。

④ ［校］三受降城者皇唐之勝勢也：《呂衡州集》卷六《碑銘·三受降城碑銘并序》作"三受降城皇唐之勝勢者也"。

⑤ ［校］坵：《呂衡州集》卷六《碑銘·三受降城碑銘并序》、《唐文粹》卷五九《三受降城碑并序》、《四六法海》卷十一《三受降城碑銘》作"丘"。

⑥ ［校］漠：《呂衡州集》卷六《碑銘·三受降城碑銘并序》、《唐文粹》卷五九《三受降城碑并序》、《四六法海》卷十一《三受降城碑銘》均作"漢"。

⑦ 張仁愿築三受降城時間，本志同《資治通鑒》卷二〇九，載在唐中宗景龍二年（708），《舊唐書》卷九三、《新唐書》卷一一一《張仁愿傳》均載在神龍三年（707）。

⑧ ［校］損：《呂衡州集》卷六《碑銘·三受降城碑銘并序》作"省"。

鳴。涉河而南，門用晏閑。① 韓公猶以爲未也，方將建大旆，提金鼓，馳神算，② 鞠虎旅，看旄頭明滅，與太白進退。小則責琛賮，③ 受厥角，定堡塞一隅之安；大則倒狼居，竭瀚海，空西塞萬里之野。④ 大略方運，元勳不集，天其未使我唐無北顧之憂乎？厥後賢愚迭任，工拙異勢，剛者黷武，柔者敗律。城隍險固，寇得凌軼，或馳馬飲河而去，⑤ 或控弦劇壘而旋。吾知韓公不瞑目於地下矣。今天子誕敷文德，茂育群生，戢兵和親，戎狄右衽。然而軍志有"受降如敵"，大《易》有"安不忘危"。崇墉言言，其可弛柝，亦宜鎮以元老，授之廟勝，⑥ 伸述舊職而恢遺功。⑦ 外勤撫綏，內謹經略。使其來不敢仰視，去不敢反顧。永讋猛氣，無生禍心，聳威馴恩，禽息荒外，⑧ 安固萬代，術何加焉。敢勒銘城隅，庶復隍而光烈不昧。銘曰："韓侯受命，志在朔易。北方之強，制以全策。亙漠橫塞，⑨ 揭茲雄壁。如三鬥龍，躍出大澤。並分襟帶，各閉風雷。俯視陰山，仰看昭回。一夫登陴，萬里洞開。日晏秋盡，纖塵不來。時維韓侯，方運神妙。觀釁則動，乃誅乃吊。廓乎窮荒，盡日所照。天乎未贊，不策清廟。我聖耀德，罷肩北門。優而柔之，用息元元。曷若完守，推亡固存。于襄于夷，用裕後昆。"

---

① [校] 閑：此同《四六法海》卷十一《三受降城碑銘》，《呂衡州集》卷六《碑銘·三受降城碑銘并序》、《唐文粹》卷五九《三受降城碑并序》作"閉"。

② [校] 算：此同《呂衡州集》卷六《碑銘·三受降城碑銘并序》、《四六法海》卷十一《三受降城碑銘》；《唐文粹》卷五九《三受降城碑并序》作"策"。

③ [校] 責：此同《呂衡州集》卷六《碑銘·三受降城碑銘并序》，《唐文粹》卷五九《三受降城碑并序》、《四六法海》卷十一《三受降城碑銘》作"貢"。

④ [校] 西塞：《呂衡州集》卷六《碑銘·三受降城碑銘并序》作"苦寒"，《唐文粹》卷五九《三受降城碑并序》、《四六法海》卷十一《三受降城碑銘》作"苦塞"。

⑤ [校] 馳：《呂衡州集》卷六《碑銘·三受降城碑銘并序》、《唐文粹》卷五九《三受降城碑并序》作"驅"，《四六法海》卷十一《三受降城碑銘》作"駈"。

⑥ [校] 勝：此同《唐文粹》卷五九《三受降城碑并序》、《四六法海》卷十一《三受降城碑銘》，《呂衡州集》卷六《碑銘·三受降城碑銘并序》作"算"。

⑦ [校] 伸：《呂衡州集》卷六《碑銘·三受降城碑銘并序》、《唐文粹》卷五九《三受降城碑銘并序》等作"劇"，《四六法海》卷十一、《四庫》本《山西通志》卷一九一《三受降城碑銘并序》等作"俾"。作"伸"疑誤。

⑧ [校] 禽息：此同《唐文粹》卷五九《三受降城碑并序》、《四六法海》卷十一《三受降城碑銘》，《呂衡州集》卷六《碑銘·三受降城碑銘并序》作"安居"。

⑨ [校] 漠：《呂衡州集》卷六《碑銘·三受降城碑銘并序》、《唐文粹》卷五九《三受降城碑并序》、《四六法海》卷十一《三受降城碑銘》均作"漢"。

贊①

靈武二孝贊②　　唐　李　華

靈武二孝，曰侯知道、程俱羅。目不覩朝廷之容，③耳不聞韶夏之聲。足不登齊魯之境，④所見戎馬旃裘，參於夷狄，而能生養以孝、沒奉以哀。穿壙起墳，出於身力，鄉人助之者，哭而反之。廬於塚次，號泣無節，侯氏七年矣，程氏三年矣。⑤根於天性，陶我孝理，其至乎哉。⑥埃垢積首，草生髮間。每大漠晨空，連山夜寂，人煙四絕，虎豹與鄰。擁墳椎膺，聲氣咽塞，下入九泉，上徹九天。背爛心朽，皮枯茆擊。草木先秋而凋落，景氣不時而凝閉。⑦殊鳥異獸，助之悲號，萬物有極，此哀無窮。大哉！二子能以孝終始乎。語曰：⑧"孝如曾參，不忍離其親。⑨"生既不忍，⑩歿忍離之哉。二子之孝，過於曾氏矣。⑪昔吳起忍與母盟，陳湯忍匿父喪。起謀復楚霸而戮死，⑫湯功釋漢恥而囚廢。神道昭昭，若何無報？九州之衆，誰非人子。踐霜露者，聞風永懷。士有感一諾一顧，猶

---

① 本志正文有此小類標題，原《目錄》中則無。
② ［校］靈武二孝贊：《李遐叔文集》卷一、《文苑英華》卷七八〇均題作《二孝贊并序》。
③ ［校］覩：原作"覯"，據《李遐叔文集》卷一、《文苑英華》卷七八〇《二孝贊并序》改。
④ ［校］足：此字原脫，據《李遐叔文集》卷一、《文苑英華》卷七八〇、《唐文粹》卷二四《二孝贊并序》等補。
⑤ ［校］三年：原作"二年"，據《新唐書》卷一九五《侯知道程俱羅傳》、《李遐叔文集》卷一、《文苑英華》卷七八〇《二孝贊并序》改。
⑥ ［校］乎哉：原作"矣乎"，據《李遐叔文集》卷一、《文苑英華》卷七八〇《二孝贊并序》改。
⑦ ［校］閉：此同《李遐叔文集》卷一《二孝讚并序》、《唐文粹》卷二四《二孝贊并序》，《文苑英華》卷七八〇《二孝讚并序》作"煙"，字後小注曰"一作'閉'"。
⑧ 參見《史記》卷六九《蘇秦傳》。
⑨ ［校］其：此同《李遐叔文集》卷一、《唐文粹》卷二四《二孝贊并序》，《文苑英華》卷七八〇《二孝讚并序》作"於"，字後小注曰"一作'其'"。
⑩ ［校］生既不忍：此同《李遐叔文集》卷一、《唐文粹》卷二四《二孝贊并序》，《文苑英華》卷七八〇《二孝讚并序》作"生不忍離"，"離"字後小注曰"一作'生既不忍'"。
⑪ ［校］曾氏：原作"曾參"，據《李遐叔文集》卷一、《文苑英華》卷七八〇《二孝贊并序》改。
⑫ ［校］霸：此同《唐文粹》卷二四、《文苑英華》卷七八〇《二孝贊并序》，《李遐叔文集》卷一《二孝讚并序》作"伯"。

或與之死生；嘉一草一木，① 猶或爲之歌詠。而況百行之宗，終天之感乎。② 華奉使朔陲，欲親往弔焉，屬河凌絕渡，願言不果。憑軾隔川，寄聲二孝，同爲贊一章，敢旌善人以附惇史。其文曰：

厥初生人，有君有親。孝於親者爲子，忠於君者爲臣。兆自天命，降及人倫，③ 背死不義，忘生不仁。愚及智就，爲之禮文。禮文不能茚其哀，繫道德之元純。至哉侯氏，創鉅病殷，手足胼胝，成此高墳。蔬果爲奠，茅蒲爲茵。其奉也敬，其生也貧。大漠黃沙，空山白雲。柏庭既夕，松路未晨。寇戎接境，豺狼成群。夜黑飆動，如臨鬼神。哭無常聲，迥徹蒼旻。風雨飄搖，④ 支體鱗皴。色慘莪蒿，聲酸棘薪。苴斬三年，而獨終身。邑子程生，⑤ 其哀也均。顧後絕配，瞻前無鄰。冬十一月，河冰塞津。⑥ 吾將弔之，⑦ 其路無因。寄誠斯文，揮涕河濱。

序

八景詩序⑧　　明　陳德武

番易陳宗大，⑨ 好事而嗜詩者也。戍邊久，將請告南還。散餘貲，收

---

① ［校］嘉：原作"喜"，據《李遐叔文集》卷一、《文苑英華》卷七八〇《二孝贊并序》改。

② ［校］感：《李遐叔文集》卷一、《文苑英華》卷七八〇、《唐文粹》卷二四《二孝贊并序》作"慼"。

③ ［校］降及：此同《文苑英華》卷七八〇《二孝贊并序》，《李遐叔文集》卷一、《唐文粹》卷二四《二孝贊并序》均作"降成"。

④ ［校］飄搖：《李遐叔文集》卷一、《文苑英華》卷七八〇《二孝贊并序》等均作"漂搖"。

⑤ ［校］邑子：此同《文苑英華》卷七八〇、《唐文粹》卷二四《二孝贊并序》，《李遐叔文集》卷一《二孝贊并序》、《新唐書》卷一九五《侯知道程俱羅傳》均作"嗟嗟"。

⑥ ［校］河冰塞津：原作"河水寒津"，據《李遐叔文集》卷一、《唐文粹》卷二四《二孝贊并序》改。《文苑英華》卷七八〇《二孝讚并序》作"浮水塞津"，"浮"字後小注曰"一作'河'"。

⑦ ［校］弔：此同《唐文粹》卷二四《二孝贊并序》，《文苑英華》卷七八〇、《李遐叔文集》卷一《二孝贊并序》作"唁"。

⑧ ［校］八景詩序：《正統寧志》卷下《文》、《嘉靖寧志》卷八《文苑・文》均題作《寧夏舊八景詩序》。

⑨ ［校］番易：原作"番陽"，據《正統寧志》卷下《文》、《嘉靖寧志》卷八《文苑・文・寧夏舊八景詩序》改。

善楮，① 裝潢爲長卷，干繪事者圖寧夏八景，② 繫同志詩於後，屬予序之，以重行色。予曰："山川景物在處有之，以人而重。金華八詠，沈休文倡之；盛山十二詩，韋德載首之；③ 虢州二十一詠，韓退之和之。後以八景命題，則無地無之。④ 然不過寫風雲雪月之清奇，禽魚花木之閒麗，以洩其得喪哀樂之情也。子今挾是而歸，將爲金多致恭耶？抑爲敝裘取倨耶？聞子有倚門之親、幹蠱之子，九弟親朋，⑤ 守望閭里。予不知子囊中之金，足具甘旨食饗以敍平日之驩否？⑥ 而與倨與恭，⑦ 奚居之？"

宗大曰："富貴顯親，⑧ 人孰不欲，是有命焉，不可幸致也。請試觀斯夏之境內，其遠者曰'黑水故城'，邇者曰'夏臺秋草'。當其勢之方張，蒸土校錐，以圖永固，增金索幣，以居強大。一時之銕騎健兒、歌樓舞榭，今皆變爲寒煙、鞠爲衰草而已。亞於水曰'黃沙古渡'，但見風波浩浩，鷗鳧欲墮，河檉搖紅，葦花飛白。昔之車塵馬蹟，皆爲狐兔之區，而輕舟短棹、長年三老之屬，已移於高橋、楊家渡矣。附於白臺曰'長塔鐘聲'，⑨ 惟見折觚刓棱，倒影在地。向之金碧莊嚴，幻爲瓦礫之場，而追蠡解紐，已徙於戍樓矣。郭之南下，春煙靡靡，柔綠如染，秋風颯颯，黃葉誰惜，是曰'官橋柳色'。送故迎新，離歌別酒，攀折無算，吾

---

① ［校］楮：此同《正統寧志》卷下《文·寧夏舊八景詩序》，《嘉靖寧志》卷八《文苑·文·寧夏舊八景詩序》、《朔方新志》卷四《詞翰·八景詩序》作"褚"。

② ［校］干：此同《正統寧志》卷下《文·寧夏舊八景詩序》、《朔方新志》卷四《詞翰·八景詩序》，《嘉靖寧志》卷八《文苑·文·寧夏舊八景詩序》作"下"。

③ ［校］韋德載首之："德"原作"得"，據《正統寧志》卷下《文·寧夏舊八景詩序》，《舊唐書》卷一五九、《新唐書》卷一四二《韋處厚傳》等改，下同。"首"，《正統寧志》卷下《文·寧夏舊八景詩序》作"繼"。

④ ［校］無地：此同《嘉靖寧志》卷八《文苑·文·寧夏舊八景詩序》、《朔方新志》卷四《詞翰·八景詩序》，《正統寧志》卷下《文·寧夏舊八景詩序》作"無人"。疑誤。

⑤ ［校］九弟：原作"兄弟"，據《正統寧志》卷下《文·寧夏舊八景詩序》、《嘉靖寧志》卷八《文苑·文·寧夏舊八景詩序》、《朔方新志》卷四《詞翰·八景詩序》改。

⑥ ［校］平日：此同《嘉靖寧志》卷八《文苑·文·寧夏舊八景詩序》、《朔方新志》卷四《詞翰·八景詩序》，《正統寧志》卷下《文·寧夏舊八景詩序》作"平昔"。

⑦ ［校］與倨：此同《朔方新志》卷四《詞翰·八景詩序》，《正統寧志》卷下《文·寧夏舊八景詩序》、《嘉靖寧志》卷八《文苑·文·寧夏舊八景詩序》均作"於倨"。

⑧ ［校］顯親：此同《嘉靖寧志》卷八《文苑·文·寧夏舊八景詩序》、《朔方新志》卷四《詞翰·八景詩序》，《正統寧志》卷下《文·寧夏舊八景詩序》作"顯揚"。

⑨ ［校］白臺：此同《嘉靖寧志》卷八《文苑·文·寧夏舊八景詩序》、《朔方新志》卷四《詞翰·八景詩序》，《正統寧志》卷下《文·寧夏舊八景詩序》無"白"字。

不知其幾榮枯也。郊之西北，蒼蒼茫茫，如藩屏，如保障，①盤踞數百里，時呈六花，以告豐歲，是曰'賀蘭晴雪'。此天以表裏山河，限固疆域者也。②山之東曰'良田晚照'，河之西曰'漢渠春水'，襟帶左右，膏腴幾萬頃。因昔之功，爲今之利。荷鍤成雲，決渠爲雨，吾成士衣食之源，③所當勤勞之地也。蓋庸情勞則思，思則善心生，善心生則能守其身而不失，際無事之日，爲太平之人。俯仰今古，得不足恃，失不爲恥。耕鑿之餘，游戲翰墨，吟詠性情，以和擊壤，得非生憂患、行貧賤之謂乎？念自濠上應募，鯀武功移於斯，將彌一世所閱，金多敝裘，存亡者衆矣。吾今獲保遺體而歸，定省之暇，敷斯言於北堂之上，足以致吾親之驩。兄弟子孫，親朋閭里，亦聚驩焉。非惟可以取驩，④亦可以垂教子孫，使之服勞思善，以守其身，庶無負於名教，又何彼縱橫者恭倨之足云。"

予作曰："子言良是，前言戲耳。雖然，予么渺言輕不足爲子重，將道中華觀望之邦，抵西江文章之奧。遇有退之、德載、休文輩，人出以取正，更求其大手筆以發揮之。俾塞上之景，當與虢州、⑤盛山、金華並傳於世，以流於後還戌，又足以起予之陋，⑥以成子好事而嗜詩之名，⑦不亦韙歟？"宗大曰"然！"遂借書於圖左。⑧

文昌社序　國朝　翰林　解震恭　郡人

文昌之祀，異說閟然，怪於晉，幻於唐，漸著於宋，盛於有明。有化

---

① ［校］保障：此同《嘉靖寧志》卷八《文苑·文·寧夏舊八景詩序》、《朔方新志》卷四《詞翰·八景詩序》，《正統寧志》卷下《文·寧夏舊八景詩序》作"堡障"。

② ［校］疆域：此同《嘉靖寧志》卷八《文苑·文·寧夏舊八景詩序》、《朔方新志》卷四《詞翰·八景詩序》，《正統寧志》卷下《文·寧夏舊八景詩序》作"疆圉"。

③ ［校］吾成士：此同《嘉靖寧志》卷八《文苑·文·寧夏舊八景詩序》、《朔方新志》卷四《詞翰·八景詩序》，《正統寧志》卷下《文·寧夏舊八景詩序》"吾"前有"乃"字。

④ ［校］惟：此同《嘉靖寧志》卷八《文苑·文·寧夏舊八景詩序》、《朔方新志》卷四《詞翰·八景詩序》，《正統寧志》卷下《文·寧夏舊八景詩序》作"爲"。

⑤ ［校］當與：此二字原同《朔方新志》卷四《詞翰·八景詩序》脫，據《正統寧志》卷下、《嘉靖寧志》卷八《文苑·文·寧夏舊八景詩序》補。

⑥ ［校］以流於後還戌又足：此八字原同《朔方新志》卷四《詞翰·八景詩序》脫，據《正統寧志》卷下、《嘉靖寧志》卷八《文苑·文·寧夏舊八景詩序》補。

⑦ ［校］以：此字原同《朔方新志》卷四《詞翰·八景詩序》脫，據《正統寧志》卷下、《嘉靖寧志》卷八《文苑·文·寧夏舊八景詩序》補。

⑧ ［校］圖：此字原同《朔方新志》卷四《詞翰·八景詩序》脫，據《正統寧志》卷下、《嘉靖寧志》卷八《文苑·文·寧夏舊八景詩序》補。

書以恣其妖妄，有陰騭文以誘人福利，雖儒者亦信而不疑。近時又撰有《帝君孝經》，有咒有偈，俚俗煩雜，不可卒讀。大抵皆黄冠緇衣托足其處者，神其事爲衣食之藉也。噫！異端之誣世也。見道不明而信道之不篤也，吾儒之過也。詎知夫文昌者，列星之精。考步天之歌，星居六府，其列有上將、次將、貴相等。隋人詩曰：①"文昌動將星。"竊疑神似主於兵事者然。然位居魁，魁之上，爲司禄之神，有賞功進爵之義。故由宋迄明，天下學宫皆祀之。至今求科名、博利禄者，奉事尤謹，此所在祀閣之所由建也。余以爲天生斯民，立之君則爲君，立之師則爲師。既奉以爲斯文之主，則文章之事屬焉。聖人神道設教，不其然乎？

　　吾郡南薰門外，三清觀之東南，有文昌閣，創自本朝康熙乙未，② 成於戊戌。③ 近十餘年間，層樓繡户，丹雘維新。而登其上者，俯窺城市，遠眺鄉村。寶塔拱其北，明湖映其南。曲河東環，翠蘭西障。山川之秀氣，草樹之菁英。蔚乎其蕃，蘊乎其富。由是掇巍科、隸仕籍者，邇來珠貫蟬聯矣。夫豈獨氣象風景，供遊士之登覽，與遷客騷人之流連歌詠而已哉。今歲庚戌春，④ 諸同人念神祠所在，風脈攸關，於是斂社轘金，將備物以昭敬者，囑余言以弁諸首。余曰："諸君子之意善矣哉。夫祠而奉之，神之道也；敬而遠之，人之道也。萃群力而襄厥事，甚易也。踵其事而繼志有人，可久也。當祭之日，與祭之人其虔具而牲帛，竭而誠而徃，洋洋乎如在其上，如在其左右，如是焉耳矣。彼夫爲怪、爲幻、爲雜、爲僞，與爲咒、爲偈之邪妄不經，亦置焉不論可也。"

說

承天寺塔倒影說　杭　泰

　　承天寺，寧郡古刹也。有浮圖焉，高十三級，峙乎城市塵囂中，非曠渺奇絶之觀也？每六月六日，遊者雜遝，競傳異景。何異乎？異不在形，而在影，形正而影倒也。噫！斯誠可異矣。問其所以，大抵影響傅會者衆，無足稽考。志乘所載，庶幾彷彿近之，而又有不可盡信者。南澗楊公

---

　　① ［校］隋人：原作"唐人"，引詩參見隋朝薛道衡《出塞》："少昊騰金氣，文昌動將星。"據改。薛道衡事蹟參見《隋書》卷五七《薛道衡傳》。
　　② 康熙乙未：康熙五十四年（1715）。
　　③ 戊戌：康熙五十七年（1718）。
　　④ 庚戌：雍正八年（1730）。

〔守禮〕之說也，謂以下凹處映其上，則影必倒，而證以鏡面凹者，照人則首倒垂之驗。夏人遂遵其說，用祛衆疑。顧此塔所臨者通衢坦道，未聞有廣澤深溪映帶左右，影胡爲乎倒？或曰此塔貯有佛骨舍利洎諸寶物，精英萃乎内，而峙形年久，上涵清虚，已成其象。然既已成其象，必能自衛其形。乃一遇震災，卒傾頹毀敗，形影俱滅，竟成瓦礫。嗟乎！向之佛骨舍利洎諸寶物，其精英之所萃聚，尚不足自固也。且傳其影，初在寺之南廊，後轉東廊，是又將何以解之耶？蓋聞古塔之影皆倒垂，塔之倒影不多見。倒影之塔不僅此，昌黎所謂浮圖善幻，殆其類與？夫形端影正，其說不可少易。聖賢之所以教，學者之所以學，上之人率其下，下之人應其上。達則植標於世，窮則樹表於家。其理皎如日月，其機捷於形影，夫婦之愚，可以與知焉。若形正影倒，變幻叵測，斯謂之浮圖而已矣，存而不論可也。

傳

兩義君傳　提督　俞益謨　郡人

余生平樂善，而愧自無一善，不忍沒人之善，此《兩義君傳》所由作也。或有請得兩君姓字、"義"於何指者，余應之曰："一則吾鄉贈君弘猷張公，[①] 急友之難，忘其身危。一則明季宗室雲章先生，銜友之恩，畢生圖報者是也。"當明之末，流賊充斥，僞總兵牛成虎負隅寧夏，爪牙横噬。雲章履尾被擒，虎不自咥，解獻闖賊爲功。雲章在途，竊計萬無生理。一日有男子馳駿彎弧，突然而要之臨，役從驚潰，急脫雲章於縶，而挈之歸者，則友人弘猷也。家人莫測從來，禁不敢聲，鄉閭間斂謂雲章死長安矣。久之，大清定鼎，宗室無所置問，雲章出，人競訝之。既而知爲張君所脱，莫不奇其事而高其義，自此共處偕行，契若同胞。

張君勇幹善射，嫻武略，尋聞鄖漢間點賊李來亨等盤踞山谷，乃仗策從征，以軍功授守備，不數年卒於官。雲章聞凶奔赴，痛絶而甦者數數，收其輜重，扶柩歸，營葬無闕禮。人曰："是足以報活命之恩矣。"惟時張君二子大用、大受，悉在冲幼無識。雲章爲之經紀資財，督其家務，克

---

① 〔校〕弘猷：原避清高宗弘曆諱作"宏猷"，據《朔方廣武志》卷下《傳記》改。下同。

勤克儉，不使缺乏。訓育二子，不使廢棄。初以己女妻大用，又以兄女妻大受。大用庚戌成進士，① 大受壬子領鄉魁。② 於是破壁出弘猷公衣物宦囊，以授大用昆仲曰："汝二人咸能自立，吾可免毀匱之憂矣。"二人拜受，始知尚有遺物焉。是時也，雲章可謂無忝大義，有始有卒者矣。雲章之心若猶未盡，必欲鞠躬盡瘁，死而後已者。時有勸雲章納妾生子者，先生然之。既而張族竊議先生此後不能無私，先生聞而遽出其妾。又勸先生撫姪爲嗣者，先生復然之。乃所撫不率教，復去之。於是有以無後規先生者，先生曰："吾罹牛賊之變，已是既死人。今之餘年，張君甦我也。烏有已死人而復有後之理？不可陷我不義。"由是誓以鰥獨終其身。既卒，張子持服營葬如父禮。

嗚呼，若二君者所稱兩義，是也？否耶？其後大用官湖廣闡司，大受官辰沅總兵。弘猷公以子貴，贈榮祿大夫，而雲章無聞焉。余以鄉人後進，不爲略志梗概，以俟操觚諸君子採入鎮乘，將數十年後，不特雲章啣恩報友，泯泯勿彰，即弘猷之急難忘身，並歸淹沒。讀是傳者，其諒余不忍沒人之善云。

書

請除河崩沙壓差糧書③　　知縣　黃恩錫

竊查中邑，自乾隆五年起至十五年止，河崩共地四千零二十八畝七分一釐，內賠納銀一十二兩一錢五分六釐三毫一絲，內賠糧三百九石九斗九升七合二勺、草一千一百八束六分一釐三毫。前任內造冊請免，嗣奉部咨，凡有官荒地畝，令其報墾撥補。又陸續呈報，自乾隆十五年起至二十一年止，河崩沙壓地六千五百畝有零。職到任之始，即據各堡士民稟懇豁除差糧。伏查地被崩壓，賦役無著，實屬民累，隨即留心確訪，凡有墾種成熟、隱匿未報地土，俱令據實首報，共報出地一萬三千餘畝。當經稟明督撫各憲，批令履畝勘丈撥抵在案。

前自入春以來，正值辦理軍需台站，協濟馬騾，並渠道工程，一切迨

---

① 庚戌：康熙九年（1670）。
② 壬子：康熙十一年（1672）。
③ ［校］請除河崩沙壓差糧書：《中衛縣志》卷九《藝文・書》題作《上各憲言河崩沙壓請除差糧書》。又，該志載此書上於乾隆二十一年（1756）。

稍竣後，卑職即會同委員西路廳履畝踏勘。緣村落散渙，田多畸零，有需時日。今自三月起至五月十五日止，陸續將首報地畝逐畝勘丈。雖皆受水澆灌，耕種成熟，而湖灘鹻潮，其間瘠薄居其大半，廣種薄收，必照山地之利。折數計畝，爲地雖多，實可承糧應陞科則者九千七十九畝二分。職詳愼斟酌按計，實在可以承糧撥抵全田一百三十六畝四分零，每畝徵銀一釐、糧一斗二升、草三分，共應徵銀一錢三分六釐零、糧一十六石三斗七升一合、草四十束九分二釐。全蘆田一千七百九十二畝二分，每畝徵糧六升、草三分，共應徵糧一百七石五斗三升二合、草五百三十七束六分。半蘆田一千八百六十九畝七分九毫，每畝徵糧三升、草三分，共應徵糧五十六石九升一合二勺七抄、草五百六十束九分。全鹻田二千四百七十三畝六分七釐，①每畝徵銀一分、草三分，共應徵銀一十九兩一錢五分七釐、草四百四十二束。半鹻田三千八百七畝一分九釐九毫，每畝徵銀六釐五毫、草三分，共應徵銀二十四兩七錢四分六釐零、②草一千一百四十二束一分。通共應徵銀四十四兩四分九毫零、糧一百七十九石九斗九升四合零、草二千七百二十三束七分六釐零。職復將十五年以後民間續報河衝沙壓之地細加查勘，恐其中不無以少報多之弊。拘集地鄰，核對徵册，勘出實在衝崩地四千二百三十畝，內賠納銀二十一兩九分，賠納糧二百七石六斗、草一千二百七十五束。前後共應豁除銀三十三兩二錢四分六釐零、糧五百一十七石五斗九升七合二勺、草二千四百八十三束六分零。除撥抵外，下剩銀一十兩七錢九分四釐、草二百四十束一分。再無抵補可墾餘地。通計前後衝崩地畝，尚有賠糧三百三十七石六斗二合，猶屬民累。縱有餘荒，具係鹻灘，成廢難必之地，不便遽爲陞科，只可令其試種。所有無可撥補之田糧，伏祈憲臺俯念民艱，核賜轉請題咨豁除，則③邊氓戴德，與河流並長矣！

請建寧安倉書④　　黄恩錫

竊查卑縣城鄉各倉，歷年積貯各項糧二十一萬餘石。久已廒房不敷，

---

①　[校]二千：《中衛縣志》卷九《藝文·書·上各憲言河崩沙壓請除差糧書》作"一千"。
②　[校]共：原作"其"，據本志書例、《中衛縣志》卷九《藝文·書·上各憲言河崩沙壓請除差糧書》改。
③　[校]則：此字原脫，據《中衛縣志》卷九《藝文·書·上各憲言河崩沙壓請除差糧書》補。
④　[校]請建寧安倉書：《中衛縣志》卷九《藝文·書》題作《上各憲請建寧安倉就遷征收額糧書》。

典租民房及各寺廟借貯，稽查難周，恐致潮濕霉爛。曾經具詳，於城鄉添建倉廠，業蒙批飭，以靈州、平羅二處，請建倉廠。奉部駁令，於附近營汛搭估兵糧之處，熟籌變通，緣格前例，未蒙允准。

卑職伏查開徵在即，倉儲關重。除城鄉各倉，稍有變通之處，隨地佈值外，惟廣武倉偪近黃河，地多潮濕，又徵收本堡及新舊寧安、恩和、鳴沙、張恩、白馬、通灘、渠口、鐵桶各堡額糧，爲數較多，其歷年所貯餘糧，典租民房，借寄寺廟，城小地狹，城內城外，逐處擇貯，現在實無變通之處。即欲捐建數間，而廣武小城，兵民稠密，並無隙地。卑職再四籌畫，查新舊寧安、恩和三堡，距廣武窵遠，每歲納糧五千九十餘石，係由船載，計程七八十里。水腳盤費，民間輸納維艱，緣諭商該堡士民，惟舊寧安原係大堡，舊有公舍倉房三間，① 再爲捐建廠房五間，② 就近徵收恩和、寧安額糧。該堡地勢去河較遠，土性乾燥，稍爲設法變通，實於倉貯、民生兩有裨益。③ 且地處適中，即將來廣武本城支放兵糧，或有不敷，亦可隨時運濟，不致阻遲。卑職捐備應需木料、匠作、工價一切，其土塊、牛車、人夫等項，民既樂從，情願自備。除現在相度地基、鳩工興修外，事關捐建倉廠，移收額糧，理合備聞。

解氏家譜書後　　同知　王全臣

解文英，字華武，寧夏世胄也。登天啟乙丑武進士，④ 魁岸美風儀。崇禎年任漢中都司，先後剿撫流寇以數萬計，累功晉都督，協鎮韓鄜，陞榆林總兵。道經延安，值賊首一隻虎犯城，總兵高傑望風走。公勵士固守數月，飢疲不能支，遂陷，巷戰被執。賊壯其貌，授以制將軍。不屈，乃因之，欲留以爲用也。賊既破延安，謂北向皆桑梓地，可不煩兵下，而榆林故家，尤世威等訂盟抗賊。及城破，無一人降者。賊怒，屠其城，於世威家得公與盟書，恨曰："吾好待，乃若是耶？" 還過延安支解之，三子金城、銀城、印城及家人皆死。事載《延安志》。

---

① ［校］舍：此字原脫，據《中衛縣志》卷九《藝文·書·上各憲請建寧安倉就遷征收額糧書》補。

② ［校］廠房：《中衛縣志》卷九《藝文·書·上各憲請建寧安倉就遷征收額糧書》作"倉廠"。

③ ［校］民生：《中衛縣志》卷九《藝文·書·上各憲請建寧安倉就遷征收額糧書》作"民力"。

④ 天啟乙丑：天啟五年（1625）。

先是，公在獄，遺其弟文俊書曰："我家十八世衣冠，幸勿汙賊命。"既而賊率牛成虎入寧夏，文俊聚家人於樓，積薪其下，俟難將自焚。幸我朝天兵至，兇逆宵遁，一門乃全。文俊事親以孝稱。明末連饑，傾父兄資，周恤戚里，篋中落矣，施猶不吝。家人或咎之，曰："我正恐財爲家累耳。"其後數遭兵，富室多罹禍。解故世宦家，人皆知其貧，而德於鄉，弗問也。順治初，特恩博求舊家子弟，授文俊撫標都司。不久辭去，閉戶讀書，循循執禮法，門以內肅如也。文英公殉難時，其繼妻徐年二十四。子繩祖方二歲，因病在籍，徐撫之成立。文俊事其嫂，三十年不少懈。遺猶子獨厚，曰："忠臣之息，忍使之困衣食乎？"文俊子纘祖，忠厚敬惠，有父風。癸巳孝廉解震泰，① 其第三子也，後登戊戌進士。② 翰林論曰："文英之死職，宜矣，非忠孝根於至性，能於倉皇畢命時引大義以勖其弟耶？若文俊者，可謂不辱其家聲矣。"余又聞文俊妻明氏，纂修朔志時儒之女，亦讀書識大義。方文俊積薪樓下時，呼家人登樓，有飲泣者，明氏慨然先登曰："此全身地也，何泣爲？"嗚呼！豈無自而然哉。

書吳進義捐入寧夏學宮書集目錄後　　進士　周宣武

昔趙子餘之薦郤縠爲中軍元帥也，曰："說《禮》《樂》而敦《詩》《書》。"余每惜乎春秋祚薄，元帥無祿，不得見儒將雍容爾雅之略，軼山高牧馬之佐而上之，遂使狐原之徒奮其詐謀，俾人有一蟹不如一蟹之慨也。然自是厥後，爲名將者未有不好墳典，如關壯繆、杜元凱，皆好《春秋》，出入必偕。未有不勸人以好學，孫仲謀勸呂蒙學問，而范文正公以《左傳》授狄武襄，有由來矣。今觀吳公，因皇上有許滿漢大臣印刷秘書之旨，遂不惜千金購來寧，置於學宮。此其意思忠厚廣大，抑何其遠追前人也。

余嘗著論云："習而不察，是謂褻經，察而不由，是謂棄經。"吳公夙夜匪懈，以貞白一心，受寵眷於主上，可謂忠矣。其於族黨間修祠堂，敍譜牒，置祭田，孝弟睦任之意，抑何有加無已耶？公之先世，皆以鳴弓抵掌，捍圉塞上，銘績旂常，至祖健，始以文進士仕至侍御，至開圻，以武殿試第三人仕至副將。雅歌投壺，一觴一詠，彬彬也。公今雖以超距之勇，位至一品，而以儒術整敕軍伍，真有儒將風。蓋公自居家以至立朝，

---

① 癸巳：順治十年（1653）。

② 戊戌：順治十五年（1658）。

其於《詩》《書》《禮》《樂》之教，跬步不忘，非徒飾其具已也。今且不徒爲一家計，並爲一郡計。夫人生聖明之世，沐浴禮化之教，無如地在遐邊僻塞，頒書有限，雖有秉妙質、負大志，無如目不覩三車四部，竊自慨也。自有此書，則父兄愛其子弟，師儒期其子弟，有司勉其俊髦，胥皆澤以文雅，潤以彬斐，聖世文教，愈廣愈遠，公之忠厚廣大爲何如耶！昔范文正公卜宅，術士曰："世出公卿。"公曰："若然，我豈得私？"時起學宮，即推以公之。噫！此其所以爲范文正乎。公之心，其即文正之心乎？公後人應與郡人俱昌於無窮，亦猶今范氏之長發於蘇矣。公嘗遺書邑令，欲捐貲修志。使公而在，聞志成則其鼓舞爲何如耶？公他善難數，業已一一載入志，茲不具論。

寧夏府志卷十九

記

承天寺碑記① 夏② 羊□③

《夏國皇太后新建承天寺瘞佛頂骨舍利軌》：原夫覺皇應蹟，月涵衆水之中；聖教傍輝，④ 星列周天之上。⑤ 蓋□□磨什，鈍道澄圖，常表至化以隨機，顯洪慈而濟物。縱輕塵劫，⑥ 愈自彰形。崇寶刹則綿亘古今，嚴梵福則靡分遐邇。我國家纂隆丕構，鋹啟中興，雄鎮金方，恢拓河右。皇太后承天顧命，册制臨軒，釐萬物以緝綏，儼百官而承式。今上皇帝，幼登宸極，夙秉帝圖，分四葉之重光，契三靈而眷祐。粵以潛龍震位，受命册封，當紹聖之慶基，乃繼天之勝地。大崇精舍，中立浮圖，保聖壽以無疆，俾宗祧而延永。天祐紀歷，歲在攝提，季春念五日壬子。建塔之晨，崇基疊於磩砆，峻級增乎瓴甋。金棺銀槨瘞其下，佛頂舍利閟

---

① 牛達生《〈嘉靖寧夏新志〉中的兩篇西夏佚文》考證，本文作於夏毅宗天祐垂聖元年（1050）。

② ［校］夏：原作"宋"，據碑文作者實際所屬朝代改。

③ 《正統寧志》卷下《文·夏國皇太后新建承天寺瘞佛頂骨舍利軌》未載此文作者名。下文《大夏國葬舍利碣銘》落款曰"右諫議大夫羊□書"，本志編者蓋襲《朔方新志》例，依此判斷《夏國皇太后新建承天寺瘞佛頂骨舍利軌》作者爲"羊□"，不可信。

④ ［校］傍輝：原作"滂輝"，據《正統寧志》卷下《文·夏國皇太后新建承天寺瘞佛頂骨舍利軌》、《嘉靖寧志》卷二《寧夏總鎮·寺觀》"承天寺"條之《夏國皇太后新建承天寺瘞佛頂骨舍利軌》改。

⑤ ［校］列：原同《嘉靖寧志》卷二《寧夏總鎮·寺觀》"承天寺"條之《夏國皇太后新建承天寺瘞佛頂骨舍利軌》作"烈"，據《正統寧志》卷下《文·夏國皇太后新建承天寺瘞佛頂骨舍利軌》、《朔方新志》卷四《詞翰·承天寺碑記》改。

⑥ ［校］輕：原同《嘉靖寧志》卷二《寧夏總鎮·寺觀》"承天寺"條之《夏國皇太后新建承天寺瘞佛頂骨舍利軌》作"經"，據《正統寧志》卷下《文·夏國皇太后新建承天寺瘞佛頂骨舍利軌》、《朔方新志》卷四《詞翰·承天寺碑記》改。

其中。至哉！陳有作之因，仰金仙之垂範。□□無邊之福祉，□符□□之欽崇，日叨奉作之綸言。獲揚聖果，虔抽鄙思，謹爲銘曰：……①銘剝落不辨。②

  又 葬舍利碣銘③ 夏 右僕射兼中書侍郎平章事臣張陟奉制撰

  臣聞如來降兜率天宮，寄迦維衛國，剖諸母脅，生□□靈。踰彼王城，學多瑞氣。甫及半紀，頗驗成功。行教□□衍之年，入涅槃。仲春之月，舍利麗黃金之色，齒牙宣白玉之光。依歸者雲屯，供養者雨集，其來尚矣，無得稱焉。我聖文英武崇仁至孝皇帝陛下，敏辯邁唐堯，英雄□漢祖，欽崇佛道，撰述蕃文。奈苑蓮宮，悉心修飾；金乘寶界，合掌護持。是致東土名流、④西天達士，進舍利一百五十颙，並中指骨一節，獻佛手一枝，及頂骨一方。罄以銀槨金棺、鐵匣石匱，衣以寶物，□以毗沙。下通掘地之泉，上構連雲之塔。香花永□，金石周陳。所願者：保佑邦家，並南山之堅固；維持胤嗣，⑤同春葛之延長。百僚齊奉主之誠，萬姓等安家之墾。邊塞之干戈偃息，倉箱之菽麥豐盈。□於萬品之瑞，靡悉一□之□。謹爲之銘曰：□者降神兮，開覺有情。肇登西印兮，教化東行。□□之後兮，⑥舍利光明。一切衆生兮，供養虔誠。□□聖主兮，⑦敬其三寶。⑧五百尺修兮，號曰塔形。□□□兼兮，葬於兹壤。天長地久兮，庶

---

  ① 原碑銘文不詳，整理者以省略號代之。《朔方新志》卷四《詞翰》則代之以"云云"二字。

  ② [校] 銘：原作"銘辭"，據《正統寧志》卷下《文•夏國皇太后新建承天寺瘞佛頂骨舍利軌》、《嘉靖寧志》卷二《寧夏總鎮•寺觀》"承天寺"條之《夏國皇太后新建承天寺瘞佛頂骨舍利軌》、《朔方新志》卷四《詞翰•承天寺碑記》改。

  ③ [校] 葬舍利碣銘：《正統寧志》卷下《文》、《嘉靖寧志》卷二《寧夏總鎮•寺觀》題作《大夏國葬舍利碣銘》。

  ④ [校] 東土：此同《嘉靖寧志》卷二《寧夏總鎮•寺觀》"承天寺"條之《大夏國葬舍利碣銘》，《正統寧志》卷下《文•大夏國葬舍利碣銘》作"東旦"。

  ⑤ [校] 胤嗣："胤"原爲空白，據《正統寧志》卷下《文•大夏國葬舍利碣銘》、《嘉靖寧志》卷二《寧夏總鎮•寺觀》"承天寺"條之《大夏國葬舍利碣銘》、《朔方新志》卷四《詞翰•大夏國葬舍利碣銘》補。

  ⑥ [校] □□：史金波著《西夏佛教史略》附錄一作"涅槃"，未說明據補理由。

  ⑦ [校] □□：史金波著《西夏佛教史略》附錄一作"我皇"，未說明據補理由。

  ⑧ [校] 三寶：原作"三保"，據《正統寧志》卷下《文•大夏國葬舍利碣銘》改。

幾不傾。大夏大慶三年八月十日建。① 右諫議大夫羊□書。②

按：承天寺爲寧夏古刹，其浮圖倒影，尤稱靈異。乾隆戊午地震，③塔、寺並殘毀。舊志載此碑文，當時已多剝落，今更莫可辯識矣。雖僞國制作，非關典禮，而寧夏數百年前遺文故蹟，欲更求如此一片石，不可多得也。不忍割棄，仍錄其原文，用志斯寺建造歲月，亦考古之一徵云。其瘞佛頂骨曰"天祐紀曆，歲在攝提"，乃夏毅宗諒祚天祐垂聖元年、④ 宋仁宗皇祐二年庚寅也。其藏舍利曰"天慶三年"，乃夏桓宗純祐天慶三年、宋寧宗慶元二年丙辰也。⑤

河源記⑥　　元　潘昂霄

河源在吐蕃朵甘思西鄙，⑦ 有泉百餘泓。⑧ 或泉或潦，⑨ 水沮洳渙散，方可七八十里，且泥淖弱，⑩ 不勝人蹟，近觀弗克。⑪ 傍立高山下視，燦若列星，以故名"火墩腦兒"，譯言"星宿海"也。群流奔湍近五七里，⑫ 匯二巨澤，名"阿剌腦兒"。自西徂東，連屬吞噬，廣輪馬行一日程，迤邐東騖成川，號"赤賓河"。二三日程，水西南來，名"亦里出"，合赤賓。三四日程，水南來，⑬ 名"忽闌"，又水東南來，名"也里术"，

---

① ［校］大慶：原作"天慶"，據牛達生撰《〈嘉靖寧夏新志〉中的兩篇西夏佚文》改。
② 《正統寧志》卷下《文·大夏國葬舍利碣銘》載："碑陰刻曰：尚書右僕射中書侍郎平章事、監葬舍利臣劉仁勖，都大勾當、修塔司同監葬舍利、講經論沙門事臣定惠。"
③ 乾隆戊午：乾隆三年（1738）。
④ ［校］毅宗：原作"英宗"。《宋史》卷四八五《夏國傳》載，諒祚謚曰"昭英皇帝"，廟號"毅宗"，據改。
⑤ 牛達生撰《〈嘉靖寧夏新志〉中的兩篇西夏佚文》考證，《大夏國葬舍利碣銘》中"天慶三年"當作"大慶三年"，故"乃夏桓宗純祐天慶三年、宋寧宗慶元二年丙辰也"當改作"乃夏景宗元昊大慶三年、宋仁宗景祐五年戊寅也"。
⑥ ［校］河源記：《康熙陝志》卷三二、《乾隆甘志》卷四七《藝文》均題作《窮河源記》。疑或作"河源志"，參見雪子《元潘昂霄〈河源志〉名稱考實》。
⑦ ［校］吐蕃：《南村輟耕錄》卷二二《黃河源》作"土蕃"。
⑧ ［校］泓：原作"眼"，據《南村輟耕錄》卷二二《黃河源》、《康熙陝志》卷三二《藝文·窮河源記》改。
⑨ ［校］或泉：此二字原脫，據《南村輟耕錄》卷二二《黃河源》補。
⑩ ［校］泥淖："淖"字原脫，據《南村輟耕錄》卷二二《黃河源》補。
⑪ ［校］近觀：《南村輟耕錄》卷二二《黃河源》作"逼觀"。
⑫ ［校］奔湍：《南村輟耕錄》卷二二《黃河源》作"奔湊"。
⑬ ［校］水南來：此同《元史》卷六三《地理志》，《南村輟耕錄》卷二二《黃河源》無"水"字，疑誤。

合流入赤賓。其流浸大，始名"黄河"。然水清，人可涉。又一二日，岐裂八九股，名"也孫幹論"，① 譯言"九渡"，通廣六七里，② 馬亦可渡。又四五日程，水渾濁，土人抱革囊，乘馬過之。民聚部落，糾集木幹象舟，傅毛革以濟，僅容兩人。繼是兩山岐束，廣可一里、二里或半里，深莫測矣。

　　朵甘思東北鄙，有大雪山，名"亦耳麻不莫剌"。其山最高，譯言"騰乞里塔"，即"崑崙"也。山腹至頂皆雪，冬夏不消。土人言遠年成冰時，③ 六月見之。自八九股水至崑崙，行二十日程。④ 河行崑崙南，半日程地，⑤ 又四五日程，至地名"闊即"及"闊提"，二地相屬。又三日程，⑥ 地名"哈剌別里赤兒"，四達之衝也。多寇盜，有官兵鎮防。

　　崑崙迤西，人簡少，多處山南。山皆不穿峻，⑦ 水亦散漫，獸有犁牛、⑧ 野馬、狼、狍、⑨ 羱羊之類。其東，山益高，地亦漸下，岸狹隘，有狐可一躍而越之處。⑩ 行五六日程，有水西南來，名"納鄰哈剌"，譯言"細黄河"也。又兩日程，水南來，名"乞兒馬出"。二水合流入河，河北行轉西，至崑崙北。二日程地，水過之北流，少東，又北流入河。約行半月程，⑪ 至貴德州，地名"必赤里"，始有州治官府。州隸河州，置司吐蕃等處宣慰司所轄。又四五日程，至積石州，⑫ 即《禹貢》積石云。

―――――――

　　① ［校］斡：原作"幹"，據《元史》卷六三《地理志》，《南村輟耕錄》卷二二《黄河源》改。

　　② ［校］六七里：此同《南村輟耕錄》卷二二《黄河源》，《元史》卷六三《地理志》作"五七里"。

　　③ ［校］時：此字原脫，據《南村輟耕錄》卷二二《黄河源》、《元史》卷六三《地理志》補。

　　④ ［校］二十：原作"二十六"，據《南村輟耕錄》卷二二《黄河源》、《元史》卷六三《地理志》改。

　　⑤ ［校］地：原作"既"，據《南村輟耕錄》卷二二《黄河源》改。

　　⑥ ［校］程：此字原脫，據《南村輟耕錄》卷二二《黄河源》補。

　　⑦ ［校］穿峻：原作"窮峻"，據《南村輟耕錄》卷二二《黄河源》改。

　　⑧ ［校］犁牛：《元史》卷六三《地理志》、《南村輟耕錄》卷二二《黄河源》作"氂牛"。

　　⑨ ［校］狍：此同《南村輟耕錄》卷二二《黄河源》，《元史》卷六三《地理志》，《康熙陝志》卷三二《藝文·窮河源記》作"豹"。

　　⑩ ［校］而越之處：《南村輟耕錄》卷二二《黄河源》作"越之者"。

　　⑪ ［校］約行：此二字原脫，據《南村輟耕錄》卷二二《黄河源》補。

　　⑫ ［校］積石：原作"磧石"，據《尚書正義》卷六《禹貢第一》、《康熙陝志》卷三二《藝文·窮河源記》改。下句"積石"同改。

莎羅模龍王祠碑記①　　明　尚書　王　遜

永樂二年冬十月廿八日，内使李修召臣遜至樂善堂，傳王命曰：②"在昔嘗夢莎羅模龍神祠，今已新其棟宇。舉所當祭，而麗牲之碑未有刻文，故兹命汝。"臣遜既退，伏讀王之《夢記》曰："予以蒐出，③軍次峽口，④遇天大雪苦寒，心爲人憂。夜夢山林，謁於神祠，不知何神，問之守者，對曰：'此爲莎羅模龍神祠也。'⑤殿閣門廡，金碧粲然。典禮者導予登自東階，見服霞帔若后妃者南面而坐，旁侍二女，前列一几，上置牛首，拜茵織成山川五彩狀。予欲拜際，見衣玄衣、執圭若王者令人答予拜。⑥及去，予始就拜茵。有一青衣答拜，皆襃拜乃止。予欲退際，則霞帔者起坐，仇酒飲予。以辭，尋自飲已，復仇酒投予，⑦知辭不獲，竟飲而寤。實改元春正月廿五夜也。⑧明日問之地著，對曰：'去此西不三舍，信有所謂莎羅模山焉。下有三泉湧出地中，⑨雷鳴電迅，瑩綠澄清，其深叵測，而爲莎羅模、祈答剌模、失哈剌模三龍王之蟄窟。於禱旱澇雨暘輒應，一方賴之。昔有其祠，毀於元季，今存瓦礫而已。'與予夢符，乃嗟異曰：⑩'人神道殊，幽明理一。舉祭在予，不可緩也。'因遣官致祭。於往，雪寒如昨。既竣事，則陰霾四開，太陽宣精，春意盎然。軍人歡謠，予則易憂而爲喜矣。"揆之《夢記》，是非山林川澤之神感乎王之憂人，亦欲效職封内，以禦災捍患之功，食祭無窮，故見於夢者若此乎？

―――――――――

①　[校] 莎羅模龍王祠碑記：《正統寧志》卷下《文》題作《寧夏莎羅模龍王祠碑記》。

②　王：指慶靖王朱㮵。

③　[校] 蒐出：原作"蒐山"，據《正統寧志》卷下《文·寧夏莎羅模龍王祠碑記》、《朔方新志》卷四《詞翰·莎羅模龍王祠碑記》改。

④　[校] 軍：原作"車"，據《正統寧志》卷下《文·寧夏莎羅模龍王祠碑記》、《朔方新志》卷四《詞翰·莎羅模龍王祠碑記》及下文改。

⑤　[校] 龍神：原作"龍王"，據《正統寧志》卷下《文·寧夏莎羅模龍王祠碑記》、《朔方新志》卷四《詞翰·莎羅模龍王祠碑記》改。

⑥　[校] 玄衣：原避清聖祖玄燁諱改作"元衣"，據《正統寧志》卷下《文·寧夏莎羅模龍王祠碑記》、《朔方新志》卷四《詞翰·莎羅模龍王祠碑記》回改。下同。

⑦　[校] 投：此同《朔方新志》卷四《詞翰·莎羅模龍王祠碑記》，《正統寧志》卷下《文·寧夏莎羅模龍王祠碑記》作"授"。

⑧　改元：明惠帝朱允炆建文元年（1399），朱㮵避朱棣篡位之諱而稱"改元"。

⑨　[校] 地中：此同《正統寧志》卷下《文·寧夏莎羅模龍王祠碑記》，《朔方新志》卷四《詞翰·莎羅模龍王祠碑記》作"池中"。

⑩　[校] 嗟：原作"嘆"，據《正統寧志》卷下《文·寧夏莎羅模龍王祠碑記》、《朔方新志》卷四《詞翰·莎羅模龍王祠碑記》改。

謹按：《春官》：太宗伯掌建邦之天神、[1] 人鬼、地示之禮。以今《夢記》則繫地示，其祭有三，以貍沉祭山林川澤，爲血祭、疈辜之一。蓋血祭用之以祭社稷、五祀、五嶽，疈辜用之以祭四方百物，皆所以祭地示也。今夫賀蘭，在封內爲名山，延亘數百里以限夷夏。若莎羅模山者，則爲賀蘭之首。峭拔極天，巖谷庠豁，林木蔽虧，[2] 以逆河流九曲到海之勢，繫祭山林川澤以貍沉者。於是乎在西望崑崙，乃王母所理陰氣之都會。若王之夢霞峨者，豈其闡靈歟？不然，奚以牛首置几哉？以牛在十二支爲丑，土象也。矧崑崙又名"地首"，其爲王母闡靈足徵矣。若玄衣者，即地著所謂龍王也。其神玄衣，水象也。龍爲辰，變化惟能。以十甲戌加子，至辰爲壬，乃水化也。以壬加子，至辰爲丙，乃火化也。雨屬水，暘屬火，於禱旱潦而雨暘輒應者，[3] 非繇龍爲辰，變化惟能哉？若登自東階者，東階以登主，西階以登客，禮也。惟君臨臣則不然，臣統於君，[4] 故登自東階，示主人神可知也。若拜茵織成山川狀者，亦示山林川澤之祭，封內所當舉。是故其神之欲食祭際，王欲拜，闡靈而先令人答王拜也。於際欲退，則闡靈者飲以仇酒。嘉栗馨香，而王竟飲者，以明國祚之與地首同其悠久，又足徵矣。嗟呼，爲君之主人神大矣哉！是宜山林川澤之神感乎王之憂人，亦欲效職封內，以禦災捍患之功，食祭無窮，故見於夢者若此也。記不云乎？"人神道殊，幽明理一。"王言及此，社稷之福，真經言也。[5] 今已新其棟宇，舉所當祭。臣遜不敏，敢措辭哉。然職在文學，不可以辭，竊取左氏傳經之義，用釋《夢記》經言於麗牲之碑，且俾後之觀者，知所起敬焉。辭曰：

爲夢有三，致觭咸陟。精神所感，得今占吉。致出思慮，而至有因。畫之俯仰，爲觭繇人。無心感物，無所拘滯。乃咸陟爲，各有其意。揆今《夢記》，可謂兼之。軍次峽口，俯仰在茲。雪寒人憂，思慮則是。神之

---

① 春官：指《周禮·春官》。

② [校] 蔽虧：原作"蔽空"，據《正統寧志》卷下《文·寧夏莎羅模龍王祠碑記》、《朔方新志》卷四《詞翰·莎羅模龍王祠碑記》改。

③ [校] 潦：原作"潦"，據《正統寧志》卷下《文·寧夏莎羅模龍王祠碑記》、《朔方新志》卷四《詞翰·莎羅模龍王祠碑記》改。

④ [校] 臣：原作"辰"，據《正統寧志》卷下《文·寧夏莎羅模龍王祠碑記》改。

⑤ [校] 真：原作"直"，據《正統寧志》卷下《文·寧夏莎羅模龍王祠碑記》、《朔方新志》卷四《詞翰·莎羅模龍王祠碑記》改。

感乎，有因而至。亦欲效職，感物無心。拘滯何有，所夢山林。眷茲賀蘭，奠安西夏。若莎羅模，則其爲亞。陰陽二氣，金母木公。雨暘生物，共理西東。知是名山，脈來地首。國祚足徵，與同悠久。以人神主，實在爲君。事見於夢，肹蠁絪縕。惟仁存心，克念王制。山川神示，舉所當祭。道殊理一，經言可尊。傳義竊取，用釋經言。人憂乃仁，祭舉乃義。請視刻碑，可知世世。

中路寧河臺記　翰林　王家屏

河從崑崙、積石，歷河州，注於峽口，流經寧夏東南，直北穿鄁下。其於寧夏，猶襟帶之固也。顧自東勝既棄，虜入據套中，時時猖獗侵我，瀕河諸砦，疆事茲棘矣。① 會大中丞羅公〔鳳翱〕以文武俊望，被上簡命，鎮撫寧夏。至之日，率諸將暨憲大夫按行塞，西望賀蘭，北眂高闕，東瞰洪流，南游目於環慶之野。還至渡口，見津人操舟渡焉，渡者蟻集河壖，而無亭以守之，則顧謂諸將曰："嗟呼！天設之險以扞蔽區夏，而棄與虜共之，又弛要害不爲備，奈何欲卻虜使毋數侵也？吾茲揣虜所嚮，一旦有變，不踰河而西邀賀蘭之北，以臨廣武，則有乘長城，溯流而南下，以窺橫城之津耳。然踰河之虜，有河山以闌之，有列屯以間之，我知而爲備，猶距之外戶也。虜即南下，地無河山之闌、列屯之間，飆馳而狎至，賊反居內，我顧居外，急在堂奧間矣。計宜益築長城塞，用遮虜，使不南下，而建亭堠於河之東涯，以護橫城之津，此要害之守也。"諸將敬諾，乃約日發卒築長城塞，橫亘凡五百餘里。別征卒築臺河上。臺高五丈五尺，周環四倍之上，② 構亭三楹、厢房四壂。前施迆橋數級，上崒嵂翼翼如也。外列雉爲城，城周環九十餘丈，高二丈四尺。繚以重門，設津吏及堠卒守焉。

是役也，卒皆見兵，材皆夙具，不五旬而告成事。衆且以爲烽堠，且以爲津亭。登眺其上，而山巖隴阪，委蛇曲折，歷歷在目。偉哉！誠朔方一壯觀矣。憲大夫解君〔學禮〕馳狀徵記王子，王子曰："昔南仲城朔方而獮狁襄，重在守也。趙沮漳滏之固，③ 用能抗秦。漢據白馬之津，終以

---

① [校] 瀕河諸砦疆事茲棘：《朔方新志》卷四《詞翰·中路寧河臺記》"瀕"作"并"，無"疆"字。

② [校] 四倍：原作"四部"，據《朔方新志》卷四《詞翰·中路寧河臺記》、《乾隆甘志》卷四七《藝文·中路寧河臺記》改。

③ [校] 沮：《朔方新志》卷四《詞翰·中路寧河臺記》作"阻"。

麼項，則守要之謂矣。今並河亭堠，牙錯棋布，① 守非不堅，顧徒知守疆，而不知守要。要地不固，即列堠數萬，舉烽蔽天，安所用之？寧夏雖邊鎮，而京朝之使、藩臬之長、列郡之吏，下逮行商遊士、工技徒隸之人，往來境上者繼相屬也。有如津吏不戒，猝直道路之警，曾不得聚廬而托處，安能問諸水濱，豈惟客使是虞。橫城之津厄則靈州之道梗，靈州之道梗，則內郡之輸輓不得方軌而北上，而寧夏急矣。此公所計為要害者也。人見是臺之成，居者倚以為望，行者恃以為歸，乃指以為烽堠，以為津亭。嗚呼，公之意豈直為烽堠、津亭計哉？公甃堃鎮城，石甃閘壩，築控夷堡，修勝金關，建庠興學，疆理之功，不可殫述。述其防河者如此，後之登斯臺者，尚其有味乎余言。"

　　重修儒學碑記　大學士　彭　時

　　寧夏，古雍州之北境，漢朔方郡地。其地背山面河，四塞險固。中國有之，足以禦外夷，外夷竊之，足以抗中國，其形勢之重如此。自元得之，為寧夏路。我朝平定天下，改寧夏府。尋以其地密邇戎疆，② 盡徙其民於內地，置兵衛以守之。而又蒞以親藩，總以內外文武重臣，

　　於是城郭之固、人物之殷、兵馬之雄壯，屹為關中巨防矣。其學校設自永樂初年，蓋以地雖用武，而人不可不知禮樂也。③ 列聖相承，教養作興，歲久益備。士之由科目為世用者，彬彬有人。惟是廟學，因陋就簡，弗稱觀瞻，識者病焉。今都察院右副都御史張公〔鑒〕奉命巡撫寧夏，志欲興修，與鎮守、總戎議克合。乃盡撤其舊而新之，故所有者悉弘其制，其無者今備其規。至於聖賢像貌，亦皆繪塑儼然。始事於成化六年夏四月，④ 越秋九月而告成，自殿堂門廡，以至齋舍庫廪，凡為屋幾百餘楹，材出於山，工出於庸，資用出於經畫之餘。官不費而人不勞，何其成功之敏且速也。

　　使來徵記。予惟學校，王政之大端，所以成人材，厚風化，實本於

---

　　① ［校］棋布：《朔方新志》卷四《詞翰·中路寧河臺記》作"秪布"。
　　② ［校］戎疆：《嘉靖寧志》卷一《寧夏總鎮·學校·重修碑》、《朔方新志》卷四《詞翰·重修儒學碑記》作"戎狄"。
　　③ ［校］禮樂：《嘉靖寧志》卷一《寧夏總鎮·學校·重修碑》、《朔方新志》卷四《詞翰·重修儒學碑記》作"禮義"。
　　④ ［校］夏四月：此三字原脫，據《嘉靖寧志》卷一《寧夏總鎮·學校·重修碑》、《朔方新志》卷四《詞翰·重修儒學碑記》補。

此。是以天下郡縣，無處無學，而爲守令者，亦未嘗不以興學爲首務。當張公舉事之初，或疑邊方非郡縣比，受任守邊，宜以練兵講武、攘外安內爲急，而學校，文事也，差可少緩。殊不知文武一道，學校之所教者，非特詩書禮樂，雖干戈羽籥亦在焉。凡有事出征，受成於學，執有罪，反釋奠，則以訊馘告，何獨一於文而已。借曰：今學校之教，與古不同。然寧夏衛學徒，皆軍衛子弟之秀，其進而受教於學，誦聖賢之書，究天地之微，明人倫之大，會之於心有本原，見之於踐履有次第。性分固有，靡不實得而允蹈焉。則退而家庭，使其父兄咸知尊君親上之義、安民和衆之道，志有定而氣不懾，則守固攻克，其效大矣。孰謂邊方之學而可緩耶？用是張公深體國家建學養士之意，急於興修以感勸人心，其真知成賢厚化之要者哉，予故特書爲多士勸。若夫《詩》《書》科第，以徼功名利達者，有不待勸而能也，此可略。公名鋻，松江人，登正統戊辰進士，① 歷監察御史、憲使、布政使，至今官。廉正有爲，所在著聲績，宜併書於此，庶來者有考云。

儒學鄉會題名記　巡撫　張　鋻

聖朝法古致治，尊賢育能，凡遐陬僻壤，莫不建學以甄陶士類，望當世之用，② 太平之具也。若寧夏，地鄰狄境，古設爲郡縣，而人雜戎夷。逮我列聖，敷布威德，丕冒邊隅。昉於洪武，設軍衛，屯兵以扞虜。復慮戎伍之中，不可不使知禮義，故繼設學校，以崇文事。凡閭閻俊秀，咸遣入學，俾知周公、孔子之教，仁義禮智之道。處也足以修身以立本，③ 出也期能治人以適用。由是風俗休美，賢雋彙集，登科入仕者能與中州齒，可謂極盛而無以加矣。

成化六年庚寅秋，余撤學之舊殿宇堂齋而一新之。學舍既完，遂以前人之出自科目者皆列名於堂壁。慨非永久之計，乃經畫堅石，命訓導趙衡考録其名氏次第，刻之於石，以垂永久。在學師生，咸謂此亦激勵後學盛事也，不可無言以紀其實。予惟人才之生，鍾靈孕秀，其姿稟固自異於群輩，然又游於學校，培之久，教之之詳。德性純而學問博，方抱其能售於有司，大以成大，小以成小，各適其用，不負所培之久，所教之詳。人

---

① 正統戊辰：正統十三年（1448）。
② ［校］當世：《朔方新志》卷四《詞翰·儒學鄉會題名記》作"當時"。
③ ［校］足以：《朔方新志》卷四《詞翰·儒學鄉會題名記》作"足自"。

才若是，可見學校之興矣。然人徒知才士濟濟爲學校之興，殊不知由在上之人鼓舞之有道，而上之所自重焉。昔常袞之在閩，以勸學爲己任，一時閩人翕然從化而文風丕振，此其驗也。若寧夏，先之巡撫大臣並臬司憲制，①悉以興學爲首務，故士子克自勵志，奮身科目。登其仕版者，雖所居之位有崇卑，所遇之時有先後，皆推所學以修政立事，皆知自重以修德檢身，表表然於學校有光焉，烏可不勒名於石乎？然名之所傳，乃人之賢否所繫，不可不慎。且前輩逝矣，今而未登仕籍，未領薦書之士，覩先進之名，當思所以自重而自立，必曰如某也賢而有能，足以儀範於後進，如某也不能無可否之議，宜以爲鑑，取其醇而去其疵焉。因嘆今日刻名之石非石也，乃是非美惡之明鑑也。後之視今，正猶今之視昔。吾輩後學，由茲進身而繼勒於石。設或一有齟齬於其間，亦難免他日後輩之訾議，必期立心之同，務道之同，而爲大賢君子之歸可也。若鹵莽滅裂，圖一時倖登科第，刻名於石，藉以爲榮，而不思所以自重而自立，②豈君子爲己之學哉？顧以篤勵士類，各知自重而有成也。盍相與懋諸。

漢壽亭侯碑記　兵部尚書　胡汝礪　郡人

侯，解人也，漢臣也，忠義之良將也。有宋祥符、宣和間，追封義勇武安王暨崇寧護國真君。蓋祀禮忠臣義士，生有功德於世者，死當廟食，以崇德報功，扶持世教，甚盛典也。稽之史載，大略謂漢昭烈皇帝少與侯友善，寢則同床，義則兄弟。稠人廣坐中侍立，終日周旋，不避艱險。又曹操破昭烈，獲侯，禮遇極厚，侯立功報曹，刺顏良於萬衆中，拜書歸昭烈。既而耀兵襄樊間，降于禁，斬龐德，威震華夏，曹操避其銳，至有稱之曰"熊虎之將"，曰"勇冠三軍"，曰"萬人敵"。雖不幸而有章鄉之蹶，壯節不屈，尤與烈日爭光。侯之出處大節，一以忠義，概如此。

當漢室之季，天下鼎沸，草昧雲擾，其間若〔董〕卓、〔呂〕布、〔袁〕紹、〔袁〕術之流，③廢主遷都，擁衆自立，而流毒海內。加以曹操爲漢之賊，孫權爲漢之蠹，又皆乘之而窺神器者，人紀掃地，天理或幾乎熄，孰又知忠義爲何物、視炎漢爲何人家也？獨侯以忠肝義膽，委身事

---

①　［校］憲制：《朔方新志》卷四《詞翰·儒學鄉會題名記》作"憲職"。
②　［校］自立：《朔方新志》卷四《詞翰·儒學鄉會題名記》作"成立"。
③　［校］術：原同《嘉靖寧志》卷二《寧夏總鎮·壇壝祠祀》作"述"，據《朔方新志》卷四《詞翰·漢壽亭侯碑記》改。

昭烈，顛沛患難，死生以之。信大義，仗大節，堂堂乎行大丈夫第一等事，非其有高世之見、拔流俗而獨存者不能。宜乎生而爲人豪，沒而享廟食，千載之下，凜凜然死猶不死也。嗟乎！人之有忠義猶天地之有元氣乎。天地雖有日明晦蝕、山川崩溢，而元氣之大自若也，人雖有忠正罹患、奸諛倖免，而忠義之名自若也。侯平生雅好《春秋左傳》。蓋《春秋》以尊王室、大一統、誅亂賊、①敦典庸禮爲義。侯之所以拳拳於昭烈者，良有以夫。或者謂："時獻帝尚在，侯何不遂事獻帝以興復漢室，而乃從昭烈，可乎？"曰："此不可不辨。獻帝爲董卓劫遷、曹操挾制，數年之間，坐擁虛器而已，三尺之童知其必敗。此所謂社稷重而君爲輕也。昭烈以帝王之冑，英名蓋天下，使得志則漢室可興，操、權可誅。侯之所以從昭烈者，爲漢社稷故也。厥後獻帝竟被廢弒，而昭烈成鼎足之形以延漢祀，此又明驗也。夫何不可？"或又謂："鬼神不享非禮。侯之功德多在荊、襄間，其廟食宜在荊、襄。今寰海內皆有侯廟，恐非其享所。"曰："此尤不可不辨。蓋侯始終以忠義，乃心扶漢，其有功於世教實大。況其正氣與天地之元氣同，元氣充滿乎天下，則侯之廟食遍乎天下，又何不可？非區區有功德於一方者而血食之於一方也。"

夏城之艮隅舊有侯廟，碑刻剝落，莫考創始之詳。傳者謂元季丁卯間重修，②尋復傾壞，獨正殿在，而壞亦半之。今巡撫、都御史中丞公每謁廟，慨其不足以當神意，乃今丁未春，③謀諸欽差鎮守太監韋公敬、總兵官周公玉、副總兵劉公文，各捐白金一百星，命指揮王勇輩易地之城南僅里許，周道之左。厥地面陽，煙林蔽空，跨永通橋，臨紅花渠，儼然棲神所也。鳩工調役，人樂赴之，不踰歲而厥功告成。享獻有殿，鐘鼓有樓。環以門廡，繚以垣牆。神容肅威，④侍從森嚴。楹桷簷阿，吞吐丹碧，琳宮貝闕，殆弗是過。始事於三月之戊申，落成於八月之丙戌也。中丞公命余作新廟記，誼不可辭，僅拾侯之忠義大節之實，記之貞珉。若夫文，則俟作者。

---

① ［校］大一統誅亂賊：《朔方新志》卷四《詞翰·漢壽亭侯碑記》作"攘夷狄誅亂討賊"。

② 丁卯：疑即元泰定帝也孫鐵木耳泰定四年（1327）。

③ 丁未：嘉靖二十六年（1547）。

④ ［校］肅威：《嘉靖寧志》卷二《寧夏總鎮·壇壝祠祀》、《朔方新志》卷四《詞翰·漢壽亭侯碑記》均作"威肅"。

中丞公姓崔氏，名讓，字允恭，山右太原之石州人。公素有大節，恒以忠義獎勵將士。是舉非特妥神靈、明祀典，以陰佑邊庭。凡我爲人之臣子者，登廟而興起其高山景行之念，於世教豈小補哉。又從而作迎送神詩二章，俾邊人歌以祀侯。

《迎神》：紛進拜兮，有虔有儀。新廟翼翼，神其是依。我酒既旨，我牲既具。神既格止，載歆載慰。金戈鐵馬，祥風靈雨。髯髯見之，威靈楚楚，僕御如虎。

《送神》：龍馭既駕，以駸以驪。雲旗既舉，載飛載揚。① 享我禋祀，遺我繁祉。豐年穰穰，百室盈止。甂裘之族，② 遁三萬里。同天地久，於茲廟食。誰其式之，忠臣孝子。

靈州名賢祠碑記　僉事　張嘉謨　郡人

名賢者，古今賢人之有名者也。德行功業與夫利澤及人者，雖所建不同，顧因賢制名則一而已。名亦非要而得之者也，蓋實在此而名自若焉。大而九寰四海，小而一鄉一邑，無地無賢。而賢之名亦未嘗不流播後世，不賢者欲致一人一日之名尚不可得，況後世而爲之祠乎。靈爲關陝襟喉，國初以土、漢之人雜居之，今歷百年餘，益見繁庶。③ 弘治中，都憲曹南王公珣始議奏添靈州及州學，拔州之俊秀爲生徒。草創頃，王公適去，忌者從中以策之。正德己卯，④ 都憲東黃王公時中撫邊之暇，噉曰："聖朝文教，溥海內外，⑤ 無不誕敷，而吾夫子之道，不以邊隅而或間。⑥ 州治未暇論，是學可已乎？"乃復疏具興廢之由，及夷夏之人之願上之。皇上詢於禮曹卿屬，議曰"可"，遂復學焉。未幾，學師篆相繼至。公集舊學生，復分寧夏餘生徃實之。夫子廟及學舍，悉修整倍。昔固無名賢祠，

---

① ［校］載揚：此同《嘉靖寧志》卷二《寧夏總鎮·壇壝祠祀》，《朔方新志》卷四《詞翰·漢壽亭侯碑記》作"載楊"，疑誤。

② ［校］甂裘之族：《嘉靖寧志》卷二《寧夏總鎮·壇壝祠祀》、《朔方新志》卷四《詞翰·漢壽亭侯碑記》均作"犬羊之腥"。

③ ［校］益：原作"並"，據《嘉靖寧志》卷三《靈州守禦千戶所·壇壝祠祀》、《朔方新志》卷四《詞翰·靈州名賢祠碑記》改。

④ 正德己卯：正德十四年（1519）。

⑤ ［校］溥：原作"薄"，據文意及《靈州志蹟》卷四《藝文志第十六下·靈州名賢祠碑記》改。

⑥ ［校］邊隅：《嘉靖寧志》卷三《靈州守禦千戶所·壇壝祠祀》、《朔方新志》卷四《詞翰·靈州名賢祠碑記》均作"夷夏"。

州人曰："惟地有賢，惟賢有祠，天下之通議也。靈雖遐邈，或生於其地，或仕於其方，先後未嘗無賢，不祠可乎？"乃各出羨餘，市材木，煆磚瓦，聚土石，鳩工役，卜大成殿後爲祠三楹，籩豆祭賫，悉有所取。工始於正德庚辰三月，① 是歲八月事峻。靈之守臣吴山、趙璧，士夫李泰、馬璘，師生龎經元、元經及嘉謨，咸擬古傅公變在漢嘗仕議郎，多直諒，不避權貴，康公日知在唐爲觀察使，封會稽郡王，忠拒叛逆，於靈爲文行先達，可祀之。擬前王公珣、今王公時中於靈爲功德及人，可祀之。偶聞於公，公不悦，曰："他所擬者皆宜，爲愚不可。且興廢繼墜，政之常耳。"僉復進曰："古者禦大災，捍大患，以勞定國，皆祀之。公之功，非特一學也，若中路大沙井至萌城，每五里築墩，衺延相望，往來行旅遂不爲黠虜所掩。添設中路參將一，統兵馬三千，今可以併遏虜寇。清屯田之沙壓崩塌，使老少殘疾之人得輕賦税，今得蘇息者，不可勝數。濬河渠而水利周，修險隘而邊塞鞏，潔無一介之污，勞無一日之停。其功德及靈，兹又大矣。若爲元祀尚宜，曷不可乎？"公再力辭曰："禮樂必俟君子，愚、智、賢、不肖，必百年而後定，其勿强焉。"復懇，復答如初。嗚呼，若公者，可謂不伐善、不施勞，而始終不變其執者。靈之後人，不能無賢且名者，他日祀是祠，興起其高山景行之念者，又未必不自兹始也。是爲記。

中衛儒學記② 吏部尚書 王 恕

中衛在大河之西，③ 乃前元應理州地也，左連寧夏，右通莊浪，實邊陲之要路。元命既革，州廢久矣，衛則創建於國朝洪武三十二年，武備孔修，足以攘外安内。學校未設，人鮮知禮，實爲缺典。正統四年，英宗皇帝在位，從本衛所鎮撫陳禹建議，④ 始設學校，其學建於本衛城内東北隅。自是以來，詩書禮樂之道興，絃誦之聲作。諸生學有成效，出其門而爲國用者已彬彬矣。武夫悍卒，接於見聞，亦知禮義廉恥之可尚，而風俗

---

① 正德庚辰：正德十五年（1520）。
② ［校］中衛儒學記：此題同《嘉靖寧志》卷三《中衛・學校》、《朔方新志》卷四《詞翰》，《中衛縣志》卷九《藝文》題作《重修中衛儒學碑記》。
③ ［校］中衛：此同《朔方新志》卷四《詞翰・中衛儒學記》、《中衛縣志》卷九《藝文・重修中衛儒學碑記》，《嘉靖寧志》卷三《中衛・學校・中衛儒學記》作"寧夏中衛"。
④ ［校］陳禹：此同《朔方新志》卷四《詞翰・中衛儒學記》、《中衛縣志》卷九《藝文・重修中衛儒學碑記》，《嘉靖寧志》卷三《中衛・學校・中衛儒學記》作"陳瑀"。

爲之一變矣。其後巡撫、都憲徐公廷璋以爲學校乃育賢之地、教化之源，宜居中正文明之地，不宜設於偏僻之所，失其具瞻，乃命本衛改建於通衢大街之中，左廟右學如制。但地步窄狹，其學上建明倫堂四楹，兩齋各六楹，而庖廩號房無地可建，以其右爲保安寺所限，而未恢弘也。弘治己未，① 本學訓導李春、賈茂章申白都御史王公珣、② 僉事李君端澄，委本衛指揮馮泰撤其寺宇，去其垣墉，以其地并於學，然後豁然廣闊，可以展堂齋而建庖廩。斯時也，參將左君方分守其地，乃曰："學校亦吾當爲事也。"於是悉心經營，一應工料皆其措置。委本衛鎮撫吳昭董其事，晨夕展力，遂移明倫堂、兩齋於厥中，③ 增建神廚、神庫各四楹，號房三十六間，門二座。庖廩器備，亦無不具。功已九仞，所虧者一級而已。④ 左君去任，其功遂寢。正德丙寅，⑤ 參將馮君禎來代。⑥ 蒞任之初，謁廟視學，環視左右前後，曰："此未完之功，吾當整理。"乃區畫工料，委千户曹紀監修，完其所未完，增其所未有。又樹牌樓二座於學之左右，從兹廟學殿堂，如跂斯翼，如矢斯棘，如鳥斯革，如翬斯飛。兩廡兩齋、廚庫號房、庖廩器備，亦莫不整飭完美，焕然一新。軍民改觀，師生忻忻而感激奮勵矣。訓導李濚述其建置修造顛末，具禮幣，遣軍生梁材、黄璁，不遠千餘里而來謁予，⑦ 以記是請。

嗟夫！禮義由賢者興，事功由能而有力者建。觀其建議設學之人與夫遷徙增修諸君子，非賢且能而有力者能若是乎？是皆可書以告夫來者，使之有所觀感，嗣而葺之，不至於廢墜可也。抑又諗之曰：諸君子作興學校如此者，無非欲爾一方之人知禮義、盡人道。爲子者孝，爲臣者忠，爲師

---

① 弘治己未：弘治十二年（1499）。

② ［校］白：此同《朔方新志》卷四《詞翰·中衛儒學記》、《中衛縣志》卷九《藝文·重修中衛儒學碑記》，《嘉靖寧志》卷三《中衛·學校·中衛儒學記》作"禀"。

③ ［校］厥中：原作"其中"，據《嘉靖寧志》卷三《中衛·學校·中衛儒學記》、《朔方新志》卷四《詞翰·中衛儒學記》、《中衛縣志》卷九《藝文·重修中衛儒學碑記》改。

④ ［校］級：此同《朔方新志》卷四《詞翰·中衛儒學記》、《中衛縣志》卷九《藝文·重修中衛儒學碑記》，《嘉靖寧志》卷三《中衛·學校·中衛儒學記》作"仭"。

⑤ 正德丙寅：正德元年（1506）。

⑥ 《嘉靖寧志》卷三《中衛·學校》載，馮禎職官爲分守寧夏西路地方左參將。

⑦ ［校］予：此同《朔方新志》卷四《詞翰·中衛儒學記》，《嘉靖寧志》卷三《中衛·學校·中衛儒學記》作"老夫"，《中衛縣志》卷九《藝文·重修中衛儒學碑記》作"余"。

者勤教，爲弟子者勤學，各抵於成。爲材官者撫恤士卒，① 凡遇戰陣以身先之，荷干戈者勇爲戰斗，毋自畏縮，俾醜虜知懼不敢侵侮，則幅幀之内安。② 爲工商賈者各安業守分，不相凌犯，則身家可保。是惟皇家設衛建學之意。否則，未免憂虞而厥咎至矣，可不免哉！

　　都察院題名記略　巡撫　楊一清

　　新塗孫公〔仁〕被命撫寧夏，大前人經理之功，進諸父老而博詢之。蓋自正統至景泰，得爲參贊軍務者，右僉都御史郭公智而下凡五人。自天順至今得爲巡撫者，右副都御史陳公翌而下凡九人。又曰元張文謙、郭守敬勞效懋著，至我朝工部侍郎、吉水羅公汝敬來督屯田，始廣儲蓄之利，而邊食足。郭公既至，申嚴法令，戢暴禁姦，兵民倚以爲重，於是有參贊、巡撫之官。自時厥後，專以都御史爲巡撫，著爲令，至於今莫之有改矣。

　　城隍廟碑記　刑科給事　管　律　郡人

　　三代之前，城隍之名不經見，自唐李陽冰作《城隍廟記》，後世始聞焉。是土神也。故我太祖高皇帝奄有天下，爲百神主，附山川壇祀之。洪武元年，加之以爵，府曰公，州曰侯，縣曰伯。至三年春，革之。是年夏六月，詔各處城隍廟屏去雜神，其貴之也尊而專矣。尋又定廟制如公廨，以泥塗壁，繪以雲山，在兩廡者亦如之，其宅之也清而肅矣。又詔守令之官俾與神誓，故有監察司民之封，其信之也篤而深矣。今寧夏有廟，遵其制也。成化十三年丁酉，巡撫都御史張公鵬厭其狹陋，始大興作，以就華壯。逮嘉靖三年甲申，都御史張公璿表之以巨坊，③ 歲遠漸垢。十年辛卯，總兵官周公尚文重加修拓，然於殿之前猶未虞其有風雨所剝之弊。十九年庚子，羽士馬守元具啟於諸宗室之賢者，募緣於壽官丁宣及夏人之好

---

① ［校］爲材官：此同《朔方新志》卷四《詞翰·中衛儒學記》，《嘉靖寧志》卷三《中衛·學校·中衛儒學記》作"爲頭目"，《中衛縣志》卷九《藝文·重修中衛儒學碑記》作"材爲官"。

② ［校］則幅幀之内安爲工商賈者："安"原作"凡"，《朔方新志》卷四《詞翰·中衛儒學記》同，據《嘉靖寧志》卷三《中衛·學校·中衛儒學記》改。《中衛縣志》卷九《藝文·重修中衛儒學碑記》作"則幅幀可固凡爲士農商賈者"。

③ ［校］璿：原作"濬"，《朔方新志》卷四《詞翰·城隍廟碑記》同誤，據《嘉靖寧志》卷二《寧夏總鎮·壇壝祠祀·重修碑》、《巡撫》，《朔方新志》卷二《巡撫》改。

爲善者，① 施各有差。易材於市，鳩工於傭，廣其廡之基，② 建棚四楹，規模少殺於殿。爐槃簠几之類，並置於兹。則香燭之煙焰，膻腥之氣味，舉不汙神之像矣。肇役於夏四月六日，落成於秋七月一日。守元偕鄉人趙定徵記於管子律。

夫物各有主，盈宇宙之間，有一物必有一神。神者，陰陽莫測之謂，匪神則物無主矣。至於聚一方之民而爲此高城深池以居之，實非一物之可比也，謂冥冥之中，獨無主之者哉。按秩祀之典，有功者無不報。然則城以衛民，隍以衛城，厥功匪細。崇乎其祀禮，偉乎其廟貌，夫豈過耶。況四境之内，日昆風暢，雲興雨霈，利益皆其所澤；馬牛穀菽，水火桑麻，財用皆其所産；闡幽燭隱，福善禍惡，休咎皆其所司。是靈應於一方素矣，而信乎感格之不爽者，則又無間於上下之心。徵之凝真《軒夢記》，實可據也。律不辭，并以神之名號祀之，從由勒於石，用以告後之人，知所敬信。洞洞乎，屬屬乎，勿勿乎，其毋瀆哉！使廟貌之新，百年猶一日可也。若夫旅之以卮酒、豆羹，享之以糕食、褻品，而求媚於聰明正直、聖不可度之神，則非律之所知。

牛首寺碑記　管　律

去靈州西南境不百里，群峰巑屼，慈雲掩映。黄河西來，奔流浴足，秀麗如芙蓉出水，是爲牛首山云，世傳爲"小西天"。釋迦牟尼嘗會諸佛衆生說法於兹，證有《大乘經》存焉。當山之幽絕，前爲羅漢殿，殿北爲祖師殿，南爲迦藍殿，中則接引殿，後則如來殿，即所謂說法處，初僅四楹，今拓之爲六楹。少北則佛母洞，再北則觀音殿，殿之後爲迦葉塔。界乎洞塔之間則十方佛寶殿。③ 迦葉塔之北，則眼光菩薩殿。殿之北爲金牛池。國初，慶靖王嘗見金牛現池中，乃塑其狀，置之而去。今韋人熔鐵爲之。界乎池殿之前，則釋迦殿，又北則文殊殿，又東北則彌陀殿。界彌陀、文殊之後則池涌塔。④ 彌陀之東，則普賢殿。是皆隨形勢之勝而布置其位，各具美瞻。其齋廚僧舍，罔不備具。跨河之北則一百八塔，塔之西

---

① ［校］丁宣：此同《朔方新志》卷四《詞翰·城隍廟碑記》，《嘉靖寧志》卷二《寧夏總鎮·壇墠祠祀·重修碑》作"丁瑄"。

② ［校］廡：此同《朔方新志》卷四《詞翰·城隍廟碑記》，《嘉靖寧志》卷二《寧夏總鎮·壇墠祠祀·重修碑》作"廉"。

③ ［校］寶殿：《朔方新志》卷四《詞翰·牛首寺碑記》作"寶塔殿"。

④ ［校］池涌塔：《朔方新志》卷四《詞翰·牛首寺碑記》作"地涌塔"。

有二洞：一曰佛母，一曰觀音。去牛首又東二十里，① 則金寶塔寺，皆爲牛首之附，是故稱牛首爲"大寺"云。然蹊徑崎嶇，盤旋百折，如蓬其嶺。四方善士，不憚逖矣，而來致祭於寺者，② 歲時接踵，是可以徵其靈應矣。奈世遠莫詳創始，其既葺而廢，既廢而葺，又不知其幾更番也。

今自嘉靖乙未春迄丙申冬，③ 歷二期，拓隘補頹，直傾起墜，增創觀音閣檻。輪礱翼運，勢若凌霄。所供釋迦、觀音，昔爲土軀而已，今皆鑄之以銅，抹之以金。登山縱目，則層壺峻宇，複道飛甍，輝煌焜耀，遠邇相射，越千百年始大盛於今日已乎。乃礱石，欲圖永示，於是徵記於芸莊管子。管子備究顛末之由，是故知設心倡端，崇慎其教，則僧綱正、副張藏卜巴、趙藏卜嶺占也。摩頂放踵而以身任勞，鳩工積材而以勤落績，則住持常扎失高耳、你丁端竹也。好善喜施而不吝重貨，資裕用饒而不致中困，則丁宣、馬鎧、王綱、李繼榮、周玉、陶賓也。先是，宗藩鞏昌王芯齋鑄佛，傳濟善不可滿者，法不得道。番僧周羅漢、馬扎失豎錯，以不襄事攘奔者衆，法不得備，當記姓氏於碑之陰。

鐵柱泉記　　管　律

去花馬池之西南、興武營之東南、小鹽池之東北，均九十里交會之處，水湧甘洌，是爲鐵柱泉，日飲數萬騎弗之涸。幅幀數百里又皆沃壤可耕之地。北虜入寇，往返必飲於茲。是故散掠靈、夏，長驅平、鞏，實深藉之。④ 以其嬰是患也，並沃壤視爲棄土百七十年矣。

嘉靖十五年丙申，都察院左都御史兼兵部左侍郎松石劉公，奉聖天子命，制三邊軍務，乃躬涉諸邊，意在悉關隘之夷險、城寨之虛實、兵馬之強弱、道路之緩急，⑤ 而後畫禦戎之策，以授諸將。是故霜行藿食，弗避厥勞，至鐵柱泉，駐瞻移時，喟然諭諸將曰："禦戎上策，其在茲矣。可城之使寇絕飲，固不戰自憊，何前哲弗於是是圖哉？⑥" 維時巡撫寧夏右

---

① ［校］又東：《朔方新志》卷四《詞翰·牛首寺碑記》作"東又"。
② ［校］致祭：《朔方新志》卷四《詞翰·牛首寺碑記》作"致敬"。
③ 嘉靖乙未：嘉靖十四年（1535）。丙申：嘉靖十五年（1536）。
④ ［校］深：此字原脫，據《嘉靖寧志》卷三《寧夏後衛》、《朔方新志》卷四《詞翰·鐵柱泉記》補。
⑤ ［校］緩急：《嘉靖寧志》卷三《寧夏後衛》、《朔方新志》卷四《詞翰·鐵柱泉記》均作"急緩"。
⑥ ［校］於是是圖：上"是"字原脫，據《嘉靖寧志》卷三《寧夏後衛》、《朔方新志》卷四《詞翰·鐵柱泉記》補。

副都御史字川張公，謀與公協，乃力襄之。即年秋七月丙申，按察僉事譚大夫闇，度垣墉，量高厚，計丈尺。鎮守總兵官都督效帥師徒，具楨幹，從畚錘，① 人樂趨事，競效乃力。越八月丁酉，城成，環四里許，高四尋有奇，而厚如之。城以衛泉，隍以衛城，工圖永堅，百七十年要害必爭之地，一旦成巨防矣。置兵千五，兼募土人守之。設官操馭，皆檢其才且能者。慮風雨不蔽之患，則給屋以居之，因地之利而利，則給田以耕之。草萊闢，禾黍蕃，又可以作牧而庶孳畜。棄於百七十年者，一旦大有資矣。其廨宇倉場，匪一不備，宏綱細節，匪一不舉，炫觀奪目，疑非草創之者。先時虜常内覘，河東諸堡爲備甚勤。而必先之以食，雖翔價博易，猶虞弗濟。泉既城，虜憚南牧，則戍減費省，糴之價自不能騰，實又肇來者。無窮之益，是皆出於公之卓識特見，而能乎人所未能。

今年丁酉，② 去玆泉南又百里許，亙東西爲牆塹，於所謂梁家泉者亦城之。重關疊險，禦暴之計益密矣。借虜骋驕忘忌入之，騎不得飲，進則爲新邊所扼，退則爲大邊所邀，天受之矣。③ 用是以息中原之擾，以休番戍之兵，以寬餽餉之役，豈第徵公出將入相之才之德而已，④ 功在社稷，與黄河、賀蘭實相悠久，⑤ 謂有紀極哉。是故不可以不記也。松石名天和，湖南麻城人。字川名文魁，中州蘭陽人。俱正德戊辰進士。⑥ 譚闇，西蜀蓬溪人，正德辛巳進士。⑦ 王劝，陝西榆林人，正德丁丑武舉。⑧ 法得備書。

---

① ［校］從畚錘：《嘉靖寧志》卷三《寧夏後衛》、《朔方新志》卷四《詞翰·鐵柱泉記》均作"役鍬錘"。

② 丁酉：嘉靖十六年（1537）。

③ ［校］受：《嘉靖寧志》卷三《寧夏後衛》、《朔方新志》卷四《詞翰·鐵柱泉記》作"授"。

④ ［校］豈第徵公出將入相之才之德而已："第"，《朔方新志》卷四《詞翰·鐵柱泉記》作"啻"。"而已"，《朔方新志》卷四《詞翰·鐵柱泉記》"已"後有"焉"。

⑤ ［校］悠久：《嘉靖寧志》卷三《寧夏後衛》、《朔方新志》卷四《詞翰·鐵柱泉記》均作"遠邇"。

⑥ 正德戊辰：正德三年（1508）。

⑦ ［校］辛巳：原作"辛未"，據《明清進士題名碑錄》、《嘉靖寧志》卷三《寧夏後衛》改。"正德辛巳"，正德十六年（1521）。

⑧ 正德丁丑：正德十二年（1517）。

楊公去思碑記① 管　律

古之士仕多爲人，今之士仕多爲己，是故言治者不能無古今之殊也。然以今人之身而存古人之心，是爲五華山人乎？山人，都人也，姓楊，名志學，字遜夫，登弘治六年癸丑進士，別號五華山人云。嘉靖十年辛卯，詔起山人於家，仍右副都御史，巡撫寧夏。人咸以"五華公"稱之。公在任三年，惟務循循之政，不求赫赫之聲。有問飢而食、問寒而衣之惠，無違道干譽、拂衆從己之私。由是吏不忍犯，人不忍欺。虜患雖頻，邊氓實妥。當是時，內鎮守岐山劉公崇潤、②外鎮守蘭溪王公大忠得以協恭忠於所事，蓋有感之於公然也。十三年甲午，天子賢公不欲久勞塞土，乃陞右侍郎，佐政秋曹，去今又三年矣。夏之人有位無位，或老或稚，言及公者，輒涕弗已，固知寇之不可復借於斯也。乃集力礱石，白公之遺澤，俾無後迷，於是推其要者刻之。

昔侍郎羅公汝敬賦我夏田畝稅一斗二升：③豌豆六，小麥四，寔夏稅云；粟米二，寔秋稅云。司徒夏忠靖公原吉慮難後繼，駁其疏。羅復上曰："黃河自崑崙入中國，延袤數萬里，瀰害於汴梁，獨利於寧夏。每畝起科一斗二升猶從輕則。"遂著爲定額矣。歷年既久，地力殆盡，又無一二易之餘壤，以致獲刈視昔十減六七，而其二稅固如常也。峻徵病農，百役重困，人逋地荒，蔽屏將不能支。公獨患之，罔忌時諱，騰疏數千言，盡民之疾苦，毫分縷析。上動聽聞，於是得易豌豆二升、小麥二升，並以茶、青豆抵之，斥鹵者石徵銀一錢。民困大舒，公私兩濟。康民之功，孰是甚？又築威遠、靖虜、平胡三堡連峙，於是良田渠外，儼然寓虎豹之勢，以扼虜人入寇之路。攘外之功，孰是甚？此故特書，豈惟思之於邇，思猶在於其子孫不能洩之者。而其細政之善，憲度之清，無不可紀。

法不屑於瑣碎。若前乎公如束鹿賈公諱俊、黃縣王公道夫、平陽張公汝霖、晉州張公仲齊，皆以都御史巡撫是方，尚有餘韻在人耳目者，而茲不載厥事。碑爲五華公建也，法不得波及之。稗官曰：治本於農，汙吏慢焉。此吳越時賦斂無藝，兩浙之民深以爲害，非一日矣。及宋除吳越，三

---

①　[校] 楊公去思碑記：《朔方新志》卷四《詞翰》題作《巡撫都御史楊公志學去思碑記》。

②　[校] 崇潤：《朔方新志》卷四《詞翰‧巡撫都御史楊公志學去思碑記》作"崇閏"。

③　[校] 畝稅：《朔方新志》卷四《詞翰‧巡撫都御史楊公志學去思碑記》作"畝課"。

衢江漢臣爲鎮海軍節度判官，上十三州圖籍於有司，乃曰一仍其舊，是厲於民無已也，遂沉其籍於河，坐是擯棄終身。後命王方贊更定其賦，畝稅一斗，民始聊生。使非漢臣沉籍之功，豈至是乎？而其陰騭之報，子孫榮顯，逮我皇明，猶未之艾，非天道耶？諒公匹休之矣！

重修邊牆記　巡撫　趙時春

國家威制四夷，巖岨封守，而陝西屯四鎮強兵，以控遏北虜，花馬池尤爲襟喉。減其北而益之埔，① 樓櫓臺燎、舖墩守哨之具，星列棋布，式罔不備。成化以來，其制漸渝。黠酋乘利，稍益破壞，以便侵盜。而大將率綺紈纓弁子，莫或耆儁，朝議益少之，始務遴梟將，② 以功首級差相統制，而巡撫都御史居中畫其計，督監司主餽餉。更請置總制陝西三邊軍務，以上卿居之。士衆知爵賞可力致則飆起，而諸將奏功相繼，虜頗憺伏北引矣。

嘉靖十年，總制、兵部尚書兼右都御史王公瓊始興復之，虜倘屯結，③ 恫喝未克。即敘時用，唐公龍來代，博採群獻，惟良是是，凡厥邊保，悉恢故制。寧夏夾河西，④ 邐亘數百里，頹垣墊洳，于崇于濬。嘉靖十四年秋，工乃告竣。請給官費僅二萬兩，役不踰數千人，無敢勞怨。行者如居，掠斂用息。是役也，相其謀者，則巡撫寧夏都御史楊公志學、張公文魁。⑤ 繩其任者，則巡按御史毛君鳳韶、⑥ 周君鉄。督其事者，則按察司僉事劉君恩、⑦ 譚君闔。至於擁衛士衆、遏絕軼突，則總兵官、都督

---

① ［校］其北：此同《朔方新志》卷四《詞翰・重修邊牆記》，《趙時春文集校箋》卷二《重修花馬池邊牆記》作"其下"。

② ［校］梟將：此同《朔方新志》卷四《詞翰・重修邊牆記》，《趙時春文集校箋》卷二《重修花馬池邊牆記》作"梟剽"。

③ ［校］倘：此同《朔方新志》卷四《詞翰・重修邊牆記》，《趙時春文集校箋》卷二《重修花馬池邊牆記》作"尚"。

④ ［校］河西：此同《朔方新志》卷四《詞翰・重修邊牆記》，《趙時春文集校箋》卷二《重修花馬池邊牆記》作"河東西"，疑是。

⑤ ［校］楊公志學張公文魁：此同《朔方新志》卷四《詞翰・重修邊牆記》，《趙時春文集校箋》卷二《重修花馬池邊牆記》兩"公"後均作"某"。

⑥ ［校］巡按：此同《朔方新志》卷四《詞翰・重修邊牆記》，《趙時春文集校箋》卷二《重修花馬池邊牆記》作"巡撫按監察"。

⑦ ［校］按察司：此同《朔方新志》卷四《詞翰・重修邊牆記》，《趙時春文集校箋》卷二《重修花馬池邊牆記》無"司"字。

王劼。① 咸協共王役,② 贊襄洪猷,是用勒銘,以永後範。銘曰:

复高墉兮繚坤維,踞蓐收兮環彪螭。鎮貆貉兮伏獮㺄,揚威稜兮世永熙。③

東長城關記略④　　副使　齊之鸞

河東棄不毛千里,皆古朔方地。成化間,即其處築長城三百餘里,顧虜日抄掠,而城復卑薄,安足為障乎。嘉靖己丑,⑤ 虜入寇,總制王公瓊破走之。乃憑城極目套壤,嘆曰:"城去營遠,賊至不即知。夷城人,信彎飛挈。設險守國,重門禦暴,不如是也。吾欲沿營畫塹,聯外內輔車犄角之勢。"乃疏論之,以之鸞與僉事張大用領其事,庚寅秋就緒。⑥ 及冬虜入,果不能越。因復疏請,自紅山堡之黑水溝,至定邊之南山口,皆大為深溝高壘,峻華夷出入之防。塹深廣皆二丈,堤壘高一丈,廣二丈。⑦沙土易圮處則為牆,高者長二丈餘有差,而塹制視以深淺焉。關南四,清水、興武、安邊,⑧ 以營堡名,在花馬池營東者,為總要,則題曰"長城關"。高臺層樓,雕革虎視,憑欄遠眺,朔方形勢,畢呈於下。毛卜剌堡,設閘門一。又視夷險三五里,置周廬敵臺若干所,皆設戍二十人,乘城擊刺射蔽之器咸具。

平虜北門關記略　齊之鸞

自河東黃沙之長城百里,烽臺十八,廢不能守。於是河西三關遂棄,而虜得取徑賀蘭,以侵軼莊浪、西海。朝下其議於總督王公瓊,瓊謂副使牛天麟與之鸞:"河東西之障烽,遺墟故在也,何名為復?第未有必守之策耳。如可復也,亦可失也。"因上議請於唐朔方軍故址北數里,為深溝

---

① [校]至於擁衛士衆遏絕軼突則總兵官都督王劼:此同《朔方新志》卷四《詞翰·重修邊牆記》,《趙時春文集校箋》卷二《重修花馬池邊牆記》無此十八字。

② [校]咸:此同《朔方新志》卷四《詞翰·重修邊牆記》,《趙時春文集校箋》卷二《重修花馬池邊牆記》無此字。

③ [校]世永熙:《朔方新志》卷四《詞翰·重修邊牆記》、《趙時春文集校箋》卷二《重修花馬池邊牆記》均作"永庚夷"。

④ [校]東長城關記畧:《嘉靖寧志》卷三《寧夏後衛·邊防》題作《東關門記》。

⑤ 嘉靖己丑:嘉靖八年(1529)。

⑥ 庚寅:嘉靖九年(1530)。

⑦ [校]二丈:此同《朔方新志》卷四《詞翰·東長城關記略》,《嘉靖寧志》卷三《寧夏後衛·邊防·東關門記》作"三丈"。

⑧ [校]安邊:《嘉靖寧志》卷三《寧夏後衛·邊防·東關門記》作"安定"。

高壘，連屬河山，徙堡之無屯種者近之，以助守望，則虜自不能入，可漸恢復。有詔鎮巡官舉行，時之鸑實董其役。由沙湖西至棗溝兒，凡三十五里，皆內牆外塹。爲關門二，東曰平虜，中曰鎮北。爲二堡，圍里百二十步。徙故威鎮、鎮北軍實之，又徙內堡軍之無屯種者於西限，爲臨山堡。爲敵臺四，燧臺八。沙湖東至河五里，漲則澤，竭則壖，虜可竊出，皆爲牆，以旁窒其間道。於是河山如故，而險塞一新矣。

赤木隘口記略　　僉憲　孟霦

賀蘭山廻斜四百餘里，岡岑崒崒，爲鎮之壁。其蹊徑可馳人者五十餘處，而赤木口尤易入。歲久關敝，虜得肆寇。總督劉公天和著《安夏錄》，二年漸次修復，惟赤木關不能固。蓋山勢至此散緩，溪口可容百馬，其南低峰仄徑，通虜窟者，不可勝塞。麓有古牆，可蹴而摜也。① 以其地多礫少泉，故難爲工。劉公乃奏請發金四萬。己亥，② 巡撫楊公守禮至，則循麓抵口，令人遍剖諸崖谷，得壞土故處，且山多團石，可作砌，省斧斲。又去口二十里，金塔墩有四泉，作水車百輛運之。令都指揮呂仲良董其役。比他關爲最固，謀及百年，成於一旦，視修葺之慎，其無望於來者乎？

重修清寧觀記③　　巡撫　楊時寧

寧鎮北隅，舊有玄帝神宇曰清寧觀，④ 創建於國初景泰間，總兵張泰禱解平虜圍有應，疏請於朝，賜今額。故址稍卑隘，正德十二年，巡撫安肅鄭公〔賜〕重修，始拓而大之。嘉靖辛酉，⑤ 地震傾頹。甲子，⑥ 巡撫蒲阪王公〔崇古〕復重修之，規制棟宇，視昔益弘壯麗。歲時朝賀，率文武僚屬習儀於此，蓋鎮城一大觀云，歲久圮壞如故。萬曆丙申，⑦ 余奉命來撫，展謁神宇下，因喟然嘆曰："玄帝尊神，有功邊鎮，各邊鎮崇

---

① ［校］摜：《朔方新志》卷四《詞翰·東長城關記略》作"傾"。
② 己亥：嘉靖十八年（1539）。
③ ［校］重修清寧觀記：《朔方新志》卷四《詞翰》題作《萬曆辛丑重修清寧觀記》。"萬曆辛丑"，萬曆二十九年（1601）。
④ ［校］玄帝：原避清聖祖玄燁諱改作"元帝"，據《朔方新志》卷四《詞翰·萬曆辛丑重修清寧觀記》改。下同。
⑤ 嘉靖辛酉：嘉靖四十年（1561）。
⑥ 甲子：嘉靖四十三年（1564）。
⑦ 萬曆丙申：萬曆二十四年（1596）。

祀惟謹。西夏故用武地，今廟貌若此，何以受神明而徼靈祐哉。"① 時逆難甫平，財力稱詘，余方蒞任，公私繽紜，竊欲修葺之未遑也。

於惟我朝設鎮以來，執訊獲醜，垂鴻樹駿，代不乏人，然功多不滿數百。余濫竽六載，先後獲功千八百有奇，說者謂神祐，非專師武臣力也。虜數遭挫，亦數圖報復，俱失利。至己亥秋，② 虐焰大張。時總兵烏延杜公〔桐〕駐防興武，約敕諸將伺間搗襲，以伐其謀。未幾，戍卒馳報，虜衆有備叵測，杜公恐甚。夜半，忽夢玄帝雲中被髮仗劍，儀從甚都，覺來竊喜曰："必得神助，可無恐。"後果獲大捷，士馬俱保全凱還。杜公班師回鎮，向余詳其事，因相與誓修神宇以答靈貺。余捐俸願修前後大殿及樂樓大門、二門，杜公與河東道灃州王公〔登才〕、河西道河內高公〔世芳〕各捐俸願修兩廡及諸神祠。鎮城宗儀士庶聞風，爭相協助。於是鳩工庀材，程資董役，傾者起之，敝者葺之，缺而未備者從而增飾之。③ 肇工於庚子仲春，④ 歷三時始告竣。規模嚴整，金碧輝煌，殿廡門垣，煥然一新。閫鎮王公大夫及各軍餘老稚，咸樂觀厥成，焚修祈禱者無虛日。是歲田禾豐登，邊境寧謐，戎使乞款，⑤ 錯趾於道，信足以妥神明而獲靈祐矣。越歲，余叨轉總制雲谷，將戒行，鎮城父老乞鐫之貞珉，以垂不朽。余因援筆載其事，以詔將來，俾時加修葺，永祈神祐，兩河常享清寧之福，且因以祝國祚於億萬千年云。

漢關侯立馬祠記　楊時寧

寧夏鎮南有關侯祠舊矣，邇哱〔拜〕、劉〔東暘〕作難，至勤王師，七月乃克，城民夏之時等三十人獻城有力焉。而時等倡義，實先卜吉於侯也。難平，無大小荷侯休，乃庀材鳩工新侯祠。總兵烏延林公，率耆民黃天錫等，復購銅鑄侯立馬像，以揚侯威，而永終祜，俾逆者望而心折焉。余念侯之裨世教者非淺也，聞是役，乃偕河西道河內高公〔世芳〕暨文武諸寮，各捐俸佐工焉。

客有疑而問余者曰："淑世者，將聽諸神哉？"蓋以余撫茲土，得奉璽書，顯飭彰癉也，余應之曰："君子之教成也，使民不刑賞而威勸，進

---

① ［校］受神明：《朔方新志》卷四《詞翰・萬曆辛丑重修清寧觀記》作"妥神明"。
② 己亥：萬曆二十七年（1599）。
③ ［校］增飾：《朔方新志》卷四《詞翰・萬曆辛丑重修清寧觀記》作"增飭"。
④ 庚子：萬曆二十八年（1600）。
⑤ ［校］戎使：《朔方新志》卷四《詞翰・萬曆辛丑重修清寧觀記》作"虜使"。

而威勸忘焉。俗之降也，始不得不斤斤於刑賞矣。又其降也，民或不盡威權於昭昭之刑賞，而時趨避於冥冥之禍福，於是威靈著而逆者折焉。君子幸以翼其教之窮，而大有神於世也，雖聽之可焉。"曰："神祠概有裨歟？"曰："非然也。侯，篤於義者也，以禍福之心合於慕義之心，是侯所以關威勸而裨世教者。他淫祠惑民蠹世，則君子所亟禁，而勢未能遽奪者也。"曰："古義士多矣，惟侯之義見知於世，至遍販夫、皂卒、田婦，靡不莊事者，其斯爲尤烈與？"曰："是奚足語知侯也，彼其莊事者，與夏人是役又殊指焉。籲號以丐私也，牲醪以謝愆也，謬恭曲跽以逃我祟也，視侯與他淫祠等耳。則竦於里巷譸張之談，述侯沒後靈異事歷歷也。奈何薦紳大人亦狃於是，曾不溯侯之平生，論其世而定其品，顧不陋哉？侯天資近無欲者也。夫欲莫大於身，厚身莫急於賄。侯方羈於操，不即死者，以昭烈在耳，寧復有身於封，操之賜也何有？故迄以殉國。侯即未就裁聖人，庶乎足稱剛者哉。侯不快老兵同列，旋降氣費司馬一語，豈驕人者。史稱侯驕，士大夫意者必恬汙嗜瑣之夫，無概於侯心耳。侯之驕，亦元龍之傲乎？"曰："侯殆有道者，立馬像之，不媟與？"曰："無傷也，蘇氏不云乎？聞一善必關其人之姓名鄉里，以至其長短、小大、美惡之狀，甚者或詰其生平所嗜好，以想見其爲人。侯之忠義率著於馬上，而當年報主，長驅之志未竟，齎恨千載，其氣凜凜，應不快容與几席間。朔方逼強虜，甲士馳突地也，侯之靈，宜眷眷斯乎？故侯祠滿天下，而此地祠侯最宜，祠侯立馬又最宜。"曰："侯之裨世教也，合君子、小人有造與？"曰："然。倡義者怙其佑，謀逆者怵其譴。凡爲士君子者，師其無欲。"歲辛丑中秋之月，①役竣，余適奉宣大之命而行，即而天錫等來請余記，於是述其曩所語客者付之勒石，以申戒有位者。而系之辭曰：

矯矯關侯，殫心君國。七尺可遺，非有豈弋。齦齦貪夫，細倅豕虱。侯諒此驕，聞規乃戢。侯神不沒，陟降域中。佑此夏人，剪逆奏功。夏人怙侯，新廟是營。奉嘗有恪，綏我思成。彷彿英標，奮鬐躍馬。於以像之，永怵逆者。概彼凡庸，惴惴私畏。幸福于回，徼事于昧。侯之正直，曾可罔爲。彼畏實侮，寧侯之知。知侯刑侯，惟士君子。蹈侯所驕，寧不顙泚。獨照有瑕，是集鬼矢。不怒之教，亦惟侯啟。我定侯品，以激士恥。

---

① 辛丑：萬曆二十九年（1601）。

岢明萬曆三十二年，歲在甲辰，夏五月之吉。

王現湃記　　長史　　張應台

嘉靖乙丑之夏，① 撫臺鑑川王公〔崇古〕修王現湃成，合鎮軍民感戴歡忻，頌聲載道。慶王聞之，令右長史張應台進而議之，② 曰："是勒以石，可乎？"台曰："功者，拯乎溺者也；德者，澤乎民者也。然功莫大於貽安，德莫極於粒食，宜其碑。台按：《說文》謂'碑'所以表人之功德，因留之不忍去者也。昔禹當堯之時，洪水方割，包山襄陵，承命平治，九載奏績，乃登祝融之峰，螺書遍刻，碑斯立焉。何也？蓋地平天成，萬世永賴，功德無尚者也。春秋以降，如西門豹治鄴，召公治上蔡，而史氏書之，豐碑記之，亦以因水茂功，利澤及物者也。

"今兹寧夏，實古朔方重地，去京邑五千餘里。孤懸河外，地潮沙埇，醜虜四鄰，是以居食城守爲難。③ 賴漢、唐鑿渠，引河灌田屯種，軍民藉此以食，邊圉藉此以保矣。若王現湃，則輔乎漢渠者也。河水氾濫，故道浸移，使湃一敗，其害不可勝言矣。然蒞兹鎮者，未嘗不知之，或又以遷轉爲念，視此不加之意耳。爰及撫臺鑑川王公，簡受上命，保綏西夏，鴻才神敏，貞度識微。莅鎮之初，諰諰然任國事如己事。興利革弊，嚴示撫夏之約；憂民恤患，痛陳水災之疏。凡可以爲民慮、爲邊計者，無不罩厥心以籌畫之矣。④ 至於王現湃之將頹，則屯田所係，不可緩者，惻然而嘆曰：'渠者，通水之道也。湃者，益渠之輔也。河洗湃薄，渠將恐矣。適今不治，將無渠、無田、無民、無城，兹鎮豈能一日而存？'故專意主修，乃下議於百司。百司咸以費浩動衆，⑤ 下埠橫流，弗克有濟爲懼。王公曰：'計小者廢大，疑謀者寡成。'益堅初議。時委屯田都司魏繼武總理，以興是役，計日程能，經費節力，獎勤警惰，工傭稱事，四閱月厥功乃成。或者以爲有神助焉。夫培湃以輔渠，灌田以獲稔，軍民之食可足矣。⑥ 以屯種而養軍士，以軍士而居城守，醜虜之患有備矣。所謂粒食以澤民，拯溺以貽安者，不在兹乎？使嗣之者能師其意而不失，世世軍

---

① 嘉靖乙丑：嘉靖四十四年（1565）。
② ［校］議之：《朔方新志》卷四《詞翰·王現湃記》無"之"字。
③ ［校］居食：《朔方新志》卷四《詞翰·王現湃記》作"足食"。
④ ［校］罩：原作"單"，據《朔方新志》卷四《詞翰·王現湃記》改。
⑤ ［校］咸：《朔方新志》卷四《詞翰·王現湃記》作"僉"。
⑥ ［校］食：原作"事"，據《朔方新志》卷四《詞翰·王現湃記》改。

民尚亦有利哉。則王公之傑蹟，功符天作，可以論古對能矣。《詩》曰'纘禹之緒'①，王公有焉。以其功德言之也，宜其碑。"慶王曰："都台謹載諸玄石，② 以寫衆思，以垂永久云。"時奉行之者，有僉憲濟川張公法得附書。

中衛美利渠記　　知縣　王業　郡人

寧夏鎮之西南三百里，建置中衛。黃河自蘭靖來，過中衛直流而北，昔夏人鑿渠引河水灌田，世享其利。人言黃河獨利於夏，職此之由也。中衛有蜘蛛渠，即今美利渠，長亘百里，經始開鑿，志遺莫考。按鎮之唐來、漢延等渠，志載拓跋氏據夏已有之矣。元世祖至元元年，藁城人董文用爲西夏中興等路行省郎，始復開濬。邢臺人郭守敬爲河渠提舉，更立腏堰。今兩壩皆其遺製，工作甚精。則蜘蛛等渠之開，或皆董、郭二公爲之也。中衛屯田幾二千頃，歲徵公稅三萬有奇，實藉水利以足公私。邇年河流背北趨南，渠口高淤，水莫能上，衛人蹙額相泣曰："有渠而不得灌溉之利，與無渠同也。"屢嘗告請改濬，前巡撫無慮數公，咸恫民隱，集議區畫，俱以工役重大，惜費中止，但令因仍挑濬，無繋緩急。衛人蹙額，又相泣曰："徒濬而不爲改易之舉，與不濬同也。"

嘉靖壬戌夏，③ 中丞毛公〔鵬〕奉簡命撫夏，籌決通明，應變如響，法重大體，政先急務。衛人以前事告請，公愕然曰："民賴稼穡以生，而水利者稼穡之源也。水利弗通，民何以生？夫因勢而導，治水之法也。所欲與聚，體民之情也，是誠在我。"即行兵糧道臬僉謝公〔莘〕移檄改濬，委參將傅良材防衛綜理，屯田都指揮張麟圖職提調，寧夏前衛指揮王範職管工，本衛指揮何天衢、馮世勳職贊襄。命丁夫三千人以赴工，申令筮吉，尅期會集，省試有方，勸懲有法，趨事者有歡聲無怨色也。甫月餘而渠成，渠口作於舊口之西六里許，肇工於壬戌歲九月七日，竣事於十月十六日。渠闊六丈，深二丈，延袤七里，復入故渠。口設閉水閘一道六空，傍鑿減水閘一道五空。報完，毛公忻然喜曰："吾民其永賴以生矣。"

①　參見《詩經·魯頌·閟宮》。

②　[校] 玄石：原避清聖祖玄燁諱改作"元石"，據《朔方新志》卷四《詞翰·王琨湃記》回改。

③　嘉靖壬戌：嘉靖四十一年（1562）。

遂易名曰"美利"，蓋取"乾始美利"之義。① 斯渠一通，不獨可以足食，而沮虜之勢亦有藉焉。力少功多，暫勞永逸，基雖因舊制，實增新改濬之功，加於創建。

是役也，上不妨政，下不病農，財無糜費，民無苦勞，凡毛公之所規定，而謝公能恪承之者也。衛之父老士夫，歡忻舞蹈，具書不敢忘，欲紀厥事爲不朽計。介生員芮景陽來屬記於致仕知縣王業，業不敢辭，拜手颺言曰："大臣有功德於民，爲民所歌頌，勒之貞石，爲後世法，禮固宜也。《書》有之'民罔常懷，懷於有仁'②，夫爲民興利，謂其'仁人'，非邪？紀其事而弗忘，謂其爲'常懷'，非耶？小民難保若此者匪偶然也。惟我毛公撫夏，未及期年，百廢具舉，夏人歌頌不忘，豈爲水利一節已哉。邊載妥寧，入贊皇猷，③ 斟酌元氣，治將以美利利天下矣。紀之太常，載之國史，可跂而待。而謝公亦必踵芳濟美，俾天下後世並揚休聞，是又業小子所深望也。"毛公名鵬，號雙渠，直隸棗強人，丁未進士。④ 謝公名莆，號南川，山西代州人，庚戌進士。⑤ 敢併記之。

楊王二公祠記　巡撫　霍冀

靈州一路，乃寧鎮樞會之區。北望不百里遠即爲虜巢，其地澶漫夷衍，虜悍騎迅，長驅莫之能制。毒痛蔓延，秦雍四民之苦於侵暴者久矣。國朝成化間，始自州北築長城三百餘里，爲扼險守固之計。顧歲久圮剥，虜易窺軼，正德丁卯，⑥ 大學士、少傅、總制三邊遂庵楊公一清建議請發內帑修復舊邊。上報"可"，發銀若干萬兩。公畫地經費，自橫城興工，僅築四十餘里，尋爲逆瑾矯詔中止。時虜患無寧歲也。

嘉靖己丑，⑦ 太子太保、兵部尚書、總制三邊晉溪王公瓊復疏於朝，請終其緒。公得報，身提重師，經略塞上，工自紅山堡起，至定邊止，延袤四百餘里，恢拓遺功，克底成績。而綜理贊翊之者，則前爲憲僉李君端

---

① 《周易》乾卦之《文言》曰："乾元者，始而亨者也。利貞者，性情也。乾始能以美利利天下，不言所利，大矣哉。"

② 參見《尚書·太甲下》。

③ ［校］入：《朔方新志》卷四《詞翰·中衛美利渠記》作"且人"。

④ 丁未：嘉靖二十六年（1547）。

⑤ 庚戌：嘉靖二十九年（1550）。

⑥ 正德丁卯：正德二年（1507）。

⑦ 嘉靖己丑：嘉靖八年（1529）。

澄，後爲齊君之鷟焉。迄今數十餘年，方內耕者、牧者、行旅者、戍守者，咸有恃而無恐，非諸公大造之功德耶？嘉靖丁巳，① 靈州鄉官王堂、周鏞，庠生呂清、張俊、劉應璧、許宗魯等，感今追昔，爰謀立祠。中路參將徐仁和廼後先相繼，備需鳩工。委指揮雍詩等，於城北構堂五楹，翼以兩序，重門周垣，罔不修飭，祀楊、王二公於其中，而以二憲僉附享焉。王堂等偕教官趙應奎，屬余爲記。②

余惟先王之制，有功德於人者則祀之。聞茲長城之築，楊王二公力任其事，群議不撓。而憲僉李君端澄、齊君之鷟，相繼督工，險艱不避，卒使崇墉岳立，大患捍除，即古之城朔方、築降城者未之過也。是皆功德顯著之甚大者，合而祀之，非禮也與？語曰："德厚者其感深，功大者其思永。"今楊、王諸公沒世垂數十年，而士民之感思者無間於遠近今昔，忻忻然建祠舉祀，蓋無所爲而爲之者又豈非天理民彝之不容已者耶。噫！楊王二公之德及一方、功施一時者，靈之士民固知之矣。至於施之宗社、被之天下者，亦嘗知之乎？楊公爲相，前後幾十年。王公爲尚書，歷吏、戶、兵三部，皆當正德之末、嘉靖之初。時值多故，二公立朝，議大政，決大事，苟利國家，知無不爲，險難百折，無所疑憚，故能光輔盛業，弘濟時艱。在朝廷則朝廷重，在邊鄙則邊鄙重，蔚然爲當代名臣。余每思見其人，敬奉奔走而不可得也。近以承乏，出撫夏州，二年來亦得竊藉靈寵，幸無他虞，則所以崇報之者，豈獨士民宜爾耶。余既議行祀事，復爲之記，俾刻石祠下，以永邊人之思，且使後來者有所感而興焉。

  朔方書院記　　參政　王道行

寧夏衛，古之朔方也，其後衛在花馬池，一牆之外即爲殊域。邊民習於弓矢，不知有學。建學自嘉靖二十九年始，則巡撫鳳泉王公之奏也。③夫戰鬪之俗，非漸以禮義，緩急固未易使。若王公者，識度宏遠矣。諸生粗習章句，無鄒魯家法，不得以文學辟舉，所以教之者甚爲闊疏。歲癸亥，④廣平蔡君國熙奉命督餉至，使事之暇，進諸生迪以聖賢之樂，⑤咸

---

① 嘉靖丁巳：嘉靖三十六年（1557）。
② [校] 記：原作"序"，據《朔方新志》卷四《詞翰·楊王二公祠記》改。
③ [校] 鳳泉王公：原倒作"王公鳳泉"，據《朔方新志》卷四《詞翰·朔方書院記》乙正。
④ 癸亥：嘉靖四十二年（1563）。
⑤ [校] 聖賢之樂：《朔方新志》卷四《詞翰·朔方書院記》作"聖賢之學"。

惕然有省，願請卒業。君視學宮制未備，又難數徙，則相城中隙地爲書院。中作堂三楹，曰"體仁堂"，兩翼爲號房十二楹。前爲儀門，又前爲大門。堂之後，爲廳三楹，左右廂各三楹，後爲饗堂一楹，以祠夫子，而有宋橫渠先生配焉，曰"是其鄉先生也"。又最後起土爲臺，高若干尺。登臺遠眺，則内夏外夷若指諸掌。諸生以君之別號請名之曰"春臺"，志不忘也。蓋仁者與物同體，熙熙然如春登臺，① 其樂可知已，是亦有微訓焉。臺之右爲射圃，若干武命諸生，輟講則習禮其中，正以示不忘禦侮之意。既成而坊於大門之外，曰"朔方書院"云。

余雅與蔡君善，它日以公事至，偕參帥吳君嵩，落成於體仁之堂。視其所揭以教諸生者，其東壁則《白鹿洞教規》與《君子小人義利之說》，其西壁則張子之《西銘》、② 陽明先生之《立志說》也。③ 夫《西銘》言仁之體備矣。求仁者莫先於辨志，志辨則義精，學敏則志立，然後仁可體也，旨哉教乎！酒數行歌《鹿鳴》《南山》之詩，④ 少長咸秩，雍容有儀。既又召諸父老爲鄉約，揭聖訓而講讀之，莫不感發興起於善，若川赴而谷應也。其詠歌揖遜，若相從於洙泗之間，偕群賢而上下之也。於是相率而登於春臺之上，徘徊四望，見諸戍卒，乘城擊刁斗，轉呼不息。敝絮短褐，以禦風雨，煮沙爲飯，歲時伏臘，不遑一恤，其私心怵然内悲焉。蔡君則爲余言："往歲邊吏多割剥其下，輸寫而入，恣其所賄遺。今聖天子簡任忠貞，恢弘化理，一時方叔、吉甫之佐，訏謨遠猷，相與勵勤於外。譬如草木大寒之後，照以陽春，雖枝葉外凋，而生理潛復，行且畢達。"余曰："二三子聽之，此陰陽消息之機也。夫家國氣運之盛衰，⑤ 君子小人之進退，學術之汙隆，而人心之淑慝也，微乎微矣！故仁則暢於四肢，發於事業，不仁則生於其心，害於其政。文德修而苗格，《小雅》廢而夷侵。其言若迂，捷於桴鼓矣。諸生皆木訥少文，又生長邊

---

① [校]春登臺：原倒作"登春臺"，據《朔方新志》卷四《詞翰·朔方書院記》乙正。

② 張子：指北宋哲學家張載（1020—1077），字子厚，原籍大梁（今河南開封），生於長安（今陝西西安），《宋史》卷四二七有傳。《西銘》是其重要著作。

③ 陽明先生：明代哲學家王守仁（1472—1528），字伯安，因曾在陽明洞講學，世稱陽明先生，浙江餘姚人，《明史》卷一九五有傳。《立志說》原名《示弟立志說》，是王守仁對其弟王守文講述立志次第的文章。

④ 《鹿鳴》《南山》皆《詩經·小雅》中的篇章。

⑤ [校]家國氣運：《朔方新志》卷四《詞翰·朔方書院記》作"中國夷狄"。

鄙，無繁華可欣豔。一切剿說淫詞，侮聖言而壞士習之書，久無有售其地者，所謂混沌未鑿也。力行以求仁，於爲仁也何有？吾聞之孝弟之至，通於神明。愚不肖之知，能察乎天地。洒掃應對之事，即上達天德。諸生慎勿以爲高遠而杳茫視之也，不愧屋漏而已矣。慎此以往，他日出爲世用，庶幾干城腹心之選。假使陋巷終身，亦可推其說於其宗族鄉黨，使爲將帥卒徒者，爲國家樹節效忠於無窮，豈不休哉！"諸生皆躍然色喜，因進而請曰："蔡先生有大造於西鄙之士，恐一旦召還，得無廢此乎？"余曰："不廢也。今書院遍天下，獨白鹿之學最傳，則朱〔熹〕、陸〔九淵〕二先生之功也。蔡君學既日進，諸生又能篤信之，果相與以有成，則茲地將爲朔方之白鹿焉，誰得而廢之？"蔡君曰："善。所不與二三子自力者非夫也。"

是役也，吳君發成卒以佐版築之事，爲斯文左袒，而衛幕李廷謨、千户李勳、百户毛羽，與有勞焉。厥費以贖鍰，五閱月而成，若不知有興作者。蔡君登己未進士，① 以户部郎中奉使至，諸所猷爲建白甚著，軍實大饒，兩鎮利賴之，茲不具論云。

體仁堂記　　户部郎中　蔡國熙

聖人之道，本諸肫肫，而經綸萬化，豈在求於言語、象數之間哉？自孔子以"克己復禮，天下歸仁"語顏子，② 而萬物一體之學在是矣。秦漢以來，儒者營營馳騁於訓詁詞章功利之末流，歷千載而此學不明。至宋周濂溪、程明道二先生揭無欲定性之旨，學者稍稍復知趨向。横渠張子〔載〕接躓而起，《西銘》一書發明仁體，益以昭著，庶幾得孔門之正脈云。余癸亥歲祗承上命，③ 駐花馬池，督延寧軍餉，啟處靡遑，往來於不毛之野，殫竭愚衷，夙夜經理。越甲子，④ 糧芻漸裕，蘄可免脫巾之呼矣。獨念索居荒徼，舊學日蕪，且惜邊地士子講習多疏，因建朔方書院。作講堂，扁曰"體仁堂"，愚意固有在也。堂之後爲享堂，以祀夫子，張子配之。蓋學以聖人爲宗，而張子是其鄉之先達，欲爲仁者，舍此將安所依歸也。督餉有暇，輒登體仁之堂，與諸士講學於中，多所

---

① 己未：嘉靖三十八年（1559）。
② 參見《論語·顏淵》。
③ 癸亥：嘉靖四十二年（1563）。
④ 甲子：嘉靖四十三年（1564）。

啟發。

一日，進諸士語之曰："二三子知體仁之學乎？若輩生長塞上，余試以塞事言之。嘗誦《出車》之詩，① 南仲'城彼朔方'，即兹地也。設旄建旐，獫狁于襄，豈不赫赫然保大定功哉？及觀'春日遲遲，卉木萋萋。倉庚喈喈，采蘩祁祁'之詠，雖云述其凱旋之樂，亦可見其將士一志，甘苦同情，靡怨靡爭，軍容閑飭。戎馬倥傯之中，② 藹然有太和一體之氣象。謂之'仁'，非耶？今戍守之役，艱苦萬狀，余目擊者三禩，所不忍言，即《采薇》之什，③ 何能盡道。聞往歲債帥臨邊，不念嬰兒愛子之喻，復行朘削不仁，孰甚焉？諸生宿所經見且多，族黨之衆，必有惻然於中，④ 艴然於色者矣。然亦曾以是而體於心乎？夫士尚志居仁，大人之事備矣。爾多士今雖知有聖賢之學，然溺佔畢之習，耽世俗之好，鄙吝猶未消，忿戾猶日作。習心浮氣之相乘，而性真未著。倘不從事於求仁，他日服政，其能恤百姓之艱而圖其易乎？其能異於彼之朘削者乎？惡在其爲聖賢之徒也，然或不能切己省察，克治其私，而驟欲依借於萬物一體之學，想像乎民胞物與之量，祇長虛見，⑤ 竟亦何益。昔尹和靖見伊川，半年後方受《西銘》，殆以此乎？⑥ 嗚呼，良知良能所同，然天機流行，隨處感發，操之即存，夫亦何難。患在不體焉。爾無俟遠指，即今父老之聽講聖諭，動至垂泣，鄉社之童子躋公堂而請益，皆知肅然起敬焉。是誠何心哉？即所謂'惻隱之心，仁之端也'⑦，任其或在或亡，而不加體察，此之謂'百姓日用而不知，故君子之道鮮矣'⑧。誠能隨處體認此心之天理，戒愼常存而毋忘其所有事，凡所謂鄙吝忿戾之私情，自將無所容。人欲日消，天理日明，萬物皆備，大公順應矣。⑨ 此徹上徹下之功，下學而上達者也。君子修己以敬而安人、安百姓，篤恭而天下自平。至中和而天地位、萬物育，莫非此道。至簡易，至廣大，在默而識之，不可以言語求，

---

① 參見《詩經·小雅·出車》。
② ［校］戎馬：《朔方新志》卷四《詞翰·體仁堂記》作"兵戎"。
③ 參見《詩經·小雅·采薇》。按：《采薇》爲《詩經·小雅》"鹿鳴之什"之一篇。
④ ［校］必有：《朔方新志》卷四《詞翰·體仁堂記》"必"前有"蓋"字。
⑤ ［校］祇：《朔方新志》卷四《詞翰·體仁堂記》作"抵"，疑誤。
⑥ ［校］乎：《朔方新志》卷四《詞翰·體仁堂記》作"夫"。
⑦ 參見《孟子·公孫丑上》。
⑧ 參見《周易·繫辭上》。
⑨ ［校］大公：《朔方新志》卷四《詞翰·體仁堂記》作"太公"。

不可以象數盡也。尚用志不分，體此意而有得焉。出則爲南仲之畏此簡書，匡濟時艱，處則爲顏子之樂道簞瓢，終日不違。仁可勝用哉。"諸生進而請曰："聞先生體仁之說，昭然若發矇矣。不識用之吾邊圍戰陣之事，亦克濟乎？"余曰："此所謂仁非噢咻煦育之謂，孰云不可濟也。孔子自言軍旅未學，及卻萊墮費，不勞餘力，則仁之妙用也。先儒謂黃石公有一秘法在人間，只一'仁'字，奇正分合，變在須臾，孰非此幾之圓神運籌哉。然亦豈止於用兵已哉。"諸生躍然曰："今乃知吾心之仁，其體無所不蓄，而其用無所不通。敢不誓竭此生，孳孳體驗，以無負先生之教。"因記之，以證諸後日。

平虜大捷記①　　狀元翰林　康　海

嘉靖十三年甲午，②虜酋吉囊盤據河套數年，秣馬勵兵，將圖大舉入寇。③兵部尚書、兼都察院右都御史唐公龍與總兵官、④都督同知劉文講畫戰守之法，緩急遠近，部署咸定。七月初，寧夏報吉囊結營於花馬池，唐公遂下令曰：⑤"賊寇延綏，鎮西將軍張鳳主之。⑥寇寧夏，征西將軍王效主之。⑦寇固原，都督劉文主之。其當衝截突，副總兵、都督僉事梁震主之。"十四日己卯，虜由定邊乾溝剗崖入鐵柱泉，⑧劉文堵截，不得犯固原。二十三日戊子，乃從青沙峴入寇安、會、金三縣，文率所部參將霍

---

①［校］平虜大捷記：《康對山先生集》卷三五《碑》題作《嘉靖甲午平虜之碑》，《嘉靖寧志》卷八《文苑·文》題作《大明嘉靖平虜之碑》，《朔方新志》卷四《詞翰》題作《總督唐龍平虜大捷記》。

②［校］甲午：原同《朔方新志》卷四《詞翰·總督唐龍平虜大捷記》作"甲子"，據《嘉靖寧志》卷八《文苑·文·大明嘉靖平虜之碑》及下文改。

③［校］入寇：《康對山先生集》卷三五《碑·嘉靖甲午平虜之碑》此二字後有"我邊"二字。

④［校］龍：《康對山先生集》卷三五《碑·嘉靖甲午平虜之碑》無此字。

⑤［校］遂：《朔方新志》卷四《詞翰·總督唐龍平虜大捷記》，《嘉靖寧志》卷八《文苑·文·大明嘉靖平虜之碑》均無此字。

⑥［校］鎮西：《康對山先生集》卷三五《碑·嘉靖甲午平虜之碑》作"定朔"。

⑦［校］征西：《康對山先生集》卷三五《碑·嘉靖甲午平虜之碑》作"平西"。

⑧［校］入：此同《朔方新志》卷四《詞翰·總督唐龍平虜大捷記》，《康對山先生集》卷三五《碑·嘉靖甲午平虜之碑》、《嘉靖寧志》卷八《文苑·文·大明嘉靖平虜之碑》均作"擁入"。

璽、崔高、① 彭濬、② 守備吳英、③ 崔天爵、④ 馳兵往赴。明日己丑、⑤ 戰於會寧柳家岔及葛家山、⑥ 斬其桀者數十人。虜懼思遁，文曰："賊歸必自青沙峴。遊擊將軍李勳、守備陶希皋可趨青沙峴伏道以俟。紅古城、半箇城，零賊之所必犯，指揮王緝可按兵截殺。二城無事，海剌都、乾鹽池、⑦ 鳴沙州、⑧ 石溝可安堵矣。"

八月四日戊戌，虜果合衆出青沙峴。文督戰當衝，伏兵盡起，復大敗虜衆。而王緝於半箇城與指揮田國亦破零賊。前後斬首一百二十又七，所獲韂馬一百三十又二，⑨ 甲冑、器械、衣物一千九百三十又七。梁震與參將吳吉、遊擊徐淮、⑩ 守備戴經遇虜於乾溝，大戰破之。斬首一百八十又五，所獲韂馬二百又四，器物四千七百四十又七。王效與副總兵苗鸞、⑪ 遊擊鄭時、蔣存禮又遇虜於興武營，大戰破之。參將史經、劉潮分布韋州、⑫ 張年又從苗鑾擺邊，遇劉文驅虜，結營北奔，各哨奮勇，而前後斬一百三十，所獲韂馬二百又二，器物二千一百六十又六。虜幸得及老營，

---

① ［校］崔高：《嘉靖寧志》卷八《文苑·文·大明嘉靖平虜之碑》作"崔嵩"。

② ［校］霍璽崔高彭濬：《康對山先生集》卷三五《碑·嘉靖甲午平虜之碑》作"某"，不著姓名。

③ ［校］吳英：此同《朔方新志》卷四《詞翰·總督唐龍平虜大捷記》，《嘉靖寧志》卷八《文苑·文·大明嘉靖平虜之碑》作"吳瑛"。

④ ［校］守備吳英崔天爵：《康對山先生集》卷三五《碑·嘉靖甲午平虜之碑》作"某"，不著姓名。

⑤ ［校］己丑：《康對山先生集》卷三五《碑·嘉靖甲午平虜之碑》作"乙丑"。

⑥ ［校］柳家岔：《康對山先生集》卷三五《碑·嘉靖甲午平虜之碑》作"柳家營"。

⑦ ［校］乾鹽池：《康對山先生集》卷三五《碑·嘉靖甲午平虜之碑》作"鹽池"，下同。

⑧ ［校］鳴沙州：《康對山先生集》卷三五《碑·嘉靖甲午平虜之碑》作"鳴沙洲"。

⑨ ［校］韂馬：原作"達馬"，據《康對山先生集》卷三五《碑·嘉靖甲午平虜之碑》改。下同。

⑩ ［校］遊擊徐淮：《康對山先生集》卷三五《碑·嘉靖甲午平虜之碑》無此四字。

⑪ ［校］副總兵苗鸞："副總兵"，《康對山先生集》卷三五《碑·嘉靖甲午平虜之碑》作"副將"。"鸞"，《康對山先生集》卷三五《碑·嘉靖甲午平虜之碑》、《嘉靖寧志》卷八《文苑·文·大明嘉靖平虜之碑》均作"鑾"。下同。

⑫ ［校］劉潮：原作"劉朝"，據《康對山先生集》卷三五《碑·嘉靖甲午平虜之碑》、《嘉靖寧志》卷八《文苑·文·大明嘉靖平虜之碑》改。

昼夜亟遁。故海剌都、乾鹽池、鳴沙、石溝，號牛羊富有之地，①雖經行，②不敢正目。視昔年駐掠豳、③隴，而諸將閉門籲天，不能得一遺鏃，何如哉？十萬之虜，經年在套秣馬勵兵，欲圖大舉。二旬之內，連復三捷。④蓋惟皇上神武聖文，知人善任，故唐公得以悉心壯猷，諸將得以據忠自奮爾。語言"上下相須，⑤千古爲難"，豈不信哉？唐公受命以來，寒暑僅四閱也，斬獲虜首殆及千餘。威寧細溝之功，北征已後，⑥謂爲再見。今日之捷，⑦視威寧細溝，不知相去幾許。廟堂與本兵大臣，必有以休休之心，翊贊皇度者矣。⑧方諸簡冊，周宣、漢武，不足言也。邊方父老，以予撰碑，敍述其事，用告將來。⑨辭曰：

惟明九葉，篤生聖皇。允文允武，帝德用昌。因心弘化，寵綏萬邦。內治既洽，恩被邊疆。⑩惠德有賚，拂義必匡。元臣若德，遜惠厥常。⑪蠢茲酋虜，潛蠕幽荒。教既未逮，螫亦屢猖。盤據河套，未遂驅攘。豈天厭逆，乃爾乖方。⑫屢犯屢挫，曾不戒戕。公壯其猷，⑬九伐斯張。⑭青沙之役，易若驅羊。興武既馘，乾溝亦襄。大舉反虭，鼠竄惟囊。恭惟神武，所嚮必戧。況此元老，維德之行。弗崇虛譽，克屏譎狂。稽勳考

---

① ［校］牛羊：《康對山先生集》卷三五《碑·嘉靖甲午平虜之碑》作"青牛"。

② ［校］雖經行："雖"，《康對山先生集》卷三五《碑·嘉靖甲午平虜之碑》作"雖具"。"經行"，原作"緩行"，據《康對山先生集》卷三五《碑》、《嘉靖寧志》卷八《文苑·文·大明嘉靖平虜之碑》改。

③ ［校］昔年："年"字原脫，據《康對山先生集》卷三五《碑·嘉靖甲午平虜之碑》補。

④ ［校］復：《康對山先生集》卷三五《碑·嘉靖甲午平虜之碑》作"獲"。

⑤ ［校］語言：《康對山先生集》卷三五《碑·嘉靖甲午平虜之碑》作"語曰"。

⑥ ［校］已後：《康對山先生集》卷三五《碑·嘉靖甲午平虜之碑》作"以後"。

⑦ ［校］今日之捷：《康對山先生集》卷三五《碑·嘉靖甲午平虜之碑》無此四字。

⑧ ［校］者：此字原脫，據《康對山先生集》卷三五《碑·嘉靖甲午平虜之碑》補。

⑨ ［校］用：原作"周"，據《朔方新志》卷四《詞翰·總督唐龍平虜大捷記》、《嘉靖寧志》卷八《文苑·文·大明嘉靖平虜之碑》改。

⑩ ［校］邊疆：《康對山先生集》卷三五《碑·嘉靖甲午平虜之碑》作"邊防"。

⑪ ［校］元臣若德遜惠厥常：《康對山先生集》卷三五《碑·嘉靖甲午平虜之碑》此八字在下文"螫亦屢猖"句後。"遜"，原作"迪"，據《康對山先生集》卷三五《碑》、《朔方新志》卷四《詞翰·總督唐龍平虜大捷記》、《嘉靖寧志》卷八《文苑·文·大明嘉靖平虜之碑》改。

⑫ ［校］豈天厭逆乃爾乖方：此八字原脫，據《康對山先生集》卷三五《碑·嘉靖甲午平虜之碑》補。

⑬ ［校］公壯其猷：《康對山先生集》卷三五《碑·嘉靖甲午平虜之碑》作"公用赫怒"。

⑭ ［校］九伐：《康對山先生集》卷三五《碑·嘉靖甲午平虜之碑》作"大伐"。

勋,① 而無否臧。② 元戎丕奮,參佐孔良。莭制四載,其武湯湯。邪佞莫入,夸呲是惶。③ 皇心勿二,公德愈光。甲午之捷,萬古所望。後賢秉鉞,尚慎勿忘。

揆文書院記　提學僉事　殷武卿

寧夏,國初建衛學。嘉靖戊戌,④ 都御史石湖吳公〔鎧〕即學東巷,構民居建養正書院,集諸生分舘居業,一時賢俊登庸,稱文獻焉。學宮東故有監鎗中官署,後罷中官入衛,遊擊居焉。四十三載甲子,大中丞鑑川王公〔崇古〕撫臨夏土,每視學輒喟然曰:"諸戎馬旌旗,日徃來學宮側,諸生敬業之地,皆戎馬旌旗藪矣,其何以大居業而遠囂緇也?"適地震後,書院傾圮,遊擊署亦敝漏不可居,數請葺治,公毅然曰:"是可更治,文武攸便。"乃檄兵憲張君濟川,剳指揮江龍、知事王朝鳳,亟改故書院爲遊擊衙,即遺署鼎新書院,建儀門前後堂各三楹,左右列號舍各六區,備寢廚床几有差。堂後甃泮池,引渠水左注右洩,環匯學宮。後築臺十尺,爲文昌祠。游焉渙焉,⑤ 與學宮增崇矣。始役於嘉靖丙寅七月,⑥ 至隆慶建元六月晦,⑦ 越期年始落成。濟川君以余濫竽文學,乃走書屬余爲記。

殷武卿曰:⑧ "嗟乎,加志於學宮者格世之郛廓也,弘美於風教者隆化之軌轍也。且夫折獄明刑、平徭定賦者,非不威令明而德澤究。然君子曰:'沱流標枝,非本始之術。'乃鑑川王公撫是鎮也,其政簡易,故人式和,其法嚴明,故治威克。其事精審,其用裁約,故奸不乘隙,而民困以絕。至其詰振戎兵,威服夷虜,又赫赫然可銘金石,乃猶日以修學重文、範俗作人爲務,此豈斤斤於一事一令之間者哉。余蓋嘗讀《禹貢》,

---

① [校]考:原作"者",據《康對山先生集》卷三五《碑·嘉靖甲午平虜之碑》改。
② [校]而無:《康對山先生集》卷三五《碑·嘉靖甲午平虜之碑》作"咸協"。
③ [校]邪佞莫入夸呲是惶:此八字原脫,據《康對山先生集》卷三五《碑·嘉靖甲午平虜之碑》補。
④ 嘉靖戊戌:嘉靖十七年(1538)。
⑤ [校]渙焉:《朔方新志》卷四《詞翰·揆文書院記》作"奐焉"。
⑥ 嘉靖丙寅:嘉靖四十五年(1566)。
⑦ 隆慶建元:隆慶元年(丁卯,1567)。
⑧ [校]殷武卿:《朔方新志》卷四《詞翰·揆文書院記》作"陰武卿",疑誤。

見所謂三百里揆文教矣，至二百里奮武衛者，① 非以略文，亦舉其所重焉耳。我國家固以武功定區宇，然既環郡縣，列以膠庠，又緣諸鎮，設以衛學，此其崇文之意，章章著矣。寧夏雖遠在大河之外，而人士之傑秀，非少於中土。愛親敬長、親上尊君之義，又皆人知能之良也。顧習尚隘於見聞，學術荒於游惰，其居使之然哉，或亦無以倡之耳。國朝寧夏之建，本以折衝外侮，而衛學之設，實寓修文於武衛之中。② 蓋上以人倫爲教，則下以悖倫爲事，風習漸涵，恩義維繫，由是戰則勝，守則固，文教武衛，要不可歧而二之也。王公既嚴武備，尤特易置書院，汲汲於養士者，其所爲倡勵道化之意，何以加焉。諸生日藏習其中，誦說先王，稱法古昔，即是見聞可以弘暢，學術可以精研。異日者胥斯人更化之久，③ 固將以忠信禮義爲甲冑干櫓，不有鴻術之異操，而全材之應用者出耶。是當與中原文獻等，又奚衛學云乎哉？此王公垂遠之澤，有志者不可重負之也。於乎！魯僖以泮宮致頌，文翁以興學遺休，武卿亦謂王公開寧矣。"

濟川復予言於公，公曰："揆文奮武，先王經世之偉烈；文事武備，尼父用世之懿範。夏，古荒服用武地也。武非文無以知方，文非武無以禦侮。文以明道，武以攘夷，正人心而固干城，保輿圖而弘聖教，茲地不爲虛矣。"④ 工待竣，張公以禮去，繼東海方君代至，式贊厥成。公乃改題院額曰"揆文"，扁堂前曰"明道"，後曰"會講"。分左右號爲"六行""六藝""卜吉""釋萊""文昌""後進"。闔鎮四學諸生，應試者三試之，俾居業、精藝、篤行焉。凡爾夏士勖哉，求無負公之期待。茲院也，將與弘文共傳永世云。王公名崇古，辛丑進士，⑤ 蒲州人，先兵備鄜延時，修鄜延郡縣學與諸名公祠。蓋所至收聲華，持體要，殷情翊天子道化者。張公名檣，己未進士，⑥ 滇南人。方君名岳，丙辰進士，⑦ 萊州人。先後勛名炳炳。是役也，各勤贊畫，故得並書云。

---

① ［校］武衛：原作"武威"，據《尚書正義》卷六《禹貢》、《朔方新志》卷四《詞翰·揆文書院記》改。

② ［校］實：此字原脫，據《朔方新志》卷四《詞翰·揆文書院記》補。

③ ［校］異日：《朔方新志》卷四《詞翰·揆文書院記》作"旦日"。

④ ［校］不爲：《朔方新志》卷四《詞翰·揆文書院記》作"爲不"。

⑤ 辛丑：嘉靖二十年（1541）。

⑥ 己未：嘉靖三十八年（1559）。

⑦ 丙辰：嘉靖三十五年（1556）。

佥憲汪文輝去思碑記　兵部郎中　王繼祖

汪公都山，受命分臬夏鎮之明年，繼祖時以請告歸里中。接公言議，常耿耿於衷。無何，公晉卿尚寶去任，鎮人諦思不置，欲即公之德政鑴諸碑，以比《甘棠》。其言曰："寧夏苦屯田之害久矣，賦重而督嚴，丁耗而役劇。往臬非不憫惻，顧常課不可損，獨付之無可奈何。公至乃虛心咨訪，不遑寢席者一稔。斟酌損益，探本成書。請於督撫，聞於廟堂，凡無影、河崩諸田，盡以豁免。報至日，鎮人歡聲載道。於是逃者復，疲者蘇，邊民始有更生之樂矣。公巡省所部也，以閘口歲費不貲，欲驅石為之。雖土人亦以為難，然朗見獨識，自必可成。瀕行猶悉心指畫，以屬後人。逮今功將告竣，且渠流疏通，視昔有加，屹然不拔，信可垂諸永久，人始服其神智。公嘗曰：'屯田顏料，用民財買，共該三千餘兩。閘支費歲以三分之二。而大木百金之值，千夫半月之勞，猶在其外。自今觀之，石閘若百年無毀，省民財力當不知其幾萬倍矣，厥利不亦溥哉。'夫豁田創閘，皆公政之大者，他若監市而虜人輸誠，決獄而宿冤平反，籌兵畫農，疏商課士，皆深謀閎議，務建經國長規，邊人歷歷能言之，茲在所不載。"

繼祖曰："天下無不可革之弊，無不可興之利，患在官不任事耳。繼祖生長鎮城中，地方利弊，聞其概矣。公至，乃革之興之，利民而無妨於國，恤公而不害於私，誠古之遺愛、世之偉才也。去之日，邊人引領啼呼如失父母，已而欲肖公之象祠之。父老謀於縉紳，縉紳請於撫臺，① 乃聽民豎碑，而俾繼祖書其事，於此見公之惠鎮人者為獨至，鎮人之德公者為最深。要之，下非有所異，而上非有所徇也。公諱文輝，別號都山，徽之婺源人，登乙丑進士。"②

豫順堂記　巡撫　周光鎬

兵家云：③"昔之圖國家者，必先教百姓而親萬民。"將用其民也，必和而造大事，此則《易》之"豫"且順之道也。《易》曰：④"豫利建侯行師。"《象》則云：⑤"順以動。"豫順以動，故天地如之，況建侯行師

---

① ［校］請：原作"謀"，據《朔方新志》卷四《詞翰·僉憲汪文輝去思碑記》改。
② 乙丑：嘉靖四十四年（1565）。
③ 參見《吳子·圖國》。
④ 參見《周易·豫》之卦辭。
⑤ 參見《周易·豫》之象辭。

乎？夫坤下震上爲"豫"。雷出地奮，聲轟蟄啓，幽者晰而閉者通，剛應而志行，機順而畢達，威德旁暢，然不自"豫"始也。震下坤上爲"復"。復之時，閉關不省，方爲其"剥"後，微陽静以養之。既至於"豫"，其機自不可遏。故未豫之先，兵家所以自治者，其功頃刻不敢懈。即善敕乃甲冑，鍛乃戈矛，礪乃鋒矢，不憚征繕，以固我圉者，皆其具也。乃以潛深參伍，淵乎其莫測，戒懼修飭，密乎其不可間。約束於召發整齊之先，競業於講肄矯厲之力。① 不待鋒刃之交、鉦鼓之合，而儼然矢石集目，馨控在御，其不拔也如山，其迅發也如雷。其中倏出倏入，獨往獨來，其機存焉。② 由是而天發殺機，時且至矣；地發殺機，豫且動矣；天動神運，人且悦矣。於是而有伐肆絶忽之役，出之雍容俎豆間，而揮枹制勝，蓋自嚴固果確者，發之方知其淵。然不測者，乃其折衝精神之豫，而凜乎莫禦者，出之嚴翼對越之精。何者？其所豫者素也。於是而三軍萬旅，樂爲我用，而不知其所以爲我用者，亦其機所不能自已爾。

曷今之圖者殊是？效不著於眉睫，則見以爲迂；議不駭於聽聞，則見以爲溺。③ 少而傳合於弭筆持論者，④ 則自逡巡惴恐。於是不問生靈，不較失得，日撋我民以求逞，何異以三軍爲博，廼輕國家事於一擲。幸而得十百於千萬，輒掩覆見勝，賞罰行焉。⑤ 彼血膏塞草而骨葬沙漠者，孰其任之？兹朔方何時哉，戎虜構釁，⑥ 豫急而凶也。剥極初復，生聚教訓，未及三載，亟欲驅不教之民，以與狂虜有事，⑦ 此孔子所惡夫棄之者也。乃藉口"主上宵旰，臣義敵愾，何爾猶豫？"若然，則聖天子假爾苻鉞一方，豈其不爲疆埸久遠計，而顧奉爾名爵世裔，抑奚賴爲？且武以保大定功、輯民和衆之謂何？客在幕者曰："誠然矣，漢衛長平、霍去病擊匈奴，功何如？"余應之曰："青取河南，置朔方郡，功大矣。乃棄上谷、造陽地以與敵，不計何居。去病將四十萬騎絶大

---

① [校] 競業：《朔方新志》卷四《詞翰·豫順堂記》作"兢業"。
② [校] 其：《朔方新志》卷四《詞翰·豫順堂記》作"有"。
③ [校] 溺：原作"弱"，據《朔方新志》卷四《詞翰·豫順堂記》改。
④ [校] 弭：原作"珥"，據《朔方新志》卷四《詞翰·豫順堂記》改。
⑤ [校] 賞罰：《朔方新志》卷四《詞翰·豫順堂記》作"賞爵"。
⑥ [校] 戎虜：《朔方新志》卷四《詞翰·豫順堂記》作"胡孽"。
⑦ [校] 虜：《朔方新志》卷四《詞翰·豫順堂記》作"胡"。

幕，封狼居胥，登瀚海，斬虜數萬餘級，震動一時，而士馬物故以倍，何不問之？乃今何能望衛、霍萬分一？得一狼，走千羊，不尤可重嘅哉！"客曰："《詩》美周宣薄伐，《春秋》譏楚追戎，乃知豫順之動，可貞吉也。"

予初涖鎮，假幕於遊戎署，肩鍵不設，堂簾不肅，反側伏機滿左右，何以稱一方宰制。乃草創擘畫，拓舊公署以居，因治兩三楹為籌諏所。① 不揣固陋，書之以證任事者。②

漢唐二壩記　　長史　　孫汝匯

黃河由崑崙、積石入峽口，遶寧夏東西，直流而北。東作渠引流曰漢渠，漢之西曰唐來，自董文用、郭守敬開導授民，其利遠矣。迄今渠久浸淤，歲發千夫濬之，木植勞費，不啻萬計。昔謂黃河獨利於夏，茲困也孰甚？

隆慶壬申，③ 憲大夫汪公〔文輝〕惻念民隱，登覽渠流，憮然嘆曰："是閘也木也，洪濤衝溢，非木可支，盍易石為砥柱乎？"乃議於中丞抑菴張公〔蕙〕、總督晉菴戴公〔才〕，奏請改築，報曰"可"。公沾沾喜，謂可以殫厥謀也。爰畫方略，審勢繪圖，每壩設閘六，閘用石若幾，授工人試之。無何，公擢尚寶，督撫公各遷去，工將興而未就，眾議紛然，事幾寢。萬曆癸酉，④ 中丞念山羅公撫夏，先憂首詢厥役，亟聞之督府毅菴石公〔茂華〕矣。會甲戌，⑤ 憲大夫解公〔學禮〕至，檄總其事。解公曰："汪之加志於民若此，前功弗舉，其責在我。"乃以協同劉君濟、沈君吉，都司楊恩、守備朱三省統理，通判王銳、薛侃司計會，經歷李耀、千戶劉楫司公務。役出於軍夫，石取諸金積山。甃砌惟堅，二閘矹然。經始，公諭役者，是用為式，可次第舉之。諸執事任勞益淬，民亦欣欣相慰，孰不爭先而趨赴也。丙子秋，⑥ 唐壩落成。迨丁丑四月，⑦ 漢壩亦相繼告竣。壩之傍置減閘凡十。中塘、底塘及東西廂、南北

---

① 〔校〕兩三楹：《朔方新志》卷四《詞翰·豫順堂記》作"西三楹"。
② 〔校〕任事：《朔方新志》卷四《詞翰·豫順堂記》作"在事"。
③ 隆慶壬申：隆慶六年（1572）。
④ 萬曆癸酉：萬曆元年（1573）。
⑤ 甲戌：萬曆二年（1574）。
⑥ 丙子：萬曆四年（1576）。
⑦ 丁丑：萬曆五年（1577）。

厢，各覆以石。上跨以橋，橋之上穿廊軒宇，豁然聳瞻，臨流而溯源，誠塞北奇觀矣。

　　夏人興禹功河洛之思，謀勒碣以紀數公之永永。劉君等以請於越東孫子。孫子曰："事每相待而有成，爲民事者，始終相乘，① 乃克有濟。故蕭曹丙魏，自古稱之，以其畫一而同乃心也。是役也，汪公創之，其施未竟，天將啟其機以有待乎？使後相齟齬於其間，一道傍之室耳。今共懷永圖，一殫力而萬姓捐勞，百千年攸賴，豈云厥功甚鉅，蓋君子苟有利於生民，不必謀自己始，功自己出。彼數公者，心同而量弘，度越古今萬萬矣。其天爲夏民，俾相待而共濟之若是耶？休風協美，用詔將來。若籌略壯猷，數公更僕未易舉，茲特述其水利云。"

　　靈州河堤記②　　巡撫　張九德

　　靈州阻河而城，③ 其西南當河流之衝，復趨而北可十里。每夏秋湍激，受害不啻剝膚，而亦藉以灌漑。④ 雖秦、漢二渠漑田至數千頃，⑤ 而利與害錯，⑥ 其侵城實甚。⑦ 粵稽洪武甲子迄今，⑧ 城凡三徙，皆以河故，而河亦益徙而東。自不佞來受事，不一載，去城僅數十武矣。先是，禦河，歲役夫三千，束薪十萬。罔慮數百千金，率委諸壑。人情洶洶，意非物力所能支，⑨ 議徙民、徙城以爲長策。⑩ 不佞則謂禦河猶禦虜也，⑪ 虜闌入不佞之去，猶延之入乎？⑫ 且勢若建瓴，而僅僅積薪委土與陽侯爭，此

---

①　[校] 始終：《朔方新志》卷四《詞翰·漢唐二壩記》作"終始"。
②　[校] 靈州河堤記：《朔方新志》卷四《詞翰》題作《新築靈州河隄碑記》。
③　[校] 城：《朔方新志》卷四《詞翰·新築靈州河隄碑記》作"成"。
④　[校] 而亦藉以灌漑：此六字原脱，據《朔方新志》卷四《詞翰·新築靈州河隄碑記》補。
⑤　[校] 雖：《朔方新志》卷四《詞翰·新築靈州河隄碑記》作"若"。
⑥　[校] 而：《朔方新志》卷四《詞翰·新築靈州河隄碑記》作"蓋"。
⑦　[校] 其侵城：《朔方新志》卷四《詞翰·新築靈州河隄碑記》作"而其偪侵城"。
⑧　洪武甲子：洪武十七年（1384）。
⑨　[校] 意非物力所能支：此七字原脱，據《朔方新志》卷四《詞翰·新築靈州河隄碑記》補。
⑩　[校] 議徙民徙城：《朔方新志》卷四《詞翰·新築靈州河隄碑記》作"則議先徙民或亟徙城"。
⑪　[校] 則：《朔方新志》卷四《詞翰·新築靈州河隄碑記》作"嘅"。
⑫　[校] 猶：《朔方新志》卷四《詞翰·新築靈州河隄碑記》作"更"。

助之決耳。計非巨石砥柱之不可，獨慮費且不貲。① 計無出，不佞即捐月俸二百金爲役者先。② 而謀之薦紳邑令戴君任、諸生輩及鄉三老聚族，③議堤以石，④ 無所事薪，改征河西年例柴價五百金。軍民願輸地基銀八十兩，暨諸捐助，驗庫藏之羨，⑤ 合之得千四百有奇。貲用集矣，則議民間量地畝出夫，⑥ 量田里出車，調兩河營卒，更番受役。工力備矣，乃造船百艘，運峽口石，徃來不絕。材具庀矣，遂請於先撫寧夏今制臺少司馬介石李公、前制臺今大司徒贍予李公，俱報"可"，則以守備張大綬董堤務，指揮孟養浩司出納，⑦ 經歷李盛春程工作，⑧ 大興石堤之役。⑨ 而議者紛若，謂濱河皆流沙，不任受石，⑩ 恐卒無成功。適旋築旋潰，⑪ 衆口愈囂。予堅持之曰："此根虛易傾耳，⑫ 水豈能負石而趨耶。⑬" 益令聚石投之，⑭ 一日盡八百艘，三日基始定。於是從南隅實地始，纍石爲堤，⑮ 首四十餘丈，用遏水衝。繼以次迤西而北，⑯ 其纍石亦如之。計堤長六千餘

---

① ［校］獨慮費且不貲："獨慮"，《朔方新志》卷四《詞翰·新築靈州河隄碑記》"獨"前有"而"字。"貲"，《朔方新志》卷四《詞翰·新築靈州河隄碑記》作"訾"，疑誤。

② ［校］即：《朔方新志》卷四《詞翰·新築靈州河隄碑記》作"既"。

③ ［校］諸生輩及鄉三老聚族：原作"及諸生輩"，據《朔方新志》卷四《詞翰·新築靈州河隄碑記》改補。

④ ［校］議堤以石：《朔方新志》卷四《詞翰·新築靈州河隄碑記》"議"前有"而"字。

⑤ ［校］驗：《朔方新志》卷四《詞翰·新築靈州河隄碑記》作"念"，疑誤。

⑥ ［校］地畝：《朔方新志》卷四《詞翰·新築靈州河隄碑記》作"地分"。

⑦ ［校］指揮：《朔方新志》卷四《詞翰·新築靈州河隄碑記》"指"前有"以"字。

⑧ ［校］經歷：《朔方新志》卷四《詞翰·新築靈州河隄碑記》"經"前有"以"字。

⑨ ［校］大興：《朔方新志》卷四《詞翰·新築靈州河隄碑記》"大"前有"乃"字。

⑩ ［校］任受：原倒作"受任"，據《朔方新志》卷四《詞翰·新築靈州河隄碑記》乙正。

⑪ ［校］適旋築旋潰：《朔方新志》卷四《詞翰·新築靈州河隄碑記》作"予不無動然旋築亦旋隤"。

⑫ ［校］此根虛易傾耳：《朔方新志》卷四《詞翰·新築靈州河隄碑記》作"此夫根底虛故傾之易耳"。

⑬ ［校］水豈能負石而趨耶：《朔方新志》卷四《詞翰·新築靈州河隄碑記》作"非然水豈能負石而趨"。

⑭ ［校］益：《朔方新志》卷四《詞翰·新築靈州河隄碑記》作"乃"。

⑮ ［校］纍石爲堤：《朔方新志》卷四《詞翰·新築靈州河隄碑記》作"纍石特堅厚爲堤"。

⑯ ［校］繼：《朔方新志》卷四《詞翰·新築靈州河隄碑記》作"餘"。

丈。① 功甫成，而河西徙，② 復由故道。③ 視先所受嚙地淤爲灘，④ 可耕可藝，去城已十數里矣。

是役也，經始於天啟癸亥之正月，⑤ 告成於天啟乙丑之四月，⑥ 凡費時二年有半，費金九百一十有奇，⑦ 費米麥六十石，而貯尚有餘羨。念往歲議堤，請帑金萬二千，業奉旨下部覆不果。今議約三千金，猶慮不足。至廑少司馬公捐俸金百兩，⑧ 而同守盧君自立、參戎高君師孟等，亦釀助有差。然卒以有餘羨，故繭還。是皆百執事殫心經畫，⑨ 靡有虛糜之成效也。

憶不佞初抵靈行河，⑩ 籌之再三，始而秦渠堤潰，⑪ 水暴洩，不能灌溉，⑫ 爲築長堤瀦之，歲比稔。而漢伯渠又苦無尾閭，脾田皆成巨浸，因以治堤之餘，爲開蘆洞，長十三丈五尺，高廣各三丈五尺。自秦渠北岸抵窐橋，疏渠道三十里，瀉水入河，復故田數百頃，⑬ 增稅額數千石。不三月而竣，⑭ 凡費金五十六兩有奇，而椿鋷諸費不與焉。古有言："河者，天下之大利大害也。"故《周禮》慎水政，以防止水，以瀦蓄水，以溝蕩水，其法甚備。自堤石而城無受嚙，庶幾於河之害遠矣。而二渠之役，⑮ 亦借以收其利。不佞三年於此，未事則憂物力，方事則憂成勞，已事則憂

---

① ［校］六千餘丈：《朔方新志》卷四《詞翰·新築靈州河隄碑記》作"爲丈者六千有奇"。

② ［校］河西徙：《朔方新志》卷四《詞翰·新築靈州河隄碑記》作"河輒徙而西"。

③ ［校］復由故道：《朔方新志》卷四《詞翰·新築靈州河隄碑記》"復"前有"遂"字。

④ ［校］視先所受嚙地淤爲灘：《朔方新志》卷四《詞翰·新築靈州河隄碑記》無"視""地"二字。

⑤ 天啟癸亥：天啟三年（1623）。

⑥ 天啟乙丑：天啟五年（1625）。

⑦ ［校］九百一十：《朔方新志》卷四《詞翰·新築靈州河隄碑記》"十"後有"兩"字。

⑧ ［校］百兩：《朔方新志》卷四《詞翰·新築靈州河隄碑記》無"兩"字。

⑨ ［校］是：《朔方新志》卷四《詞翰·新築靈州河隄碑記》作"則"。

⑩ ［校］憶不佞初抵靈行河：《朔方新志》卷四《詞翰·新築靈州河隄碑記》作"蓋不佞初抵靈輒行河"。

⑪ ［校］始而：《朔方新志》卷四《詞翰·新築靈州河隄碑記》作"先以"。

⑫ ［校］不能：《朔方新志》卷四《詞翰·新築靈州河隄碑記》作"無所"。

⑬ ［校］故田：《朔方新志》卷四《詞翰·新築靈州河隄碑記》"田"後有"可"字。

⑭ ［校］不三月而竣：此五字原脫，據《朔方新志》卷四《詞翰·新築靈州河隄碑記》補。

⑮ ［校］而：《朔方新志》卷四《詞翰·新築靈州河隄碑記》無此字。

久遠。今幸三憂且釋，得藉手告終事矣。抑天下事，惟賢者能慮始，其次莫若因。是三役者，① 因法於古，因石於山，因力於民，因能於衆，因主裁於上，獲迨喜事之幸，② 是皆今日所以成功之本也。例不可以無記，③ 遂次其終始，以係之銘，銘曰：

渾渾經瀆，亘以金堤。④ 順流而西，潛於靈府。禔福下土，聿鞏靈武，爰固我圉，用昌我稷黍。匪處白璧，而崇紺益。是維川后之仁，俾無逢其災害。亦越千禩，曰寧以泰。

靈州張公堤記　　太僕少卿　崔爾進

靈在寧夏鎮河以東，劉綜所謂"西陲巨屏"⑤。居人三時農作，寄命於河。河有渠曰漢延、⑥ 曰唐來，俱西爲鎮城所有。其在東者秦家一渠，古稱光祿等三渠，百家等八渠，今湮沒。意當時兼東、西渠名之，或曰即秦家支渠，皆不可考。渠故有堤，土薪間築，旋築旋圮，久之益廢，不復治，歲屢不登。觀察張公〔九德〕既下車，亮采惠疇，大猷允迪。數問民所恫苦，得此，毅然謂："非石碾無以集事。"於是相度鳩工，躬爲激督綜覈，不半載告竣。延袤四百餘丈，高厚堅緻，亘如長虹，水無壅滯泛濫，頓成有年。畚鍤之費出公捐俸及搜括贖鍰，不以勞民，民大悅。營參戎馬君載道，併鄉紳縣尹戴君任等，即以張公名堤，如姑蘇之白公〔居易〕堤、武林之蘇公〔軾〕堤，而介郡貳守沈君道隆求余爲記。⑦

余按河出崑崙墟，歷注蒲昌，出積石，入燉煌諸境，以至朔方，此即其地也。河從高趨下，最善潰。至是爲青銅峽約束，漸就平衍，稍得瀦瀉，⑧ 以資稼穡。世謂天下多苦河害，惟朔方收河之利，良然。而關西諸鎮，九原、張掖，左右遏虜，此居其中，形雖鼎峙，實衿喉焉。自昔置材官輓飛，數萬甲仗糗芻之需，仰給帑金不及四萬緡。其餘民運而外，一切取足屯田，又何約也。持笏而畫者，毋亦曰濱河爲利，徼靈於天實甚奢。

---

① [校] 三役者：《朔方新志》卷四《詞翰·新築靈州河隄碑記》"者"後有"予不佞"三字。
② [校] 喜事：《朔方新志》卷四《詞翰·新築靈州河隄碑記》作"任事"。
③ [校] 例：《朔方新志》卷四《詞翰·新築靈州河隄碑記》作"是"。
④ [校] 亘：《朔方新志》卷四《詞翰·新築靈州河隄碑記》作"旦"。
⑤ 劉綜語見《宋史》卷二七七《劉綜傳》、《長編》卷五〇咸平四年（1001）十二月條。
⑥ [校] 河：此字原脫，據《朔方新志》卷四《詞翰·靈州張公堤記》補。
⑦ [校] 貳守：原作"二守"，據《朔方新志》卷四《詞翰·靈州張公堤記》改。
⑧ [校] 得：此字原脫，據《朔方新志》卷四《詞翰·靈州張公堤記》補。

俾半食其力，以舒縣官急。而天何可常則亦利不利之，灼然者矣。

公清修介䇿，偉略直心，① 盤錯所至，剖決若神。日加意元元，綢繆其制作，永逸規模，成以指顧，塍位相接，可導可鄣，無蕩、無涸、無淤，天若不自以旱乾水溢爲政而獲畲，惟斥人鹵之塲芃芃桑麻，② 無論家給賦足，陳穰我庚，而市價不驟騰湧。荷戈輩宿飽以養直前之氣，縱天驕百萬，敢南向發一矢耶？即不然狡焉以逞，阡陌蜿蜒，險阻繡錯，我以投石拔距之餘，遏飄風驟雨之衆，扼吭制撐，犁孤死命，礪蕭斧伐朝茵耳。然則是役也，自金積而南，周索自我，入保出遮，虜絕甌脫之蹟。盡神皋奧區之域，惟公之所保釐而人安之，而余竊謂此井畫之遺也，趙營平行之金城而效矣。今大司徒所仰屋而嘆，必曰："遼餉加派南畝，三倍原額。監司二千石而下，且以此定殿最。新餉日急，舊餉日逋，急者終付尾閭，逋者致各塞有庚癸之呼。何如推公此法於薊門通津間，艾黃蓁蕪，嚴茸其圩埭埤坊，且耕且戰，不愈於水陸飛輓數千鍾致一鍾乎。"公堤築既成，則有見於河漸內徙，懷襄之勢嚙及城阯，復切猶溺之視，條畫石碾便宜，上之臺使者。興作伊始，民之室宇，靡所不奠，居以無至昏墊，徼塞始有金湯。至夫肅憲章，貞百度，嚴刁斗，明烽燧，飭將吏，課博士弟子，董正鹽法，疊服援兵，芳施閎澤，奕世利賴，則境以內藉藉有口碑在。聖主眷膚公，且埤遺有加，行且授以大中丞䇿，③ 若圻父專九法，籌餉命旅，余與靈人又拭目廓清，浹膚藏髓，不區區北地闤熙間矣。公諱九德，號曙海，浙江慈谿人，萬曆辛丑進士。④

改修七星渠碑記　　副使　譚性教

寧鎮迤西三百六十餘里爲中衛西路，東控銀干，北制邊夷，⑤ 西南鄰松山、青海。諸虜支蔓根連，此款彼犯，實逼處我牆下，遞起爲難，非若他路專意一面比也。頃因遼左告棘，大司農全餉專注於山海。軍士守此者，既難望關中輪轉，而商人實粟塞上，又以鎮城分給百中之一。率下戶不贍，則惟賴有黃河南威寧諸堡屯田租耳。自非屯政修舉，憂不在虜，且在軍矣。

---

① ［校］直心：《朔方新志》卷四《詞翰·靈州張公堤記》作"真心"。
② ［校］人：此字原脫，據《朔方新志》卷四《詞翰·靈州張公堤記》補。
③ ［校］行且授以：《朔方新志》卷四《詞翰·靈州張公堤記》作"下尺一"。
④ 萬曆辛丑：萬曆二十九年（1601）。
⑤ ［校］邊夷：《朔方新志》卷四《詞翰·改修七星渠碑記》作"賓歹"。

威寧舊有七星渠，荒淤歲久，塍溝圮塞。加以山水自固原奔馳而下，洶湧澎湃，歲爲渠患。膏沃之壤，化爲蓁蕪。徙丁逋賦，頓減屯籍之半。大中丞焦公〔馨〕天啟丁卯秉鉞茲土，① 慨然曰：「有能任此者，吾且顯著其績，以酬厥勞。」檄下道府，遴委將弁，議經費，商工役，度地形，乃據西路同知韓洪禎、② 屯田守備王光先所條上諸款，裒議以聞。以百户李國柱、劉宰分督之，而專任韓郡丞綜其事。謂舊渠口上，石剛且頑，奈何強之以水。於是移鑿近三里許，河益尊善下，岸益謙善受，闊凡四丈五尺，深八尺。河行於鑿口三里許，③ 地勢復高，舊三空閘旁，濬隙地十五里，深闊如前。入寧安故道中，散者聚，迅者折，亢者夷，瀦者洩。中間爲宜民閘、五空閘、銅錢湃、鹽池湖閘，④ 凡四道，站馬橋貼渠、橫河湃梗凡二道，⑤ 委曲輸瀉。自口至威武一百里，至鳴沙又七十里，灝灝湯湯，以次下於田，支分脈析，注玉濺珠，浮塍貫畝。其山水爲患者溯渠上五十里，古有北水口淤塞，故徙而東注，北口近河石梁爲梗，故逆而上壅，則鑿中石梁四十七丈、深九尺、闊一丈六尺，下石梁五十三丈、深二丈、闊倍之。水引入黃河。東壩鑿口，疊築崇堤，底闊十丈，頂闊三丈五尺，高十一丈，縱橫百步，障濤砥瀾，⑥ 不使患渠。

是役也，自三月上浣迄五月，凡三閱月而竣。用軍民工役凡三千二百五十人。若匠若器取諸官，⑦ 若柴若木供諸堡軍夫。適今上登極，賞至軍，咸悦。使民夫則出於本堡者，民自供給，借於外堡者，計日給廩。凡用官帑二百餘金，較始議省夫役三千餘，省金錢一千餘。闢荒梗萬餘頃，咸得耕穫。西路父老歡呼稽顙，曰：「今乃得免於死，徙以食土之毛也。吾儕小人爲山河所虐，不享渠之利者十數年矣。囂囂訾訾，咸以功非二三年莫成，費不數千金莫成，工役非萬餘莫成。今事半而功倍，且速若此。雖有暴浪驚濤、堯年之水，不能越峻堤而衝渠腹；雖有火雲旱魃、湯年之

---

① 天啟丁卯：天啟七年（1627）。
② ［校］韓洪禎：原作"韓洪真"，據《朔方新志》卷四《詞翰·改修七星渠碑記》改。
③ ［校］鑿口三里許：《朔方新志》卷四《詞翰·改修七星渠碑記》作"鑿三百步"，疑是。
④ ［校］鹽池湖閘："閘"字原脱，據《朔方新志》卷四《詞翰·改修七星渠碑記》補。
⑤ ［校］橫河湃梗："梗"字原脱，據《朔方新志》卷四《詞翰·改修七星渠碑記》補。
⑥ ［校］砥瀾：原作"底瀾"，據《朔方新志》卷四《詞翰·改修七星渠碑記》改。
⑦ ［校］器：原作"漆"，據《朔方新志》卷四《詞翰·改修七星渠碑記》、《中衛縣志》卷九《藝文·改修七星渠碑記》改。

暵，吾且沐浴膏澤，霑餘潤焉。昔史公決漳灌鄴，斥鹵生稻粱，人頌德稱聖，與西門並傳。中丞治渠，溝洫繡錯，①豈止利民足國，且以禦虜南牧，功奚啻倍蓰也。焦公行矣，願及公在，②賜言以勒不朽。"不佞性教承乏司餉，疏鑿之役，愧無能效胼胝爲父老先，幸藉告成事，以诣於皐，庥《甘棠》之蔭，與夏人同庇焉。我輩懷德矢報，尚勤其築濬，歲歲無怠，庶焦公之汪濊與黃流俱永乎。公諱馨，號蕙芷，山東章邱人，辛丑進士。③撫夏甫及一載，所興鳌皆百年大計，如止遼戍、賞戰功、疏水利、繕防邊、程材官，功德難更僕數，此特其惠西路之一事云。

三賢祠碑記④　　翰林⑤　南居仁

成天下事者，豈不存乎其人哉？今之人見古人之豐功駿烈可傳後世者，或遡瞻廟貌，未嘗不敬而慕之，以爲吾亦可以爲此也。及乎臨事，則又畏縮遜謝，謂此殆有天授，抑或遭時會之便以成厥功，而非吾所能及。嗟乎！豈古今人若是遼絕哉。

昔武廟初，楊公〔一清〕邃菴以都御史臨邊，奏築〔綏〕、寧〔夏〕二鎮長城，爲復東勝計。會逆瑾阻之，功雖未竟而先聲馳塞外，戎馬裹足。及寘鐇謀叛，就家徵起公。鎮人聞公至，鬥氣百倍，至則鐇已就擒，遂留制三邊，踰二十年。而王公〔瓊〕晉溪位大司馬，督三邊軍事，循楊公之緒，拓城四百餘里。夏人念二公功不忘，合祠靈州城北，所由來久矣。又百年，而張公〔九德〕曙海以藩臬長兵備河東，適陽侯皷怒，吞噬城闉，民將棄厥居而巢窟是棲。先是，河屢決而東，城亦屢避而東且迤北。洪武以來，三徙城矣。張公曰："若此，是無靈州也。城可徙而東，水獨不可徙而西乎？"乃循河故道，躬理畚鍤，築石堤長六千丈。初，河流甚駛，少投石則旋傾，張公曰："此力弱不能勝耳。石能砥水，水豈能浮石乎？"遂排群議，爲艘者百，從峽口運石，積而頓投之，一日罄八百艘。石堤克鞏，河乃西徙，城賴以全。由前言之，夏人之不捐於鋒鏑，

---

① 〔校〕溝洫繡錯：此四字原脫，據《朔方新志》卷四《詞翰·改修七星渠碑記》、《中衛縣志》卷九《藝文·改修七星渠碑記》補。

② 〔校〕及：原作"即"，據《朔方新志》卷四《詞翰·改修七星渠碑記》、《中衛縣志》卷九《藝文·改修七星渠碑記》改。

③ 辛丑：萬曆二十九年（1601）。

④ 〔校〕三賢祠碑記：《朔方新志》卷四《詞翰》題作《靈州三賢祠碑記》。

⑤ 〔校〕翰林：《朔方新志》卷四《詞翰·靈州三賢祠碑記》作"翰林院編修"。

楊、王二公之所留也。由後言之，夏人之不汩爲魚鱉，① 張公之所生也。於是躋張公與楊、王併祀，旌曰"三賢"。嘻！亦盛矣。

予因思兵猶水也，治水與治兵孰難？意者堤猶水之城與，水決而移民以避之，猶兵交而割地以求和也。雖欲永保其不壞，詎可得哉？且疆場之事，吉凶存亡，我與敵共者也。或望塵而避焉，若夫驚濤迅湍，一掃而爲黿鼉之窟，豈有倖乎？況兵但避其害，而水更收其利。張公又築長湃於秦渠，開蘆洞於漢渠，使涸者有所蓄，而潦者有所洩。今兩渠間翼翼或或，綠野如雲，伊誰賜與？至於挺而走險者，感片語以投戈，是劉弘一紙書勝十部從事也。② 狄焉啟疆者，懾天威而稽顙，是趙充國以威信服罕开也。業業乎無形之長城也哉。楊、王振卓軌於前，張公接芳躅於後，孰謂古今人不相及耶。楊公諱一清，丹徒人。王公諱瓊，太原人。張公諱九德，慈谿人。頌曰：

屹屹金墉，區分昂畢。燧寢烽銷，天險是設。文襄創始，司馬紹述。倬彼二公，③ 俎豆有秩。張公繼起，循禹之蹟。昔也洪流，今藝黍稷。買犢棄劍，計安反側。鼎鼎三賢，貞珉永勒。

張公去思碑記④　　御史　沈猶龍

靈州自秦漢以來，或稱州，或稱郡，或稱軍，與鎮城僅隔一河，而東、西兩道併建，蓋其重也。神廟之季，天下紛然用兵矣。廷議遴選才德宿望之臣，分蒞九邊，而曙海張公以按察副使飭河東兵備。當是時，遼左、川、貴併軍興，多調邊兵爲援，驛騷無寧日。⑤ 本鎮援卒方遣行，而悍丁金白、張威等路殺領兵官，僞署左、右將軍，焚掠而前，煙塵翳日，⑥ 遠近震駭。公至固原，聞變，星馳進，大書前導曰："戍士遠役誠可念，即有所需，何不以情請。而輕蹈國憲，且父母、妻子各在城，而自貽族滅，何也？軍門發兵擒剿，汝進退何以自全？幸本道未受事，可開汝

---

① ［校］汩：原作"泊"，據《朔方新志》卷四《詞翰·靈州三賢祠碑記》、《乾隆甘志》卷四七《藝文·三賢祠碑記》改。

② ［校］劉弘：原避清高宗弘曆諱改作"劉宏"，據《朔方新志》卷四《詞翰·靈州三賢祠碑記》改。

③ ［校］倬：《朔方新志》卷四《詞翰·靈州三賢祠碑記》作"焯"。

④ ［校］張公去思碑記：《朔方新志》卷四《詞翰》題作《河東兵備道張九德去思碑記》。

⑤ ［校］驛：原作"繹"，據《朔方新志》卷四《詞翰·河東兵備道張九德去思碑記》改。

⑥ ［校］煙塵翳日：此四字原脫，據《朔方新志》卷四《詞翰·河東兵備道張九德去思碑記》補。

一面。如悔罪者，速投戈，隨本道蒞鎮，以明無叛志也。"衆環跪而哭，聲震山谷間，叩頭請死，有流血者。公隨路慰遣原營安插，而密擒渠魁置之法，寧鎮以安。其定邊有如此者。銀定賓歹擁衆牧邊，聲言搶花馬池。公曰："彼素利我市賞，且中國無釁不敢叛，可不勞師而服也。"因計誘通事僧人，宣諭朝廷恩威。通事曰："無他也，意求增歲賞耳。"公怒曰："國家定制，誰敢議增。必欲增者，當決一戰。後雖稽顙求貢，豈可得哉！"乃勒兵令遍觀營伍而縱之歸，二部各誅帳下一人以謝過焉。其制勝有如此者。熊經略廷弼，威震九邊，得便宜調發。有僞充經略使者，勒取馬價，傳皷而入，甚倨。公曰："鎮故市馬，然不取馬而價者，何也？"其人曰："道遠恐疲，折價至近關，貿易爲便耳。"公疑之，簡故牒，印文小異，遂伏罪。其發奸有如此者。鎮臨極邊，武備盛而文事寡。公攝學政，月課課，歲有較，朔望蒞黌宮，講業論道。辛酉獲儁疊雙，① 邊方侈爲盛事。其育材有如此者。復創設商學，以便商賈子弟肄業。於是群商輻輳，歲課羨溢。其柔遠有如此者。靈州瀕河而城，歲費薪夫數千金以禦河。壬戌，② 河大決，居民屢夜驚，議他徙。公相度水勢，從十里外建石堤，爲一勞永逸策，歲省薪價工役無算，而向所衝淤轉成腴壤。其保障有如此者。秦家渠常苦涸，漢伯渠常苦漲。三農失業，輟耒而嗟。公築長湃以護秦，別開蘆洞以洩漢。計疏渠道三十里，復蕪田數百頃，而歲額驟增數千石。時號"張公堤"。又創制水戽，利民灌漑，號"張公車"。其裕農有如此者。

　　公爲政大抵先事綢繆，臨機制變，聲色不動，而指揮若神。目光如電，坐堂上，人從轅門外窺，閃閃如雙燈。故雖色笑親人，而人不敢干以私。若夫內靖寇氛，外銷邊釁，談笑折衝，豈不賢於甲兵百萬哉？公庚申以按察副使任事，③ 壬戌長按察使，④ 甲子加右布政使。⑤ 履任六年，而攝河西者再。至乙丑，⑥ 凡兩考卓異，擢巡撫都御史去。先是，城北有二賢祠，祀楊公一清、王公瓊，以報修邊之功也。及公去任二年，而鎮人思公

---

① 辛酉：天啟元年（1621）。
② 壬戌：天啟二年（1622）。
③ 庚申：泰昌元年（1620）。
④ 壬戌：天啟二年（1622）。
⑤ 甲子：天啟四年（1624）。
⑥ 乙丑：天啟五年（1625）。

之功不下楊、王，於是貌公像而三之，更其額曰"三賢"。今年春，寧夏舉人張君先春、沙君圻，貢士沈君諫等，以計偕至京師，謁予請爲文，以留公愛。夫龍向奉命閱邊，已疏公治行第一入告，則所爲聞且見之，而非無徵不信者矣。前二十年，公守雲間，全活飢民數百萬，獎育士類，龍亦厠門下，知公非一日也，又烏敢以不文辭哉。今上即位，公以少司馬陳新政六要，上嘉納，召對曰："老成敏練，無踰卿者。"行見秉中樞如王公，掌綸扉如楊公，事業彪炳，真堪鼎足而立矣。表曰"三賢"，誰謂不宜。①公諱九德，字咸仲，別號曙海，② 浙江慈谿人，登萬曆辛丑進士。③

---

① ［校］表曰三賢誰謂不宜：此八字原脱，據《朔方新志》卷四《詞翰·河東兵備道張九德去思碑記》補。
② ［校］曙海：《朔方新志》卷四《詞翰·河東兵備道張九德去思碑記》作"曙海先生"。
③ 萬曆辛丑：萬曆二十九年（1601）。

寧夏府志卷二十

記

欽頒聖訓碑記　　總督　吴　赫

皇帝龍飛三十有五年，[①] 久道化成，深仁浹洽，薄海内外，悉來享王。而厄魯特嘎爾旦，獨外聲教。皇帝濯征漠北，師武臣祗奉廟謨，催陷廓清。歸誠者日相繼，嘎爾旦不復能軍，釜底殘生，喙息絶徼。丁丑春三月，[②] 皇帝以餘孽未靖，非所以勤恤民隱，又安萬世，用是躬御六師，西臨夏鎮。自冠裳以至襁褓，皆得瓣香衢巷，瞻仰天日。當是時，行慶施惠，蠲免是歲田租；幸閲武堂，大設宴饗將士。而忠勇諸眷屬、老稚煢嫠，盡蒙賞賚有差。駐蹕夏城二十日，尋復出塞外，登狼居胥山，指授方略。夏人攀留車駕不得，請祈垂聖訓，勒貞珉以傳永久。皇帝篤念嚴疆，兼以邊民椎魯樸重，遥頒聖訓，用宏啓佑，若曰："我不惟多誥，惟祗誥爾課農桑，豫儲畜，各恭乃職，勵乃士，重倫教，策經術，庶幾萬世子孫，永安斯土。" 維時夏人感泣稽首，佩服罔斁。會嘎爾旦走死漠北，西土咸寧，夏人踴躍歡欣，子來不日，百堵偕作，用成聖訓碑亭。臣吴赫碌碌無似，督師秦蜀，常以覆餗是懼。適執事夏鎮，目擊熙朝盛事，不可無一言以宣上德、慰下情。竊嘗稽刪書，斷自唐虞，二典三謨，煌然居百篇首。其言平易正直，未嘗有艱深佶曲，非常可喜之論。暭暭乎，時雍風動，兩階干羽，無遠弗届，爲萬世法程。今恭讀聖訓，洋洋乎上媲典謨。夏人生長天未，耳目僻陋，一旦親見堯舜，身領玉聲，是訓是行，會歸皇極。宜其趨蹌恐後，永奉爲日星雲漢也。

臣考夏鎮，於三代時爲朔方地，在渠搜迤北。惟"南仲徃城"見於

[①] 皇帝龍飛三十有五年：康熙三十五年（1696）。
[②] 丁丑：康熙三十六年（1697）。

《雅》詩，而巡狩述職爲大典，大率以僻在要荒，杳矣無聞。至漢臨新秦，唐幸靈州，雖著典册，而其揚武略、勒歌詩，皆付諸河流沙磧，無可考者。逮夫五季前後，赫連、元昊輩又復各據，表裏山河，互争雄長。黑水、蘭山間，曾不得安枕卧。夏人獨能在天子一統無外時，消烽燧，事耕讀。聖訓一亭，巍然在望。每吉月令日，呼嵩祝願，如聞都俞吁咈，耳提面命。繼自今，子言孝，父言慈，忠順不失，以事其上。九閽咫尺，豈不萬年如一日哉！臣願與文武吏士，冰蘖自矢，悦安强教，率一方父老子弟，共頌明良喜起之歌，以廣盛治於萬一焉。敬爲記。

　　欽定昌潤渠碑①　　侍郎　通　智

　　雍正四年，歲次丙午，皇帝命侍郎臣通智、單疇書，會督臣岳鍾琪，經營查漢托護地方。開大渠以資灌溉，築長堤以障狂瀾，易畜牧爲桑麻者三百餘里。但大渠之東南隅，②灘形廣闊，水難遍及。有黄河之支流名六羊河者，口形如列指，泝游數里，復合爲一，逶邐而北，經大小方墩，越葫蘆細，歷省嵬城，而仍歸於大河。沃野腴壤，綿亘百餘里。因迤黑龍溝而西，故水勢順下，漫無停蓄，不能引之灘中，河之下流遂淤。率諸執事，循其已然之蹟，順其勢而利導之。凡湃岸之傾圮者，培之使平；河流之淤塞者，濬之使通。爰於渠口建正閘一，曰昌潤閘。外設退水閘，曰清安，使水有所瀉，以備歲修堵口也；内設退水閘，曰清暢，使水有所分，以殺湍流漲溢也。相地制宜，分列支渠二十餘道。中多高壤，不能盡達，復設逼水閘三，曰永惠、永潤、永屏，束之，使其勢昂而盈科，而進仍由故道以入於河。諸閘既建，俱跨橋以通耕牧往來。正閘之上覆以橋房，其旁則立有龍王廟碑記亭。渠兩旁俱插柳秧，資其根力以固湃岸。自此啟閉以時，蓄洩有方，而大渠以東遂無不溉之田矣。欽定名曰昌潤渠，以昭示來兹，垂之永久。是役也，用以仰副我皇上仁育萬物、無遠弗届之至意。渠之兩旁，良田萬頃，比户千家。白叟黄童均沾聖德，青山緑水悉載皇仁。誠盛世之宏模，而萬年之樂利云。

　　修唐來渠碑記　　通　智

　　我皇上御極以來，宵衣旰食，軫恤民隱。以萬民衣食之源在於水利，於雍正四年六月間，特命侍郎臣通智與原任侍郎臣單疇書在寧夏查漢托護

---

① ［校］欽定昌潤渠碑：《乾隆甘志》卷四七《藝文》題作《欽定昌潤渠碑記》。
② ［校］東南：《乾隆甘志》卷四七《藝文·欽定昌潤渠碑記》作"東北"。

地方，開惠農、昌潤二渠，築新渠、寶豐二縣，招徠户口，安插墾種。大工將竣，於雍正八年五月間，荷蒙聖恩，復念唐來、漢延等渠，灌溉地畝，寧郡民食攸關，其閘道湃岸，廢弛損壞，若不補修，將來難以經理。以臣通智在寧開濬渠道，自然明悉，著會同臣史在甲，即行查議。臣等欽奉上諭，詳勘確估，三渠工程難以併舉，奏請先修唐渠。奉旨："依議。欽此，欽遵。"

伏查唐渠自始，莫可考究。觀其形勢，自青銅峽百八塔寺下，分河流爲進水口。由大壩遶寧城，踰平羅，入於西河，綿亘三百零八里。沿賀蘭山一帶田地，均資灌溉。遍稽志乘，名曰唐來渠。元時行省郎中董文用、河渠提舉郭守敬曾加疏導，而閘座猶係木植。至明隆慶間，督儲河西道汪文輝始易木爲石。後一百六十餘年，雖例設歲修，而司其事者，多因循苟且，遂至閘座傾壞，渠身淤澄。臣等遵旨濬修。爰於雍正九年二月二十日，率領效力文武官弁等四十員，并協辦寧夏道、府、廳、縣，分布興工。起自進水口，其迎水坪甚低，且多冲壞。舡運峽口石塊，雜以麥草，直分河流，幫砌石坪，兼内外馬頭，共長三里零十丈。倒流河決口寬百餘丈，每年用草滚埽，一遇大水仍行冲決，水勢既下，難以挽之使上。且安瀾閘底高水背，又被冲刷傾壞，仍循舊蹟，自上流另開渠身一百八十餘丈，順引而下，扼頂冲處，造滚水石壩三十丈。水小則束之入渠，水大則從壩出，以殺急湍。又將安瀾閘移下，迎溜展造四墩五空石閘一座，以退餘水。其大小雙閘，底高空窄，出水不暢，乃稍移而南，合造三墩四空石閘一座，易名匯暢。寧安閘底既高，而南馬頭又突，乃落底展修三墩四空石閘一座。關邊閘雖出水甚利，並正閘、貼渠、底塘、梭墩、石牆俱多損壞，皆添石重修。並展造橋房十三間，以及碑亭廊房數楹。正閘之北爲龍王廟，因舊制而恢廣之。

凡退水尾俱短，水出即折激湍之勢，淘坑冲刷，以致閘座不堅。因勢疏濬，順引歸河。且退水歸入倒流河，反與大流河漾水會射刷坪，不但大坪日險薄，而田地時遭淹泡。因於來水口厚加修築，使水順流而下。坪岸既堅，旁地俱可耕種。自進水口抵正閘前，計九里三分零八丈，皆沙石淤塞，分爲一工。自正閘後抵月牙湖腦三十二里八分，抵玉泉橋又二十二里一分，抵寧化橋又二十三里二分零十一丈，抵大渡口又二十一里七分零十七丈，抵和碩礅又二十一里八分零二丈。渠西浮沙瀰漫，渠内淤澄甚厚，坪岸低薄，分爲五工。自和碩礅抵三渠灣二十四里三分，抵保安橋又二十一里七分，抵滿達喇橋又二十三里一分零一十一丈，抵站馬橋又二十五里六分。雖有堰岸，而偏坡轉嘴甚多。分爲四工，自站馬橋抵張明橋二十六里一分零八丈，抵張貴橋又二十四里一分，抵李市橋又三十八里七分。渠身太窄，淤嘴亦多，分爲三工。渠尾淤塞，餘水即洩入諸素湖，一遇水大則漾漫田畝。因循舊蹟，越廢邊十二里九分，分爲一工。俱派撥文武員弁，督夫濬修。不但淤者去之使平，薄者加之使厚，低者培之使高，窄者展之使寬，即渠内大坡，約下三四尺以至丈許，且將尾稍引入西河，水有攸歸，地亦可墾。凡渠内水緩沙壅則多淤澄，因對偏坡轉嘴，相度斜射沖刷之勢，布設馬頭，使沙不停留，則水自無阻滯。又一切受水險堰，加幫柴柳土堡，梳背長堰馬頭背土培厚。内外相兼，可免沖決。橋座一十有七，皆添木補修。新開渠尾於架橋二座以通往來，又於正閘梭墩尾及西門橋柱刻劃分數形勢，兼察淤澄。渠底布埋準底石十二塊，使後來疏濬知所則傚。於四月十四日，工竣放水。

是役也，皆仰體皇上愛養斯民之至意，而竭蹶從事，不遺餘力。即在工文武員弁，協辦寧夏道、府、廳、縣，亦莫不歡忻鼓舞，不遑寧處。計其添運物料，催覓夫匠，總需一萬八千餘金。自興工以至放水，爲時五十三日。民不覺勞，而大工以濟。落成之後，規模一新，渠流充暢，高下地畝，優渥沾足。萬姓歡騰，群歌帝德。惟願後之司其事者，毋怠忽以從事，勿肥己以病民，則渠水無匱乏之虞，而億萬斯年，寧民得享盈寧之慶矣。是爲記。

惠農渠碑記　　通智

黃河發源於崑崙，歷積石，經銀川，由石嘴而北遶鄂爾多斯六部，落入黃甫川。踰潼關，會泗沂，合淮歸海，源遠流長。而朔方一帶，導引灌溉，厚享其利焉。獨查漢托護地方，沃野膏壤，因漢、唐二渠餘波所不及，遂曠爲牧野。我皇上軫念寧夏爲邊陲重鎮，建新城，設將軍，領兵駐防，特命侍郎臣通智，會同督臣岳鍾琪，詳細踏勘。嗣命臣通智，偕侍郎臣單疇書，專董是役。復揀選在部、道、府、州、縣十五員，命赴工所分司其事。又奏請調取官弁武舉等十有二人，共勷厥工。

乃相土宜，度形勢，以陶家嘴南花家灣爲進水口，近在葉昇堡之東南也。黃流自青銅峽口而下支派分流，至此而滔滔汩汩，順流遠引，足溉數萬頃之田。其渠口石子層累，底岸維堅。由此而東北，遍歷大灘。擇地脈崇阜處，開大渠三百里，口寬十三丈，至尾收爲四五丈，底深丈一二以至五六尺不等。高者窐之，卑者培之。引入西河尾，並歸黃河。建進水正閘一，曰惠農閘。建退水閘三：曰永護，曰恒通，曰萬全。苟宣吐納，進退無虞。設永泓、永固暗洞二，以通上下之交流。設彙歸暗洞一，以洩漢渠之餘水。① 正口加幫石囤，頭閘堅造石橋，則渠源不患冲決。特建尾閘，以蓄洩之，外累石茆，以鞏固之，則渠稍可以永賴。大渠口以東，俱引灌大渠水，其田勢高處，剡木鑿石爲槽，以飛渡漢枝渠之水而東之，仍不失其已然之蹟。西阪渠尾以南，直抵渠口。其西岸不能歸暗洞之小退水，特留獾洞，放之大渠一帶出之，亦絕無漲漫之患。任春、葉升二堡，爲往來孔道，於正閘覆造橋房，旁列數檻，可爲守者居，兼爲行者憩。建龍王廟，立碑亭，以記工程，並壯觀瞻。沿渠之橋二十有二，西河之橋十六，行旅往來，賴以普濟。其枝渠四達，長七八里以至三四十里者百餘道，均作陡口飛槽，而戶口人民又沿渠各制小陡口、小獾洞千餘道，以相引灌。自此溝塍繡錯，二萬餘頃良田無不霑足。於渠之東，循大河涯築長堤三百二十餘里，以障黃流泛溢。於渠之西，疏通西河舊淤三百五十餘里，以瀉漢、唐兩渠諸湖鹹水。各閘旁建水手房四十二所，以司啟閉。遍置塘房三十七處，稽查邊汛。而大渠長堤以至西河，兼恃防護渠堤。兩岸俱夾植垂楊十萬餘本，其盤根可以固埒，② 其取材亦可以供歲修。至於東北隅一帶，其地尤廣，其土尤沃，改六羊河爲渠一百一十餘里，以佐大渠所不及。奏請建縣城二：其一在田州塔南，爲新渠縣；其一在省嵬城西，爲寶豐縣。立縣令以膺民社，設通判以司水利，建學校以育人材，置營弁以備防汛。移市口於石嘴，漢夷皆便；建城堡於山後，守禦相資。

兹役也，蒙皇上特頒帑銀十六萬兩，以爲工匠車船、一切物料之用，纖微不累於民。肇始於丙午之孟秋，③ 工竣於己酉之仲夏。④ 向之曠土，今爲樂郊。復蒙皇恩廣被，又頒帑銀十五萬兩，以爲招來戶口恆産耕種之資。由是億兆歡呼，爭先趨附。闢田園，葺廬舍，犂雲遍野，麥浪盈疇。勤耕鑿者歌帝力，安隴畝者頌高深。奏之九重，錫以嘉名，曰惠農渠。遐陬赤子，盡戴光天，邊塞黎民，欣逢化日。誠國家萬年之基，而民生世享

---

① ［校］洩：《乾隆甘志》卷四七《藝文·惠農渠碑記》作"接"。
② ［校］埒：《乾隆甘志》卷四七《藝文·惠農渠碑記》作"湃岸"。
③ 丙午：雍正四年年（1726）。
④ 己酉：雍正七年（1729）。

之業也。爰立石而爲之記。

  欽命大修漢渠碑記 觀察使 鈕廷彩

  昔司馬遷"從負薪塞宣房，悲瓠子之詩而作《河渠書》"，① 其言漢之導河爲渠也蓋詳。鄭〔國〕當時爲大農令，水工徐伯引渭穿渠，並南山下。莊熊羆穿龍首渠，② 引洛水至商顔，率以利漕，灌溉浸廣。洎白璧既沉，楗石是利，於是朔方、河西皆引河以溉田。漢之有斯渠，殆元封、太初間與？顧姓氏湮沒，不與蜀〔李〕冰、鄭國焜燿先後，懷古者惜焉。雖然，王者撫世誠民，宏一代之規模，垂諸萬禩，類非臣下所得私。渠爲漢有，史非闕也。

  我朝德澤涵濡，制度美備，區區漢、唐之治，度越千萬。洪惟我皇上，以神靈首出之資，纘成前烈，斟酌損益，金聲玉振。先是，夏之塞河壖棄地，可引而溉，天子乃命大臣穿惠農渠。渠成，復緣六羊河穿昌潤渠，建縣二，畫井授田，歸者如水。既又念寧夏有漢、唐諸渠，歲取材於民，公旬惟月，慮其材儉民勞，卒致堙塞也，悉發帑金，恢閎舊制。雍正九年，唐渠成。顧時方討罪於西域，飛芻輓粟，道略相屬。聖天子不欲重煩吾民，趣廷臣還敕下寧夏道臣鄂昌暨水利同知竟其事。臣鈕廷彩奉職朔方，凜兹成命，夙夜惕若。癸丑之春，③ 疏漢渠，戒事於水利同知臣石禮圖，越百執事，奔走先後，自渠口達尾，綿亘一百九十五里八分。測水平，竟源委，高者裁之，怒者庳之，壅者濬之，泪洳而漫衍者瀦之，④ 渠以大利。正閘一，退水閘三，尾閘一，陂堤凡幾，或因舊更新，或昔無而今益，甃砌堅完，葦絙重疊。卜虔於龍神，遷諸東麓，廟貌以新。橋亭一，橫橋二十有零，迤邐聯屬，輪蹄便適。

  是役也，發夫五千人，糜金錢萬萬，凡一月而工竣。猗歟盛哉！漢之穿斯渠也，作者數萬人，歷三期，費以巨萬十數，功非不偉矣。歷數千百年至於今，人事遷易，堙沒不常，藉非大聖人在上，起而更新之，其不浸久浸廢者卒鮮。是我皇上，濬畎距川，功延萬世，凡以纘禹之緒，非直與炎漢争光也。邊隅小臣，躬逢盛事，仰聖德之高深，而與斯民樂美利於無

---

 ① 參見《史記》卷二九《河渠書》。
 ② 〔校〕莊熊羆：此同《史記》卷二九《河渠書》，《漢書》卷二九《溝洫志》作"嚴熊"。
 ③ 癸丑：雍正十一年（1733）。
 ④ 〔校〕瀦：原作"豬"，據文意改。

窮。恭鐫諸石，以垂不朽。是爲記。

　　大修大清渠碑記　　鈕廷彩

　　昉稽寧夏，廼古朔方地。賀蘭環其西，黃河亘於東，誠爲邊徼雄勝之區。其中膏腴沃壤，不一而足。凡民間樹藝稼穡，惟引黃水以資灌溉。考自昔日開有漢、唐二渠，此水利之繇以興也。伏自我朝定鼎以來，生聚日蕃，開闢益廣。漢、唐二渠之水，支分遠注，疏引漸多，而水勢因浸乎微矣。恭蒙聖祖仁皇帝遠籌民計，於漢、唐二渠之中復開大清渠一道，袤延百餘里，引黃入唐，聯貫而下，水源充暢，歲事豐登。天時、地利、人和，三者咸備，是皆聖帝仁君，湛恩汪濊之所及也。乃歷今數十餘年，雖歲修不時，而工作頗鉅。沮洳淤壅，日積月盈，向之所謂廣者狹矣，深者淺矣，通納流行者傾圮湮漏矣。恭逢我皇上繼統紹述，時以重農敦本爲念。大修之舉，已廑聖懷。時因查漢托護地方，招徠屯墾，欽差部院大臣司帑建興，新開惠農、昌潤二渠。斯時匠作夫役咸集，工所以臻其要。繼以用武西塞，飛芻輓粟，均資民力，此又當舒徐從事也。及插漢拖護工成，而漢、唐二渠已歷千百餘年之久，葺廢崇新，俱宜循次而舉。欽奉諭旨，頒發帑金，令將漢、唐、大清三渠，加意修整。當即先修唐渠，旋即告竣。臣廷彩繼任監司，有統轄水利之責。踵修漢渠，亦復慶成。由此而大清渠之大修，不可以稍緩矣。

　　爰於雍正十一年冬，鳩集工匠，煉灰採石，辦料庀材，先期預備。擇吉於雍正十三年上巳之辰，興工建修，恢宏舊制。畚鋪咸施，淤者濬之，窒者疏之，堅其堋岸，固其閘座。龍神廟貌，巍然燦然。不一月而諸事畢舉。凡向之所謂狹者、淺者、傾圮湮漏者，莫不整然改觀矣。且其源洋洋，其流湯湯，詢諸父老，僉稱水利之盛，未有如斯者也。今而後，平疇綠野，何須望杏瞻蒲；阡陌青蕪，不必鋤雲犁雨。盈寧叶慶，何莫非聖天子溥博宏仁，垂樂利於億萬斯年也哉。是役也，司其事者水利同知石禮圖，公其事者寧夏府知府顧爾昌，趨其事者寧夏縣知縣武梓、寧朔縣知縣李宏。臣廷彩欣覩其盛，敬拜手虡揚以頌。

　　重修昌潤渠碑記　　總督　黃廷桂

　　《書》載"禹別九州，隨山濬川，任土作貢"。① 《詩》亦云：②"信彼

---

① 參見《尚書·禹貢》。
② 參見《詩經·小雅·信南山》。

南山，維禹甸之。畇畇原隰，曾孫田之。"是體國經野，莫重於導川澤、濬畎澮、別疆埸、正貢賦也。我國家重熙累洽，聖聖相承，以恬以養，迄日出日入之鄉，罔弗登於衽席，而宵旰憂勤，尤惓惓於溝洫稼穡間。南北水利，皆以時次第修舉，有禹功之所不到者。甘肅地多砂磧，半屬不毛，有水泉可引，亦不遺疏鑿。安西之導蘇賴河等水，鎮番之屯柳林湖，其地俱鄰外部。漢、唐來有郡縣之名，而無開闢之實，今一望盡膏腴矣。更著者，寧夏惠農、昌潤二渠，暨查漢托護地數百里，立二縣新渠、寶豐，闢田萬頃，安戶萬餘家，費金錢數十萬計，聖朝之愛民深而水利溥，有如是夫。

皇上御極之六年，余奉命撫甘，敕以設法疏通水利資灌溉爲先。既披圖籍，寧夏之昌潤渠已廢。蓋乾隆三年，坤維弗靜，新渠、寶豐城俱陷，奉裁，渠亦以坤堙。四五年間，修復惠農渠，就濱河長堤內，加築新堤以障之。無何，水決四堆子，瀰漫無能爲力。姑於四堆上橫築堤，而西屬賀蘭山之阪，於是惠農渠止引灌堤以內，堤以外原隸寶豐二十四堡，田皆棄爲汙萊，無復言及昌潤渠者矣。歲時咨度，訪求議者，率築室道旁，莫得其要領。八年，寧夏太守楊灝至任，力言堤外田必不可棄，昌潤渠必可修，往復竟其說，畫沙觀火，原委較如。其大指曰："寶豐田視新渠肥美，棄於橫堤外無敢議復者，怵於河決爲患也。夫河不當與爭，向築堤去河甚近，故一決不可復支。自築橫堤後，子遺黎民愛其土，任耕弗忍去，於四堆子決處草草築月堤自衛，究亦近河難恃。今度歷年遷徙之形，遠爲之堤，使水得瀠洄而下，其新舊堤之間斷而弗屬、殘缺而易陵者，各相險夷以補苴之。總之無與河爭，河漲旁岸而止，不激之使橫流泛濫，而乃可以議濬渠。昌潤渠本因黃河之支流六羊河舊口，迫近河，直其衝，易潰壞難復，其下游尚間有故道可循。今察地利，揆土宜，借六墩廢渠口，鑿惠農渠東岸，建分水閘，引注昌潤渠故道，溉橫堤外田甚便。而惠農渠兩岸，卑薄者倍高厚之，使能多容水無潰，更於其上游建滾水壩以暢水勢，水當無不敷，而乃可以議開墾。大都始開墾患無力，既墾患賦重，田無餘，令來墾之民力能自給者，聽察其務本自勤。貧而無籍，爲之計居室、牛耕、農器，量給以口食，使得安心耕作，寬其成賦之年，則從中下，並爲留廬舍場圃地，無尺寸以繩之。願出其野者必益衆云。"余壯其說，爰躬親按視，知其必可，起而行，與阿方伯今山右中丞謀，以二千金爲權輿，條其概上聞，奉硃批："開渠闢墾，皆務農之本，實慰朕懷，欽此。"

檄楊灝如議舉行。

　　未幾，而堤功告峻矣。新渠堤凡長二十五里，高厚而堅。在四堆子民堤內，距河一十五里許。且因民堤引長之，與橫堤之脊相屬，計七里。由四堆子北至石嘴子，沿河長堤七十餘里。由四堆子南至通澄堡，沿河長堤五十餘里。各補其殘缺，以防患於未然。未幾，而渠工告峻矣。自六墩廢渠口，鑿惠農渠東岸，建分水閘，甃以石，引注昌潤渠故道，至尾閘凡長一百六里。修惠農渠岸，自楊和堡河西寨歷五香、六中、渠口各堡，各易沙以土，實土以薪，無慮百有餘里。惠農渠之上游，水旁洩於俞家河，伐石建滾水壩六十丈，以蓄洩之。且榜曰昌潤，① 渠之下疏仁義、官四、交濟等渠，各分引惠農渠水，以益昌潤渠之勢。又於橫渠外，展修惠農渠尾四十餘里，多開支渠，以助昌潤渠所不及，高下田無在不得水。未幾，而墾田有成數矣。後先招徠凡三千五百餘戶，墾熟田凡三千一百六十七頃。內貧無籍者七百餘戶，皆居之食之。畀之牛種農具，俱無失所，與力能自給者同，徂隰徂畛，歌盈寧矣。

　　余聞之喜而不寐，乃徃觀厥成。渠流活活，數年前之斷溝湮瀆也；重堤翼翼，數年前之決瓠浮桑也；周原膴膴，數年前之苞杞叢榛也；室家溱溱，數年前之敗垣頹壁也，聖天子勞心邊塞，弗忍一夫一婦不被其澤，而今乃可稍寬宵旰於萬一也。因臚列入告，特敕部臣以中下定則，六年後入籍。余旋節制兩江去。十六年，復遷視陝甘。再閱即成賦之期，寓書甘中丞楊公，察其渠之疏滯、堤之圮修、田之蕪治、戶之耗庶，以仰體皇仁藏富於民至意。得復視舊安阜有加，所謂"民留有餘，弗尺寸以繩之"者，咸有同心歟？先是，臺臣中有復修昌潤渠之議，咸以爲徒勞民傷財，功難成。是故視其見之定與弗定，心之堅與弗堅耳。抑嘗讀史，賢牧守所至，率以導水泉、制田里爲亟亟。如漢之虞詡、郭璜，唐宋之李聽、楊瓊，功尤多見於朔方。皆遭逢聖主，得從容展布以有成。今我皇上爲民計衣食之源，惓惓於溝洫稼疆，如是雲從龍、風從虎，小大臣工各承宣而導川澤，濬畎澮，別疆場，正貢賦，俾蒸黎共慶有年，熙熙於出作入息，蓋有莫知其然而然者。修復昌潤渠，其一端也。敢謹志之，以告後來。

　　修大清渠碑文　　塗覲顏

　　漢延、唐來兩渠之間，新開渠一道，闊五六丈，延袤七十餘里。東引

---

① ［校］榜：原作"旁"，據《宣統甘志》卷十《輿地志・水利・重修昌潤渠碑記》改。

黄流奔騰而下，其勢洶湧，奮迅可與唐、漢鼎立而爲三者，我司馬王公〔全臣〕所創大清渠也。公歷任始於戊子之春，① 而兹渠即創開於是年之秋。當其開渠時，請命於觀察使鞠公〔宸咨〕。鞠公深悉公才，即委公往營之，並令水利都閫王公共襄厥事。公規模素定，一若行所無事者，安閑指授，七日而渠成，水利不崇朝而遍注萬頃，於戲盛矣！

夫自河勢東徙以後，唐口壅遏，距今已數十年。其職守兹土暨專司水利者，不知凡幾也，豈遂無殫心民事而久於此者，然俱不克營此。公受事甫數月，即洞悉其情形，而力爲之。於以知非常之舉，必待非常之人。公之大有造於寧也，豈偶然哉。稽之於志，明大中丞焦公〔馨〕之改修七星渠也，三月而始畢；河東觀察使張公〔九德〕之築河堤也，二年而始竣。沿而上之，如漢、唐諸渠，其創作雖不可考，然決非旦夕而成者。即我公初發議時，衆口紛若，咸謂費不數千金，功不二三年，當無以底厥績也。公乃不及旬日，開渠數十里，非常之舉，其速如此，此誠絕代才人之所爲，非拘牽庸算者之所可到也。兹渠一開，而九堡之荒田俱成沃壤。其食公之利澤者，不知幾萬家。且九堡不借潤於漢，而兹渠復大有助於唐。是食公之利澤者，又不知幾千萬家矣。渠成於今已七年矣，吾寧人左飱右粥，亦習以爲常耳。去秋西鄙旱荒，所在流離飢餓，試思今日之飽食嬉遊，得享昇平而歌樂土者，其誰賜焉？而顧可忘耶？寧人咸謀勒諸石以記其事，而屬文於余。余不文，愧無以揚厲公德，然緣此得掛名石上，自托不朽，是則余之大幸也，其又奚辭。至若倣漢、唐之制，建立閘壩，與夫造過水筧、築迎水堤，一切良法美意，悉載公上舒撫軍書中，寧人已刊刻成帙，家傳而戶誦矣，兹不具載。是爲記。

寧夏道鈕公生祠碑記②

自古名卿大夫，宣猷布化，保釐一方，能爲民捍大患而興大利，其德澤足以垂千百年而無窮，至於百姓謳歌思慕而不能忘，爲之建立祠宇以祝嘏稱壽於無疆，③ 史册所載，遥遥有之。昔蘇老泉撰《張益州畫像記》，④

---

① 戊子：康熙四十七年（1708）。

② ［校］寧夏道鈕公生祠碑記：《中衛縣志》卷九《藝文·記》題作《皇清分巡寧夏道鈕公生祠碑記》。

③ ［校］無疆：《中衛縣志》卷九《藝文·記·皇清分巡寧夏道鈕公生祠碑記》作"無涯"。

④ 蘇老泉，即北宋文學家蘇洵，號老泉，有《嘉祐集》十六卷傳世，《張益州畫像記》載於該書卷十五。

述張公之撫綏蜀民，與蜀民之感戴思慕不能忘公，至肖其容貌於祠以傳永久，俾子若孫世世瞻拜而頌禱之者甚詳。讀老泉之文，雖千百載之下如見張公也。

吾巡憲鈕公〔廷彩〕，開墾白馬灘之役，櫛風沐雨，勞不乘，暑不蓋，三年而功成。其事與張公異，而所以施惠吾民、享樂利之澤、安耕鑿之天者，其功德同也。邑之人士聚而謀於衆曰：①"今之渠流洋洋、灌溉不竭者，孰疏導之？長橋臥虹、飛槽而渡者，孰區畫而疆理之？皆吾公之所賜也。公之德在吾寧，尤在吾衛，食我農人以及子若孫，將何以仰報吾公哉？盍建祠以祀諸。"又有謀於衆者曰："祠之宜矣。公之精神心血，殫瘁於茲者三年，衆慮其功之未必成也，而嘖有異議，公毅然任之，不爲撓阻。庸底乃績，鬚髮爲白。肖公像於祠，使我子若孫食德於千百年者，② 瞻公貌如見公之心，永永祝頌於不朽也乎。"衆皆曰："然。"環跪以請，公不許。塑工竊視有得，翌日而像惟肖，望之儼然，公弗能止，順民情也。蔽芾之詩不云乎？"蔽芾甘棠，勿剪勿伐，召伯所茇。"③ 夫召伯循行南國，或舍甘棠之下，民思其惠而不忍忘，以及於樹。矧公積瘁三年，寢斯食斯，其爲甘棠大矣，民其忍忘乎。塑公像以祀，亦猶蜀人之於益州也與。吾儕士民，愧無老泉之筆，謹記顛末，聊撰俚頌，以擬甘棠之歌曰：

大河之東，沃野高隆。引水鑿渠，阡陌以通。孰疆理之，厥惟我公。④ 勻勻原隰，禹甸之功。於鑠功成，千夫奮錘。渠流洋洋，堤崇巀嶪。廬井田禾，萬民樂業。偉績不磨，青銅之峽。膏腴萬頃，粒我蒸民。公像在堂，公德感人。望之儼然，藹而可親。永蒞吾土，八千爲椿。⑤ 食我農人，穀我士女。翼翼田疇，芃芃禾黍。崇德報功，在河之滸。登公之堂，願隨公處。

----

① ［校］於衆：此二字原脫，據《中衛縣志》卷九《藝文・記・皇清分巡寧夏道鈕公生祠碑記》補。

② ［校］若：此字原脫，據《中衛縣志》卷九《藝文・記・皇清分巡寧夏道鈕公生祠碑記》補。

③ 參見《詩經・國風・召南・甘棠》。

④ ［校］惟：原作"爲"，據《中衛縣志》卷九《藝文・記・皇清分巡寧夏道鈕公生祠碑記》改。

⑤ ［校］椿：《中衛縣志》卷九《藝文・記・皇清分巡寧夏道鈕公生祠碑記》作"春"。

鈕公德政碑記①

我朝列聖相承，重熙累洽，四海昇平，生齒殷繁。各省興修水利，廣斯民衣食之源，天恩浩蕩，浹髓淪肌。衛邑河南白馬寺灘，素稱沃壤。時值明季，有紅柳溝兩處，山水冲斷，遂爲曠土。附近鳴沙等堡，户稠狹居，民屢建木槽渡水，緣力微不能成功。道憲鈕公〔廷彩〕上籌國計，下念民生，經營相度。雍正十二年春，具詳上憲，請造環洞，建飛槽，開渠引水。聞於朝，奉旨："報可。"遂率屬員，不避風雨，於是年六月興工，至九月間規模已就。次年復加修葺，水過飛槽，勢如建瓴。人民雲集，廬舍星羅，百年荒地，盡成沃壤。七星渠口逼近山河，多齾，每遇驟漲，溢入渠內。寧安、威武之地，率皆生成蔓草荒灘，淤泥壅塞。鳴沙地畝，得水維艱。鈕公規畫地形，於沙草灘下建正閘，逼近河溜。既避山水，②又暢渠流，開墾新田，咸皆霑足。工程總理則寧夏府郡憲顧公諱爾昌、西路司馬吳公諱廷元、新寶水利別駕今陞寧夏水利同知費公諱楷。辦料則邑侯姚公諱廷柱、分督學博張公諱琦、縣幕吳公光榮、縣尉曹公思坤、張公永芳、陳公景鵬、陳公天敘、江公躍龍、顧公璵、高公學敏、鎮標部廳劉炳功，加徐公鍾、王公永德、周公文宗，以三載之辛勤，成萬世之樂利，廣聖澤而沛皇仁。爰書以志不忘云爾。

重修暗洞記　　同知　王全臣

渠之有暗洞也，古所設以洩水者也。河流自南而北，各渠引之西北行，以溉民田。溉田之餘水，散注於各湖。湖與湖遞相注，而仍東洩於河。其所由洩之路，則穿漢渠之底而出。漢渠南北流於上而穴其下，若橋洞然。雖高止數尺，廣止丈餘，而渠與兩岸之堤寬至十有餘丈，洞之長亦如之。深藏地中，潛渡伏流，望之幽邃杳冥，故曰暗洞也。厥洞惟三，在魏信堡者曰上洞，在張政堡者曰中洞，在王澄堡者曰下洞。古人之於渠工，計其蓄，復計其洩，良法美意，亦至詳且盡矣。

予蒞寧夏之初，巡歷郊原，第見夫各渠率多壅塞，民田強半荒蕪。每經過暗洞，或告予曰："水滿則溢，此乃洩之也。"予雖目擊其崩潰填淤，忽焉不介於心。蓋環顧阡陌之間，求涓滴以潤涸轍，尚夐夐乎難之，焉用洩爲？意謂古人爲此，似亦過計。迨其後創開新渠，疏通唐、漢，水於是

---

① ［校］鈕公德政碑記：《中衛縣志》卷九《藝文·記》題作《鈕公恩德碑記》。
② ［校］避：原作"逼"，據《中衛縣志》卷九《藝文·記·鈕公恩德碑記》改。

乎有餘，田間水滿，乃注於各湖。湖不能容，遂瀦焉而爲害。夫乃嘆古人之良法，皆毀於後人之忽不究心耳。嗚呼，"靡不有初，鮮克有終"，伊誰之咎歟？苟不早爲之所，倘一傾頹，漢渠且截然中斷矣，奚可哉？乃日夜思所以修葺之。無如工大費繁，計無所出，未敢遽宣諸口。辛卯冬，①詔蠲次年租賦，予欣然曰："暗洞可修矣。"正供中有所謂麥饌者，歲賦七百餘金，徃例不賦之於地丁，而賦之於渠夫。每歲於額夫萬有二千之中，輪抽五百人免其力役，俾納麥饌。今租賦既蠲，則此五百人者，例仍歸諸渠。向者渠工浩大，尚可少此五百人，茲渠已垂成，又焉用之？竟以助修暗洞可也。張政之洞，原甃石爲之，第歲久敧損耳。魏信、王澄較張政之洞爲更大，乃盡係木植，易於敝壞，若俱易之以石，更足垂諸久遠。爰綜覈而量度之，三洞之中爲補葺、爲更易應用石幾何、木幾何、工匠幾何，會計既定，乃即壬辰春濬之。② 先於麥饌五百人中，以三百人措置一切物料，以二百人採石於山，示以尺寸。而檢罰去歲春工之誤工者數百人，使運之。其或不足，則撥額夫以助之。罰工惟重，他則較濬渠稍輕，蓋使小民易於趨事也。春濬工興，衆役畢集，不越月而告成。魏信、王澄之間，偉然兩石洞，直與在張政者並垂諸久遠矣。由是於各湖上下，水所由行之路，盡疏之使通，以導其流。夏秋之際，田間水滿如故，而各湖之濱且涸而爲田。泛濫之害，吾知免矣。古人之制可復，予亦可告無罪矣。或曰："不費不勞，而使水有所蓄，復有所洩，皆司馬之功也。"或曰："水利自有專司，君何越爼以任勞怨，且不憚煩也？"嗟乎！今日暗洞修而渠之事功始畢，予之志願乃畢。予何功焉？特復古之制云爾。若夫身任民牧，則民事宜亟，越爼之譏，予固不辭也。後之君子，實用心於蓄洩之間，而不使古人之良法美意湮沒於忽不究心者流，斯予之願也。以是爲記。

寧夏司馬王公生祠記　　杜　森

渠之有唐、漢，夫人而知之也。唐、漢之始於何代，創於何人，夫人而未必知之也。說者謂開導授民，肇自董文用、郭守敬，又謂虞詡、郭璜濬於東漢，李聽、楊瓊濬於唐宋。率多摭拾附會，疑信相參。嗟乎！以利在斯民、功及百世者，曾不一識其姓名，君子憾之。閘壩之設，與渠相爲

---

① 辛卯：康熙五十年（1711）。

② 壬辰：康熙五十一年（1712）。

表裏者也。寧夏之氓，咸知閘壩之建於汪公〔文輝〕，而不知漢、唐之濬於誰氏，豈非以汪公建豎有祠可記、有碑可摩，故民於今稱之耶。今我王公〔全臣〕開渠七十餘里，築堤數百餘丈，建閘壩，修橋亭。且相地畝之高下而渡之木筧，傷積水之橫流而消之暗洞，以一身而兼漢、唐、汪公古今之事，綜而成之，不三載而底績。寧氓欲報之德，爰於大清閘之東偏，構數椽，立片石，倣荀杜於鄭諸故事，生而祠之。其不嫌湫隘，必欲建之於閘右亭臺之間者，則又倣立汪公祠之意，每歲春濬，連類而修葺之也。寧氓報德之心，直期於汪公祠並垂不朽，豈僅識厥姓名，使千百世下，夫人而知之已哉。是爲記。

　　修唐錞暗洞記　　知縣　周克開

　　欲鑿穿硐幽澗於飛流奔濤十數丈之下，長倍之，則必計尋丈，揣厚薄，約夫力，伐他山，斂資財於是者，非數月不就。又況假地於人，限以時日，岌岌乎必不得成之數，而又非柳子厚"因其地，全其天，逸其人"之謂也。① 何則？夏之地類斥鹵，築閘壩，引河水，時灌溉成沃。朔邑地據上游，夏秋之交，諸湖水漲，束於漢渠，勢不得洩。昔人於漢渠底穿暗洞以渡伏流，此暗洞之所由建乎？洞始於木，易以石。石之壽可百年，地勢即遠久仍敗。庚辰之春，② 唐錞暗洞毀，夏邑士民喧奴詬誶，畚土塞洞，勢以自全。朔民皇皇，呼救孔急，去縣百里，半宿奔至，期修復以十日。夏令大喜，諭其民遵約而退。民環瞻予，眈盱不寧。予曰："無憂。今所少者，石耳，錢耳，夫耳。予已携三百千在此矣，集九堡農人，各以輂之唐壩安瀾閘，有廢石可借用，事後還之。"於是紛紜爬搔，隧如壁如，堊如窾如，瀏如盈如，不五日告成。民踴躍歡忻，兩邑之民均獲安焉。昔李鄴侯守杭，苦水鹵，穿六井以便民，久而日湮。白香山至，濬之。至宋蘇端明來，復大濬之，仍其舊，且爲條約，敘其始末，以遺後人。蓋前人有作，匪後何繼，後復有後，後之視今，長無弁髦焉，斯前人之幸也夫。是爲記。

　　龍神廟碑記　　教諭　張若敏

　　禮凡有德於民者則祀之，而惟農田水澤之利，③ 其施於民者爲尤溥。

---

① 參見《柳河東集》卷二七《永州新堂記》。
② 庚辰：乾隆二十五年（1760）。
③ 水澤之利：原作"水利之澤"，據《中衛縣志》卷九《藝文·記·龍神廟碑記》改。

中邑夾河而治，決引灌溉，據銀川之上游，食德而飲和者千百年，然廟祀不立，典禮有缺，抑亦政教之弗詳也。歲丙子，① 邑侯滇南黃公〔恩錫〕，以名進士移守此邦。始至之日，常志於斯矣。時軍役繁興，民力重勞，未及舉。越明年，富公攝西路司馬，水利專職也，首夏迎水祀神，爲壇於官渠橋之北阡，曠野卑濕。公慨然曰："是豈足以迓神休哉？其特建祠。"維黃公亦曰："其必特建祠。"爰是捐清俸，計規模，商諸士民，議建河渠龍神廟。邑之紳士遂群相鼓舞，樂勸其成焉。面厥土之所宜，求故材之可因，爲正殿三楹，東西廡六楹，垣以周牆，表以高閈，土木葺除，黝堊丹漆。始工於戊寅之五月，② 而落成於己卯之三月，③ 亦足以妥神靈矣。二公命爲文以記之。敏應之曰："夫禮固緣情以起者也。中邑勢處邊塞，土脈沙鹵，歷代用武之地。迄今兩河繡錯連阡，士歌幽雅，農頌樂郊。四方賓客，舟車絡繹，以至冠婚喪祭，盡力竭情。棗梨桑杏，春華秋實，佳哉沃壤，亦何利之溥而物之阜也。使非藉澤星河，挹注洪流，其何能若是。夫食德思報，民豈無心。而典祀之義未明，亦因循而不克舉。茲二公者，特秩無文，肇舉元祀。向之平蕪磧礫，剗削修飾，期年之間，巍然雲屯而霞舉。④ 雖守土作吏，推治民者以事神，實已舉數百年來人人之所斷斷未滿、拳拳欲申者，而一旦暢然，其無憾矣。"廟既成，釋奠且有日。⑤ 每歲四月立夏，邑之文武官吏儼然造焉。凡邑之力農而服田者，咸盂酒豚蹄而從之，名曰"迎水之祭"。秋收報賽，邑之文武官吏又儼然造焉。⑥ 邑之士庶，亦庾億倉盈，含鼓而從之，名曰"謝水之祭"。其將享之意明而誠，其祀典之隆光以大，殆所謂緣情以盡禮，酌今而准古者矣，夫豈猶尋常瀆神邀福、徒侈梵宇宮觀之雄者哉？是爲記。⑦

　　銀川書院碑記　　翰林　路　談

　　舊志載郡城有養正書院，後改爲揆文書院，制多湮沒，不可詳考。我

---

①　丙子：乾隆二十一年（1756）。
②　戊寅：乾隆二十三年（1758）。
③　己卯：乾隆二十四年（1759）。
④　［校］霞舉：《中衛縣志》卷九《藝文·記·龍神廟碑記》作"霞起"。
⑤　［校］釋奠：《中衛縣志》卷九《藝文·記·龍神廟碑記》作"奠"。
⑥　［校］文武：此二字原脫，據《中衛縣志》卷九《藝文·記·龍神廟碑記》補。
⑦　［校］神邀福徒侈梵宇宮觀之雄者哉是爲記：此十六字原脫，據《中衛縣志》卷九《藝文·記·龍神廟碑記》補。另，乾隆原刻本脫第35、36頁，除據《中衛縣志》卷九《藝文·記·龍神廟碑記》所補十六字外，其他內容不詳。

朝列聖相承，文教漸被海隅荒裔，士莫不蒸然奮興，相屬以學。而吾郡書院之設，久而未建。至今皇上御極之十有八年，武林趙公〔本植〕來爲守，始買屋於光化門內之西，爲生徒講肄所。又相平羅河濱棄地，募民試墾之，成者收其入，以給膏火費，於是銀川書院始立。

戊子夏，[①] 江東顧公〔光旭〕來守我邦，至書院，周覽屋宇，喟然曰："此邦人士日盛，而此院之制尚仍其舊，偪仄且無以容，非所稱樂育之意也。"議擴而新之。稽諸觀察使南康干公〔從廉〕，所見同，乃遂以其秋改作焉。舊基之深百七十尺，廣僅九十尺。今廣其東偏地益之，深如舊，廣倍之而有加焉。購之民，酬其值百十有餘金。於是書院方廣之數七百二十尺。投土築之，增其舊址且三尺，去湫隘，登爽塏也。繚以垣，高仞有三尺，崇體勢也。規其南之中爲重門，門各有屏，蔽內外，遠囂雜也。爲堂二，題其外曰"大雅"，內曰"巖綠書堂"。中布函丈之席可數十。外者施闔扇，內有牖，涼燠之宜惟所適，可無撤講也。東西之序各三楹，內如外，諸生所佇立也。閣於其東之南者，曰"文明"，祠文星，從士請也。下有齋三楹，監院者憩息之所也。東之北別爲一區，上爲樓，曰"探源星宿"，所以貯圖書、恣遠眺，右山而左河，曠如也。下以居主院事者。東西屋可以棲僕隸，庋什物。西有齋，比乎內堂，賓客之所晉接也。肄業之舍，東二區，西五區，區各五楹，户牖必南向，足以披心顏、宜誦讀也。外堂東、西各一門，達乎東、西舍。內堂東、西各二門，東皆達乎樓，西之南者達西舍，其北者出爲間宇。其餘庖溷之次、閽隸之藏，各置以隙，無不備也。其材之數增其舊十七八。郊之南有公囿，廢且圮，並撤以益之。凡用工若干人，錢若干緡，總爲屋百有餘間，經始於七月下旬，落成於十月初吉。門之額仍曰"銀川書院"，不欲以踵事掩前美也。

院之田無籍，公核之得百三十有五頃。定期科歸於歲額，而收其餘供院之費，經可久也。嗚呼！談切觀徃代書院之設，多在學未立之時。今郡州縣久有學，而又拔其尤爲書院，其於養士造就之方，可謂至矣。寧郡固邊壤，而太守公不鄙夷我民，廓新斯宇，立爲條教，拳拳於多士之心，亦勤且密矣。處乎此者，宜何如砥礪奮發，以稱德意乎？越一年，公適移守平凉，院之士請公紀其事於石，公固讓而以命談。談，郡人也，樂觀斯宇之成，爲來學無疆之慶，遂不辭固陋，書其顛末如此。公諱光旭，字晴

---

① 戊子：乾隆三十三年（1768）。

沙，壬申進士。① 歷郎署，登諫垣，皆卓然有聲。爲寧郡多惠政在民，此不悉書。趙公諱本植，號竹堂。監修書院者，府經歷辰州唐君上弼。經理之者，郡學生張映槐、劉三戒。

鍾靈書院碑記　知州　周人傑

靈武自唐漢以來人材絕盛，著於舊史者代不乏也。癸巳夏六月，②余奉檄攝州事，既釋奠於廟，進其學之諸文士，問以近今數十年來，忠臣孝子、義烈獨行之士，可舉爲風化式者，茫無以對。重加廉訪，僅得節婦五人，即爲申請旌表。又問其州之志，無有也，附於朔方郡者，亦斷自前明嘉靖間。嗚乎！文獻之廢墜如此哉，是亦守土者之責也。當斯之時，欲於承乏數月間，續二百餘年之缺文勒爲一書，考稽既難，時復不給，誠有志未逮矣。夫徵文必先徵獻，十室之邑，有忠信百工居肆，事乃成。然則欲爲斯土興人材、嗣休烈，書院之設，誠不可已。而又苦其先無尺地畝宮可藉手者，余於是愈爲州人士憾焉。

秋七月，偶出城西門，見其野有屋數楹，短垣缺甃，聞其無人。問之，則前知州事江君名鯤者所建公廨也。計其地可十畝許，相其陰陽，渠流來自巽，西流遶出於屋後，地理家常以是爲文明之象。余得之，不勝喜，曰：“靈武人文之盛，意在斯乎！”爰捐俸鳩工，刻期創建。董其役者，寧夏廩生劉三戒、州貢生萬植、廩生祁絢、張駆、劉興海等。恪勤乃事，工繕而費不靡。門堂之制，爲屋四重，左右學舍，共成九院。屋必南向，冬溫夏涼，以適講誦。凡兩越月，工遂竣。顏其門曰“鍾靈書院”，其軒曰“環碧”，其後齋曰“遜敏”，又其後曰“活水天來”。一椽之布，一瓦之植，悉購於官，不以累民。自余代庖凡五月，每有爭官荒地、結訟不休者，大半斷歸書院。募民佃焉，而收其租入，計有一千餘畝。時有貢生賀景泰捐修南關，亦樂以餘貲相助。可見紳士聞風好義，將來定不乏人。余又捐米百石，以供來歲膏火。嗚呼勖哉，諸生代遭聖明，緬懷前哲，得是地而砥礪琢磨其中，日有就，月有將，毋怠爾業，毋歧爾志，繼自今人材蔚興，豈徒擢高第，登顯仕，爲閭里光。且必有忠孝、義烈、文學、德行名當世者，則志乘之作又未必不於是乎權輿也。因刻石而記之，並有望於後之蒞茲土者，成余未逮焉。

① 壬申：乾隆十七年（1752）。
② 癸巳：乾隆三十八年（1773）。

平羅書院記　知縣　宋維孜

平羅文廟之重修也，余既合衆志以成之，計其餘貲，尚可搆屋數十椽。因念平邑士多樸茂，而文風不振，非盡不堪造也，由造之者之無其具也。上之教不先，則下之趨不力，以故因循苟且，卒成鹵莽之業，欲求一瑰瑋磊落、超拔流俗者，渺不可得。寧父母斯民，而可視作養爲度外事耶？爰議立書院爲肄業之所。卜其地於城西南隅，乃得官基一區，可畝許。相度經營，指畫規式，亦囑史子繼經、鄭子量董其事。未幾，而講堂建，齋房成。所餘繚垣未築，門户未設，以及庖湢之所未備，固可計日而觀厥成也。而余以丁丑夏罷官，①其事遂寢。然所以具先生之脩脯，供生徒之膏火者，則有聖廟外市房二十五間，歲可收租錢二十餘千，靈沙堡田八頃、清水堡田二頃，歲可收租糧四五十石。書院之立計，未始不周且詳也。顧繼事者因比年軍需絡繹，日不暇給，故工卒未竟。今余將歸矣，不爲之記，恐劃焉中廢者，有負平之後進，並負史、鄭二子數載締造之苦心也。筆其事以告同志，倘因是而成之，其有造於平之人士何如哉？則又非余一人之私幸矣。

新建峽口龍神廟碑記　本郡知府　張金城

古者祀典，咸秩群神，凡有功於其土之民者，則祀於其土。食其利者享其報，理固然也。寧夏四渠各有龍神廟，而建於唐來渠者凡三。一在峽口，爲河渠之源，修濬時，祈祀於此。一在西門橋，開水後於此報謝焉。而正閘上之龍神廟則專主唐來者也。然向皆專祀龍神，未有議以他神從祀者。乾隆丙申，②遼海王公〔廷贊〕來守是邦，患渠淤澱，非倍增工夫，大加修治，日久且塞。時方入覲，力陳疾苦，奏請借帑八萬五千兩，遂釐章剔弊，謀大舉修濬。未幾，晉位本道觀察使，專司其事。不辭勞瘁，周歷渠干，竭慮殫精，不遑暇食。而頻年河流出峽，勢折東趨，遇甚漲彌漫波入唐來渠口，水只數尺，稍減則渠涸。又自正閘以下數十里，渠皆瀕山，白沙浩浩，隨風轉徙，常以千夫之力、旬日之功，一夕顛霾，平衍復故。公籌畫焦勞，幾用成疾。每禱於上下神祇，唏呼涕零，默祝庇佑。已而興工踰月，清和開霽，暴風不作，沉沙不揚，而且黃流洶洑，改折而西。若或導之，適與唐來口相注。民吏爭覩，歡騰踴躍。工績用成，渠流

---

① 丁丑：乾隆二十二年（1757）。
② 乾隆丙申：乾隆四十一年（1776）。

普暢，此皆我公視民事如己事，至誠感乎，神之相佑，其應如響也。公曰："是宜增作龍神廟，以昭報祀然。考六壬十二將，日躔降婁曰河魁，清明猶二月中氣，用事修濬必始，此一歲之利胥賴焉，應與龍神併祀。又風神舊列祀典，而《河圖》云'辰星主沙'，是沙亦有主者，皆宜從祀左右，使繼自今有事斯渠，因河之利而天時相之，風恬沙靜，用力省而成功多，不亦美乎。"僉曰："善。"乃擇於峽口上，去舊廟十里許，鳩工庀材，刻期興作。廟未就而公開藩本省，去時猶至工所，周視諄囑。余竊幸嗣公後典此郡，追隨渠畔，勸理有日，凡百庥佑，與有慶焉。是用仰體公意，敬慎厥事。不踰月，廟成，正殿三楹，配殿六楹，旁置遊廊、耳房，以爲歲修憩宿之所。門庭垣墉，既飭既備，嚴嚴翼翼，規模宏敞。誠可以棲靈爽而迓神貺矣。猗歟休哉！神人之感召以誠，幽明之好生無二，公體君心，以愛邊民，神亦鑑公心，以佐盛治，兩相感應，降福無疆，豐年穰穰。斯土之民，世虔報賽，永懷公仁，亦用溥聖天子之湛恩於勿替也。是爲記。

　　大方伯王公修渠記　　張金城

　　天地自然之利，非得人以開導之則不爲功。前人制法之美，非得人以經理之，亦不能久。前世若杜南陽復信臣之蹟，何汝南修鮦陽之舊，史稱其美，民頌其惠，善作善承，其烈相等也。寧夏之有渠，肇自漢唐，至前明而其法漸備。我朝增開大清、惠農、昌潤各渠，而其利益溥。然河水一石，其泥六斗，每歲疏濬，期只一月。以濁流終歲之淤澄，欲於一月中盡舉之，恒苦不能勝。滯積既久，爲功倍難。渠日淺涸，受水無多，灌溉且不周。考之碑記，自乾隆四年大修後，至於乙未，① 丙申，② 已三十餘年。渠流之不能普暢，蓋可知矣。維時我大方伯遼陽王公〔廷贊〕，方授寧夏知府入覲，天子知公在甘肅年最久，問民疾苦，公極陳無隱，因及寧夏渠道廢湮狀，請勅帑大修，天子允其請，即命公籌之。本省制軍借發帑項資疏濬，務通利無所惜。聖主之愛民肫切若此，可謂至矣。公涖事未幾，遷甘涼道。制憲以寧夏渠務，非公不能理，復奏請即調補寧夏道，專以渠事委公，公亦以此自任。

　　丙申之冬，首議厥事，公躬行五渠間，相度其閘壩孰要害，渠底澱淤孰深淺，堤岸孰卑薄，註爲籍。乃令郡人悉渠務者，各條其便宜而採擇

---

① 乙未：乾隆四十年（1775）。
② 丙申：乾隆四十一年（1776）。

焉。又令鄉堡各舉能督濬者數人，無問紳士、農民，公悉延接，察其能，書其名於册。開局於署，籌計增料若干，費若干，增夫若干，費若干，貯項於府庫。毫釐出納，皆公自支給，不以假吏胥手。及收採椿料，必擇廉幹紳士董其事，役不得蠧焉。其先事經畫之詳如此。明年春，將興工，公曰："五渠之工，大且難者莫若唐來，吾請自肩之。"以餘四渠委金城等分理焉。而悉秉程於公，於是各渠之中，淺者濬，滯者淪，狹者展。其堤岸，薄者培，卑者增。閘壩石工，損者補，甚者撤。而新分段課工，酌工濟料，因事任人，人吏恪勤，工夫踴躍。一月之間，數十年之湮淤墮壞，靡不修舉。而公所理唐來渠，其最難者蓋自大壩下杜家嘴至玉泉沙漠數十里，向尤漫衍不治，渠與地平。是歲興工，天日清霽，風霾不作。排滯沙，開水道，兩岸壘壘如山。此邦之人，尤以爲昔所未覩。河流頻年東徙，唐渠之口入水不數尺。公嘗用土人議，增疊迎水垜數十丈，卒無效。已而知口外積沙爲梗，橫亘若閾而沉伏水底，人力無所施。公深用爲憂，至不遑假寐，或中夜起步於庭，欷歔涕零，籲天禱神，泥首罪責，謂此患不去，渠雖深通，流必不暢，民何以濟。既而工竣，決埽放溜，河流潛引，直注渠口，積沙自徙，乃大通利。觀者莫不驚嘆，謂非公精誠格天，莫能致也。其當事之憂勤又如此。

是役也，夫之數倍增於常而民不擾，料之數數倍於常而民不累。通中衛美利各渠，共借用帑銀八萬五千兩。在官之物，無束草片石之滲漏，在工之人，無一民一吏之隋偷，皆出於公之綜理。蓋自始事以迄於成功，數旬之間，而公之鬢鬚盡白。夫自漢唐以來，有功斯渠者具在史册，即我朝若司馬王公全臣開大清渠，侍郎通公智開惠農、昌潤渠，至今皆稱頌不衰。然則公之斯舉，踵美二公，後先鼎峙，小民口碑，不朽百世，其必然也。顧金城追隨左右，親承公之指授，深悉公經理措置之宜，精誠感孚之應。竊欲記其梗概，使後之從事者，法公之法，心公之心，庶足宣播聖天子之德意，惠養斯民，而河渠美利可永賴勿替也，豈徒爲公頌美哉。公諱廷贊，字翼。公由郡守遷觀察，遂晉位方伯，在寧僅一歲，善政不可殫述，水利其最大者云。

補　遺

重修寧夏衛海寶塔碑記　　　總督　趙弘燮

浮圖之說於何昉乎？或曰："周平王時，西域有阿育王，以神通力造八萬四千塔於天上人間，及龍宮海藏皆有焉。"或曰："行人奉使則館驛，征夫行路則置郵亭，所以備迎送、待憩息也。人間日有諸佛神仙，遨遊六合，虛空往來，每於德星聚集之區，往往留之不去，以垂佑善良，而呵禁不祥。沙門之徒盛言建塔，蓋以駐恩，雲車風馭，亦猶行人之有館驛、征夫之有郵亭也。"或曰："大而都會，小而郡邑、鄉鎮，水流山峙，各負形勢。青鳥家議立浮圖以收勝概，以象文峰，使都人士興起，隆隆弗替。"寧夏衛城北舊有海寶塔，挺然插天，歲遠年湮，而咸莫知所自始。惟相傳赫連勃勃曾爲重修，遂有訛爲"赫寶塔"者。國朝順治初年，有里人霍璽傾其家又葺之，且增式廊焉。爰是有大殿，有山門，有臺，有城，有坊，爲朔方一鉅觀。康熙四十八年秋九月，地震頹其巔四層，而丹艧亦多剝落。監院僧照埜等立願募修，余爲創捐，而鄉之紳士、善人各隨力輸，監院爲鳩工庀材，身董無倦。起於康熙四十九年六月十二日，訖於康熙五十一年七月十五日。其塔凡九層，連天盤共計一十一層。高一十一丈，頂高三丈五尺。監院請書各施主姓氏及所捐數目於石，蓋不欲沒衆擎之善，且以勸後之同志者。余曰："吾寧之有是浮圖也，以爲阿育王神通所造，其說雖本於藏，而詞不雅馴，薦紳先生難言之。惟考之風俗，寧之人多慕義強仁，各有勇知方。昭代與先將軍同時翼贊聖主，蕩平海宇，以勳功顯於世者不乏人。而現在分授節鉞、旌旄於各直省者，更指不勝屈，皆能仰體皇仁，以乂安著績，當亦諸佛神仙所樂爲垂佑者也。況吾寧之在西陲，以賀蘭爲屏，而峽口、狼山分峙列翠，以黃河爲帶，而唐、漢兩渠映帶左右，雍州形勢，未有出其右者。迄今里閈間，閥閱相望，簪纓濟美，何莫非山川靈秀之所鍾歟。且自是塔煥新之後，正恭逢皇上聖壽六旬大慶之年，特恩廣天下鄉會試科。而吾寧文武俊髦，一時中式者鵲起蟬聯。聖天子臨軒，親策大魁，在寧夏衛與鼎甲者二人，益見浮圖之大有裨於吾寧。沙門青鳥，不皆信而有徵乎。甚矣，朔方洵不可以無是塔也，有之洵不可以不修也，修之洵不可以不記也。"於是乎書。

河源記　侍郎　通智

巴彥喀喇山在西寧邊外西南一千四百五十六里，抵山根雖係平等大山，但自索羅模兩湖之間向上行三百餘里，始至山根。實係地之脊脈，勢處極高。六月冰雹，冬夏積雪，又有黑石參雜，且出野牛馬、厄隆厄羊等獸，兼產金銀、食鹽。蒙古稱爲"巴彥喀喇山"。蒙古稱"富"爲"巴彥"，稱"黑"爲"喀喇"。觀其形勢，自金沙江源木累烏素水發源之巴撒通喇木大雪山。乃萬泉山之意。所來一大脈，至此結成巴彥喀喇山矣。從此分支，其向西北而下者，爲巴爾布咯、當希爾哈晉、三危等山，遶茶旦木、哈濟爾、得布特爾、沙州、安西等處，抵嘉峪關，爲大小諸山，直達喀爾喀地方矣。其向東而下者爲布虎吉魯懇、阿拉克沙爾等山，抵阿木泥瑪，禪木孫大雪山，乃凶巖大冰山之意。分隔黃河北。西海南岸至西寧爲大小諸山矣。其向北而下者，至阿木泥額庫大雪山，乃肥茂大雪山之意。循西海北邊，盤旋大通河源、烏蘭木稜江之兩岸，爲粘前蘇刺克、剛噶兒等大雪山。散爲西寧之卓子山、松山，并甘、肅、涼之祁連、天山，合龍首爲支、大黃等山，重巒相接。抵寧夏爲賀蘭山矣。其向東南而下者，爲匝普同骨、匝麻木等山，沿黃河南岸遶至洮河源、苦苦烏素水發源之魯查布拉山，乃古西傾山。分支四布，抵洮河、階文、松潘，散爲大小諸山矣。黃河發源於此山之陽，而支派綿亘，兩岸相續。蒙古、西番俱稱周圍群山古名爲"庫兒昆"，華言黃河發源於崑崙者，蓋指此巴彥喀喇山而言也。

　　阿爾坦河其源有二，出巴彥喀喇山之陽，向東北交流二百餘里，會合南、北查哈蘇泰等河。復收厄屯他拉萬餘泉水，歸入前索羅麻大湖內。因水黃溜急，名爲"阿兒坦河"。蒙古稱"金"爲"阿兒坦"。計此河乃黃河之祖源也。厄屯他拉灘在西寧邊外西南一千一百十五里，北有布虎吉魯懇、烏蘭得什、阿克他齊欽諸峰，南有都爾白晉、哈喇阿答爾罕、巴彥和碩等岡，匝遶三百餘里。其間皆塔子草頭大灘，約有萬餘泉，大小不等，參伍錯綜，流入阿爾坦河。登高眺望，猶如列宿，蒙古名"厄屯他拉"，蒙古稱"星"爲"厄屯"，稱"灘"爲"他拉"。番名"噶爾馬塘"。番稱"星"爲"噶爾"，稱"灘"爲"馬塘"。書記所載，黃河之源出於星宿海，正謂此也。

　　前索羅麻大湖，其形東西稍長，周闊二百餘里，阿爾坦、厄屯他拉衆水，自西南流入，由南而出。流五十餘里入於後索羅大湖內，因水色白，形長，西番又名"查靈湖"。番以"白"爲"查"，以"長"爲"靈"，稱"水"爲"索"，稱"父"爲"麻"，蓋謂此湖如黃河之父之意。後索羅模大湖，其形偏東北，勢亦稍長，周闊三百餘里。前索羅麻湖之水，自西南流入，由東北而出。始爲哈屯郭爾河，因水色微青，形長，西番又名"厄靈湖"。番以"青"爲"厄"，稱"母"爲"模"，蓋謂此湖如黃河之母之意。哈屯郭兒河，自後索羅模湖內流出，蒙古稱"夫人"爲"哈屯"，稱"河"爲"郭兒"，傳言夫人曾溺黃河，因名。向西北流五十餘里，由蒙古拖洛海岡之陽，折東南百餘里，遶巴彥圖渾嶺之陰，向南百餘復偏東流七百餘里，抵烏蘭莽奈山之麓，折而西北，環那林通布等雪山三百餘里，歷巴彥山之南，向西遠朝阿木泥瑪、襌木孫大雪山，流有二百里許，折而東北，沿烏達圖托護等灘三百餘里，進貴德堡溫泉口，始爲黃河。又東經貴德堡薩拉爾城四百餘里進河州磧石關，經蘭州，踰寧夏矣。黃河因有向瑪襌大雪山邐流之處，番呼爲"瑪錯"。番以"兜"爲"瑪"，呼"水"爲"錯"，蓋言兜山、兜水之意。在西海地方，已經三曲，始進磧石。總計有二千五百餘里。書傳所載"河源萬里，始達中國"者，似覺太過。且稱"入地伏流千里"者，亦無其事。又言"黃河邐崑崙三匝"者，蓋前人止至瑪襌大雪山，遙見黃河邐流其下，又見左右數河交流而入，未及詳辨，即指此大雪山爲崑崙，是以有三匝之說。

臣通智等奉命西行，用繩丈路，儀器測量，沿河遠行，遍歷河源並金沙江、鴉蘆江、浪滄江、怒江等源，直過西藏三千里，抵恒河源而回，皆親臨目覩。因寧夏地方開渠導引，受益居多，乃將河源山脈，詳細備載，後之觀者可以考證矣。

　　告示　知府　張金城

爲"劃切訓諭，以厚人心，以端風化"事。

照得士、農、工、商，是謂"四民"。國家設官教導，亦無事多求，但欲爾等各安其分，各勤其業。心術既端，廉恥自立；生計既裕，身家自安。獄訟衰而刑罰可措，和詳積而豐穰可祈，其理固然有不爽者。本府歷官二十餘年，自慚德薄，未足化民，然每蒞一方，必爲明切曉諭，苦心苦口，冀動聽聞。茲來寧夏已踰一年，土俗民風，留心體察。大概田地雖稱膏沃，而閭閻亦少蓋藏，人情尚屬樸醇，而習染不無澆薄。前已出示勸導，近似稍知改悔。但幅幀廣闊，恐未必遍聞，今更反復開陳，刊刻傳播，庶共知勸勉，保守天良，是所切望耳。

一，勸士。士爲民望，本異恒流。或身列膠庠，或名登選造，平生志在聖賢，國家優以體貌，正宜閉戶潛修，恪守臥碑明訓，不問外事，不入公衙，顧名思義，方爲無忝。況寧屬人文蔚起，近科甲第聯綿，尤宜鼓舞奮興，何得自甘頹廢。倘罔知顧忌，忍居下流，恃頂帶爲護身之符，仗紙筆爲積惡之具，把持官長，教唆詞訟，武斷鄉情，干與公事，或事不關己而出頭作證，徒沾酒食之餘，或糧不自完而包攬上倉，冀謀升斗之獲，屈身忍辱而不顧，捫衾對影其何堪。甚至窩賭包娼，踰閑蕩檢，方且翹然得意，自謂莫敢誰何。本府耳目極寬，國家科條有在，何敢養莠以亂苗，必將懲一以警百。迨身名之俱敗，則悔恨其曷追。今勸爾士，敦孝友於家庭，篤親睦於姻黨，名教可樂，義命是安。讀書循檢，守前賢四勿之箴；以善勸人，解鄉愚一朝之忿。使衆庶薰德而善良，即長上過廬而矜式。異日發名，成業立朝，必有可觀。縱令隱處終身，所學亦爲無負。昔人云："立腳怕隨流俗轉，留心學到古人難。"可知但能不隨流俗，便可追步前人也。勉旃，勉旃。

一，勸農。農民務本，其事最重。田家作苦，自古云然。寧夏惟賴河渠之利，灌溉常周，雖值暵旱之年，收穫可保。然耕耘之外，歲須疏濬補修，錢糧之外，又有椿柴草束。凡此多黍多稌，孰非民財民力。正宜念勤苦而倍加節儉，不可恃地利而任意奢靡。凡農民氣習，大概愚魯居多。或小氣不忍，釀成人命；或一言不合，興起訟端；或聽奸人調教，致陷官刑；或拙見謬迷，自戕身命。官糧拖前累後，與其給差役銀錢，何如積少成多，漸清本項。社會演戲念經，與其爲無益花費，何如憐孤恤寡周給鄉人。家中父母，或因小事而忤逆，雖拜佛何爲。同胞弟兄，或因爭產而乖違，即求福何自。至於宿娼聚賭、游手好閑，更易耗費家資，多致習成敗類。又寧郡各屬山村，多有回民雜處，屠牛掘墓，私販鹽茶，每多依強生事，動輒糾衆抗官。近因河州邪教，上諭森嚴，均列齊民，尤宜猛省。今勸爾農，盡心耕作，各守田廬。欲免數口之飢寒，無憚三時之力作。教子弟以忠厚，處家室以和平。國課早完，閑事莫管。門不聞追呼之聲，豈非樂事；目不識官吏之面，即是良民。勿只圖自己占便宜，須常念人心有公道。遇強橫讓他一步，不是吃虧；逢爭競忍得片時，自然無事。雖未讀過詩書，豈可不思禍福。若動輒任性，必招惹是非，小則耗費錢財，大則難保身命。監獄中日夜受苦之人，街道上飢寒難忍之輩，都是榜樣。可不慎乎？

一，勸工。百工執技，各食其力。或挾藝而受傭，或成器而列肆，無非以己之能，利人之用，受人之值，養己之家。雖在末微，原可無愧。寧夏一方都會，萬井人煙，資用之物既多，度材之工不少。乃近世人心澆薄，在衆工詐僞偏多。既受僱值，工程無意求堅；徒欲賺錢，器物不期適用。甚者設心不良，貪利無厭。泥水木作，或因口食失意，遂施鎮壓以害人；織柳編蒲，或乘販賣興時，便雜濫惡以欺衆。不知邪法未必有效，冥責已是難逃，奸心一被人知，實貨都且難售。是欲禍人而反以禍己，欲得利而反致失利，既喪自己天良，並貽同儕恥笑。今爲爾工勸：無論所業精粗，所成大小，但宜各安手藝，不可枉用心機。立心不欺，則招來必衆；學藝果精，則賣售必多。此乃作人之正道，即是謀利之遠圖，更宜儉用留餘，勝於向人爭價。每見此地百工，雖小藝謀生，亦齊行作會，斂錢演劇，聚飲爲歡，只顧征逐之豪，不念錙銖之積。花銷甚易，贏餘甚難。在爾等淡泊謀生，尤宜所警戒也。

一，勸商。商雖安處市肆，坐致贏餘，無農夫暴露之勞，無衆工力作之苦。然或負販南北，千里奔馳，或貿易有無，終年心計。將本求利，以貨易財，小者養贍身家，大者積累豐富，亦是本等之事，豈爲非分之求。所可恨者，一入市井，自謂利徒，子母之權既精，不顧刻薄之甚，奇贏之術既熟，遂生奸狡之心。遇長厚入市，則執敗貨以欺蒙；值窮迫相求，則索高價以勒掯。即如當舖一項，更是報部官商，開設者皆饒餘之家，質當者多窮寒之輩。三分固是官利，些小何妨讓人。每聞此地當商，半是晉省客户，既已衣食於寧郡，便應軫念若同鄉。在爾等於盈千累萬內，取多棄少，未必便至虧折。在貧户當啼飢號寒時，餘少剩多，皆可資贍妻孥。貧富豈屬有常，人情本是一樣。今勸爾商：戥稱務均平，毋出輕而入重；升斗必齊一，毋小往而大來。但存似水之心，定有如山之積。從來良賈，何必爲富不仁？業已多藏，當念以義爲利。不欺三尺，公道即是寶山；共受一廛，福田各存金穴。勿恃市獪伎倆，只顧眼前；須知些小交情，都關心地。果能曲體吾言，積善餘慶，何止利市三倍乎？

至如四民之外，則有吏役、兵丁。吏役有家本充足藉免差徭者，有身苦貧窮藉兹糊口者，公門豈非善地，存心自在各人。聞寧夏小民，或偶經官事，不畏縣官聽斷，先畏衙役誅求，不計罪犯重輕，先計公堂使費。至有銜冤負屈不敢自伸，又或鬻產典衣徒飽奸橐。皆由爾輩積習成風，舞文弄法，倚勢索財。上則蒙蔽本官，下則苛害同里。此等若經發覺，固是罪不容逃，即令漏網一時，亦爲人所共嫉。蓋凡事犯在官，即同身落陷阱。苟可早爲完結，爾等毋故令拖延。倘非實有干連，爾等毋多方恐嚇。但守在官之正，即有蒙利之人。倚衙門作惡固易，藉衙門作善亦易。俗語云："公門中，好修行。"非無謂也。至若兵丁，出身應募，按月支糧，本以防衛地方，亦可爲官上進。況寧夏兵強士勇，自古有名。而向時仗劍從戎，發蹟尤衆，正宜志期遠大，安守營規。乃無識之人，往往乍入編伍，便思欺壓貧民，一隸軍門，即敢目無官長。究之聖朝，法令森嚴，軍民一體相視。若果自犯刑章，即且立時褫革，徒爲恥笑於人，豈能自異於衆。亦所當戒也。

　　以上各條，姑就本府聞見，略爲爾輩指陳，未必曲盡事情，正可即此推廣。存好心，行好事，莫忽爲勸世常談；安爾身，保爾家，自此外別無他術。本府非不知三尺在手，何難有犯必懲，正欲明一片婆心，所以無言不盡。爾等務須觸目驚心，交相勸勉，常思爲無罪之良民，可以處昇平之盛世，則於本府拳拳訓示之意，庶幾無負矣。

寧夏府志卷二十一

詩

將赴朔方軍應制　　唐　張　說

禮樂逢明主，韜鈐用老臣。

恭憑神武策，遠御鬼方人。①

供帳榮恩餞，山川喜詔巡。

天文日月麗，②朝賦管弦新。

幼志傳三略，衰材謝六鈞。

膽猶忠作伴，心故道爲鄰。

漢保河南地，胡清塞北塵。

連年大軍後，不日小康辰。

劍舞輕離別，歌酣忘苦辛。

從來思博望，許國不謀身。

奉和幸望春宮送朔方軍大總管張仁亶③　　李　嶠

玉塞征驕子，④金符命老臣。

三軍張武旆，⑤萬乘餞行輪。⑥

---

① [校] 遠御："御"原作"靖"，《文苑英華》卷一七七《將赴朔方軍應制》作"禦"，據《張說之集》卷四《將赴朔方軍應制》改。

② [校] 日月麗："麗"，此同《全唐詩》卷八《將赴朔方軍應制》，《張說之集》卷四、《文苑英華》卷一七七《將赴朔方軍應制》均作"送"，疑是。

③ [校] 張仁亶：此同《四庫》本《文苑英華》卷一七七，中華本《文苑英華》卷一七七作"張亶"，疑誤。

④ [校] 征：原作"懲"，《唐詩紀事》卷十作"徵"，據《四庫》本《文苑英華》卷一七七改。

⑤ [校] 武旆：此同《文苑英華》卷一七七，《唐詩紀事》卷十作"戎旆"。

⑥ [校] 餞：此同《文苑英華》卷一七七，《唐詩紀事》卷十作"飾"。

猛氣臨玄朔，崇恩降紫宸。①

投醪還饗士，②辭第本忘身。

露下鷹初擊，風高雁欲賓。

方銷塞北祲，還靜漠南塵。③

餞趙尚書攝御史大夫赴朔方軍　　蘇　頲

勁虜欲南窺，④揚兵護朔垂。

趙堯寧易印，鄧禹即分麾。

野餞廻三傑，軍謀用六奇。

雲邊看出塞，日下愴臨歧。

拔劍行人舞，揮戈戰馬馳。

明年麟閣上，充國畫於斯。

宿溫城望軍營　　《李滄溟詩選註》：溫城即溫池城。《通志》：今中衛地。

駱賓王

虜地寒膠折，邊城夜柝聞。

兵符關帝闕，天策動將軍。

塞静胡笳徹，⑤沙明楚鍊分。

風旗翻翼影，霜劍轉龍文。

白羽搖如月，青山斷若雲。⑥

煙踈疑捲幔，⑦塵滅似銷氛。

投筆懷班業，臨戎想召勛。⑧

還應雪漢恥，持此報明君。

---

① ［校］降：原作"隆"，據《文苑英華》卷一七七、《唐詩紀事》卷十改。

② ［校］饗士：中華本《文苑英華》卷一七七作"約士"，《四庫》本《文苑英華》卷一七七作"結士"，《唐詩紀事》卷十作"得士"。

③ ［校］還：此同《文苑英華》卷一七七，《唐詩紀事》卷十作"遂"。

④ ［校］虜：原作"鹵"，清避諱改，據《文苑英華》卷二六八回改。

⑤ ［校］塞：此同《駱賓王文集》卷三、《全唐詩》卷七九《宿溫城望軍營》，《駱臨海集箋注》卷五《宿溫城望軍營》作"戍"。

⑥ ［校］斷：此同《駱賓王文集》卷三、《全唐詩》卷七九《宿溫城望軍營》，《駱臨海集箋注》卷五《宿溫城望軍營》作"亂"。

⑦ ［校］幔：此同《駱賓王文集》卷三、《全唐詩》卷七九《宿溫城望軍營》，《駱臨海集箋注》卷五《宿溫城望軍營》作"祲"。

⑧ ［校］召勛：《駱賓王文集》卷三《宿溫城望軍營》作"顧勛"，《駱臨海集箋注》卷五《宿溫城望軍營》作"霍勛"，疑"霍勛"是。

送劉評事充朔方判官① 高適
征馬向邊州，蕭蕭嘶未休。②
思深應帶別，聲斷爲兼秋。
歧路風將遠，關山月共愁。
贈君從此去，何日大刀頭。

鹽州過飲馬泉③ 李益
綠楊著水草如煙，④舊是胡兒飲馬泉。⑤
幾處吹笳明月夜，何人倚劍白雲天？⑥
從來凍合關山路，今日分流漢使前。
莫遣行人照容鬢，恐驚憔悴入新年。

夜上受降城聞笛⑦
回樂峰前沙似雪，受降城外月如霜。⑧
不知何處吹蘆管，一夜征人盡望鄉。

城鹽州 白居易
城鹽州，城鹽州，城在五原原上頭。
蕃東節度鉢闡布，忽見新城當要路。
金鳥飛傳贊普聞，⑨建牙傳箭集群臣。
君臣赭面有憂色，皆言勿謂唐無人。

---

① [校] 送劉評事充朔方判官：《高適詩集編年箋注》題作《送劉評事充朔方判官賦得征馬嘶》。
② [校] 未休：《高適詩集編年箋注·送劉評事充朔方判官賦得征馬嘶》作"不休"。
③ [校] 鹽州過飲馬泉：《文苑英華》卷二九九題作《過五原至飲馬泉》，《全唐詩》卷二八三題作《鹽州過胡兒飲馬泉》。
④ [校] 草：此同《全唐詩》卷二八三《鹽州過胡兒飲馬泉》，《文苑英華》卷二九九《過五原至飲馬泉》作"宛"。
⑤ [校] 胡兒：原作"鹽州"，據《全唐詩》卷二八三《鹽州過胡兒飲馬泉》、《文苑英華》卷二九九《過五原至飲馬泉》改。
⑥ [校] 人：此同《全唐詩》卷二八三《鹽州過胡兒飲馬泉》，《文苑英華》卷二九九《過五原至飲馬泉》作"時"。
⑦ [校] 夜上受降城聞笛：《文苑英華》卷二一二題作《聞笛》。
⑧ [校] 城外：《唐詩紀事》卷三〇作"城下"。
⑨ [校] 金鳥：原作"金烏"，據《白香山詩集》卷三《長慶集·新樂府》、《白居易詩集校注》卷三《城鹽州》、《樂府詩集》卷九八《全唐詩》卷四二六《白居易》改。

自築鹽州十餘載，左衽氈裘不犯塞。①
晝牧牛羊夜捉生，長去新城百里外。
諸邊急警勞戍人，惟此一道無煙塵。
靈夏潛安誰復辯，秦原暗通何處見？
鄜州驛路好馬來，長安藥肆黃芪賤。
城鹽州，鹽州未城天子憂。
德宗按圖自定計，非關將略與廟謀。
吾聞高宗中宗世，北虜猖狂最難制。②
韓公創築受降城，三城鼎峙屯漢兵。
東西亙絕數千里，耳冷不聞胡馬聲。
如今邊將非無策，心笑韓公築城壁。
相看養寇爲身謀，各握強兵固恩澤。
願分今日邊將恩，襃贈韓公封子孫。
誰能將此鹽州曲，翻作歌詞聞至尊？

送盧藩之朔方　韋蟾

賀蘭山下果園成，塞北江南舊有名。
水木萬家朱戶暗，弓刀千騎鐵衣明。③
心源落落堪爲將，膽氣堂堂合用兵。
卻使六蕃諸子弟，④馬前不信是書生。

送散騎常侍赴朔方⑤　皇甫冉

故壘煙塵促，⑥新軍河塞間。

---

① ［校］左衽：原作"至今"，據《白居易詩集校注》卷三、《樂府詩集》卷九八《城鹽州》改。

② ［校］猖狂：原作"猖獗"，據《白居易詩集校注》卷三、《樂府詩集》卷九八《城鹽州》改。

③ ［校］千騎鐵衣明："騎"，《唐詩紀事》卷五八、《全唐詩》卷五六六《送盧藩尚書之靈武》均作"隊"。"明"，《唐詩紀事》卷五八、《全唐詩》卷五六六《送盧藩尚書之靈武》均作"鳴"。

④ ［校］子弟：《唐詩鼓吹》卷四《送盧藩尚書之靈武》作"弟子"。

⑤ ［校］送散騎常侍赴朔方：《皇甫冉詩集》卷三題作《送常大夫加散騎常侍赴朔方》，《唐百家詩選》卷十題作《送太常大夫加散騎常侍赴朔方》。

⑥ ［校］煙塵促：此同《唐百家詩選》卷十《送太常大夫加散騎常侍赴朔方》，《皇甫冉詩集》卷三《送常大夫加散騎常侍赴朔方》作"煙霞後"。

金貂寵漢將，玉節度蕭關。
散漫沙中雪，① 依稀漠口山。②
人知寶車騎，計日勒銘還。

送李騎曹之靈武③　　郎士元④
一歲一歸寧，涼天數騎行。
河來當塞曲，山遠與沙平。
縱獵旗風卷，聽笳帳月生。
新鴻引寒色，⑤ 回日滿京城。

送鄒明府遊靈武　　賈　島
曾宰西畿縣，三年馬不肥。
債多憑劍與，⑥ 官滿載書歸。
邊雪藏行徑，林風透卧衣。
靈州聽曉角，客館未開扉。

送李騎曹靈州歸覲　　張　籍
翩翩出上京，幾日到邊城？
漸覺風沙處，⑦ 還將弓箭行。
席箕侵路暗，野馬見人驚。
軍府知歸慶，應教數騎迎。

---

① ［校］散漫：此同《唐百家詩選》卷十《送太常大夫加散騎常侍赴朔方》，《皇甫冉詩集》卷三《送常大夫加散騎常侍赴朔方》作"澶漫"。

② ［校］漠口：此同《唐百家詩選》卷十《送太常大夫加散騎常侍赴朔方》，《皇甫冉詩集》卷三《送常大夫加散騎常侍赴朔方》作"漢口"。

③ ［校］送李騎曹之靈武：《文苑英華》卷二八四題作《送威衛李騎曹之靈武寧省》，《唐僧弘秀集》卷三題作《送李騎曹之武寧》，《正統寧志》卷下、《弘治寧志》卷八、《嘉靖寧志》卷三《靈州守禦千户所》皆題作《送李騎曹之靈武寧侍》。

④ ［校］郎士元：《文苑英華》卷二八四《送威衛李騎曹之靈武寧省》、《唐僧弘秀集》卷三均著此詩作者爲僧人"無可"。

⑤ ［校］寒色：原作"塞色"，據《文苑英華》卷二八四《送威衛李騎曹之靈武寧省》、《唐僧弘秀集》卷三《送騎曹之武寧》、《正統寧志》卷下及《弘治寧志》卷八《送李騎曹之靈武寧侍》等改。

⑥ ［校］憑：《長江集新校》卷三《送鄒明府遊靈武》作"平"。

⑦ ［校］處：《張司業集》卷三《送李騎曹靈州歸覲》作"起"。

送靈州田尚書　薛　逢
陰風獵獵滿旗竿，白草颼颼劍戟攢。①
九姓羌渾隨漢節，六州蕃落縱戎鞍。
霜中入塞琱弓硬，② 月下翻營玉帳寒。
今日路傍誰不指，③ 穰苴門户慣登壇。

朔方書事　張　蠙
秋盡角聲苦，逢人惟荷戈。
城池向隴小，岐路出關多。
雁遠行垂地，烽高影入河。
仍聞黑山寇，又覓漢家和。

邊行書事　李昌符
朔野煙塵起，天軍又舉戈。
陰風向晚急，殺氣入秋多。
樹靜禽棲早，④ 冰堅路在河。
汾陽無繼者，羌虜肯先和。⑤

塞上⑥　鄭　愔
荒壘三秋夕，窮郊萬里平。
海陰凝獨樹，日氣下連營。⑦
戎旆霜疑重，⑧ 邊裘夜更輕。
將軍猶轉戰，都尉不成名。
折柳悲春曲，吹笳斷夜聲。
明年漢使返，須築受降城。

---

① ［校］劍戟：《文苑英華》卷二八一《送靈州田尚書》作"劍氣"。
② ［校］硬：《唐詩品彙》卷八九《送靈州田尚書》作"響"。
③ ［校］路傍：《唐詩品彙》卷八九《送靈州田尚書》作"路旁"。
④ ［校］樹靜："靜"，《文苑英華》卷二九九《邊行書事》作"盡"。
⑤ ［校］羌虜："羌"，《文苑英華》卷二九九《邊行書事》作"離"。"虜"原作"鹵"，據《文苑英華》卷二九九《邊行書事》改。
⑥ ［校］塞上：《文苑英華》卷二九九題作《塞外三首》。詩共三首，此爲第二首。
⑦ ［校］日氣：原作"月氣"，據《唐詩紀事》卷十一、《文苑英華》卷二九九《塞外三首》改。
⑧ ［校］疑重：原作"偏重"，據《唐詩紀事》卷十一、《文苑英華》卷二九九《塞外三首》改。

590　（乾隆）寧夏府志

　　登夏州城樓　　羅　隱
　　寒聲獵獵戍旗風，① 獨倚危樓悵望中。②
　　萬里山河唐土地，③ 千年魂魄晉英雄。④
　　離心不忍聽邊馬，往事應須問塞鴻。
　　好脫儒冠從校尉，一枝長戟六鈞弓。
　　邊庭冬怨⑤　　盧　弼
　　朔風吹雪透刀瘢，飲馬長城窟更寒。
　　夜半火來知有敵，⑥ 一時齊保賀蘭山。
　　送客往夏州　　楊　凝
　　憐君此去過居延，古塞黃雲共渺然。
　　沙闊獨尋邊馬蹟，路迷遙指戍樓煙。⑦
　　夜投孤店愁吟笛，朝望行塵喜控弦。
　　聞有故交今從騎，⑧ 何須著論更言錢。
　　西征⑨　　宋　張舜民
　　靈州城下千株柳，⑩ 總被官軍砍作薪。⑪
　　他日玉關歸去路，⑫ 將何攀折贈行人。⑬

------

①［校］寒聲：原作"塞聲"，據《羅隱集·甲乙集》、《文苑英華》卷三一三、《才調集》卷八《登夏州城樓》改。"聲"，《唐詩鼓吹》卷八《登夏州城樓》作"城"。
②［校］危樓：《萬曆陝志》卷二〇《古蹟·寧夏衛》"夏州城"條引羅隱詩作"欄干"。
③［校］山河：《萬曆陝志》卷二〇《古蹟·寧夏衛》"夏州城"條引羅隱詩作"山川"。
④［校］晉：《萬曆陝志》卷二〇《古蹟·寧夏衛》"夏州城"條引羅隱詩作"漢"。
⑤ 此詩原題作《客李秀才邊庭四時怨》，共分"春""夏""秋""冬"四首，此爲"冬"。
⑥［校］夜半：《才調集》卷八《和李秀才邊庭四時怨》作"半夜"。
⑦［校］戍樓：《文苑英華》卷二七五《送客往夏州》作"戍人"。
⑧［校］故交：《文苑英華》卷二七五《送客往夏州》作"故人"。
⑨ 宋朝張舜民撰《西征》詩共二首，下首《峽口山》即其二，詩題係後人擬。
⑩［校］城下：《東原錄》作"城外"。
⑪［校］總被官軍砍作薪：《宋史》卷三四七《張舜民傳》作"斫受降城柳爲薪"。"砍"，此同《東坡志林》卷四、《仇池筆記》卷下、《類說》卷十、《東原錄》、《畫墁集》卷四、《苕溪漁隱叢話》前集卷五二、《詩人玉屑》卷十八均作"斫"。"官軍"，原作"官司"，據《東坡志林》卷四、《東原錄》、《仇池筆記》卷下、《畫墁集》卷四、《類說》卷十改。
⑫［校］他日玉關歸去路："玉關"，《類說》卷十作"陽關"。"路"，《仇池筆記》卷下、《類說》卷十作"後"。
⑬［校］攀折：《類說》卷十作"扳折"。

峽口山

青銅峽裏韋州路,① 十去從軍九不廻。
白骨似沙沙似雪,② 憑君莫上望鄉臺。③
楊得章監憲賀蘭山圖　元　貢泰父④
太陰爲峰雪爲瀑, 萬里西來一方玉。
使君坐對蘭山圖,⑤ 不數江南衆山緑。
登宜秋樓⑥　明　慶靖王　朱㮵⑦
亭皋木落水空流, 隴首雲飛又早秋。
白草西風沙塞下, 不堪吟倚夕陽樓。

樓頭悵望久躊躇, 目送征鴻向南去。
黃沙漫漫日將傾, 總是江南客愁處。
總兵營絶句⑧
故壘荒餘草漸平, 路人猶識總兵營。
旌旗寂寞埋金甲, 風雨還疑鼓角聲。
漢渠春漲⑨
神河浩浩來天際, 別絡分流號漢渠。
萬頃腴田憑灌溉, 千家禾黍足耕鋤。
三春雪水桃花泛, 二月和風柳眼舒。
追憶前人疏鑿後, 于今利澤福吾居。

---

① [校] 青銅峽:《仇池筆記》卷下、《東原録》、《類說》卷十作"青岡峽"。
② [校] 沙沙:《仇池筆記》卷下、《類說》卷十作"山山"。
③ [校] 憑君莫上:"憑君",《東坡志林》卷四、《畫墁集》卷四、《苕溪漁隱叢話》前集卷五二、《詩人玉屑》卷十八均作"將軍"。"莫上",《東原録》,《畫墁集》卷四作"休上"。
④ 貢泰父: 即元朝貢師泰,字泰甫,《元史》卷一八七有傳。
⑤ [校] 蘭山圖:《玩齋集》卷五、《御定歷代題畫詩類》卷二七《題楊德章監憲賀蘭山圖》皆作"賀蘭圖"。
⑥ 《登宜秋樓》詩共二首。
⑦ [校] 㮵: 原作"㭎",據《明史》卷一〇〇、卷一〇二《諸王世表》、《明實録》《四庫全書總目》及寧夏出土《慶王壙志》改。下同。
⑧ [校] 總兵營絶句:《弘治寧志》卷八《雜詠類》題作《總兵營》。
⑨ 自《漢渠春漲》至《黑水故城》爲朱㮵《寧夏八景圖詩》中的五首,另外三首爲《賀蘭晴雪》《官橋柳色》《梵刹鐘聲》,另有《寧夏八景圖詩序》一篇。參見《正統寧志》卷下《題詠》。

月湖夕照
萬頃清波映夕陽，晚風時驟漾晴光。
暝煙低接漁村近，遠水高連碧漢長。
兩兩忘機鷗戲浴，雙雙照水鷺遊翔。
北來南客添鄉思，彷彿江南水國鄉。

黃沙古渡
黃沙漠漠浩無垠，古渡年來客問津。
萬里邊夷朝帝闕，一方冠蓋接咸秦。
風生灘渚波光渺，雨過汀洲草色新。①
西望河源天際闊，濁流滾滾自崑崙。

靈武秋風
翠輦曾經此地過，時移世變奈愁何。
秋風古道聞箛鼓，落日荒郊牧馬駝。
遠近軍屯連戍壘，模糊碑刻繞煙蘿。
興亡千古只如此，不必登臨感慨多。

黑水故城
日落荒郊蔓草寒，② 遺城猶在對殘陽。
秋風百雉蘚苔碧，夜月重關玉露涼。
枯木有巢棲野雀，斷碑留篆臥頹牆。
遶城黑水西流去，不管興亡事短長。

東湖春漲
三月東湖景始饒，水光山色遠相招。
魚衝急雨牽浮藻，鶯逐顛風過斷橋。
華落乍疑金谷地，浪痕初認海門潮。
臨堤盡日忘歸去，為惜餘春漫寂寥。③

---

① ［校］雨過：此同《正統寧志》卷下《題詠·黃沙古渡》，《弘治寧志》卷八《雜詠類·黃沙古渡》作"雨打"。

② ［校］寒：原作"黃"，據《正統寧志》卷下《題詠·黑水故城》、《弘治寧志》卷八《雜詠類·黑水故城》改。

③ ［校］漫：《弘治寧志》卷八《雜詠類·東潮春漲》作"謾"。

拜寺口① 安塞王 朱秩炅
風前臨眺豁吟眸，萬馬騰驤勢轉悠。
戈甲氣消山色在，② 綺羅人去輦痕留。
文殊有殿存遺址，拜寺無僧說舊遊。③
紫塞正憐同罨畫，可堪回首暮雲稠。
廢壘寒煙
目極頹垣落照邊，伯圖寂寞慘寒煙。
淒淒半混苔痕合，漠漠遙同野色連。
鳴鳥不知亡國恨，晚花猶乞過人憐。
強兵戰勝今何在，贏得虛名入史編。
莊前叢柳
田家植柳護衡門，到處青青入望頻。
媚眼多情眠白晝，纖腰無力舞黃昏。
卑枝不聽流鶯語，僻地難招望帝魂。
氓叟不關興廢事，密陰深處戲兒孫。
石關積雪 豐林王 朱台瀚
山高蠶屹立，疊翠萬垂巒。
殘雪經年在，邊風五月寒。
素華涵兔影，清味試龍團。
正是詩家景，惟宜靜裏看。
將至寧夏望見賀蘭山④ 學士 金幼孜
匹馬何時出帝關，⑤ 今晨初見賀蘭山。
風沙近塞居人少，斥堠連雲邏卒閒。
白海堆鹽封磧外，黃河引水注田間。

---

① ［校］拜寺口：《弘治寧志》卷八《雜詠類》題作《蘭山懷古》。
② ［校］消：《弘治寧志》卷八《雜詠類·蘭山懷古》作"銷"。
③ ［校］說：《弘治寧志》卷八《雜詠類·蘭山懷古》作"話"。
④ ［校］將：此字原脫，據《正統寧志》卷下《題詠》、《弘治寧志》卷八《雜詠類·將至寧夏望見賀蘭山》補。
⑤ ［校］關：原作"闕"，據《正統寧志》卷下《題詠》、《弘治寧志》卷八《雜詠類·將至寧夏望見賀蘭山》改。

邊城按堵全無警,① 聖德于今遍百蠻。
出郊觀獵至賀蘭山
賀蘭之山五百里,極目長空高插天。
斷峰迤邐煙雲闊,古塞微茫紫翠連。
野曠旌旗明曉日,② 高風鷹隼下長川。
昔年僭僞俱塵土,猶有荒阡在目前。
遊三清觀
乘閑偶過三清觀,幽絕都無塵俗情。
入門喜見青松色,遠户還聞流水聲。
鹿過瑤臺秋草合,③ 鶴歸幽徑晚煙生。
可是道人偏愛客,焚香還與坐吹笙。
西夏寒食遣興　庶吉士　朱孟德　鎮人
春空雲澹禁煙中,冷落那堪客裏逢。
飯煮青精顏固好,杯傳藍尾習能同。
錦銷文杏枝頭雨,雪捲棠梨樹底風。
往事慢思魂欲斷,不堪回首賀蘭東。
出塞曲④　諭德　王用賓
賀蘭山下羽書飛,廣武營中戰馬肥。
壯士爭誇神臂弩,打圍先射白狼歸。

青草湖邊春水明,黃雲塞口暮雲平。
健兒躍馬橫金戟,直破天驕第一營。

煌煌烽火照邊疆,虜騎如雲寇朔方。
聞說將軍調戰馬,明朝生縛左賢王。

---

① ［校］按:原作"安",據《正統寧志》卷下《題詠》、《弘治寧志》卷八《雜詠類》、《朔方新志》卷五《詞翰·將至寧夏望見賀蘭山》改。

② ［校］明:原作"鳴",據《正統寧志》卷下《題詠》、《弘治寧志》卷八《雜詠類》、《朔方新志》卷五《詞翰·出郊觀獵至賀蘭山》改。

③ ［校］瑤臺:《弘治寧志》卷八《雜詠類·遊三清觀》作"瑤壇"。

④ 《朔方新志》卷五《詞翰·詩》載《出塞曲》共五首,此爲第二、四、五首。

別夏城　兵部尚書　胡汝礪　鎮人

倦倚欄杆把玉卮，水雲縹渺鬢參差。

乾坤有路關榮辱，歲月無情管會離。

望裏山川都入畫，醉中鄉國謾留詩。

園花汀草皆生意，借問東風知不知？

興武暫憩①　總制　楊一清

簇簇青山隱戍樓，暫時登眺使人愁。

西風畫角孤城曉，②落日晴沙萬里秋。

甲士解鞍休戰馬，農兒持券買耕牛。

翻思未築邊牆日，③曾得清平似此不？

峽口吟　僉事　齊之鸞

生犀飲河欲北渡，海月忽來首東顧。

馮夷舉手揮神鞭，鐵角半催河上路。

至今夜行水泣聲，罔象欷歔鬼姦露。

土人作渠灌稻田，玄靈委順不敢怒。④

至靈州

復入人煙境，村墟雞犬聞。

沙黃偏映日，樹綠正連雲。

古道流河潤，高嵐壓虜氛。

服箱轅下犉，束餉馬池軍。

至威武堡⑤

候物催屯種，肩輿歷塞塵。

水縈三岔曉，渠動七星春。

花氣酣歌鳥，荊叢翳鬪鶉。

---

①　[校]興武暫憩：《弘治寧志》卷八《雜詠類》題作《興武營》，《雍正陝志》卷九六、《御選明詩》卷七六、《明詩綜》卷二八皆題作《孤山堡》。

②　[校]曉：原作"晚"，據《弘治寧志》卷八《雜詠類·興武營》、《朔方新志》卷五《詞翰·詩·興武暫憩》改。

③　[校]翻思：《雍正陝志》卷九六、《御選明詩》卷七六、《明詩綜》卷二八《孤山堡》皆作"回思"。

④　[校]玄靈：原避清聖祖玄燁諱改作"元靈"，據《朔方新志》卷五《詞翰·詩·峽口吟》改。

⑤　《至武威堡》詩共三首。

麥畦青未了，路有告飢人。

鹵泛春畦白，陽回臘麥青。
山形夷夏界，渠利漢唐經。
燕早花前乳，鶯遲雨後聽。
客心淹冉冉，江樹望冥冥。

朔氣疑常閉，① 春深始見花。
山青橫鳥道，日白鬧蜂衙。
土屋耕夫墅，雲峰戰士家。
褰帷把殘籍，不記在天涯。

登廣武遠眺　總制　王　瓊
鳴沙古渡急征笳，② 鐵騎雲屯曉濟河。
廣武人稀非土著，棗園田少盡徵科。
赫連故壘遊麋鹿，元昊遺宮長薜蘿。
試問守邊誰有策，老臣憂國鬢雙皤。

九日登花馬池城
白池青草古鹽州，倚嘯高城豁望眸。
河朔氈廬千里逈，涇原旌節隔年留。③
轅門菊酒生豪興，雁塞風雲愜壯遊。
諸將祇今多衛霍，④ 佇看露布上龍樓。

邊城
漠漠窮邊路，迢迢一騎塵。
四時常見雪，五月未知春。
宵旰求賢意，馳驅報主身。
逢時今老大，羞作素餐人。

---

① ［校］常：《嘉靖寧志》卷七《文苑·將至威武堡三首》作"長"。
② ［校］征笳：《朔方新志》卷五《詞翰·詩·登廣武遠眺》作"鉦笳"。
③ ［校］涇原：原作"涇源"，據《嘉靖寧志》卷三《寧夏後衛·形勝》引《九日登花馬池城》、《朔方新志》卷五《詞翰·詩·九日登花馬池城》改。
④ ［校］祇：原作"至"，據《嘉靖寧志》卷三《寧夏後衛·形勝》引《九日登花馬池城》、《朔方新志》卷五《詞翰·詩·九日登花馬池城》改。

中秋同霍軍門長城關對月　　巡撫　王崇古
愛爾清秋月，長城此共看。
邊聲傳大漠，朔氣動皋蘭。
已照沙塲骨，猶懸拜將壇。
壯猷瞻漢霍，乘月靖呼韓。
夏城巡邊曉發①　　巡撫　楊守禮
寂寞邊城道，春深不見花。
山頭堆白雪，風裏捲黃沙。
計拙心惟赤，愁長鬢已華。
晉雲連塞草，回首各天涯。
山中夜坐
絕塞通胡地，孤臣夜坐時。
閑雲歸岫遠，新月上山遲。
據險重關固，勒名萬里奇。
不須愁老大，忠孝是男兒。
宿平羌堡
駐節平羌堡，殘霞入照多。
寒煙浮土屋，衰草藉山阿。②
立馬傳新令，張燈奏凱歌。
明朝應出塞，鼙鼓萬聲和。
入平虜城
黃風吹遠塞，暝色下荒城。
門掩鐘初度，人喧雞亂鳴。
胡笳如在耳，軍餉倍關情。
惆悵渾無寐，隔簾山月明。
遊南塘
小艇容賓主，乘閑半日遊。
隔簾人喚酒，泊岸柳迎舟。

---

① ［校］夏城巡邊曉發：《嘉靖寧志》卷七《文苑·詩》題作《三月巡邊曉發夏城》。
② ［校］山阿：此同《嘉靖寧志》卷七《文苑·詩·宿平羌堡》，《朔方新志》卷五《詞翰·詩·宿平羌堡》作"山河"。

垂釣雙魚出，隨波一雁浮。
夕陽催去馬，清興轉悠悠。
再遊得魚字韻
罷舞徵新曲，傳觴索饌魚。
南風催棹急，細雨入簾疎。
映酒花偏媚，藏鶯柳任舒。
相逢俱是客，爛醉意何如？
夏城坐雨　主事　李夢陽
河外孤城枕草萊，絕邊風雨送愁來。
一秋穿塹兵多死，十月燒荒將未回。
往事空餘元昊骨，壯心思上李陵臺。
朝廷遣使吾何補，白面慚非濟世才。
夏城漫興
行盡沙陲又見河，賀蘭西望碧嵯峨。
名存異代唐渠古，雲鏁空山夏寺多。
萬里君恩勞餽餉，三邊封事重干戈。
朔方今難汾陽老，誰向軍門奏凱歌。
秋臺獨坐　僉事　孟霦
獨坐更深銷篆香，月光滿地白於霜。
重門寂寂橫金鎖，何處鐘聲到畫堂。
入口犒軍
出塞橫雙戟，驅兵仗虎臣。
蘭山含積雪，五月未知春。
鐵馬衝風急，雲旗耀日新。
登高眺朔漠，萬里絕胡塵。
南塘舟讌
畫艇羅英彥，澄湖漾綠萍。
緩隨波上鳥，數過柳邊亭。
遠嶂晴雲白，孤城晚樹青。
歌殘軒騎動，林外已疎星。

同客泛舟分臣字韻①
綵鷁隨流去，清遊滿座賓。
湖空鷗鷺下，岸遠芰荷新。
雲影搖歌席，波光映舞人。
納涼疎箔捲，送酒小舟頻。
紫塞開靈境，龍沙息虜塵。
天隅同泛梗，谷口遇垂綸。
痛飲酬良會，渾忘是遠臣。
登黑寶塔②
暖日行郊郭，林深訪釋迦。
寒荒時見雁，春暮不逢花。
碧水浸斜徑，輕蕪出軟沙。
邊城名將在，海外絕胡笳。

敞筵春晝永，久坐午陰移。
携酒思登塔，開軒看奕棋。
院空芳樹覆，野靜白雲遲。
醉客耽佳夕，重將玉笛吹。
秋征　總兵　蕭如薰
新秋呈霽色，塞草正丰茸。
杞樹珊瑚果，蘭山翡翠峰。
出郊分虎旅，乘障息狼烽。
坐乏紓籌策，天威下九重。
登牛首山③
理棹還登岸，攀蘿入紫煙。
雲霄千嶂出，色界一燈懸。
石蘚碑磨滅，金光像儼然。
不須探絕勝，即此是諸天。

---

① 《朔方新志》卷五《詞翰·詩·同客泛舟分臣字韻》載此詩詩序曰："余閱寧鎮，冊使章公懷愚歸，年丈春陽同飲南塘，賦此，併呈大中丞黃公梓山。"

② 《登黑寶塔》詩共二首。

③ 《登牛首山》詩共二首。

聞道經臺古，如來說法年。
樹因藏垢拔，水爲渡迷穿。
人我終無相，空門不二緣。
豈惟忻此遇，投老要歸禪。

寧河臺成登眺①　巡撫　羅鳳翔
津口新成百尺臺，深秋登望戍煙開。
蘭山直亘北荒去，②河水遥從西極來。
漠漠白沙伏氊幕，茫茫緑野遍農垓。
清平渾似中原地，干羽風光始見回。

賀蘭山歌　閱寺　周弘禴
幅員率土，惟王之疆。
天子命我，閱彼朔方。
朔方正漠漠，河水偏湯湯。
獼猴愁絶嶠，特地陵窮蒼。
西望川底，東望咸陽，北指黄甫，南跳甘涼。
原隰目寥廓，霸氣常昂藏。
炎漢開基入圖版，偏遣官田置恒産。
七橋九壩稻花肥，浮白沉糟照青眼。
渡江失卻麒麟符，伊洛割裂争五胡。
鐵弗小兒恣驕虐，負嵎竊據傍雄圖。
蒸土築牆錐不入，統萬城邊白骨枯。
白骨枯，勃勃死。赫連亡，拓拔起。
沒羽射鶴竟何如，卜骨燒羊總徒耳。
吴張號川真么魔，韓范經略看敝屣。
住鴿冲飛飛上天，③組練僕姑哀好水。
堂堂四業朝諸侯，忍向降夷稱父子。

---

①《寧河臺成登眺》詩共二首，此爲其一。參見《朔方新志》卷五《詞翰·詩·寧河臺成登眺二首》。

②［校］亘：《朔方新志》卷五《詞翰·詩·寧河臺成登眺二首》作"艮"。

③［校］住：原作"怖"，據《朔方新志》卷五《詞翰·詩·賀蘭山歌》改。

從此名山接大荒，李家渠畔露瀼瀼。
豈無城社同羌獟，從有衣冠似夜郎。
六百年來一翻掌，八千里外通朝享。
熊羆列隊共揚旌，犬羊編戶齊稽顙。
瑞崖珮璫登仙壇，瓊枝鸚鵡巢青鸞。
赤木崔巍長瑤草，① 莎蘿汗漫浮紫瀾。
積雪泠泠見堆土，喬松謖謖鳴層巒。
遙想匡廬、峨眉、太室、九峰，形勝相上下。
噫嘻，賀蘭山兮，非復昔日之賀蘭！

楊大中丞楚璞留飲豫順堂賦贈　　御史　黃彥士

上相旄旎出上台，小堂遙枕朔方開。
山連大漠飛霜逈，地逼黃河出塞來。
禹貢不臣荒服國，漢皇空上單于臺。
清時帷幄多閒暇，客到何妨數舉杯。

南池泛舟呈楊楚翁大中丞②

清溪俯水暗通河，柳葉蘆花藉碧莎。
客到醉騎山簡馬，興來書洗右軍鵝。

酒滿船艙秋滿空，歐公樂事物皆同。
卻教鷗鷺知人意，不戀無心海上翁。

荻蘆花發最宜秋，池館霏微暑氣收。
疑是山陰乘雪後，不知明月滿汀洲。

秋來張翰思茫茫，荇帶牽風十里長。
澤畔沉碑人不見，到今猶說杜襄陽。

夏臺秋感③　唐　鑑

養素存吾拙，經時不下堂。

---

① ［校］崔巍：《朔方新志》卷五《詞翰·詩·賀蘭山歌》作"崔嵬"。
② 《南池泛舟呈楊楚翁大中丞》詩共四首。
③ ［校］夏臺秋感：此同《弘治寧志》卷八《雜詠類》，《正統寧志》卷下《文》題作《秋感》。

坐觀人事改，似與俗情忘。
葉落知秋感，蛩吟覺夜長。
此身渾是寄，何必問他鄉。
西夏遠眺① 侍郎 王 遴
孤客三春暮，登樓四望開。
崆峒橫地出，星海接天來。
節鉞資文武，恩威洽草萊。
左賢已款附，何處有塵埃。

載酒依危堞，春風坐夕陽。
泉流通渭曲，野色盡秦疆。
看劍悲時事，長歌戀故鄉。
誰知班定遠，勳烈在殊方。
東劉默菴僉憲
益津雲樹杳天涯，持節虛勞漢使槎。
鳧浴鷺飛應自得，桃紅李白幾村斜。
賀蘭山下霜封戍，靈武臺邊月照沙。
誰念班超身萬里，蒙戎馬上奏胡笳。
復登長城關 總制 石茂華
擁傳提兵兩歲過，朔城戎幕動鳴珂。
茫茫大野飛鴻度，漠漠平沙晚照多。
萬古塞愁沉戍壘，千年征怨付煙蘿。
而今已報欃槍掃，飲馬遙看瀚海波。
宿小鹽池
弭節鹽池側，秋光淡戍臺。
雁聲雲外墮，夜雨樹間來。
猛士安能得，邊愁不可裁。
長歌聊徙倚，或有伏車哀。

---

① 《西夏遠眺》詩共二首。

壬子行邊暖泉暫憩① 憲臬 劉尚朴
驅車歷旱海，此際水泓然。
脈湧崑崙石，溫生黍谷泉。
蘧蘆清眼界，柳樹媚風煙。
爲念荷戈士，投醪惠百川。
塞上三首
旂團赤日驥追風，將士如雲虎豹雄。
只有壺中白羽箭，不須重問黑山戎。

金鼓旂門大將營，穹廬早徙北山清。
健兒驕馬渾無事，射得黃羊帶血行。

麒麟閣畫將軍像，鴻雁雲排戰陣圖。
奮臂林間三力士，過河先擊五單于。
賦出塞 總制 郜光先
塞草冬霜白，寒風冷鐵衣。
囊戈慚豹略，錦服愧魚飛。
隴水蕭關急，戍摟漢月微。
邊行隨小隊，酋首獻羊歸。
南塘泛舟 郎中 陳 集
長夏陰陰柳帶煙，將軍清酒載樓船。
遠山倒浸光浮座，低樹隨波影入筵。
胡月不驚黃峽口，麥雲已熟黑山田。
主人愛客還希范，豈慕風流學水仙。
書懷 副使 殷 仁
黃河東去三十里，春草西連一片雲。
把酒送君無限意，不堪榆雪落紛紛。
官橋柳色② 陳德武
邊城寒苦惜春遲，三月方看柳展眉。

---

① 壬子：萬曆四十年（1612）。
② 《正統寧志》卷下《題詠》載，此詩爲陳德武《寧夏舊八景》詩之一首。

金搭畫欄黄尚淺，絲淹流水綠初垂。
染增新色緣煙雨，折減長條爲别離。
可幸嬌鶯飛不到，等閑鳥鵲鬧爭枝。①

梵刹鐘聲② 〔凝真〕
觚稜殿宇聳晴空，香火精嚴祀大雄。
蠡吼法筵聞梵唄，鈴鳴古塔振天風。
月明丈室僧禪定，霜冷譙樓夜漏終。③
忽聽鐘聲來枕上，驚回塵夢思無窮。

官橋柳色④ 王 遜
官橋千樹柳，一路照征袍。
色可黄金比，絲非緑繭繰。
春容不知愧，客意嘆徒勞。
送别青青眼，何時見我曹。

賀蘭晴雪⑤ 〔嘉齋〕
賀蘭西望盡長空，天界華夷勢更雄。
巖際雲開青益顯，峰頭寒重白難融。
清光絢玉冲虛素，秀色拖嵐映夕紅。
勝慨朔方真第一，徘徊把酒興無窮。

蠡山疊翠 長史 劉 昉⑥
蠡山雨洗高嵯峨，群峰疊翠攢青蠡。⑦
我來信馬上山去，馬上觀看頻吟哦。
平生愛此佳山水，愛山不得住山裏。

---

① 〔校〕等閑：原作"等間"，據《正統寧志》卷下《題詠·官橋柳色》、《弘治寧志》卷八《雜詠類·官橋柳色》、《朔方新志》卷五《詞翰·詩·官橋柳色》改。

② 《正統寧志》卷下《題詠·梵刹鐘聲》載此詩作者爲"凝真"，即朱栴。

③ 〔校〕夜：原作"王"，據《正統寧志》卷下《題詠·梵刹鐘聲》、《朔方新志》卷五《詞翰·詩·梵刹鐘聲》改。

④ 《正統寧志》卷下《題詠》載，《官橋柳色》爲王遜撰《舊西夏八景》組詩中的一首。

⑤ 《嘉靖寧志》卷二《景致》載此詩爲弘農王嘉齋作，《正統寧志》卷下《題詠》載王遜撰《賀蘭晴雪》原文："雪積賀蘭尖，寒於霽景嚴。三冬爭皎皎，六月息炎炎。天不空桑異，人如地首瞻。可堪頭白者，留滯悵窮檐。"

⑥ 〔校〕劉昉：原作"劉牧"，據《正統寧志》卷下《文·蠡山疊翠》改。

⑦ 〔校〕青蠡：《正統寧志》卷下《題詠·蠡山疊翠》作"青螺"。

到家移入畫軸中，掛向茅堂對書几。
蘆溝煙雨　　胡官升
暖風晴日草如茵，景入蘆溝總是春。
夾谷嬌鶯留醉客，① 隔山啼鳥喚遊人。
杏花帶雨胭脂濕，楊柳含煙翡翠新。②
願得琴書身外樂，海鷗洲鷺自相親。
暖泉春漲　　失　名
一脈遠通星宿海，春回塞上氣初隔。
青青石眼涓涓發，流出桃花洞口東。
羚羊夕照
羚羊山勢壯邊州，每到斜陽翠欲流。
偏使幽人頻注目，拋書攜酒獨登樓。
鳴沙過雁
秋城河外瑣斜暉，③ 風捲晴沙拂地飛。
過雁數聲清墮玉，征人何處問寒衣。
蘆溝煙雨
蘆花飛雪漲晴漪，煙雨溟濛望益奇。
點點白鷗深處浴，扁舟遙動五湖思。
石空夜燈
疊嶂玲瓏竦石空，誰開闌若碧雲中。
僧閑夜靜燃燈坐，遙見青山一滴紅。
黑山晴雪
翠壁丹崖指顧間，隨時風物自闌珊。
六花凝素寒侵眼，徙倚危樓看玉山。
槽湖春波
十里平湖一鑑空，煙波雪浪渙生風。
漁舟載酒銷春興，應使丹青畫欠工。

---

① ［校］留：原作"流"，據《弘治寧志》卷八《雜詠類·蘆溝煙雨》、《朔方新志》卷五《詞翰·詩·蘆溝煙雨》改。
② ［校］含煙：《弘治寧志》卷八《雜詠類·蘆溝煙雨》作"吹煙"。
③ ［校］瑣：《嘉靖寧志》卷三《中衛·景致》作"鎖"。

梅所　　承　廣

客以梅爲所，移梅取次栽。

花枝向南發，山色自西來。

清影孤窗月，黃昏一酒杯。

揚州有何遜，① 東閣待誰開。

金波湖棹歌②　僧　靜　明

畫船搖向藕花西，③ 一片歌聲唱和齊。

黃鳥也知人意樂，時時來向柳邊啼。

塞垣秋思④　調浪淘沙　朱　栩

塞下景荒凉，淡薄秋光，⑤ 金風淅淅透衣裳。讀罷安仁秋興賦，憯慄悲傷。⑥

廿載住邊疆，兩鬢成霜，天邊鴻雁又南翔。借問夏城屯戍客，是否思鄉？

冬日漫興⑦　調鷓鴣天

天闊雲低散玉花，⑧ 茫茫四野少人家。嚴霜凜凜侵肌骨，貂帽隨風一任斜。

沙似雪，雪如沙，漫斟綠醑聽琵琶。⑨ 瓊樓玉宇今何在，天上人間道路賒。

---

① [校] 揚州：原作"楊州"，據《弘治寧志》卷八《雜詠類·梅所》、《朔方新志》卷五《詞翰·詩·梅所》改。

② 《金波湖棹歌》詩共有十首，此爲其中一首，參見《正統寧志》卷下《文》。

③ [校] 搖向：原作"搖過"，據《正統寧志》卷下《文·金波湖棹歌》、《弘治寧志》卷八《雜詠類·金波湖棹歌》改。

④ [校] 塞垣秋思：此同《弘治寧志》卷八《雜詠類》，《正統寧志》卷下《詞》題作《秋》。

⑤ [校] 淡薄：原作"淡泊"，據《正統寧志》卷下《詞·秋》、《弘治寧志》卷八《雜詠類·塞垣秋思》、《朔方新志》卷五《詞·浪淘沙·塞垣秋思》改。

⑥ [校] 憯慄：原作"憯栗"，據《正統寧志》卷下《詞·秋》、《弘治寧志》卷八《雜詠類·塞垣秋思》、《朔方新志》卷五《詞·浪淘沙·塞垣秋思》改。

⑦ [校] 冬日漫興：此同《弘治寧志》卷八《雜詠類》，《正統寧志》卷下《詞》只有詞牌名而無題。

⑧ [校] 玉花：原作"落花"，據《正統寧志》卷下《詞·調鷓鴣天》、《弘治寧志》卷八《雜詠類·冬日漫興》改。

⑨ [校] 漫：《正統寧志》卷下《詞·調鷓鴣天》、《弘治寧志》卷八《雜詠類·冬日漫興》均作"謾"。

與吳謙　謙時客塞下①　調春雲怨

龍沙三月，尚不見桃杏紅芳顏色。鎮日惡風頻起，柳困欲眠眠不得。夕陽銜山，②暮雲橫嶺，憔悴江南倦遊客。鄉國他年，關河今日，到此欲愁絶。

可憐孤負佳時節，正清明禁火，幽懷縈結，怕聽胡笳韻悲咽。古道紅塵，旅館清煙，酒旗高揭。一曲詞成，九回腸斷，矯首賀蘭巘巇。

西夏漫興③　調搗練子

風陣陣，雨潺潺，五月猶如十月寒。塞上從來偏節令，倦遊南客憶鄉關。

調臨江仙④避暑韋州，行有日矣，喜而賦此。

塞上冰霜三十載，新來華髮盈顛。韋城風景自堪憐，螺峰初雪霽，月榭淡籠煙。

想得靈州城下路，綠楊芳草依然。黃驪蹀躞杏花天，丙辰初日出，南上渡頭船。

賀蘭懷古　調朝中措　朱秩炅

朝嵐掃黛半陰晴，涼透葛衣輕。野黍離離，水禽唽唽，隴麥青青。

百年遺址埋煙草，此日又重經。浮生幾許，可堪回首？觸處牽情。

除夕偶成　調浪淘沙　馮清

鼓角數寒更，香嬝燈明，笙蕭沸鼎雜歌聲。⑤繞膝兒孫歡笑處，椒酒頻傾。

臘去莫相驚，便是新正，歲華終始片時爭。塞柳江梅傳信到，萬物春榮。

上元夜　調好事近

輕暖布東風，燈月千門如晝。畫角吹老寒梅，隨水聲清漏。

---

①　［校］謙時：原倒作"時謙"，據《正統寧志》卷下《詞·與吳謙》、《弘治寧志》卷八《雜詠類·與吳謙》乙正。

②　［校］夕陽：此同《弘治寧志》卷八《雜詠類·與吳謙》，《正統寧志》卷下《詞·與吳謙》作"夕照"。

③　本詞原編在下文馮清之詞《除夕偶成·調浪淘沙》後，據《正統寧志》卷下、《弘治寧志》卷八載，此詞為凝真即慶靖王作，非馮清作，故據本志書例移置於此。

④　本詞原編在下文樗齋朱秩炅撰《賀蘭懷古·調朝中措》後，《正統寧志》卷下《詞》載此詞作者爲"凝真"，即慶靖王朱㮵作，非安塞王樗齋作，故據本志書例移置於此。

⑤　［校］沸鼎：原作"鼎拂"，據《弘治寧志》卷八《雜詠類·浪淘沙·除夕偶成》、《嘉靖寧志》卷七《古詞·浪淘沙·除夕偶成》乙正。

瑞煙九陌逐香塵，人影紛如簇。正是春滿乾坤，樂太平時候。
國　　朝
漢渠春漲　　巡撫　　黃圖安
朔塞井疆自古聞，渠成時雨錙成雲。
源開星宿天邊至，浪泛桃花隴畝分。
千里荒邊饒灌溉，萬家渴壤盡氤氳。
分來河潤成肥沃，疏濬春工莫憚勤。
南樓秋色
相携樽酒坐南薰，撩盡天高爽氣分。
萬戶清砧敲落葉，千山征雁度寒雲。
豐登歲喜村煙接，蠟報時傳賽鼓聞。
探騎蕭蕭烽火静，防秋不復遠行軍。
黑寶浮圖
凌霄寶塔鎮禪宮，紫塞關山四望通。
座湧蓮峰垂象教，花飛雲㡏侈神工。
梵聲縹緲諸天外，色界蒼茫一氣中。
盛世清平多暇日，閑聽法鼓演宗風。
泛舟
舫闊乘涼一棹通，青山佳色落湖中。
霞光倒映荷花水，雲氣低連楊柳風。
歌動遊魚聞近楫，舞回征雁見浮空。
清時遊覽襟懷闊，晚景酬呼興不窮。
間詠二絕
落花天氣半晴陰，好去尋芳傍碧林。
是物含情知愛惜，鶯聲聲裏喚春深。

桃花水到報平渠，喜動新流見躍魚。
一枕羲皇午夢後，數行小試右軍書。
劉孝吾鎮臺邀集南塘
草木驚黃落，湖天轉淨澄。
葭聲響淅瀝，秋色高稜層。
晚照登舟好，中流砥柱能。

蒸徒頗會意，欸乃入菰菱。

野望　縣丞　劉芳猷　郡人

秋色到邊城，蕭蕭牧馬鳴。
長空看鳥盡，遠水逼沙明。
風雨疑天意，江山矯世情。
河流歸目下，遙矚海雲生。

過普濟庵贈石屏上人

渠轉招提出，重臺趁柳灣。
地幽藏別境，雲暗傲深山。
小座塵囂遠，清言俗慮刪。
漫言車馬地，靜者自能閒。

朔方

西峙蘭山爽氣凌，東流黃水日奔騰。
人煙漠漠聯村落，畎畝鱗鱗傍水塍。
塞北江南名舊得，嘉魚早稻利同登。
偶看兒女弓刀戲，不覺臨風百感增。

邊城

邊城鬱鬱只風霾，對此安能好放懷。
齎馬於今成款段，敝貂疇昔易茅柴。
熱腸到處因癡誤，傲骨何能與世偕。
遙望賀蘭山色好，幾回選勝鮮同儕。

絕塞

絕塞風光遲暮開，江南景物意中裁。
蒲抽嫩笋爭輸竹，杏勒寒花肯讓梅。
曲徑分流天上水，輕陰遙引地中雷。
科頭躧履忘行止，野閣山亭日幾回。

雨餘登無量臺

一天雨氣逼秋來，六月涼生亦快哉。
緩步科頭尋古寺，振衣長嘯上高臺。
湖光瀲灩杯中落，山色橫披畫裏開。
不是閑人誰到此，磬音寂處少塵埃。

大渠工竣恭頌四言四十八韻　劉　庶
惟皇建極，式厚民生。
曠土咸宅，隙壤皆耕。
矧茲查漢，沃野砥平。
載耘載耔，實利邊氓。其一

伊昔外柔，析支是踞。
草茂泉甘，漢彝併附。
廓清疆宇，毳帳斯去。
偶牧偶田，人心悅豫。其二

我皇握治，宵旰民依。
眷茲西顧，荒服農基。
在河之澨，疏導均宜。
經營相度，大臣聿咨。其三

兩曹協恭，受命率屬。
材庀工鳩，次第俱督。
若佖若先，或濬或築。
瞭若掌明，綿如縷續。其四

大工竣始，六羊暢流。
新渠創闢，厥口油油。
閘橋高控，分瀉上游。
漢唐尚矣，遜此皇猷。其五

綿亘蜿蜒，自南自北，
東西交流，上下如織。
暗洞飛槽，人工神力。
舊堵新畬，咸安稼穡。其六

賀蘭山下，紅柳灘東。

雲煙吐沒，草棘蒙茸。
開荒闢野，十雨五風。
何如水利，不擾農功。其七

惟茲兩渠，貽厥美利。
旁引支分，流均派異。
畇畇原田，實宏灌溉，
萬頃膏腴，民天攸寄。其八

繄民樂業，擇土而居。
濃陰錯柳，新堞剖符。
金資內府，學啟諸儒。
占藉兩縣，葺我田廬。其九

田舍伊何，萬年世業。
外護長堤，永無冲決。
疏滯通淤，餘波又洩。
鞏固疆域，內安外悅。其十

天恩汪濊，萬國均懷。
肇興水利，疏瀹決排。
銀疆西鄙，神功克偕。
分溝列澮，膏澤無涯。十一

況在邊隅，群黎仰化。
適彼樂郊，星言夙駕。
樂爾妻孥，睦其姻婭。
以嬉以遊，光天之下。十二

前題　調漁家傲　守備　沈鴻俊　郡人

鑿口導河吞洩利，大渠膏澤釀如醴，閘敞薰風波錯綺，東渡水，交流穿過蟠龍尾。

灌沃原田三百里，邊氓樂業如歸市，上下命官分撫字，興圖啟，銀疆奏績天顏喜。

  昌潤渠工竣恭紀① 侍郎 通　智
  黄河別派六羊通，石閘巍然跨彩虹。
  激起衆流增浪力，引開曲水灌田功。
  川輝原潤千村聚，野緑禾青一望同。
  從此遐荒歡鼓腹，群歌大有慰宸衷。
  前題　法　海
  長堤一帶柳毿毿，"永"字題橋閘有三。②
  若説良田更無限，風光誰亞小江南。
  前題　張　資
  建閘通渠一水盈，雲根蹴起浪花生。
  澤流原野無邊潤，勢挾風雷不斷聲。
  南畝農人兼暑作，豐年禾稼報秋成。
  共知樂土恩波闊，擊壤歡呼詠太平。
  前題　程光輔
  淙淙一水發迢遥，疏引渠成架閘橋。
  激石長傾星宿派，分濤宛聽浙江潮。
  薰風解愠營南畝，潤雨如酥借北條。
  功勒賀蘭山嶽峻，六羊汪濊聖恩饒。
  前題　調漁家傲　陳世琦
  盛世嘉猷因亦創，旁分九曲河流暢，白石層層千尺浪，相摩蕩，門如箭括波濤壯。
  兩岸膏腴新水漲，農耕婦饁還攜益，村落參差相倚傍，堪眺望，新禾嫩緑平原曠。

  〔重修漢渠暗洞落成〕 監收同知　王全臣
  漢渠之下舊有三暗洞，洩各渠餘水，歲久浸廢。予重爲修葺，且易以石，夏秋之交竟免泛濫。詩以紀之。

---

 ①　《乾隆甘志》卷四九《藝文·昌潤渠工竣恭紀》載此詩共二首，此爲其一。
 ②　"永"字題橋閘有三：指永惠閘、永潤閘、永屏閘。

河流遠引漢唐中，① 雙拖白練舞長虹。②
唐來西遶蘭山麓，漢延綿亘唐之東。
中間萬頃紛挹注，餘波總向湖中聚。
群湖宛轉東歸河，漢延堤高截去路。
古人立法妙有餘，地底鑽穴透漢渠。
就下能消群湖水，彷彿滄溟洩尾閭。
慨自河遷唐口咽，蓄之烏有焉用洩。
縱然古洞蹟猶存，一任泥沙久埋滅。
大清渠開水洋洋，迎水堤成勢更狂。
田間水滿翻爲虐，到處泛溢嗟懷襄。
尋得古洞皆木植，支撐渠底苦無力。
經營石甃洞惟三，奧若蛟宮不可測。
石梁潛架邃且幽，堅牢穩載漢渠流。
任他灌溉盈溝澮，暗把狂瀾細細收。
老農欣欣喜相告，年來鳴蛙產釜灶。
三洞賴我使君修，夏不旱兮秋不澇。
曾聞河源來自天，一曲伏流路幾千。
或是天吳聊小試，暫移鱗穴到銀川。
紛紛行客頻過此，驚看渠底水瀰瀰。
道是策馬歷東陽，一派宮商清入耳。
使君政暇可郊行，洞側清凉好駐旌。
爲聽澶湉河中去，盡是三渠擊壤聲。
予也聞之深愧謝，功以倖成勞獎借。
開渠修洞踵先賢，但願歲歲宜禾稼。

大清閘落成③

戊子秋九月，④予於唐、漢兩渠之間增開一渠，蓋助兩渠水力也。觀察使鞠公達之、舒大中丞命予建正閘一、退水閘三，造橋坊，置旗亭，規

---

① ［校］遠引：《乾隆甘志》卷九《藝文》作"分瀉"。
② ［校］雙：《乾隆甘志》卷九《藝文》作"並"。
③ ［校］大清閘落成：《乾隆甘志》卷四九《藝文》題作《題大清渠落成二首》。
④ 戊子：康熙四十七年（1708）。

模彷彿唐、漢，而閘後又作木筧以渡他水，風景更有可觀。爰作長句以紀之。

　　規模直與漢唐同，甃石浮杠落彩虹。
　　遠近縈紆分上下，縱橫挹注任西東。
　　惟知順水行無事，敢謂開渠輒有功。
　　最是亭成臨孔道，喜聞過客話年豐。

　　順導洪河入地中，漢唐得助益沖瀜。
　　群氓久食千秋利，① 此日新添一溉功。
　　沙際堤環春草綠，橋頭額映晚霞紅。
　　閒來徙倚虛亭下，② 翻愛旁流筧向東。
　　同徐聽菴、李環溪遊閘上，戲分田、塍二韻
　　爲惜膏腴等石田，聊因就下引涓涓。
　　渠開荒野資群力，橋鎖奔湍效往賢。
　　灌溉纔周千頃地，氤氳密動萬家煙。
　　旁流復導闌干外，綜錯高低景亦妍。

　　渠成水到瀉雲塍，即看農工處處興。
　　喜動兩河觀察使，事聞分陝大中丞。
　　殷勤命作千秋計，措置欣逢比歲登。
　　亭榭橋梁齊就緒，須知終始有師承。
　　唐渠口迎水堤告成③
　　欲引滔滔用不窮，先將百丈築河中。
　　頻移巨石填包甌，頓使天吳徙水宮。
　　白塔磯前標砥柱，青銅峽內臥長虹。
　　從今萬頃桑麻足，可是區區一障功。

　　洪流出峽走奔雷，一道長堤築水隈。

---

① ［校］久食：《乾隆甘志》卷四九《藝文·題大清渠落成二首》作"久失"，疑誤。
② ［校］閒：原作"間"，據《乾隆甘志》卷四九《藝文·題大清渠落成二首》改。
③ 《唐渠口迎水堤告成》詩共二首。

祇爲磯頭排浪去，漫將人力挽他回。
雪濤即看層層入，田鼓應聞處處催。
利導曾無奇異策，惟教渠口有唇腮。

昌潤渠工竣恭紀　水利同知　費　楷

聖朝川瀆孕靈暉，支引河流石啟扉。
三峽連穿驚浪吼，雙龍起控怒濤飛。
町畦繡錯煙雲潤，原野膏深草木肥。
一道六羊綿澤遠，賀蘭環匝有光輝。

前題　調浪淘沙　閔廷樞

兩岸綠楊齊，渠水瀰瀰，薰風吹徹泛漣漪。流到石橋聲更急，似吸虹霓。

浸潤及田畦，曲港廻溪，西成指日早耕犁。歲歲逢年人意樂，世享雍熙。

望賀蘭晴雪　失　名

雪後銀城作畫圖，雲收玉立萬峰殊。
花凝積素還高下，色撐空青半有無。
樵子松林迷野徑，山家石屋映冰壺。
幽情直在雲深處，消得人間念慮枯。

舟行望賀蘭山　婁　玠

乘舟從北發，迢遞見層巒。
四月臨邊塞，春風到賀蘭。
芙蓉青滴滴，榆柳蔭團團。
一望蒼煙闊，笳聲起暮寒。

書王司馬渠圖碑陰後　翰林　朱　軾

奔騰浩瀚出毫端，唐漢新渠次第安。
三閘平分均水勢，① 長堤突兀挽狂瀾。
城倚東壁知靈武，② 雲鎖西山識賀蘭。
自是韓陵石一片，行人莫作畫圖看。

---

① ［校］水勢：《乾隆甘志》卷四九《藝文·書王司馬渠圖碑陰後》作"水力"。
② ［校］城倚：《乾隆甘志》卷四九《藝文·書王司馬渠圖碑陰後》作"城依"。

題大清渠二首　蔡升元

爲憐膏壤棄邊荒，七日功成百里塘。
引入河流沙磧裏，① 鑿開峽口賀蘭旁。
支分九堡通溝澮，鼎峙三渠並漢唐。
作吏盡如君任事，不難到處樂豐穰。

兩渠中劃大清渠，畚築無勞民力紓。
心畫萬家溝洫志，胸藏一卷水經書。
嵐光樹色晴川外，鴻影鷗波夕照餘。
渾似江南好風景，豈惟灌溉遍村墟。

山出雲　監收同知　郎廷槐

雲出賀蘭岫，日光漏其竇。
對我衰書生，作蓋不頂覆。
瞻仰勢奇絕，儼若虎龍鬭。
天矯龍飛騰，潛伏虎縮右。
無風來驚掀，倏忽外蛇瘦。
變幻須臾間，視久眼錯瞀。
寫入消閒詩，人疑語荒謬。
歌之秋月夜，以爲杯酒侑。

過大清閘　三蘭行腳

一望平沙總不毛，當塗底事直勞勞。
忽聞河轉支流急，漸看額橫夕照高。
牧豎行歌皆擊壤，遊人攬勝足揮毫。
神功更巧憑刳木，西控長鯨跨巨鼇。

前題　提督　俞益謨　郡人

唐漢平分萬里流，中添一道入青疇。
沿堤柳絮糝鋪密，② 刺水秧針組織稠。③

---

①　[校] 膏壤棄邊荒七日功成百里塘引入河流：此十六字原漫漶不清，據《乾隆甘志》卷四九《藝文·題大清渠二首》補。
②　[校] 柳絮糝鋪密：《中衛縣志》卷十《藝文·過大清閘》作"柳浪村村密"。
③　[校] 組織稠：《中衛縣志》卷十《藝文·過大清閘》作"處處稠"。

長霓濤翻橋閘外，① 虛亭額映塞垣秋。
春風策馬頻來徃，幾度低回去復留。

〔遊賀蘭山〕　　翰林　解震泰　郡人

遊賀蘭山，自後溝至頂，尋元昊臺及李將軍思源亭故址，慨然有作。

曉起去登山，山影非一狀。
怪石虎豺蹲，懸崖紛如幛。
中有鳥道通，屈曲詎能量。
瀑布起銀虹，飛珠濺崿嶂。
綠林覓僧舍，梵音何清亮。
犬吠竹籬邊，花落雲際颺。
松風徐徐來，振步恣無妨。
鬱紆陟高岑，攀躋中峰上。
古木踞虯龍，連山似奔浪。
黃河一帶寬，城郭渺如舫。
銀川亦寥廓，微茫但一望。
憑眺夏王臺，慷慨復惆悵。
男兒何錦綺，英雄自霸王。
霸圖亦已成，雄名亦何壯。
可憐一再傳，狐貍穴其壙。
美人歸何處，瓦礫生悽愴。
惟餘臺上石，曾聽當時唱。
下尋思源亭，壞道殘流漾。
憶昔李將軍，愛山意云匠。
飛閣結層巖，湧泉足㴫沆。
把酒懷李王，意氣不相讓。
瀑水天上來，山摧石飛蕩。
勝地不可常，遺趾竟何嚮。
四十年前事，已作凋殘況。
矧乃數代遙，安能論得喪。

---

①　[校] 長霓濤翻橋閘外："霓"，《中衛縣志》卷十《藝文·過大清閘》作"笕"。"橋"，《中衛縣志》卷十《藝文·過大清閘》作"渠"。

日月逝如梭，光陰其誰償。
古人吊古人，古人後人榜。
後人亦古人，復作後人樣。
名利總虛空，性定心無妄。
及時樂陶陶，山花自開放。
　青銅禹蹟　翰林　栗爾璋① 郡人
銅峽中間兩壁蹲，何年禹廟建山根。②
隨刊八載標新蹟，疏鑿千秋有舊痕。
憑溯源流推遠德，採風作述識高門。
黃河永著安瀾頌，留取豐功萬古存。
　賀蘭僧舍　張　燦　郡人
禪房幽隱萬山中，滿地松花曲徑通。
斗室升沉千古月，竹窗吐納四時風。
浮雲乍捲回峰碧，宿雨初收返照紅。
半點塵埃飛不到，鳥啼花落總歸空。
　大悲閣望筆架山　趙熊飛　郡人
裹糧游層山，嵯峨登傑閣。
四圍列翠屏，一泉溜幽壑。
騁情窮遠目，覽景尋真樂。
鳥聲弦管奏，花態錦繡錯。
仰觀筆架山，三峰插寥廓。
何年巨靈闢，疑是鬼斧削。
我有筆生花，閑久將焉託？
願置此山巔，常伴雲霞爍。
　征西鐃歌　王延臣　郡人
颯颯秋風厲，招搖直指西。
單于今滅蹟，石是漢家題。
　金塔登高　岳　峇　郡人
西風吹帽鬢驚寒，逸興携壺上賀蘭。

---

① ［校］栗爾璋：《寧靈廳志草・藝文・青銅禹蹟》載作者爲"石茂華"。
② ［校］禹廟：《中衛縣志》卷十《藝文・青銅禹蹟》作"禹祠"。

酒泛黃英吞海嶽，詩成白雪富波瀾。
雲低卻向城頭見，天遠翻從樹底看。
遙想登臨吟眺處，心胸眼界一齊寬。

賀蘭秋興

木落天空爽氣浮，蕭條景物賀蘭秋。
雲連遠塞迷荒徑，日暮邊城暗戍樓。
紅葉不知邀客醉，黃花惟解伴人愁。
陰符誤我頭顱白，潦倒風塵促未休。

詠賀蘭山　胡秉正　郡人

西北天誰補，此山作柱擎。
蟠根橫遠塞，設險壓長城。
俯瞰黃河小，高懸白雪清。
曾從絕頂望，灝氣接蓬瀛。

曉渡黃河

歸舟喧渡急，移棹蕩波紋。
兩岸山光合，中流樹色分。
沙明爭映日，浪湧欲吞雲。
何處漁歌發，驚飛鷺一群。

林皋道上口占

驅馬林皋道，山河勢接連。
浮雲臨水淨，落葉信風偏。
雁陣喧晴日，霜花澹遠天。
誰家新釀熟，擊鼓慶豐年。

登高臺寺

路入精藍最上層，開軒容我一相凭。
雲霏西嶺兼天淨，樹繞南湖映水澄。
灝氣盤旋憐野鶴，禪機清遠愧閒僧。
數杯茶罷詩情潑，長詠還看皓月升。

賀蘭聳翠　史師朱　郡人

疊嶂俯黃流，層巒亙夏州。
晴光峰外繞，翠色望中收。
秀倚玉泉聳，彩連金塔浮。

何當乘遠興，彷彿太初遊。

寧夏懷古二首　督學使者　張映辰

朔方自昔推雄鎮，峽口黃河日夜環。
廢殿尚存元昊宅，春光先到賀蘭山。
渠開利自饒千載，豹變文誰見一斑。
古塔青銅百八座，盤空絕壁可容攀。

河山再造繼神堯，靈武收軍事已遙。
踏馬曾經青水砦，彎弓擬射雪山雕。
家聲淹雅推司隸，國是紛紜憶勝朝。
一帶明沙流自急，受降城外雜邊簫。

登文昌閣　蒼巖道人

壯年碌碌走塵埃，此地清幽不肯來。
老去始驚春夢促，韶光易過槿花開。
歷朝興廢書千卷，萬古忠奸土一堆。
惟愛莎羅歌最好，間時拍板滿斟杯。

朱太守招飲高臺寺　夏縣知縣　魯克寬

聯翩使節出郊坰，駐馬高臺一望通。
出沒遙峰紛上下，縱橫流水界南東。
豐年黍稌伊今始，野老謳吟在昔同。
粒食總然忘帝力，也知疏瀹有神功。

黃沙古渡　提督　王綏　郡人

荒煙漠漠路漫漫，河瀉平沙兩岸寬。
纜解帆懸朝雨歇，馬嘶人語夕陽殘。
濤聲崩湝千秋壯，風色蒼茫六月寒。
獨羨漁舠輕一葉，長歌終日傍驚湍。

廢壘寒煙

荒墩頹剝石苔斑，故壘淒涼落照間。
已報秋成沙漠地，何須夜保賀蘭山。
寒煙古蹟明駝臥，野草西風戰馬閒。
短笛一聲歸牧豎，太平景象在邊關。

和書萬佛閣西壁韻　　失　名
性癖耽幽興，此來慰素情。
雲隈真佛國，翠嶂似連城。
澗底泉雙出，峰頭月半明。
凭欄一眺望，襟袂有餘清。
微雨山行至長流水　　理事同知　國　棟
怒飆吼空村，密雨洒然至。
排闥入破窻，短檐不能避。
欲行稍遲廻，我僕亦孔瘁。
信宿縱非適，差勝需泥累。
夫何勸駕頻，乃復策疲騎。
青鬱渾未濕，樹間落青吹。①
馬蹄趿踐沙，細碎雜流利。
遠岑含濃黛，近嶺墮深翠。
未雨山如愁，既雨山如醉。
良苗抽嫩青，芳卉綻新薏。
所惜入土淺，霑足願未遂。
嗟我待澤農，茲雨命攸寄。
忍以行役故，覬靳造物賜。
矯首盼雲龍，風廻庶返轡。
曉發石空寺過勝金關
沙岡參錯路重重，心醉西南只數峰。
一色紫雲三十里，飛來大地化獰龍。
丁丑春日登中衛城②　　中衛知縣　黃恩錫
浮沙高擁隱邊牆，渺渺煙雲接大荒。
山引賀蘭峰積翠，河通星宿水流黃。
羽書絕塞馳飛檄，烽火何時靖虜疆？
萬畝即今生計重，省農還與課耕桑。

---

① ［校］青吹：《中衛縣志》卷十《藝文・微雨山行至長流水》作"輕吹"，疑是。
② 丁丑：乾隆二十二年（1757）。

朝發白馬寺

朝來霽色遠，林表出青峰。

雨氣浮山翠，風光媚柳濃。

河流遙見水，僧院近聞鐘。

初日前村路，登車時正雍。

辛巳季春廣武河堤告成①

雲霽雪消春水生，② 長堤彌望大功成。

狂瀾萬頃虹爲障，磐石千家夜不驚。

波泛桃花三月盡，漁歌煙雨一舟橫。

臨流始覺神爲壯，水色濤聲已半平。

登牛首山寺

英華文武翠相連，牛首有文華、武英二峰。併峙蘭峰壯九邊。

法藏經儲千佛閣，禪宗名擅小西天。

池留幻蹟金牛隱，地湧靈光寶塔懸。

覽勝不辭登絕巘，欲憑願力洗塵緣。

永興道中

春水欲平堤，堤楊葉未齊。

人家煙樹外，流水小橋西。

春行雜詠

水暖平湖鷗箇箇，鴉巢芳樹柳村村。

春行緩轡隨驄馬，一路看山到棗園。

渠行雜詠③

十年作吏向天涯，五度鳴沙換物華。

幾點昨朝春盡雨，空山開遍馬蘭花。

馬踏碧莎綠野間，前林啼鳥倦飛還。

平灘古寺芳村外，煙雨牛羊滿暮山。

---

① 辛巳：乾隆二十六年（1761）。

② ［校］雲霽：《中衛縣志》卷十《藝文·辛巳季春廣武河堤告成》作"雲際"，疑誤。

③ 《中衛縣志》卷十《藝文》載此詩共六首，其中五絕二首，七絕四首，本志錄二首七絕。

登賀蘭山漫興　王敬修　郡人
始信蘭山峻，岩嶢不易攀。
路從峭石折，月傍極峰彎。
邊日晴河影，龍沙鎖漢關。
遙憐元昊業，泉咽冷松間。
老鸛湖絕句　魏元勳　郡人
平林漠漠晚煙孤，十里嵐光接鸛湖。
欸乃一聲秋色裏，夕陽殘照上浮屠。
西門橋雪中馬上口占　水利同知　張綸炳
西山寒鎖白雲天，試向瓊樓進一鞭。
塞外牛羊歸氊帳，軍中鵝鴨淨烽煙。時聞金川之捷。
每思煮雪同陶穀，絕愛烹茶學玉川。
聞說故園離別後，灞橋風絮尚依然。
戍婦詞四絕
小院深沉長綠莎，長齋繡佛誦婆娑。
此身不願無生果，惟聽盧龍奏凱歌。

旌旗掩映出塵埃，聞說單于授首回。
博得封侯歸也未？蛾眉盡日對江隈。

欲消顰黛強登樓，豁目雲山處處愁。
妾意正隨飛鳥盡，阿誰高唱古涼州？

君去西征萬里餘，廻文錦字總難書。
愁分異地知誰劇，只恐相逢兩不如。
過寧安堡　平羅知縣　宋維孜
綠樹煙濃熏遠天，潺湲曲水致嫣然。
橋通微徑行花底，村帶殘霞入畫邊。
好鳥相呼求舊友，良苗秀發錯新田。
吟鞭指顧成幽興，吏已翩翩氣若仙。
首夏過燕氏園亭賦贈
橋灣新綠蔽幽居，曲徑逶迤十畝餘。

庭際落花兼絮舞，牆頭啼鳥出林徐。
坐銷永日芳樽戀，袖挹輕風野興舒。
二阮殷然能款洽，清談塵慮已全除。
臘月望後望賀蘭餘雪
列嶂千層霽景明，寒輝遙逼促征程。
荒林寂寂煙雲歛，飢鳥啾啾澗壑鳴。
色映斜陽清客目，影連殘月動余情。
梅傳郵置無消息，極塞何當阮步兵。
和陳二猷遊山　　潤　光
茅屋橫斜傍石岑，路迷野曠暮雲深。
瀑飛濺濺晴如雨，松密森森午尚陰。
日暮鐘聲聞遠寺，秋新葉落見疎林。
倚天絕巘知誰到，猶有詢津幽客尋。
遊賀蘭山絕句
一路草香都是藥，千林老樹盡生苔。
浮雲似水流將去，怪石如人立起來。
過小滾鐘口宿極樂菴絕句　　幻　聞
石徑沿溪樹百重，松間明月麗樊籠。
寒濤日夜雷聲吼，突出前山四五峰。
山居
屋矮來遲日，風寒怯鳥聲。
山空雲影瘦，溪冷月華清。
布衲和煙臥，芒鞋帶露行。
漁樵堪混蹟，何必話生平。
重九偕同人登高臺寺　　王佩莊
深秋高壑送金風，佳節從遊到梵宮。
人語喧時蔬圃靜，鳩聲喚處稻田空。
丹楓樹杪輕煙布，黃菊枝頭旭日融。
最是此時堪極目，平林晚翠一叢叢。
偕同人乘雪遊賀蘭山　　王家瑞　郡人
客心殊曠絕，山色冷相看。
積素千峰廻，凝花四壁寒。

松青加老瘦，泉淨益波瀾。
白雪欣同調，陽春滿賀蘭。

壬辰新正中衛道中① 　本郡知府　江世琳
細雨簾纖淨鞠塵，好教五馬去行春。
陌頭擊鼓人如蟻，不拜穀神拜水神。

登高臺寺
秋氣蕭槮森，涼風發爽籟。
振衣百尺樓，一望乾坤大。
平甸起碧岑，流泉瀉嚴瀨。
鳥鳴佳樹間，犬吠疎籬外。
塵市苦茫茫，恍覺身如蛻。
客有平原徒，攜手稱良會。
舉酒各獻酬，撲鼻香馣馤。
進以玉露漿，佐以蓬池鱠。
飲罷興未闌，磬聲促返斾。

諷菊　周宣武
六月炎威堪炙手，非時繁華世味誘。
何事稜稜傲霜骨，也向紅塵逐奔走？
求仲奚必徑三三，陶令難待時九九。
豔姿媚態赤日中，紫英緋裾熱腸久。
一夜西風過園林，爲問歲寒盟在否？

三月三日渠上修禊
殊方逢景麗，老眼逐人舒。
日永沙團暖，風和水縠疎。
新堤回隴陌，畫檻雜村居。
遊話永和會，農歌鄭國渠。
天涯牢落客，勝事謾歡餘。
回首故鄉在，狂歌興更躇。

大清渠滾水堤紀事　寧朔知縣　周克開
庚申夜臥支祈遁，崩奔百里壽春堰。

---

① 壬辰：乾隆三十七年（1772）。

西河自昔羨安瀾，性不愿喧恣薄噴。
二三四月春夏交，周回巡省遍塵坌。
半夜歸來治簿書，急卒哎哎不暇飯。
大清渠溢老蛟怒，堤潰飛沙魚徙頓。
蟻穴初穿百丈旋，號呼爬搔腳手鈍。
天明戾止瞠目嘆，安得淇園助下楗。
土不屬兮薪不繼，那惜赤仄盈萬萬。
須臾赤仄積河麋，新樵舊櫺廡至獻。
萬夫畚挶捄仍仍，揮戈指日百神困。
登登月下歌耶嘘，漸遠漸近合膚寸。
堤下黍稻何油油，對此神葸氣不恨。
歸來卻笑荷蕢樂，深厲淺揭那敢涽。

銀川書院詩[1]　　本郡知府　顧光旭

天臨秋塞河聲落，城遠虛堂樹色侵。
爲對銀川思錫麓，欲從西夏續東林。
可無大雅扶倫手，共此名山敬業心。
作者何人今未晚，吾儕當爲惜分陰。大雅堂。

巖疆地闢開文苑，今日堂成踵舊名。
秦地著書周柱史，漢家說禮魯諸生。
隔簾小草自春色，當徑疎槐時鳥聲。
師友百年風義在，半庭幽綠眼猶明。巖綠書堂，舊有巖綠書院，今廢。

治水定知由積石，修文先與訪遺經。
縹緗滿架耽幽討，風雨登樓念典型。
洗硯遠分星海淥，檢書長對賀蘭青。
源頭識得從天落，好爲陶鎔到性靈。探源星宿之樓。

重過勝金關

夏人以舊題壁間詩刻石，感賦。

冰澌依舊下河濆，村落雞聲日又曛。

―――――――
[1]《銀川書院詩》詩共三首。

立馬自慚諸父老，當關猶識故將軍。
壁間片石留題句，山口危峰補斷雲。
何事衽來還未定，寺鐘遙起戍樓聞。
大雅堂夜坐留別諸文士
離心如落葉，飄散忽無端。
剩月孤吟夜，空堂獨樹寒。
杜陵思廣廈，韓子揖峨冠。
驅馬且東去，予襟良未殫。
九日登高臺寺　沈　輅
萬里秋光客興賒，同人九日惜年華。
臺高不盡看楓葉，院靜何須坐菊花。
對酒披襟形獨放，憑風落帽笑誰加。
詩成合座皆珠玉，歸去遲遲滿落霞。
滌暑高臺寺和韻　知縣　戴　炳　郡人
春風披雅座，夏色暢高遊。
謝屐超塵步，嵇朋挾俊流。
青雲頻覆暑，爽氣早橫秋。
洞接菩提岸，臺懸磊落州。
遠峰斜暮郭，淨梵出危樓。
柳線垂芳徑，荇錢疊綠洲。
詩篇隨意落，樽酒盡情留。
似勝南橋夕，笙歌枉畫舟。
星渠柳翠　中衛知縣　羅元琦
垂楊垂柳倚平潊，拂水拖煙翠浥裾。
梅雨乍添新漲滿，踏青人上七星渠。
黃河泛舟
洪波艤楫泛中流，鳧溆鷗汀攬勝遊。
數點漁舟歌欸乃，詩情恍在白蘋洲。
石空燈火
洞壑嵌空最上乘，翠微臺殿控金繩。
半空錯落懸星斗，知是花龕禮佛燈。

黄河泛舟　　孫良貴
載酒浮浮盡日閒，① 傍人晚泊就蘆灣。②
秋風古廟青銅峽，夜月慈雲牛首山。
野店如村都傍水，荒巖立哨亦稱關。
清時那自逢漁父，便是滄州任徃還。
河津雁字　　張　淦
横斜飛度塞天秋，影入水紋細細鉤。
會得凌空三折意，鵝經底向世間求。
香巖登覽　　宋　楫
邊城古刹勢崔嵬，竟日登臨未擬回。
俯視河山收眼界，恍疑身在雨花臺。
官橋新水　　宋　枚
來去年年柳浪青，一簾活水傍窗櫺。
千家鼓舞趨農事，想見扶風喜雨亭。
黄河泛舟
黄流一曲地中行，桂掉容與萬里輕。
安得仙槎雲外轉，應知霄漢有逢迎。
羚羊松風　　楊士美　郡人
羚羊舊映夕陽時，此日龍麟別有姿。
虎嘯山門噴送客，西來意在最高枝。
暖泉春漲　　楊延桂　郡人
寒沸冰澌結玉湖，桃花春漲滿平蕪。
耕犁幾處農歌起，洒作良田萬斛珠。
炭山夜照　　陸　嵩
入夜誰爲賞，通宵勢燭天。
灼山驚豹隱，照水醒蛟眠。
月下光尤燦，空中像自然。
何年遺煉石，百世起蒼煙。

---

① ［校］閒：原作"間"，據《中衛縣志》卷十《藝文・黄河泛舟》改。
② ［校］傍人：《中衛縣志》卷十《藝文・黄河泛舟》作"榜人"。

牛首慈雲
重巒疊巘勢攢雲，崖閣參差映夕曛。
選佛塲開塔影現，萬人摩頂玉蕤焚。
香巖登覽　平羅知縣　方張登
香山高與碧雲齊，萬里風煙樹影迷。
白草蕭蕭孤雁下，群峰盡帶夕陽低。
星渠柳翠
七星渠水正漫漫，孤鳥橫飛返照寬。
三月好風吹柳綠，千條低拂一川寒。
暖泉春漲
青青石眼沸遙沙，春氣初融一望賒。
差似江南風日好，小橋新漲發桃花。
東湖春漲　王賜莭　郡人
昨夜湖光帶雨昏，春波碧草蕩新痕。
曉來遙望平林外，一片空明接遠村。
石關積雪
峭石嶙峋倚塞牆，風聲日色總蒼涼。
三邊兵氣消除盡，關外惟留白雪光。
西嶺秋容
西山爽氣忽飛來，萬疊嵐光隱翠苔。
只聽馬嘶秋柳岸，已留人醉夕陽臺。
屋渠渠行　銀川書院落成賦。　王澍　郡人

屋渠渠，好讀書。繚垣百丈，綿亘城南墟。前有星精陟降之秘閣，後有飛仙臨眺之樓居，中有大儒說經函席之層廈，旁有群士肄業萃處之周廬。侍立有廡序，揖讓有階除，下逮憩閽舍隸，庖湢廁廏，各以其棄餘，重門闔扇日高閉，其內但容清風朗月，來往不與塵埃俱。

屋渠渠，好讀書。霍若靈鼇冠山跋浪初，翼若蒼鳥舉翮歡相於。垂萉倒蒂絡藻井，連錢刻瑣通綺疏。門分戶列，一十有六院，別有天地殊居諸。落花遊絲春晝靜，青霜老樹秋容舒。冬缸夏簟，寒暑不得到。四時八莭，日日好把經畲鋤。人生何事可自致，誰其置我此間與。吾聞顧候天子之左右，何爲珊珊，一旦來瓊琚，經綸出手便若此，禮樂氣象良非譽。

屋渠渠，好讀書，蓬瀛方丈皆子虛，濂溪廬阜風何如？儒生遭際不必富與貴。每嘆昔日劉峻，寄人廡下，燎麻照字，中夜勞吹噓。

前題　柳荄　郡人

銀川講學廬，自昔賢守創。
我公勤改作，規制益宏壯。
層簷各飛甍，天宇別照曠。
列屋煥青燈，中堂羅絳帳。
多士盡儒冠，環階交揖讓。
歡言獲追倍，懷古動惆悵。
陋巷樂不改，環堵歌乃放。
下帷董子業，寄廡劉生尚。
古人貧賤時，意不在卿相。
矧此渠渠居，大庇真無恙。
繼晷有蘭膏，窮經探秘藏。
朋曹在切磋，文史恣跌宕。
奎閣觚稜高，北斗戴其上。
亦有藏書樓，豁達披四望。
山河一左右，昏旦呈異狀。
曾聞鹿洞開，理學千秋望。
今茲大雅堂，徽烈或相抗。
群生入鈞陶，百世仁風颺。

前題① 任岳宗　郡人

彬彬禮樂肅冠裳，多士咸登大雅堂。
鹿洞風規知未遠，前修砥礪日相望。

文星照爛紫雲高，奎壁分輝映彩毫。
閣外回看天尺五，固應佳事屬吾曹。

縹緲橫窗啟畫樓，琳琅間取素書抽。
西來嵐翠光盈几，佐讀何須太白浮。

---

① 任岳宗撰詩共三首。

前題　崔之燦　郡人
業擅千秋富，風行一郡初。
師資留雅範，循卓降除書。
班馬詞章貴，龔黃渥澤餘。
遴才披廣路，列肆構新居。
桂摧澄秋爽，藜燃夜閣虛。
涵濡歸藝苑，化雨併隨車。
前題①　王德榮　郡人
鵝湖風景望中懸，樓閣參差倚碧天。
能解尋源星海上，固應架筆賀蘭巔。

坐上蓬瀛有仙客，堦前桃李映芳筵。
使君爲政風流甚，不數當年寇穎川。
前題　王三傑　郡人
層樓高出與雲平，四望煙霞入畫城。
月滿琳瑯宵戶靜，風飄緗帙晝簾清。
筆峰西峙千巖翠，學海東流一帶明。
八詠芳名留自昔，登臨猶見古人情。
前題　陳作棟　郡人
宮牆數仞仰巍巍，一半山光透講幃。
廣廈修簷登大雅，鳴琴散帙有餘暉。
香雲閣裏藏書富，帶草階前味道肥。
敢詡地靈人自傑，前修差喜願無違。
前題　張志灝　郡人
窮經豈謂不如耕，蜀郡文翁仰令名。
雅化百年通紫塞，春風五馬下銀城。
倚樓嶺色朝含秀，披閣河流夜有聲。
試遣畫工圖彷彿，此間疑號小蓬瀛。
前題　張　均　郡人
朔土宵沙雪，鄉國學如林。

---

① 王德榮撰詩共二首。

宏璧有渥彩，達人秉道心。
自彼清憲臺，撫兹洪河潯。
芳猷播遐甸，藝苑何森森。
高堂結横綺，飛閣障遥岑。
雄觀列形勝，清氛襲衣襟。
牙籤粲天禄，萬軸炳璆琳。
衍游愜所好，研極鉤元深。
鹿洞續詎古，永嘉人在今。
封殖桃若李，追隨鶴與琴。
典型日非遠，願言銘所欽。
庭際仰槐緑，肅肅甘棠陰。
　前題　王宋雲　郡人
流沙混西極，井鬼分星纏。
賀蘭起爲塞，黄河來自天。
聖朝聲教溢四表，風雲佳氣輝銀川。
銀川自昔以武競，開國以來稱絶盛。
豹韜虎符各起家，煙閣雲臺多著姓。
亦有彬彬文采儒，遥數落落晨星映。
靈鼉突忭井闉灰，鳴鹿無聞才傑病。
揆文巖緑舊規模，棫樸菁莪邈歌詠。
歌詠重歡趙守來，吹噓寒谷初陽回。
一琴一鶴家聲在，春雨春風桃李開。
屋起魋鼺布講席，田膏斥鹵生苗荄。
廩士有餼栖有舍，在野多秀邑多才。
遂令蘭缸爇冬夜，每聽桂苑轟春雷。
春雷出地亦何迅，吾師德業崇先進。
承明金馬揖仙曹，霽月光風接心印。
化雨甘將桑梓膏，鐸音且向宫墻振。
皋比獨擁坐儒壇，斑管間携開筆陣。
筆陣儒壇重我鄉，樂群敬業會斯堂。
豈知帝眷頻西顧，更令文翁典朔方。
才名獨步江東雋，職望齊高青鎖郎。

補闕拾遺臣所願，繡衣玉佩天爲將。
疏通政治自和理，鼓動物象隨陰陽。
桑田幾稅畫熊軾，黌舍日留驄馬韁。
論文造士意感慨，仰宇步簷心激昂。
此城詎止萬家邑，吾道豈非千秋光。
抑塞毋乃礙胸次，制作不稱羞思皇。
胡爲規隨但守墨，庶其改作觀成章。
成章意美輿情忭，一區老屋開生面。
城頭日彩天邊新，海上蓬山地隅見。
浮動晨曦萬瓦痕，逢迎淑氣雙扉扇。
躋堂高棟落清氛，踏閣虛窗入遥甸。
帶草春披鬪列階，香芸風散交群院。
竹書朗朗晝簽齊，藜火熒熒宵户眩。
宵晝研磨定不虛，群材意氣鮮相於。
美命忽覯三秋竟，佳話更傳十載餘。
桂棟蘭橑不可賦，牙籤緗袠還多書。
古今自足備稽考，歲月其能忘歠儲。
豫章風流白鹿洞，關中理學張橫渠。
爲儒致道幸有肆，多士樂此非懷居。
文章欲變南山豹，羽翼看化北溟魚。
變化升騰夙所慕，陶鎔模範今斯具。
莊叟何爲甘不材，顏淵自信遭能鑄。
大賢所養不尋常，曠世經綸成指顧。
玉寒常凝五色雲，金莖正浥三霄露。
願得鼎鉉付和羹，大播弦歌佐韶頀。

〔文昌閣新成〕　王步雲
文昌閣新成，有白燕來巢，詩以紀瑞。
柳絮李花共撲塵，輕綃玉剪舞河津。
歸來絮語頻相告，云是瓊林座上賓。
前題
憑欄遠眺沁瀠天，川媚山輝滿眼前。
一抹晴雲連塞外，大張圖畫自何年。

前題　府學教授　黃元春
星應文明正聚魁，岧嶢層閣看昭回。
氣隨靈鳥祥煙合，色喜珍禽瑞景開。
經學匡衡成國器，詩家太白具仙才。
一時嘉慶圖堪紀，銀夏爭傳自燕來。
前題　許體元　郡人
春來簾幕侶還稀，出入朱門著素衣。
月滿瓊林難識面，風微玉殿更生輝。
綠陰密處銜珠浯，紅葉飄時抱璞歸。
應與周家魚並瑞，漢宮未許擬雙飛。
前題　周　拭　郡人
泥融日暖弄晴沙，尾剪風輕舞雪花。
曾化玉釵凌月殿，偶銜天璽應王家。
翩躚粉質占時瑞，點綴風光煥物華。
幾度品題抒望眼，高標淨色客情賒。① ……
不勝離緒之感率成四絕　本郡知府　張金城
萬夫荷鍤竟風沙，河潤平分望正賒。
走馬長堤忘□□，□□□□□□。

□□□□□□□，□把花籌笑語溫。
此地依然好□□，鄉關情抱未堪論。

爛熳深紅半出牆，主人何必是劉郎。
□□□□消□□，□□□□笑客忙。

無言□□□□□，□得天姿麗晚春。
那事□□折楊柳，□□□□□河津。
修渠工竣喜賦②
星源萬里沛黃流，沃澤傳聞□此□。

---

① ［校］高標淨色客情賒：此七字後，乾隆本原刻爲第61頁，傳世本此頁脫，內容不詳。
② 《修渠工竣喜賦》詩共三首。

□□天心仁□□，□□□□□良疇。

□□□□□□，□□堯年休氣呈。
萬頃涼畦翻□稌，聖朝上瑞是盈寧。

塞上春寒土未融，敲冰鑿凍首如蓬。
總然美利資農業，涓滴都關血汗□。① ……

寧夏八景詩
山屏晚翠　　王永祐
萬里風煙落照長，賀蘭西峙色蒼蒼。
天從紫塞飛霞氣，人在高樓望夕陽。
遠樹連村迷晚翠，片雲孤鳥蕩山光。
于喁樵唱歸沙徑，柏葉松花一市香。
前題　田　霈
賀蘭草樹色蒼駁，落落長天展翠屏。
河外殘陽收不盡，半規斜日萬峰青。
前題　王宋雲
山光濃若黛，山勢曲如屏。
欲擷山中秀，西崖日未暝。
前題　張映梓
返照抹陽林，遙望城西岑。
山中多夏寺，蒼蒼暮靄深。
前題　朱适然
半壁靈山一畫屏，偏宜晚色對蒼冥。
凌虛石氣無邊翠，薄日雲根未了青。
往事漫驚烽火照，此中疑有列仙庭。
高樓拄笏情何極，爲憶宣墟眼倍醒。
前題　王德榮
迤邐賀蘭色，踟躕晚眺心。
日華千嶂麗，嵐氣一城陰。

---

① ［校］涓滴都關血汗□：此七字後，乾隆本原刻爲第63頁，傳世本此頁脫，內容不詳。

高戍流沙遠，盤松古寺深。
關門通月竁，驛騎走西琛。

河帶晴光　王永祐

天際奔流到此平，日華搖浪色精瑩。
金蛇倒掣魚龍伏，素練橫披水石明。
古岸青浮靈武嶂，煙墟綠暗典農城。
居人荷鍤分膏潤，沙塞時清正洗兵。

前題　田霈

歷歷晴沙晚樹秋，□□如帶入天流。
浮槎漢使經過少，欲向芳洲問飲牛。

前題　趙廷桂

奔浪塞門坼，高源天影長。
晴光帶青郭，金電掣流黃

前題　宋适然

青銅西望鬱嵯峨，一道奔流走大河。
迴帶晴光沙岸闊，斜穿紫塞白雲多。
春渠競泛桃花水，漢史空聞瓠子歌。
正是昇平休氣塞，銀川風物美如何？

前題　王德榮

洪河如激箭，此地好波瀾。
白日一川淨，平沙兩岸寬。
幾經封爵誓，欲問典農官。
古渡秋風裏，臨流思渺漫。

西橋柳色　許德溥

渠畔龍宮枕大堤，春風夾岸柳梢齊。
羊腸白道穿雲出，雁齒紅橋亞水低。
沽酒清陰時繫馬，招涼短檻幾留題。
更添蠟屐遊山興，為問平湖西復西。

前題　田霖

水榭風廊畫檻低，綠楊陰裏白沙堤。
春隨錦浪穿橋去，不盡鶯聲送馬蹄。

前題　張映梓

西橋架橫渠，風水盤紆處。
柳影日毿毿，行人自來去。

前題　胡　璉

何處春風淑景饒，依依楊柳蔭西橋。
綠雲齊染青絲障，紫水斜穿錦帶條。
雉堞晴光開畫閣，龍宮禊讌簇瓊簫。
遊人絡繹增佳賞，日暮踟躕步馬驕。

前題　王德榮

選勝不須遠，橫橋青郭西。
畫欄春水漫，柳桁綠煙齊。
去馬香塵暗，廻軒風絮迷。
亞夫營壘靜，山外夕鴉啼。

南麓果園　許德溥

塞城秋早果園熟，古道官橋試重尋。
低樹亭童時礙馬，高雲磊落總懸金。
荔枝漫說來巴峽，盧橘空煩賦上林。
幾處短籬開板屋，簷前風露晚香沉。

前題　武　溥

秋原綠老小紅酣，野色平看入軟嵐。
曲水橫橋之字路，枝藜閑處足幽探。

前題　王宋雲

塞北林檎樹，綠陰暗小園。
花開每誤雪，花落果如璊。

前題　王德榮

碧樹暗交柯，林檎結子多。
晴光分翠岫，秋影入明河。
句憶謝靈運，人疑郭橐駝。
酒醒橋畔路，卜築計如何？

高臺梵刹　任岳宗

花園細路指高臺，聞說當年帝子來。
玉輦春薨留彷彿，香樓閣道剩崔嵬。

上方鐘磬煙霞合，晴野川原日月開。
臨眺不禁懷古思，聊憑象教恣徘徊。
前題　張映梓
俯檻大河明，抱郭蒼山好。
日有清游人，洋洋目塵表。
前題　王宋蔭
高臺軼塵氛，紺宇淨朝曛。
梵唱時出寺，清風送入雲。
前題　武溥
梵刹清光樹杪開，香雲紫氣共徘徊。
遊人日暮歸青郭，歷歷鐘聲上界來。
古塔凌霄　王都賦
物外招提大野環，客來渾自敞心顏。
風鈴幾語興亡事，寶塔遙傳晉宋間。
極塞山河相拱揖，諸天雲日總幽閒。
劫餘正喜尖重合，努力憑高試一攀。
前題　徐乃雄
煙外浮圖麗遠天，欲尋雙樹共僧禪。
雕牆鏤柱今何處，斷碣依稀記赫連。
前題　趙廷桂
寶鐸鳴天路，香龕啟碧虛。
瑞雲常五色，誰問劫灰餘。
前題　王三傑
寶塔觚稜出層殿，珠絡莊嚴空際見。
天風吹落鈴語聲，海日山雲光佛面。
赫連故蹟已銷沉，塞草煙寒歲月深。
寂歷禪關僧晝定，那煩半偈為安心。
長渠流潤　王都賦
長渠活活瀉蒼波，塞北風光果若何。
畎澮自分星漢水，人家齊飯玉山禾。
春村野甸鳴鳩喚，夏色涼畦浴鷺過。
漫道漢唐遺蹟遠，由來膏澤聖朝多。

前題　徐乃雄

三春看下桃花水，五月平分瓜蔓流。
都作黃雲覆阡陌，農歌擊鼓暮蘋洲。

前題　周朝相

新水滿長堤，凉風扇綠畦。
星源恒拜賜，未解祝豚蹄。

前題　楊潤

萬井繡蒼煙，長渠吸巨川。
桔橰聲不動，啟閘雨盈田。

前題　楊浣雨

漢宣昔有言，河潤及九里。
良吏福我民，美澤差方比。
塞垣一望但飛埃，黃蒿滅沒沙崔嵬。
大河遙從積石迴，到此衍漾堪浮杯。
遂有磊落掀天才，轉從屈注聲如雷。
漢曰漢延唐唐來，大清惠農今代開。
天潢倒吸怒龍口，濁浪急噴長鯨鰓。
虹橋歷歷明水樹，蜃氣靄靄浮樓臺。
平疇散入花萬井，山郭斜帶青千堆。
馬遷《河渠書》，道元《水經注》。
當時疏鑿人，可惜不能具。
史稱虞詡與郭璜，唐宋嗣者推李〔聽〕、楊〔瓊〕，古蹟漫汗不可詳。
元有董〔文用〕、郭〔守敬〕明有汪〔文輝〕，驅石築堰績用康。
王司馬〔王全臣〕，通侍郎〔通智〕，聖朝偉業相輝光。
察汗棄壤通理疆，繡畦北盡省嵬旁。
歲粟十萬輸天倉，嗟哉美利何洋洋！
長渠之潤於斯長，萬民所怙惟循良。
濬淤洩漲高其防，俾我農人孫子樂未央。
君不見，南陽縱橫舊畎畝，召杜至今歌父母。

連湖漁歌　楊潤

平湖如鏡水清涵，山翠天光蕩蔚藍。
雪點低空翔鷺淨，銀刀暎日躍魚憨。

桃花春遠團紅塢，香閣秋澄出赭龕。
幾聽鳴榔歸唱晚，浮家有客夢江南。
前題　田　霖
聞說連湖七十二，滄波深處聚魚多。
不知罷釣何村宿，一棹青蘋欸乃歌。
前題　張映梓
緣村樹色青，半坡山影綠。
向晚聽漁歌，滄浪幽思足。
前題　王三傑
澄波渺渺平湖裏，一曲漁歌隔煙水。
浮鷗作伴自相親，山翠撲人真可喜。
有時罷釣不繫船，便枕漁蓑清晝眠。
那知塞北江南地，總是蘆花明月天。
前題　張大鏞
春風吹破裙腰綠，樹裏明湖鏡通燭。
蒼茫但聽漁郎曲，河水自濁湖水清。
濯纓濯足空復情，汩泥揚波何自輕。
豈其食魚必魴鯉，聊把長竿弄煙水。
歌闌擊節風日美，武陵舊路誰問津。
此中疑有桃源人，吾欲從之得吾真。

寧夏府志卷二十二

雜　記

勃勃居統萬而蠶食姚秦，元昊據靈夏而抗衡有宋，豈其梟雄之才信不可制與，抑亦兵強粟多有所藉而致此與？列史所載，朔方亦多故矣，不可不察也。若夫休徵咎徵，天人感應，其理固然。見於一方者，未可鰓鰓尺寸繩也。其他軼事舊聞，足備參考，並附諸卷末。作《雜記》。

紀　事
漢

武帝元朔二年二月，匈奴寇上谷、漁陽，遣衛青、李息擊走之，遂取河南地。封青長平侯。主父偃言："河南地肥饒，[①] 外阻河，[②] 蒙恬城之以逐匈奴，[③] 內省轉輸戍漕，[④] 廣中國，滅胡之本。"公卿皆言不便，上竟用偃計，[⑤] 立朔方郡，募民徙者十萬口，[⑥] 築城繕塞，因河為固。轉漕甚遠，

---

① ［校］河南：此同《資治通鑒》卷十八，《史記》卷一一二、《漢書》卷六四上《主父偃傳》均作"朔方"。

② ［校］外阻河："外"字原脫，據《資治通鑒》卷十八，《史記》卷一一二、《漢書》卷六四上《主父偃傳》補。

③ ［校］蒙恬：此二字原脫，據《資治通鑒》卷十八，《史記》卷一一二、《漢書》卷六四上《主父偃傳》補。

④ ［校］內省轉輸戍漕：原作"省轉戍"，據《資治通鑒》卷十八，《史記》卷一一二、《漢書》卷六四上《主父偃傳》改。

⑤ ［校］計：此字原脫，據《資治通鑒》卷十八，《史記》卷一一二、《漢書》卷六四上《主父偃傳》補。

⑥ ［校］十萬：《資治通鑒》卷十八作"十餘萬"。

自山東咸被其勞，費以數十百鉅萬，府庫並虛。《綱鑑集覽》：①肅宗即位靈武，即漢朔方地。《括地志》云：②即蕭關也。漢武使蘇建築朔方城，即今夏州朔方縣之什賁故城。

五年，匈奴右賢王數侵擾朔方。武帝令車騎將軍青將三萬騎出高闕。將軍蘇建、李沮、公孫賀、李蔡俱出朔方。③李息、張次公俱出右北平。凡十餘萬人，皆領屬青，擊匈奴。右賢王飲酒醉，青等夜至圍之。右賢王驚，潰圍北去。得裨王十餘人，眾萬五千餘人，畜數十百萬，於是引兵還。帝使使者持大將軍印，即軍中拜青爲大將軍，諸將皆屬。益封八千七百戶。

元狩三年，山東被水，民多飢乏，遣使虛倉廩以賑。猶不足，又募富人假貸，尚不給。乃徙貧民關西、朔方以南新秦中，④七十餘萬口衣食皆仰給縣官。⑤數歲，貸與業產，使者分部護，⑥費以億計。

元鼎五年冬十月，帝祠五畤於雍，遂踰隴，西登崆峒。出蕭關，從數萬騎，獵新秦中，以勒邊兵而歸。

元封元年，上既置張掖、燉煌郡，⑦自制封禪儀，將登封太山。又以古者先振兵釋旅，然後封禪。詔曰："南越、⑧東甌，咸伏其辜。西蠻、北夷，頗未輯睦。朕將巡邊陲，躬秉武節，置十二部將軍，⑨親帥師焉。"乃行，自雲陽，歷五原，出長城，北登單于臺，至朔方，臨北河。勒兵十

---

① 綱鑑集覽：蓋指元朝王幼學撰《資治通鑑綱目集覽》。
② 參見《括地志》卷一《夏州》。
③ 蘇建爲遊擊將軍，李沮爲強弩將軍，孫賀爲騎將軍，李蔡爲輕車將軍。參見《資治通鑑》卷十八，《史記》卷一一一、《漢書》卷五五《衛青傳》。
④ [校]以南：此二字原脫，據《史記》卷三〇《平準書》、《漢書》卷二四下《食貨志》補。
⑤ [校]衣食：此二字原脫，據《史記》卷三〇《平準書》、《漢書》卷二四下《食貨志》補。
⑥ [校]部：此字原脫，據《史記》卷三〇《平準書》、《漢書》卷二四下《食貨志》補。
⑦ 置張掖、燉煌郡事在元鼎六年（前111）。武帝始封泰山改元元封，故其後"將登封太山"事亦在元封元年（前110）之前。
⑧ [校]南越：原作"南粵"，據《漢書》卷六《武帝本紀》、《資治通鑑》卷二〇改。
⑨ [校]置十二部將軍：此六字原脫，據《漢書》卷六《武帝本紀》、《資治通鑑》卷二〇補。

八萬騎，① 旌旗徑千餘里。② 遣郭吉告單于曰："南越王頭已懸北闕，今單于能戰，天子自將待邊。不能，即南面而臣於漢。"單于讋，不敢出。帝乃還，祭黃帝塚而釋兵。

四年十月，帝祠五畤，遂出蕭關。春，還祠后土。

匈奴入寇。匈奴自衛、霍度幕以來，希復寇邊，遠徙北方，休養士馬，習射獵，數使使者請和。漢使王烏窺之，單于佯許遣太子入質於漢，又曰："欲面見天子，相約爲兄弟。"烏歸報漢，爲單于築邸長安。會匈奴使至漢病死，漢使路充國送喪歸之。單于疑漢殺其使者，留充國，數寇邊。乃遣郭昌等屯朔方以禦之。

光武建武元年，盧芳據安定，詐稱武帝曾孫劉文伯。因自立爲上將軍西平王，使使與匈奴結和親。單于以爲"漢氏中絕，劉氏來歸，我亦當如呼韓邪立之，令事我。"乃使騎迎芳入匈奴，立爲漢帝。

五年十二月，盧芳入塞。初，五原人李興、隨昱，朔方人田颯，代郡人石鮪、閔堪，自稱將軍。匈奴遣使與興等和親，欲令盧芳還漢地爲帝。興等引兵至單于庭迎芳。十二月，與俱入塞，都九原縣，掠有五原、朔方、雲中、定襄、雁門五郡，並置守、令，與匈奴通兵，侵苦北邊。

六年，遣馮異擊盧芳、匈奴兵，破之。北地、上郡、安定皆降。

七年，③ 盧芳以事誅李興兄弟。朔方太守田颯、雲中太守喬扈各舉郡降，帝令領職如故。

九年六月，吳漢率王常等四將軍兵五萬餘人，擊盧芳將賈覽、閔堪於高柳。匈奴救之，漢軍不利。匈奴鈔暴日盛。詔朱祐屯常山，④ 王常屯涿郡，破姦將軍侯進屯漁陽，以討虜將軍王霸爲上谷太守，以備匈奴。

十六年，盧芳與閔堪使使請降，⑤ 帝立芳爲代王，堪爲代相，賜繒二萬匹。

---

① ［校］騎：此字原脫，據《漢書》卷六《武帝本紀》補。
② ［校］徑：此字原脫，據《漢書》卷六《武帝本紀》補。
③ ［校］七年：原作"八年"，據《資治通鑒》卷四二、《册府元龜》卷一二六《帝王部》、《通志》卷六上《後漢紀》改。
④ ［校］朱祐：此同《後漢書》卷二二《朱祐傳》，《資治通鑒》卷四二作"朱祜"。《後漢書》卷五二《朱祐傳》引劉攽曰："案注引《東觀記》安帝諱，則此人當名'祜'，前後皆誤矣。"疑作"朱祜"是。
⑤ ［校］與閔堪：此同《資治通鑒》卷四三，《後漢書》卷十二《盧芳傳》作"與閔堪兄林"。

十八年，①盧芳復反。芳自昌平還，内自疑懼，遂復反。匈奴遣數百騎迎芳出塞。芳留匈奴中，病死。

順帝永建四年，尚書僕射虞詡上疏曰："《禹貢》雍州之域，厥田爲上。且沃野千里，穀稼殷積，②又有龜茲鹽池以爲民利。水草豐美，土宜産牧，牛馬銜尾，群羊塞道。北阻山河，乘陋據險。因渠以溉，水舂河漕，用功省少而軍糧饒足。故孝武皇帝及光武築朔方、開西河、置上郡，皆爲此也。而遭元元无妄之災，衆羌内潰，郡縣兵荒二十餘年。今三郡未復，園陵單外，公卿但計所費，不圖其安。宜開聖聽，考行所長。"書奏，乃復三郡。使謁者郭璜督促徙者各歸舊縣，繕城郭，置候驛。既而激河濬渠爲屯田，省内郡費歲一億計。③

是年冬，鮮卑寇朔方。

晉

安帝義熙三年六月，赫連勃勃自稱"大夏天王"。勃勃魁岸，美丰儀，④秦王姚興見而奇之。與論大事，寵遇踰於勳舊。興弟邕曰："勃勃不可近也。"興不聽，以爲將軍，使助沒奕干鎮高平。邕固争曰："勃勃貪猾不仁，輕爲去就，必爲邊患。"興乃止。久之，卒給以雜虜二萬餘落，使鎮朔方。會魏主珪歸所虜秦將於秦，興歸賀狄干以報之。勃勃怒，遂叛秦，襲殺沒奕干而并其衆。自謂夏后氏之苗裔，稱"大夏天王"，置百官。

冬十月，⑤夏王勃勃破鮮卑薛干等三部，⑥降其衆以萬數。進攻三城以北諸戍，斬秦將楊丕、姚石生。諸將皆勸定都高平，勃勃曰："吾大業草創，姚興亦一時之雄，未可圖也。今專固一城，彼必并力於我，亡可立

---

① ［校］十八：原作"十九"，據《資治通鑑》卷四三改。

② ［校］稼：原作"價"，據《後漢書》卷八七《西羌傳》、《太平寰宇記》卷一八七《西戎》改。

③ ［校］一億：原作"以億"，據《後漢書》卷八七《西羌傳》、《太平寰宇記》卷一八七《西戎》改。

④ ［校］丰儀：《晉書》卷一三〇《載記·赫連勃勃》作"風儀"，《資治通鑑》卷一一四作"容儀"。

⑤ ［校］冬十月：原作"秋七月"，據《資治通鑑》卷一一四、《通鑑紀事本末》卷十八《赫連據朔方》改。

⑥ ［校］薛干：原作"薛于"，據《魏書》卷一〇三《高車傳》改。參見《晉書》卷一三〇《校勘記》［六］。

待，不如以雲騎風馳，出其不意，救前則擊後，救後則擊前，使彼疲於奔命，我則遊食自若。不出十年，嶺北、河東盡爲我有。待姚興死，嗣子闇弱，徐而取之，在吾計中矣。"於是侵掠嶺北諸城。秦王興嘆曰："我恨不用黃兒之言。"黃兒，邕小字也。① 勃勃求婚於南涼傉檀，不許。勃勃帥二萬騎擊破之，② 殺傷萬計，斬其大將十餘人，積尸封之，名曰"髑髏臺"。

四年五月，秦王興遣僕射齊難，帥騎兵二萬討勃勃，勃勃潛師襲，破，擒之，及其將萬三千人。於是嶺北夷夏附於勃勃者以萬數，皆置守宰撫之。後復屢敗秦將，拔城堡，遷徙其民。

五年九月，③ 秦王興自將襲夏，至貳城。夏王勃勃乘虛奄至，④ 秦兵大敗。

七年，夏攻秦杏城，斬其守將姚詳。遂攻安定、東鄉，皆克之。秦鎮北參軍王買德奔夏，勃勃問以滅秦之策，對曰："秦德雖衰，藩鎮猶固，宜蓄力以待之。"勃勃以爲軍師中郎將。

八年冬，秦雍州刺史楊佛嵩攻夏。夏王勃勃與戰，破之。

九年，夏築統萬城。勃勃以叱干阿利領將作大匠，發夷夏十萬人，築都城於朔方之北、⑤ 黑水之南，曰："朕方統一天下，君臨萬邦，新城宜名統萬。"阿利性巧而殘忍，蒸土築城，錐入一寸，即殺作者而並築之。勃勃以爲忠，委任之。凡造兵器呈之，工人必有死者。射甲不入，斬弓人，入則斬甲匠，由是器物皆精利。勃勃自謂其祖從母姓劉，非禮，乃改姓赫連氏，言其徽赫與天連也。其非正支者三，爲鐵伐氏，言剛銳如鐵，堪伐人也。

十一年，夏攻秦杏城，拔之。

十二年，夏克秦上邽、陰密、安定、雍城。秦遣兵擊卻之，復取

---

① ［校］小字：原作"小子"，據《晉書》卷一三〇《載記·赫連勃勃》改。
② 《晉書》卷一三〇《載記·赫連勃勃》載，事在十一月。
③ ［校］九月：原作"七月"，據《資治通鑑》卷一一五、《通鑑紀事本末》卷十八下《赫連據朔方》改。
④ ［校］奄至：原作"掩至"，據《資治通鑑》卷一一五、《通鑑紀事本末》卷十八下《赫連據朔方》改。
⑤ ［校］之北：此二字原脫，據《晉書》卷一三〇《載記·赫連勃勃》、《資治通鑑》卷一一六補。

安定。

十三年九月，晉太尉劉裕克長安，夏人進據安定。夏王勃勃聞裕伐秦，曰：“裕取關中必矣，然不能久留。若留子弟及諸將守之，吾取之如拾芥耳。”遂進據安定，嶺北郡縣悉降之。裕遣使遺勃勃書，約爲兄弟，勃勃報之。十二月，裕東還，留子義真都督雍、梁、秦州軍事。勃勃聞之大喜，召王買德問計，德曰：“關中形勝之地。而裕以幼子守之，狼狽而歸，正欲急成篡事，不復以中原爲意。此天以關中賜我，不可失也。”勃勃以爲然，乃使其子璝帥騎二萬向長安，關中降者屬路。

十四年春正月，晉王鎮惡、沈田子帥師拒夏兵。田子矯殺鎮惡，長史王脩討田子，斬之。參軍傅弘之擊夏兵，卻之。冬十月，義真殺王脩，[①]關中大亂。十一月，勃勃陷長安，義真逃歸，勃勃遂稱皇帝。

恭帝元熙元年，夏人陷蒲阪。夏群臣請都長安，勃勃曰：“朕豈不知長安帝都，沃饒險固，然統萬距魏境纔百餘里，朕在長安，統萬必危，若在統萬，魏必不敢濟河而西。諸卿適未見及此耳。”乃置南臺於長安，以子璝錄尚書事，自還統萬。

〔劉〕宋

文帝元嘉元年，夏赫連璝殺其弟倫。倫兄昌討璝，殺之，并其眾歸統萬。勃勃立昌爲太子。

二年八月，勃勃殂，世子昌立。

三年，魏王聞勃勃死，諸子相圖，國人不安。於是遣奚斤襲蒲阪，周幾襲陝城，自將攻夏。十一月，攻統萬。夏主方燕群臣，魏師奄至，上下驚擾。夏主出戰，敗走入城。魏分兵四掠，殺獲數萬，徙其民數萬餘家而還。魏師乘勝長驅，遂入三輔。奚斤亦克蒲阪。十二月，遂入長安。

四年，魏主還平城。統萬民徙者多道死，至平城者十餘六七。夏平原公定帥衆向長安，魏主聞之，再謀伐夏。五月，發平城，至拔鄰山，捨輜重，以輕騎三萬倍道先行。六月，至統萬，分軍伏於深谷，以少衆至城下。夏將狄子玉降，言：“夏主召平原公定，定曰：‘統萬堅峻，未易拔，待我擒奚斤，然後徐往，內外擊之，蔑不濟矣。’故夏主堅守以待之。”魏主患之，乃退軍以示弱，遣娥清及永昌王健，西掠居民。

---

① 〔校〕王脩：原作"王修"，據《宋書》卷四五《王鎮惡傳》、《資治通鑒》卷一一八改。

魏軍士有奔夏者，言魏軍糧盡，輜重在後，宜急擊。夏主將步騎三萬出城，魏收衆僞遁。夏兵爲兩翼，追之，魏分騎爲左右隊掎之。魏主馬蹶而墜，幾爲夏兵所獲。拓跋齊以身捍蔽，魏主騰馬得上，身中流矢，奮擊不輟，夏衆大潰。魏人乘勝逐夏主至城北，夏主遂奔上邽。明日入城，獲夏王、公、卿、校及婦女以萬數，馬三十餘萬匹，牛羊數千萬，① 府庫珍寶、車旗、器物不可勝計。

　　初，勃勃性奢豪，築統萬城，高十仞，基厚三十步，堅可礪刀斧。臺榭壯大，背雕鏤圖畫，被以綺繡。魏主曰："蕞爾國而用民如此，欲不亡得乎？"平原公聞統萬破，奔上邽。魏主詔奚斤班師。斤固請滅昌，乃給兵萬人，馬三千匹，並留娥清、丘堆共擊夏。② 以常山王素爲征南大將軍、假節，鎮統萬。

　　五年春，魏將軍尉眷攻上邽，夏主退屯平涼。奚斤進軍安定，與丘堆、娥清軍合。斤以馬疲糧少，深壘自固。遣堆督租，士卒暴掠，不設備，夏王襲敗之，遂乘勝抄掠，不得芻牧。侍御史安頡曰："本期討賊，反爲賊困。不死於戰，便死於國，俱無生理，諸君獨無慮乎？"斤以馬少待救騎至爲辭。頡曰："昌好勇而輕，每身自挑戰，衆皆識之。若伏兵掩擊，昌可擒也。"斤不聽，頡乃與尉眷等選騎待之。俄昌出攻城，頡出應之。昌自出搏戰，軍士爭赴之。夏主敗走，頡追擒之。

　　平原公定收衆奔平涼即位。③ 魏主以昌爲會稽公，以妹妻之。斤恥昌爲頡所擒，乃捨輜重，持三日糧，追定於平涼。夏人將遁，有軍士逃亡，告夏云："斤軍食少，無水。"夏乃分軍夾擊，斤、清皆擒。丘堆棄輜重奔長安，與高涼王禮偕奔蒲阪。魏主大怒，命頡斬丘堆，代將其師，鎮蒲阪。昌後以謀叛誅。

　　七年，夏主定遣使求和於宋，約共伐魏，滅之分其地。魏主聞之，謀伐夏。群臣言曰："夏未可必克，劉義隆若乘虛濟河，則失山東矣。"崔浩曰："義隆與定以虛聲相和，莫敢先入，譬如連雞，不得俱飛。赫連定

---

① ［校］千萬：原作"十萬"，據《魏書》卷四上《世祖紀》、《資治通鑑》卷一二〇改。
② ［校］丘堆：原避孔丘諱改作"邱堆"，據《魏書》卷三〇《丘堆傳》、《資治通鑑》卷一二〇改。下同。
③ ［校］平原公：《資治通鑑》卷一二一作"平原王"，疑誤。

殘根易摧，擬之必仆。①"魏主從之，遂如統萬，襲平涼。使將軍古弼將兵趨安定。夏主自安定北救平涼，與古弼遇，戰敗，走鶉觚原，魏師圍之。夏潰走上邽，魏取安定、隴西。冬，魏人克平涼，復取長安。

　　八年，夏主定滅秦，以秦王暮末歸，殺之。擁秦民十餘萬口，自治城濟河，欲擊北涼，奪蒙遜地以避魏。吐谷渾王慕璝，襲執定以歸，獻於魏，魏人殺之。

　　按：赫連之先有劉虎者，漢時匈奴南單于之苗裔也。匈奴劉猛死，虎代領其衆，居新興，號鐵弗氏。北人謂胡父、鮮卑母爲"鐵弗"，②因以"鐵弗"爲姓。代魏拓拔鬱律擊破之，③走出塞。虎死，其孫劉衛辰降苻秦，④攻魏。魏王拓拔圭擊之，走死。少子勃勃奔沒奕干，⑤再奔後秦。姚興使振朔方，遂襲殺沒奕干而併其衆。勃勃字屈子，⑥小字屈丐，性驕虐貪猾，視民如草芥。嘗置弓劍於側，群臣忤視者鑿其目，笑者抉其脣，諫者先截其舌，然後斬之。築統萬城以居，名其四門，東曰招魏，南曰朝宋，西曰服涼，北曰平朔。初稱"大夏天王"，再稱"皇帝"。在位十九年殂。⑦子昌立三年，魏王燾擒殺之。弟平原王定立四年，吐谷渾執獻於

---

　　①　[校] 必：原作"易"，據《魏書》卷三五、《北史》卷二一《崔浩傳》，《資治通鑒》卷一二一改。

　　②　[校] 北人謂胡父鮮卑母爲鐵弗：本志原同《資治通鑒》卷一〇四、《十六國春秋》卷六六《夏錄一·赫連勃勃》及《北史》諸本，"父"字後衍"爲"字，中華本《北史》卷九三《鐵弗劉虎傳》之《校勘記》[三] 據《魏書》卷九五《鐵弗劉虎傳》刪。今從。"北人"，原作"胡人"，據《魏書》《資治通鑒》《十六國春秋》及《北史》改。按：唐朝因避諱而改"劉虎"爲"劉武"。

　　③　[校] 代魏：原作"代衛"，據《弘治寧志》、《嘉靖寧志》卷五《赫連夏考證》，《朔方新志》卷三《竊據》改。

　　④　[校] 孫劉衛辰降苻秦："孫"原作"子"。《魏書》卷九五《鐵弗劉虎傳》載，虎子務桓，務桓子悉勿祈，悉勿祈弟衛辰。知衛辰爲劉虎孫，非子。據改。"苻秦"原作"符秦"，此指苻堅建立的前秦政權，據《晉書》卷一一三、一一四《載記·苻堅傳》等改。

　　⑤　[校] 沒奕干：此同《北史》卷九三《赫連屈丐傳》，《晉書》卷一三〇《載記·赫連勃勃》作"沒奕于"。

　　⑥　[校] 屈子：原作"屈孑"，據《晉書》卷一三〇《載記·赫連勃勃》、《魏書》卷九五《鐵弗劉虎傳》、《十六國春秋》卷六六《赫連勃勃》、《元和郡縣圖志》卷五《關内道·夏州》等改。參見《晉書》卷一三〇《校勘記》[一]。

　　⑦　十九年：自義熙三年（407）稱大夏天王至元嘉二年（425）殂，共19年。

魏，魏殺之。三世共二十六年而亡。①

〔北〕魏

太平真君五年，以刁雍爲薄骨律鎭將，到任上言："富平西南三十里，有艾山，南北二十六里，東西四十五里，鑿以通河，似禹舊蹟。其兩岸作溉田大渠，廣十餘步，山南引水入渠。河水激急，沙土漂流。今渠高於河水二丈三尺，水不得上。艾山北，河中有洲渚，水分爲二，西河小狹。臣求來年正月於分河之下五里，平地鑿渠，築其兩岸，令高一丈。北行四十里，還入古高渠。又北八十里，合一百二十里。計用四千人，四十日功。可溉官私田四萬餘頃。"

七年，又表曰："奉詔高平、安定、統萬及臣所守四鎭，運穀五十萬斛付沃野鎭，以供軍糧。臣鎭去沃野八百里，道多深沙，必致滯陷。計車五千乘，運十萬斛，百餘日乃得一返。今求於河水之次，造船二百艘，一船勝穀二千斛，方舟順流，五日而至，功輕於車十倍有餘。"

按：朔方舊志，寧夏即魏薄骨律鎭地，靖虜廢渠即刁雍所欲開鑿者。今本傳云"薄骨律去沃野八百里"，② 則其地且應在應理上。又云"穀在河西，轉致沃野，越渡大河"，是沃野鎭乃在河東。豈魏之沃野，已非漢縣故地耶？又《水經注》："河從薄骨律鎭城，又經典農城，又經廉縣，又經北枝津，又經渾懷障，又歷石崖山。然後經朔方、臨戎、三封等縣，然後至沃野。"③ 而《通志》載"石崖山在今平羅縣"，④ 然則漢朔方一郡且盡在今河套地耶？

孝文帝太和十九年，⑤ 魏主敕將軍宇文福行牧地。福表石濟以西，河內以東，距河凡十里。⑥ 魏主自代徙雜畜置其地，使福掌之。畜無耗失，爲司衛監。初，世祖平統萬及秦、涼，以河西水草豐美，用爲牧地，馬蕃息至二百餘萬匹，牛羊無數。及是置牧塲河陽，常畜戎馬十萬匹，每歲自

---

① 〔校〕二十六年：據《太平御覽》卷一二七《偏霸部十一》引《夏錄》，三世在位當共25年。參見《晉書》卷一三〇《校勘記》〔十三〕。

② 參見《魏書》卷三八《刁雍傳》。

③ 參見《水經注》卷三《河水》。

④ 參見《乾隆甘志》卷六《山川·平羅縣》。

⑤ 〔校〕十九：《資治通鑑》卷一三九繫此事於齊明帝建武元年（494），即孝文帝太和十八年。

⑥ 〔校〕十里：此同《資治通鑑》卷一三九，《魏書》卷四四、《北史》卷二五《宇文福傳》均作"千里"。

河西徙畜并州，稍復南徙，欲其漸服水土，不至死傷，而河西之畜愈盛。

正光中，明帝以沃野、懷朔、薄骨律、武川、撫冥、柔玄、懷荒、禦夷諸鎮，並改爲州，其郡、縣、戍名，令準古城邑。詔酈道元持節兼黃門侍郎，與都督李崇籌宜置立，裁減去留，儲兵積粟，以爲邊備。

五年，朔方胡圍夏州刺史源子邕，城中食盡，衆無貳心。① 子邕欲出求糧，留其子延伯守統萬，將佐皆曰："不如父子皆出。"子邕曰："吾世受國恩，當畢命此城。但無食，故欲徃東州，爲諸君謀數月之食，若幸而得之，保全必矣。"乃帥羸弱詣東夏運糧，子延伯率將佐哭而送之。行數日，爲胡帥曹阿各拔所擒。子邕遺書，敕城中固守。延伯曰："吾父吉凶未可知，方寸焦爛，但奉命守城，所爲者重，誼不敢以私害公。"衆感其義，益奮。賊雖執子邕，仍以百姓禮事之。爲陳禍福，賊窮，遂降。子邕見行臺北海王顥，具陳賊可滅之狀，顥使爲先驅。時東夏闔境皆反，子邕轉鬭而前，數十戰遂平東夏，徵稅粟以餽統萬，二夏由是獲全。②

孝武永熙二年，以賀拔岳爲雍州刺史。岳初遣府司馬宇文泰詣晉陽，觀高歡之爲人。歡奇其狀貌，欲留之，不果。泰謂岳曰："歡未簒者，憚公兄弟耳，宜潛爲之備。今費也頭控弦之騎不下一萬，夏州刺史斛拔彌俄突勝兵三千餘，靈州刺史曹泥、河西流民紇豆陵伊利各擁部衆，未有所屬。收之以資吾軍，以輔魏室，桓、文之功也。"岳大悅，復遣詣洛陽陳其狀。魏主喜，以岳都督二十州軍事。諸人皆附，惟曹泥附歡。岳以夏州邊陲，刺史難其人。或薦泰，岳曰："左丞吾左右手，何可廢也。"卒表用之。

文帝大統元年，遣李虎擊曹泥。虎招諭費也頭之衆，與之共攻靈州。凡四旬，曹泥請降，虎克靈州。

二年，高歡自將萬騎襲魏夏州，不火食，四日而至。縛稍爲梯，遂入其城，擒刺史斛拔彌俄突，因而用之。留張瓊將兵鎮守，遷其部落以歸。靈州刺史曹泥與其婿涼州刺史劉豐復叛降東魏。魏人圍之，水灌其城，不沒者四尺。歡發阿至羅騎徑度靈州，遶出魏師之後，魏師退。歡追泥及豐，收其遺户五千以歸。

---

① [校] 貳心：原作"二心"，據《資治通鑑》卷一五〇改。
② [校] 二夏：此二字原脱，據《魏書》卷四一《源子雍傳》、《北史》卷二八《源子邕傳》、《資治通鑑》卷一五〇補。

隋

文帝開皇三年，突厥犯塞，以趙仲卿爲行軍總管，從河間王出賀蘭山，分道而進，虜退而還。

五年，令崔仲方發丁男三萬，於朔方、靈武築長城。東至黃河，西距綏州，南至勃出嶺，① 綿亘七百里。

十八年，詔蜀王秀出靈州道，擊突厥。

十九年春，遣楊素出靈州道擊突厥，路逢魚俱羅。與語大悅，即奏請同行。俱羅與數騎奔擊，瞋目大呼，徃返若飛。

是年，突厥犯塞，以段文振爲行軍總管拒之。遇達頭可汗於沃野，擊破之。明年，率衆出靈州道以備胡，無虜而還

煬帝大業九年，靈武白瑜娑兵起。② 賊帥白瑜娑，劫牧馬，連突厥，隴右多被其患，謂之"奴賊"。

十三年二月，朔方郞將梁師都殺郡丞，起兵據郡，附突厥。三月，取雕陰、弘化、延安等郡，自稱梁帝。始畢可汗遺以狼頭纛，號爲大度毗伽可汗。師都乃引突厥居河南之地，攻破鹽川郡。

唐

高祖武德八年，突厥寇邊，靈州都督任城王道宗擊破虜兵，頡利請和而還。

太宗貞觀二年，遣右衛大將軍柴紹等討梁師都，其下殺之以降。師都自武德以來，屢引突厥盜邊，太宗以書諭之使歸，不從。詔夏州長史劉旻、司馬劉蘭經略之。獲生口，縱以爲間，君臣離撓。出輕騎蹂其稼，城中饑虛。又天狗墮其城。貞觀二年，旻、蘭表其可取狀。詔柴紹、薛萬均併力，會旻以勁卒，直據朔方東城。頡利來援，會大雪，羊、馬死。紹逆戰破之，進屯城下。其從父弟洛仁斬師都降，擢洛仁爲右驍衛將軍、朔方郡公。師都自起至滅十二年，以其地爲夏州。

十年春正月，突厥阿史那社爾來降，以爲左驍衛大將軍。處其部落於靈州之北，留社爾於京師，尚主，③ 典屯兵。

---

① [校] 勃出嶺：原作"勃山嶺"，據《北史》卷三二、《隋書》卷六〇《崔仲方傳》改。
② [校] 白瑜娑：原作"白瑜婆"，《隋書》卷四《煬帝紀》作"白榆妄"，據《資治通鑒》卷一八二改。下同。
③ [校] 公主："公"字原脫，據《新唐書》卷一一〇《阿史那社爾傳》補。

十七年，薛延陀來納幣，① 詔絕其婚。先是，薛延陀執契苾何力，上遣使與和親，許以公主妻之，何力歸。是年，遣侄來納幣，② 獻羊馬。何力言不可與婚。帝曰："吾已許之，不可失言。"何力曰："敕令夷男來親迎，彼必不敢來，絕之有名。"上乃詔幸靈州，召真珠可汗會禮。真珠欲行，其臣曰："徃必不返。"真珠曰："天子聖明，遠近皆服。今親幸靈州，以愛主妻我，得見天子，死不憾矣，薛延陀何患無君？"又多以牛羊爲聘，經沙磧死者過半。乃責以聘禮不備，絕之。

　　十九年十二月，薛延陀寇夏州。

　　二十年正月，夏州兵擊薛延陀，大破之。秋八月，③ 遣兵擊薛延陀。薛延陀多彌可汗猜褊好殺，棄父時貴臣，用其私昵，國人不附。回紇諸國擊之，大敗。二十年秋，帝詔王道宗等擊之，敗走回紇，回紇殺之，據其地。其餘衆立兄子咄摩支，④ 請居鬱督軍山，⑤ 遣使安集之。敕勒九姓酋長皆懼，其來朝議，亦懼爲磧北後患，乃遣李世勣圖之。上自詣靈州招撫。世勣至鬱都軍山，咄摩支降。道宗兵度磧，薛延陀拒戰，道宗擊敗之。遣使招諭，敕勒酋長皆喜，請入朝。駕至浮陽，回紇等十一姓皆請命置官司，⑥ 帝大喜，遣使納之。詔曰："朕聊命偏師，遂擒頡利，始弘廟略，已滅延陀。鐵勒百萬餘戶請置州郡，混元以降，未之前聞，宜頒示天下。"又爲詩曰："雪恥酬百王，除凶報千古。"仍勒石靈州。

　　貞觀中，執失思力護蕭后入朝，授左領軍將軍。時薛延陀兵十萬寇河南，詔捍之。思力示羸，不與確，賊深入至夏州，乃整陣擊敗之，追躡六百里。會毗伽可汗死，耀兵磧北而歸。後尚九江公主，拜駙馬都尉，封安國公。

---

①　[校]薛延陀：原作"薛延佗"，據《新唐書》卷一一〇《契苾何力傳》、《資治通鑒》卷一九七改。下同。

②　[校]幣：原作"獘"，據《資治通鑒》卷一九七改。

③　[校]秋八月：《資治通鑒》卷一九八載此事於夏六月，疑是。

④　兄子：指真珠可汗兄子。

⑤　[校]鬱督軍山："軍"字原脫，據《舊唐書》卷一九九下《鐵勒傳》、《資治通鑒》卷一九八補。下同。

⑥　[校]回紇等十一姓："等"字原脫，據《舊唐書》卷三《太宗本紀》、《資治通鑒》卷一九八補。按：回紇等11姓包括回紇、拔野古、同羅、僕骨、多濫葛、思結、阿跌、契苾、跌結、渾、斛薛。

高宗咸亨三年，① 吐谷渾畏吐蕃之偪，徙靈州，其故地盡入吐蕃。

弘道元年，② 突厥寇蔚州，崔智辨敗死。或議棄豐州，保靈、夏。唐休璟以爲不可，上疏曰："豐州控河遏寇，號爲襟帶，秦漢以來，常郡縣之。土田肥美，宜耕牧。隋季棄之。貞觀之末，募人實之，西北始安。今廢之，則河濱之地復爲賊有，靈、夏等州人不安業，非國家利。"高宗從其言。後授靈州都督，乃陳方略，復四鎮。

中宗嗣聖十三年，③ 默啜寇涼州，執都督許欽明。其後寇靈州，以欽明自隨。至城下，使說守將降，明呼曰："我乏食，求美醬、良米及墨。"意欲城中選良將、引精兵、夜襲虜營，而城中無諭其意者，遂被害。

十九年，④ 突厥寇鹽、夏，遂寇并州，遣薛季昶、⑤ 張仁愿禦之。

神龍二年十二月，突厥默啜寇鳴沙，靈武總管沙吒忠義與戰，軍敗。

景龍二年，⑥ 張仁愿爲朔方軍總管。始朔方軍與突厥以河爲界，河北岸有拂雲祠，突厥每欲寇邊，必先期禱祠中，然後料兵渡河而南。時默啜悉兵擊突騎施，仁愿請乘虛襲漠南地，於河北築三受降城，絕虜南寇路，從之。表留歲滿兵以助工。咸陽兵二百餘人逃歸，⑦ 擒之盡斬城下，軍中股栗。六旬而三城就，以拂雲祠爲中城，南直朔方，西城南直靈武，東城南直榆林。三城相去各四百餘里，其北皆大磧也。突厥自是不敢踰山牧馬，而邊寇益稀。

---

① ［校］三年：原作"二年"，據《新唐書》卷二二一上《吐谷渾傳》、《資治通鑑》卷二〇二改。

② ［校］弘道元年：此同《資治通鑑》卷二〇三，《舊唐書》卷九三、《新唐書》卷一一一《唐休璟傳》繫此事於永淳中，疑誤。"弘道"，原避清高宗弘曆諱改作"宏道"，據唐高宗李治年號用字回改。下同。

③ 據《舊唐書》卷一九六上《吐蕃傳》、《資治通鑑》卷二〇五等載，"中宗嗣聖十三年"即周武則天"萬歲通天元年"（696）。

④ 唐中宗嗣聖十九年，即武則天長安二年（702）。

⑤ ［校］薛季昶：原作"薛昶"，據《新唐書》卷二一五上《突厥傳》、《資治通鑑》卷二〇七改。

⑥ 張仁愿築三受降城時間，本志同《資治通鑑》卷二〇九，載在唐中宗景龍二年（708），《舊唐書》卷九三、《新唐書》卷一一一《張仁愿傳》均載在神龍三年（707）。

⑦ ［校］二百餘人：原作"三百人"，據《舊唐書》卷九三《張仁愿傳》、《資治通鑑》卷二〇九改。按：《新唐書》卷一一一《張仁愿傳》作"二百人"，疑誤。

玄宗開元四年,① 突厥降户叛,命朔方大總管薛訥討之。②

八年,朔方大使王晙誘殺突厥降户僕固勺磨。③ 突厥降户散居受降城側,王晙言其陰引突厥謀陷軍城,誘僕固都督勺磨而殺之,諸部聞之皆懼。并州長史張說引二十騎持節撫慰,④ 因宿其帳下,由是遂安。

十年四月,⑤ 置朔方節度使,領單于都護府,夏、鹽等六州,二軍,三受降城,以宰相張說兼領之。其年說巡邊,發兵追討康待賓餘黨,悉平之。徙殘胡五萬餘口於許、汝、唐、鄧、仙、豫等州,空河南朔方千里之地,奏罷邊兵二十萬人。

十七年三月,朔方節度使信安王禕攻吐蕃,拔石堡城。分兵據要害,拓地千餘里。

二十四年,賜朔方節度使牛仙客爵隴西縣公。

天寶元年,置十節度、經略使以備邊。朔方節度治靈州,捍禦突厥。

四載二月,以朔方節度使王忠嗣兼河東節度使。忠嗣爲將,專以持重安邊爲務。既兼兩道節制,自朔方至雲中數千里,要害之地悉置城堡,斥地各數百里。每互市,高估馬價,諸部聞之,爭以馬求市。由是胡馬少,唐兵益壯。又兼河西、隴右,仗四節。

十五載,⑥ 安禄山反,玄宗避賊入蜀。至馬嵬,父老遮道請留,上命太子宣諭之。父老曰:"至尊既不肯留,某等願率子弟從太子東破賊,取長安。若殿下與至尊皆入蜀,中原百姓誰爲之主?"須臾,聚至數千人。太子不可,涕泣,跋馬欲西。建寧王倓與李輔國執鞚諫曰:"逆胡犯闕,四海分崩,不因人情,何以興復?殿下不如收西北之兵,召郭、李於河北,與之並力東討逆賊,削平四海,使社稷危而復安,宗廟毀而復存,掃除宮室,以迎至尊,豈非孝之大乎?"廣平王俶亦勸太子留。父老共擁太

---

① [校] 玄宗:原避清聖祖玄燁諱改作"元宗",據唐玄宗廟號用字回改。
② [校] 薛訥:原作"薛納",據《舊唐書》卷九三、《新唐書》卷一一一《薛訥傳》、《資治通鑒》卷二一一改。
③ [校] 勺磨:原作"勾磨",據《舊唐書》卷九三、《新唐書》卷一一一《王晙傳》、《資治通鑒》卷二一二改。下同。
④ [校] 二十:原作"二千",據《舊唐書》卷九七、《新唐書》卷一二五《張說傳》、《資治通鑒》卷二一二改。
⑤ 張說兼知朔方節度使在唐玄宗開元十年(722)四月,置朔方節度使在九年(721),參見《資治通鑒》卷二一二。
⑥ [校] 十五載:安禄山反在天寶十四載(755)十一月,十五載(756)玄宗避賊入蜀。

子馬，不得行，乃使俶白上。上曰："天也。"分後軍二千人及飛龍廐馬從太子，仍諭之曰："太子仁孝，可奉宗廟，汝曹善輔之。"又諭太子曰："汝勉之，勿以吾爲念，西北諸胡，吾撫之甚厚，汝必得其用。"又宣旨欲傳位太子，太子不受。

太子至平凉，① 未知所適，建寧王倓曰："殿下昔爲朔方大使，將吏歲時致啟，倓略識其姓名。今河西、隴右之衆皆敗降賊，父兄子弟皆在賊中。朔方道近，士馬全盛。裴冕衣冠名族，必無二心，速往就之。"衆曰："善。"通夜馳三百餘里。② 至烏氏，③ 彭原太守李遵出迎，獻衣及糗糧。遂至平凉，閱監牧馬，得數萬匹，又募軍士，得五百餘人，④ 軍勢稍振。議出蕭關，趣豐安。⑤ 朔方留後杜鴻漸、水路運使魏少游、⑥ 節度判官崔漪、盧簡金、⑦ 李涵相與謀曰："平凉散地，非屯兵之所。靈武兵食完足，若迎太子至此，北取諸城兵，西發河、隴勁騎，南向以定中原，萬世一時也。"會河西司馬裴冕亦至平凉，亦勸太子之朔方。鴻漸自至平凉迎太子，說興復之計，即上軍馬招輯之勢。少游治宮室幃帳，皆似禁中，飲膳備水陸。庚戌，⑧ 次豐寧軍。七月辛酉，⑨ 至靈武。甲子，⑩ 太子即位於靈武，尊上爲太上皇。見少游所治，悉命撤之。大赦，改元。以杜鴻漸、崔漪知中書舍人事，裴冕同平章事。

八月，郭子儀、李光弼自河北將兵五萬至靈武，靈武軍威始盛，人始

---

① ［校］太子至平凉：《資治通鑑》卷二一八載"太子既留，莫知所適"，乃留於馬嵬，非至於平凉。

② ［校］三百餘里：此同《舊唐書》卷十《肅宗本紀》，《資治通鑑》卷二一八作"三百里"。

③ ［校］烏氏：此二字原脫，據《舊唐書》卷十《肅宗本紀》、《資治通鑑》卷二一八補。

④ ［校］五百餘：原作"五萬"，據《資治通鑑》卷二一八改。

⑤ ［校］豐安：原作"豐州"，據《新唐書》卷一二六《杜鴻漸傳》改。

⑥ ［校］魏少游：此同《新唐書》卷一四一《魏少游傳》，《舊唐書》卷一一五《魏少遊傳》、《資治通鑑》卷二一八均作"魏少遊"。

⑦ ［校］盧簡金："金"字原脫，據《舊唐書》卷一〇八、《新唐書》一二六《杜鴻漸傳》、《資治通鑑》卷二一八補。

⑧ ［校］庚戌：原作"庚辰"，據《新唐書》卷六《肅宗本紀》改。

⑨ ［校］七月辛酉：原作"七日"，據《舊唐書》卷十、《新唐書》卷六《肅宗本紀》，《資治通鑑》卷二一八改。

⑩ ［校］甲子：原作"辛酉"，據《舊唐書》卷十、《新唐書》卷六《肅宗本紀》，《資治通鑑》卷二一八改。

有興復之望。以郭子儀爲靈武長史，李光弼爲北都留守，並同平章事。初，京兆李泌幼以才敏著聞，玄宗欲官之，不可，乃命太子與爲布衣交。楊國忠惡之，奏徙蘄春。上自馬嵬遣人尋訪，至是謁見於靈武。上大喜，出則聯轡，入則對榻，如爲太子時。事無大小，皆咨之，言無不從。上欲以泌爲右相，泌固辭曰："陛下待以師友，則尊於相矣。"上乃止。

代宗廣德二年，僕固懷恩反，寇太原。初，回紇辭歸國，上詔僕固懷恩護送之。至太原，節度使辛雲京疑其反，閉門不出。雲京與中使駱奉先力言懷恩有反狀。恩奏劾辛雲京，朝廷和解之。於是不入朝，上書自訟。遣其子瑒攻太原，爲其下焦暉、白玉攻殺之。其都虞候張維嶽殺焦、① 白，而竊其功，傳首京師。懷恩入白其母，母提刀逐之。懷恩棄其母，引兵據靈州。顏真卿、李抱玉皆請用郭子儀鎮朔方，上從之。

永泰元年九月，懷恩合吐蕃、回紇、吐谷渾、党項，分道入寇，己以朔方兵繼吐蕃、回紇後。未幾，懷恩暴死，回紇與吐蕃爭長。郭子儀乃使牙將李光瓚說回紇，共攻吐蕃。回紇不信，曰："郭公在此，可見乎？"還報子儀，乃挺身往責回紇負約。回紇曰："我爲懷恩所欺，誠負公令，請追吐蕃謝罪。"於是大破吐蕃於靈臺西原，京城解嚴。懷恩之姪名臣，自回紇來降。代宗迎其其母及二女，皆官養之。

閏九月，② 以路嗣恭爲朔方節度使。

大曆二年九月，吐蕃圍靈州。冬十月，路嗣恭擊卻之。

三年，③ 子儀還河中，吐蕃復寇靈武。詔帥師屯奉天，遣將白元光破虜於靈武。三年九月，吐蕃寇靈州，朔方將白元光敗之。壬辰，又敗之於靈武。

八年，吐蕃寇靈州，郭子儀敗之於七級渠。是年，吐蕃又寇邠、寧，議者謂三輔以西無襟帶之固，而涇州散地不足守。元載嘗在西州，④ 具知河西、隴右要領，乃言於帝，欲西戍原州，築壘貯粟，守石門、隴山之關，稍置鳴沙縣爲之羽翼，北帶靈武五城爲之形勢。因圖上地形，使吏入

---

① [校] 都虞候：職官名，原作"都虞侯"，據《資治通鑒》卷二二三改。下同。

② [校] 閏九月："九"字原脫，據《資治通鑒》卷二二四補。

③ [校] "三年"句至"遣將白元光破虜於靈武"句：本條原位於前文"閏九月"條後，據《舊唐書》卷一二〇、《新唐書》卷一三七《郭子儀傳》，《資治通鑒》卷二二四乙正。按：子儀還河中在三年（768）三月。八月，吐蕃復寇靈武。

④ [校] 嘗：原作"常"，據《新唐書》卷一四五《元載傳》改。

原州，度水泉，計徒庸，車蓋畚鍤之器悉具。

十三年，吐蕃寇鹽、慶，① 郭子儀兵拒卻之。

十四年十一月，以崔寧爲朔方節度使。

德宗建中二年，平盧李納遣其將王溫會魏博將信都崇慶共攻徐州。② 詔朔方大將唐朝臣將兵五千人，與宣武劉洽、神策兵馬使典環、滑州李澄共救之。時朔方軍資裝不至，旗服弊惡，宣武人嗤之曰："乞子能破賊乎？"朝臣以其言激怒士卒，且曰："都統有令，先破賊者，營中物悉與之。"士皆爭奮，崇慶等兵大潰，③ 洽等乘之，斬首八千級，溺死過半。朔方軍士盡得其輜重，旗服鮮華，乃謂宣武人曰："乞子之功孰與宋多？"

三年，馬燧破田悅渚軍。朱滔、④ 王武俊聯兵五萬傅魏。會帝遣李懷光以朔方軍萬五千助燧。懷光勇於鬭，未休士即與滔戰，不利。悅決水灌軍，燧兵亦屈，退保魏縣。

興元元年冬十月，⑤ 度支以李懷光所部將士同反，不給冬衣。上曰："朔方軍累代忠義，今爲懷光所制耳，將士何罪？其別貯，以俟道路稍通，即時給之。"

貞元二年，吐蕃尚結贊陷鹽州，又陷夏州，各留兵戍之，退屯鳴沙。羊、馬多死，糧運不繼，又聞李晟破摧沙堡，渾瑊、馬燧各舉兵臨之，大懼，屢遣使求和，帝未之許。

三年，吐蕃與渾瑊盟於平涼。吐蕃劫盟，裨將駱元光設伏，嚴陣以待之，虜乃還。吐蕃戍鹽、夏者多病思歸，尚結贊遣三千騎迎之，毀城焚廬舍，驅其民而去。於是割振武之綏、銀二州，以韓潭爲夏綏銀節度使，帥神策之士五千，朔方、河東之士三千，鎮夏州。

九年，城鹽州。初，鹽州既陷，塞外無復保障。吐蕃常阻絕靈武，侵擾鄜坊。詔發兵城鹽州。又詔涇原、山南、劍南各發兵深入吐蕃，以分其勢。城之二旬而畢，命節度使杜彥光戍之，由是靈武、銀、夏、河西

---

① ［校］慶：原作"夏"，據《新唐書》卷二一六下《吐蕃傳》、《資治通鑑》卷二二五改。

② ［校］將信都崇慶：此五字原脫，據《資治通鑑》卷二二七補。

③ ［校］崇慶等兵：原作"青魏兵"，據《資治通鑑》卷二二七改。

④ ［校］朱滔：此二字後原衍"魏州大都督長史"七字，據《新唐書》卷一五五《馬燧傳》刪。

⑤ ［校］元年：原作"二年"，據《資治通鑑》卷二三一改。

獲安。

十七年，朔方節度使楊朝晟防秋於寧州，疾亟謂僚佐曰："朔方命帥多自本軍，殊非國體。寧州刺史劉南金宜使攝行軍事，比朝廷擇帥，必無虞矣。"時李朝寀以神策軍戍定平，上遣使齎詔詣寧州曰："朝寀所將本朔方軍，今將并之。以朝寀爲使，南金副之，何如？"都虞候史經不欲，夜造南金，請奉以爲帥。南金曰："諸軍不願朝寀爲帥，宜以情告敕使。若操甲兵，乃拒詔也。"閉門不納。軍士去，詣兵馬使高固。固逃匿，搜得之，固曰："諸軍能用吾言則可。"衆曰："惟命。"固曰："毋殺人，毋掠金帛。"衆曰："諾。"乃共詣監軍，請奏之。上聞，召朝寀還，命固知軍事。固，宿將，以寬厚得衆，軍中皆安之。

憲宗元和元年，夏綏節度使留後楊惠琳拒命。初，韓全義入朝，以惠琳知留後。朝廷以將軍李演爲夏綏節度使，惠琳勒兵拒之。河東節度使嚴綬遣牙將阿跌光進及弟光顏討之。① 夏州兵馬使張承金斬惠琳，傳首京師。光進本河曲部落稽後，賜姓李氏。②

二年，李吉甫爲中書侍郎、同中書門下平章事。

八年，回鶻引兵自西城、柳谷侵吐蕃，塞下傳言且入寇。吉甫曰："回鶻能爲我寇，當先絕和而後犯邊，今不足慮也。"因請起夏州至天德復驛候十一區，以通緩急。發夏州精騎五百，屯經略故城，以護党項。是年，③ 以范希朝爲朔方靈鹽節度使，以右神策軍、鹽州、定遠軍隸之，以革舊弊，任邊將也。

三年五月，沙陀朱邪盡忠與其子執宜，率部落萬人詣靈州降。④ 節度使范希朝置之鹽州，爲市牛羊，廣其畜牧，善撫之。詔置陰山府，以執宜爲兵馬使。每有征討，用之皆捷，鹽靈軍益強。

四年，王承宗反，⑤ 范希朝引師救易定，表李光進爲都將。先是，光進自貞觀時內屬，以其地爲雞田州，世襲刺史，隸朔方軍。時弟光顏亦至

———

① ［校］節度使：此三字原脫，據《資治通鑒》卷二三七補。
② 阿跌光進賜姓李氏在元和六年（811）。
③ 是年：元和二年（807）。
④ 朱邪盡忠原率部落三萬來降，中與吐蕃戰，盡忠死，至靈州者僅萬人。
⑤ ［校］反：此字原脫，據《新唐書》卷七《憲宗本紀》補。參見《新唐書》卷一七一《校勘記》［一］。

大夫，故軍中呼"大小大夫"。① 俄檢校工部尚書，爲振武節度使，賜姓以光寵之。別詔光顏拜洺州刺史，② 弟兄榮冠當時。光進徙靈武，卒，年六十五，贈尚書左僕射。

八年九月，吐蕃作烏蘭橋。初，吐蕃欲作此橋，先貯材於河側，朔方常潛遣人投之於河，終不能成。至是，虜知節度王佖貪，③ 厚賂之，然後併力成橋，仍築月城守之。自是朔方禦寇不暇。靖虜衛城北二十里有烏蘭山，山上烏蘭關，或疑即此處。

十二年，裴度築赫連城於洮口，率輕騎觀之。賊以奇兵自五溝至，大呼薄戰，城爲震壞，度危甚，忠武節度使李光顏力戰卻之。吐蕃入寇，徙邠寧軍。時虜毀鹽州城，使光顏復城之，亦以忠武兵從。

元和中，王起以户部尚書判度支。靈武、邠、寧多曠土，奏爲營田，以省餽輓。

穆宗長慶元年十月，④ 靈武節度使李進誠及吐蕃戰於大石山，敗之。

宣宗大中三年，克復河湟。涇原節度使康季榮取原州及六關，⑤ 靈武節度使朱叔明取安樂州，邠寧節度使張君緒取蕭關。八月，改長樂州爲威州。河、隴老幼千餘人詣闕，上御延喜門樓見之，歡呼舞躍，解胡服，襲寇帶。詔募百姓墾三州、七關田，五年不收租税。將吏能爲營田者，官給牛及糧種。温池鹽利，委度支制置。鳴沙即漢富平縣。⑥ 咸亨初以爲安樂州，處吐谷渾部落，至是改爲威州。

五年，以李福爲夏綏節度使。⑦ 宣宗知党項之反，由邊帥利其羊馬，數欺奪殺之。自是繼選儒臣以代邊帥之貪暴。行日，復面加戒勵，党項遂安。

---

① ［校］大小大夫：原倒作"小大大夫"，據《新唐書》卷一七一《李光進傳》乙正。

② ［校］洺州：原作"洛州"，據《舊唐書》卷一六一、《新唐書》卷一七一《李光進》傳改。

③ ［校］王佖：原作"王泌"，據《舊唐書》卷一三三、《新唐書》卷一五四《李晟附王佖傳》改。

④ ［校］十月：原作"九月"，據《新唐書》卷八《穆宗本紀》、《資治通鑒》卷二四二改。

⑤ 六關：指石門關、驛藏關、木峽關、制勝關、六磐關、石峽關。

⑥ ［校］富平縣：原作"靈州縣"，據《元和郡縣圖志》卷四《靈州》、《太平寰宇記》卷三六《靈州》改。

⑦ ［校］李福：原作"李勵"，據《資治通鑒》卷二四九改。

昭宣帝天祐三年，楊崇本攻夏州，夏州告急於梁王全忠。全忠遣劉知俊等救之。崇本將六鎮之兵五萬軍於美原，知俊等擊破之。乘勝攻下鄜、延等五州，西軍自是不振。

五代

後梁開平三年，岐王李茂貞因梁將劉知俊來降，① 使知俊將兵取梁靈州以處。朔方節度使韓遜遣使告急於梁。梁主遣康懷貞、寇彥卿將兵攻邠寧以救之，克寧、衍二州，拔慶州南城，遊兵及涇州之境。知俊聞之，解圍引還。梁主急召懷貞等還。知俊據險邀之，懷貞大敗，僅以身免。

四年夏，梁夏州亂，殺節度使李彝昌，以其族父李仁福代之。

後唐明宗天成四年，以康福爲朔方節度使。初，福善胡語，明宗退朝多召入，訪以時事，福以胡語對。安重誨惡之，謂之曰："汝但妄奏事，會當斬若。"福懼，求外補。重誨以福爲朔方節度使，以靈武邊胡有兵禍。福見唐主泣辭，唐主命更他鎮，重誨不可，不得已以兵送之。福至方渠，遇羌兵邀之，福擊敗之。至青銅峽，② 又遇野利、大蟲二族數千帳，③ 又擊破之，遂進至靈州。自是朔方始受代。

長興四年，定難節度使李仁福卒，以其子李彝超爲彰武留後。先是，河西諸鎮皆言仁福潛通契丹，朝廷恐其與契丹連兵，④ 併吞河右，南侵關中。會仁福卒，命安從進爲定難留後，以兵送從進赴鎮。敕諭夏、銀、綏、宥將吏："彝超年少，未能扞禦，故徙之。從命則有富貴之福，違命則有覆族之禍。"四月，彝超上言："被兵民擁留，不得赴鎮。"詔遣使趣之。秋七月，安從進攻夏州。州城赫連勃勃所築，堅如鐵石，劚鑿不能入。又党項萬餘騎徜徉四野，抄掠糧餉，官軍無所芻牧。山路險狹，關中民輸斗粟束藳費錢數緡，民間困竭不能供。彝超登城謂從進曰："夏州貧瘠，非有珍寶蓄積可以充朝廷貢賦也，但以祖父世守此土，不欲失之。幸與表聞，許其自新。"詔從進引兵還。冬十月，彝超上表謝罪，復以彝超

---

① [校]李茂貞：原作"李守貞"，據《舊五代史》卷一三二、《新五代史》卷四〇《李茂貞傳》改。

② [校]青銅峽：《舊五代史》卷九一作"青崗峽"，《新五代史》卷四六作"青岡峽"，《資治通鑒》卷二七六作"青剛峽"。

③ [校]數千帳：此同《資治通鑒》卷二七六，《舊五代史》卷四〇《唐書·明宗紀》、《册府元龜》卷九八七《外臣部·征討》皆作"三百餘帳"。

④ [校]朝廷恐其與契丹連兵：此九字原脫，據《資治通鑒》卷二七八補。

爲定難節度使。

後晉高祖天福四年，靈州戍將王彥忠據懷遠城叛，高祖遣供奉官齊延祚徃招諭之。彥忠降，延祚殺之。高祖怒其擅殺，除延祚名，重杖配流。

重貴開運三年，靈州党項作亂。初，馮暉在靈州，留拓拔彥超於州下，故諸部不敢爲寇。及將罷鎮而縱之。王令溫代鎮，不存撫羌胡，以中國法繩之，羌胡怨怒。彥超與石存、也廝褒三族，① 共攻靈州。六月，晉復以馮暉爲朔方節度使，將關西兵擊羌胡。暉引兵過旱海，糧糧已盡。拓拔彥超衆數萬，扼要路，據水泉以待之。軍中大懼。暉以賂求和於彥超，彥超許之。自旦至日中，使者徃返數四，兵未解。藥元福曰："虜知我飢渴，陽調和以困我耳。若至暮，則吾輩成擒矣。今虜雖衆，精兵不多，依西山而陳者是也。其餘步卒不足爲患。請公嚴陣以待我，我以精騎犯西山兵，小勝則舉黃旗，大軍合勢擊之，破之必矣。"乃帥騎先進，用短兵力戰。彥超小卻，元福舉黃旗，暉引兵赴之，彥超大敗。明日，暉入靈州。

後周太祖廣順二年，朔方節度使馮暉卒，子繼業殺兄繼勳，自知軍府事。太祖即命繼業爲留後。

世宗顯德二年，李彝興以折德扆亦爲節度使，恥之，塞路不通周使。世宗謀於宰相，對曰："夏州邊鎮，朝廷每加優借。府州褊小，得失不繫輕重，且宜撫諭彝興，庶全大體。"世宗曰："德扆數年以來盡力以拒劉氏，奈何一旦棄之？且夏州惟產羊馬，貿易百貨悉仰中國，我絕之，彼何能爲？"乃遣供奉官齎詔書責之，彝興恐惶謝罪。

宋

太祖建隆初，定難節度使李彝興遣使獻馬三百匹，太祖大喜，親選玉，命工爲帶以賜之。

太宗太平興國初，秦州內附，蕃部騷動，命郭守文乘傳撫諭，西夏悅服。雍熙二年，屬夏人擾攘，命守文帥師討之。破夏州、鹽城鎮岌羅膩等十四族，斬首數千級，俘獲生畜萬計。又破咩鬼族，殲焉。諸部相率來降。

太平興國中，鄭文寶爲陝西轉運副使，前後自環慶部糧越旱海入靈武者十二次，曉達蕃情，習其語，經由部落每宿酋長帳中，② 其人或呼

---

① ［校］也廝褒："褒"字原脫，據《資治通鑒》卷二八五補。
② ［校］酋長："長"字原脫，據《宋史》卷二七七《鄭文寶傳》補。

爲父。

七年，李繼捧入朝，獻夏、綏、銀、宥四州。太宗使使遣其總麻親入京。族弟繼遷居銀州，聞當遷，逃於地斤澤，叛去。宋以繼捧爲彰德節度使。

雍熙元年，① 知夏州尹憲與都巡檢曹光實襲繼遷於地斤澤，焚四百餘帳，② 殺五百人，獲其母、妻還。繼遷逃去。二年，③ 繼遷使人紿曹光實求降，光實信之，引百騎赴之，伏兵起，遇害。繼遷徙據銀州。

三年，繼遷降契丹。

端拱元年，仍以李繼捧爲定難節度使，賜姓名"趙保忠"，令其招繼遷。保忠至，與繼遷戰於安慶澤，④ 遷中流矢逃去。遣使歸款，以爲銀州觀察使，賜姓名"趙保吉"。⑤

〔淳化〕五年，保吉寇靈州，以李繼隆討之，執趙保忠以歸。保忠聞繼隆至，先挈母與妻子壁野外，⑥ 上言與保吉解怨，獻馬乞罷兵。帝覽奏，立遣中使督繼隆進軍。保吉乘夜襲保忠營，欲并其衆。忠聞難作，單騎逃歸城。其指揮使趙光嗣閉之別室，⑦ 開門迎繼隆。繼隆執忠送京師，赦封宥罪侯。保吉遁去。四月，帝命削趙保吉姓名。并以夏州深在沙漠，奸雄因以竊據，乃詔墮之，遷其民於綏、銀。

至道元年，繼遷使押衙張浦以駝馬來獻。以浦爲鄭州團練使，留京師。以繼遷爲鄜州節度使，不奉詔。時白守榮運糧四十萬石赴靈州，⑧ 繼遷邀擊，盡奪之。乃命繼隆等分五道進師討之。九月，⑨ 李繼隆副將范廷召遇繼遷於烏白池，擊敗之。繼隆不見虜而還。

---

① ［校］雍熙元年：此同《長編》卷二五，《宋史》卷四八五《夏國傳》作"太平興國八年"。
② ［校］四百餘："餘"字原脫，據《長編》卷二五、《宋史》卷四八五《夏國傳》補。
③ ［校］二年：原作"是年"，據《宋史》卷四八五《夏國傳》改。
④ 安慶澤之戰事在淳化初。
⑤ 李繼遷遣使歸款事在淳化二年（991）。
⑥ ［校］壁：原作"避"，據《長編》卷三五、《宋史》卷四八五《夏國傳》改。
⑦ ［校］趙光嗣：原作"趙克嗣"，據《長編》卷三五、《宋史》卷四八五《夏國傳》改。
⑧ 白守榮運糧事在至道二年（996）。
⑨ ［校］九月：原作"八月"，據《長編》卷四〇、《宋史》卷四八五《夏國傳》改。

真宗初，① 繼遷請降，以爲定難節度使，復姓名"趙保吉"。

咸平四年九月，保吉反，陷清遠軍。

五年，攻靈州，知靈州裴濟刺指血染奏求救，不至，城陷，死之。保吉以靈州爲西平府，居之。

六年二月，宋以六谷酋長潘羅支爲朔方節度使。十二月，② 潘羅支僞降保吉，保吉受之不疑。羅支大集蕃部合擊保吉。保吉大敗，中流矢，走，還靈州死。子德明立，遣使告哀於契丹。契丹封德明爲"西平王"。

咸平中，韓崇訓監夏州軍。繼遷犯境，崇訓追襲之，至賀蘭山而還。

景德元年，盜殺朔方節度使潘羅支。時趙保吉既死，故黨迷般囑及日逋吉羅丹二族亡歸者龍族，欲陰圖潘羅支以復讎。會其黨攻者龍，羅支率百餘騎赴援，將議合擊，遂爲二族戕於帳下。六谷諸豪共立羅支之弟廝鐸督爲首領。朝廷聞之，授廝鐸督朔方節度使。是年，趙保忠卒。

三年，趙德明請降，詔以爲定難節度使，封"西平王"，賚其子弟入侍。德明謂非故事，不遣，惟獻駝馬謝恩。未幾，契丹亦册德明爲"夏國王"。

仁宗天聖六年，德明使其子元昊襲回鶻，取甘州。

明道元年，③ 德明死，元昊立。

景祐元年，趙元昊反，寇環慶。十月，元昊以母族人山喜謀殺事覺，進毒弑其母衛慕氏。

寶元元年十月，元昊叔父山遇諫其勿反，不聽，遂挈妻子來降。知延州郭勸執還元昊，元昊殺之。侵回鶻，取瓜、沙、肅州，④ 遂稱帝，改元天授禮法延祚。⑤

---

① ［校］真宗初：《宋史》卷六《真宗本紀》、《長編》卷四二載，繼遷歸宋在宋太宗至道三年（997）十二月。參見《宋史》卷四八五《校勘記》［八］。

② ［校］十二月：此同《近事會元》卷五《拓跋思恭》，《宋會要》方域二一之一九、《稽古錄》卷十八均作"十一月"。

③ 德明死期，《隆平集》卷二〇《夏國傳》載卒於"天聖中"，《宋史》卷四八五《夏國傳》載卒於天聖"九年十月"，《夢溪筆談》卷二五載卒於"景祐中"。考《治蹟統類》卷七《康定元昊擾邊》、《九朝編年備要》卷九、《近事會元》卷五，《宋史》卷九《仁宗本紀》、卷一二四《禮志》，《遼史》卷十八《興宗本紀》、卷一一五《西夏外記》等載同《長編》卷一一一，載德明卒於宋仁宗明道元年（1032）十一月，當從《長編》。

④ 侵回鶻，取瓜、沙、肅三州事在景祐三年（1036），非寶元元年（1038）。

⑤ ［校］天授禮法延祚：原作"天授"，據《宋史》卷四八五《夏國傳》補。

二年，宋削元昊賜姓、官爵，且榜於邊曰："有能擒元昊者，即授定難節鉞。"①已而元昊又遣賀永年齎嫚書，納旌節及所授敕告置神明匣，留歸孃族而去。十二月，②狄青擊敗夏人於保安軍。

　　康定元年，元昊寇延州，副總兵劉平、石元孫戰歿。命知制誥韓琦安撫陝西。琦言宜黜范雍，召知越州范仲淹，從之，召仲淹知永興軍。兼知延州。仲淹大閱州兵，得萬八千人，分六將領之，日夜訓練，更出禦敵。敵人相戒以"小范老子胸中有數萬甲兵，不比大范老子可欺也"。元昊寇三川諸砦，韓琦使任福攻白豹城，克之。

　　慶曆元年，③元昊遣高延德還延州，與范仲淹約和。仲淹自為書，諭其去帝號以報累朝之恩。韓琦聞之曰："無約而求和，詐也。"命諸將戒嚴而自行邊。二月，元昊寇渭州。韓琦命總管任福統兵前進，行至好水川，中敵伏，福死之。琦自劾貶知秦州。范仲淹亦以擅通書札，貶知耀州。

　　二年，元昊寇鎮戎軍，副總管葛懷敏禦之，敗死。時元昊雖數勝，而國內虛耗，亦欲和。上命知保安軍劉拯諭其親信野利剛浪㖫、④遇乞兄弟，勸元昊內附。剛浪㖫使浪埋、⑤賞乞、媚娘，詣种世衡乞降。衡知其詐，留以為間。而使王嵩以棗及畫龜為書，置臘丸中，遺剛浪㖫，喻以早歸之意。㖫令齎至元昊所，元昊果疑㖫詐，令李文貴齎㖫書求和。龐籍曰："此詐也。"乃屯兵青澗城。已而元昊果舉兵圍鎮戎軍。懷敏及將校十四人死之。十一月，以韓琦、范仲淹、龐籍為陝西安撫經略招討使，置司涇州。

　　三年，契丹使言元昊欲和，命龐籍遣李文貴歸以通意。元昊喜，歸王嵩，使以剛浪㖫書至延州議和。然猶不肯去僭號，書有云："如日方中，止可順天西行，安可逆天東下？"使稱剛浪㖫為太尉，籍謂非陪臣所宜稱，依彼官名"謨寧"稱之乃可。元昊知朝廷許和有緒，乃遣其六

────────

① [校] 節鉞：原作"節越"，據《宋史紀事本末》卷三〇《夏元昊拒命》改。

② [校] 十二月：《宋史紀事本末》卷三〇作"十一月"。

③ [校] 慶曆：原避清高宗弘曆諱改作"慶歷"，據宋仁宗趙禎年號用字回改。下同。

④ [校] 劉拯：原作"劉極"，據《宋史》卷四八五《夏國傳》、《長編》卷一三八、《宋史紀事本末》卷三〇《夏元昊拒命》改。

⑤ [校] 浪埋：原作"浪哩"，據《宋史》卷三三五《种世衡傳》、《宋史紀事本末》卷三〇《夏元昊拒命》改。

宅使賀從勖與文貴至延州上書，自稱"男邦泥定國兀卒上書父大宋皇帝"，更名曰"曩霄"。① 籍言名體未正，不便上。從勖曰："子事父，猶臣事君，若得至闕下，天子不許，再歸議之。"籍乃許送至京師，勸朝廷許之。四月，夏使至京，上遣著作郎邵良佐册封元昊"夏國主"，歲賜絹十萬匹、茶三萬觔。良佐至夏，元昊亦遣如定聿捨、張延壽等來議和。

四年，契丹伐党項，夏人救之。復遣使上誓表，言"邊境畫中爲界，歲賜銀、絹、茶二十五萬五千，乞如常數。臣不復以他相干，② 世世遵守。倘君父之義不存，臣子之節或變，當使宗祀不永，子孫罹殃。"帝賜詔曰："俯閱來誓，一皆如約。"十月，契丹伐夏，戰於賀蘭山，敗之。契丹乃及夏人平。十二月，宋册元昊爲"夏國主"。夏使至京師，賜宴坐朵殿。宋賜使至夏，如賓客禮。但留館宥州，不復至興、靈。元昊在國，仍帝制自爲也。

八年，元昊卒。元昊初娶野利氏，生甯令哥，以爲太子。爲娶沒㖦氏，③ 見其美，自娶之。甯令哥使刺客劓其鼻，因鼻創而死。少子諒祚，方期歲，立之。三大將分理國政。議者欲以節鉞啗其三大將，乘其弱取之。程琳上疏不可，乞因而撫之。帝乃遣使册諒祚夏國主。按元昊本傳："諒祚小字甯令哥。"④《夢溪筆談》云"元昊後房子有甯令受，刺元昊不殊，爲訛龐輩所殺。"⑤ 此據《綱目分註》，似訛。

皇祐元年，契丹蕭惠帥師自河南進以伐夏，戰艦糧艘綿亘數百里。入敵境不設備，謂諒祚必自迎車駕，何暇及我。夏人襲之，惠不及甲而走，士卒死傷不可勝數。冬十月，契丹伐夏，⑥ 獲夏諒祚之母於賀蘭以歸。

二年，夏侵契丹。三月，契丹伐夏。⑦

---

① 元昊漢譯名原本作"胤霄"，因"胤"字犯宋太祖趙匡胤之名諱，故更名爲"曩霄"。參見胡玉冰《傳統典籍中漢文西夏文獻研究》第357頁。

② [校] 他：原作"地"，據《宋史》卷四八五《夏國傳》、《宋史紀事本末》卷三〇《夏元昊拒命》改。

③ [校] 沒㖦氏：原作"沒移氏"，據《宋史》卷四八五《夏國傳》、《隆平集》卷二〇、《東都事略》卷一二七改。

④ 參見《宋史》卷四八五《夏國傳》。

⑤ 參見《夢溪筆談》卷二五《雜志》。

⑥ [校] 伐夏：原作"代夏"，據《宋史紀事本末》卷二一《契丹盟好》改。

⑦ [校] 伐夏：原作"代夏"，據《遼史》卷一一五《西夏傳》改。

五年，夏及契丹平。

英宗治平三年，夏人寇邊。先是，諒祚遣吳宗來賀即位，宗語不遜，詔使諒祚懲約宗。諒祚不奉詔，以兵抄掠秦鳳、涇原，殺掠人畜以萬計。蔡挺使番官趙明擊之。先遣強弩列壕外，注矢下射，諒祚中流矢，走。會朝廷發歲賜銀幣到延州，知延州陸詵以"朝廷積習姑息，故虜狂悖敢爾"，乃留止不與，移牒宥州問故。諒祚大沮，因遣使謝罪，言："邊吏擅興兵，行且誅之。"初，韓琦亦言："宜止歲幣，遣使問罪，必歸款。"至是果然。

四年，青澗城守將种諤以嵬名山之弟來降，遂舉師圍名山之帳。名山舉衆從諤而南，得酋領三百、①戶一萬五千、兵萬人，遂復綏州。初，陸詵欲捕諤擅興兵之罪，會徙秦鳳而未果。十一月，諒祚乃詐爲會議，誘殺知保安軍楊定。朝議棄綏，趙卨言："虜既殺王官，又棄綏不守，示弱已甚，宜以地畀處降者。"韓琦先言綏不當取，及定等被殺，復言綏不可棄。詔貶种諤官，安置隨州。十二月，郭逵訽得殺楊定者李崇貴、韓道喜，②諒祚錮之以獻。既而諒祚死，子秉常立，遣人告哀，上問殺楊定事，使曰："殺定者已執而送之。"既而崇貴等至，言："定常於諒祚稱臣，且許以歸沿邊熟戶。諒祚嘗與以寶劍、寶鑑及金銀物。"初，定歸時，上其劍、鑑而匿其金銀，言諒祚可刺，帝喜，遂擢知保安軍。既而夏人失綏州，以定爲賣己，故殺之。上乃薄崇貴責而削定官，沒其田宅以萬計。遣使冊秉常爲夏國主。

神宗熙寧二年，夏人既寇秦州，復上誓表，請以安遠、塞門二砦易綏。郭逵、趙卨不可，爭之於朝，遂城綏州。

三年八月，③夏人寇環、慶，以韓絳爲陝西宣撫使。

四年，韓絳使种諤襲夏人，敗之，遂城囉兀。④ 三月，夏人陷撫寧諸誠。种諤聞夏人至，茫然失措，欲作書召燕達，不能下筆，對李南公涕泗

---

① [校] 酋領：原作"首領"，據《宋史》卷三三五《种諤傳》改。
② [校] 韓道喜：原作"韓宗道"，據《宋史》卷二九〇《郭逵傳》改。
③ [校] 三年：此二字原脫，據《宋史》卷四八六《夏國傳》、《宋史紀事本末》卷四〇《西夏用兵》改。
④ [校] 囉兀：原作"羅兀"，據《宋史》卷四八六《夏國傳》、《九朝編年備要》卷十九改。

不已。① 由是新築諸堡皆潰。詔諤潭州安置，② 韓絳坐免。

元豐四年，夏人幽其主秉常。七月，召李憲會陝西、河東五路之師討之。九月，李憲敗夏人於西市新城，復襲女遮谷，破之，遂復古蘭州。③ 种諤攻米脂城，夏人六萬來救。④ 與戰於無定河，敗之，遂克米脂。十月，⑤ 劉昌祚率兵五萬，進至夏境，次磨嗺隘。夏人陁險，昌祚大破之，遂薄靈州。兵幾入門，慶州高遵裕止之。裕至，圍城十八日，不能下。夏人決黃河以灌營，又抄絕糧道，士卒凍溺死，遂潰而歸。种諤留千人守米脂，以大衆攻銀、石、夏州，破石堡，進至夏州。會大校劉歸仁以衆潰，軍又乏食，值大雪，亦皆引退。初，詔憲帥五路師直趨興、靈，憲竟不至靈州而還。初，夏人聞朝廷大舉，母梁氏問策於廷，有一老將曰："但堅壁清野，縱其深入，聚勁兵於靈、夏，遣輕騎抄絕其餉道，可不戰而困也。"梁氏從之，師果無功而還。貶高遵裕等。先是，李憲營於天都山下，焚夏之南牟內殿并其館庫，追襲其統軍仁多嗺丁，敗之。次於葫蘆河，遂班師。至是，欲以爲功弭罪。孫固劾其後期之罪，朝廷以憲有功而釋之。五年秋，⑥ 徐禧城永樂。九月，夏人以數千騎攻永樂。禧來援。夏人傾國來爭，高永能勸及其未陣擊之，⑦ 禧不從。夏人又縱鐵騎渡河，曲珍曰："此鐵鷂軍，及其未濟擊之。"⑧ 又不從。既而鐵騎渡河，震蕩衝突，勢不能當，宋兵七萬皆爲所蹂。收衆入城，夏人圍之，城中水泉皆竭。李憲之兵爲夏所隔，不能赴救。自熙寧以來，用兵僅得六堡，⑨ 而靈州、永樂兩役，死者六十萬。帝爲臨朝痛哭，帝始悔用兵矣。

---

① ［校］不已：原作"而已"，據《宋史》卷四八六《夏國傳》、《長編》卷二二一改。
② ［校］詔諤潭州安置：原作"詔安置諤潭州"，據《宋史》卷十五《神宗本紀》、《長編》卷二二一改。
③ 李憲戰於西市新城、女遮谷均在八月，九月復蘭州古城。
④ ［校］六萬：《宋史紀事本末》卷四〇《西夏用兵》作"八萬"。
⑤ ［校］十月：原作"十一月"，據《長編》卷三一七、《宋史紀事本末》卷四〇《西夏用兵》改。
⑥ ［校］五年：此二字原脫，據《宋史》卷四八六《夏國傳》、《長編》卷三二九補。
⑦ ［校］高永能："能"字原脫，據《宋史》卷三三四《徐禧傳》、《宋史紀事本末》卷四〇《西夏用兵》補。
⑧ ［校］曲珍：原作"高永"，據《宋史》卷三三四《徐禧傳》、《宋史紀事本末》卷四〇《西夏用兵》改。
⑨ ［校］六堡：原作"七堡"，據《宋史》卷四八六《夏國傳》、《宋史紀事本末》卷四〇《西夏用兵》改。按：六堡指葭蘆、吳保、義合、米脂、浮圖、塞門。

六年，夏人寇蘭州。貶李憲爲熙河總管。① 閏六月，夏人復來修貢。初，夏人亦困於兵，其西南都統昂星嵬名濟迺遺書劉昌祚，② 乞通好如初。祚上之，帝命祚答之。及入寇屢敗，乃遣謨箇咩迷乞遇來上表，帝許之，歲賜仍如故。未幾，夏主乞還所侵疆，帝不許。

哲宗元祐元年，③ 秉常遣訛囉聿求蘭州、米脂五砦。司馬光當國，訪之邊人，皆以爲不可與。至是，秉常卒，子乾順立，遣使徃，封爲夏國主。

五年，夏人來歸永樂之俘，乃以米脂等四砦界之。

紹聖三年，夏人寇鄜延，陷金明砦。

四年，知渭州章楶城平夏。楶上言請城葫蘆河川，④ 據形勝以偪夏，許之。遂合熙河、秦鳳、環慶四路之師，⑤ 陰具板築守戰之備於葫蘆河川，⑥ 築二砦於石門峽江口好水河之陰。夏人來爭，敗之。二旬又二日，城成，賜名平夏。章惇因請絕夏人歲幣。

元符二年，遼人爲夏求和。冬十一月，⑦ 夏人屢敗，遣其臣令能嵬名濟等來謝罪求和，且進誓表。許其通好，歲賜如故。西陲少安。

徽宗崇寧三年，以陶節夫經制陝西、河東五路。節夫誕妄特甚，每進築一城寨，即奏曰"此西人要害必爭之地"，未一年，自常調遷至樞密學士，其實未嘗出與敵一戰。

四年，夏人寇涇原，遂誘吐蕃圍宣威城，執知鄯州高永年殺之。詔貶

---

① ［校］熙河：原作"西河"，據《宋史》卷四六七《李憲傳》、《宋史紀事本末》卷四〇《西夏用兵》改。

② ［校］嵬名濟迺："名濟迺"三字原脫。《四庫》本《長編》卷三三一作"威明吉鼐"，《涑水記聞》卷十四、《宋史》卷四八六《夏國傳》均作"嵬名濟迺"。聶鴻音《從〈宋史·夏國傳〉譯音二題看西夏語輔音韻尾問題》一文認爲，中華本《宋史》標點誤以爲人名爲"嵬名濟"，其實人名當作"嵬名濟迺"，據補。

③ ［校］元祐：原作"元佑"，據宋哲宗趙煦年號用字改。

④ ［校］葫蘆河川："川"原作"以"，據《長編》卷四八六、《宋史》卷三二八《章楶傳》改。

⑤ ［校］熙河秦鳳環慶四路：此同《長編》卷四八六、《宋史》卷三二八《章楶傳》，《宋史紀事本末》卷四〇《西夏用兵》"環慶"後有"鄜延"二字。

⑥ ［校］葫蘆河川："河"字原脫，據《長編》卷四八六、《宋史》卷三二八《章楶傳》補。

⑦ ［校］十一月：此同《資治通鑑後編》卷九三，《宋史》卷十八《哲宗本紀》作"九月"，卷四八六《夏國傳》作"十二月"，《宋史紀事本末》卷四〇《西夏用兵》作"十月"。

王厚爲鄜州防禦使。四月，夏人入寇鄜延，將劉延慶等敗之。

五年，許夏人平。

政和五年，童貫遣熙河經略使劉法將步騎十五萬出湟州，① 秦鳳經略劉仲武將兵五萬出會州，貫以中軍駐蘭州，爲兩路聲援。仲武至清水河，② 築城屯守而還，法與夏右廂軍戰於古骨龍，大敗之，斬首三千餘。③ 九月，王厚等攻夏臧底河城，敗績。夏人大掠蕭關。

六年，劉法攻夏仁多泉城，屠之。渭將种師道克夏臧底河城。冬，夏人寇涇原，屠靖夏城。

宣和元年，劉法及夏人戰於統安城，敗走，夏人追殺之。六月，童貫諷夏人因遼進誓表納款，遂詔六路罷兵。

四年，夏人救遼，金襲敗之於宜水。

五年，金斡離不趨天德，聞夏迎護遼主，已渡河，乃遺書於夏，令執送遼主，且許割地。夏得金書，遣把里公亮奉誓表，請以事遼之禮稱藩於金，且受割賜之地。④ 粘沒喝承制，割下寨以北，⑤ 陰山以南，乙室邪剌部吐祿濼西之地與之。⑥ 自是兩國信使不絕。

欽宗靖康元年，金粘沒喝遣使約夏攻宋，許割天德、雲內諸城。夏人遂取天德、雲內、武州等八館之地。已而金將谷神襲取之。夏請和，金執其使。

高宗紹興八年，⑦ 鄜延故將李世輔誘執金撒离喝來歸。金人追及之，乃奔夏。九年五月，李世輔自夏來歸，賜名顯忠。世輔至夏，具言父母妻子之亡，泣請二十萬人生擒撒离喝，取陝西五路歸於夏。夏主曰：「爾能

---

① ［校］熙河：原作"西河"，據《宋史》卷四八六《夏國傳》、《宋史紀事本末》卷四〇《西夏用兵》改。

② ［校］至：此字原脫，據《宋史》卷四八六《夏國傳》、《宋史紀事本末》卷四〇《西夏用兵》補。

③ ［校］三千餘：此同《宋史紀事本末》卷四〇《西夏用兵》，《宋史》卷四八六《夏國傳》作"三千級"。

④ 奉表割地事均在金太宗完顏晟天會二年（1124），即宋徽宗趙佶宣和六年。

⑤ ［校］下寨：原作"下塞"，據《金史》卷一三四《西夏傳》、《宋史紀事本末》卷五二《金滅遼》改。

⑥ ［校］乙室邪剌：「剌」原作"刺"，據《宋史紀事本末》卷五二《金滅遼》改。

⑦ ［校］八年：此同《中興小紀》卷二五、《建炎以來繫年要錄》卷一二四，《宋史》卷四八六《夏國傳》作"七年"，疑誤。

立功則不斬兵。"時有酋豪號"青面夜叉"者，久爲夏國患，授世輔三千騎擒之。乃出兵，以其臣王樞、嚤叱監之。世輔至延安，總管趙惟清大呼曰："鄜延今復歸朝，已有赦書。"世輔取赦文觀之，因大哭。以舊部八百餘騎拒王樞、嚤叱鐵鷂子軍，殺死萬衆，獲馬四萬匹。揭榜招兵，每得一人，予馬一匹，旬日間得驍勇少壯者萬人。① 乃擒害其父母弟姪者，斬於東市。行至鄜州，② 吴玠撫之，送於朝。詔以爲前軍都統制。③ 世輔乃率部下三千騎南來，帝撫勞再三，賜名顯忠。

九年，夏主乾順卒，子仁孝立。

孝宗乾道六年，夏主仁孝分國與其相任得敬。得敬相夏二十餘年，潛懷異志，誣殺宗親大臣，④ 仁孝不能制。乃分西南路及靈州囉龐嶺地與得敬爲國，且上表於金，爲得敬請封。金主以問宰相，尚書令李石等曰："事關彼國，⑤ 我何與焉？不如許之。"金主曰："有國之君豈肯無故分國與人，此必權臣逼奪，非夏主本意。夏稱藩既久，一旦逼於賊臣，朕爲四海主，豈能容此，當爲誅之。"乃賜仁孝詔曰："先業所傳，亦當固守。今兹請命，未知措意所在，當遣使來詢問。"得敬始懼，仁孝乃謀誅之。秋八月，任得敬伏誅。

光宗紹熙四年，⑥ 夏主仁孝卒，子純佑立。仁孝在位五十五年，始建太學於國，立小學於禁中，親爲訓導，尊孔子爲帝。然權臣擅命，國勢日衰，自此始也。

寧宗嘉定二年，蒙古入靈州，夏主安全降。夏自是益衰。

三年，夏侵金葭州。夏自天會初與金議和，八十餘年未嘗交兵。至是爲蒙古所攻，求救於金。金主永濟初立，不能出師。夏人怨之，遂侵葭州。金慶山奴擊敗之而去。

四年，夏主安全卒，族子遵頊立。

---

① [校] 驍勇：原作"饒勇"，據《宋史》卷三六七《李顯忠傳》改。
② [校] 鄜州：原作"鄜延"，據《宋史》卷三六七《李顯忠傳》改。
③ 《建炎以來繫年要錄》卷一三五載，紹興十年（1140）夏四月己亥，"請樞密院都統制李顯忠以所部二千人爲前軍都統制"。
④ [校] 殺：此字原脫，據《金史》卷一三四《西夏傳》補。
⑤ [校] 彼國：原作"本國"，據《金史》卷一三四《西夏傳》改。
⑥ [校] 四年：原作"五年"，據《宋史》卷四八六《夏國傳》、《金史》卷一三四《西夏傳》改。

六年，夏取金保安、慶陽。十二月，取涇州。① 夏人以書來四川，議夾攻金，以恢復故疆。② 時董居誼初入蜀，不之報。由是虜信中絕。

十年，蒙古圍夏興州。夏主遵頊奔西凉。

十三年，安丙遣兵會夏人伐金。丙遣書夏人，會議同舉。約以夏兵野戰，我師攻城。命利州統制帥師赴熙、秦、鞏、鳳等處，委丁焴節制，且傳諭招輯陝西五路軍民。八月，夏取金會州。金遣使如夏議和。九月，夏人圍金鞏州，官軍會之。夏遣樞密使甯子甯率衆二十萬圍鞏州，王仕信等各路分進，不克而還。

十四年，夏人復乞會師伐金。

十六年，蒙古伐夏，夏主遵頊傳國其子德旺。遵頊自號上皇，未幾，卒。

十七年冬十月，金及夏平。夏與金通好，不交兵者八十餘年。③ 至貞祐初，以小故生嫌，構難十年，一勝一負，遂於精銳俱盡，兩國皆斃。至是，夏遣吏部尚書李仲諤通好於金，稱弟不稱臣。金遣禮部尚書奧敦良弼報之。

理宗寶慶二年冬十月，④ 蒙古伐夏，取甘、肅州，西凉府。十一月，取靈州，進次鹽州川。以西夏納仇人亦臘喝翔昆，及不入質子也。

二年，夏主德旺以憂卒，弟子睍立。

三年，蒙古主盡克夏城邑，其民穿土石以避鋒鏑，免者百無一二，白骨蔽野。蒙古主避暑於六盤山。夏主以力屈出降，遂縶以歸夏。諸將爭掠子女財幣，耶律楚材獨取書數部、大黃兩駝。未幾，軍士病疫，用活萬人。

按：拓拔夏本拓拔魏之後。唐貞觀初，有拓拔赤辭者來歸，賜姓李，世居平夏。中和初，拓拔思恭以討黃巢功，復賜姓李，拜夏綏節度使。思

---

① ［校］涇州：疑當作"鞏州"。參見《金史》卷六二《校勘記》[三三]、卷一三四《校勘記》[九]。

② 夏人以書來四川事在嘉定七年（1214）。

③ ［校］八十餘年："餘"字原脫，據《金史》卷一三四《西夏傳》補。

④ ［校］二年冬十月：二年，原作"元年"，據《元史》卷一《太祖本紀》改。另，《元史》卷一《太祖本紀》載，取甘、肅州在夏，取西凉府在秋，均在"冬十月"前。

恭卒，弟思諫代爲定難節度使。① 思諫卒，思恭孫彝昌嗣。② 其將高宗益作亂，殺之，將士立其族父仁福。③ 仁福卒，子彝超嗣。彝超卒，兄彝殷代。④ 宋建隆初獻馬，以玉帶賜之。乾德中卒，子克叡立。⑤ 克叡卒，子繼筠立。踰年卒。弟繼捧立，⑥ 尋率族人入朝獻地，因其願留，乃授彰德軍節度使。其族弟繼遷居銀州，⑦ 數爲邊患。詔繼捧圖之。初，繼遷高祖思忠嘗從其兄思恭討黃巢，射渭橋表鐵鶴沒羽，既而戰沒，僖宗贈宥州刺史，祠於渭陽。曾祖仁顏仕後唐銀州防禦使，⑧ 祖彝景嗣於晉，父光儼嗣於周。繼遷生於銀州無定河。及繼捧歸宋，時年二十，志落落，遂叛去。後遣李繼隆討之，執繼捧送闕下，詰釋其罪，封宥罪侯，卒。繼遷反覆不臣，屢勤王師。咸平初，遣使修貢，授夏州刺史、定難節度使。繼遷陷西涼，中創死。子德明立，奉表歸順，封西平王。德明大啟宮室於鰲子山，城懷遠鎮爲興州以居。明道元年卒，子元昊立。

元昊小字嵬理，國語謂"惜"爲"嵬"，"富貴"爲"理"。母衛慕氏。五月五日生，國人以其日相慶賀。性雄毅，多大略，善繪畫，能創製物始。圓面高準，身長五尺餘。曉浮圖學，通番漢文字，案上置法律，常携《野戰歌》《大乙金鑑訣》。好衣長袖緋衣，⑨ 冠黑冠，佩弓矢，從衛步卒，張青蓋。出乘馬，以二旗引，百餘騎自從。德明嘗使人以馬榷易漢物，不如意，欲殺之。元昊年方十餘，諫曰："我戎人本從事鞍馬，而以資鄰國易不急之物，已爲非策，又從而殺之，失衆心。"德明從之。弱冠

---

① ［校］定難：原作"靖難"，據《新唐書》卷二二〇上《党項傳》、《宋史》卷四八五《夏國傳》改。

② ［校］思恭孫：此同《宋史》卷四八五《夏國傳》，《舊五代史》卷一三二、《新五代史》卷四〇《李仁福傳》，《資治通鑑》卷二六七均作"思諫子"，疑是。

③ ［校］族父：此同《資治通鑑》卷二六七，《宋史》卷四八五《夏國傳》作"族子"。按：仁福子均以"彝"名，仁福顯然是彝昌父輩，《宋史》疑誤。

④ ［校］兄：此同《資治通鑑》卷二七九，《舊五代史》卷一三二、《新五代史》卷四〇《李仁福傳》，《東都事略》卷一二七均作"弟"。據《大晉故虢王妻吳國太夫人瀆氏墓志銘並序》，作"兄"是。參見鄧輝、白慶元《内蒙古烏審旗發現的五代至北宋夏州拓拔部李氏家族墓志銘考釋》，第379—384頁。

⑤ 克叡：原名"光叡"，避宋太宗趙光義諱改。

⑥ ［校］弟：原作"子"，據《宋史》卷四八五《夏國傳》改。

⑦ ［校］銀州：原作"銀川"，據《長編》卷二五、《東都事略》卷一二七改。

⑧ ［校］仁顏：原作"任顏"，據《宋史》卷四八五《夏國傳》改。

⑨ ［校］長袖：原作"常袖"，據《宋史》卷四八五《夏國傳》改。

破回鶻，遂立爲太子。又數諫其父毋臣宋，德明戒之曰："吾久用兵，疲矣。吾族三十年衣錦綺，此宋恩也，不可負。"元昊曰："衣皮毛，事畜牧，蕃性所便。英雄之生，① 當霸王耳，何錦綺爲？"既襲"西平"，明號令，以兵法勒諸部，乃居興州，地方萬里，堡鎮皆號州郡，凡二十有二。河南之州九：曰靈，曰洪，曰宥，曰銀，曰夏，曰石，曰鹽，曰南威，曰會。河西之州九：曰興，曰定，曰懷，曰永，曰涼，曰甘，曰肅，曰瓜，曰沙。熙、秦河外之州四：曰西寧，曰樂，曰廓，曰積石。其地饒五穀，尤宜稻麥。甘、涼之間，以諸河爲溉。興、靈則有古渠，曰唐來、漢延，② 皆支引黃河，故灌溉之利，歲無旱澇之虞。

其民一家號一帳。男年登十五爲丁，率二丁取正軍一人。每負贍一人爲一抄，四丁爲兩抄。餘號空丁。願隸正軍者，得射他丁爲負贍，無則許射正軍之疲弱者。有左、右廂，立十二監軍司，委豪右分統其衆，自河北至午臘蒻山七萬人，以備契丹。河南洪州、白豹、安鹽州、③ 羅洛、④ 天都、惟精山五萬人，⑤ 備環、慶、鎮戎、原州。左廂宥州五萬人，備鄜、延、麟、府。右廂甘州三萬人，⑥ 備西番、回紇。賀蘭駐兵五萬，靈州五萬，興州興慶府七萬人，爲鎮守。總三十餘萬。⑦ 別有"擒生"十萬，興、靈之兵精練者又二萬五千。⑧ 選豪族善弓馬者五千人迭直，號六班直，月給米二石。鐵騎三千，分十部。爲前軍，乘善馬，披重甲，刺砍不入，用鉤索絞聯，雖死馬上不墜。遇戰則先出鐵騎突陣，陣亂則衝擊之，步兵挾騎以進。每有事於西則自東點集而西，有事於東則自西點集而東，中路則東西皆集。用兵多立虛砦，設伏兵包敵。⑨ 戰則大將居後，或據高

---

① ［校］英雄之生："生"原作"主"，據《宋史》卷四八五《夏國傳》、《長編》卷一一一、《九朝編年備要》卷九改。

② ［校］漢延：《宋史》卷四八六《夏國傳》作"漢源"。

③ ［校］安鹽州："安"字原脫，據《宋史》卷四八五《夏國傳》、《長編》卷一二〇補。

④ ［校］羅洛：此二字原脫，據《宋史》卷四八五《夏國傳》、《長編》卷一二〇補。又，"羅洛"，《宋史》卷四八六《夏國傳》作"羅落"。

⑤ ［校］惟精山：原作"葦精山"，據《宋史》卷四八五《夏國傳》、《長編》卷一二〇改。

⑥ ［校］三萬：原作"二萬"，據《宋史》卷四八五《夏國傳》、《長編》卷一二〇改。

⑦ ［校］三十：原同《宋史》卷四八五《夏國傳》作"五十"，據《長編》卷一二〇改。

⑧ ［校］五千：此二字原脫，據《宋史》卷四八六《夏國傳》補。

⑨ ［校］包敵：原作"砲敵"，據《宋史》卷四八六《夏國傳》改。

險。其人能寒暑飢渴。出戰率用隻日，避晦日。齎糧不過一旬。篤信機鬼，① 尚詛咒。每出兵則先卜，以艾灼羊髀骨，謂之"死跋焦"。② 卜師謂之"廝乩"，③ 視其兆。上處爲神明，近脊處爲主位，近旁處爲客位。蓋其俗以所居正寢中一間以奉鬼神，人不敢居，而主客之位，則近脊而傍也。故取象於羊骨如此。俗皆土屋，惟有命得以瓦覆之。元昊自製番書，形體方整，類八分書，而畫頗重複，教國人以此紀事。仁宗寶元初稱皇帝，在位十七年殂，諡武烈皇帝。

長子諒祚立，小字甯令哥，④ 國語謂"歡喜"爲"甯令"。"兩岔"，河名也。沒藏氏與元昊出獵至此而生，遂名焉。方期歲即位。請去番禮，從漢儀，詔許之。又表求太宗御製真草、⑤ 隸書石本，且進馬，求《九經》《唐書》⑥《册府元龜》及本朝正至朝賀議。詔賜《九經》，還所獻馬。英宗治平間屢入寇。在位二十年殂，諡昭英皇帝。長子秉常立，在位二十年殂，諡康靖皇帝。長子乾順立。建國學，設子弟員三百，立養賢務，以廩食之。金滅遼，乃稱藩於金。靈芝産國中，作《靈芝歌》。⑦ 在位五十四年殂，諡聖文皇帝。長子仁孝立，乃建學立教，釋奠孔子而帝尊

---

① [校] 機鬼：此同中華本《宋史》卷四八六《夏國傳》、《嘉靖寧志》卷六《拓跋夏考證》、《四庫》本《宋史》卷四八六《夏國傳》、《嘉靖寧志》卷一《寧夏總鎮·風俗》、《朔方新志》卷一《地里·風俗》均作"禨鬼"。

② [校] 死跋焦：此同《夢溪筆談》卷十八《技藝》，《宋史》卷四八五《夏國傳》、《隆平集》卷二〇均作"炙勃焦"。

③ [校] 廝乩：原作"廝覘"，據《夢溪筆談》卷十八《技藝》改。

④ [校] 甯令：原倒作"令甯"，據《宋史》卷四八五《夏國傳》乙正。又，據《宋史》卷四八五《夏國傳》釋義，諒祚小字疑當作"寧令兩岔"。《西夏書事》卷十八"慶曆七年（1047）春二月"條作諒祚始名"寧令兩岔"。《夢溪筆談》卷二五《雜誌》載，"寧令"漢語意爲"大王"。《隆平集》卷二〇《夏國傳》、《長編》卷一六八"慶曆八年（1048）春正月"條載，"甯令哥"爲諒祚兄之名。《東都事略》卷一二七《西夏傳》《長編》卷一六八"慶曆八年春正月"條載，諒祚爲元昊遺腹子。

⑤ [校] 真草：原作"草詩"，據《宋會要》禮六二之四〇、四一改。又，中華本《宋史》據《長編》卷一九六改"草詩"作"詩章"，參見《宋史》卷四八五《校勘記》[二六]。

⑥ [校] 唐書：原作"唐史"，據《宋會要》禮六二之四〇、四一改。

⑦ 1975年，寧夏博物館在西夏陵區七號陵（夏仁宗仁孝壽陵）發現《靈芝歌》殘碑，楷書陰刻，存3行31字，即："……《（靈）芝頌》一首，其辭曰：於皇□□，……俟時効祉，擇地騰芳。金量曈□，……德施率土，貢及多方。旣敃有□，……"參見李範文《西夏陵墓出土殘碑粹編》圖版肆陸。

之。策舉人，立唱名法。復建内學，選名儒主之。① 增修法律，賜名"鼎新"。立通濟監鑄錢。立翰林院，以焦景顔、王僉等爲學士，② 俾修實録。大禁奢侈。在位五十五年殂，謚聖德皇帝。長子純佑立，③ 在位四十年，從弟李安全廢之而自立。純佑殂，謚昭簡皇帝。安全立之四年，降於元。④ 又二年殂，謚敬穆皇帝。族子遵項立，金封爲夏國王。元兵攻夏，傳國於其子德旺。遵項在位十三年，又三年殂，謚英文皇帝。德旺以憂悸殂，廟號獻宗，⑤ 弟子睍立。二年，元主克其城邑，摯睍以歸。自宋太平興國七年繼遷開基，凡十二主，二百五十八年，夏亡。⑥

元

太祖時，王檝從征西夏。⑦ 夏人盡撤橋梁爲備，師阻水不得前。帝問諸將，不知所出。檝夜督士卒運木石，比曉而橋成，軍乃得進。

武宗至大元年，⑧ 寧夏立河渠司，秩五品，官二員。

至治二年，乃蠻台爲甘肅行省平章，佩金虎符。甘肅歲糴糧於蘭州，多至二萬石，距寧夏各千餘里至甘州，又千餘里始達亦集乃路，而寧夏距亦集乃路僅千里。乃蠻台下諭，令輓者自寧夏徑趨亦集乃路，歲省費六十萬緡。⑨

明

正統間，胡酋三保奴爲患，都督陳友出奇兵擒之。

---

① ［校］主之：原作"王之"，據《宋史》卷四八六《夏國傳》改。
② ［校］王僉：原作"王儉"，據《宋史》卷四八六《夏國傳》改。
③ ［校］純佑：原作"純祐"，據《宋史》卷四八六《夏國傳》改。下同。
④ 元：安全降時蒙古政權尚未立國號曰"元"。
⑤ ［校］獻宗：原作"憲宗"，據《宋史》卷四八六《夏國傳》改。
⑥ 西夏國是由党項拓跋氏於十一世紀在中國西北地方建立的一個封建割據政權，國號"大夏"，自稱"大白高國""白高大夏國"，漢文典籍一般稱"西夏""夏國"或"夏台"。自西夏遠祖拓跋思恭茚度夏（治所在今陝西靖邊縣東北白城子）、綏（治所在今陝西綏德縣）二州後被唐僖宗封爲夏國公至宋仁宗授德明爲夏王，割據一方的夏州政權歷時150年（882—1032），共歷11位夏王，即拓跋思恭、思諫、彝昌、仁福、彝超、彝興、克睿、繼筠、繼捧、繼遷、德明。自元昊正式立"大夏"國號稱帝至末主睍亡，處於實際獨立狀態的西夏政權歷時189年（1038—1227），共歷10主，即景宗元昊、毅宗諒祚、惠宗秉常、崇宗乾順、仁宗仁孝、桓宗純佑、襄宗安全、神宗遵項、獻宗德旺和末帝睍。本志載西夏國主在位時間有誤。
⑦ ［校］王檝：原作"王摭"，據《元史》卷一五七《王檝傳》改。
⑧ ［校］元年：原作"二年"，據《元史》卷二二《武宗本紀》改。
⑨ ［校］緡：此字原脫，據《元史》卷一三九《乃蠻台傳》補。

成化元年，都指揮黃瑀逐套虜於鹽池，① 擒斬三十六人。

八年，總兵范瑾、遊擊祝雄破虜於靈武城南，② 擒斬二十八人，③ 虜勢大挫。

正德五年四月，安化王寘鐇反。寘鐇者，慶靖王曾孫也。祖秩炵封安化王。弘治五年，寘鐇嗣王。是時劉瑾擅權，流毒天下。寘鐇素有逆謀，與寧夏衛生員孫景文、孟彬徃來甚密。親王九兒降鸚鵡神，妄言禍福，每見寘鐇輒呼"老天子"，寘鐇益懷不軌。會瑾遣大理寺少卿周東度田寧夏，倍益頃畝，徵馬屯租甚急，敲扑慘酷，④ 諸戍將衛卒皆憤怨。寘鐇遂令景文家置酒，邀諸武弁，以言激衆怒，且告以寘鐇謀。衆方怨，聞景文言，皆忻然從之，遂歃血盟。景文以報寘鐇，寘鐇召都指揮何錦、周昂、指揮丁廣謀反。錦、昂者，故常托景文貸寘鐇金，納級陞都指揮，德寘鐇深。寘鐇大會巡撫安惟學，⑤ 總兵姜漢，少卿周東，鎮守太監李增、鄧廣漢等。惟學、東辭不徃。副總兵楊英以聞警帥兵出，亦不至。錦等詐言塞下警，急呼壯士申居敬備邊。執兵械，跨馬呼譟。儀賓韓延璋等伏兵府序下。錦等趨安化府，推門入，序中伏兵起，殺漢等。遂走行臺，殺惟學及都指揮楊忠，又殺周東。放獄囚，焚宮府，大索慶諸王、將軍金幣萬計。偽造印章、旗牌。令景文爲檄，以討劉瑾爲名，傳布邊鎮。署錦爲討賊大將軍，昂、廣，左、右副將軍。景文爲軍師，張欽爲先鋒，魏鎮、朱霞等十餘人拜都護、總管。關中大震。總兵曹雄等聞變，率兵沿河堵截。遣廣武指揮孫隆，焚大小壩捲掃柴草。副將楊英率黃正等發靈州，順流而下。靈州參將史鏞飛報陝西諸路，又扼河奪舟，賊不得渡。鐇遣魏鎮等至廣武，孫隆用弓箭神鎗拒卻之。

初，寧夏遊擊將軍仇鉞聞邊警，率兵出玉泉營。寘鐇反，遣人招還，奪其軍。鉞單騎歸私第，稱病臥，陰納游兵壯士謀討賊。興武守備保勛故

---

① ［校］鹽池：原作"靈武"，據《嘉靖寧志》卷二《寧夏總鎮·俘捷》改。

② ［校］靈武：此同《朔方新志》卷二《俘捷》，《嘉靖寧志》卷二《寧夏總鎮·俘捷》作"靈州"。

③ ［校］二十八：原作"一十八"，據《弘治寧志》卷三、《嘉靖寧志》卷三、《朔方新志》卷二《俘捷》改。

④ ［校］敲扑：原作"敲朴"，據《明史紀事本末》卷四四《寘鐇之叛》改。

⑤ ［校］惟學：原作"維學"，據《明史》卷十六《武宗本紀》、《嘉靖寧志》卷二《寧夏總鎮·巡撫》改。下同。

與賊連姻，家在賊中，義不顧私，上疏祈討賊，約鉞爲内應。俄而總兵曹雄亦遣人持書約鉞。鉞喜，嗾人謂賊，宜急守渡口，防決河灌城，遏東岸兵，勿使渡河。錦等果悉出，獨昂守城。時四月二十三日也。寘鐇出城祭社稷、旗纛神，使人呼鉞，鉞稱病不出。昂自來問疾，鉞伏，諸蒼頭俟昂入，用鐵骨朵擊殺之，割其首。即披甲仗劍，跨馬出門，從者百餘人，直趨安化府，執朱霞、孫景文等十一人殺之，擒寘鐇及其子台潛、儀賓謝廷槐、韓廷璋，並黨李蕃、張會通等。詐傳鐇令，① 召錦還。別遣古興兒密告鄭卿，令反正。卿等即以所部兵擊殺胡璽、魏鎮等十餘人。又往河口，執劉鉞、姜永殺之，眾大潰。何錦、丁廣、張欽、楊泰、王輔等脱身走，② 追擒之賀蘭山外，并獲申居敬等。曹雄、楊英先後至寧夏，亂遂定。

初，帝聞寘鐇反，命涇陽伯神英充總兵，太監張永總督軍務，太監陸誾管領神鎗，起前右都御史楊一清爲提督，率中外兵討寘鐇。已而聞寘鐇已就擒，楊一清上疏乞將京軍取回，以安反側。乃召涇陽伯神英以兵還，命張永及一清安撫寧夏。械寘鐇送京師，賜死，削慶府護衛。錦、廣等皆伏誅。寘鐇起兵，凡十八日而敗。論功封仇鉞爲咸寧伯。

嘉靖十二年，北虜數犯鎮遠關。總兵官王効，延綏副總兵梁震，遊擊鄭時、彭械，會兵追之。踰柳門，至蜂窩山，斬首一百二十餘級。

十六年，虜犯打磴口。總兵王効，副總兵任傑，遊擊鄭時、馮大倫，③ 會兵大破之，斬首百級以歸。

十八年，虜據打磴口爲巢，數犯平虜城，妨人耕牧。總兵官任傑率兵擊之，斬首四十餘級，大獲牛馬無算，平虜遂寧。

三十九年，套虜盤據芀菩灘，將舉入寇。總兵官趙應提兵迎戰，斬首六十。

四十年，總兵官趙應破套虜於省嵬口，抗敵對戰，斬首四十三級。

四十一年，套虜謀聚入寇。總兵官吳鼎提兵至宿嵬口外白樹泉破之。又破於鹽池撒卜掌嶺，斬首一百四十三。

四十三年，套虜盤踞謀犯，吳鼎提兵入套，殺賊於河東夾道，斬首三

---

① ［校］詐：此字原脱，據《明史紀事本末》卷四四《寘鐇之叛》補。
② ［校］王輔等：原作"正"，據《鴻猷録》卷十二《安化之變》改。
③ ［校］馮大倫：原作"馮大儉"，據《嘉靖寧志》卷二《寧夏總鎮·俘捷》改。

十八。次年又破於鱗灘，虜遂遁去。

隆慶元年，套虜盤結近邊，總兵雷龍剿之。

二年，北虜聚衆犯鎮。總督王崇古檄總兵雷龍，大破於歸德口，斬首三十六。①

三年，套虜團結謀舉南牧。總督王崇古檄總兵雷龍，選精兵三千出塞，斬獲無算。

萬曆十年，靈州卒楊文遇、馬景亂。洪武初，略定陝西，殘元部落率衆歸附。② 立靈州守禦千户所，其屬處於瓦渠四里爲民，號"土達"，使自耕食，簡其壯者充營卒。文遇、景乃土達楊倘兀、馬火丹之孫也，素獷悍。萬曆十年，參將許汝繼以勇名，擢靈州任。甫五月，濕束部卒，御下過嚴，小犯者必繩以軍法，怨讟大生。汝繼察知，愈恨之不少假，衆益怒。文遇、景遂謀爲亂，黨與嚮應。四月八日，啟參將署直入，郭濟逞凶先之。汝繼赤身起，迎截濟髮，至死髮猶在握。宅中男婦並見戕，無噍類。文遇、景等開北門出迎其黨徐龍，掌所千户蒯訓、千户戴儒遂閉門以守，賊不得入，奪馬逸走。餘賊奪商民騾馬出南門，乘隙肆摽掠。同知呂珩馳使告變，巡撫晉應槐、兵備道劉堯卿檄遊擊唐堯輔攝靈州事，令廣武、中衛守將王保等據邊口。把總李鯤，楊朝率兵於九泉山、沙渠諸處追賊，獲三十餘人。楊文遇、馬景等並斬於市。

二十年，哱拜反，甘肅巡撫葉夢熊平之。哱拜，故韃靼種也。嘉靖中來降，夏撫臣使備行間，累功世蔭，拜職都指揮，擢副總兵。子承恩襲指揮使，充巡撫門下旗牌官，積資鉅萬。火酋訌，洮河經略鄭洛徵兵寧夏，巡撫黨馨議遣遊擊土文秀西援。拜自薦，請以巡撫標下兵偕子承恩徃。馨惡其顓擅，每事裁抑之。拜怏怏去。至青海，跋扈無忌。兵還，黨檄副使石繼芳逮其近倖於獄，亦竟徇法不治。拜由是怨望，逆志起矣。

健兒劉東暘，靖虜人也，素黠猾，氣能使衆，拜與插血相盟，③ 欲糾衆謀難。拜嗾束暘等先聚帥府，以減芻價、裁布花飛語請。總兵張維忠模棱不能制，令赴撫道控訴。賊遂至道署，拆廈而入，石不知所爲。偶一丁呼曰："且去尋覓巡撫！"賊隨出，石踰垣避。千總黃培忠亟走白張："鳴

---

① ［校］三十六：原作"三十三"，據《朔方新志》卷二《俘捷》改。
② ［校］殘元：原作"殘兀"，據《朔方新志》卷三《叛亂》改。
③ ［校］插血：疑當作"歃血"。

號集官旗擒賊。"維忠不聽，欲憑巽語解紛，仍肩輿徐行，被賊擁入書院。張嗦無一語，乃屬拜勸止。賊至都府大嘩。黨傳檄招安，許給餉鏹緞。賊裂檄破牖撲進。拜先入黨內，少頃出，番語數句，又示以反唇狀。衆遂猖獗，排闥而入，獲黨至書院，亂兵之。維忠股慄無人色。賊分覓石亦獲，環刺奎星樓下。放維忠歸署。遂縱獄囚，焚案牘，燼民居，掠公私藏蓄，輒夜不休，嘩釯聲動天地。時萬曆壬辰二月十八日也。①

百戶許朝亦由行伍累世職，險譎過於拜。賊忌，欲殺之。朝亦請入黨，與飲血盟，土文秀與拜子雲自中衛互市回，合兵殺遊擊梁琦、守備馬承光。維忠自縊死，賊典其符印旗牌，奪衆官職，遍置黨與。承恩巡西路，城堡多陷。文秀巡北路。參將蕭如薰得士心，誓死守。妻楊氏亦出簪珥饗士，士益感奮。賊環攻，三徃皆大挫衄。土官吳世顯謀襲靈州，千戶楊禎等拒弗納，謀遂寢。

總督魏學曾檄總兵李昫等，將兵萬餘進剿。拜發庫取金繒，唊虜求緩。著力兔、宰僧諸酋貪賄助逆，②魏學曾檄延綏搗巢以牽制之。甘肅巡撫葉夢熊疏請提兵討賊。御史梅國楨薦李如松剿賊，自請監軍。時官軍薄城，賊合虜出擊，殺傷相當，哱雲中鎗死。翌日復陣，賊大潰。巡撫朱正色，總兵董一奎、張傑、麻貴等，俱督兵至，四面環攻。梅國楨、李如松提遼左、宣、大兵至。浙江巡撫常居敬疏請助師，兵亦至。火箭射毀關樓二，賊欲潰圍北走，官兵截殺退歸。賊久困請降，及期復不至。拜妻施氏，累諫不聽。又翟佩謂拜曰："此何來？悖德不祥，奈何自取禍？"承恩推跌去之。時用兵兩月無成功，乃定議決河水灌城。築堤長千七百丈，水深八九尺。賊乘小舟決堤。總督斬巡堤吳世顯以徇。朝議城久不下，逮魏學曾，以葉夢熊爲總督，著力兔以八百騎入援賊，李如松禦之張亮堡。會麻貴、李如樟兵亦至，斬虜七十級，迫至賀蘭山下。自是虜不敢覷兵營，賊援絕。九月九日，③闔民獻南關。官軍入，賊益窘急。

有賣油李登者，跛而眇，負罌木，歌於市曰："癰之不決，而狃於

---

① 萬曆壬辰：萬曆二十年（1592）。

② ［校］著力兔宰僧：原作"著宰賓打"，據《萬曆三大征考·哱氏》、《明史》卷二二八《魏學曾傳》等刪改。

③ ［校］九月九日：《萬曆三大征考·哱氏》、《明史紀事本末》卷六三《平哱拜》載，九月三日後五日下南關，則時爲九月八日。

痛，危巢不覆，而令梟止。"梅國楨聞之曰："是可使也。"因授三劄間賊，①承恩、東暘、朝果心動，相疑貳。朝、東暘刺殺土文秀。承恩虞不免，就百户石棟問計。棟爲陳禍福，薦周國柱。國柱勸承恩除劉、許自贖。十六日，承恩紿朝登樓，交數語，其卒詐云"官兵礟向樓"。掖朝下，及梯半，斬之，併其子萬鐘。承恩露刃北馳。國柱遥謂東暘曰："事休矣，官兵已入城。"東暘嚄唶，撥劍自刎，國柱斷其首。承恩至，殺東暘黨百餘，持二賊首以獻。督撫並登城，軍門敕浙將楊文執承恩，圍其宅，拜及家衆謀死拒，提督令自投者免死。柳進開門納兵。拜驅妻子登樓，縱火自焚死。九月十八也。②哱承恩、哱承寵、土文德等械送京師，磔於市，餘黨悉誅。葉夢熊、李如松陞賞各有差。方賊據城，慶藩多被囚繫困辱。慶憲王妃方氏匿土窰中數日，卒。詔建祠，樹坊曰"宗烈"。

　　二十三年正月，北虜分道入寇。平虜總兵解一清督參將吴顯、石尚文、守備陳王道分剿於平湖墩、③水塘墩等處，各斬獲甚多。

　　二十四年，虜犯河東。總兵李如柏率遊擊來保、把總馬允登，破於河灘兒、哥腦等處。又犯河西，如柏提兵至石空寺窑兒洞大破之。把總楊寀又破之宿嵬口。共斬首百餘級。④

　　二十七年，套賦入犯鎮城迤西。巡撫楊時寧，總兵杜桐，副總兵馬孔英，參將蕭如蕙、鄧鳳，遊擊馬躍龍、江廷輔、崔張名、季永芳，守備石棟等，大破於黄草灘。尋又犯河東，靈州參將吴宗堯率高廷梧、蕭韶成等斬剿之。九月，套賊擾東邊，杜桐出塞至吾剌苦素，⑤斬首一百二十八級。

　　四十年七月，巡撫崔景榮檄平虜參將潘國振，⑥偵報虜住邊外，先事戒嚴。總兵姚國忠、副總兵王宣馳至平虜。虜果竊入，國忠等統兵出剿，至沙山老灣，斬首一百七十七級。

　　四十三年九月，總督劉敏寬防秋於花馬池。因套虜吉能大舉入犯延

---

①　[校] 劄：原作"扎"，據《明史紀事本末》卷六三《平哱拜》改。
②　[校] 十八：《萬曆三大征考·哱氏》、《明史紀事本末》卷六三《平哱拜》均作"十七"。
③　[校] 平湖墩：原作"平湖灘"，據《朔方新志》卷二《俘捷》改。
④　《朔方新志》卷二《俘捷》載，共斬首126顆。
⑤　[校] 吾剌苦素：原作"苦剌吾素"，據《朔方新志》卷二《俘捷》改。
⑥　[校] 平虜：原作"平羅"，避清諱改，據《朔方新志》卷二《俘捷》回改。

鎮，檄寧夏總兵杜文煥督兵應援。合定邊、固原兵馬出剿，破賊於定邊西沙梁。①

祥　異

魏②

始光三年，與群臣謀伐夏，皆以爲不可。崔浩曰："徃年以來，熒惑再守羽林，鈎己而行，③其占秦亡。今年以來，五星並出東方，利於西伐。天人相應，不可失也。"已而竟滅夏。

太和三年正月，統萬鎮獻白雉。④

正始三年，夏州獻白鳩。

正光元年九月，沃野鎮官馬爲蟲入耳，死者十四五。蟲似蜺，長五寸以下，大如箸。⑤

二年，夏州大水。

五月丁酉，日有食之，夏州以聞。

八月乙亥，⑥朔、夏州暴風賈霜。

三年，夏州獻白雉。

四年八月乙亥，月在畢，掩熒惑，邊域兵亂之象也。

十月乙卯，太白入斗口，距第四星三寸，⑦光芒相掩。占曰"大兵將戮辱"。明年，沃野鎮破落汗拔陵反，臨淮王彧討之，敗績於五原。嗣是杜洛周、葛榮之亂起矣。

延興三年十二月，月蝕在七星，京師不見，統萬鎮以聞。

唐

武德六年秋，夏州蝗。

貞觀二年六月，天狗隕於夏州城中。

---

① ［校］定邊："邊"字原脫，據《朔方新志》卷二《俘捷》補。

② 魏：指南北朝時期之後魏。

③ ［校］鈎己：原作"旬已"，據《魏書》卷三五《崔浩傳》、《資治通鑒》卷一二〇改。

④ ［校］統萬鎮：原作"統萬城"，據《魏書》卷一一二下《靈徵志》改。

⑤ ［校］箸：原作"楮"，據《魏書》卷一一二上《靈徵志》改。

⑥ ［校］八月乙亥：據《魏書》卷一一二上《靈徵志》，此當爲北魏宣武帝元恪景明元年（500）事，本志誤繫於北魏孝明帝元詡正光二年（521）。

⑦ ［校］距第四星三寸："距""三寸"三字原脫，據《魏書》卷一〇五之四《天象志》補。

二十年九月辛亥，靈州地震，有聲如雷。

二十三年四月，靈州河清。

大中三年十月辛巳，上都及靈武、鹽、夏等州地震，壞廬舍，壓死數十人。①

調露元年，鳴鶏群飛入塞，②相繼蔽野。至二年正月，還復北飛。至靈、夏北，悉墮地死，視之皆無首。吏人有識者曰："此名突厥雀，虜必至。"明年，裴行儉爲定襄道行軍大總管，③率師與虜戰黑山，破之。其下斬泥熟匐以降。

長慶元年九月，④靈州奏黃河清。⑤

二年冬，夏州大風，飛沙爲堆，高及城堞。

咸通十四年，靈州陰晦。

乾符三年六月，雄州地震裂，水湧出，壞州城及公私廬舍皆盡。雄州故城在寧夏衛靈州城西南。

六年秋，夏州雲霧晦冥，自旦及禺中乃解。⑥

宋

至道二年十月，靈、夏等州地震，城郭廬舍多壞。占曰"兵、饑"。是時，西夏寇靈州。

祥符元年，天書降夏州，詔賜加守正功臣。⑦

――――――――――

① ［校］數十人：原作"數千人"，據《新唐書》卷三五《五行志》改。

② ［校］鳴鶏群飛："鳴鶏"原作"鳴啜"，據《舊唐書》卷三七、《新唐書》卷三四《五行志》、《唐會要》卷四四《雜災變》改。"飛"字原脱，據《舊唐書》卷三七、《新唐書》卷三四《五行志》補。

③ ［校］明年裴行儉爲定襄道行軍大總管："明年"，據文意當指調露三年（681），然調露無三年。《資治通鑒》卷二〇二載，裴行儉任大總管在調露元年（679），戰於黑山在調露二年（680）三月。"定襄道"，原作"定州"，據《舊唐書》卷八四、《新唐書》卷一〇八《裴行儉傳》改。

④ ［校］元年：原作"七年"。"長慶"年號紀年僅4年，《唐會要》卷二九載，長慶元年"九月，靈州奏黃河清，從硤口至定遠界二百五十里見底。"據改。本志與《嘉靖陝志》卷四〇《政事》、《康熙陝志》卷三〇《祥異》、《乾隆甘志》卷二四《祥異》同誤。

⑤ ［校］元年九月靈州奏黃河清：此十字原位於下文"高及城堞"四字下，據本志書例移置於此。

⑥ ［校］六年秋夏州雲霧晦冥自旦及禺中乃解：《新唐書》卷三六《五行志》載："咸通十四年七月，靈州陰晦。乾符六年秋，多雲霧晦冥，自旦及禺中乃解。"未言夏州事。纂者顯將兩段史料雜糅，又將"靈州"誤寫爲"夏州"。

⑦ ［校］守正功臣：原作"正守臣"，據《宋史》卷四八五《夏國傳》改。

二年，德明出侵回鶻。恒星晝見，懼而還。

三年，夏州饑，德明表求粟百萬賑濟。王旦曰："詔德明：已命有司具粟百萬，可自來取之。"德明曰："朝廷有人。"

景德七年，① 夏國甘露降。

天聖八年，火星入南斗。②

慶曆二年，③ 龐籍言夏境鼠食稼，且旱。元昊求內附。

元符元年十二月，慧星見，乾順赦國中。

紹興中，夏大德五年，④ 靈芝生於後堂高守忠家。乾順作《靈芝歌》，⑤ 俾中書相王仁宗和之。⑥

紹興十二年九月，⑦ 夏國饑。

十三年三月，地震，踰月不止，地裂，泉湧出黑沙，⑧ 歲大饑。

十四年，慧星見坤宮，五十餘日而滅，占其分在夏國。

元

至大四年三月己亥，寧夏路地震。⑨ 閏七月甲子，⑩ 寧夏地震。

泰定二年，⑪ 寧夏路饑。鳴沙州大雨水。

三年十二月丁亥，寧夏地震如雷，發自西北，連震者三。

四年九月壬寅，寧夏地震。

致和元年七月辛酉，寧夏地震。

---

① ［校］景德七年：《宋史》卷四八五《夏國傳》繫此事於大中祥符七年（1014），同卷《校勘記》［十二］曰此事疑爲舛出。本志作"景德七年"，不知何據。

② ［校］"景德七年"句至"火星入南斗"句：此十八字原位於下文"元昊求內附"五字後，據《宋史》卷四八五《夏國傳》改。

③ ［校］慶曆二年：原作"康定元年"，據《長編》卷一三八、《宋史紀事本末》卷三〇改。《宋史》卷四八五《夏國傳》繫此事於慶曆元年（1041），疑誤。

④ ［校］五年：原作"九年"，《宋史》卷四八六《夏國傳》載，《靈芝歌》作於紹興九年（1139），即西夏崇宗乾順大德五年，據改。

⑤ ［校］靈芝歌：原作"靈芝頌"，據《宋史》卷四八六《夏國傳》改。

⑥ ［校］"紹興中"句至"俾中書相王仁宗和之"句：此條原位於上文"元符元年十二月"條前，據《宋史》卷四八五《夏國傳》改。

⑦ ［校］十二：原作"十一"，據中華本《宋史》卷四八六《校勘記》［二三］改。

⑧ ［校］泉湧：原倒作"湧泉"，據《宋史》卷四八六《夏國傳》乙正。

⑨ ［校］地震：原作"地裂"，據《元史》卷五〇《五行志》改。

⑩ ［校］閏七月："閏"字原脫，據《元史》卷五〇《五行志》補。

⑪ ［校］二年：原作"元年"，據《元史》卷五〇《五行志》改。

明

洪武初，都督馬鑑宅所畜兔鶻忽生一卵，訪於老者，曰："此不祥也，城其空乎？"後詔徙寧夏民於長安，城遂空。

洪武間，指揮徐呆廓出兵河套，地名梧桐樹。一日午間，有大星墜於河中，火發延及岸上，營中有被傷者。

十一年丁卯夜，寧夏衛風雨，兜鍪旗槊皆有火光。是年四月乙巳，寧夏地震，壞城垣。

永樂元年十一月甲午，寧夏地震。

三年，鎮產兩歧麥數莖。

永樂間，① 金波湖內生合歡蓮一。

十三年，中護衛卒胡鼇兒妻一產三男。②

宣德間，有玄兔二、白黄鼠一，③ 太監海壽購而獻之。

七年，海壽又進連理瓜二。

正統十二年，寧夏產異馬，白色拳毛，夜行則火光見。

成化十年十月丁酉，靈州大沙井驛地震，有聲如雷。自後晝夜累震。至十一月甲寅，一日十一震，城堞房屋多圮。

十三年四月戊戌，寧夏地大震，聲如雷，城垣崩壞八十三處。

十八年，靈州李景芳家白鼠晝遊。次年，其子中鄉試。

二十年，寧夏豬生子如象。羊生一羔八足。

二十二年，衛學生胡璉家黑豕變白，人以爲凶，胡獨曰："此善變者，殺而爲牲。"是年，其子汝礪領鄉薦，明年登進士。

正德元年，寧夏左屯衛紅氣亘天，既而火作，城樓臺堡俱盡。

弘治六年三月，寧夏地震。連三年，共二十震。

八年三月，寧夏地震十二次，聲如雷，傾倒邊牆廬舍，壓傷人。

---

① 《正統寧志》卷下《題詠》有凝真撰《戊戌歲金波湖合歡蓮》詩，知金波湖內生合歡蓮事在永樂戊戌（十六年，1418）。

② [校] 胡鼇兒：原作"魏定兒"，《正統寧志》卷上、《弘治寧志》卷二、《嘉靖寧志》卷二《寧夏總鎮·祥異》均作"位定兒"，《嘉靖陝志》卷四〇《政事六·災祥》作"伍定兒"，《康熙陝志》卷三〇《祥異》作"伍定"。據《明太宗實錄》卷一六一"永樂十三年二月辛卯"條改。

③ [校] 白黄鼠："黄"字原脫，據《弘治寧志》卷二、《嘉靖寧志》卷二、《朔方新志》卷三《祥異》補。

嘉靖元年,① 寧夏地震,有聲如雷。

四十年六月壬午,寧夏地震,城垣、墩臺、屋舍皆摧,地湧黃黑沙水,② 壓死軍民無算。

四十一年正月丙申,京師、寧夏同震,圮邊牆。

隆慶二年三月甲寅,陝西慶陽、西安、寧夏、漢中,山西蒲州、安邑,湖廣鄖陽及河南十五州縣同日地震。

是年四月癸未,懷慶、南陽、汝寧、寧夏同日地震。

〔正統〕十三年七月,③ 寧夏大水,河決唐、漢二壩。

萬曆二十六年正月丁亥,寧夏地震。

天啟元年,寧夏風霾大作,④ 墜灰片如瓜子,紛紛不絕,踰時而止。日將沉,作紅黃色,外如炊煙,垂罩畝許,日光所射如火焰。焰夜分乃沒。

是年正月朔,寧夏地震。⑤ 十二月戊辰,寧夏石空寺地震,磴山石殿傾倒,壓死僧人。

七年,寧夏各衛自正月己巳至己亥凡百餘日,地震,大如雷,小如鼓,城垣、房屋悉圮。

崇禎七年,寧夏鼠十餘萬,銜尾食苗。

皇清

康熙九年,寧夏河溢,淹靈州南關居民。

十八年,惠安堡生員張璧家豬生八子,⑥ 皆有肉角、四目、三足、⑦五足者,旋死。

二十三年三月,寧夏天鼓鳴於西南。

二十六年六月,寧夏地震。

三十三年,靈州民王邦彥妻一產四男子。

---

① 《明史》卷三〇《五行志》未載嘉靖元年(1522)寧夏地震事,在嘉靖四十年(1561)之前只載二十一年(1542)九月甲戌有地震事。

② 〔校〕湧:原作"擁",據《明史》卷三〇《五行志》改。

③ 〔校〕十三年七月:指正統十三年(1448)七月,本志誤繫於"隆慶"年。

④ 〔校〕大作:原作"大如",據《明史》卷三〇《五行志》改。

⑤ 《明史》卷三〇《五行志》未載天啟元年(1621)正月朔寧夏地震事,本志不知何據。

⑥ 〔校〕張璧:原作"張辟",據《乾隆甘志》卷二四《祥異》改。

⑦ 〔校〕三足:《乾隆甘志》卷二四《祥異》作"三目"。

三十四年六月，寧夏大雨，水溢。

四十二年，寧夏老民莫進忠年一百二歲。

四十七年，靈州井中龍見。

四十八年九月，寧夏地震。

雍正八年，寧夏麥秀兩岐。是歲又産瑞穀，一莖九穗。

十一年又十月，霜花雪綹四十餘日。

乾隆三年十一月二十四日酉時，① 寧夏地震，從西北至東南，平羅及郡城尤甚，東南村堡漸減。地如奮躍，土皆墳起。平羅北新渠、寶豐二縣，地多斥裂，寬數尺，或盈丈，水湧溢，其氣皆熱。淹沒村堡，三縣地城垣、堤壩、屋舍盡倒，壓死官民男婦五萬餘人。

按：震災後，欽命侍郎班第查辦賑邮一切事宜陳奏，奉恩旨，凡被壓身故，民人大口每民給埋葬銀二兩，小口每名給埋葬銀七錢五分，無主人口官與埋葬。共費帑銀六萬五百餘兩。現在人口散給口糧外，有兩口者給房一間，三口者給房二間，五口者給房三間，多者照例遞增，每間給房價銀二兩。靈州、中衛被災輕者，每間給房價銀一兩。共費帑銀二十九萬七千餘兩。民家牛隻有被災傷斃者。每户給牛價八兩，分四年帶徵還項。滿漢官兵被壓身故者，照巡洋披風例賞邮。共費帑銀二萬八百餘兩。知府顧爾昌贈太僕寺少卿，廕子弟入監。鎮標千總沈邱，廕子弟一人以外，委千把拔補。把總哈義德，廕一子監生。滿洲佐領佛爾屯，蒙古佐領僧保常靈，各廕子弟一人七品監生。驍騎校三海，廕子弟一人八品監生。

三十一年，有白燕巢於南城外文昌閣，飛鳴甚馴。見者咸以爲瑞，多歌詠之。

三十五年九月二十五日戌時，② 小壩火。居民共計一百五十餘家，俱延燒，惟貢生王克鑑宅舍無恙。

四十年十月，霜花雪綹，歷旬乃止。

軼　事

元昊稱帝，改元"天授禮法延祚"，國號"夏"。遣使奉表曰："臣祖

---

① ［校］酉時：《明清宮藏地震檔案》上卷載《寧夏將軍阿魯奏報十一月二十四日寧夏府地震滿城被災嚴重折》作"戌時"。

② ［校］三十五：原作"二十五"，據本志書例改。

宗本出帝胄，① 當東晉之末運，創後魏之初基。遠祖思恭，當唐季率兵拯難，受封賜姓。祖繼遷，心知兵要，手握乾符，大舉義旗，悉降諸部。臨河五鎮，不旋踵而歸，沿邊七州，悉差肩而克。父德明，嗣奉世封，② 勉從朝命。真王之號，夙感於頒宣，尺土之封，顯蒙於割製。三十年邊情善守，五千里職貢常輸。③ 臣偶因端間，輒生狂斐，④ 制小番之文字，改大漢之衣冠。衣冠既就，文字既行，禮樂既張，器用既備，吐蕃、塔塔、張掖、交河，莫不從伏，稱王則不喜，朝帝則是從。⑤ 輻輳屢期，山呼齊舉，伏願一垓之地土，⑥ 建爲萬乘之邦家。於時再讓靡遑，群集又迫，⑦ 事不得已，顯而行之。⑧ 遂以十月十一日郊壇備禮，爲世祖始文本武興法建禮仁孝皇帝，國稱大夏，年號天授禮法延祚。伏望皇帝陛下，睿哲成人，寬慈及物，許以西郊之地，冊爲南面之君。敢竭愚庸，常敦歡好。魚來雁往，任傳鄰國之音；地久天長，永鎮邊方之患。至誠瀝懇，仰候帝俞。"

曩霄之叛，其謀出於張元與吳昊。⑨ 張元、吳昊、姚嗣宗，皆關中人，負氣倜儻，有縱橫才，相友善。嘗薄遊塞上，有經略西鄙意。姚題詩崆峒山寺壁云："南粵干戈未息肩，五原金鼓又轟天。崆峒山叟笑無語，飽聽松聲春晝眠。"范文正公巡邊，⑩ 見之大驚。又有"踏破賀蘭石，掃清西海塵"之句。張《鸚鵡詩》卒章曰："好着金籠收拾取，⑪ 莫教飛去別人家。"吳亦有詩。將謁韓、范二帥，恥自屈，不肯往。乃礱大石，刻詩其上，使壯夫拽之通衢，三人從而哭之，欲以鼓動二帥。既而召見，躊

---

① [校] 祖宗："宗"字原脱，據《宋史》卷四八五《夏國傳》、《長編》卷一二三補。
② [校] 世封：此同《九朝編年備要》卷十《仁宗皇帝》，《宋史》卷四八五《夏國傳》、《長編》卷一二三均作"世基"。
③ [校] 三十年邊情善守五千里職貢常輸臣：此同《九朝編年備要》卷十《仁宗皇帝》，《宋史》卷四八五《夏國傳》、《長編》卷一二三均無此十五字。
④ [校] 臣偶因端間輒生狂斐：此同《九朝編年備要》卷十《仁宗皇帝》，《宋史》卷四八五《夏國傳》、《長編》卷一二三均作"臣偶以狂斐"。
⑤ [校] 朝帝：原作"稱帝"，據《涑水記聞》卷十一、《宋史》卷四八五《夏國傳》改。
⑥ [校] 地土：《宋史》卷四八五《夏國傳》作"土地"。
⑦ [校] 群集又迫：《涑水記聞》卷十一"集"作"情"。
⑧ [校] 顯而行之：《涑水記聞》卷十一"顯"作"順"。
⑨ [校] 張元與吳昊：此五字原脱，據《容齋隨筆·三筆》卷十一《記張元事》補。
⑩ [校] 范文正公：原作"田公畫"，據《容齋隨筆·三筆》卷十一《記張元事》改。
⑪ [校] 着：原作"著"，據《容齋隨筆·三筆》卷十一《記張元事》改。

蹀未用間，張、吳徑走西夏。公以急騎追之，不及，乃表姚入幕府。張、吳既至夏國，① 夏人倚爲謀主，以抗朝廷。連兵十餘年，西夏爲之疲敝，職此二人也。時二人家屬羈縻隨州，間使謀者矯中國詔釋之，人未有知者。後聞西人臨境，作樂迎此二家而去。自此邊帥始待士矣。姚又有《述懷詩》曰："大開雙白眼，只見一青天。"張有《雪詩》曰："五丁仗劍決雲霓，直取銀河下帝畿。戰死玉龍三十萬，敗鱗風捲滿天飛。"吳詩獨不傳。觀此數聯，可想見其人矣。《容齋三筆》②

張、吳皆華州人，薄遊塞上，慨然有志經略，恥於自售，放意詩酒，語皆絕豪險驚人，而邊帥皆莫之知。聞夏酋有意窺中國，遂叛而亡。自念不力出奇無以動其聽，乃自更其名。

即其都門酒家劇飲，書壁曰"張元、吳昊來飲此樓"。邏者蹟其所憩，執之。夏酋詰以入國，問諱之義。二人大言曰：③"姓尚不理會，乃理會名耶？"時曩霄未更名，且用中國賜姓也。於是竦然異之，日尊寵用事。《桯史》④

元昊幼時嘗往來互市中，⑤ 曹瑋欲一識之，屢使人誘致之，不可得。乃使善畫者圖形容，既至，觀之曰："真英物也，此子必須爲邊患。"《夢溪筆談》⑥

元昊寇邊，常有併吞關中之意。⑦ 其將野利王剛浪㱮、天都王某，各統精兵，爲元昊腹心，策勝我軍。种世衡方城青澗，謀去之。察青澗僧王嵩堅樸，因出師以賊級予之，白帥府表授指揮，且力爲辦其家事。嵩感恩既深，世衡反以奴畜之。或掠械數日，嵩雖不勝其苦，卒無一辭怨望。世衡知可任以事，召謂之曰："吾將以事使汝，吾戒汝所不言，其苦雖有甚於此者，汝能爲吾卒不言否？"嵩泣對曰："蒙將軍恩教，致身榮顯，未知死所，敢辭捶楚乎。"世衡乃草遺野利書，大抵如起居儀，惟數句隱

---

① [校] 國：此字原脫，據《容齋隨筆·三筆》卷十一《記張元事》補。
② 參見《容齋隨筆·三筆》卷十一《記張元事》。
③ [校] 二人：原作"一人"，據《桯史》卷一《張元吳昊》改。
④ 參見《桯史》卷一《張元吳昊》。
⑤ [校] 互市：原作"牙市"，據王國維、胡道靜、金良年等考證改。參見《夢溪筆談》金良年校勘本第91頁《校勘記》[二九]。
⑥ 參見《夢溪筆談》卷九《人事》。
⑦ [校] 常：原作"嘗"，據《自警編》卷七《事君類下》、《朔方新志》卷五《遺事》改。

詞，如嘗有私約而勸其速行之意。膏蠟置衲衣間密縫之，① 告嵩非瀕死不得洩，如洩之，當以負恩不能成事爲言。並畫龜一幅、棗一蔀爲信，俾遣野利。嵩受教，至野利所，致將軍命，出棗、龜投之。野利笑曰："吾素奇种將軍，今何兒女子見識。"度嵩別有書，索之，嵩目左右，答："無有。"野利不敢匿，乃封其信上元昊。數日，元昊召野利與嵩俱，西北行數百里，至一大城曰興州。先詣一大寺曰樞密院，次曰中書。有數胡人雜坐，野利與焉。召嵩廷詰將軍書，問所在，嵩堅執前對。稍稍去巾櫛，加執縛，至捶楚極苦，嵩終不易其言。又數日，召入一官寺，垂班竹箔，綠衣小豎立左右，嵩意元昊宮室。少頃，箔中有人出，又以前問責之曰："若不速言，死矣。"嵩對如前，乃命曳出誅之。嵩大號，且言："始將軍遣嵩密遺野利王書，戒不得妄洩。今不幸空死，不了將軍事，吾負將軍。"箔中急使人追問，嵩且對，乃褫衲衣取書進，移刻，始命嵩就館優待。元昊於是疑野利，陰遣愛將假爲野利使，使世衡。世衡知元昊所遣，未即見，② 命屬官日館勞之。③ 問虜中山川地形在興州左右，言則詳，道野利所部，多不能悉。適擒生虜數人，因令隙中視之。生虜能言其姓名，果元昊使。世衡意決，乃見之。燕服據案坐，屬官皆朝服，抱文籍，鳧雁侍左右，於是賓贊引使者出拜，使者傳野利語。世衡慢罵元昊，而稱野利有心內附。乃厚遣使者曰："爲吾語若王速決。"度使者至，嵩即還，而野利已報死矣。世衡知謀已行，因欲并間天都。又爲置祭境上，④ 作文書於版以吊，多述野利、天都有意本朝，悼其垂成而失。其文雜紙幣間，有虜至，急熱之以歸。版字不可遽滅，虜人得之以獻元昊。天都亦以此得罪。⑤ 元昊既失二將，久之始悟爲世衡所賣，遂定講和之策。《自警編》⑥

元昊之臣野利，爲謀主，守天都山，號天都大王，與元昊乳母白姥有

---

① [校] 衲衣：原作"納衣"，據《自警編》卷七《事君類下》，《朔方新志》卷五《遺事》改。

② [校] 即：原作"既"，據《自警編》卷七《事君類下》、《朔方新志》卷五《遺事》改。

③ [校] 日：此字原脫，據《自警編》卷七《事君類下》、《朔方新志》卷五《遺事》補。

④ [校] 置祭：原作"致祭"，據《自警編》卷七《事君類下》、《朔方新志》卷五《遺事》改。

⑤ [校] 亦以此：《自警編》卷七《事君類下》、《朔方新志》卷五《遺事》均作"以此亦"。

⑥ 參見《自警編》卷七《事君類下》。

隙。除日，野利引兵巡邊，深涉漢境數宿，白姥乘間譖其欲叛，元昊疑之。世衡嘗得蕃酋之子蘇吃囊，厚遇之。聞元昊嘗賜野利寶刀，而吃囊之父得幸於野利，① 因使竊寶刀，許之以緣邊職任、② 錦袍、真金帶。吃囊得刀以還，世衡乃唱言野利已爲白姥譖死，設祭境上，爲祭文，序除日相見之歡。夜乃燒紙錢，川中盡明。虜見火光，引騎窺覘，乃佯委祭具，銀器凡千餘兩悉棄之。③ 虜爭取，得元昊所賜刀，及火爐中見祭文，已燒盡，但存數十字。元昊得之，又識其所賜刀，遂賜野利死。野利有大功，死不以罪，自此君臣猜貳。④《夢溪筆談》⑤

康定間，元昊寇邊。韓魏公領西路招討，駐延安。夜有人携匕首至卧內，褰幃，魏公坐問："誰何？"曰："某來殺諫議。"又問曰："誰遣？"曰："張相公"。蓋是時張元，夏國正用事也。魏公復就枕曰："汝携予首去。"其人曰："某不忍，願得諫議金帶足矣。"遂取帶而出。明日，魏公亦不治此事。俄有守陴卒報城櫓上得金帶者，乃納之。時范純佑亦在延安，謂公曰："不治此事爲得體，蓋行之則沮國威。今乃受其帶，是墮賊計中矣。"魏公握其手，再三嘆服曰："非琦所及。"《自警編》

先是，元昊後房生一子，曰甯令受。"甯令"者，華言"大王"也。其後又納沒臧訛厖之妹，⑥ 生諒祚而愛之。甯令受之母欲除沒臧氏，授戈甯令受，使圖之。甯令受間入元昊室，卒與遇，遂刺之，不殊而走。諸大佐沒臧訛厖輩仆甯令，梟之。明日，元昊死，立諒祚，舅訛厖相之。有梁氏者，爲訛厖子婦，諒祚私焉，日視事於國，夜則從諸沒臧氏。訛厖懟甚，謀伏甲梁氏之宮，須其入殺之。梁氏以告諒祚，乃召訛厖，執於內室，夷其宗。以梁氏爲妻，又命其弟乞埋爲家相。⑦ 諒祚凶忍，治平中舉兵犯慶州，乘駱馬，張黃屋，自出督戰。守陴者彍弩射之中，乃解圍去。創甚，馳入一佛祠。有牧牛兒不得出，懼伏佛座下，見其脫靴，血洿於

---

① ［校］吃囊之父得幸於野利："之父得"三字原脫，據《夢溪筆談》卷十三《權智》補。
② ［校］職任：原作"戰任"，據《夢溪筆談》卷十三《權智》改。
③ ［校］凡千餘兩："凡千"原作"九十"，據《夢溪筆談》卷十三《權智》改。
④ ［校］君臣：原作"群臣"，據《夢溪筆談》卷十三《權智》改。
⑤ 參見《夢溪筆談》卷十三《權智》。
⑥ ［校］訛厖：原作"訛龐"，據《夢溪筆談》卷二五《雜志》改。下同。
⑦ ［校］家相：原作"冢嗣"，據《夢溪筆談》卷二五《雜志》改。

踝，① 使人裹創，舁載而去。至其國，死。子秉常立，而梁氏自主國事。梁乞埋死，其子移逋繼之，謂之"沒甯令"者。秉常之世，執國政者有嵬名浪遇，元昊之弟也，最老於軍事，以不附諸梁，遷下治而死。存者三人：移逋以世襲居長契。次曰都羅馬尾。又次曰關萌訛，② 略知書，私侍梁氏。移逋、萌訛皆以昵倖進，惟馬尾粗有戰功，③ 然皆庸材。秉常荒孱，梁氏自主兵，不以屬其子。秉常不得志。以李清事被廢。④ 《夢溪筆談》⑤

元豐中，夏戎之母梁氏，遣將引兵卒至保安軍順甯塞，圍之數重。時塞兵至少，人心危懼。有娼姥李氏，⑥ 得梁氏陰事甚詳，乃掀衣登陴，抗聲罵之，盡發其私。虜人皆掩耳，併力射之，莫能中。李氏言愈醜。虜人度李終不可得，恐且得罪，遂託以他事，⑦ 夜解去。雞鳴狗盜皆有所用，信有之。《夢溪筆談》⑧

景泰間，有李姓者至古靈州城東北鐵柱泉，傍有窟，偕一僕爇燈以入。行二十步，推開一石門，有銅鑄釋像。傍有二僧屍，覆以錦衾，其面如生，而金貝之類環具左右。李恣意取之，將出，風颯颯，燈息門閉，鼓鈸齊鳴。李恐懼欲死，盡棄所取者，俄於傍窟匍匐而出。明日，集衆往掘之，堅不能入，機械如洛陽也。《朔方志》⑨

---

① [校] 踠：原作"踠"，據《夢溪筆談》卷二五《雜志》改。
② [校] 關萌訛：原作"關明訛"，據《夢溪筆談》卷二五《雜志》改。
③ [校] 粗：原作"但"，據《夢溪筆談》卷二五《雜志》改。
④ 《夢溪筆談》卷二五《雜志》載："李清者，本秦人，亡虜中，秉常昵之，因說秉常以河南歸朝廷，其謀洩，清爲梁氏所誅，而秉常廢。"
⑤ 參見《夢溪筆談》卷二五《雜志》。
⑥ [校] 娼姥：原作"娼老"，據《夢溪筆談》卷二五《雜志》改。
⑦ [校] 託：原作"訛"，據《夢溪筆談》卷二五《雜志》改。
⑧ 參見《夢溪筆談》卷二五《雜志》。
⑨ 參見《弘治寧志》卷三《靈州守禦千戶所·祥異》。

〔王宋雲〕寧夏府志後序

寧夏乃漢朔方地，闢地舊矣，而前世紀載無成書，明藩慶靖王始爲朔方志。越弘治辛酉，① 巡撫王公珣修之，郡之胡大司馬汝礪筆也。其後嘉靖己亥，② 巡撫楊公守禮重修，管給諫律實主其事。萬曆丁巳，③ 都御史楊公應聘又修，楊主事壽裁訂焉，皆郡人也。自是而後，續者無聞。天〔啟〕、崇〔禎〕之間，僅編奏記數篇。國朝順治初，唐采臣先生以戶部主事督餉來此，得遺文數首，因與中丞黃公〔圖安〕奏議附刻於後。朔方舊志如是而已。

乾隆癸酉，④ 寧夏道定州楊公〔灝〕有志欲新之，未成而罷。其後太守新安王公〔應瑜〕甫議修舉，以調任去。又其後朔邑令長沙周公〔克開〕爲朔縣志，稿就未刊，亦以遷任去。嗚呼，何其事之難如斯耶，豈其一書之成，亦自有待於其時與其人，而不可强者耶？今太守公任事之三年，政通人和，百度修舉。爰及斯志，命雲等相與編纂，而公裁定焉，刪舊志之繁蕪，詳本朝之制度。稽之列史以補缺漏，衷之通志以一體裁。徵考之於案牘，以著因革之由，採詢之於閭閻，以彰幽隱之蹟。於是一州四邑方數千里之地，二百餘年間之事，披卷瞭然，可指諸掌矣。夫寧夏自震災後，故家藏書世牒與鄉先賢之撰述，灰燼之餘，十不存一。使早得搜羅於數十年之前，必尤有炳如蔚如可觀者。然使非遇太守公卓識宏材，毅然搆此，更聽之數十百年後，并今紀錄且泯滅不可考，此亦勢之必然者。然則太守公此舉，其於我寧文獻，爲功豈淺鮮哉！

---

① 弘治辛酉：弘治十四年（1501）。
② 嘉靖己亥：嘉靖十八年（1539）。
③ 萬曆丁巳：萬曆四十五年（1617）。
④ 乾隆癸酉：乾隆十八年（1753）。

抑雲更有感焉。憶雲始受書即聞諸先輩，以郡志不修爲憾。定州楊觀察始創修時，先伯父信菴以明經與參訂。長沙周邑宰修朔邑志，又委之以採訪。而二書皆不就。今荏苒二十餘年，雲得沐太守公雅化，復與編輯，續先人未竟之志，而卒覩此書之成，附名其間，且感且愧。因述其源委贅於簡末，用以見斯書之成，實有待於我太守公。既爲邦人慶，并以志私幸於無窮也。

王宋雲謹跋。

參考文獻

一　古代文獻

（一）陝甘寧舊志

《陝西通志》：（明）馬理、吕柟等纂，華東師範大學圖書館藏明嘉靖二十一年（1542）刻本；三秦出版社 2006 年版董健橋等校注本。簡稱《嘉靖陝志》。

《陝西通志》：（清）賈漢復、李楷等纂，中國國家圖書館藏清康熙六年至七年（1667—1668）刻本。簡稱《康熙陝志》。

《陝西通志》：（清）劉於義、沈青崖等纂，中國國家圖書館藏清雍正十三年（1735）刻本。簡稱《雍正陝志》。

《甘肅通志》：（清）許容等修撰，中國國家圖書館藏乾隆元年（1736）刻本；影印文淵閣《四庫全書》本，（臺北）商務印書館 1986 年版。簡稱《乾隆甘志》。

《甘肅新通志》：（清）升允、長庚修，安維峻等纂，中國國家圖書館藏清宣統元年（1909）刻本。簡稱《宣統甘志》。

《寧夏志》：（明）朱栴撰，日本國立國會圖書館藏明萬曆二十九年（1601）重刻本；寧夏人民出版社 1996 年版吳忠禮箋證本；中國社會科學出版社 2015 年版胡玉冰、孫瑜校注本。簡稱《正統寧志》。

《弘治寧夏新志》：（明）胡汝礪撰，《天一閣藏明代方志選刊續編》影印明朝弘治刻本，上海書店 1990 年版；寧夏人民出版社 2010 年版范宗興整理本；中國社會科學出版社 2015 年版胡玉冰、曹陽校注本。簡稱《弘治寧志》。

《嘉靖寧夏新志》：（明）管律等修，《天一閣藏明代方志選刊》影印明嘉靖刻本，上海古籍書店 1961 年版；寧夏人民出版社 1982 年版陳明猷校勘本；中國社會科學出版社2015年版邵敏校注本。簡稱《嘉靖寧志》。

《萬曆朔方新志》：（明）楊壽等編，《故宮珍本叢刊》影印明萬曆刻本，海南出版社2001年版；《寧夏歷代方志萃編》影印明萬曆刻本，天津古籍出版社1988年版；中國社會科學出版社2015年版胡玉冰校注本。簡稱《朔方新志》。

《銀川小志》：（清）汪繹辰纂，南京圖書館藏乾隆二十年（1755）稿本；寧夏人民出版社2000年版張鍾和、許懷然整理本；中國社會科學出版社2015年版柳玉宏校注本。

《寧夏府志》：中國國家圖書館藏乾隆四十五年（1780）刻本；（臺北）成文出版社1968年版《中國方志叢書》影印本；天津古籍出版社1988年版《寧夏歷代方志萃編》影印本；寧夏人民出版社1988年版《寧夏地方志叢刊》影印本；蘭州古籍書店1990年版《中國西北文獻叢書》第一輯《西北稀見方志文獻》影印本；寧夏人民出版社1992年版陳明猷整理本；鳳凰出版社、上海書店、巴蜀書社2008年版《中國地方志集成·寧夏府縣志輯》影印本。

《乾隆中衛縣志》：（清）黃恩錫修纂，《中國地方志集成·寧夏府縣志輯》影印乾隆二十五年（1760）刻本，鳳凰出版社、上海書店、巴蜀書社2008年版。簡稱《中衛縣志》。

《道光續修中衛縣志》：（清）鄭元吉等修纂，《中國地方志集成·寧夏府縣志輯》影印道光二十年至二十一年（1840—1841）本，鳳凰出版社、上海書店、巴蜀書社2008年版。簡稱《續中衛志》。

（二）經部

《周易正義》：（晉）王弼等注，（唐）孔穎達等正義，北京大學出版社2000年版。

《尚書正義》：（漢）孔安國傳，（唐）孔穎達等正義，北京大學出版社2000年版。

《毛詩正義》：（漢）鄭玄箋，（唐）孔穎達等正義，北京大學出版社2000年版。

《周禮注疏》：（漢）鄭玄注，（唐）賈公彥疏，北京大學出版社2000年版。

《儀禮注疏》：（漢）鄭玄注，（唐）賈公彥疏，北京大學出版社2000

年版。

《禮記正義》：（漢）鄭玄注，（唐）孔穎達等正義，北京大學出版社 2000 年版。

《孟子注疏》：（漢）趙岐注，（宋）孫奭疏，北京大學出版社 2000 年版。

（三）史部

《史記》：（漢）司馬遷撰，中華書局 2013 年版。

《漢書》：（漢）班固撰，中華書局 1962 年版。

《後漢書》：（南朝宋）范曄撰，中華書局 1965 年版。

《晉書》：（唐）房玄齡等撰，中華書局 1974 年版。

《魏書》：（北齊）魏收撰，中華書局 1974 年版。

《隋書》：（唐）魏徵等撰，中華書局 1973 年版。

《北史》：（唐）李延壽撰，中華書局 1974 年版。

《舊唐書》：（後晉）劉昫等撰，中華書局 1975 年版。

《新唐書》：（宋）歐陽修、宋祁撰，中華書局 1975 年版。

《舊五代史》：（宋）薛居正等撰，中華書局 1976 年版。

《新五代史》：（宋）歐陽修撰，徐無黨注，中華書局 1974 年版。

《宋史》：（元）脫脫等撰，中華書局 1977 年版。

《遼史》：（元）脫脫等撰，中華書局 1974 年版。

《金史》：（元）脫脫等撰，中華書局 1975 年版。

《元史》：（明）宋濂等撰，中華書局 1976 年版。

《明史》：（清）張廷玉等撰，中華書局 1974 年版。

《資治通鑒》：（宋）司馬光編著，中華書局 1956 年版。

《中興小紀》：（宋）熊克撰，影印文淵閣《四庫全書》本，（臺北）商務印書館 1986 年版。

《續資治通鑒長編》：（宋）李燾撰，中華書局 2004 年第 2 版。簡稱《長編》。

《建炎以來繫年要錄》：（宋）李心傳撰，中華書局 1988 年版。

《九朝編年備要》：（宋）陳均撰，影印文淵閣《四庫全書》本，（臺北）商務印書館 1986 年版。

《資治通鑒後編》：（清）徐乾學撰，影印文淵閣《四庫全書》本，（臺北）商務印書館 1986 年版。

《通鑒紀事本末》：（宋）袁樞撰，中華書局 1965 年版。

《宋史紀事本末》：（明）陳邦瞻撰，中華書局 1977 年版。

《鴻猷錄》：（明）高岱撰，孫正容、單錦珩點校，上海古籍出版社 1992 年版。

《親征平定朔漠方略》：（清）溫達等撰，《西藏學漢文文獻彙刻》第四輯，中國藏學出版社 1994 年版。簡稱《平定朔漠方略》。

《平定準噶爾方略》：（清）傅恒等撰，影印文淵閣《四庫全書》本，（臺北）商務印書館 1986 年版。

《欽定平定金川方略》：（清）來保等撰，影印文淵閣《四庫全書》本，（臺北）商務印書館 1986 年版。簡稱《平定金川方略》。

《平臺紀略》：（清）藍鼎元撰，影印文淵閣《四庫全書》本，（臺北）商務印書館 1986 年版。

《明史紀事本末》：（清）谷應泰撰，中華書局 1997 年版。

《明實錄》：臺灣"中央研究院"歷史語言研究所校印，1962 年版。

《清實錄》：中華書局 1985 年版。

《東觀漢記》：（漢）劉珍等撰，吳樹平校注，中州古籍出版社 1987 年版。

《東都事略》：（宋）王稱撰，影印文淵閣《四庫全書》本，（臺北）商務印書館 1986 年版。

《太平治蹟統類》：（宋）彭百川撰，影印文淵閣《四庫全書》本，（臺北）商務印書館一九八六年。簡稱《治蹟統類》。

《弇山堂別集》：（明）王世貞撰，影印文淵閣《四庫全書》本，（臺北）商務印書館 1986 年版。

《西征石城記》：（明）馬文升撰，《續修四庫全書》影印上海圖書館藏明嘉靖間袁氏嘉趣堂刻《金聲玉振集》本，上海古籍出版社 2002 年版。

《兩朝平攘録》：（明）諸葛元聲撰，《續修四庫全書》影印北京大學及中央民族大學圖書館藏明萬曆三十四年（1606）商濬刻本，上海古籍出版社 2002 年版。

《萬曆三大征考》：（明）茅瑞徵撰，《續修四庫全書》影印上海圖書館藏明天啟刻本，上海古籍出版社 2002 年版。

《萬曆武功錄》：（明）瞿九思撰，《續修四庫全書》影印天津圖書館藏明萬曆刻本，上海古籍出版社 2002 年版。

《世宗憲皇帝上諭內閣》：（清）允祿編，弘晝續編，影印文淵閣《四庫全書》本，（臺北）商務印書館 1986 年版。簡稱《上諭內閣》。

《皇明名臣琬琰錄》：（明）徐紘編，《明人傳記叢刊》本，（臺北）明文書局 1991 年版。

《皇明獻實》：（明）袁袠撰，《明人傳記叢刊》本，（臺北）明文書局 1991 年版。

《今獻備遺》：（明）項篤壽撰，影印文淵閣《四庫全書》本，（臺北）商務印書館 1986 年版。

《國朝獻徵錄》：（明）焦竑撰，《續修四庫全書》影印上海圖書館藏萬曆四十四年（1616）徐象橒曼山房刻本，上海古籍出版社 2002 年版。

《慶王壙志》：寧夏博物館藏。

《明清歷科進士題名碑錄》：（清）李周望撰，影印美國夏威夷大學藏清刻本，（臺北）華文書局 1969 年版。

《漢名臣傳》：（清）國史館編，（臺北）明文書局 1985 年版。

《清史列傳》：王鍾翰點校，中華書局 1987 年版。

《元和郡縣圖志》：（唐）李吉甫撰，賀次君點校，中華書局 1983 年版。

《太平寰宇記》：（宋）樂史撰，王文楚等點校，中華書局 2007 年版。

《元豐九域志》：（宋）王存撰，王文楚、魏嵩山點校，中華書局 1984 年版。

《輿地廣記》：（宋）歐陽忞撰，李勇先、王小紅校注，四川大學出版社 2003 年版。

《大元混一方輿勝覽》：（元）劉應、李原編，詹友諒改編，郭聲波整理，四川大學出版社 2003 年版。

《大明一統志》：（明）李賢等撰，影印明天順監刻本，三秦出版社 1990 年版。

《大清一統志》：影印文淵閣《四庫全書》本，（臺北）商務印書館 1986 年版。

《嘉慶重修一統志》：（清）穆彰阿、潘錫恩等纂修，《續修四庫全書》影印《四部叢刊續編》本，上海古籍出版社 2002 年版。

《水經注集釋訂訛》：（清）沈炳巽撰，影印文淵閣《四庫全書》本，（臺北）商務印書館 1986 年版。

《九邊圖論》：（明）許論撰，《四庫禁毀書叢刊》影印天啟元年（1621）刻本，北京出版社 1997 年版。

《九邊圖說》：（明）兵部輯，《玄覽堂叢書》影印隆慶三年（1569）刻本，（臺北）正中書局1981年版。

《皇明九邊考》：（明）魏煥撰，《四庫全書存目叢書》影印明嘉靖間刊本，齊魯書社1996年版。

《增訂廣輿記》：（明）陸應暘撰，（清）蔡方炳增訂，日本早稻田大學藏康熙二十五年（1686）刻本。

《大明清類天文分野之書》：（明）劉基等撰，《續修四庫全書》據南京圖書館藏明刻本影印，上海古籍出版社2002年版。

《肇域志》：（清）顧炎武撰，上海古籍出版社2004年版。

《讀史方輿紀要》：（清）顧祖禹撰，賀次君、施和金點校，中華書局2005年版。

《欽定皇輿西域圖志》：（清）劉統勳等奉敕撰，影印文淵閣《四庫全書》本，（臺北）商務印書館1986年版。

《江西通志》：（清）謝旻等修纂，中國國家圖書館藏雍正十年（1732）刻本。

《河南通志》：（清）賈漢復等修纂，中國國家圖書館藏清康熙年九年（1670）刻本。

《山西通志》：（清）覺羅石麟等修纂，中國國家圖書館藏雍正十二年（1734）刻本。

《靈壽縣志》：（清）傅維樧編纂，《中國方志叢書》本，（臺北）成文出版社1968年版。

《水經注校證》：（北魏）酈道元注，陳橋驛校證，中華書局2007年版。

《括地志》：（唐）李泰等著，賀次君輯校，中華書局1980年版。

《北邊備對》：（宋）程大昌撰，《續修四庫全書》影印明刻《歷代小史》本，上海古籍出版社2002年版。

《荊楚歲時記》：（南朝梁）宗懍撰，影印文淵閣《四庫全書》本，（臺北）商務印書館1986年版。

《欽定國子監志》：（清）文慶、李宗昉等纂修，北京古籍出版社2000年版。簡稱《國子監志》。

《通典》：（唐）杜佑撰，王文錦等點校，中華書局1988年版。

《唐會要》：（宋）王溥撰，中華書局1955年版；影印文淵閣《四庫全書》本，（臺北）商務印書館1986年版。

《五代會要》：（宋）王溥撰，影印文淵閣《四庫全書》本，（臺北）商務印書館1986年版。

《宋會要輯稿》：（清）徐松輯，中華書局1957年版。簡稱《宋會要》。

《明會典》：（明）李東陽等修，影印文淵閣《四庫全書》本，（臺北）商務印書館1986年版。

《清朝文獻通考》：浙江古籍出版社1988年版。

《清朝通典》：浙江古籍出版社1988年版。

《清朝通志》：浙江古籍出版社1988年版。

《四庫全書總目》：（清）永瑢等撰，中華書局1965年版。

《千頃堂書目》：（清）黃虞稷撰，瞿鳳起、潘景鄭整理，上海古籍出版社2007年版。

《八千卷樓書目》：（清）丁仁撰，《續修四庫全書》本，上海古籍出版社2002年版。

（四）子部

《吳子直解》：（戰國）吳起撰，《中國兵書集成》影印丁氏八千卷樓藏明《武經七書直解》本，解放軍出版社、遼瀋書社1990年版。

《武經總要》：（宋）曾公亮、丁度等奉敕撰，影印文淵閣《四庫全書》本，（臺北）商務印書館1986年版。

《續書史會要》：（明）朱謀垔撰，影印文淵閣《四庫全書》本，（臺北）商務印書館1986年版。

《近事會元》：（宋）李上交撰，影印文淵閣《四庫全書》本，（臺北）商務印書館1986年版。

《真珠船》：（明）胡侍撰，《四庫未收書輯刊》影印本，羅琳主編，北京出版社2000年版。

《東原錄》：（宋）龔鼎臣撰，《叢書集成初編》據《藝海珠塵》本排印，中華書局1985年版。

《新校正夢溪筆談》：（宋）沈括撰，胡道靜校注，中華書局1957年版。

《夢溪筆談》：（宋）沈括撰，金良年整理，上海書店出版社2003年版。

《東坡志林》：（宋）蘇軾撰，影印文淵閣《四庫全書》本，（臺北）商務印書館1986年版。

《東坡志林·仇池筆記》：（宋）蘇軾撰，華東師範大學古籍所點校，華東師範大學出版社 1983 年版。

《類說》：（宋）曾慥輯，《北京圖書館古籍珍本叢刊》據明天啟六年（1626）岳鍾秀刻本影印，書目文獻出版社 1988 年版。

《自警編》：（宋）趙善璙撰，影印文淵閣《四庫全書》本，（臺北）商務印書館 1986 年版。

《初學記》：（唐）徐堅等著，中華書局 1962 年版。

《太平御覽》：（宋）李昉等修撰，夏劍欽等校點，河北教育出版社 1994 年版。

《册府元龜》：（宋）王欽若等撰，中華書局 1960 年版。

《玉海》：（宋）王應麟撰，江蘇古籍出版社、上海書店 1987 年版。

《古今圖書集成》：（清）陳夢雷編纂，蔣廷錫校記，中華書局、巴蜀書社 1985 年版。

《涑水記聞》：（宋）司馬光撰，鄧廣銘、張希清點校，中華書局 1989 年版。

《桯史》：（宋）岳珂撰，吳企明點校，中華書局 1981 年版。

《南村輟耕錄》：（元）陶宗儀撰，中華書局 1980 年版。

（五）集部

《駱賓王文集》：（唐）駱賓王撰，《四部叢刊初編》影印涵芬樓藏明翻元刊本，商務印書館 1929 年版。

《駱臨海集箋注》：（唐）駱賓王撰，（清）陳熙晉箋注，中華書局 1985 年版。

《張說之文集》：（唐）張說撰，《四部叢刊初編》影印涵芬樓藏明嘉靖十六年（1537）伍氏龍池草堂刊本，商務印書館 1929 年版。

《王維集校注》：（唐）王維撰，陳鐵民校注，中華書局 1997 年版。

《皇甫冉詩集》：（唐）皇甫冉撰，《四部叢刊三編》影印常熟瞿氏鐵琴銅劍樓藏明刊本，商務印書館 1936 年版。

《張籍詩集》：（唐）張籍著，中華書局 1960 年版。

《張司業集》：（唐）張籍撰，影印文淵閣《四庫全書》本，（臺北）商務印書館 1986 年版。

《長江集新校》：（唐）賈島撰，李嘉言新校，上海古籍出版社 1983 年版。

《李遐叔文集》：（唐）李華撰，影印文淵閣《四庫全書》本，（臺北）商務印書館1986年版。
《吕衡州集》：（唐）吕温撰，影印文淵閣《四庫全書》本，（臺北）商務印書館1986年版。
《白居易詩集校注》：（唐）白居易撰，謝思煒校注，中華書局2006年版。
《賈島集箋注》：（唐）賈島撰，黃鵬箋注，巴蜀書社2002年版。
《羅隱集》：（唐）羅隱撰，雍文華校輯，中華書局1983年版。
《柳河東集》：（唐）柳宗元撰，影印文淵閣《四庫全書》本，（臺北）商務印書館1986年版。
《嘉祐集箋註》：（宋）蘇洵著，曾棗莊、金成禮箋註，上海古籍出版社1993年版。
《畫墁集》：（宋）張舜民撰，清知不足齋刻本。
《道園學古錄》：（元）虞集撰，《四部叢刊初編》影印明景泰覆元小字本，商務印書館1929年版。
《玩齋集》：（元）貢泰父撰，影印文淵閣《四庫全書》本，（臺北）商務印書館1986年版。
《趙時春文集校箋》：（明）趙時春撰，趙志強整理，天津古籍出版社2012年版。
《康對山先生集》：（明）康海撰，《續修四庫全書》影印本，上海古籍出版社2002年版。
《聖祖仁皇帝御制文集》：（清）康熙等撰，影印文淵閣《四庫全書》本，（臺北）商務印書館1986年版。簡稱《聖祖文集》。
《才調集》：（五代）韋縠編，《四部叢刊初編》影印述古堂影宋鈔本，商務印書館1929年版。
《文苑英華》：（宋）李昉等編，中華書局1966年版。
《唐文粹》：（宋）姚鉉編，影印文淵閣《四庫全書》本，（臺北）商務印書館1986年版。
《唐百家詩選》：舊題（宋）王安石編，影印《四庫全書》本，（臺北）商務印書館1986年版。
《唐詩品彙》：（明）高棅編選，影印明朝汪宗尼校訂本，上海古籍出版社1982年；影印文淵閣《四庫全書》本，（臺北）商務印書館1986年版。
《樂府詩集》：（宋）郭茂倩編撰，中華書局1979年版。
《四六法海》：（明）王志堅編，影印文淵閣《四庫全書》本，（臺北）商務印書館1986年版。

《全唐詩》：（清）彭定求等編，中華書局1960年版。

《唐詩紀事》：（宋）計有功編，《四部叢刊初編》影印嘉靖間洪氏刊本，商務印書館1929年版。

《御定歷代題畫詩類》：（清）康熙御定、編修，陳邦彥編校，影印文淵閣《四庫全書》本，（臺北）商務印書館1986年版。

《御選明詩》：影印文淵閣《四庫全書》本，（臺北）商務印書館1986年版。

《明詩綜》：（清）朱彝尊編，影印文淵閣《四庫全書》本，（臺北）商務印書館1986年版。

《苕溪漁隱叢話》：（宋）胡仔纂集，廖德明校點，人民文學出版社1962年版。

《詩人玉屑》：（宋）魏慶之編，上海古籍出版社1959年版。

二　現當代文獻

（一）著作

《隴右方志錄》：張維編，《中國西北文獻叢書》據北平大北印刷局1934年版影印，蘭州古籍書店1990年版。

《寧夏方志述略》：高樹榆等編著，吉林省圖書館學會1985年內部發行。

《中國地方志聯合目錄》：中國科學院北京天文臺編，中華書局1985年版。

《寧夏地方文獻聯合目錄》：寧夏圖書館協作委員會編，寧夏人民出版社1992年版。

《中國地方志總目提要》：金恩暉、胡述兆編，（臺北）漢美圖書有限公司1996年版。

《甘肅省圖書館藏地方志目錄》：甘肅省圖書館編，蘭州大學出版社1996年版。

《明代文物和長城》：鍾侃撰，寧夏人民出版社1980年版。

《西夏陵墓出土殘碑粹編》：李範文著，文物出版社1984年版。

《西夏佛教史略》：史金波著，寧夏人民出版社1988年版。

《明清進士題名碑錄索引》：朱保炯、謝沛霖，上海古籍出版社1989

年版。

《中國恒星觀測史》：潘鼐，學林出版社 1989 年版。

《寧夏歷史地理考》：魯人勇等編著，寧夏人民出版社 1993 年版。

《寧夏歷史人物研究文集》：胡迅雷著，寧夏人民出版社 1993 年版。

《中國理學大辭典》：董玉整主編，暨南大學出版社 1995 年版。

《敦煌天文曆法文獻輯校》：鄧文寬編，江蘇古籍出版社 1996 年版。

《清代官員履歷檔案全編》：秦國經主編，華東師範大學出版社 1997 年版。

《中國明代檔案總匯》：中國第一歷史檔案館、遼寧省檔案館編，廣西師範大學出版社 2001 年版。

《明清宮藏地震檔案》（上卷）：中國地震局、中國第一歷史檔案館編，地震出版社 2005 年版。

《傳統典籍中漢文西夏文獻研究》：胡玉冰著，中國社會科學出版社 2007 年版。

《寧夏歷代碑刻集》：銀川美術館編，寧夏人民出版社 2007 年版。

《寧夏歷史地理變遷》：吳忠禮、魯人勇、吳曉紅著，寧夏人民出版社 2008 年版。

《方志與寧夏》：范宗興等著，寧夏人民出版社 2008 年版。

《寧夏地方志研究》：胡玉冰著，中國社會科學出版社 2012 年版。

（二）論文

《〈嘉靖寧夏新志〉中的兩篇西夏佚文》：牛達生撰，《寧夏大學學報》1980 年第 4 期。

《寧夏同心縣出土明慶王壙志》：牛達生撰，《考古與文物》1981 年第 4 期。

《〈慶王壙志〉與朱棣"靖難之變"》：牛達生撰，《人文雜志》1981 年第 6 期。

《築"三受降城"時間考》：方曉撰，《理論學習》1984 年第 6 期。

《淺談〈乾隆寧夏府志〉》：馬力撰，載高樹榆等編《寧夏方志述略》，吉林圖書館學會 1985 年內部發行。

《明太祖皇子朱㮵的名次問題》：任昉撰，《中原文物》1986 年第 4 期。

《明代王陵區出土三盒墓志疏證》：許成、吳峰雲撰，《寧夏文史》1987

年第 4 期。

《三受降城修築時間考》：王亞勇撰，《内蒙古師范大學學報》1988 年第 3 期。

《寧夏封建時代的一座豐碑——論乾隆〈寧夏府志〉》：陳明猷撰，《銀川市志通訊》1989 年第 1 期。

《元潘昂霄〈河源志〉名稱考實》：雪子撰，《中國歷史地理論叢》1989 年第 2 期。

《從〈宋史·夏國傳〉譯音二題看西夏語輔音韻尾問題》：聶鴻音撰，《寧夏社會科學》1995 年第 4 期。

《乾隆三年寧夏府地震史料》：中國第一歷史檔案館編，《歷史檔案》2001 年第 4 期。

《内蒙古烏審旗發現的五代至北宋夏州拓拔部李氏家族墓志銘考釋》：鄧輝、白慶元撰，《唐研究》2002 年第 8 卷，北京大學出版社 2002 年版。

《西夏六號陵陵主考》：孫昌盛撰，《西夏研究》2012 年第 3 期。